23.12.14

Diehn
Notarkostenberechnungen

Notarkostenberechnungen

Muster und Erläuterungen zum
Gerichts- und Notarkostengesetz (GNotKG)

von

Dr. Thomas Diehn, LL.M. (Harvard)
Notar a.D.
Hamburg

3. Auflage 2014

Zitiervorschlag:
Diehn, Notarkostenberechnungen, Rn. ...

www.beck.de

ISBN 978 3 406 66590 5

© 2014 Verlag C.H. Beck oHG
Wilhelmstraße 9, 80801 München

Druck: Nomos Verlagsgesellschaft,
In den Lissen 12, 76547 Sinzheim

Satz: Textservice Zink, 74869 Schwarzach

Gedruckt auf säurefreiem, alterungsbeständigem Papier
(hergestellt aus chlorfrei gebleichtem Zellstoff)

Vorwort zur 3. Auflage

Das GNotKG ist vor ca. einem Jahr in Kraft getreten. Nach meinem Eindruck hat sich das neue Gesetz in der Praxis gut bewährt. Die prognostizierten Auswirkungen auf die Gebühren im Bereich der freiwilligen Gerichtsbarkeit sind im Wesentlichen eingetreten. In einigen Bereichen sind die Kosten drastisch gesunken, bspw. bei Unterschriftsbeglaubigungen ohne Entwurf und Auslagen, in anderen gestiegen, insbesondere bei niedrigen Geschäftswerten. Insgesamt hat sich der Kostenkompromiss 2013 als sehr ausgewogen erwiesen.

Nachdem der Systemwechsel in der Praxis angekommen ist, stellen sich immer mehr Detailfragen. Diesen trägt die vorliegende dritte Auflage Rechnung, die um zahlreiche weitere Musterberechnungen und zusätzliche Abwandlungen sowie Anmerkungen erweitert wurde. Aufgrund der positiven Resonanz auf die Vorauflagen bleibt die Struktur des Werkes mit ihrer Gliederung in Sachverhalt, Kostenberechnung und Erläuterungen erhalten.

Sehr dankbar bin ich für die vielen Rückmeldungen zu den beiden im Jahr 2013 erschienen Fassungen dieses Buches. Weiterhin sind Anmerkungen aller Art, insbesondere Kritik, aber auch Lob, herzlich willkommen und können weiterhin jederzeit an **info@gnotkg.de** gerichtet werden. Verbesserungen und ständig aktualisierte Hinweise aus der Praxis und zur Rechtsprechung finden Sie wie bisher unter

www.gnotkg.de

Ich danke Herrn stud. iur. Thilo Kerkhoff für die aufmerksame Durchsicht des Manuskripts dieser dritten Auflage.

Hamburg, im Juli 2014 *Thomas Diehn*

Vorwort zur 1. Auflage

Nach mehr als 27 Jahren seit der letzten Erhöhung der Notarkosten plant der Gesetzgeber, eine Reform des notariellen Kostenrechts zu verabschieden, die sowohl **Gebührenerhöhungen** als auch **Veränderungen im System** des notariellen Kostenrechts mit sich bringt. Die Erhöhung fällt mit durchschnittlich 10 bis 20 Prozent moderat aus, betrachtet man allein den Kaufkraftverlust seit 1987 von mehr als 65 Prozent. Insgesamt wird das Gebührenrecht aber **leistungsgerechter**. Das führt im Einzelfall zu höheren Notarkosten als bisher, in anderen Bereichen jedoch gleichzeitig zu massiven Absenkungen.

Die folgenden über 350 Musterberechnungen wurden mit dem Ziel erstellt, die Praxis bei der **korrekten Abrechnung** notarieller Vorgänge in formeller und materieller Hinsicht **zu unterstützen**. Die Beispiele enthalten daher – von individuellen Aspekten wie der Unterschrift des Notars nach § 19 Abs. 1 Satz 1 des Gerichts- und Notarkostengesetzes abgesehen – alle von § 19 geforderten Elemente. Erläuterungen zu den konkreten Berechnungen finden sich jeweils im Anschluss. Um die Zahl der Verweisungen zu reduzieren, wurden einschlägige Hinweise auch – soweit es der Platz zuließ – wiederholt aufgenommen.

> Das Buch ist mit einem **umfangreichen Register** ausgestattet, um als Nachschlagewerk für **jeden Sachbearbeiter** den schnellen Zugriff auf das passende Berechnungsmuster zu ermöglichen. Im Anhang findet sich ferner eine **Gebührentabelle** mit allen Geschäftswertstufen bis 5,6 Mio. €.

Den Berechnungen liegt der Regierungsentwurf des Zweiten Gesetzes zur Modernisierung des Kostenrechts vom November 2012 (BT-Drucks. 17/11471) in der Fassung der Beschlussempfehlungen des Rechtsausschusses vom 15. Mai 2013 (BT-Drucks. 17/13537) zu Grunde, den der Deutsche Bundestag am 16. Mai 2013 **in 2. und 3. Lesung ohne Gegenstimmen als Gesetz** verabschiedet hat. Falls sich in der Abschlussphase des Gesetzgebungsverfahrens im Bundesrat noch Änderungen ergeben sollten, werden diese unter **www.GNotKG.de** veröffentlicht.

Mit dem Gerichts- und Notarkostengesetz bestehen naturgemäß noch keine praktischen Erfahrungen. Deshalb sind **Fehler** – wie auch sonst – nicht ausgeschlossen, sondern aufgrund tausender von Rechenoperationen sogar wahrscheinlich. Ich freue mich daher über zahlreiche **Rückmeldungen aller Art.** Diese erreichen mich unter **info@gnotkg.de**. Bitte weisen Sie mich auch gern auf Lücken bzw. erforderliche Ergänzungen hin, deren Schließung bzw. Aufnahme ich gern prüfen werde.

Herrn Dr. Johann Mayr, Notar in Dachau, Herrn Walter Büttner, IT-Direktor der Bundesnotarkammer, Frau Inga Reinhard, CVC Robert Cadmus Handels- und Beratungsges. mbH, und vor allem Frau Assessorin Martina Ludlei danke ich sehr herzlich für die kritische Durchsicht des Manuskriptes. Mein besonderer Dank gilt Herrn Notariatsoberrat Werner Tiedtke, Leiter der Prüfungsabteilung der Notarkasse in München, von dem ich viel gelernt habe.

Hamburg, im Mai 2013   *Thomas Diehn*

Inhaltsverzeichnis

Vorwort zur 3. Auflage	V
Vorwort zur 1. Auflage	VI
Abkürzungsverzeichnis	XVII
Literaturverzeichnis	XIX

Einleitung	1
A. Zitiergebot	1
I. Bezeichnung des Verfahrens, § 19 Abs. 2 Nr. 1	1
II. Angaben zur jeweiligen Gebühr bzw. Auslage	2
1. Nummer des Kostenverzeichnisses, § 19 Abs. 2 Nr. 2	2
a) Keine Vorbemerkungen, Anmerkungen und Tatbestandsdifferenzierungen	3
b) Mehrheit von Nummern	3
c) Höchstgebühren	4
2. Geschäftswert, § 19 Abs. 2 Nr. 3	5
3. Beträge der einzelnen Gebühren und Auslagen, § 19 Abs. 2 Nr. 4	5
a) Grundsatz	5
b) Nr. 26001 – fremde Sprache	5
c) Auslagen	6
4. Kurze Bezeichnung des jeweiligen Tatbestandes, § 19 Abs. 3 Nr. 1	6
5. Wertvorschriften, § 19 Abs. 3 Nr. 2	7
a) Begriff der Wertvorschrift	7
b) Höchstgeschäftswerte	9
c) Mindestgeschäftswerte	9
d) Verweisungen und Inbezugnahmen	10
6. Werte einzelner Verfahrensgegenstände, § 19 Abs. 3 Nr. 3	10
III. Vorschüsse	11
IV. Exkurs: Umsatzsteuergesetzliche Vorgaben	11
1. Allgemeines	12
2. Fortlaufende Nummer	12
3. Hinweis zur Aufbewahrungspflicht	12
V. Rechtsbehelfsbelehrung	13
VI. Entbehrliche Angaben	14
1. Gegenstände	14
2. Gebührensatz	15
3. Anzahl der Seiten bzw. Dateien bei den Dokumentenpauschalen	15
4. Zeitaufwand bei Zusatzgebühren	15
VII. Verstoßfolgen	15
1. Dienstaufsichtsrechtliche Beanstandung	15
2. Aufhebung der Kostenberechnung	16
3. Auswirkung von Formfehlern auf Verjährung und Beitreibung	16
a) Grundlagen	16
b) Verstöße gegen § 19 Abs. 1 und Abs. 2	16
c) Verstöße gegen § 19 Abs. 3	16
B. Grundbegriffe	17
I. Geschäfte	17
II. Verfahren	19
1. Gegenstandsbegriff	19
2. Mehrheit von Gegenständen	20

Inhaltsverzeichnis

III. Gebühren und Auslagen	22
1. Gebühren	22
a) Festgebühren	22
b) Wertgebühren	22
c) Lineare Kosten	23
d) Annexgebühren	23
2. Auslagen	24
a) Dokumentenpauschale	24
b) Pauschale für Post und Telekommunikation	27
c) Durchlaufende Posten	27
C. Zeitlicher Anwendungsbereich	28
I. Geltung für Anträge ab 1. August 2013	28
II. Abgrenzung „Auftrag"	29
III. Aufgespaltene Vorgänge	30
IV. Vorangegangene Entwurfs- oder Beratungstätigkeit	31
V. Zwangsvollstreckung aufgrund KostO-Berechnung	32
Kapitel 1. Grundstücksrecht	**33**
A. Kaufverträge	33
I. Bestimmte Vollzugstätigkeiten	33
1. Vorkaufsrechtsanfrage (§ 28 Abs. 1 BauGB)	33
2. Vollzug mit zwei „einfachen" Tätigkeiten	34
3. Vollzug mit drei „einfachen" Tätigkeiten	35
4. Lastenfreistellung	36
5. Globalpfandfreigabe	40
6. Verwalterzustimmung	41
7. Familiengerichtliche Genehmigung	42
8. Abwicklung mit Anderkonto	44
9. Gesetzliches Vorkaufsrecht des Mieters	46
II. Grundschuldübernahme	47
1. Nicht valutierte Grundschuld, Löschungsbewilligung	47
2. Valutierte Grundschuld, Kaufpreisanrechnung	49
III. Bauverpflichtung, Wiederkaufsrecht, Vertragsstrafe	51
1. Gewerbliches Grundstück	51
2. Einheimischen-Modell – Bauplatz, Bauverpflichtung Wohnhaus	52
3. Wiederkaufsrecht ohne Bauverpflichtung	53
IV. Umsatzsteueroption	54
V. Hinterlegung Daten-DVD	56
VI. Kauf mit Aufteilungsverpflichtung	57
VII. Dienstbarkeiten, Vorkaufsrecht	58
1. Grunddienstbarkeit zugunsten des Verkäufers	58
2. Beschränkte persönliche Dienstbarkeit zugunsten des Verkäufers	59
3. Grunddienstbarkeit zugunsten des Käufers (Stellplatz)	61
4. Grunddienstbarkeit zugunsten des Käufers (Geh- und Fahrtrecht)	62
5. Vorkaufsrecht	63
VIII. Änderungen	64
1. Kaufpreisänderung	64
2. Änderung sonstiger Bestimmungen	65
IX. Messungsanerkennung, Identitätserklärung	66
1. Abweichung nach unten	66
2. Abweichung nach oben	67
3. Identitätsfeststellung	68
X. Aufhebung	69
1. Ohne Schadenersatzregelung	69

Inhaltsverzeichnis

2. Mit Schadenersatzregelung	70
XI. Kauf- und Werkvertrag	71
B. Angebot, Annahme, Ankaufsrechte, Optionen	72
I. Vertragsangebote	72
1. Grundfall	72
2. Angebot mit Vereinbarung eines Bindungsentgelts	73
3. Mehrheit von Angeboten	74
4. Verlängerung Annahmefrist, Aufhebung Vertragsstrafenregelung	75
II. Annahme beim Angebotsnotar	76
1. Grundfall	76
2. Zwangsvollstreckungsunterwerfung	77
3. Teilweise Zwangsvollstreckungsunterwerfung	78
III. Annahme bei einem anderen als dem Angebotsnotar	79
IV. Ankaufsrecht	81
1. Einräumung	81
2. Ausübung	82
V. Einräumung einer Option	84
VI. Vorvertrag	85
1. Abschluss	85
2. Anspruch aus Vorvertrag	86
C. Isolierte Auflassung	87
I. Auflassung vor demselben Notar	87
II. Auflassung vor einem anderen Notar	88
III. Ausländisches Verpflichtungsgeschäft	89
IV. Vermächtniserfüllung	90
1. Erbvertrag oder öffentliches Testament	90
2. Eigenhändiges Testament	90
D. Überlassung	92
I. Gegenleistungen	92
II. Löschungsbewilligung Dritter	94
III. Betriebsübergabe	94
IV. Landwirtschaftlicher Betrieb	95
V. Gemeinschaftsregelungen	97
E. Miet- und Pachtverträge	98
I. Unbestimmte Dauer	98
II. Bestimmte Dauer	99
III. Gestaffelte Miete	100
1. Unbestimmte Mietdauer	100
2. Bestimmte Mietdauer	100
F. Wohnungs- und Teileigentum	101
I. Begründung nach § 8 WEG	101
1. Grundfall	101
2. Mit Vorkaufsrechten	102
3. Bauträgerprojekt	103
II. Begründung nach § 3 WEG	104
III. Identitätserklärungen	105
IV. Verwalter	107
1. Bestellung	107
2. Zustimmung	108
G. Erbbaurecht	109
I. Begründung	109

IX

Inhaltsverzeichnis

II. Verkauf		110
1. Erbbaurecht		110
2. Finanzierungsgrundschuld zum Erbbaurecht		111
3. Stillhalteerklärung		112
4. Stammgrundstück mit Löschung des Erbbaurechts		113
H. Rechte in Abteilung II		115
I. Geh- und Fahrtrecht		115
II. Unterlassungsdienstbarkeit		115
III. Wohnungsrecht		116
IV. Vorkaufsrechte		117
1. Bewilligung		117
2. Vertrag		118
3. Gegenseitige Vorkaufsrechte		118
I. Grundschulden		119
I. Grundschuld und Zwangsvollstreckungsunterwerfung		119
1. Vollständige Zwangsvollstreckungsunterwerfung		119
2. Teilweise Zwangsvollstreckungsunterwerfung und Vollzug		120
II. Finanzierungsgrundschuld		122
III. Grundschuld mit Betreuung		123
IV. Grundschuldbestellung und Verpfändung		125
V. Pfandunterstellung		126
VI. Rangbescheinigung		127
VII. Abtretungen		128
1. Abtretung einer Briefgrundschuld		128
2. Abtretung einer Buchgrundschuld		129
3. Änderung der Zins- und Zahlungsbestimmungen		130
VIII. Aufgebotsverfahren		131
J. Umschreibung der Vollstreckungsklausel		132
I. Bescheinigung Rechtsnachfolge		132
II. Vorabvollzug Abtretung		133
III. Sonstige Berichtigung		135
IV. Weitere vollstreckbare Ausfertigung		136
K. Grundbucherklärungen – Unterschriftsbeglaubigung		137
I. Bewilligung der Gläubigerin		137
1. Löschungsbewilligung		137
2. Entlassung aus der Mithaft/Pfandfreigabe		138
3. Löschung Globalgrundpfandrecht		139
4. Auswärtsbeglaubigungen		139
II. Löschungsantrag und -zustimmung des Eigentümers		141
1. Ohne Entwurf (Unterschriftsbeglaubigung)		141
2. Entwurfsüberprüfung – Ergänzung durch Beteiligten		142
3. Entwurfsergänzung		144
4. Löschung Schiff und Schiffshypothek		144
III. Grundbuchberichtigungen		145
1. Gesellschaft bürgerlichen Rechts		145
2. Namensberichtigung Heirat		146
3. Namensberichtigung GbR		147
IV. Grundschuldbestellungen		148
1. Unterschriftsbeglaubigung		148
2. Entwurfsergänzung		149
3. Grundschuldbestellung mit Vollzug		149
V. Änderung der Teilungserklärung		150

Inhaltsverzeichnis

Kapitel 2. Gesellschaftsrecht 153

A. Einzelunternehmen 153
    I. Erste Handelsregisteranmeldung 153
    II. Prokura 154
    III. Anmeldung Verkauf/Unternehmensfortführung 155
    IV. Änderung der Geschäftsanschrift 156

B. Gesellschaft bürgerlichen Rechts 157
    I. Gründung 157
    II. Fortführung einer oHG als GbR 158
    III. Abtretung einer GbR-Beteiligung 159
    IV. Kaufvertrag und Mitbeurkundung des Gesellschaftsvertrages 161

C. Offene Handelsgesellschaft 163
    I. Handelsregisteranmeldung der Gründung 163
        1. Zwei Gesellschafter 163
        2. Mehr als zwei Gesellschafter 164
        3. Gründung und Handelsregisteranmeldung in einer Urkunde 165
        4. Partnerschaftsgesellschaft 166
    II. Ein- und Austritt von Gesellschaftern 167
    III. Liquidation 168
        1. Auflösung der Gesellschaft 168
        2. Liquidationsbeendigung und Erlöschen der Firma 169

D. Kommanditgesellschaft 170
    I. Handelsregisteranmeldung der KG-Gründung 170
    II. Gründung GmbH & Co. KG 171
        1. Bareinlage 171
        2. Sacheinlage 173
    III. Übertragung bei GmbH & Co. KG 174
    IV. Handelsregisteranmeldung bei Kommanditistenwechsel ... 176
        1. Ausscheiden 176
        2. Sonderrechtsnachfolge (Abtretung) 177
        3. Sonderrechtsnachfolge Erbfall 178
        4. Unabhängiger Kommanditistenwechsel 179
        5. Beteiligungsumwandlung 180
        6. Einlagenänderungen 181
    V. Ausscheiden eines Komplementärs 182
    VI. Auflösung mit Einzelfirmaanmeldung 183

E. Vereine 184
    I. Erstanmeldung 184
    II. Satzungsänderungen, Wahlen 185
    III. Liquidation 186

F. Gesellschaft mit beschränkter Haftung 187
    I. Gründung 187
        1. Zwei-Personen-Bargründung 187
            a) Mit Geschäftsführerbestellung 187
            b) Ohne Geschäftsführerbestellung 189
        2. Ein-Personen-Bargründung 191
        3. Sachgründung (Einbringung Einzelhandelsgeschäft) ... 194
        4. Wirtschaftliche Neugründung 197
        5. Unternehmergesellschaft (haftungsbeschränkt) 199
            a) Ein-Personen-Gründung mit Musterprotokoll 199

	b)	Mehr-Personen-Gründung mit Musterprotokoll	200
	c)	Mehr-Personen-Gründung ohne Musterprotokoll	201
II.	Satzungsänderungen		202
	1.	Sitzverlegung, Gegenstandsänderung, Änderung der Vertretungsregelung	202
	2.	Satzungsänderung bei UG	205
	3.	Satzungsänderung und Gesellschafterliste	206
III.	Geschäftsführerwechsel		208
	1.	Anmeldung mit Entwurf	208
	2.	Anmeldung ohne Entwurf (Unterschriftsbeglaubigung)	208
	3.	Geschäftsführerwechsel bei einer UG (mit Musterprotokoll)	211
IV.	Kapitalerhöhung		211
	1.	Barkapitalerhöhung mit Übernahmeerklärung	211
	2.	Barkapitalerhöhung ohne Übernahmeerklärung	213
	3.	Euro-Umstellung mit Glättung	216
V.	Anteilsabtretung		218
	1.	Kaufvertrag	218
	2.	Kaufvertrag bei vermögensverwaltender Gesellschaft	220
	3.	Dinglicher Vollzug durch anderen Notar	221
	4.	Konzerninterne Anteilsübertragung	222
	5.	Schenkung	223
VI.	Verpfändung		225
VII.	Unternehmensverträge		226
	1.	Gewinnabführungs- und Beherrschungsvertrag	226
	2.	Beteiligungs- und Kooperationsvertrag	230
VIII.	Liquidation		233
	1.	Auflösung	233
	2.	Liquidationsbeendigung	236
	3.	Fortsetzung der aufgelösten Gesellschaft	237
IX.	Sonstiges		237
	1.	Isolierte GmbH-Gesellschafterliste	237
	2.	Liste der Aufsichtsratsmitglieder	239
	3.	Handelsregisterbescheinigungen	240
	4.	Einholung Apostille	241

G.	Aktiengesellschaft	241
	I. Neugründung mit Gründungsprüfung	241
	II. Hauptversammlungen	244
	1. Jahresabschluss, Gewinnverwendung, Entlastung	244
	2. Gewinnabführungsvertrag, Schaffung genehmigten Kapitals	246
	3. Kapitalerhöhung	247
	III. Sonstige Handelsregisteranmeldungen	249
	1. Vertretungsbefugnis	249
	2. Isolierte Durchführung einer Kapitalerhöhung	250
	IV. Liquidation	252
H.	Europäische Gesellschaft (SE)	254
	I. Gründung einer Tochter-SE	254
	II. Aktivierung einer Vorrats-SE	256
I.	Umwandlungen	258
	I. Verschmelzung	258
	II. Spaltung zur Neugründung	260
	III. Formwechsel	264

Inhaltsverzeichnis

Kapitel 3. Familienrecht	267
A. Eheverträge	267
I. Vereinbarung eines anderen Güterstandes	267
II. Modifikation der Zugewinngemeinschaft	268
1. Ausschluss des Zugewinnausgleichs	268
2. Modifikation des Anfangsvermögens	269
3. Künftiges Vermögen	270
III. Versorgungsausgleich	271
1. Ohne Anhaltspunkte	271
2. Ausgleich der Kapitalwerte	272
IV. Aufhebung/Modifikation von Eheverträgen	273
V. Scheidungsfolgenvereinbarung	275
VI. Ehe- und Erbvertrag	277
B. Kindschaftssachen	278
I. Adoption	278
II. Vaterschaftsanerkennung	280
C. Sonstige familienrechtliche Erklärungen	281
I. Rechtswahlen	281
II. Einladung Gastaufenthalt	282
III. Vormundbenennung	282
Kapitel 4. Erbrecht	285
A. Verfügungen von Todes wegen	285
I. Erbeinsetzung und Vermächtnis	285
1. Verfügung über ganzen Nachlass	285
2. Verfügung über einen Bruchteil	286
3. Verfügung über künftiges Vermögen	287
4. Grundstücksvermächtnis	288
5. Isolierte Teilungsanordnung	289
6. Vermächtnis KG-Anteil	290
7. Erbvertrag	291
8. Erbvertrag mit Pflichtteilsverzicht	292
II. Widerruf und Aufhebung	293
1. Testamentswiderruf	293
2. Widerruf eines gemeinschaftlichen Testaments	296
3. Aufhebung eines Erbvertrags	298
4. Rückgabe eines Erbvertrags	300
III. Änderung von Verfügungen von Todes wegen	302
1. Änderung der Erbquoten	302
2. Teilaufhebung eines Erbvertrags	303
3. Ersatzerbeneinsetzung	304
IV. Testamentsvollstreckung	305
1. Nachträgliche Anordnung	305
2. Wechsel des Testamentsvollstreckers	306
B. Erb- und Pflichtteilsverzichte	307
I. Pflichtteilsverzicht	307
II. Erbverzichtsvertrag	308
C. Sonstige erbrechtliche Erklärungen	309
I. Rechtswahl	309
II. Erbscheinsantrag	310
1. Erbscheinsantrag allgemein	310

Inhaltsverzeichnis

2. Erbscheinsantrag mit Grundbuchberichtigungsantrag	311
III. Testamentseinreichung	312
IV. Erbausschlagung	313
D. Teilungssachen	314
I. Örtliche Unzuständigkeit	314
II. Antragsrücknahme	315
III. Abschluss ohne Auseinandersetzung	315
IV. Vermittlungsverfahren mit Auseinandersetzung	316

Kapitel 5. Vollmachten und Zustimmungen ... 319

A. Vollmachten	319
I. Spezialvollmacht	319
II. Vollmachtsbestätigung	320
1. Mit Entwurf	320
2. Ohne Entwurf (Unterschriftsbeglaubigung)	321
III. Handelsregistervollmacht	322
1. Handelsregistervollmacht durch ein Vertretungsorgan	322
2. Handelsregistervollmacht Kommanditist	323
IV. Generalvollmacht	324
1. Mit Entwurf	324
2. Ohne Entwurf (Unterschriftsbeglaubigung)	325
V. Vorsorgevollmacht mit Betreuungs- und Patientenverfügung	326
1. Mit Entwurf	326
2. Mit Entwurf: Wechselseitige Vollmacht	327
3. Ohne Entwurf (Unterschriftsbeglaubigung)	328
4. Auswärtstätigkeit	329
5. Registrierungen im Zentralen Vorsorgeregister	330
VI. Patientenverfügung	330
B. Zustimmungserklärungen	332
I. Nachgenehmigung	332
II. Nachgenehmigung auswärts	333
III. Zustimmung des Ehegatten nach § 1365 BGB	334

Kapitel 6. Beratung und Entwurf ... 337

A. Vorzeitige Beendigung	337
I. Keine Beratung und keine Urkundenvorbereitung	337
II. Keine Urkundenvorbereitung, aber Beratung	338
III. Rücknahme des Beurkundungsauftrags nach Versand des Entwurfs	339
IV. Rücknahme bei auswärtiger Tätigkeit	341
B. Beratung	342
I. Allgemeine Raterteilung	342
II. Beratung zu einem konkreten Rechtsgeschäft	342
III. Beratung über Amtspflichten hinaus	344
1. Beratung anlässlich von Unterschriftsbeglaubigungen	344
2. Steuerrechtliche Beratungen	345
3. Abwicklungs-/Lastenfreistellungsberatung	346
4. Erbenermittlung	347
IV. Hauptversammlungsberatung	348
C. Entwürfe	350
I. Entwurf für ein nicht beurkundungspflichtiges Geschäft	350

II. Entwurfsüberprüfung/-ergänzung	351
III. Serienentwurf	352

Kapitel 7. Sonstiges ... 355

A. Beglaubigung von Dokumenten ... 355
    I. Papier ... 355
    II. Dateien im elektronischen Rechtsverkehr ... 357

B. Bezugsurkunden ... 361

C. Verlosung ... 362

D. Legal Opinion ... 364

E. Grundbuch- und Handelsregisterauszüge ... 365

F. Sonstige Tatsachen- und Vorgangsprotokolle ... 368
    I. Öffnung eines Schließfaches ... 368
    II. Mieterversammlung ... 369
    III. Lebensbescheinigung ... 369

G. Gebührenermäßigung ... 370
    I. Gegenüber Begünstigten ... 370
    II. Gegenüber Nichtbegünstigten ... 371

H. Gebührenvertrag ... 372
    I. Streitschlichtung ... 372
    II. Ausarbeitung Familiencharta ... 373
    III. Sonstige Verwahrung ... 374

Stichwortverzeichnis ... 377
Gebühren nach Tabelle B des GNotKG ... 385

Abkürzungsverzeichnis

AktG	Aktiengesetz
a.A.	andere Auffassung
a.E.	am Ende
BayObLG	Bayerisches Oberstes Landgericht
begl.	beglaubigt
BGH	Bundesgerichtshof
BR-Drucks.	Bundesrats-Drucksache
bspw.	beispielsweise
BZRG	Bundeszentralregistergesetz
bzw.	beziehungsweise
ders.	derselbe
d.h.	das heißt
DNotZ	Deutsche Notarzeitschrift
DONot	Dienstordnung für Notarinnen und Notare
ErbbauRG	Erbbaurechtsgesetz
ErbRVO	Verordnung des Europäischen Parlaments und des Rates über die Zuständigkeit, das anzuwendende Recht, die Anerkennung und die Vollstreckung von Entscheidungen und öffentlichen Urkunden in Erbsachen sowie zur Einführung eines Europäischen Nachlasszeugnisses (EU-Erbrechtsverordnung, Rom IV-Verordnung)
GbR	Gesellschaft bürgerlichen Rechts
Ges.m.b.H.	Gesellschaft mit beschränkter Haftung nach österreichischem Recht
ggü.	gegenüber
GmbHG	GmbH-Gesetz
GNotKG	Gerichts- und Notarkostengesetz
GrdstVG	Grundstücksverkehrsgesetz
hins.	hinsichtlich
i.d.F.	in der Fassung
i.d.R.	in der Regel
i.H.v.	in Höhe von
i.L.	in Liquidation
i.R.v.	im Rahmen von
i.S.v.	im Sinne von
i.V.m.	in Verbindung mit
JVKostO	Gesetz über Kosten im Bereich der Justizverwaltung – Justizverwaltungskostenordnung
KostO	Kostenordnung
m.E.	meines Erachtens
o.	oben
oHG	Offene Handelsgesellschaft
RegE	Entwurf der Bundesregierung eines Zweiten Gesetzes zur Modernisierung des Kostenrechts (2. Kostenrechtsmodernisierungsgesetz), BT-Drucksache 17/11471
Rn.	Randnummer
S.	Seite
s.	siehe
SvEV	Verordnung über die sozialversicherungsrechtliche Beurteilung von Zuwendungen des Arbeitgebers als Arbeitsentgelt (Sozialversicherungsentgeltverordnung)
u.	unten
UmwG	Umwandlungsgesetz
UStAE	Umsatzsteuer-Anwendungserlass

Abkürzungsverzeichnis

VersAusglG .... Versorgungsausgleichsgesetz
Vorbem. .... Vorbemerkungen
zzgl. .... zuzüglich
z.B. .... zum Beispiel

Literaturverzeichnis

BDS/*Bearbeiter*	*Bormann/Diehn/Sommerfeld* (Hrsg.), GNotKG, Kommentar, 2014
Diehn/Volpert, Notarkostenrecht	*Diehn/Volpert*, Praxis des Notarkostenrechts, 2014
DST	*Diehn/Sikora/Tiedtke*, Das neue Notarkostenrecht, 2013
Fackelmann	*Fackelmann*, Notarkosten nach dem neuen GNotKG: Einführung, Berechnungsbeispiele, Synopse, 2013
FH/*Bearbeiter*	*Fackelmann/Heinemann* (Hrsg.), GNotKG, Handkommentar, 2013
Gustavus	*Gustavus*, Handelsregisteranmeldungen, 8. Auflage 2013
Korintenberg/*Bearbeiter*	*Korintenberg* (Hrsg.), GNotKG, Kommentar, 19. Auflage 2014
LK/*Bearbeiter*	*Renner/Heinze/Otto* (Hrsg.), Leipziger Gerichts- und Notarkostenkommentar, 2013
Streifzug	*Notarkasse A.d.ö.R.* (Hrsg.), Streifzug durch die Kostenordnung, 10. Auflage 2013
Tiedtke/Diehn, Notarkosten	*Tiedtke/Diehn*, Notarkosten im Grundstücksrecht mit Bezügen zum Familien- und Erbrecht, Handels- und Gesellschaftsrecht, 3. Auflage 2011
Zimmermann/*Bearbeiter*	*Zimmermann* (Hrsg.), Praxiskommentar Erbrechtliche Nebengesetze, 2012

Einleitung

A. Zitiergebot

Die Darstellung von Berechnungen in den folgenden Kapiteln geht in den Formalien teilweise über das nach § 19 GNotKG* zwingend Erforderliche aus didaktischen Gründen hinaus. Deshalb sollen einige allgemeine Erläuterungen zum **Zitiergebot** vorangestellt werden.

I. Bezeichnung des Verfahrens, § 19 Abs. 2 Nr. 1

Die Musterberechnungen werden hier mit einer **Betreffzeile** erstellt, die bereits Elemente des Zitiergebots enthält. Sie hat folgendes allgemeine Format:

> Kostenberechnung zum **<Bezeichnung des Verfahrens>** vom **<Datum>**
> URNr. **<lfd. Nummer/Jahr>**

Die Betreffzeile enthält damit bereits die Angabe nach § 19 Abs. 2 Nr. 1, also die **Bezeichnung des Verfahrens oder Geschäfts**. Sie ist Wirksamkeitsvoraussetzung für die notarielle Kostenberechnung.

> **Hinweis**
>
> Erforderlich ist eine **schlagwortartige**, aber **unverwechselbare** Kennzeichnung des gemeinten Vorgangs im Sinne einer Individualisierung, die es dem Kostenschuldner ermöglicht, die Berechnung der betroffenen Amtshandlung zuzuordnen. Die isolierte Angabe der Nummer der Urkundenrolle genügt nicht.

Werden in einer Kostenberechnung mehrere Vorgänge abgerechnet, wurde in der Regel für jede Teilberechnung eine gesonderte Betreffzeile mit den entsprechenden Angaben angefügt. Von Ausnahmefällen abgesehen (etwa S. 231) ist es auch in der Praxis empfehlenswert, **eigenständige Verfahren und Geschäfte in gesonderten Kostenberechnungen** abzurechnen. Dies erleichtert die Erfüllung des Zitiergebots und die korrekte Abrechnung: Beispielsweise entsteht die Pauschale für Post- und Telekommunikationsdienstleistungen in jedem Verfahren bzw. für jedes Geschäft gesondert (s. Anmerkung zu Nr. 32005).

---

* Alle folgenden Vorschriften sind solche des Gerichts- und Notarkostengesetzes (**GNotKG**) wenn nicht anders angegeben. Alle folgenden Nummern sind – soweit nicht anders angegeben – solche des Kostenverzeichnisses zu diesem Gesetz.

Einleitung

> **7** **Beispiele für gesonderte Verfahren/Geschäfte**
>
> – Vorabvollzug Grundschuldabtretung (Grundbuchantrag) **und** Klauselerteilung
> – Gründung einer GmbH **und** Handelsregisteranmeldung
> – Beschlüsse einer Gesellschaft **und** Handelsregisteranmeldung

8 Die Angabe des **Datums des Vorgangs** dient der weiteren Individualisierung des Verfahrens oder Geschäfts. Das gilt auch für die **Urkundenrollennummer**. Diese Angaben erscheinen sinnvoll, sind aber nicht zwingend, um die Anforderungen nach § 19 Abs. 2 Nr. 1 zu erfüllen. Dafür genügt vielmehr die Beschreibung des Verfahrens oder Geschäfts in Worten. Bei isolierten Beratungs- oder Entwurfsvorgängen ist naturgemäß keine Urkundenrollennummer vorhanden.

II. Angaben zur jeweiligen Gebühr bzw. Auslage

1	**4**	**3**
9 Nr. des KV	Kurze Bezeichnung des jeweiligen Tatbestandes	Gebühr in €
	Geschäftswert nach Wertvorschriften	Geschäftswert in €
	5	**2**

10 Jeder Eintrag in der Kostenberechnung besteht aus verschiedenen Standardelementen. Sie werden üblicherweise von den Kostenprogrammen als **Stammdaten** vorgehalten, so dass nach der entsprechenden Auswahl nur noch der Geschäftswert eingegeben werden muss. Die Zahl der Kombinationen und damit die Zahl der Standardelemente überschaubar zu halten, war ein explizites Ziel des Gesetzgebers (RegE 158), das auch bei der Auslegung von § 19 berücksichtigt werden muss.

1. Nummer des Kostenverzeichnisses, § 19 Abs. 2 Nr. 2

11 Die angewandte Nummer des Kostenverzeichnisses nach § 19 Abs. 2 Nr. 2 steht hier ganz links. Ihre Angabe ist **Wirksamkeitsvoraussetzung** für die Kostenberechnung.

12 Die Nummer kennzeichnet den jeweiligen Gebühren- oder Auslagentatbestand. Ohne passende Nummer im Kostenverzeichnis existiert keine Notargebühr und können Auslagen nicht abgerechnet werden. Einzige **Ausnahme ist Nr. 32014**, wenn der Kostenschuldner erkennen kann, dass es sich um die Umsatzsteuer handelt (FH/*Büringer*, Nr. 32014 KV Rn. 8).

> **13** **Hinweis**
>
> Es bietet sich an, in der Kostenberechnung darauf hinzuweisen, dass sich alle zitierten Paragraphen auf das Gerichts- und Notarkostengesetz und alle Nummern auf das in dessen Anlage 1 enthaltene Kostenverzeichnis beziehen. Weder ist es erforderlich, **ständig „GNotKG"** mit anzugeben **noch „KV GNotKG"** (siehe auch hier die Fußnote * auf Seite 1).

A. Zitiergebot

a) Keine Vorbemerkungen, Anmerkungen und Tatbestandsdifferenzierungen

Nicht zur Nummer des Kostenverzeichnisses gehören Tatbestandselemente, die sich aus Vorbemerkungen oder Anmerkungen zu einer Nummer des Kostenverzeichnisses ergeben. Vorbemerkungen oder Anmerkungen sind daher nicht zu zitieren; deren Angabe ist aber fakultativ möglich (RegE 158; BDS/*Neie*, § 19 Rn. 23). Diese Erleichterung hat sich in der Praxis bereits durchgesetzt.

> **Beispiele**
>
> **Keine Vorbemerkung:** Für die Vollzugsgebühr wird Nr. 22110 zitiert, ohne Angabe der den Tatbestand ausfüllenden Vorbemerkung 2.2.1.1 Abs. 1 Satz 2 Nr. x.
> **Keine Anmerkung:** Für die Betreuungsgebühr genügt die Angabe von Nr. 22200 ohne Angabe der Nummer aus der Anmerkung.
> **Keine Tatbestandsdifferenzierung:** Bei der 0,5-Gebühr für die Beurkundungsverfahren nach Nr. 21201 Anmerkung Nr. 1 bis Nr. 8 ist die Angabe der Nummern 1 bis 8 der Anmerkung entbehrlich.

b) Mehrheit von Nummern

Setzen sich Gebührentatbestände aus **mehreren Nummern** des Kostenverzeichnisses zusammen, liegt eine **Modifikation der Hauptgebühr** vor. Ist der Modifikationstatbestand aus sich heraus verständlich und vollständig, genügt dessen Angabe ohne Grundtatbestand (BDS/*Neie*, § 19 Rn 25). So liegt es beispielsweise bei Beurkundungsverfahren nach Nrn. 21101, 21102, 21201 oder Vollzugsgeschäften nach Nr. 22111. Hier würde die Angabe des Grundtatbestandes (Nr. 21100, Nr. 21200 oder Nr. 22110) eher verwirren als Transparenz schaffen. Der Gesetzgeber selbst zitiert im GNotKG auch nur die Modifikation und behandelt diese beim Zitiergebot **wie einen eigenen Tatbestand**.

> **Beispiele für selbständige Modifikationsgebühren**
>
> Wird eine **Vertragsannahme** protokolliert, genügt die Angabe von Nr. 21101.
> Wird die **Aufhebung** eines Vertrages beurkundet, genügt die Angabe von Nr. 21102.
> Bei Beurkundung des **Rücktritts von einem Erbvertrag** genügt Nr. 21201.
> Die **Vollzugsgebühr** Nr. 22111 kann ohne Angabe von Nr. 22110 zitiert werden.

Einen **Sonderfall** bilden Modifikationen, aus denen der anzuwendende **Gebührensatz nicht eindeutig** hervorgeht, zum Beispiel bei Nr. 22112 und Nr. 22113. Deren isolierte Angabe ließe im Dunkeln, ob der Gebührensatz von 0,5 (nach Nr. 22110) oder 0,3 (nach Nr. 22111) zur Anwendung kam. Deshalb sollte angegeben werden, welche Vollzugsgebühr gedeckelt wird (BDS/*Neie*, § 19 Rn. 24).

> **Beispiele für unselbständige Modifikationsgebühren**
>
> Beschränkt sich die Vollzugstätigkeit bei der Abwicklung eines Vertrags auf die Anforderung und Prüfung einer Erklärung oder Bescheinigung nach öffentlich-

> rechtlichen Vorschriften (Vorbemerkung 2.2.1.1 Abs. 1 Satz 2 Nr. 1) genügt die Angabe von Nr. 22112 nicht. Vielmehr muss **auch Nr. 22110** angegeben werden, um die Gebühr von Nr. 22111 abzugrenzen.
> Die **Vollzugsgebühr bei der Gründung einer Ein-Personen-GmbH** (ohne Beschluss zur Bestellung des Geschäftsführers, s. Rn. 814) mit Erstellung der Gesellschafterliste und IHK-Anfrage würde sich nach Nr. 22111 richten, und zwar mit einer Höchstgebühr von 250 € + 50 € = 300 € gemäß Nrn. 22112 und 22113. Zu zitieren wären daher sowohl Nr. 22111 als auch – sofern die Höchstgebühr überhaupt relevant ist – Nrn. 22112 und 22113. Dabei ist zu bedenken, dass **nur eine Gebühr** entsteht, § 93 Abs. 1 Satz 1, Fall 1.

20 Daraus folgt allein im Bereich des einfachen Vollzugs eine große Anzahl von Kombinationen der Nummern des Kostenverzeichnisses:

- Nr. 22110 Vollzugsgebühr 0,5
- Nr. 22110 Vollzugsgebühr (Nr. 22112) 0,5
- Nr. 22110 Vollzugsgebühr (Nr. 22113) 0,5
- Nr. 22110 Vollzugsgebühr (Nrn. 22112, 22113) 0,5

- Nr. 22111 Vollzugsgebühr 0,3
- Nr. 22111 Vollzugsgebühr (Nr. 22112) 0,3
- Nr. 22111 Vollzugsgebühr (Nr. 22113) 0,3
- Nr. 22111 Vollzugsgebühr (Nrn. 22112, 22113) 0,3

20a **Verweist** ein Gebühren**tatbestand** auf eine andere Nummer des Kostenverzeichnisses, muss die **andere Nummer nie** angegeben werden. Das ist insbesondere relevant im Entwurfsbereich: Ob die Gebühr für das Beurkundungsverfahren im Fall von Nr. 24102 tatsächlich 0,5 betragen würde, muss im Rahmen des Zitiergebots nicht durch ein Zitat von Nr. 21201 oder Nr. 21101 nachgewiesen werden. Die **Subsumtion** zum Nachweis der Tatbestandsmäßigkeit erfolgt allein intern durch den Notar. Das Nebeneinander von Entwurfs- und Beurkundungsgebühren könnte den Kostenschuldner zudem eher verwirren (**kein Doppelzitat**).

c) Höchstgebühren

21 Generell müssen Nummern des Kostenverzeichnisses, die nur eine Begrenzung der Gebühr nach oben festlegen, **nur dann** zitiert werden, wenn sie sich **tatsächlich auswirken** (BDS/*Neie*, § 19 Rn. 26). In den anderen Fällen ist die Angabe fakultativ, insbesondere auch nicht verboten, was im Interesse der Standardisierbarkeit von großer Bedeutung ist.

22 **Beispiel:**

> Bei der soeben erörterten Gründung einer Ein-Personen-GmbH mit Erstellung der Gesellschafterliste und IHK-Anfrage würde bei einem Stammkapital von 25.000 € die **Angabe von Nr. 22111 für die Vollzugsgebühr ausreichen**, weil die 0,3-Gebühr aus 30.000 € nach §§ 112, 107 Abs. 1 Satz 1 **nur 37,50 €** beträgt und sich die Frage nach Höchstgebühren daher nicht stellt.

2. Geschäftswert, § 19 Abs. 2 Nr. 3

Die Angabe des Geschäftswertes nach § 19 Abs. 2 Nr. 3 ist bei Gebühren, die nach dem Geschäftswert berechnet werden, weitere **Wirksamkeitsvoraussetzung**.

Bei Vollzugs- und Betreuungsgebühren, die sich nach §§ 112, 113 Abs. 1 nach dem Geschäftswert des Beurkundungsverfahrens richten, muss der Geschäftswert **nicht erneut** gesondert angegeben werden, wenn er zuvor bei der Verfahrensgebühr ausgewiesen wurde.

Reine Annexgebühren (Nrn. 25204, 26000 und 26001) sind keine Wertgebühren i.S.v. § 19 Abs. 2 Nr. 3, auch wenn die Bezugsgebühr selbst eine Wertgebühr ist.

Beispiel:

Die sog. „**Unzeitgebühr**" nach Nr. 26000 beträgt 30 % der für das Verfahren oder das Geschäft zu erhebenden Gebühr, höchstens 30,00 €. Die Angabe eines Geschäftswertes ist entbehrlich, auch wenn für das Verfahren oder Geschäft eine Wertgebühr maßgeblich ist.

---

3. Beträge der einzelnen Gebühren und Auslagen, § 19 Abs. 2 Nr. 4

a) Grundsatz

Der **tatsächliche Betrag** der **einzelnen** Gebühr oder der Betrag der Auslage ist nach § 19 Abs. 2 Nr. 4 zwingend anzugeben. Dabei handelt es sich um eine **Wirksamkeitsvoraussetzung** für die Kostenberechnung. Der Notar muss für jede angewandte Nummer des Kostenverzeichnisses eine Gebühr ausweisen. Die Angabe der Gesamtsumme des Rechnungsbetrags nicht.

b) Nr. 26001 – fremde Sprache

Bei der als reine Annexgebühr ausgestalteten Zusatzgebühr Nr. 26001 (fremde Sprache) erhöht sich **faktisch** der Gebührensatz für das Bezugsverfahren bzw. Bezugsgeschäft.

- 0,2 wird zu **0,26** bei fremder Sprache
- 0,5 wird zu **0,65** bei fremder Sprache
- 1,0 wird zu **1,30** bei fremder Sprache
- 2,0 wird zu **2,60** bei fremder Sprache

Auf diese Weise kann die **Gesamtgebühr jedenfalls einfach berechnet** werden, wenn die Zusatzgebühr der gleiche Kostenschuldner zu tragen hat. § 19 Abs. 2 Nr. 4 verlangt allerdings die Angabe der Beträge der jeweiligen Gebühren, also auch die Differenzierung zwischen Haupt- und Annexgebühr. Dies kann etwa wie folgt geschehen.

Beispiel Zitat Zusatzgebühr für fremde Sprache

Nr. 21100 Beurkundungsverfahren (fremde Sprache, Nr. 26001)   29.601,00 €
           Geschäftswert nach §§ 97, 47   10 Mio. €(22.770/6.831 €)

29a Wenn – *de lege ferenda* – anstelle der Zusatzgebühr 26001 im Fall der fremden Sprache eine Geschäftswerterhöhung um 30 % nach dem Vorbild von § 104 vorgesehen wird, muss auf entsprechende Erhöhungen in den Fällen der Nrn. 25100, 25101, 25200 geachtet werden, und zwar auch hinsichtlich der jeweiligen Höchstgebühr.

c) Auslagen

30 Bei den jeweiligen **Dokumentenpauschalen** nach Nrn. 32000 bis 32003 und bei den Entgelten für Post- und Telekommunikationsdienstleistungen nach Nr. 32004 genügt die Angabe des **Gesamtbetrags** je Tatbestand. Anders wäre das Zitiergebot auch gar nicht praktikabel.

31 Die Angabe der **Seitenanzahl** und Anzahl der Dateien bzw. Scans bei der Dokumentenpauschale ist **nicht** vorgeschrieben (BDS/*Neie*, § 19 Rn. 29), sondern fakultativ. Ich habe mich dennoch entschlossen, diese Informationen hier überwiegend aufzunehmen.

32 Bei den Auslagen für **Grundbuch- und Handelsregistereinsichten** soll offenbar der Betrag für jede einzelne Einsicht angegeben werden. Das wäre sehr mühsam und wenig hilfreich. Das Problem wurde hier in der Weise gelöst, dass die Kosten für **eine** Einsicht bei der kurzen Bezeichnung des Auslagentatbestandes angegeben wurden. Die Angabe der Zahl der Einsichten ist daneben fakultativ.

33 | **Beispiel Grundbucheinsicht**

Nr. 32011   Auslagen Grundbucheinsicht (je 8 €)   2 Einsichten 16,00 €

4. Kurze Bezeichnung des jeweiligen Tatbestandes, § 19 Abs. 3 Nr. 1

34 Mit der Nummer des Kostenverzeichnisses korrespondiert die (hier rechts davon folgende) kurze Bezeichnung des jeweiligen Gebührentatbestands oder der Auslage nach § 19 Abs. 3 Nr. 1. Der Gesetzgeber hat insofern bewusst nur eine **Kurzbezeichnung** gemeint und davon abgesehen, eine weitergehende Individualisierung zu fordern (RegE 158). Daher genügt insoweit die **Wiedergabe der Bezeichnung des Gebührentatbestandes** aus dem Kostenverzeichnis. Es kann aber auch jede andere „sprechende" Bezeichnung gewählt werden.

35 | **Beispiele für Kurzbezeichnungen**

Statt „**Fertigung eines Entwurfs**" kann die Bezeichnung spezifischer ausfallen, zum Beispiel „**Handelsregisteranmeldung**" oder „**Grundbuchantrag**". Dabei muss nicht zum Ausdruck kommen, dass die Gebühr für die Entwurfsfertigung die Gebühr für die Unterschriftsbeglaubigung konsumiert.
„**Vollzugsgebühren**" können auch als „**Durchführungsgebühr**" bezeichnet werden.
Statt „**Erzeugung von strukturierten Daten**" sind auch „Elektronischer Vollzug und XML-Strukturdaten" oder „XML-Daten" etc. denkbar.
Die **Zusatzgebühren (Nrn. 26000 ff.)** müssen nicht als „Zusatzgebühr" beschrieben werden. Vielmehr kennzeichnet beispielsweise Nr. 26001 bereits die Angabe der fremden Sprache. Beispielsweise genügt „Englisch" zur Erfüllung von § 19 Abs. 3 Nr. 1 mit Blick auf Nr. 26001.

A. Zitiergebot

Eine differenzierte Bezeichnung könnte sich insbesondere bei Beurkundungsverfahren anbieten, bei denen gesonderte Gebühren (§ 94 Abs. 1, Hs. 1, Abs. 2 Satz 2) entstehen; zwingend ist das aber nicht. Beispiele finden sich dazu auf Seiten 50 ff.

Die kurze Bezeichnung des jeweiligen Tatbestandes ist **keine Wirksamkeitsvoraussetzung** für die Kostenberechnung, § 19 Abs. 4, aber unbedingt zu beachtende Dienstpflicht des Notars. Sie dürfte auch keine besonderen Schwierigkeiten aufwerfen, weil sich der Gesetzgeber ausdrücklich auf die gesetzliche Bezeichnung ohne weitere Individualisierung beschränkt hat.

5. Wertvorschriften, § 19 Abs. 3 Nr. 2

Die Angabe der Wertvorschriften, aus denen sich der Geschäftswert für die jeweilige Gebühr ergibt, ist nach § 19 Abs. 3 Nr. 2 zwar **keine Wirksamkeitsvoraussetzung** für die Kostenberechnung mehr, aber eine unbedingt zu beachtende **Amtspflicht** des Notars. Diese Anforderung erschwert die automatisierte Erstellung von Kostenberechnungen nicht unerheblich. Sie war daher im Gesetzgebungsverfahren sehr umstritten. Immerhin hat der Gesetzgeber den **Kreis der Vorschriften**, die zitierpflichtig sein können, exakt bezeichnet:

Zitierpflichtige Paragraphen	
– § 36	Allgemeiner Geschäftswert
– §§ 40 bis 54	Besondere Geschäftswertvorschriften
– §§ 97 bis 108	Wertvorschriften Beurkundung
– §§ 112 bis 124	Vollzug, Betreuung und sonstige Geschäfte

Nicht zitierpflichtige Paragraphen
– **Allgemeine Wertvorschriften** – Zusammenrechnung (§ 35), – Nebengegenstände (§ 37), – Bruttoprinzip (§ 38); – **Allgemeine Gebührenvorschriften** – Ermäßigungen (§ 91), – Rahmengebühren (§ 92), – einmalige Gebührenerhebung (§ 93), – verschiedene Gebührensätze (§ 94); – **Vorschriften zum Beurkundungsgegenstand (§§ 109 bis 111).**

§ 19 Abs. 3 Nr. 2 wirft dennoch verschiedene **Detailfragen** auf. Besser wäre es gewesen, auf die Angabe von Wertvorschriften ganz zu verzichten.

a) Begriff der Wertvorschrift

Unter der „Wertvorschrift" ist grundsätzlich analog zur „Nummer des Kostenverzeichnisses" **nur die Paragraphenzahl** selbst zu verstehen. **Absätze, Sätze, Nummern und Buchstaben sind nicht zitierpflichtig** (BDS/*Neie*, § 19 Rn. 37). Das hat der Ge-

Einleitung

setzgeber durch Enumeration der in Betracht kommenden Paragraphen unterstrichen und in der amtlichen Begründung in **Abkehr zur bisherigen Rechtsprechung** (BGH DNotZ 2007, 546) ausdrücklich klargestellt (RegE 158). Für diese Sichtweise spricht weiter, dass der Gesetzgeber die Erstellung der Kostenberechnung nicht erschweren wollte. Dem Kostenschuldner die Überprüfung zu erleichtern wird bereits durch Angabe des einschlägigen Paragraphen erreicht.

43	**Hinweis**

Anders als bisher ist die Angabe von Absätzen, Sätzen, Nummern und Buchstaben **nicht mehr erforderlich**.

44   Auch wenn das Zitiergebot auf die Paragraphenangabe der Wertvorschrift beschränkt ist, kann **fakultativ** eine genauere Angabe erfolgen, und dies ist teilweise **auch einfach möglich** und in diesen Fällen sinnvoll, beispielsweise bei:

45	**Fakultativ genauere Angabe mit Absatzbezeichnung**

– **§ 36 Abs. 1** bei billigem Ermessen für vermögensrechtliche Angelegenheiten,
– **§ 36 Abs. 2** bei billigem Ermessen für nichtvermögensrechtliche Angelegenheiten,
– **§ 36 Abs. 3** bei fehlenden Anhaltspunkten für § 36 Abs. 1 und Abs. 2,
– **§ 104 Abs. 1** für eine Rechtswahl hinsichtlich der Ehewirkungen und
– **§ 104 Abs. 2** für eine erbrechtliche Rechtswahl,
– **§ 113 Abs. 1** für die allgemeine Betreuungsgebühr und
– **§ 113 Abs. 2** für die Treuhandgebühr,
– **§ 119 Abs. 1** für Entwürfe und
– **§ 119 Abs. 2** für Serienentwürfe.

46   Eine solche fakultative Untergliederung ist aber häufig auch **nicht möglich, nicht sinnvoll oder ohne spezifischen Mehrwert**.

47	**Beispiele**

§ 47: Die **Sache beim Kauf** wird grundsätzlich nach dem Kaufpreis bewertet, § 47 Satz 1. In bestimmten Fällen sind Hinzurechnungen vorzunehmen, § 47 Satz 2. Mindestens ist aber immer der Verkehrswert anzusetzen, § 47 Satz 3. Mit Blick auf das Zitiergebot ist die **Angabe von § 47 völlig ausreichend**, um dem Kostenschuldner zu ermöglichen, die Kostenberechnung nachzuvollziehen.
§ 97: Der Geschäftswert bei der **Beurkundung von Verträgen** bestimmt sich nach dem Wert des Rechtsverhältnisses, das Beurkundungsgegenstand ist, § 97 Abs. 1. Bei Austauschverträgen ist nach § 97 Abs. 3 nur der Wert der Leistungen des einen Teils maßgebend; wenn der Wert der Leistungen verschieden ist, ist der höhere maßgebend. Für Veränderungen eines Rechtsverhältnisses enthält § 97 Abs. 2 noch eine Wertbegrenzung. Hier ist die **Angabe von § 97 völlig ausreichend**, um die erwünschte Kostentransparenz herbeizuführen.

> **§ 112:** Hier zwischen Satz 1 und Satz 2 zu unterscheiden, ist mit Blick auf die Kostentransparenz sinnlos, weil in beiden Fällen der Geschäftswert des (zugrunde liegenden oder potentiell zugrunde liegenden) Beurkundungsverfahrens maßgeblich ist.

Es kann aber auch Fälle geben, in denen eine Unterscheidung die **computermäßige Aufbereitung** von Kostenberechnungen **verhindern** würde, weil zu viele Fälle zu unterscheiden wären, **zum Beispiel bei § 105** (Anmeldung zu bestimmten Registern): Wollte man hier nach Absätzen und Nummern unterscheiden, würde eine automatisierte Erstellung der Kostenberechnung kaum möglich sein, weil allein diese Vorschrift in mindestens 18 Unterfälle gegliedert werden müsste, was jede computergestützte Handhabung unpraktikabel machte. Das hat der Gesetzgeber auch **ausdrücklich nicht gewollt**.

b) Höchstgeschäftswerte

§ 35 Abs. 2, aus dem sich der allgemeine Höchstgeschäftswert von 60 Mio. € ergibt, muss schon deshalb nicht zitiert werden, weil § 35 nicht zum Kreis der zitierpflichtigen Vorschriften nach § 19 Abs. 3 Nr. 2 gehört. Für die übrigen Vorschriften, die spezifische Höchstgeschäftswerte vorschreiben, etwa §§ 48, 106, 107, gilt das Zitiergebot wie bei Höchstgebühren im Kostenverzeichnis nur dann, wenn der Höchstgeschäftswert **tatsächlich erreicht** wird, sonst nicht (BDS/*Neie*, § 19 Rn. 38). In anderen Fällen, etwa in §§ 98 Abs. 4, 108 Abs. 5, 120 Satz 2 und 123 Satz 2, stellt sich die Frage nicht, weil durch die ohnehin erforderliche Angabe des entsprechenden Paragraphen wegen des Geschäftswertes die Begrenzung gleich mitzitiert wird.

In diesem Sinne ist es aber generell erwägenswert und **jedenfalls zulässig**, die Vorschrift für den jeweiligen Höchstgeschäftswert **immer mit zu zitieren**, auch wenn sie sich wie bei §§ 48, 106 und 107 in einem anderen Paragraphen befindet (BDS/*Neie*, § 19 Rn. 38). Das **erleichtert die Standardisierung** bei der Angabe von Wertvorschriften.

> **Beispiele**
>
> - §§ 105, 106 für alle Handelsregisteranmeldungen
> - §§ 97, 107 für alle Gesellschaftsverträge, Satzungen und UmwG-Pläne/Verträge
> - § 48 immer, wenn ein landwirtschaftlicher Betrieb mit Hofstelle betroffen ist

c) Mindestgeschäftswerte

Vorschriften, die spezifische Mindestgeschäftswerte vorsehen, etwa **§§ 105 Abs. 1 Satz 2 und 107 Abs. 1**, sind mit zu zitieren, wenn der spezifische Mindestwert nicht überschritten wird (BDS/*Neie*, § 19 Rn. 39). Die Angabe des Paragraphen schließt den Mindestwert – wie bei § 105 – aber bereits mit ein.

Einleitung

d) Verweisungen und Inbezugnahmen

53 Ein Sonderproblem stellen Verweisungen zwischen verschiedenen Wertvorschriften und Inbezugnahmen von anderen Geschäftswerten dar. Zum einen geht es um **echte Verweisungen** auf andere Wertvorschriften:

54 | **Echte Verweisungen**

- § 104 Abs. 1 bzw. Abs. 2 (**Rechtswahl**): Verweise auf § 100 bzw. 102.
- § 119 Abs. 1 (**Entwurf**): Verweis auf für die Beurkundung geltenden Vorschriften.
- § 121 (**UB**): Verweis auf die für die Beurkundung geltenden Vorschriften.

55 In diesen Fällen erstreckt sich das Zitiergebot sowohl auf die Einstiegsnorm als auch auf die durch diese zur Anwendung gebrachte(n) Vorschrift(en).

56 | **Zitierung bei echter Verweisung**

- §§ 104 Abs. 1, 100   Güterrechtliche Rechtswahl
- §§ 104 Abs. 2, 102   Erbrechtliche Rechtswahl
- §§ 119 Abs. 1, 105, 106 Entwurf Handelsregisteranmeldung

57 Bei vollständigen Entwürfen wurde hier zuweilen noch § 92 Abs. 2 mitzitiert. Das ist nicht vorgeschrieben, kann aber dem Kostenschuldner verdeutlichen, warum der höchste in Betracht kommende Gebührensatz angewandt wurde.

58 Davon zu unterscheiden sind **Bezugnahmen auf andere Geschäftswerte ohne Verweisungen auf andere Vorschriften**.

59 | **Unechte Verweisungen**

§ 98 Abs. 1 (Spezialvollmacht, Zustimmungserklärung): Inbezugnahme des **Geschäftswertes** – nicht der Wertvorschriften – für die Beurkundung.
§ 104 Abs. 3 (Sonstige Rechtswahl): Inbezugnahme des **Geschäftswertes** für die Beurkundung – nicht der Wertvorschriften.
§ 120 Satz 1 (Beratung bei Haupt- oder Gesellschafterversammlungen): Inbezugnahme der **Geschäftswerte** für die Beurkundung der zu fassenden Beschlüsse – nicht der Wertvorschriften.

60 In diesen Fällen sind **etwaige Nebenrechnungen**, um die in Bezug genommenen Geschäftswerte zu ermitteln, falls diese nicht ohnehin vorliegen, **nicht** mit Zitaten zu belegen. Es handelt sich nämlich nicht um eine Anwendung dieser Vorschriften i.S.v. § 19 Abs. 3 Nr. 2, sondern um eine **Subsumtionsleistung**, die nicht näher zu belegen ist.

6. Werte einzelner Verfahrensgegenstände, § 19 Abs. 3 Nr. 3

61 Wenn sich der Geschäftswert aus der **Summe der Werte mehrerer Verfahrensgegenstände** ergibt, also ein Fall von § 35 Abs. 1 vorliegt, sind nach § 19 Abs. 3 Nr. 3 zusätzlich zum Geschäftswert auch die Werte der einzelnen Gegenstände anzugeben. Diese differenzierte Darstellung ist jedoch **keine Wirksamkeitsvoraussetzung** für die Kostenberechnung.

Kommen verschiedene Gebührensätze zur Anwendung und entstehen nach **§ 94 Abs. 1, Hs. 1** gesondert berechnete Gebühren, ist § 19 Abs. 3 Nr. 3 bereits durch die gesonderte Berechnung erfüllt. Ist der geringere Wert der Vergleichsberechnung nach **§ 94 Abs. 1, Hs. 2** maßgeblich, bleibt es theoretisch bei den mehreren Gebühren nach Halbsatz 1; jedoch wird in der Praxis eine einheitliche Gebühr berechnet, deren Geschäftswertzusammensetzung dann aber aufgeschlüsselt werden muss. 62

Sind mehrere Gegenstände als ein Beurkundungsgegenstand zu behandeln, liegt es nach § 94 Abs. 2 genau umgekehrt: Es entsteht nach **§ 94 Abs. 2 Satz 1** grundsätzlich eine Gebühr. Die Geschäftswerte müssen daher aufgeschlüsselt werden. Das gilt auch im Fall von Satz 2; jedoch werden in der Praxis häufig gesonderte Gebühren ausgewiesen werden, bei denen die jeweilige Angabe des Geschäftswertes den Anforderungen von § 19 Abs. 3 Nr. 3 selbstverständlich genügt. 63

§ 19 Abs. 3 Nr. 3 findet **keine Anwendung** auf die Zusammensetzung des Geschäftswertes innerhalb eines Verfahrensgegenstandes. 64

| Gegenstandsinterne Addition | 65 |

Nicht zitierpflichtig sind beispielsweise folgende Fälle gegenstandsinterner Addition:
– Hinzurechnungen nach § 47 Satz 2,
– Gegenleistungen nach § 97 Abs. 3.

Eine gesonderte **Bezeichnung** oder gar **Beschreibung** der einzelnen Gegenstände ist **nicht erforderlich**. Auch müssen die Wertvorschriften, aus denen sich der Geschäftswert ergibt, nicht den einzelnen Gegenständen zugeordnet werden. 66

III. Vorschüsse

Wirksamkeitsvoraussetzung ist ferner die Angabe gezahlter Vorschüsse nach § 19 Abs. 2 Nr. 5. Dazu findet sich ein Beispiel auf S. 100. 67

IV. Exkurs: Umsatzsteuergesetzliche Vorgaben

Das Umsatzsteuergesetz enthält eine Reihe von Vorgaben, die **neben** das kostenrechtliche Zitiergebot treten. Umsatzsteuerrechtliche Vorgaben, etwa der nach § 14 Abs. 4 Satz 1 Nr. 9 UStG vorgeschriebene **Hinweis auf die Aufbewahrungspflicht** des Leistungsempfängers, sind – selbstverständlich – nicht Gegenstand des Zitiergebots. Eine Aufhebung der Kostenberechnung wegen solcher Mängel ist im Verfahren nach § 127 Abs. 1 ausgeschlossen. 68

Der Kostenschuldner hat aber nach § 14 Abs. 2 Satz 1 Nr. 1 UStG einen Anspruch gegen den Notar, dass ihm binnen **sechs Monaten** eine auch in umsatzsteuerrechtlicher Hinsicht einwandfreie Kostenberechnung ausgestellt wird. Dieser bußgeldbewehrte (§ 26a Abs. 1 Nr. 1 UStG) Anspruch kann wohl im Verfahren nach § 15 Abs. 2 BNotO durchgesetzt werden, begründet aber kein Zurückbehaltungsrecht des Kostenschuldners, auch nicht, wenn dieser vorsteuerabzugsberechtigt ist (BNotK-Rundschreiben 4/2002 vom 1.2.2002). 69

Einleitung

1. Allgemeines

70 Allgemeine Angaben nach § 14 Abs. 4 UStG
- Name und **vollständige Anschrift des Notars** und des **Leistungsempfängers**, Nr. 1,
- die dem Notar vom Finanzamt erteilte **Steuernummer** oder die ihm vom Bundeszentralamt für Steuern erteilte **Umsatzsteuer-Identifikationsnummer**, Nr. 2,
- das **Ausstellungsdatum** der Rechnung, Nr. 3,
- **Zeitpunkt** der Leistung, Nr. 6,
- das **Entgelt**, Nr. 7 (Die Gebührensumme wird vom GNotKG nicht gefordert. Stundungen und Anrechnungen sind ebenfalls umsatzsteuerrechtlich auszuweisen.),
- den **Steuersatz** sowie den auf das Entgelt entfallenden **Steuerbetrag**, Nr. 8.

2. Fortlaufende Nummer

71 Nach § 14 Abs. 4 Nr. 4 UStG muss die Rechnung mit einer fortlaufenden Nummer mit einer oder mehreren Zahlenreihen, die zur Identifizierung der Rechnung vom Rechnungsaussteller **einmalig** vergeben wird (**Rechnungsnummer**), versehen werden.

72 | **Rechnungsnummer nach § 14 Abs. 4 Nr. 4 UStG**

- In den Notarkassenbereichen ist dies die **Nummer des Kostenregisters**. Sollen zu einer Nummer im Kostenregister mehrere Rechnungen erteilt werden, müssen Bruchnummern verwendet werden.
- Im Übrigen ist bereits die **Urkundenrollennummer** ausreichend, wenn erkennbar wird, dass sie auch als Rechnungsnummer Verwendung finden soll. Sind zu einer URNr. mehrere Rechnungen zu erteilen (etwa bei getrennten Rechnungen bei mehreren Kostenschuldnern), müssen Bruchnummern erzeugt werden.

3. Hinweis zur Aufbewahrungspflicht

73 In den Fällen des § 14b Abs. 1 Satz 5 UStG muss ein Hinweis auf die Aufbewahrungspflicht des Leistungsempfängers aufgenommen werden, § 14 Abs. 4 Nr. 9 UStG. § 14b Abs. 1 Satz 5 UStG bestimmt, dass in den Fällen des § 14 Abs. 2 Satz 1 Nr. 1 UStG der Leistungsempfänger die Rechnung zwei Jahre aufzubewahren hat, soweit er nicht Unternehmer ist oder Unternehmer ist, aber die Leistung für seinen nichtunternehmerischen Bereich verwendet. Zu den Fällen des § 14 Abs. 2 Satz 1 Nr. 1 UStG gehören auch sonstige Leistungen im Zusammenhang mit einem Grundstück, also wohl auch notarielle Amtshandlungen.

74 | **Hinweis nach § 14 Abs. 4 Nr. 9 UStG**

„Kostenberechnungen für Amtshandlungen mit Immobilienbezug müssen auch im nichtunternehmerischen Bereich zwei Jahre aufbewahrt werden."

A. Zitiergebot

V. Rechtsbehelfsbelehrung

Einstimmig (!) hatte der Bundestag am 8. November 2012 den Gesetzentwurf der Bundesregierung zur Einführung einer **Rechtsbehelfsbelehrung im Zivilprozess** (BT-Drucks. 17/10490) in der vom Rechtsausschuss geänderten Fassung (BT-Drucks. 17/11385) angenommen. Das Gesetz wurde am 11.12.2012 im Bundesgesetzblatt verkündet (Gesetz vom 5.12.2012 – BGBl I 2012 S. 2418). 75

Damit wird die **Pflicht zu einer Rechtsbehelfsbelehrung** in notariellen Kostenberechnungen eingeführt, die auch in § 7a GNotKG **übernommen wurde** und seit 1.1.2014 gilt: 76

> **§ 1b KostO und § 7a GNotKG i.d.F. vom 1.1.2014** 77
>
> Jede Kostenrechnung, jede anfechtbare Entscheidung und jede Kostenberechnung eines Notars hat eine Belehrung über den statthaften Rechtsbehelf sowie über die Stelle, bei der dieser Rechtsbehelf einzulegen ist, über deren Sitz und über die einzuhaltende Form und Frist zu enthalten.

Die erforderlichen **Inhalte** der Rechtsbehelfsbelehrung sind demnach:
- **Statthafte Rechtsbehelfe** sind der Antrag auf Entscheidung des Landgerichts nach § 127 und der Antrag auf Abhilfe beim Notar, der jederzeit möglich ist. Obwohl ein Rechtsbehelf im Gegensatz zum Rechtsmittel keinen Devolutiveffekt haben muss, ist unklar, ob der Hinweis auf die Abhilfemöglichkeit allein ausreicht. Jedenfalls die Abhilfeentscheidung müsste wohl einen Hinweis auf die Entscheidung des Landgerichts nach § 127 enthalten. 77a
- **Stellen, bei der dieser Rechtsbehelf einzulegen ist**, sind der Notar für den Abhilfeantrag und das Landgericht, in dessen Bezirk der Notar seinen Amtssitz hat, für den Antrag nach § 127. **Dessen Sitz** ist die politische Gemeinde, in der sich die Stelle befindet, also der Ort. Die Angabe einer **Anschrift** ist nicht geschuldet (BDS/*Diehn*, § 7a Rn. 18, str.). 77b
- **Die einzuhaltende Form** ergibt sich für die landgerichtliche Entscheidung aus §§ 130 Abs. 3 Satz 1 GNotKG, 25 FamFG. Danach können die Beteiligten Anträge gegenüber dem zuständigen Gericht schriftlich oder zur Niederschrift der Geschäftsstelle abgeben. Es muss nicht darauf hingewiesen werden, dass der Antrag begründet werden soll, § 23 Abs. 1. Abhilfeverlangen beim Notar können formlos gestellt werden, worauf hinzuweisen entbehrlich erscheint. 77c
- Eine **einzuhaltende Frist** gibt es grundsätzlich nicht, so dass ein entsprechender Hinweis entbehrlich ist (BDS/*Diehn*, § 7a Rn. 24). Dass Anträge auf landgerichtliche Entscheidung nach § 127 Abs. 2 nach Ablauf des Kalenderjahres, das auf das Jahr folgt, in dem die vollstreckbare Ausfertigung der Kostenberechnung zugestellt worden ist, nicht mehr gestellt werden können, ist nur auf einer vollstreckbaren Ausfertigung der Kostenberechnung hinweispflichtig (BDS/*Diehn*, Rn. 25). Im Übrigen liegt diese Frist außerhalb des Schutzzwecks von § 7a, weil sie mit Zugang der Kostenberechnung nicht zu laufen beginnt. Auf allgemeine Verjährungsfristen muss ebenfalls nicht hingewiesen werden. Noch weniger erforderlich ist der Hinweis auf das Fehlen einer gesetzlichen Frist. 77d
- **Keines** Hinweises bedürfen die **Kosten** des Rechtsbehelfs (BDS/*Diehn*, § 19 Rn. 26). 77e

– Die Rechtsbehelfsbelehrung muss **nicht** vom Notar **unterschrieben** werden (BDS/Diehn, § 7a Rn. 30 f., str.).

78 Eine entsprechende Rechtsbehelfsbelehrung könnte mithin wie folgt formuliert werden:

Rechtsbehelfsbelehrung (Variante ohne Hinweis auf Abhilfemöglichkeit)

„**Rechtsbehelfsbelehrung:** Gegen diese Kostenberechnung kann die Entscheidung des Landgerichts Hamburg schriftlich oder zur dortigen Niederschrift beantragt werden."

Rechtsbehelfsbelehrung (Variante mit Hinweis auf Abhilfemöglichkeit)

„**Rechtsbehelfsbelehrung:** Gegen diese Kostenberechnung kann die Entscheidung des Landgerichts Hamburg schriftlich oder zur dortigen Niederschrift beantragt oder zunächst ein Antrag auf Überprüfung durch den Notar schriftlich bei diesem gestellt werden."

78a Die **Zweckmäßigkeit** notarieller Rechtsbehelfsbelehrungen ist angesichts fehlender Rechtsfolgen **zweifelhaft**. Eine Wiedereinsetzung in den vorigen Stand (vgl. § 83 Abs. 2 Satz 2 GNotKG-2014) ist angesichts fehlender Rechtsbehelfsfristen praktisch sinnlos.

78b Die **Dienstaufsicht** kann den Notar anhalten, der Verpflichtung zur Rechtsbehelfsbelehrung nachzukommen. Innerhalb der gesetzlichen Vorgaben liegt deren Ausgestaltung allerdings im freien Ermessen des Notars; insoweit bestehen keine aufsichtsrechtlichen Weisungsbefugnisse.

VI. Entbehrliche Angaben

1. Gegenstände

79 Eine sprachliche Beschreibung des **Gegenstands** oder der **Gegenstände** des Verfahrens ist nicht erforderlich, und zwar auch nicht, wenn das Verfahren mehrere Gegenstände hat. Bezeichnet werden müssen nur das Verfahren oder Geschäft (individualisiert) sowie der Kostentatbestand (kurz, also standardisiert). Der Gesetzgeber hat sich auf diese Anforderungen beschränkt, um die Erstellung der Kostenberechnung nicht weiter zu erschweren (RegE 158).

80 Die Kostenberechnung ist **gegenstandsblind**: Auch die zu zitierenden Wertvorschriften, aus denen sich der Geschäftswert ergibt, müssen einzelnen Verfahrensgegenständen **nicht zugeordnet** werden.

81 In den Musterberechnungen wurden – mit Blick auf § 19 überobligatorisch – bei mehreren Gegenständen häufig die Gegenstände bezeichnet und Wertvorschriften zugeordnet. Dabei handelt es sich aber um einen fakultativen Aufwand.

2. Gebührensatz

Erstaunlich, aber unzweifelhaft fällt die Angabe des Gebührensatzes nicht unter das Zitiergebot (BDS/*Neie*, § 19 Rn. 30). Das gilt **auch bei Rahmengebühren**, und zwar auch außerhalb des Anwendungsbereiches von § 92 Abs. 2, wonach für die vollständige Erstellung eines Entwurfs stets die Höchstgebühr zu erheben ist. Um unnötige Nachfragen des Kostenschuldners zu vermeiden, halte ich es für empfehlenswert, bei vollständiger Entwurfsfertigung § 92 Abs. 2 zu zitieren. 82

3. Anzahl der Seiten bzw. Dateien bei den Dokumentenpauschalen

Die Anzahl der Seiten bzw. Dateien ist Grundlage der Bemessung der Dokumentenpauschalen nach Nrn. 32000 ff. Sie sind aber **nicht** vom Zitiergebot nach § 19 umfasst (BDS/*Neie*, § 19 Rn. 29). In den Musterberechnungen habe ich die Angabe nur aus didaktischen Gründen dennoch gemacht, würde sie aber für die Praxis nicht empfehlen. 83

Die Dokumentenpauschalen gehören aus meiner Sicht zu den **kompliziertesten Regelungen** im GNotKG (s. Rn. 127 ff.), über deren Anwendung und Auslegung man trefflich streiten kann. Der Streit lohnt aber ganz und gar nicht, weil die Auslagenhöhe vom Gesetzgeber **in unvertretbarer Weise reduziert** wurde. Die Bemühungen zur Einführung einer Pauschalregelung nach dem Vorbild von Nr. 32005 waren nicht erfolgreich. Der **Gesetzgeber** sollte diesen Schritt jedoch nochmals **bedenken**. Regelmäßig wird der Aufwand, der mit 84
– dem Zählen von Seiten,
– der Subsumtion unter den richtigen Auslagentatbestand,
– Beachtung von Ausnahmen und Sperrwirkungen und
– Erledigung von Vergleichsberechnungen

entsteht, in **keinem Verhältnis zur Auslagenhöhe** stehen. Da die Auslage aber nach § 17 Abs. 1 Satz 1 BNotO erhoben werden muss, sollten jedenfalls Ansatzpunkte für Diskussionen über Minimalbeträge vermieden werden. Deshalb würde ich in der Praxis – anders als hier zu Illustrationszwecken – **keine Seitenzahlen** etc. angeben, zumal die geringe Höhe der Dokumentenpauschalen künftig in der Regel jeden Streit ausschließen sollte.

4. Zeitaufwand bei Zusatzgebühren

Parallel zu den Seiten/Dateien/Scans bei der Dokumentenpauschale muss bei der Auswärtsgebühr **nicht die Zeit der Abwesenheit** ausgewiesen werden. 85

VII. Verstoßfolgen

1. Dienstaufsichtsrechtliche Beanstandung

Das Zitiergebot ist seinem ganzen Umfang nach eine unbedingt zu beachtende **Amtspflicht** des Notars. Es ist Bestandteil des Gebots der Gesetzmäßigkeit der Kostenerhebung, § 17 Abs. 1 Satz 1 BNotO. Die im Detail bestehenden **Auslegungsunsicherheiten** beim Zitiergebot sind bei der Frage, ob überhaupt eine Amtspflichtverletzung vorliegt, zu berücksichtigen. 86

Dienstaufsichtsrechtliche Beanstandungen setzen in der Regel **wiederholte** und **grobe Verstöße** gegen das Zitiergebot voraus, die **dessen Zweck** ernsthaft in Frage stellen. 87

2. Aufhebung der Kostenberechnung

88 Kostenberechnungen, die gegen § 19 **Abs. 1** oder **Abs. 2** verstoßen, sind von Anfang an unwirksam (**nichtig**), was im Verfahren nach § 127 Abs. 1 festgestellt werden kann. Einer Aufhebung der Berechnung bedarf es insoweit nicht (aA *Wudy*, NotBZ 2013, 226).

89 Kostenberechnungen, die gegen § 19 **Abs. 3** verstoßen, sind umgekehrt **nicht deshalb unwirksam**, § 19 Abs. 4. Sie können aber, wie sich aus § 19 Abs. 5 ergibt, wegen eines solchen Mangels gleichwohl aufgehoben werden. Die Aufhebung tritt mit Rechtskraft des Aufhebungsbeschlusses ein und hat nur eingeschränkte Wirkungen (dazu sogleich).

3. Auswirkung von Formfehlern auf Verjährung und Beitreibung

a) Grundlagen

90 Ansprüche auf Zahlung von Notarkosten verjähren nach § 6 Abs. 1 Satz 3 in **vier Jahren nach Ablauf des Kalenderjahrs**, in dem die Kosten fällig geworden sind. Der Lauf der Verjährungsfrist ist **nicht von der Mitteilung** einer (formgerechten) Kostenberechnung abhängig, § 19 Abs. 1 Satz 2. Nach § 6 Abs. 3 sind auf die Verjährung die Vorschriften des BGB anzuwenden.

91 Die **Verjährung** der Ansprüche auf Zahlung von Kosten **beginnt neu** nach § 6 Abs. 3 Satz 2 auch durch
– die **Aufforderung zur Zahlung** – allerdings nur einmal – oder
– eine dem Schuldner mitgeteilte **Stundung**.
Ist der Aufenthalt des Kostenschuldners unbekannt, so genügt sogar die Zustellung durch Aufgabe zur Post unter seiner letzten bekannten Anschrift.

92 Die Kosten nebst Zinsen werden nach § 89 aufgrund einer mit der **Vollstreckungsklausel des Notars** versehenen Ausfertigung der Kostenberechnung nach den Vorschriften der Zivilprozessordnung beigetrieben. Auch Zwangsvollstreckungsmaßnahmen bewirken den Neubeginn der Verjährung (§ 6 Abs. 3 Satz 1 i.V.m. § 212 Abs. 1 Nr. 2 BGB).

b) Verstöße gegen § 19 Abs. 1 und Abs. 2

93 Auf der Grundlage einer unwirksamen Kostenberechnung können die Kosten **nicht beigetrieben** werden; insbesondere nicht im Wege der Zwangsvollstreckung mit einer nach § 89 erteilten vollstreckbaren Ausfertigung der (unwirksamen) Kostenberechnung.

94 Auch der **Neubeginn der Verjährung** setzt voraus, dass dem Kostenschuldner eine wirksame Kostenberechnung zugegangen ist. Verstöße gegen § 19 Abs. 1 oder Abs. 2 **hindern daher den Neubeginn** der Verjährung.

c) Verstöße gegen § 19 Abs. 3

95 Ein Verstoß gegen § 19 Abs. 3 berührt die Wirksamkeit der Kostenberechnung nicht, § 19 Abs. 4. Die Unwirksamkeit tritt vielmehr erst **mit Rechtskraft des Aufhebungsbeschlusses**, und auch nur **ex nunc** ein.
– Nach § 19 Abs. 5 bleibt ein bereits eingetretener **Neubeginn der Verjährung unberührt**: Sowohl Zahlungsaufforderung als auch Stundungsabrede, Anerkenntnis und Vollstreckungsmaßnahmen behalten somit ihren Effekt hinsichtlich des Neubeginns der Verjährungsfrist trotz Formmangels bei bloßem Verstoß gegen § 19 Abs. 3.

– Auf der Grundlage einer wirksamen Kostenberechnung **können Kosten beigetrieben werden**, insbesondere im Wege der Zwangsvollstreckung mit einer nach § 89 erteilten vollstreckbaren Ausfertigung der Kostenberechnung. Wird die Kostenberechnung nachträglich wegen Verstoßes gegen § 19 Abs. 3 aufgehoben, bleibt die Wirksamkeit der bis dahin erfolgten Vollstreckungshandlungen unberührt. Mit Rechtskraft des Aufhebungsbeschlusses ist deren **Fortsetzung allerdings unzulässig**. Die Vollstreckung kann jedoch auf der Grundlage einer § 19 Abs. 3 entsprechenden, neuen Kostenberechnung mit Vollstreckungsklausel fortgesetzt werden.

B. Grundbegriffe

Das GNotKG unterscheidet zwei notarielle Vorgangsarten: Geschäfte und Verfahren. An diese Unterscheidung werden systematische Folgen geknüpft. 96

I. Geschäfte

Geschäfte sind	97
– Vollzug – Betreuung – Entwürfe – Beratungen – Beglaubigungen – Bescheinigungen – Verwahrungen	

Ein **Geschäft** hat grundsätzlich genau einen Gegenstand. Sind **mehrere Gegenstände** betroffen, liegen **mehrere Geschäfte** vor, auch wenn sie in einer Urkunde enthalten sind. 98

Beispiel:	99
Eine Urkunde enthält **mehrere Bescheinigungen** nach § 21 BNotO.	

Etwas anderes gilt für Geschäfte, für die bei der **Geschäftswertermittlung** angeordnet ist, dass die für das Beurkundungsverfahren geltenden Vorschriften entsprechend gelten. Das ist insbesondere der Fall bei **Entwürfen** (§ 119) und **Unterschriftsbeglaubigungen** (§ 121). Für diese Geschäfte gilt auch der Grundsatz der Wertaddition nach § 35 Abs. 1 wie bei notariellen Verfahren. 100

Mehrere Geschäfte lösen **jeweils gesonderte Gebühren** aus, soweit nicht § 35 gilt oder ausdrücklich etwas anderes vorgeschrieben ist, wie beispielsweise für die Unterschriftsbeglaubigung in Anmerkung 2 zu Nr. 25100. Danach wird mit der Geschäftsgebühr auch die Beglaubigung mehrerer Unterschriften oder Handzeichen abgegolten, wenn diese in einem einzigen Vermerk erfolgen. 101

102 | **Beispiel:**

Drei Unterschriftsbeglaubigungen nach § 40 BeurkG werden in einem Vermerk vorgenommen. Nach Anmerkung 2 zu Nr. 25100 entsteht die Gebühr ausnahmsweise nur einmal, obwohl drei Geschäfte vorliegen.
Nicht bedacht hat der Gesetzgeber dabei, dass die Pauschale für Post- und Telekommunikationsdienstleistungen nach Nr. 32005 in diesem Fall dreimal anfällt. Hier wird man Anmerkung 2 zu Nr. 25100 erweiternd dahingehend auslegen müssen, dass von nur einem Geschäft im Sinne der Anmerkung zu Nr. 32005 auszugehen ist (BDS/*Diehn*, Nr. 32005 Rn. 6).
Im Verhältnis von Unterschriftsbeglaubigung und Auslagenpauschale hat der Gesetzgeber **ferner nicht bedacht**, dass die Entwurfsgebühr nach Nrn. 24100 ff. die **Auslagen nicht kompensiert**: Beglaubigt der Notar unter dem von ihm gefertigten Entwurf einer Handelsregisteranmeldung die Unterschrift, entsteht eine Entwurfsgebühr nach Nr. 24102. Diese konsumiert die Gebühr nach Nr. 25100 nach Vorbemerkung 2.4.1 Abs. 2 hinsichtlich der erstmaligen Beglaubigungen an ein und demselben Tag. Die Pauschale nach Nr. 32005 entsteht jedoch nicht nur für das Entwurfsgeschäft, sondern auch für jede Unterschriftsbeglaubigung – ein sachlich nicht überzeugendes Ergebnis. Hier wird man Vorbemerkung 2.4.1 Abs. 2 dahingehend auszulegen haben, dass soweit die Unterschriftsbeglaubigung gebührenfrei erfolgt, auch kein gesondertes Geschäft i. S. v. Nr. 32005 anzunehmen ist.

103 Insofern ist auch § 93 Abs. 1 Satz 1 eine Ausnahmevorschrift, die anordnet, dass **Vollzugs- und Betreuungsgebühren** in demselben notariellen Verfahren jeweils nur einmal erhoben werden, obwohl jede **Vollzugstätigkeit ein gesondertes Geschäft** darstellt. Vollzugs- und Betreuungsgeschäfte werden dadurch zum Annex des betroffenen notariellen Verfahrens. Diesen Fall hat der Gesetzgeber in Satz 2 der Anmerkung zu Nr. 32005 sogar bedacht: Danach gelten ein notarielles Geschäft und der sich hieran anschließende Vollzug sowie sich hieran anschließende Betreuungstätigkeiten insoweit zusammen als ein Geschäft.

104 Die Erstellung von **XML-Strukturdaten** ist Vollzugstätigkeit, löst aber **keine Vollzugsgebühr** aus, sondern gesonderte Gebühren (Nrn. 22114 oder 22125). Deshalb gilt für diese auch § 93 Abs. 1 Satz 1 nicht. Die Gebühren nach Nr. 22114 und Nr. 22125 können daher **neben** Vollzugsgebühren entstehen. Die beiden Anmerkungen stellen insoweit nur klar, was ohnehin gilt.

B. Grundbegriffe

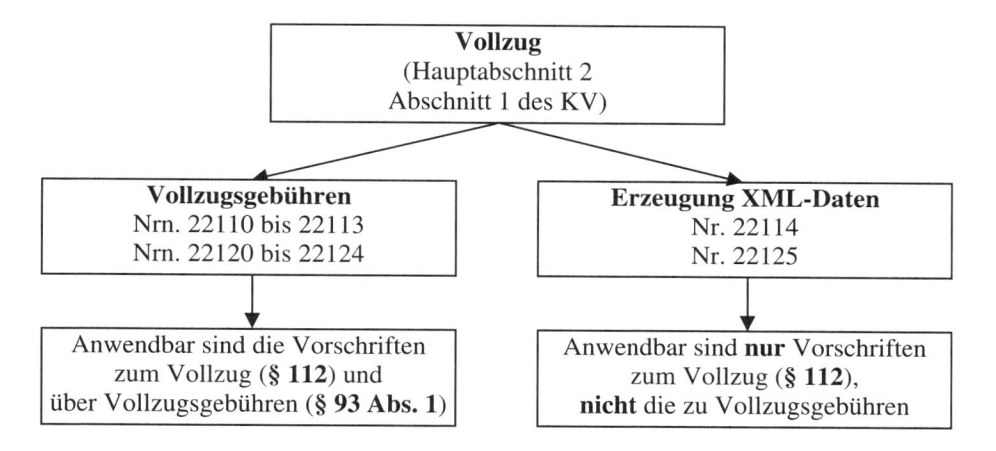

Unterscheidung zwischen Vollzug und Vollzugsgebühr 105

```
                    ┌─────────────────────┐
                    │      Vollzug        │
                    │  (Hauptabschnitt 2  │
                    │  Abschnitt 1 des KV)│
                    └─────────────────────┘
                       ↙             ↘
        ┌─────────────────────┐  ┌─────────────────────┐
        │  Vollzugsgebühren   │  │ Erzeugung XML-Daten │
        │ Nrn. 22110 bis 22113│  │      Nr. 22114      │
        │ Nrn. 22120 bis 22124│  │      Nr. 22125      │
        └─────────────────────┘  └─────────────────────┘
                   ↓                        ↓
        ┌─────────────────────┐  ┌─────────────────────┐
        │Anwendbar sind die Vor-│  │Anwendbar sind nur Vor-│
        │schriften zum Vollzug │  │schriften zum Vollzug │
        │(§ 112) und über Voll-│  │(§ 112), nicht die zu │
        │zugsgebühren (§ 93   │  │  Vollzugsgebühren   │
        │       Abs. 1)        │  │                     │
        └─────────────────────┘  └─────────────────────┘
```

II. Verfahren

In **notariellen Verfahren** sind die Werte mehrerer Gegenstände im Gegensatz zu den 106
Geschäften grundsätzlich zusammen zu rechnen, § 35 Abs. 1, um unter **Ausnutzung
des Degressionseffekts** eine einheitliche Gebühr zu errechnen. Dies gilt nicht bei
sachwidriger Zusammenfassung mehrerer Beurkundungsgegenstände, § 93 Abs. 2.

> **Hinweis** 107
>
> § 35 Abs. 1 gilt auch für bestimmte Geschäfte, insbesondere für Entwürfe nach
> § 119 und für Unterschriftsbeglaubigungen nach § 121.

Der **Gebührenvergleich** aus § 44 KostO bleibt für den Fall erhalten, dass innerhalb 108
einer Urkunde **verschiedene Gebührensätze** anzuwenden sind, um ungerechte Ergebnisse zu Lasten des Kostenschuldners zu vermeiden, § 94 Abs. 1. Eine getrennte Gebührenberechnung, wie sie nach geltendem Recht z.B. bei Zusammenbeurkundung
von rechtsgeschäftlichen Erklärungen mit anderen Erklärungen vorzunehmen ist, entfällt. Die Werte sind auch in solchen Fällen zusammenzurechnen, und es ist eine Gebühr zu erheben (Verfahrensgebühr).

1. Gegenstandsbegriff

Nur für notarielle Verfahren, namentlich für Beurkundungsverfahren, sind **Regelun-** 109
gen zum Gegenstandsbegriff erforderlich, die sich in §§ 109–111 finden. Im Mittelpunkt steht dabei § 109, der in zwei Fällen, nämlich nach Absatz 1 und Absatz 2, die
kostenrechtliche Irrelevanz von bestimmten Beurkundungsgegenständen anordnet.
Für diese Fälle enthält § 94 Abs. 2 besondere Vorgaben zur Gebührenberechnung, die
sachlich § 44 Abs. 1 KostO entsprechen. § 110 enthält Rückausnahmen von § 109
Abs. 1 und § 111 enthält Rückausnahmen zu § 109 Abs. 1 und Abs. 2.

110 *Systematik der §§ 109 ff.*

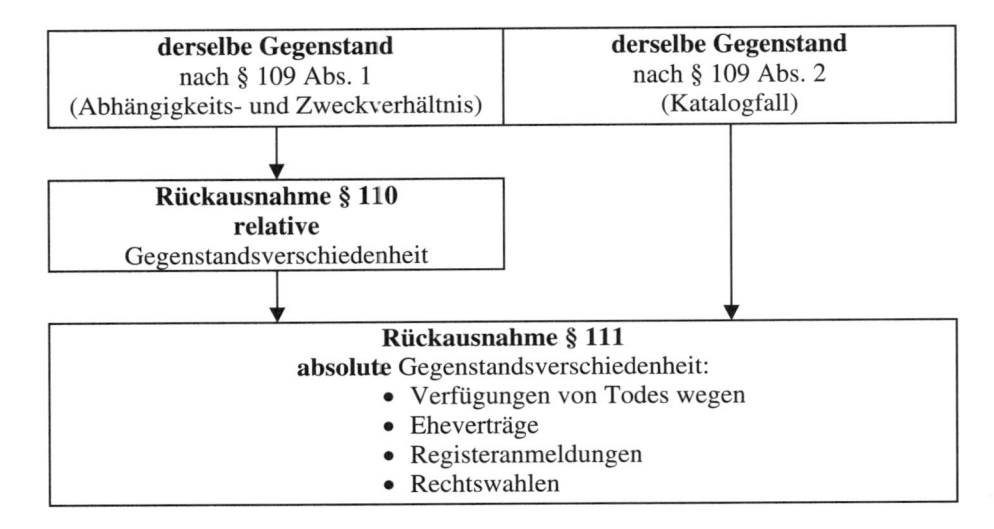

```
┌─────────────────────────────────┐   ┌─────────────────────────────────┐
│      derselbe Gegenstand        │   │      derselbe Gegenstand        │
│        nach § 109 Abs. 1        │   │        nach § 109 Abs. 2        │
│ (Abhängigkeits- und Zweckverhältnis) │   │          (Katalogfall)      │
└─────────────────┬───────────────┘   └─────────────────┬───────────────┘
                  │                                     │
                  ▼                                     │
┌─────────────────────────────────┐                     │
│        Rückausnahme § 110       │                     │
│             relative            │                     │
│     Gegenstandsverschiedenheit  │                     │
└─────────────────┬───────────────┘                     │
                  │                                     │
                  ▼                                     ▼
┌───────────────────────────────────────────────────────────────────────┐
│                        Rückausnahme § 111                             │
│           **absolute** Gegenstandsverschiedenheit:                    │
│              • Verfügungen von Todes wegen                            │
│              • Eheverträge                                            │
│              • Registeranmeldungen                                    │
│              • Rechtswahlen                                           │
└───────────────────────────────────────────────────────────────────────┘
```

111   Die **relative Gegenstandsverschiedenheit** betrifft ausschließlich das Verhältnis der jeweils in § 110 bezeichneten Gegenstände.

112   Bei **absoluter Gegenstandsverschiedenheit** nach § 111 gilt aber: „Trifft ein besonderer Gegenstand mit einem anderen Gegenstand zusammen, werden deren Werte stets addiert." (RegE 189). Das bedeutet:
– Ein besonderer Beurkundungsgegenstand kann nicht selbst gegenstandsgleich zu anderen Gegenständen sein (z.B. Ehevertrag als Folge eines Gesellschaftsvertrags).
– Andere Gegenstände können nicht gegenstandsgleich mit einem besonderen Beurkundungsgegenstand sein (z.B. Grundstücksübertragungen als Folge einer Scheidungsvereinbarung, in der Gütertrennung vereinbart wurde, siehe Rn. 1080 ff.).

2. Mehrheit von Gegenständen

113   Treffen in einem Verfahren mehrere Gegenstände mit unterschiedlichen Gebührensätzen zusammen, entstehen zwar **grundsätzlich gesondert berechnete Gebühren**, § 94 Abs. 1 Satz 1, Hs. 1. Jedoch darf wie bereits nach § 44 Abs. 2 lit. b), Hs. 2 KostO nicht mehr als die nach dem höchsten Gebührensatz berechnete Gebühr aus dem Gesamtbetrag der Werte abgerechnet werden.

114   Das gilt umgekehrt auch, wenn **mehrere Beurkundungsgegenstände als ein Gegenstand** zu behandeln sind, also in den Fällen des § 109: Dann ist grundsätzlich der höchste in Betracht kommende Gebührensatz anzuwenden, § 94 Abs. 2 Satz 1. Mehr als die Summe der Gebühren, die bei getrennter Beurkundung entstanden wären, darf aber auch insofern nicht angesetzt werden – ganz wie nach § 44 Abs. 1 Satz 2, Hs. 2 KostO.

115   Haben mehrere Rechtsverhältnisse/Vorgänge/Tatsachen **den gleichen Gebührensatz, kommt § 94 nicht** zur Anwendung. Vielmehr bleibt es bei den Regelungen in
– § 35 Abs. 1: Grundsatz der **Addition** bei mehreren Gegenständen,
– § 109 Abs. 1 Satz 5: Es gilt nur der Geschäftswert der **Hauptsache**, und
– § 109 Abs. 2 Satz 2: Es gilt nur der **höchste Geschäftswert**.

B. Grundbegriffe

Zusammenhang der Gebührensätze und §§ 86 Abs. 2, 94 und 109 **116**

	§ 86 Abs. 2	§ 109 Abs. 1	§ 109 Abs. 2
Gleiche Gebührensätze	§ 35 Abs. 1	§ 109 Abs. 1 Satz 5	§ 109 Abs. 2 Satz 2
Unterschiedliche Gebührensätze	§ 94 Abs. 1	§ 94 Abs. 2	§ 94 Abs. 2

§ 94 ist **nur auf die Verfahrensgebühr** anwendbar. Für Vollzugs- und Betreuungs- **116a** gebühren kommt eine „getrennte" Berechnung nicht in Betracht (BDS/*Bormann*, § 94 Rn. 5, 19 ff.). Daher ist für diese ausschließlich der volle Verfahrenswert maßgeblich, also der nach § 35 Abs. 1 bzw. § 109 Abs. 1 Satz 5 oder § 109 Abs. 2 Satz 2.

Mehrere Erklärungen in einer Urkunde: **117**

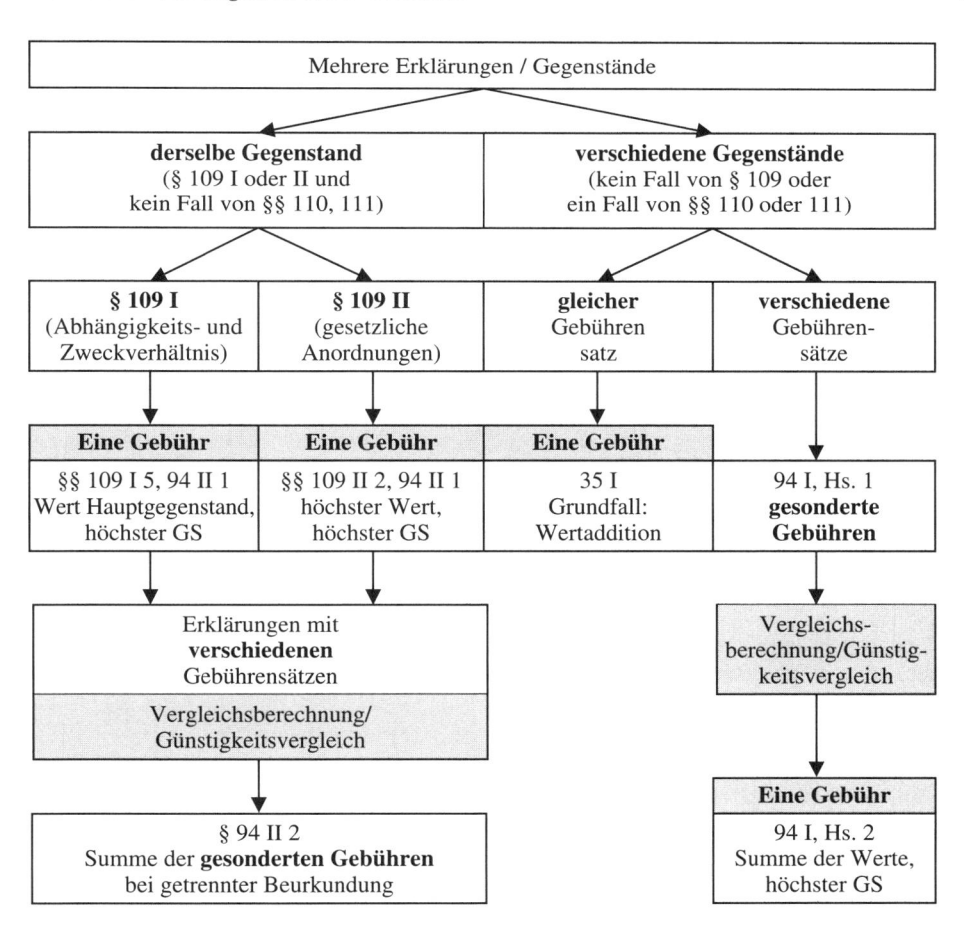

```
                    Mehrere Erklärungen / Gegenstände
                    ┌─────────────────┴─────────────────┐
            derselbe Gegenstand              verschiedene Gegenstände
            (§ 109 I oder II und             (kein Fall von § 109 oder
            kein Fall von §§ 110, 111)       ein Fall von §§ 110 oder 111)
```

§ 109 I (Abhängigkeits- und Zweckverhältnis)	§ 109 II (gesetzliche Anordnungen)	gleicher Gebührensatz	verschiedene Gebührensätze
Eine Gebühr §§ 109 I 5, 94 II 1 Wert Hauptgegenstand, höchster GS	**Eine Gebühr** §§ 109 II 2, 94 II 1 höchster Wert, höchster GS	**Eine Gebühr** 35 I Grundfall: Wertaddition	94 I, Hs. 1 **gesonderte Gebühren**
Erklärungen mit **verschiedenen** Gebührensätzen			Vergleichsberechnung/Günstigkeitsvergleich
Vergleichsberechnung/ Günstigkeitsvergleich			
§ 94 II 2 Summe der **gesonderten Gebühren** bei getrennter Beurkundung			**Eine Gebühr** 94 I, Hs. 2 Summe der Werte, höchster GS

Einleitung

III. Gebühren und Auslagen

118 **Kosten** sind wie bisher auch sowohl Gebühren als auch Auslagen, § 1 Abs. 1. Notargebühren sind in Teil 2 des Kostenverzeichnisses zum GNotKG geregelt, während Gerichtsgebühren in Teil 1 aufgenommen wurden. Teil 3 des KV bestimmt die erstattungsfähigen Auslagen.

1. Gebühren

119 Das GNotKG sieht verschiedene **Gebührenarten** vor, nämlich im Wesentlichen
– Festgebühren,
– Wertgebühren (mit festem Gebührensatz und Rahmengebühren),
– Lineare Kosten und
– Annexgebühren.

a) Festgebühren

120 Die Festgebühren sind verbreiteter als bisher, betreffen aber zu Recht nur Bereiche von **untergeordneter Bedeutung**. Festgebühren sind insbesondere in folgenden Nummern des Kostenverzeichnisses vorgesehen:

– 21300: Beurkundungsverfahren – vorzeitige Beendigung	20,00 €
– 22124: Übermittlung von Anträgen etc. an ein Gericht etc.	20,00 €
– 23800: Vollstreckbarerklärung eines Anwaltsvergleichs	60,00 €
– 23804: Ausstellung einer Bestätigung nach § 1079 ZPO	20,00 €
– 23805: Antrag nach § 55 AVAG/§ 35 Abs. 3 AUG	240,00 €
– 23806: Vorzeitige Beendigung § 55 AVAG/§ 35 Abs. 3 AUG	90,00 €
– 23807: Verfahren nach § 56 AVAG oder nach § 71 Abs. 1 AUG	15,00 €
– 25101: Bestimmte Beglaubigungen	20,00 €
– 25103: Sicherstellung der Zeit	20,00 €
– 25207: Erwirkung Apostille/Legalisation	25,00 €
– 25208: Erwirkung Legalisation/Überbeglaubigung	50,00 €
– 25209: Einsicht in Register und Akten	15,00 €
– 25210: Grundbuchabdruck	10,00 €
– 25211: Grundbuchabdruck (beglaubigt)	15,00 €
– 25212: Grundbuchauszug elektronisch	5,00 €
– 25213: Grundbuchauszug elektronisch (beglaubigt)	10,00 €
– 26003: Tätigkeit außerhalb der Geschäftsstelle	50,00 €

121 Dem Antrag des Bundesrates (Beschluss Nr. 47, RegE 306), für die Rücknahme des Erbvertrages aus der besonderen amtlichen Verwahrung (Nr. 23100) eine Festgebühr von 50,00 € vorzusehen, hat die Bundesregierung kraftvoll widersprochen (RegE 342) und ist der Gesetzgeber zu Recht nicht gefolgt.

b) Wertgebühren

122 Wertgebühren sind und bleiben der **Kern des notariellen Kostenrechts**. Nur sie sind sozialverträglich und korrespondieren mit dem Urkundsgewährungsanspruch. Neu ist deren Ausprägung als **Rahmengebühr**, dessen Bedeutung durch § 92 Abs. 2 jedoch eingeschränkt wird: Danach ist bei vollständiger Entwurfsfertigung der Höchstsatz zu erheben.

c) Lineare Kosten

Lineare Gebühren sind beispielsweise die **Beglaubigungsgebühr** für Abschriften nach Nr. 25102 mit 1,00 € je Seite und **Auswärtsgebühren** nach Nr. 26002 mit 50,00 € je halber Stunde. Sie steigen linear zu einer Bezugsgröße. Das gilt auch für **Vertretungsbescheinigungen** nach § 21 BNotO, die nach Nrn. 25200 bzw. 25214 nach der Anzahl der eingesehenen Registerblätter bzw. Vollmachten bewertet werden. Letztere könnten auch als Festgebühren je Geschäft angesehen werden (s. Korintenberg/*Diehn*, § 34 Rn. 12).

123

Insbesondere die Auswärtsgebühr nach Nr. 26002 bringt mit ihrer **Anmerkung 1** einige Schwierigkeiten mit sich. Diese findet nämlich nach dem Wortlaut **keine Anwendung auf notarielle Verfahren**, sondern nur auf Geschäfte.

124

> **Beispiele** 125
>
> Der Notar beurkundet auswärts zwei Vorsorgevollmachten. Die Zusatzgebühr nach Nr. 26003 beträgt **pro Urkunde 50,00 €**. Wird eine wechselseitige Vorsorgevollmacht protokolliert, fallen auch 100,00 € an – **50,00 € je Auftraggeber**.
> Der Notar beurkundet auswärts einen Überlassungsvertrag (75 Minuten) und eine Vorsorgevollmacht (45 Minuten). An- und Abreise dauern 25 Minuten. Die Zusatzgebühr beim Überlassungsvertrag beträgt bei 100 Minuten (75 + 25) 200,00 € nach Nr. 26002. Bei der Vorsorgevollmacht sind nach Nr. 26003 **zusätzlich 50,00 €** zu erheben.

d) Annexgebühren

Als Annexgebühren werden hier solche bezeichnet, die proportional zu einer anderen Gebühr oder einer Gebührensumme sind. Dabei muss vor allem darauf geachtet werden, **welcher Bezugswert** maßgeblich ist. Die beiden wesentlichen Beispiele sind die Unzeitgebühr nach Nr. 26000 und die Zusatzgebühr für fremde Sprache nach Nr. 26001.

126

> **Beispiel:**
>
> Der Notar fertigt zu üblichen Geschäftszeiten den Entwurf einer Vollmacht zum Abschluss eines Kaufvertrags (Kaufpreis 140.000 €). Der Vollmachtgeber kommt erst gegen 19 Uhr, um die Urkunde vor den Augen des Notars zu unterschreiben. Der Notar fertigt den Beglaubigungsvermerk am nächsten Werktag zu üblichen Bürozeiten.
> Die **erste** Beglaubigung auf Grund des Entwurfs erfolgt nach Vorbemerkung 2.4.1 Abs. 2 KV und Anmerkung 1 zu Nr. 25100 KV unter Nichtansetzung der Gebühr 25100. Zu erheben sind aber etwaige **Zusatzgebühren und Auslagen**. Die Unzeitgebühr ist dabei nicht auf den Entwurf zu beziehen, wenn für diesen die Voraussetzungen der Zusatzgebühr nicht vorliegen, sondern auf die **hypothetische Gebühr für die Unterschriftsbeglaubigung**. Hier entsteht deshalb zwar keine Beglaubigungsgebühr aus 70.000 Euro in Höhe von 43,80 Euro, aber die Unzeitgebühr Nr. 26000 KV in Höhe von 13,14 Euro.

Einleitung

2. Auslagen

a) Dokumentenpauschale

127 Die Regelung zur Dokumentenpauschale in Nrn. 32000 und 32001 ist nach meinen Erfahrungen mit den Musterberechnungen der **schwierigste** Komplex des GNotKG. **In Beurkundungsverfahren** werden in der Regel **0,15 € je Seite** für Urkundenabschriften nach Nr. 32001 ersetzt. Für Farbausdrucke oder Farbkopien fällt der doppelte Satz an. Aus dem Bereich von **§ 152 KostO** sind nach dem GNotKG gesetzliche Mitteilungspflichten (z.B. Vordrucke der Veräußerungsanzeige an das Finanzamt, ZTR-/ZVR-Meldungen) **nicht mehr kostenpflichtig**. Zudem fällt für das **Einscannen** von Dokumenten **keine Dokumentenpauschale** mehr an (RegE 156).

127a Der aus § 136 KostO bekannte gespaltene Tarif **von 0,50 € für die ersten 50 Seiten** gilt nach der Anmerkung zu Nr. 32000 in Beurkundungsverfahren nicht, wohl aber für
– **sonstige notarielle Verfahren** (bspw. bei eidesstattlichen Versicherungen) und
– für alle Geschäfte, also insbesondere bei **Unterschriftsbeglaubigungen**, und zwar auch dann, wenn der Notar zuvor einen Entwurf gefertigt hatte (hM, BDS/*Diehn*, Nr. 32000 KV Rn. 15 f.; *Diehn/Volpert*, Notarkostenrecht, Rn. 337, 340; FH/*Büringer*, Nr. 32000–32003 KV Rn. 17; *Fackelmann*, Notarkosten nach dem neuen GNotKG: Einführung, Berechnungsbeispiele, Synopse).
– Nr. 32000 wird zudem bei der **elektronischen Versendung** durch die Rückausnahme in der Anmerkung zu Nr. 32002 zur Regel bei der Übertragung von Dateien.

128 Zunächst ist immer die Frage zu stellen, ob die Ausfertigung, Kopie oder der Ausdruck auf einen **besonderen Auftrag** hin gefertigt wurde. Dieser liegt nur vor, wenn er sich **spezifisch** gerade auf die Fertigung der Kopie oder des Ausdrucks richtet.

129 **Beispiel:**

Bei der **Urschrift** fehlt es regelmäßig an dem „besonderen" Auftrag, außer beispielsweise bei der Erteilung einer vollstreckbaren Ausfertigung.

130 Liegt **kein besonderer Auftrag** vor, kann nur Nr. 32001 Nr. 1 in Betracht kommen. Danach kommt eine Dokumentenpauschale nur bei Kopien, Ausdrucken oder Ausfertigungen von eigenen Niederschriften, Entwürfen und bei Beglaubigungen in Betracht. Anderes Schriftgut wird nicht erfasst. Der Erstausdruck der Urkunde wird ebenfalls nicht erfasst, weil es sich bei diesem noch um keine Niederschrift handelt. Der Beglaubigungsvermerk wird in Nr. 32001 Nr. 1 bereits nicht erwähnt. Nr. 1 setzt weiter voraus, dass die Reproduktion nicht beim Notar verbleibt.

131 **Beispiel:**

Der Notar fertigt eine Abschrift eines unterschriftsbeglaubigten Dokuments für die Urkundensammlung.

132 Liegt ein **besonderer Auftrag** vor, kommt es darauf an, ob er innerhalb oder außerhalb eines Beurkundungsverfahrens erteilt wird. Außerhalb entsteht die erhöhte Dokumentenpauschale mit dem Tarifsplitting 0,50 € für die ersten fünfzig Seiten, danach 0,15 €. Innerhalb eines Beurkundungsverfahrens kostet jede Seite – auf die sich der

B. Grundbegriffe

Auftrag bezieht – 0,15 €. Besonders schwierig und unglücklich ist die Regel in Nr. 32001 Nr. 3. Die Sperrwirkung nach Nr. 32001 Nr. 3 bei Entwürfen dürfte sich **auf isolierte Entwürfe** konzentrieren. Sie erfasst jedoch **nicht den Fall der Unterschriftsbeglaubigung mit Entwurf**, weil *erstens* Anträge am Tag vor der Entwurfsversendung dort praktisch nicht vorkommen und *zweitens* gar nicht die Abschrift des Entwurfs, sondern der unterschriftsbeglaubigten Urkunde beantragt wird. Dann ist nach Nr. 32000 abzurechnen (s. Rn. 127a; *Fackelmann* Rn. 327 und im ganzen Buch; BDS/*Diehn*, Nr. 32000 Rn. 16; *Diehn/Volpert*, Notarkostenrecht Rn. 337, 340; FH/*Büringer*, Nr. 32000–32003 KV Rn. 17).

Bei der **Kombination von Farb- und Schwarz-Weiß-Kopien** der Nr. 32000 stellt sich die Frage, ob für das Tarifsplitting für Farbkopien und Schwarz-Weiß-Kopien gesondert gezählt wird. Diese Frage ist m.E. zu bejahen. Es handelt sich um **verschiedene Klassen** von Dokumentenpauschalen, für die **gesonderte Zählungen** erforderlich sind. 133

Beispiel: 134

Es werden 100 Ausdrucke in Schwarz-Weiß und 100 Ausdrucke in Farbe gefertigt, die nach Nr. 32000 zu bewerten sind.

Richtig ist, für die Schwarz-Weiß-Ausdrucke 32,50 € abzurechnen und für die Farbausdrucke 65,00 €, insgesamt also 97,50 €.
Wollte man die „ersten 50 Seiten" nicht für jeden Ausdrucktyp gesondert betrachten, stellen sich unlösbare Fragen wie, ob zuerst in Farbe gedruckt wurde. Je nachdem käme man zu Kosten zwischen 62,50 € und 80,00 €.

Beispiel 134a

Ein Vertrag besteht aus einer Bezugsurkunde (36 Seiten, davon 12 farbig) und einer Haupturkunde (59 Seiten). Der Vertrag ist zunächst einzuscannen und sodann an fünf Empfänger per E-Mail zu senden.

Hier stellen sich im Rahmen der für Empfänger 1 erforderlichen Vergleichsberechnung nach Nr. 32002 zwei Fragen. *Erstens*: Kommt es auf die Farbseiten an? Die Antwort lautet nein, weil die Anwendbarkeit von Nr. 32000 in der Anmerkung zu Nr. 32002 ausdrücklich auf Schwarz-Weiß-Kopien begrenzt wird. *Zweitens*: Ist der Splittingtarif je erzeugter Datei gesondert anzuwenden? Ich meine ja, so dass 36 × 0,50 € = 18,00 € und 50 × 0,50 € + 9 × 0,15 € = 26,35 € zu berechnen sind. Für die Empfänger 2 bis 5 sind 1,50 € je Datei anzusetzen. Erfolgt der Versand in einer E-Mail, liegt nur ein Arbeitsgang vor. Neben der Pauschale nach Nr. 32000 können dann nur 5,00 € erhoben werden.

Beispiel 134b

Eine Urkunde von 15 Seiten und eine 1-seitige Urkunde werden eingescannt und per E-Mail an einen Empfänger versandt.

Jede Datei wird gesondert betrachtet: Die Gebühr nach Nr. 32002 beträgt für die eine Urkunde 7,50 € und für die andere 1,50 €, insgesamt also 9,00 €. Nicht richtig wäre es, von 16 Seiten und damit nur 8,00 € auszugehen (BDS/*Diehn*, Nr. 32002 KV Rn. 17).

134c | **Beispiel**

Ein Vertragsentwurf (15 Seiten) wird im Rahmen der Vorbereitung einer Beurkundung drei Mal per E-Mail an jeweils vier Empfänger versandt. Nach Beurkundung werden die in der Verhandlung aufgenommenen Änderungen in die elektronische Fassung übertragen, eine PDF-Version erzeugt und diese an die vier Empfänger mit gesonderten E-Mails versandt.

In der Entwurfsphase sind je E-Mail-Versand 5,00 € angefallen, weil die Gebührenbegrenzung aus Nr. 32002 auf 5,00 € je Arbeitsgang den Ansatz von 6,00 € (4 x 1,50 €) ausschließt.

Nach Beurkundung sind für die Erzeugung der elektronischen Fassung 7,50 € anzusetzen (15 Seiten × 0,50 € je Seite nach der Vergleichsberechnung gemäß Nr. 32000). Darin eingeschlossen ist der Übermittlungsvorgang an den ersten Empfänger (Arbeitsgang). Zusätzlich fallen daher drei Mal 1,50 € für die **übrigen drei** Empfänger an, da diese gesonderte E-Mails erthalten. Wären alle vier Empfänger mit gleicher E-Mail angeschrieben worden, könnten die zusätzlichen 4,50 € nicht erhoben werden.

Insgesamt beläuft sich die Dokumentenpauschale nach Nr. 32002 auf 32,00 €.

135 *Systematik der Dokumentenpauschale nach Nr. 32000 und Nr. 32001:*

Besonderer Antrag			Kein besonderer Antrag
innerhalb eines **Beurkundungsverfahrens**	bei einem **Entwurfs**auftrag	**außerhalb** von Beurkundung/Entwurf	**immer**
alle Schriftstücke	**alle** Schriftstücke	**alle** Schriftstücke	eigene Niederschriften, eigene Entwürfe und Urkunden bei UB
Verbleib der Urkunde **egal**	Verbleib der Urkunde **egal**	Verbleib der Urkunde **egal**	**nur**, wenn Urkunde **Notariat verlässt**
32001 Nr. 2 (0,15 € pro Seite)	32001 Nr. 3 (0,15 € pro Seite)	32000 (0,50 € für die ersten 50 Seiten)	32001 Nr. 1 (0,15 € pro Seite)
Beispiele Abschrift von Niederschrift, ZTR-Auszug, Testament in Urkundensammlung	**Beispiel** Entwurf von Niederschrift	**Beispiele** Begl. Abschrift von UB, Vollstreckbare Ausfertigung bei Klauselumschreibung	**Beispiel** Aufgrund gesetzl. Mitteilungspflichten gefertigte Abschriften

b) Pauschale für Post und Telekommunikation

Entgelte für Post- und Telekommunikationsdienstleistungen können konkret in voller Höhe nach Nr. 32004 (**ohne Einzelnachweispflicht**, § 19 Abs. 2 Nr. 4) oder pauschal nach Nr. 32005 mit 20 % der Gebühren und höchstens mit 20,00 € abgerechnet werden.

136

Die **Pauschale nach Nr. 32005** kann in jedem notariellen Verfahren und bei sonstigen notariellen Geschäften anstelle der tatsächlichen Auslagen nach Nr. 32004 gefordert werden. Nur ein notarielles Geschäft und der sich hieran anschließende Vollzug sowie sich hieran anschließende Betreuungstätigkeiten gelten insoweit zusammen als ein Geschäft. Das führt in vielen Fällen zum **Mehrfachansatz der Pauschale**, weil in einer Urkunde verschiedene Geschäfte und Verfahren verbunden werden. Damit werden Allgemeinkosten pauschal auf Beurkundungsverfahren und Geschäfte umgelegt, und zwar unabhängig vom konkreten Anfall. Es empfiehlt sich jedoch, die Pauschale mit Augenmaß anzusetzen, insbesondere wenn in dem betreffenden Verfahren oder Geschäft tatsächlich gar keine Entgelte für Post- und Telekommunikationsdienstleistungen entstanden sind.

137

c) Durchlaufende Posten

Nach Nr. 32015 können alle sonstigen Auslagen weiterbelastet werden, die zu tätigen der Notar „ausdrücklich beauftragt" war, wobei ein gesetzlicher Auftrag ausreicht (BDS/*Diehn*, Nr. 32015 Rn. 7).

137a

– Dazu zählen solche Auslagen, auf die der Notar keine Umsatzsteuer erhebt (**durchlaufende Posten**). Durchlaufende Posten sind nach § 10 Abs. 1 S. 6 UStG „Beträge, die der Unternehmer im Namen und für Rechnung eines anderen vereinnahmt und verausgabt". Darüber hinaus ist erforderlich, dass der Leistende (Rechnungssteller) selbst **keinen unmittelbaren Anspruch gegen den Notar**, sondern nur gegen den Zahlungspflichtigen hat.

137b

> Zu den **durchlaufenden Posten** zählen bspw.
>
> – verauslagte Grundbuch- oder Handelsregisterkosten,
> – Kosten für die Erteilung von Apostillen sowie
> – ZVR- und ZTR-Gebühren.

– Liegt kein durchlaufender Posten vor, erhebt der Notar auf die nach Nr. 32015 fakturierte Auslage Umsatzsteuer, die er nach Nr. 32014 weiterberechnet. Soweit der Auslagenbetrag seinerseits Umsatzsteuer enthält, ist der Notar als zahlungspflichtiger Leistungsempfänger vorsteuerabzugsberechtigt, so dass nach Nr. 32015 nur der Nettobetrag der Auslage in die Kostenberechnung aufzunehmen ist und die vom Notar zu erhebende Umsatzsteuer nur vom Nettobetrag zu errechnen ist.

137c

> Auslagen nach Nr. 32015, die **nicht zugleich durchlaufende Posten** sind, sind
>
> – Abrufkosten für Grundbuch- und Handelsregisterauszüge,
> – Veröffentlichungskosten im Bundesanzeiger (s. Rn. 941a),
> – Kosten für Flurkarten,

Einleitung

- Kurier- und Taxikosten sowie
- Kosten von Übersetzern.

137d Nach Vorbemerkung 3.2 werden mit den Gebühren auch die allgemeinen Geschäftskosten entgolten. Davon bilden die Auslagen generell und Nr. 32005 im Besonderen eine Ausnahme.

C. Zeitlicher Anwendungsbereich

I. Geltung für Anträge ab 1. August 2013

138 Nach **Artikel 50** des 2. Kostenrechtsmodernisierungsgesetzes tritt das GNotKG am ersten Tag des auf die Verkündung folgenden Kalendermonats in Kraft. Das Gesetz wurde am 29. Juli 2013 verkündet (BGBl. Teil 1 Nr. 42, S. 2586 ff.) und ist damit **am 1. August 2013 in Kraft getreten.** Deshalb stellt sich bei Amtshandlungen, die vor dem 1. August 2013 sowohl beantragt als auch vorgenommen worden sind, die Frage nach der Anwendbarkeit des GNotKG nicht.

139 **Beispiel:** Am 31.7.2013 (Mittwoch) wird ein Kaufvertrag beurkundet

Am 31.7.2013 galt **ausschließlich die KostO**. Die Beurkundungsgebühren sind daher nach § 36 Abs. 2 KostO abzurechnen.

140 Nach § 136 Abs. 3 gilt die KostO, soweit sie für ein notarielles Hauptgeschäft anzuwenden ist, **auch noch für die damit zusammenhängenden Vollzugs- und Betreuungstätigkeiten (Einheitlichkeitsprinzip).**

141 **Beispiel:** Die Abwicklung des Vertrages vom 31.7.2013 einschließlich aller Betreuungs- und Vollzugstätigkeiten findet in der Folgezeit, also ab 1.8.2013, statt.

Nach § 136 Abs. 3 gilt die **KostO**, soweit sie für ein notarielles Hauptgeschäft anzuwenden ist, auch noch für die damit zusammenhängenden Vollzugs- und Betreuungstätigkeiten. Maßgeblich sind daher §§ 145, 146, 147, 35 KostO. Das GNotKG findet keine Anwendung, obwohl die Vollzugs- und Betreuungstätigkeiten nach dem 31.7.2013 erfolgten. Diese werden kostenrechtlich zum Hauptgeschäft gezogen.

142 Besondere Fragen stellen sich bei der Abwicklung mittels **Anderkontos**.

143 **Beispiel:** Zur Abwicklung des Vertrages vom 31.7.2013 wird ein Anderkonto benötigt, das am 1.8.2013 eingerichtet wird. Einzahlungen finden in der Folgezeit statt. Auszahlungen werden im Oktober und Dezember 2013 vorgenommen. Das Anderkonto wird Ende Dezember geschlossen.

> Der nach § 136 Abs. 1 Nr. 4 maßgebliche **Auftrag zu dem Geschäft**, hier dem Verwahrgeschäft, wurde noch vor Inkrafttreten des GNotKG erteilt. Daher ist ausschließlich die **KostO** anwendbar.
> Dass die Gebühren für die Verwahrung von Geld an die Auszahlung anknüpfen (Nr. 25300 bzw. § 149 Abs. 1 KostO), ist für die Bestimmung des anwendbaren Rechts irrelevant. Es kommt daher insbesondere nicht darauf an, wann die Auszahlungsvoraussetzungen vorliegen oder wann das Anderkonto eingerichtet bzw. geschlossen wurde.
> Dieses Ergebnis wird auch von § 136 Abs. 3 bestätigt. Danach gilt die KostO, soweit sie für ein notarielles Hauptgeschäft anzuwenden ist, auch noch für die damit zusammenhängenden Vollzugs- und Betreuungstätigkeiten sowie für zu Vollzugszwecken gefertigte Entwürfe. Das Anderkonto wird zwar nicht erwähnt. M.E. muss § 136 Abs. 3 aber dahingehend ausgelegt werden, dass die jeweilige Urkunde einschließlich aller Vollzugsgeschäfte nach einem Gesetz abzurechnen sind (**Einheitlichkeitsprinzip**). Die Vorschrift ist daher auch auf Hebegebühren nach § 149 KostO anzuwenden. Das GNotKG findet deshalb auch hinsichtlich der Verwahrgebühren keine Anwendung, obwohl Einzahlungen und Auszahlungen nach dem 31.7.2013 erfolgten.

144 Nicht ausdrücklich geregelt, aber aus Sinn und Zweck dieser Bestimmung abzuleiten ist: Auch mit Beurkundungs-, Vollzugs- und Betreuungstätigkeiten im Zusammenhang stehende **Auslagen**, insbesondere Dokumentenpauschalen, sind insgesamt nach der KostO abzurechnen, wenn diese für die Gebühren Anwendung findet.

| Einheitlichkeitsprinzip | 145 |

> Ein Vorgang soll einheitlich entweder nach der Kostenordnung oder nach dem GNotKG abgerechnet werden. Das gilt ausnahmsweise für solche Gebührentatbestände nicht, **die es in der KostO nicht gibt**, wenn der Notar entsprechende Amtshandlungen vornimmt. Nimmt der Notar bspw. im Oktober 2013 Vollmachtsbestätigungen vor, sind diese nach Nr. 25214 abzurechnen, auch wenn das Beurkundungsverfahren am 31.7.2013 beantragt wurde.

II. Abgrenzung „Auftrag"

146 Die Geltung des GNotKG hängt maßgeblich davon ab, ob der **Auftrag** zur Vornahme der Amtstätigkeit **nach dem 31.7.2013** erteilt worden ist, § 136 Abs. 1 Nr. 4. Das OLG Dresden (Beschluss v. 9.10.2013, 17 W 996/13, 17 W 0996/13) und das OLG Bamberg (Beschluss vom 7.10.2013, 8 W 84/13, NotBZ 2013, 468) haben entschieden, dass das Antragsprinzip **auch im Bereich der Gerichtskosten** gilt, und sich damit gegen die von *Böhringer* (BWNotZ 2013, 67) vertretene Auffassung gestellt. Im notariellen Bereich ist der Auftrag von der Vereinbarung eines Besprechungstermins **abzugrenzen**.

147
> Am 31.7.2013 (Mittwoch) rufen die Eheleute A beim Notar an und bitten um einen Besprechungstermin. Angaben zur Sache machen sie noch nicht. Die Besprechung am Vormittag des 1.8.2013 führt zur Beurkundung von zwei Vorsorgevollmachten am Nachmittag des gleichen Tages.

Einleitung

> Nach § 136 Abs. 1 Nr. 4 ist noch die **KostO** auf solche notariellen Verfahren und Geschäfte anzuwenden, für die vor dem 1.8.2013 ein **Auftrag** erteilt wurde. Das ist hier nicht der Fall, weil die Vereinbarung eines **Termins keinen Auftrag** zu einer notariellen Amtstätigkeit enthält. Die Urkunden sind nach GNotKG abzurechnen.

148
> Am 31.7.2013 (Mittwoch) rufen die Eheleute A beim Notar an und bitten um einen Beurkundungstermin für die nächste Woche, um eine Grundstücksschenkung protokollieren zu lassen. Einzelheiten werden am folgenden Donnerstag (1.8.2013) mitgeteilt; die Beurkundung findet am 8.8.2013 statt.

> Der nach § 136 Abs. 1 Nr. 4 für die Abgrenzung zwischen KostO und GNotKG maßgebliche Auftrag zur Beurkundung ist erst dann erteilt, wenn **hinreichend konkrete Angaben** zur gewünschten Protokollierung gemacht werden. Die **bloße Reservierung eines Termins genügt dafür nicht**. Vielmehr setzt ein Auftrag zur Beurkundung nach § 136 Abs. 1 Nr. 4 voraus, dass der Gegenstand der gewünschten Amtshandlung so beschrieben wird, dass der Notar den **Termin vorbereiten kann**. In der Verhandlung selbst können zwar noch Einzelheiten geklärt werden, die mit dem Antrag nicht mitgeteilt werden müssen, aber das beantragte Geschäft bzw. Verfahren muss im Zeitpunkt der Antragstellung unzweifelhaft sein. Hier ist deshalb nach **GNotKG** abzurechnen.
> Eine Pflicht des Notars, auf eine Präzisierung vor dem 1.8.2013 hinzuwirken, besteht nicht. Es ist vielmehr Sache der Beteiligten allein, einen Antrag zur Vornahme einer Amtshandlung vollständig zu übermitteln. Etwas anderes gilt nach **§ 14 BNotO** nur, wenn die „Auftragserteilung" ausdrücklich deshalb erfolgt, um noch die Anwendung der Kostenordnung sicherzustellen. Erkennt der Notar, dass dieses Ziel nicht erreicht wird, muss er darauf hinweisen und darf die Beteiligten nicht „ins offene Messer" laufen lassen.

III. Aufgespaltene Vorgänge

148a Jeder Antrag umfasst nur das **konkrete Verfahren**. Wird ein Vorgang in mehreren Verfahren abgewickelt, bspw. eine gesellschaftsrechtliche Umstrukturierung, kommt es darauf an, welche Vorgänge bereits vor dem 1.8.2013 beauftragt worden sind. Wenn der **Gesamtprozess** bereits geplant ist, wird oft **ein Auftrag bezüglich aller Teilschritte** vorliegen. Anträge aufgrund neuer Ereignisse oder Erkenntnisse sind jedoch nach GNotKG abzurechnen.

148b So liegt es auch, wenn unterschiedliche Auftraggeber mitwirken müssen: Wird bspw. Ende Juli ein Angebot beurkundet, findet auf die im August 2013 erfolgte Protokollierung der **Annahme** bereits das GNotKG Anwendung, wenn der entsprechende Beurkundungsauftrag erst im August gestellt wurde. Der Vollzug richtet sich in diesem Fall nach dem Vollzugsauftrag, der regelmäßig in der Angebotsurkunde enthalten ist und vom Angebotsnotar betrieben werden soll; dieser rechnet dann nach KostO ab.

IV. Vorangegangene Entwurfs- oder Beratungstätigkeit

Bei Entwurfs- und Beratungstätigkeiten vor dem 1.8.2013 stellen sich **zwei Fragen**: Erstens, ob der Auftrag zum Entwurf oder zur Beratung bereits den Beurkundungsauftrag enthielt, und zweitens, ob nach der KostO entstandene Gebühren für Entwurf oder Beratung auf nach dem GNotKG entstandene Gebühren für das Beurkundungsverfahren angerechnet werden können. 149

Am 31.7.2013 (Mittwoch) rufen die Eheleute A beim Notar an und bitten um einen Besprechungstermin. Sie wünschen eine Beratung über eine Vorsorgevollmacht und machen die zur Vorbereitung des Termins erforderlichen Angaben zur Sache. 150
Die Besprechung am Vormittag des 1.8.2013 führt zur Beurkundung von zwei Vorsorgevollmachten am Nachmittag des gleichen Tages.

Nach § 136 Abs. 1 Nr. 4 ist noch die Kostenordnung auf solche notariellen Verfahren und Geschäfte anzuwenden, für die vor dem 1.8.2013 ein **Auftrag** erteilt wurde. Der Auftrag zu einer **Beratung** wurde hier bereits vor dem Stichtag am 1.8.2013 erteilt. Für die Beratungstätigkeit des Notars entstehen daher Kosten **nach der KostO**, im Zweifel hier nach § 147 Abs. 2 KostO.
Die **Urkunden** sind jedoch nach **GNotKG** abzurechnen: Der Beurkundungsauftrag wurde erst am 1.8.2013 erteilt, auch wenn er aus einer Beratungshandlung entstammt, die zuvor beauftragt worden war.
Beratungsgebühren sind nach Absatz 2 der Anmerkung zu Nr. 24200 auf die demnächstige Beurkundung anzurechnen. Nach § 136 Abs. 2 gilt die **Anrechnungspflicht** auch für nach der Kostenordnung für entsprechende Tätigkeiten entstandene Gebühren. Erhoben werden also nur die Gebühren für die Beurkundung der Vorsorgevollmachten nach GNotKG.

Am 31.7.2013 (Mittwoch) rufen die Eheleute A beim Notar an und bitten um einen Besprechungstermin. Sie wünschen den Entwurf zweier Vorsorgevollmachten und machen die zur Vorbereitung erforderlichen Angaben zur Sache. Der Entwurf wird anlässlich der Besprechung am Vormittag des 1.8.2013 ausgehändigt. Nach reiflicher Überlegung entschließen sich die Eheleute am 8.8.2013 zur Beurkundung. 151

Nach § 136 Abs. 1 Nr. 4 ist noch die Kostenordnung auf solche notariellen Verfahren und Geschäfte anzuwenden, für die vor dem 1.8.2013 ein **Auftrag** erteilt wurde. Der Entwurfsauftrag wurde hier bereits vor dem Stichtag am 1.8.2013 erteilt. Für die Entwurfstätigkeit des Notars entstehen daher **Kosten nach § 145 Abs. 1 Satz 1 KostO**. Nicht entscheidend ist, wann der Gebührentatbestand (Fertigung und Aushändigung des Entwurfs) verwirklicht wird.
Die Urkunden sind nach **GNotKG** abzurechnen: Der Beurkundungsauftrag wurde erst am 8.8.2013 erteilt, auch wenn er auf einen Entwurf folgt, der vor dem 1.8.2013 beauftragt worden war. Entwurfsgebühren sind nach Vorbemerkung 2.4.1 Abs. 6 auf die demnächstige Beurkundung **anzurechnen**. Nach § 136 Abs. 2 gilt die Anrechnungspflicht auch für nach der Kostenordnung für entsprechende

Einleitung

Tätigkeiten entstandene Gebühren. Erhoben werden also nur die Gebühren für die Beurkundung der Vorsorgevollmachten nach GNotKG.
Etwaige mit der Entwurfsfertigung im Zusammenhang stehenden **Auslagen** können zusätzlich **nach der KostO** abgerechnet werden.

152 Am 31.7.2013 (Mittwoch) rufen die Eheleute A beim Notar an und beantragen die Protokollierung einer Grundstücksschenkung. Sie bitten um einen Termin in der nächsten Woche. Einzelheiten der beabsichtigten Schenkung werden am 31.7.2013 per Telefax übermittelt, das der Notar am Morgen des 1.8.2013 zur Kenntnis nimmt.
Die Beurkundung findet am 8.8.2013 statt.

Die Terminsvereinbarung ist **kein Auftrag** i.S.v. § 136 Abs. 1 Nr. 4. Dieser liegt vielmehr erst mit der **Übermittlung der Einzelheiten** zur gewünschten Beurkundung vor. Der Notar muss dafür in die Lage versetzt werden, die Urkunde vorzubereiten.
Die hier entscheidende Frage des **Zugangs** ist nach allgemeinen Grundsätzen zu entscheiden. Danach kommt es auf den Zeitpunkt an, zu dem im üblichen Geschäftsgang mit Kenntnisnahme zu rechnen ist. Das ist hier am 1.8.2013. Es gilt daher ausschließlich das GNotKG.

V. Zwangsvollstreckung aufgrund KostO-Berechnung

152a Erteilt sich der Notar zum Zwecke der Zwangsvollstreckung **aufgrund einer KostO-Berechnung** eine Vollstreckungsklausel, streitet das Vollständigkeitsprinzip für die Anwendbarkeit von §§ 154a, 155 KostO. Gleichzeitig ist das in der Übergangsvorschrift des § 136 Abs. 1 Nr. 4 GNotKG angesprochene notarielle Verfahren bzw. notarielle Geschäft spätestens mit Errichtung und Abwicklung der Urkunde abgeschlossen. Ob dazu auch noch die Beitreibung der Kosten zählt, erscheint zweifelhaft. Dann wären §§ 88, 89 GNotKG anzuwenden. Eine inhaltliche Änderung ist damit jedoch nicht verbunden. Deshalb empfiehlt sich ein **pragmatischer Ansatz**.

152b Es ist nicht erforderlich, § 155 KostO oder § 89 GNotKG in der Vollstreckungsklausel anzugeben. Es wäre ebenfalls auch nicht schädlich, beide Vorschriftengruppen aufzuführen. Wegen der inhaltlichen Identität empfiehlt es sich, **auf eine Differenzierung zu verzichten**.

Kapitel 1. Grundstücksrecht

A. Kaufverträge

I. Bestimmte Vollzugstätigkeiten

1. Vorkaufsrechtsanfrage (§ 28 Abs. 1 BauGB)

A verkauft an B ein Grundstück zum Kaufpreis von 200.000 €. Die Auflassung wird erklärt. Der Notar wird beauftragt, bei der zuständigen Gemeinde eine Negativbescheinigung nach § 28 Abs. 1 BauGB einzuholen. Der Notar wird ferner beauftragt und bevollmächtigt, die Fälligkeit des Kaufpreises nach Eintritt bestimmter Fälligkeitsvoraussetzungen (Vormerkung, Vorkaufsrechtsbescheinigung) mitzuteilen. Der Notar wird auch beauftragt und bevollmächtigt, den Auflassungsvollzug zu überwachen. Vom Kaufvertrag (14 Seiten) wurden zwei Entwürfe versandt und sieben weitere begl. Abschriften gefertigt. Auslagen Grundbucheinsicht: 16,00 €. **153**

Kostenberechnung zum Kaufvertrag vom 1.8.2014 **154**
URNr. 100/2014

Nr. 21100	Beurkundungsverfahren		870,00 €
	Geschäftswert nach §§ 97, 47	200.000,00 €	
Nr. 22110	Vollzugsgebühr (nach Nr. 22112)		50,00 €
	Geschäftswert nach § 112	200.000,00 €	
Nr. 22200	Betreuungsgebühr		217,50 €
	Geschäftswert nach § 113 Abs. 1	200.000,00 €	
Auslagen			
Nr. 32001	Dokumentenpauschale – Papier (s/w)	126 Seiten	18,90 €
Nr. 32005	Auslagenpauschale Post und Telekommunikation		20,00 €
Nr. 32011	Auslagen Grundbucheinsicht (je 8 €)	2 Einsichten	16,00 €
	Zwischensumme		1.192,40 €
Nr. 32014	19 % Umsatzsteuer		226,56 €
	Rechnungsbetrag		**1.418,96 €**

Die Vollzugsgebühr ist hier durch die spezifische Begrenzung in Nr. 22112 auf **50 €** **155** **je Tätigkeit** gedeckelt – zu Grunde zu legen ist allerdings der Gebührensatz von 0,5 gemäß Nr. 22110 – **statt bisher 1/10** gem. § 146 Abs. 1 Satz 1, Hs. 1 KostO.
Die Betreuungsgebühr fällt hier nach Nr. 22200 Anmerkung Nr. 2 und Nr. 3 an, aber **156** gemäß § 93 Abs. 1 Satz 1 nur einmal.

157 Statt „**Beurkundungsverfahren**" könnte nach § 19 Abs. 3 Nr. 1 bspw. auch „Vertragsbeurkundung" oder „Beurkundungsgebühr" etc. geschrieben werden.

2. Vollzug mit zwei „einfachen" Tätigkeiten

158 A verkauft an B ein Grundstück zum Preis von 200.000 €. Der Notar wird beauftragt, bei der zuständigen Gemeinde eine Negativbescheinigung nach § 28 Abs. 1 BauGB einzuholen. Daneben ist eine Genehmigung nach dem Grundstücksverkehrsgesetz erforderlich.
Der Notar wird ferner beauftragt und bevollmächtigt, die Fälligkeit des Kaufpreises nach Eintritt bestimmter Fälligkeitsvoraussetzungen (Vormerkung, Genehmigung nach dem GrdstVG, Vorkaufsrechtsbescheinigung) mitzuteilen. Die Auflassung wird erklärt. Der Notar wird beauftragt, den Auflassungsvollzug zu überwachen.
Vom Kaufvertrag (14 Seiten) wurden zwei Entwürfe versandt und sieben weitere beglaubigte Abschriften gefertigt. Auslagen Grundbucheinsicht: 16,00 €.

159 Kostenberechnung zum Kaufvertrag vom 1.8.2014
URNr. 110/2014

Nr. 21100	Beurkundungsverfahren		870,00 €
	Geschäftswert nach §§ 97, 47	200.000,00 €	
Nr. 22110	Vollzugsgebühr (nach Nr. 22112)		100,00 €
	Geschäftswert nach § 112	200.000,00 €	
Nr. 22200	Betreuungsgebühr		217,50 €
	Geschäftswert nach § 113 Abs. 1	200.000,00 €	
Auslagen			
Nr. 32001	Dokumentenpauschale – Papier (s/w)	126 Seiten	18,90 €
Nr. 32005	Auslagenpauschale Post und Telekommunikation		20,00 €
Nr. 32011	Auslagen Grundbucheinsicht (je 8 €)	2 Einsichten	16,00 €
	Zwischensumme		1.242,40 €
Nr. 32014	Umsatzsteuer (19 %)		236,06 €
	Rechnungsbetrag		**1.478,46 €**

160 Die Vollzugsgebühr fällt **nur einmal an**, § 93 Abs. 1 Satz 1, allerdings ist die Anzahl der Tätigkeiten für die Berechnung der **spezifischen Höchstgebühr nach Nr. 22112** relevant. Hier sind es **zweimal 50,00 € (wachsende Höchstgebühr)**, also beträgt die 0,5-Vollzugsgebühr nach Nr. 22110 höchstens 100,00 €. Diese Höchstgebühr wird hier erreicht.

161 Die Betreuungsgebühr fällt hier nach Nr. 22200 Nr. 2 und Nr. 3 an, aber nach § 93 Abs. 1 Satz 1 nur **einmal**. Die auftragsgemäße Bewilligung der Auflassung durch **Eigenurkunde** des Notars löst keine Gebühr nach Nr. 25204 aus, weil es sich dabei um eine Betreuungstätigkeit nach Nr. 22200 Nr. 3 handelt, siehe Vorbemerkung 2.2. Abs. 2 und Anmerkung zu Nr. 25204.

A. *Kaufverträge*

Für die Dokumentenpauschale ist die **Angabe der Anzahl der Seiten** nicht vorgeschrieben – sie kann ohne weiteres entfallen (s.o. S. 15). 162

3. Vollzug mit drei „einfachen" Tätigkeiten

A verkauft an B ein Grundstück zum Preis von 100.000 €. Der Notar wird beauftragt, bei der zuständigen Gemeinde eine Negativbescheinigung nach § 28 Abs. 1 BauGB einzuholen. Daneben sind eine kirchenaufsichtliche Genehmigung und eine Genehmigung der Sanierungsbehörde erforderlich. 163
Der Notar wird ferner beauftragt und bevollmächtigt, die Fälligkeit des Kaufpreises nach Eintritt bestimmter Fälligkeitsvoraussetzungen (Vormerkung, Genehmigungen, Vorkaufsrechtsbescheinigung) mitzuteilen.
Die Auflassung wird erklärt. Der Notar soll die Eigentumsschreibung erst mittels Eigenurkunde bewilligen, wenn die Kaufpreiszahlung bestätigt oder nachgewiesen ist.
Vom Kaufvertrag (14 Seiten) wurden zwei Entwürfe versandt und sieben weitere beglaubigte Abschriften gefertigt. Auslagen Grundbucheinsicht: 16,00 €. Der Notar verauslagt ferner die gemeindlichen Gebühren für die Vorkaufsrechtsverzichtsbescheinigung.

Kostenberechnung zum Kaufvertrag vom 1.8.2014 164
URNr. 120/2014

Nr. 21100	Beurkundungsverfahren		546,00 €
	Geschäftswert nach §§ 97, 47	100.000,00 €	
Nr. 22110	Vollzugsgebühr		136,50 €
	Geschäftswert nach § 112	100.000,00 €	
Nr. 22200	Betreuungsgebühr		136,50 €
	Geschäftswert nach § 113 Abs. 1	100.000,00 €	
Auslagen			
Nr. 32001	Dokumentenpauschale – Papier (s/w)	126 Seiten	18,90 €
Nr. 32005	Auslagenpauschale Post und Telekommunikation		20,00 €
Nr. 32011	Auslagen Grundbucheinsicht (je 8 €)	2 Einsichten	16,00 €
Nr. 32015	Sonstige Auslagen		15,00 €
	Zwischensumme		888,90 €
Nr. 32014	19 % Umsatzsteuer		168,89 €
	Rechnungsbetrag		**1.039,94 €**

Bei einem Geschäftswert von 100.000 € wirkt sich die spezifische Höchstvollzugsgebühr nach Nr. 22112 von hier 150,00 € (aufgrund von drei einschlägigen Tätigkeiten im Sinne von Vorbemerkung 2.2.1.1 Abs. 1 Satz 2 Nr. 1) nicht aus. Deshalb kann abweichend von den vorherigen Beispielen **der Hinweis auf die Modifikation** (nach Nr. 22112) **auch entfallen**. 165

165a Die **Zahl der Tätigkeiten** nach Nr. 22112 richtet sich materiell-rechtlich nach der Zahl der Erklärungen und Bescheinigungen. Es kommt nicht darauf an, in wie vielen Bescheiden sie enthalten sind oder mit wie vielen Schreiben der Notar die entsprechenden Auskünfte angefordert hat (BDS/*Diehn*, Nr. 22112 KV Rn. 7).

166 Die Betreuungsgebühr fällt hier nach Nr. 22200 Nr. 2 und Nr. 3 an, aber nach § 93 Abs. 1 Satz 1 auch nur **einmal**. Die auftragsgemäße Bewilligung der Auflassung durch **Eigenurkunde** des Notars löst keine Gebühr nach Nr. 25204 aus, weil es sich dabei um eine Betreuungstätigkeit nach Nr. 22200 Nr. 3 handelt, siehe Vorbemerkung 2.2. Abs. 2 und Anmerkung zu Nr. 25204.

166a Nach Nr. 32015 kann der Notar auch sonstige, wunschgemäß verauslagte Kosten in die notarielle Kostenberechnung aufnehmen und ggf. mitvollstrecken. Ob auf diese Umsatzsteuer anfällt oder nicht, richtet sich nach § 10 Abs. 1 Satz 6 UStG: Nicht zur Bemessungsgrundlage der Umsatzsteuer zählen nur durchlaufende Posten, die im Namen und für Rechnung eines anderen verausgabt wurden. Überall, wo der Notar als Zwischenkostenschuldner handelt, muss er auf die Auslage Umsatzsteuer erheben.

4. Lastenfreistellung

167 A verkauft an B ein Grundstück zum Peis von 1 Mio. €. Der Notar wird beauftragt, bei der zuständigen Gemeinde eine Negativbescheinigung nach § 28 Abs. 1 BauGB einzuholen. Daneben ist eine Genehmigung nach dem Grundstücksverkehrsgesetz erforderlich. Der Notar wird weiter beauftragt, die Löschungsbewilligung des eingetragenen Grundpfandrechts zu 100.000,00 € unter Treuhandauflage einzuholen. Die Treuhandauflage besteht darin, dass die Gläubigerin die Verwendung der Lastenfreistellung davon abhängig macht, dass an diese ein Betrag in Höhe von 50.000,00 € zu bezahlen ist.
Der Notar wird ferner beauftragt und bevollmächtigt, die Fälligkeit des Kaufpreises nach Eintritt bestimmter Fälligkeitsvoraussetzungen (Vormerkung, Vorkaufsrechtsbescheinigung, Genehmigung GrdstVG, Unterlagen Lastenfreistellung) mitzuteilen. Die Auflassung wird erklärt. Der Notar wird beauftragt und bevollmächtigt, den Auflassungsvollzug zu überwachen.
Vom Kaufvertrag (19 Seiten) wurden vier Entwürfe versandt und sieben weitere beglaubigte Abschriften gefertigt. Auslagen Grundbucheinsicht: 24,00 €.

168 Kostenberechnung zum Kaufvertrag vom 1.8.2014
URNr. 150/2014

Nr. 21100	Beurkundungsverfahren		3.470,00 €
	Geschäftswert nach §§ 97, 47	1.000.000,00 €	
Nr. 22110	Vollzugsgebühr		867,50 €
	Geschäftswert nach § 112	1.000.000,00 €	
Nr. 22200	Betreuungsgebühr		867,50 €
	Geschäftswert nach § 113 Abs. 1	1.000.000,00 €	
Nr. 22201	Treuhandgebühr		82,50 €
	Geschäftswert nach § 113 Abs. 2	50.000,00 €	

A. Kaufverträge

Auslagen

Nr. 32001	Dokumentenpauschale – Papier (s/w)	209 Seiten	31,35 €
Nr. 32005	Auslagenpauschale Post und Telekommunikation		20,00 €
Nr. 32011	Auslagen Grundbucheinsicht (je 8 €)	3 Einsichten	24,00 €
	Zwischensumme		5.362,85 €
Nr. 32014	19 % Umsatzsteuer		1.018,94 €
	Rechnungsbetrag		**6.381,79 €**

Die begrenzte Vollzugsgebühr nach Nr. 22112 kommt hier nicht in Betracht, weil die **Lastenfreistellung** keine privilegierte Vollzugstätigkeit ist, sondern unter Vorbemerkung 2.2.1.1 Abs. 1 Satz 2 **Nr. 9** fällt. **169**

Hinsichtlich der **Kostenverteilung** zwischen Käufer und Verkäufer muss entschieden werden, ob auch die Vollzugsgebühr aufgeteilt werden soll: **169a**
– Dann könnte sich eine **„Mehrkosten"-Formulierung** anbieten: *„Der Käufer trägt die Kosten der Beurkundung und ihres Vollzugs mit Ausnahme der Mehrkosten, die durch die Lastenfreistellung entstehen."*
– Soll die **Vollzugsgebühr vom Käufer allein** getragen werden, könnte formuliert werden: *„Die Kosten dieser Urkunde und ihres Vollzugs trägt der Käufer. Der Verkäufer übernimmt außerhalb dieser Urkunde entstehende Lastenfreistellungskosten und Kosten etwaiger Treuhandauflagen."* **oder** *„Die Kosten dieser Urkunde und ihres Vollzugs trägt der Käufer mit Ausnahme etwaiger Kosten für Treuhandauflagen und Grundbuchkosten wegen der Lastenfreistellung, die der Verkäufer trägt."*

Eine Abrechnung der Lastenfreistellung nach **Entwurfsgrundsätzen** scheidet gemäß Vorbemerkung 2.2 Abs. 2 und 2.4.1 Abs. 1 Satz 2 aus: Da es sich bei der Lastenfreistellung um eine Vollzugstätigkeit handelt, gilt der **Vorrang der Vollzugsabrechnung**. Eine Vergleichsberechnung ist nicht erforderlich. Auch die Entwurfsfertigung vor Beurkundung für die Löschung ist nach Vorbemerkung 2.2.1.1 Abs. 1 Satz 3 als **Vorabvollzug** nach Nr. 22110 abzurechnen. **170**

Abwandlung 1: Das Grundpfandrecht lastet in Gesamthaft neben dem Kaufgrundstück noch auf einem weiteren Grundstück des Verkäufers. Dieser stimmt im Kaufvertrag der Löschung der Belastung zu. Ferner wird dem Käufer eine Vollmacht erteilt, bereits vor Eigentumsumschreibung Grundschulden zur Finanzierung des Kaufpreises in beliebiger Höhe mit beliebigen Zinsen und Nebenleistungen zu bestellen. **171**

**172 Kostenberechnung zum Kaufvertrag vom 1.8.2014
URNr. 151/2014**

Nr. 21100	Beurkundungsverfahren		3.470,00 €
	Geschäftswert nach §§ 97, 47	1.000.000,00 €	
Nr. 21201	Grundbucherklärung		136,50 €
	Geschäftswert nach §§ 97, 53	100.000,00 €	
Nr. 22110	Vollzugsgebühr		947,50 €
	Geschäftswert nach § 112	1.100.000,00 €	
Nr. 22200	Betreuungsgebühr		947,50 €
	Geschäftswert nach § 113 Abs. 1	1.100.000,00 €	
Nr. 22201	Treuhandgebühr		82,50 €
	Geschäftswert nach § 113 Abs. 2	50.000,00 €	
Auslagen			
Nr. 32001	Dokumentenpauschale – Papier (s/w)	209 Seiten	31,35 €
Nr. 32005	Auslagenpauschale Post und Telekommunikation		20,00 €
Nr. 32011	Auslagen Grundbucheinsicht (je 8 €)	3 Einsichten	24,00 €
	Zwischensumme		5.659,35 €
Nr. 32014	19 % Umsatzsteuer		1.075,28 €
	Rechnungsbetrag		**6.734,63 €**

173   Betrifft die **Löschungszustimmung des Eigentümers** / Verkäufers ausschließlich das Kaufobjekt, ist sie gegenstandsgleich nach § 109 Abs. 1 Satz 4 Nr. 1 lit. b (siehe Grundfall). Gleiches gilt für eine **Belastungsvollmacht**, auch wenn die Vollmacht zur Belastung über den Kaufpreis hinaus ermächtigt, § 109 Abs. 1 Satz 4 Nr. 1 lit. c). Die Gegenstandsgleichheit der Belastungsvollmacht wird damit begründet, dass der Verkäufer dem Käufer eine vorgezogene Verfügungsberechtigung über das Grundstück erteilt. In beiden Fällen ist Geschäftswert ausschließlich der Wert des Kaufvertrags nach § 109 Abs. 1 Satz 5.

174   Anders liegt es, wenn die im Kaufvertrag erteilte Löschungszustimmung des Eigentümers/Verkäufers (auch) **andere Grundstücke** als den Kaufgegenstand betrifft. § 109 Abs. 1 Satz 4 Nr. 1 lit. b) bezieht sich ausdrücklich nur auf die „zur Löschung von Grundpfandrechten *am Kaufgegenstand*" erforderlichen Erklärungen. Andere oder darüber hinausreichende Erklärungen betreffen ein **anderes Rechtsverhältnis** und sind daher ein gesonderter Beurkundungsgegenstand, § 86.

175   Die gegenstandsverschiedene Löschungszustimmung ist nach **Nr. 21201 Nr. 4, Fall 2 mit einer 0,5-Gebühr** aus dem Wert des Grundpfandrechts, § 53 Abs. 1 Satz 1, anzusetzen. § 98 ist bei Grundbucherklärungen nicht einschlägig, sondern nur bei rechtsgeschäftlichen Zustimmungserklärungen.

175a   In dieser Konstellation ist eine **Vergleichsberechnung** nach § 94 Abs. 1, Hs. 2 erforderlich, wobei die 2,0-Gebühr (höchster Gebührensatz) aus 1,1 Mio. € (zusammengerechneter Wert) eine Gebühr von 3.790 € ergibt.

Abwandlung 2: Die Grundschuld valutiert nicht mehr. Im Zuge der Kaufvertragsvorbereitung hatte der Notar den Verkäufer gebeten, eine etwa schon vorliegende Löschungsbewilligung zum Beurkundungstermin mitzubringen, was auch geschieht.

175b

Kostenberechnung zum Kaufvertrag vom 1.8.2014
URNr. 152/2014

175c

Nr. 21100	Beurkundungsverfahren		3.470,00 €
	Geschäftswert nach §§ 97, 47	1.000.000,00 €	
Nr. 22110	Vollzugsgebühr		867,50 €
	Geschäftswert nach § 112	1.000.000,00 €	
Nr. 22200	Betreuungsgebühr		867,50 €
	Geschäftswert nach § 113 Abs. 1	1.000.000,00 €	
Auslagen			
Nr. 32001	Dokumentenpauschale – Papier (s/w)	209 Seiten	31,35 €
Nr. 32005	Auslagenpauschale Post und Telekommunikation		20,00 €
Nr. 32011	Auslagen Grundbucheinsicht (je 8 €)	3 Einsichten	24,00 €
	Zwischensumme		5.280,35 €
Nr. 32014	19 % Umsatzsteuer		1.003,27 €
	Rechnungsbetrag		**6.283,62 €**

Die Vollzugshandlungen „Anfordern" und „Prüfen" müssen **kumulativ** vorliegen, wobei der normative Schwerpunkt auf der **Prüfung** der Lastenfreistellungsunterlagen durch den Notar liegt. Dem Anfordern kommt demgegenüber untergeordnete Bedeutung bei. Die Vollzugshandlung kann vor (Vorbemerkung 2.2.1.1 Abs. 1 Satz 3) oder nach der Beurkundung erfolgen, und zwar gegenüber dem Gläubiger oder jeder anderen Personen (**mittelbare Anforderung**), insbesondere auch durch Erklärung gegenüber Beteiligten oder Beratern. Schon der **Hinweis** auf die erforderlichen Unterlagen genügt (BDS/*Diehn*, Vorbemerkung 2.2.1.1 Rn. 14 f.).

175d

Soll der Notar fremdbeschaffte Lastenfreistellungsunterlagen bei Gericht einreichen, wird ihm damit im Zusammenhang mit der Kaufvertragsdurchführung konkludent auch ein entsprechender **Prüf- und Vollzugsauftrag erteilt**. Am Vollzugsauftrag fehlt es nur, wenn die Beteiligten die Lastenfreistellung durch Einreichung der Unterlagen bei Gericht selbst besorgen wollen, wenn die Vertragsgestaltung dies überhaupt zulässt, was ohne Anderkonto praktisch nicht denkbar ist und insbesondere im Direktzahlungsmodell mit abzulösenden Gläubigern regelmäßig ausscheidet. Dem Notar die Einreichungs- und Prüfzuständigkeit zuzuschreiben, ihm aber zu verbieten oder ihn nicht zu beauftragen, bei Bedarf fehlende Unterlagen „anzufordern", wäre perplex und damit kostenrechtlich unbeachtlich (zur Lastenfreistellungsberatung s. Rn. 1407a ff.).

175e

Lässt die Vertragsgestaltung es zu, dass die Beteiligten die Lastenfreistellung selbst erledigen, bspw. bei einer Abwicklung mittels Anderkontos, wäre in der Abwandlung 2 die Gebühr 22110 nach Nr. 22112 auf 100 € reduziert. Dann sind Tätigkeiten nach Vorbemerkung 2.2.1.1. Abs. 1 Satz 2 Nr. 9 **keine Vollzugshandlungen** zum Hauptvertrag: Die Lastenfreistellung wird insgesamt vom Beurkundungsverfahren entkoppelt.

175f

Wird der Notar trotzdem unmittelbar oder mittelbar beauftragt, die Unterlagen zu prüfen oder zu prüfen, ob durch Einreichung der dem Notar vorgelegten Lastenfreistellungsunterlagen bei Gericht ein bestimmter Zweck erreicht werden kann, liegt ein **selbständiger Überprüfungsauftrag** nach Nr. 22122 vor. Es handelt sich dann um eine selbständige Vollzugstätigkeit. Sie löst ebenfalls eine 0,5-Gebühr aus, allerdings nur aus dem Wert der Belastung.

5. Globalpfandfreigabe

175g Der Bauträger verkauft an A eine Eigentumswohnung zum Preis von 160.000 €. Es wird auf eine Bezugsurkunde (Teilungserklärung, Baubeschreibung) nach § 13a BeurkG verwiesen. Der Notar wird beauftragt, die Grundfälligkeit des Kaufpreises nach Eintritt bestimmter Voraussetzungen mitzuteilen. Die Auflassung wird erklärt. Der Notar wird beauftragt, die Eigentumsumschreibung zu überwachen.
Er wird ferner beauftragt, die Lastenfreistellung zu bewirken. Die finanzierende Bank hatte bereits vor Beurkundung eine vom Notar angeforderte Globalfreistellungserklärung mit der Treuhandauflage übersandt, von dieser jeweils nur hinsichtlich eines bestimmten Kaufgegenstandes Gebrauch zu machen, sobald die Bank bestätigt hat, dass der entsprechende Kaufpreis bei ihr eingegangen ist.
Vom Kaufvertrag (19 Seiten) wurden der beabsichtigte Text versandt und sechs weitere (zum Teil beglaubigte) Abschriften gefertigt. Die Bezugsurkunde (130 Seiten) wurde einmal zusammen mit dem beabsichtigten Text verschickt; nach Beurkundung wurde eine beglaubigte Abschrift erteilt.
Der Notar hat Kosten für die Grundbucheinsicht i.H.v. 24,00 € gehabt.

175h **Kostenberechnung zum Kaufvertrag vom 1.8.2014**
URNr. 153/2013

Nr. 21100	Beurkundungsverfahren		762,00 €
	Geschäftswert nach §§ 97, 47	160.000,00 €	
Nr. 22110	Durchführungsgebühr		190,50 €
	Geschäftswert nach § 112	160.000,00 €	
Nr. 22200	Betreuungsgebühr		190,50 €
	Geschäftswert nach § 113 Abs. 1	160.000,00 €	
Nr. 22201	Treuhandgebühr		190,50 €
	Geschäftswert nach § 113 Abs. 2	160.000,00 €	
Auslagen			
Nr. 32000	Dokumentenpauschale – Papier (s/w)	130 Seiten	37,00 €
Nr. 32001	Dokumentenpauschale – Papier (s/w)	282 Seiten	42,30 €
Nr. 32005	Auslagenpauschale Post und Telekommunikation		20,00 €
Nr. 32011	Auslagen Grundbucheinsicht (je 8 €)	3 Einsichten	24,00 €
	Zwischensumme		1.456,80 €
Nr. 32014	19 % Umsatzsteuer		276,79 €
	Rechnungsbetrag		**1.676,53 €**

A. *Kaufverträge*

Die Durchführungsgebühr entsteht bei Bauträgerkaufverträgen **für jede Urkunde** **175i**
gesondert, auch wenn Lastenfreistellungserklärungen bereits vorliegen. Deren Anforderung durch den Notar wirkt für alle sie betreffenden Vorgänge. Die Vollzugshandlung kann nach Vorbemerkung 2.2.1.1 Abs. 1 Satz 3 bereits vor Beurkundung erfolgen. Die erforderlichen Prüfungsleistungen, die den Schwerpunkt des Gebührentatbestandes darstellen (s. auch Rn. 1407d), muss der Notar vorgangsbezogen vornehmen.

Die **Treuhandgebühr** nach Nr. 22201 entsteht hier aus dem Wert **des jeweiligen Si-** **175j**
cherungsinteresses, also aus dem jeweiligen vollständigen Kaufpreis. Auch sie ist **vorgangsbezogen** abzurechnen, weil der Notar hinsichtlich jedes Kaufgegenstandes nur nach Zahlung des jeweiligen Kaufpreises von der Freigabeerklärung Gebrauch machen darf. Die Prüfungsleistung – die die Gebühr normativ rechtfertigt – knüpft damit an den Einzelvorgang an; sie wäre hier global nicht einmal möglich.

Beim **Versand des beabsichtigten Textes** des Rechtsgeschäfts (einschließlich Be- **175k**
zugsurkunden) kann mangels besonderen Antrags nur nach Nr. 32001 Nr. 1 abgerechnet werden. Im Übrigen ist die Fertigung einer Abschrift jedoch nach Nr. 32000 zu behandeln, weil es sich um eine andere Niederschrift handelt als den aktuellen Kaufvertrag.

6. Verwalterzustimmung

A verkauft an B eine Eigentumswohnung zum Preis von 170.000 €. Darin enthal- **176**
ten ist ein Kaufpreisanteil von 15.000 € für mitverkaufte bewegliche Gegenstände.
Der Notar wird beauftragt, die erforderliche Verwalterzustimmung einzuholen.
Zur Löschung des noch eingetragenen Grundpfandrechts soll der Notar die Bewilligung einholen.
Der Notar wird ferner beauftragt, die Fälligkeit des Kaufpreises nach Eintritt bestimmter Fälligkeitsvoraussetzungen (Vormerkung, Verwalterzustimmung, Löschungsbewilligung) mitzuteilen.
Die Auflassung wird erklärt. Der Notar wird beauftragt, die Eigentumsumschreibung zu überwachen. Vom Kaufvertrag (19 Seiten) wurden vier Entwürfe versandt und sieben weitere beglaubigte Abschriften gefertigt. Der Notar hat Kosten für die Grundbucheinsicht i.H. v. 24,00 € gehabt.

Kostenberechnung zum Kaufvertrag vom 1.8.2014 **177**
URNr. 155/2014

Nr. 21100	Beurkundungsverfahren		762,00 €
	Geschäftswert nach §§ 97, 47	170.000,00 €	
Nr. 22110	Vollzugsgebühr		190,50 €
	Geschäftswert nach § 112	170.000,00 €	
Nr. 22200	Betreuungsgebühr		190,50 €
	Geschäftswert nach § 113 Abs. 1	170.000,00 €	

Kapitel 1. Grundstücksrecht

Auslagen

Nr. 32001	Dokumentenpauschale – Papier (s/w)	209 Seiten	31,35 €
Nr. 32005	Auslagenpauschale Post und Telekommunikation		20,00 €
Nr. 32011	Auslagen Grundbucheinsicht (je 8 €)	3 Einsichten	24,00 €
	Zwischensumme		1.218,35 €
Nr. 32014	19 % Umsatzsteuer		231,49 €
	Rechnungsbetrag		**1.449,84 €**

178 Die begrenzte Vollzugsgebühr nach Nr. 22112 kommt hier nicht in Betracht, weil weder die **Anforderung und Prüfung der Verwalterzustimmung** noch die Lastenfreistellung privilegierte Vollzugstätigkeiten sind, sondern unter Vorbemerkung 2.2.1.1 Abs. 1 Satz 2 **Nr. 5 und Nr. 9** fallen. Als **Geschäftswert** maßgeblich ist der volle Wert des Beurkundungsverfahrens, § 112. Auf bewegliche Gegenstände entfallende Kaufpreisteile müssen nicht mehr herausgerechnet werden.

178a Hinsichtlich der **Kostenverteilung** zwischen Käufer und Verkäufer besteht hier keine Veranlassung, den Verkäufer an der Vollzugsgebühr zu beteiligen, da diese in derselben Höhe auch ohne Lastenfreistellung entstanden wäre (s. Rn. 169a).

179 Die Vollzugstätigkeiten setzen die **Fertigung eines Entwurfs** für die Löschungsbewilligung bzw. Verwalterzustimmung **nicht** voraus, sondern nur deren „Anforderung und Prüfung".

– Wird er **erstellt**, können dafür bei demselben Notar keine zusätzlichen Entwurfsgebühren abgerechnet werden, Vorbemerkung 2.2. Abs. 2. Versendet der vollziehende Notar Entwürfe, entstehen **beim anderen Notar** nur die Kosten der Unterschriftsbeglaubigung zzgl. der Vollzugsgebühr nach Nr. 22124 i. H. v. 20,00 € für die Rücksendung der Unterlagen.

– Wird er **nicht erstellt** und beauftragt die Gläubigerin oder der Verwalter damit einen anderen Notar, rechnet dieser nach Entwurfsgrundsätzen ab (Rn. 472).

179a **Abwandlung:** Die Wohnung ist lastenfrei; einer Verwalterzustimmung bedarf es nicht. Der Notar wird jedoch beauftragt, vom Verwalter die Bestätigung einzuholen, dass keine Wohngeldrückstände bestehen.

179b Hier ist fraglich, ob die Vollzugsgebühr anfällt. In Betracht kommt der Tatbestand nach Vorbemerkung 2.2.1.1 Abs. 1 Satz 2 Nr. 5, Fall 2 – privatrechtliche Zustimmungserklärung. Nach dem Wortlaut ist die Bestätigung von Feststellungen jeder Art eine Zustimmungserklärung. Die Prüftätigkeit des Notars bezieht sich dann auf den Inhalt der Erklärung und die Person des Erklärenden. Dass Zustimmungserklärungen eng i. S. von Wirksamkeitserklärungen zu verstehen sind gibt es keine Anhaltspunkte. Auch nach Sinn und Zweck der Vollzugsgebühr, einen bestimmten Mehraufwand bei der Vertragsabwicklung abzugelten, spricht für die Einordnung des Sachverhalts in Vorbemerkung 2.2.1.1 Abs. 1 Satz 2 Nr. 5, Fall 2.

7. Familiengerichtliche Genehmigung

180 Eine Erbengemeinschaft (Mutter zu ½ und zwei Kinder zu je ¼) verkauft ein Grundstück an B zum Preis von 150.000 €. Eines der Kinder ist minderjährig. Zum Kaufvertrag wird die familiengerichtliche Genehmigung beantragt, die der

Notar im Auftrag der Beteiligten einholt; er erhält Doppelvollmacht zur Wirksamkeitsherbeiführung (wird in einer Eigenurkunde – 1 Seite – erklärt).
Weiter holt der Notar auftragsgemäß die Negativbescheinigung nach § 28 Abs. 1 BauGB und die Löschungsbewilligung über eine Grundschuld zu 150.000 € (Treuhandauflage: 100.000 €) ein.
Der Notar wird beauftragt und bevollmächtigt, die Fälligkeit des Kaufpreises nach Eintritt bestimmter Fälligkeitsvoraussetzungen mitzuteilen. Die Auflassung wird erklärt. Der Notar wird beauftragt und bevollmächtigt, den Auflassungsvollzug zu überwachen.
Vom Kaufvertrag (17 Seiten) wurden neun beglaubigte Abschriften gefertigt. Auslagen Grundbucheinsicht: 24,00 €.

Kostenberechnung zum Kaufvertrag vom 1.8.2014   **181**
URNr. 160/2014

Nr. 21100	Beurkundungsverfahren			708,00 €
	Geschäftswert nach §§ 97, 47		150.000,00 €	
Nr. 22110	Vollzugsgebühr			177,00 €
	Geschäftswert nach § 112		150.000,00 €	
Nr. 22200	Betreuungsgebühr			177,00 €
	Geschäftswert nach § 113 Abs. 1		150.000,00 €	
Nr. 22201	Treuhandgebühr			136,50 €
	Geschäftswert nach § 113 Abs. 2		100.000,00 €	
Auslagen				
Nr. 32001	Dokumentenpauschale – Papier (s/w)	153 Seiten		22,95 €
Nr. 32005	Auslagenpauschale Post und Telekommunikation			20,00 €
Nr. 32011	Auslagen Grundbucheinsicht (je 8 €)	3 Einsichten		24,00 €
	Zwischensumme			1.265,45 €
Nr. 32014	19 % Umsatzsteuer			240,44 €
	Rechnungsbetrag			**1.505,89 €**

Vollzugstätigkeiten liegen hier nach Vorbemerkung 2.2.1.1 Abs. 1 Satz 2 Nrn. 1, 4 **182** und 9 vor. Die Vollzugsgebühr fällt trotz der **Vielzahl von Tätigkeiten** nur **einmal** an, § 93 Abs. 1 Satz 1. Bei ökonomischer Analyse des Rechts werden dadurch unzureichende Anreize für eine Bewältigung komplexer Vollzugshandlungen durch den Notar gesetzt.

Neben der Vollzugsgebühr entsteht für die **Ausübung der Doppelvollmacht** keine **183** Gebühr nach Nr. 25204. Das ergibt sich aus den Vorbemerkungen 2.2 Abs. 2 und 2.2.1.1 Abs. 1 Satz 2 Nr. 4. Zwar schließt die Anmerkung von Nr. 25204 die Gebühr für die Eigenurkunde nur bei identischen Betreuungstätigkeiten aus, jedoch ist der Wille des Gesetzgebers hinsichtlich der Vollzugstätigkeit in 2.2.1.1 Abs. 1 Satz 2 Nr. 4 und 2.2 Abs. 2 hinreichend klar geworden (RegE 222).

8. Abwicklung mit Anderkonto

184 A verkauft an die österreichische B-Ges.m.b.H. ein Grundstück zum Preis von 200.000 €. Der Notar wird beauftragt, den erforderlichen amtlichen Auszug aus dem Firmenbuch Österreichs einzuholen.
Der Notar wird ferner beauftragt, bei der zuständigen Gemeinde eine Negativbescheinigung nach § 28 Abs. 1 BauGB und die Löschungsbewilligungen für eingetragene Grundpfandrechte zu 50.000,00 € für die C-Bank und zu 150.000,00 € für die D-Bank einzuholen. Die jeweilige Gläubigerin macht die Verwendung der Lastenfreistellung davon abhängig, dass an diese ein Ablösebetrag in folgender Höhe zu bezahlen ist:
– 55.000 € (C-Bank) bzw.
– 160.000 € (D-Bank).
Wegen der den Kaufpreis übersteigenden Ablösebeträge wird ein Anderkonto eingerichtet. A verpflichtet sich, darauf 15.000,00 € einzuzahlen.
Der Notar nimmt folgende Auszahlungen vor, nachdem er auftragsgemäß die eingegangenen Löschungsunterlagen auf Vollzugstauglichkeit geprüft hatte: 55.000 € an die C-Bank und 160.000 € an die D-Bank.
Der Notar wird beauftragt und bevollmächtigt, den Auflassungsvollzug zu überwachen: Die Eigentumsumschreibung soll erst erfolgen, wenn die vertragsgemäße Übergabe bestätigt worden ist.
Vom Kaufvertrag (17 Seiten) wurden drei Entwürfe und sieben beglaubigte Abschriften gefertigt. Auslagen Grundbucheinsicht: 24,00 €. Der Käufer beantragt beim Notar einen beglaubigten Abdruck des Grundbuchs nach Vollzug.

185 Kostenberechnung zum Kaufvertrag vom 1.8.2014
URNr. 200/2014

Nr. 21100	Beurkundungsverfahren		870,00 €
	Geschäftswert nach §§ 97, 47	200.000,00 €	
Nr. 22110	Vollzugsgebühr		217,50 €
	Geschäftswert nach § 112	200.000,00 €	
Nr. 22200	Betreuungsgebühr		217,50 €
	Geschäftswert nach § 113 Abs. 1	200.000,00 €	
Nr. 22201	Treuhandgebühr		286,50 €
	Sicherungsinteresse (§ 113 Abs. 2): 55.000,00 €	96,00 €	
	Sicherungsinteresse (§ 113 Abs. 2): 160.000,00 €	190,50 €	
Nr. 25300	Verwahrgebühr		573,00 €
	Auszahlungsbetrag (§ 124): 55.000,00 €	192,00 €	
	Auszahlungsbetrag (§ 124): 160.000,00 €	381,00 €	
Nr. 25211	Beglaubigter Grundbuchabdruck		15,00 €

A. Kaufverträge

Auslagen

Nr. 32001	Dokumentenpauschale – Papier (s/w)	170 Seiten		25,50 €
Nr. 32005	Auslagenpauschale Post und Telekommunikation			40,00 €
	Beurkundungsverfahren		20,00 €	
	Verwahrgeschäft		20,00 €	
Nr. 32011	Auslagen Grundbucheinsicht (je 8 €)	3 Einsichten		24,00 €
	Zwischensumme			2.269,00 €
Nr. 32014	19 % Umsatzsteuer			431,11 €
	Rechnungsbetrag			**2.700,11 €**

Die **Ermittlung des Inhalts eines ausländischen Registers** ist Vollzugstätigkeit nach Vorbemerkung 2.2.1.1 Abs. 1 Satz 2 Nr. 2, für die eine nach Nr. 21112 auf 50,00 € je Tätigkeit – also je Ermittlung – begrenzte Vollzugsgebühr anfällt. Diese wird hier jedoch von den sonstigen Vollzugstätigen konsumiert, § 93 Abs. 1. **186**

Die **Treuhandgebühr** fällt **für jeden Treuhandauftrag gesondert** an, Nr. 22201 Satz 3. Es handelt sich dabei nicht um eine Ausnahme zu § 93 Abs. 1 Satz 2, weil die Treuhandgebühr keine echte Betreuungsgebühr ist, wenngleich sie in dem entsprechenden Abschnitt des Kostenverzeichnisses geregelt wurde. **187**

Die **Verwahrgebühr** ist wie bisher **je Auszahlung** zu erheben. Sie orientiert sich am Auszahlungsbetrag und wurde für Werte bis 13 Mio. € in das Wertgebührensystem mit einem Gebührensatz von 1,0 eingefügt. Das hat eine **deutliche Absenkung** der Verwahrgebühr zur Folge. Von Auszahlungsbeträgen über 13 Mio. € sind 0,1 % als Gebühr hinzuzurechnen. Bei einem Auszahlungsbetrag von beispielsweise 13,5 Mio. € ist wie folgt vorzugehen: **188**

1,0-Gebühr aus 13 Mio. €	13.185,00 €
0,1 % aus 500.000 € (Auszahlungsbetrag – 13 Mio.)	500,00 €
Summe	13.685,00 €

Da bei Verwahrungen für jede Auszahlung eine gesonderte Gebühr entsteht, gilt auch für jede dieser Gebühren der **Mindestbetrag einer Gebühr** nach § 34 Abs. 5 von 15 €. Dieser Mindestbetrag deckt den auch mit der Auszahlung von kleineren Beträgen verbundenen Aufwand ab, was der Bundesrat verkannte (Beschluss Nr. 44, RegE 306). **189**

Betreuungstätigkeiten liegen nach Nr. 22200 Nr. 3 (Umschreibungsüberwachung) und Nr. 4 (Prüfung Auszahlungsvoraussetzungen an Gläubigerbanken) vor. Das Verhältnis der Verwahrgebühr zu Betreuungsgebühren wurde abweichend von der bisherigen Rechtsprechung neu geregelt in Vorbemerkung 2.5.3 Abs. 1: Betreuungsgebühren und die Treuhandgebühren nach Nr. 22201 fallen – anders als bisher – **neben den Verwahrgebühren** an. Für die Vollzugsgebühr bedurfte es insoweit keiner Klarstellung, da diese ohnehin – wie bisher – neben der Verwahrgebühr zu erheben ist. Für die Betreuungs- und für die Treuhandgebühr ist das Nebeneinander aber eine teilweise Abkehr von der bisherigen Rechtsprechung (BGH DNotZ 2012, 232 m. Anm. *Diehn*), die **funktional richtig** ist und vor allem wegen der deutlich abgesenkten Höhe der Verwahrgebühr erforderlich war. **190**

191 Die Verwahrung ist ein vom Beurkundungsverfahren getrenntes **sonstiges Geschäft**. Daher entsteht die **Auslagenpauschale** für Post und Telekommunikation für das Verwahrgeschäft gesondert, allerdings nicht je Auszahlungsbetrag, sondern aus dem Gesamtbetrag der Verwahrgebühren einheitlich für das Verwahrgeschäft.

191a Für die Erteilung **beglaubigter Abdrucke des Grundbuchs** erhält der Notar (zur Zuständigkeit siehe §§ 133a GBO, 85 GBV und näher Rn. 1466a ff.) eine Gebühr von 15,00 €. Diese fällt – im Gegensatz zur Einsichtsgebühr nach Nr. 25209 – **auch im Zusammenhang** mit einem gebührenpflichtigen Verfahren oder Geschäft an. Dokumentenpauschalen werden insoweit jedoch nicht zusätzlich erhoben, Anm. zu Nrn. 25210 f. **Grundbucheinsichtskosten** können jedoch zusätzlich als **Auslage** nach Nr. 32011 abgerechnet werden.

9. Gesetzliches Vorkaufsrecht des Mieters

192 Die A-GmbH verkauft an B eine Eigentumswohnung für 120.000 €. Der Notar bescheinigt, dass die A-GmbH existiert und vom handelnden Geschäftsführer allein vertreten wird.
Der Notar wird beauftragt, die erforderliche Verwalterzustimmung einzuholen und beim vorkaufsberechtigten Mieter nachzufragen, ob dieser sein gesetzliches Vorkaufsrecht ausübt. Der Notar wird ferner beauftragt und bevollmächtigt, die Fälligkeit des Kaufpreises nach Eintritt bestimmter Fälligkeitsvoraussetzungen mitzuteilen. Die Auflassung wird erklärt. Der Notar wird beauftragt und bevollmächtigt, den Auflassungsvollzug zu überwachen.
Vom Kaufvertrag (17 Seiten) wurden zwei Entwürfe und vier beglaubigte Abschriften gefertigt. Auslagen Grundbucheinsicht: 24,00 €.

193 Kostenberechnung zum Kaufvertrag vom 1.8.2014
URNr. 210/2014

Nr. 21100	Beurkundungsverfahren		600,00 €
	Geschäftswert nach §§ 97, 47	120.000,00 €	
Nr. 22110	Vollzugsgebühr		150,00 €
	Geschäftswert nach § 112	120.000,00 €	
Nr. 22200	Betreuungsgebühr		150,00 €
	Geschäftswert nach § 113 Abs. 1	120.000,00 €	
Nr. 25200	Bescheinigung nach § 21 BNotO		15,00 €
Auslagen			
Nr. 32001	Dokumentenpauschale – Papier (s/w)	102 Seiten	15,30 €
Nr. 32005	Auslagenpauschale Post und Telekommunikation		20,00 €
Nr. 32011	Auslagen Grundbucheinsicht (je 8 €)	3 Einsichten	24,00 €
Nr. 32011	Auslagen Handelsregistereinsicht (je 4,50 €)	1 Einsicht	4,50 €
	Zwischensumme		978,80 €
Nr. 32014	19 % Umsatzsteuer		185,97 €
	Rechnungsbetrag		**1.164,77 €**

A. Kaufverträge

Die **Vollzugstätigkeiten** erfüllen den Tatbestand von Vorbemerkung 2.2.1.1 Abs. 1 Satz 2 Nrn. 5 und 7. Es fällt nur eine Vollzugsgebühr an, § 93 Abs. 1 Satz 1. **194**

Die **Betreuungsgebühr** fällt nach Nr. 22200 Nr. 2 und Nr. 3 an, aber nach § 93 Abs. 1 Satz 1 auch nur einmal. **195**

Für **Bescheinigungen** nach § 21 Abs. 1 BNotO fällt eine Gebühr nach Nr. 25200 von 15,00 € je eingesehenem Registerblatt an. **196**

II. Grundschuldübernahme

1. Nicht valutierte Grundschuld, Löschungsbewilligung

A verkauft an B und C ein Grundstück zum Preis von 500.000 €. Der Notar wird beauftragt, bei der zuständigen Gemeinde eine Negativbescheinigung nach § 28 Abs. 1 BauGB einzuholen. A stimmt der Löschung einer Grundschuld zu 200.000 € zu (nicht valutiert). Der Notar wird beauftragt, die Löschungsbewilligung einzuholen. B und C übernehmen eine weitere Grundschuld zu 300.000 € für eigene Finanzierungszwecke, geben ein entsprechendes Schuldanerkenntnis ab und unterwerfen das Grundstück und sich persönlich der sofortigen Zwangsvollstreckung. Der Notar wird beauftragt, eine Nichtvalutierungs- nebst Haftentlassungserklärung für A einzuholen.
Der Notar wird ferner beauftragt und bevollmächtigt, die Fälligkeit des Kaufpreises nach Eintritt bestimmter Fälligkeitsvoraussetzungen (Vormerkung, Vorkaufsrechtsbescheinigung, Löschung, Nichtvalutierungserklärung) mitzuteilen. Die Auflassung wird erklärt. Der Notar wird beauftragt und bevollmächtigt, den Auflassungsvollzug zu überwachen. Vom Kaufvertrag (21 Seiten) wurden zwei Entwürfe, vier einfache und vier beglaubigte Abschriften gefertigt. Ferner wurden von Karten und Plänen 51 Farbkopien durch den Notar gefertigt. Auslagen Grundbucheinsicht: 24,00 €. **197**

Kostenberechnung zum Kaufvertrag vom 1.8.2014 **198**
URNr. 220/2014

Nr. 21100	Kaufvertrag		1.870,00 €
	Geschäftswert nach §§ 97, 47	500.000,00 €	
Nr. 21200	Schuldanerkenntnis, Zwangsvollstreckungsunterwerfung		635,00 €
	Geschäftswert nach § 97	300.000,00 €	
Nr. 22110	Vollzugsgebühr		707,50 €
	Geschäftswert nach § 112	800.000,00 €	
Nr. 22200	Betreuungsgebühr		707,50 €
	Geschäftswert nach § 113 Abs. 1	800.000,00 €	

Auslagen

Nr. 32001	Dokumentenpauschale – Papier (s/w)	210 Seiten	31,50 €
Nr. 32001	Dokumentenpauschale – Papier (Farbe)	51 Seiten	15,30 €
Nr. 32005	Auslagenpauschale Post und Telekommunikation		20,00 €
Nr. 32011	Auslagen Grundbucheinsicht (je 8 €)	3 Einsichten	24,00 €
	Zwischensumme		4.010,80 €
Nr. 32014	19 % Umsatzsteuer		762,05 €
	Rechnungsbetrag		**4.772,85 €**

199 Der **mitbeurkundete Löschungsantrag** des Eigentümers samt Zustimmung zur Löschung ist **derselbe Beurkundungsgegenstand** wie der Kaufvertrag (§ 109 Abs. 1 Satz 4 Nr. 1 lit. b). Eine gesonderte Bewertung findet insoweit nicht statt. Anders würde es liegen, wenn **Löschungsbewilligungen Dritter** mitbeurkundet werden: Diese sind ein gesonderter Beurkundungsgegenstand.

200 Die **Übernahme der Grundschuld** ist wie die Übernahme anderer dinglicher Rechte auch eine Vertragsbedingung des Kaufvertrags und daher derselbe Beurkundungsgegenstand.

201 **Schuldanerkenntnis** und **Zwangsvollstreckungsunterwerfungen** für Finanzierungszwecke des Käufers gegenüber Dritten sind zwar untereinander derselbe Gegenstand nach § 109 Abs. 1 (Sicherung), jedoch nicht gegenüber dem Kaufvertrag. Vielmehr liegt insofern **Gegenstandsverschiedenheit** nach § 110 Nr. 2 lit. a) vor. Kostenrechtlich sind die Werte mehrerer Verfahrensgegenstände zusammenzurechnen (§ 35 Abs. 1), soweit nichts anderes bestimmt ist. Etwas anderes bestimmt ist für Beurkundungsverfahren in § 94 Abs. 1. Danach entstehen grundsätzlich **gesonderte Gebühren**, wenn innerhalb eines Beurkundungsverfahrens verschiedene Gebührensätze anzuwenden sind (hier 2,0 für den Vertrag und 1,0 für Schuldanerkenntnis und Zwangsvollstreckungsunterwerfungen), es sei denn, die nach dem höchsten Gebührensatz (hier 2,0) berechnete Gebühr aus dem Gesamtbetrag der Werte (800.000 €) ist günstiger (hier nicht der Fall: 2,0 aus 800.000 € ergibt 2.830,00 €). Erfolgen Schuldanerkenntnis und Zwangsvollstreckungsunterwerfungen **nicht zum Zwecke der Kaufpreisfinanzierung**, liegt schon kein Fall von § 109 Abs. 1 vor; es verbleibt bei § 86 Abs. 2, ohne dass es auf § 110 Nr. 2 lit. a) in diesem Fall ankäme.

202 Die kurze Bezeichnung des jeweiligen Gebührentatbestandes nach **§ 19 Abs. 3 Nr. 1** könnte auch hier jeweils „Beurkundungsverfahren" lauten. Hier wurde aus didaktischen Gründen eine spezifische Angabe gewählt. Das könnte sich ggü. dem Kostenschuldner empfehlen, um der irrigen Vorstellung von zwei Beurkundungsverfahren entgegenzuwirken. Das Zitiergebot fordert diese Präzision nicht.

203 Die **Vollzugstätigkeiten** erfüllen den Tatbestand von Vorbemerkung 2.2.1.1 Abs. 1 Satz 2 Nrn. 1 und 9. Eine Abrechnung nach Entwurfsgrundsätzen scheidet gemäß Vorbemerkung 2.2 Abs. 2 und 2.4.1 Abs. 1 Satz 2 aus, weil die Anforderung der Löschungsunterlagen und der **Nichtvalutierungserklärung** Vollzugstätigkeiten sind. Sind Tätigkeiten des Notars als Vollzugs- oder Betreuungsgeschäfte zu einem Beurkundungsverfahren definiert, können diese nicht mehr isoliert betrachtet werden. Eine Vergleichsberechnung ist nicht erforderlich. Sie würde hier zu **höheren Kosten** (902,50 € statt 707,50 €) führen:

A. Kaufverträge

- Entwurf Nichtvalutierungserklärung
  1,0 aus 300.000 € (Nrn. 24101, 21200, §§ 53 Abs. 1, 92 Abs. 2)   635,00 €
- Entwurf Löschungsbewilligung
  0,5 aus 200.000 € (Nrn. 24102, 21201 Nr. 4, §§ 53 Abs. 1, 92 Abs. 2)   217,50 €
- Vorkaufsrechtsanfrage
  0,5 aus 800.000 € (Nrn. 22112, 22110, § 112 Satz 1)   50,00 €

Summe   **902,50 €**

Die **Zusammensetzung** des Geschäftswertes bei der Betreuungs- und Vollzugsgebühr braucht **nicht ausgewiesen** zu werden. Durch die getrennte Berechnung der Gebühren für das Beurkundungsverfahren nach § 94 Abs. 1 ist § 19 Abs. 3 Nr. 3 bereits Genüge getan.   204

Die Dokumentenpauschale beträgt **pro Seite in Farbe 0,30 €**. Das Zitiergebot fordert keine unterscheidungsfähige Angabe; sie ist aber – wie hier gezeigt – einfach möglich.   205

2. Valutierte Grundschuld, Kaufpreisanrechnung

A verkauft an B und C ein Grundstück zum Preis von 500.000 €. Der Notar wird beauftragt, bei der zuständigen Gemeinde eine Negativbescheinigung nach § 28 Abs. 1 BauGB einzuholen.   206
B und C übernehmen die eingetragene Grundschuld zu 300.000 €, geben ein entsprechendes Schuldanerkenntnis ab und unterwerfen das Grundstück sowie sich persönlich der sofortigen Zwangsvollstreckung. Das noch abgesicherte Darlehen valutiert noch in Höhe von 100.000 € und wird von B und C in Anrechnung auf die Kaufpreisschuld übernommen. Der Notar wird beauftragt, die Genehmigung zur Schuldübernahme einzuholen.
Der Notar wird ferner beauftragt und bevollmächtigt, die Fälligkeit des Kaufpreises nach Eintritt bestimmter Fälligkeitsvoraussetzungen (Vormerkung, Vorkaufsrechtsbescheinigung) mitzuteilen.
Die Auflassung wird erklärt. Der Notar wird beauftragt und bevollmächtigt, den Auflassungsvollzug zu überwachen.
Vom Kaufvertrag (21 Seiten) wurden zwei Entwürfe, vier einfache und vier beglaubigte Abschriften gefertigt. Ferner wurden von Karten und Plänen 51 Farbkopien durch den Notar gefertigt.
Auslagen Grundbucheinsicht: 24,00 €.

Kostenberechnung zum Kaufvertrag vom 1.8.2014   207
URNr. 221/2014

Nr. 21100	Vertrag		1.870,00 €
	Geschäftswert nach §§ 97, 47	500.000,00 €	
Nr. 21200	Erklärungen zur Finanzierung		635,00 €
	Geschäftswert nach § 97	300.000,00 €	
Nr. 22110	Vollzugsgebühr		707,50 €
	Geschäftswert nach § 112	800.000,00 €	
Nr. 22200	Betreuungsgebühr		707,50 €
	Geschäftswert nach § 113 Abs. 1	800.000,00 €	

Auslagen

Nr. 32001	Dokumentenpauschale – Papier (s/w)	210 Seiten	31,50 €
Nr. 32001	Dokumentenpauschale – Papier (Farbe)	51 Seiten	15,30 €
Nr. 32005	Auslagenpauschale Post und Telekommunikation		20,00 €
Nr. 32011	Auslagen Grundbucheinsicht (je 8 €)	3 Einsichten	24,00 €
	Zwischensumme		4.010,80 €
Nr. 32014	19 % Umsatzsteuer		762,05 €
	Rechnungsbetrag		**4.772,85 €**

208 **Kaufvertrag und Darlehensübernahme** sind derselbe Beurkundungsgegenstand nach § 109 Abs. 1 Satz 4 Nr. 1 lit. a). Die **Grundschuldübernahme** ist bereits als Vertragsbedingung des Kaufvertrags derselbe Gegenstand.

209 Das **Schuldanerkenntnis und die Zwangsvollstreckungsunterwerfungen** sichern die künftige Darlehensschuld der Käufer und könnten daher grundsätzlich ebenfalls derselbe Beurkundungsgegenstand nach § 109 Abs. 1 sein, jedenfalls, soweit das Darlehen valutiert. Allerdings bestimmt § 110 Nr. 2 lit. a) insoweit eine Ausnahme: Ein Veräußerungsvertrag und **Erklärungen zur Finanzierung** der Gegenleistung gegenüber Dritten sind abweichend von § 109 Abs. 1 **immer verschiedene Beurkundungsgegenstände**. Die amtliche Begründung führt zwar aus, § 109 Abs. 1 Satz 4 Nr. 1 lit. a) „soll in Anlehnung an die bisherige Handhabung die Gegenstandsgleichheit von Kaufvertrag und Übernahme einer durch Grundpfandrecht am Kaufgegenstand gesicherten Verbindlichkeit klarstellen" (RegE 186 f.). **Nach bisheriger Rechtslage** bleiben Schuldanerkenntnis und Unterwerfungserklärungen selbst bei nur teilweise valutierter Grundschuld unbeachtlich (*Tiedtke/Diehn*, Notarkosten im Grundstücksrecht, Rn. 466). Jedoch erscheint mir eine einschränkende Auslegung von § 110 Nr. 2 lit. a) dahingehend, dass die Erklärungen zur Finanzierung der Gegenleistung **gegenüber Dritten** nur dann ein besonderer Beurkundungsgegenstand sind, wenn das abstrakte Schuldanerkenntnis und die Zwangsvollstreckungsunterwerfungen nicht von einer Forderungsübernahme begleitet sind, vom Wortlaut reichlich weit entfernt.

Der Kaufvertrag mit Übernahme einer Grundschuld und Schuldübernahme in Anrechnung auf den Kaufpreis ist daher **ebenso zu bewerten** wie der Kaufvertrag mit Übernahme einer Grundschuld ohne Forderung für eigene Kreditzwecke. Die Rechtslage wird insoweit einfacher und klarer.

210 Bei der **kurzen Bezeichnung des jeweiligen Gebührentatbestands** nach § 19 Abs. 3 Nr. 1 wurde hier im Vergleich zur vorhergehenden Berechnung eine weitere Variationsmöglichkeit gewählt. Insbesondere wurde die Terminologie von § 110 Nr. 2 lit. a) aufgegriffen.

211 Kostenrechtlich sind die Werte mehrerer Verfahrensgegenstände **zusammenzurechnen** (§ 35 Abs. 1), soweit nichts anderes bestimmt ist. Etwas anderes bestimmt ist für Beurkundungsverfahren in § 94 Abs. 1. Danach entstehen grundsätzlich **gesonderte Gebühren**, wenn innerhalb eines Beurkundungsverfahrens verschiedene Gebührensätze anzuwenden sind (hier 2,0 für den Vertrag und 1,0 für Schuldanerkenntnis und Zwangsvollstreckungsunterwerfungen), es sei denn, die nach dem höchsten Gebührensatz (hier 2,0) berechnete Gebühr aus dem Gesamtbetrag der Werte (800.000 €) ist günstiger (hier nicht der Fall: 2,0 aus 800.000 € ergibt 2.830,00 €).

A. Kaufverträge

Die **Vollzugstätigkeiten** erfüllen den Tatbestand von Vorbemerkung 2.2.1.1 Abs. 1 Satz 2 Nrn. 1 und 8.

Die **Zusammensetzung** des Geschäftswertes bei der Betreuungs- und Vollzugsgebühr braucht **nicht ausgewiesen** zu werden. Durch die getrennte Berechnung der Gebühren für das Beurkundungsverfahren nach § 94 Abs. 1 ist § 19 Abs. 3 Nr. 3 bereits Genüge getan.

Die Dokumentenpauschale beträgt **pro Seite in Farbe 0,30 €**. Das Zitiergebot fordert keine unterscheidungsfähige Angabe; sie ist aber – wie hier gezeigt – einfach möglich.

212

213

214

III. Bauverpflichtung, Wiederkaufsrecht, Vertragsstrafe

1. Gewerbliches Grundstück

Die Gemeinde A verkauft an die XY-GmbH ein gewerbliches, voll erschlossenes Grundstück zum Kaufpreis von 1 Mio. €. Der Käufer verpflichtet sich, innerhalb von 2 Jahren eine Klinik zu bauen. Sollte diese Verpflichtung nicht fristgerecht erfüllt oder das Grundstück vor Erfüllung der Bauverpflichtung veräußert werden, steht der Gemeinde ein Wiederkaufsrecht zu, das durch eine Vormerkung gesichert wird. Ferner hat der Käufer bei Verstoß gegen Vertragspflichten eine Vertragsstrafe in Höhe von 1 Mio. € zu zahlen. Die Baukosten werden auf 20 Mio. € veranschlagt.
Der Notar wird beauftragt und bevollmächtigt, die Fälligkeit des Kaufpreises nach Eintritt bestimmter Fälligkeitsvoraussetzungen (Vormerkung) mitzuteilen. Die Auflassung wird erklärt. Der Notar wird beauftragt und bevollmächtigt, den Auflassungsvollzug zu überwachen.
Vom Kaufvertrag (28 Seiten) wurden zwei Entwürfe und sechs begl. Abschriften gefertigt. Auslagen Grundbucheinsicht: 24,00 €.

215

Kostenberechnung zum Kaufvertrag vom 1.8.2014 216
URNr. 230/2014

Nr. 21100	Beurkundungsverfahren		16.270,00 €
	Geschäftswert nach §§ 97, 47, 50 Nr. 3	5.000.000,00 €	
Nr. 22200	Betreuungsgebühr		4.067,50 €
	Geschäftswert nach § 113 Abs. 1	5.000.000,00 €	
Auslagen			
Nr. 32001	Dokumentenpauschale – Papier (s/w)	224 Seiten	33,60 €
Nr. 32005	Auslagenpauschale Post und Telekommunikation		20,00 €
Nr. 32011	Auslagen Grundbucheinsicht (je 8 €))		24,00 €
	Zwischensumme		20.415,10 €
Nr. 32014	19 % Umsatzsteuer		3.878,87 €
	Rechnungsbetrag		**24.293,97 €**

217 Der Geschäftswert ist hier nach § 47 Satz 1 und 2 zu bestimmen. Nach Satz 1 sind 1 Mio. € anzusetzen. Nach Satz 2 sind 4 Mio. € hinzuzurechnen (dem Käufer obliegende Leistungen). Die dem Käufer obliegende Leistung ist die Bauverpflichtung.

218 Der Wert der **Bauverpflichtung** ist 20 % der Herstellungskosten (§ 50 Nr. 3 lit. b).

219 Das **Wiederkaufsrecht** ist nur **Sicherungsvereinbarung** zur Bauverpflichtung und daher derselbe Gegenstand wie die Bauverpflichtung, § 109 Abs. 1 Satz 1. Maßgeblich ist deshalb allein der Wert der Bauverpflichtung, § 109 Abs. 1 Satz 2. Der Wert des Wiederkaufsrechts (§ 51 Abs. 1 Satz 2) bleibt unberücksichtigt.

220 **Die Vertragsstrafe** wird im Gegensatz zum bisherigen Recht bereits nach § 37 Abs. 1 wie Früchte, Nutzungen und Zinsen grundsätzlich **nicht berücksichtigt**.

2. Einheimischen-Modell – Bauplatz, Bauverpflichtung Wohnhaus

221 Die Gemeinde verkauft an A einen Bauplatz zum Kaufpreis von 90.000 €. Der Verkauf erfolgt im Rahmen eines Einheimischen-Modells unter dem Verkehrswert. Der Verkehrswert des Grundstücks beträgt 100.000 €. Der Käufer verpflichtet sich, innerhalb von drei Jahren ein Wohnhaus zu errichten und dieses zehn Jahre selbst zu bewohnen oder durch Familienangehörige bewohnen zu lassen. Veräußerungen sind nur mit Zustimmung der Gemeinde zulässig. Falls die Verpflichtungen nicht eingehalten werden, ist die Gemeinde zum Wiederkauf berechtigt (Sicherung durch eine Vormerkung).
Der Kaufpreis ist sofort fällig. Der Notar wird beauftragt und bevollmächtigt, die erklärte Auflassung zum Grundbuch erst nach Kaufpreiszahlung einzureichen.
Vom Kaufvertrag (19 Seiten) wurden zwei Entwürfe und sechs begl. Abschriften gefertigt. Auslagen Grundbucheinsicht: 24,00 €.

222 **Kostenberechnung zum Kaufvertrag vom 1.8.2014**
URNr. 240/2014

Nr. 21100	Beurkundungsverfahren		654,00 €
	Geschäftswert nach §§ 97, 47, 50 Nr. 1, 2 und 3	140.000,00 €	
Nr. 22200	Betreuungsgebühr		163,50 €
	Geschäftswert nach § 113 Abs. 1	140.000,00 €	
Auslagen			
Nr. 32001	Dokumentenpauschale – Papier (s/w)	152 Seiten	22,80 €
Nr. 32005	Auslagenpauschale Post und Telekommunikation		20,00 €
Nr. 32011	Auslagen Grundbucheinsicht (je 8 €)		24,00 €
	Zwischensumme		749,30 €
Nr. 32014	19 % Umsatzsteuer		142,37 €
	Rechnungsbetrag		**891,67 €**

223 Nach § 47 Satz 1 ist von 90.000 € auszugehen. Der **Hinzurechnungsbetrag** nach § 47 Satz 2 hängt vom Wert der Käuferleistungen ab. Dies sind

A. Kaufverträge

- **Bauverpflichtung**, nach § 50 Nr. 3 lit. a) mit 20 % vom Verkehrswert des unbebauten Grundstücks zu bewerten, also 20 % von 100.000 €   20.000,00 €
- **Verpflichtung zur eingeschränkten Nutzung**, nach § 50 Nr. 2 mit 20 % des Verkehrswertes der Sache im Zeitpunkt der Fälligkeit der Gebühr, § 96, also unbebaut, also 20 % von 100.000 €   20.000,00 €
- **Verfügungsbeschränkung**, nach § 50 Nr. 1 mit 10 % vom Verkehrswert der der Sache im Zeitpunkt der Fälligkeit der Gebühr, § 96, also unbebaut, also 10 % von 100.000 €   10.000,00 €

Summe   **50.000,00 €**

§ 47 Satz 3 hat wegen der höheren Wertsumme (140.000 € = 90.000 € + 20.000 € + 20.000 € + 10.000 €) im Vergleich zum Verkehrswert (100.000 €) hier keinen Anwendungsbereich.   224

Das **Wiederkaufsrecht** ist nur **Sicherungsvereinbarung** und daher derselbe Gegenstand, § 109 Abs. 1 Satz 1.   225

Hinsichtlich des **Zitiergebots** ist § 19 Abs. 3 Nr. 3 hier nicht einschlägig, weil die Zusammenrechnung nach § 47 Satz 2 innerhalb eines Verfahrensgegenstandes erfolgt und damit kein Fall von § 35 Abs. 1 ist. § 50 Nrn. 1, 2 und 3 zu zitieren ist mit Blick auf § 19 Abs. 3 Nr. 2 nicht zwingend, sondern **fakultativ**, weil § 47 Satz 2 nicht auf die Wertvorschriften verweist, sondern nur einen Wert in Bezug nimmt. Die Hilfsrechnung zu dessen Ermittlung muss nicht offengelegt werden.   226

Die **Betreuungsgebühr** fällt auch ohne notarielle Fälligkeitsmitteilung an, weil die Treuhandauflage zur Überwachung der Eigentumsumschreibung ebenfalls tatbestandsmäßig ist (Nr. 22200 Nr. 3).   226a

3. Wiederkaufsrecht ohne Bauverpflichtung

Die Gemeinde verkauft an A ein baureifes Grundstück zum Kaufpreis von 100.000,00 €. Der Verkauf erfolgt zum Verkehrswert. Der Gemeinde wird ein Wiederkaufsrecht eingeräumt: Für den Fall, dass A das Grundstück nicht innerhalb von drei Jahren mit einem Wohnhaus bebauen sollte, ist sie zum Rückkauf berechtigt. Die Eintragung einer entsprechenden Vormerkung wird bewilligt und beantragt. Der Notar wird beauftragt und bevollmächtigt, die Fälligkeit des Kaufpreises nach Eintragung der Vormerkung mitzuteilen. Die Auflassung wird erklärt. Der Notar wird beauftragt und bevollmächtigt, den Auflassungsvollzug zu überwachen. Vom Kaufvertrag (19 Seiten) wurden zwei Entwürfe und sechs begl. Abschriften gefertigt. Auslagen Grundbucheinsicht: 24,00 €.   227

Kostenberechnung zum Kaufvertrag vom 1.8.2014   228
URNr. 260/2014

Nr. 21100	Beurkundungsverfahren		708,00 €
	Summe nach § 35 Abs. 1	150.000,00 €	
	Geschäftswert nach §§ 97, 47	100.000,00 €	
	Geschäftswert nach §§ 97, 51 Abs. 1 Satz 2	50.000,00 €	
Nr. 22200	Betreuungsgebühr		177,00 €
	Geschäftswert nach § 113 Abs. 1	150.000,00 €	

Kapitel 1. Grundstücksrecht

Auslagen

Nr. 32001	Dokumentenpauschale – Papier (s/w)	152 Seiten	22,80 €
Nr. 32005	Auslagenpauschale Post und Telekommunikation		20,00 €
Nr. 32011	Auslagen Grundbucheinsicht (je 8 €)		24,00 €
	Zwischensumme		774,80 €
Nr. 32014	19 % Umsatzsteuer		147,21 €
	Rechnungsbetrag		**922,01 €**

229 Das **Wiederkaufsrecht** ist nach § 51 Abs. 1 Satz 2 mit der Hälfte des Grundstückswertes zu bewerten. Die Bedingung wirkt sich auf den Wert nicht aus.

230 Das Wiederkaufsrecht ist ein **eigener Beurkundungsgegenstand**. Dessen Wert ist daher nach § 35 Abs. 1 mit dem Wert des Kaufvertrags zu addieren.

231 Das Zitiergebot nach § 19 Abs. 3 Nr. 3 ist einschlägig: Die **Zusammensetzung des Verfahrenswertes** aus den Beurkundungsgegenständen muss transparent werden.

IV. Umsatzsteueroption

232 A verkauft ein Grundstück an B zum Alleineigentum. Der Nettokaufpreis beträgt 500.000,00 €. Der Verkäufer optiert nach § 9 Abs. 1, Abs. 3 Satz 2 UStG zur Umsatzsteuer. Der Bruttokaufpreis errechnet sich auf 595.000,00 €.
Der Notar wird mit dem Vollzug beauftragt und bevollmächtigt, die Fälligkeit des Kaufpreises nach Eintritt bestimmter Fälligkeitsvoraussetzungen (Vorkaufsrechtsverzicht BauGB, Vormerkung) mitzuteilen. Die Auflassung wird erklärt.
Der Notar wird beauftragt und bevollmächtigt, den Auflassungsvollzug zu überwachen. Vom Kaufvertrag (19 Seiten) wurden zwei Entwürfe und sechs begl. Abschriften gefertigt. Grundbucheinsicht: 24,00 €.

233 **Kostenberechnung zum Kaufvertrag vom 1.8.2014**
URNr. 270/2014

Nr. 21100	Beurkundungsverfahren		1.870,00 €
	Geschäftswert nach §§ 97, 47	500.000,00 €	
Nr. 21200	Beurkundungsverfahren		246,00 €
	Geschäftswert nach § 97	95.000,00 €	
Nr. 22110	Vollzugsgebühr (Nr. 22112)		50,00 €
	Geschäftswert nach § 112	595.000,00 €	
Nr. 22200	Betreuungsgebühr		547,50 €
	Geschäftswert nach § 113 Abs. 1	595.000,00 €	

A. Kaufverträge

Auslagen

Nr. 32001	Dokumentenpauschale – Papier (s/w)	152 Seiten	22,80 €
Nr. 32005	Auslagenpauschale Post und Telekommunikation		20,00 €
Nr. 32011	Auslagen Grundbucheinsicht (je 8 €)		24,00 €
	Zwischensumme		2.780,30 €
Nr. 32014	19 % Umsatzsteuer		528,26 €
	Rechnungsbetrag		**3.308,56 €**

Geschäftswert ist hier der **Netto-Kaufpreis**, § 47 Satz 1: Der Käufer zahlt die Umsatzsteuer nicht an den Verkäufer, weil die Steuerpflicht gemäß § 13b Abs. 2 Nr. 3, Abs. 5 UStG den Käufer unmittelbar trifft. Sie ist daher auch keine dem Käufer „sonst infolge der Veräußerung obliegende[n] Leistung" i.S.v. § 47 Satz 2 und somit **kein Hinzurechnungsbetrag**. 234

Der Verzicht auf die Steuerbefreiung durch Erklärung des Verkäufers ist im Verhältnis zum Kaufvertrag jedoch ein **gesonderter Beurkundungsgegenstand**, § 110 Nr. 2 lit. c) (relative Gegenstandsverschiedenheit). Das gilt **auch für den Verzicht auf den Verzicht**, also die Verpflichtung, nicht zur Umsatzsteuer zu optieren. Der Geschäftswert wird nach § 97 Abs. 1 von der **Höhe der Umsatzsteuer** bestimmt. Berechnungsgrundlage ist der Nettokaufpreis (nicht mehr zzgl. halber Grunderwerbsteuer, BFH NJW 2006, 1455). 235

Der Gebührensatz für die Option ist grundsätzlich 1,0 nach Nr. 21200, da deren Ausübung durch einseitige Erklärung erfolgt. Abweichend von § 35 Abs. 1 entstehen deshalb nach § 94 Abs. 1, Hs. 1 gesonderte Gebühren, weil die 2,0-Gebühr aus dem Gesamtgeschäftswert, § 94 Abs. 1, Hs. 2 zu höheren Kosten, nämlich 2.190,00 €, führte. 236

Eine **Verpflichtung des Verkäufers**, die Erklärung nicht zu widerrufen, und die Annahme dieser Verpflichtung durch den Käufer ist nach § 109 Abs. 1 Satz 2 derselbe Beurkundungsgegenstand wie die Optionsausübung (**Sicherungsvereinbarung**). Der Geschäftswert bestimmt sich daher allein nach dem Hauptgegenstand, § 109 Abs. 1 Satz 5 (Optionserklärung). Beim Gebührensatz ist in diesem Fall aber § 94 Abs. 2 zu beachten: Die Gebühr wird nach dem höchsten in Betracht kommenden Gebührensatz – hier 2,0 nach Nr. 21100 für die Sicherungsvereinbarung – berechnet. Hinsichtlich des Kaufvertrags werden in diesem Fall der Wert der Umsatzsteueroption und der Netto-Kaufpreis nach § 35 Abs. 1 addiert, so dass die Gebühr dann aus dem Bruttokaufpreis ermittelt wird. 237

Betrifft der Grundstückskaufvertrag auch **mitverkauftes Inventar oder Betriebsvorrichtungen**, sind § 4 Nr. 9 lit. a) UStG (Umsatzsteuerbefreiung bei Grunderwerbsteuerpflicht) und § 13b Abs. 1 Satz 1 Nr. 3 UStG nicht einschlägig. Für diese der Umsatzsteuer unterworfenen Umsätze zahlt der Käufer die Umsatzsteuer daher als Teil des Kaufpreises an den Verkäufer. Die auf das Inventar und die Betriebsvorrichtungen entfallende Umsatzsteuer ist daher bei der Bestimmung des Geschäftswertes gem. § 47 Satz 1 neben dem Netto-Kaufpreis werterhöhend zu berücksichtigen. 238

V. Hinterlegung Daten-DVD

238a A verkauft eine gewerbliche Immobilie an B zum Alleineigentum. Der Nettokaufpreis beträgt 2.200.000,00 €. Der Verkäufer optiert nach § 9 Abs. 1, Abs. 3 Satz 2 UStG zur Umsatzsteuer. Die Ergebnisse einer durchgeführten Due Diligence standen in einem elektronischen Datenraum bereit. Sie sind auch auf DVD festgehalten, die zu verwahren der Notar für die Dauer von fünf Jahren ab Übergabe von den Beteiligten beauftragt wird.
Der Notar wird mit dem Vollzug (Lastenfreistellung) beauftragt und bevollmächtigt, die Fälligkeit des Kaufpreises nach Eintritt bestimmter Fälligkeitsvoraussetzungen mitzuteilen. Die Auflassung wird erklärt.
Der Notar wird beauftragt und bevollmächtigt, den Auflassungsvollzug zu überwachen. Vom Kaufvertrag (43 Seiten) wurden neun Entwürfe (per E-Mail an jeweils drei Empfänger) und sechs begl. Abschriften gefertigt. Grundbucheinsichten: 80,00 €.

238b Kostenberechnung zum Kaufvertrag vom 1.8.2014
URNr. 272/2014

Nr. 21100	Beurkundungsverfahren		7.310,00 €
	Geschäftswert nach §§ 97, 47	2.200.000,00 €	
Nr. 21200	Beurkundungsverfahren		835,00 €
	Geschäftswert nach §§ 97, 36	418.000,00 €	
Nr. 22110	Vollzugsgebühr		2.187,00 €
	Geschäftswert nach § 112	2.618.000,00 €	
Nr. 22200	Betreuungsgebühr		2.187,00 €
	Geschäftswert nach § 113 Abs. 1	2.618.000,00 €	
Nr. 25301	Verwahrgebühr		485,00 €
	Geschäftswert nach § 124	220.000,00 €	
Auslagen			
Nr. 32001	Dokumentenpauschale – Papier (s/w)	258 Seiten	38,70 €
Nr. 32002	Dokumentenpauschale – Daten	3 x 9 Dateien	40,50 €
Nr. 32005	Auslagenpauschale Post und Telekommunikation		40,00 €
	Beurkundungsverfahren	20,00 €	
	Verwahrgeschäft	20,00 €	
Nr. 32011	Auslagen Grundbucheinsicht (je 8 €)		80,00 €
	Zwischensumme		13.204,20 €
Nr. 32014	19 % Umsatzsteuer		2.508,80 €
	Rechnungsbetrag		**15.713,00 €**

Die Erklärung zur Umsatzsteueroption ist nach § 110 Nr. 2 lit. c) ein verschiedener Beurkundungsgegenstand. Geschäftswert ist nach §§ 97, 36 Abs. 1, Fall 2 der Umsatzsteuerbetrag, der feststeht. Nach § 94 Abs. 1, Hs. 2 ist die getrennte Berechnung der Gebühren günstiger im Vergleich zur 2,0-Gebühr aus 2,618 Mio. € (8.750,00 €).

A. *Kaufverträge*

Für die Vollzugs- und die Betreuungsgebühr ist der volle Verfahrenswert maßgeblich, §§ 112 Satz 1, 113 Abs. 1, der sich nach § 35 Abs. 1 aus der Summe der Werte aller Gegenstände berechnet.

Die **Hinterlegung der Daten-DVD** ist ein gesondertes Geschäft. In der Sache geht es um die Verwahrung einer **Kostbarkeit** nach Nr. 25301 (BDS/*Diehn*, Nr. 25301 KV Rn. 6), denn Informationen sind die Kostbarkeiten der Neuzeit. Die Auslagenpauschale nach Nr. 32005 fällt gesondert an. 238c

Bei der Abrechnung des **E-Mail-Austausches von Entwürfen** können 1,50 € je Empfänger und pro E-Mail höchstens 5,00 € angesetzt werden. 238d

VI. Kauf mit Aufteilungsverpflichtung

A verkauft an B und C jeweils einen ½ Miteigentumsanteil an einem Grundstück zum Kaufpreis von je 90.000 €. B und C wollen das Grundstück nach § 3 WEG aufteilen, Sondernutzungsbereiche vorsehen und jeweils ein Haus errichten, wobei die Baukosten von B ca. 300.000 € und von C ca. 400.000 € betragen werden. Sie verpflichten sich gegenseitig, die Aufteilung vorzunehmen, sobald die erforderlichen Unterlagen vorliegen.
Der Notar wird mit dem Vollzug (Lastenfreistellung) beauftragt und bevollmächtigt, die Fälligkeit des Kaufpreises nach Eintritt bestimmter Fälligkeitsvoraussetzungen mitzuteilen. Die Auflassung wird erklärt.
Der Notar wird beauftragt und bevollmächtigt, den Auflassungsvollzug zu überwachen. Vom Kaufvertrag (19 Seiten) wurden vier Entwürfe (per E-Mail an jeweils vier Empfänger) und sechs begl. Abschriften gefertigt. Die Urkunde wird als PDF-Version erbeten, gefertigt und zwei Mal versandt. Grundbucheinsichten: 24,00 €. 238e

Kostenberechnung zum Kaufvertrag vom 1.8.2014 238f
URNr. 274/2014

Nr. 21100	Beurkundungsverfahren		3.790,00 €
	Summe nach nach § 35 Abs. 1	1.060.000,00 €	
	Geschäftswert nach §§ 97, 47 (Kaufvertrag)	180.000,00 €	
	… nach §§ 97, 42 (Aufteilungsverpflichtung)	880.000,00 €	
Nr. 22110	Vollzugsgebühr		947,50 €
	Geschäftswert nach § 112	1.060.000,00 €	
Nr. 22200	Betreuungsgebühr		947,50 €
	Geschäftswert nach § 113 Abs. 1	1.060.000,00 €	
Auslagen			
Nr. 32001	Dokumentenpauschale – Papier (s/w)	114 Seiten	17,10 €
Nr. 32002	Dokumentenpauschale – Daten		31,00 €
Nr. 32005	Auslagenpauschale Post und Telekommunikation		20,00 €
Nr. 32011	Auslagen Grundbucheinsicht (je 8 €)		24,00 €
	Zwischensumme		5.777,10 €
Nr. 32014	19 % Umsatzsteuer		1.097,65 €
	Rechnungsbetrag		**6.874,75 €**

Die **Verpflichtung** zur Aufteilung in Wohnungs- und Teileigentum ist nicht gegenstandsgleich zum Kaufvertrag, sondern **gesondert zu bewerten** (Streifzug Rn. 2642). Sie ist wie die Aufteilung selbst mit dem vollen Wert nach § 42 (Grundstück zzgl. geplanter Bebauung) zu bewerten. Dadurch wird der Wert des Grundstücks im Geschäftswert doppelt berücksichtigt, was hinzunehmen ist: Eine teilweise Gegenstandsgleichheit gibt es nach dem GNotKG nicht.

238g Bei unterschiedlichen Baukosten kommt in Betracht, die Kosten im Innenverhältnis nach den Wertverhältnissen zu **verteilen**.

238h Die Summe der Werte aller Verfahrensgegenstände nach § 35 Abs. 1 setzt sich als Geschäftswert für Vollzug und Betreuung nach §§ 112 Satz 1, 113 Abs. 1 fort.

238i Bei der **Dokumentenpauschale nach Nr. 32002** ist eine komplizierte Rechnung erforderlich: Im Entwurfsstadium sind 4 x 5,00 € = 20,00 € angefallen, weil vier Arbeitsgänge mit je 5,00 € anzusetzen waren. Die Fertigung der elektronischen Fassung durch Übertragung der handschriftlichen Ergänzungen aus der Verhandlung kostet 9,50 €. Darin ist eine Übermittlung der Datei eingeschlossen. Die zweite Übermittlung kostet weitere 1,50 €.

VII. Dienstbarkeiten, Vorkaufsrecht

1. Grunddienstbarkeit zugunsten des Verkäufers

239 A verkauft an B ein Grundstück von 1.000 qm zum Kaufpreis von 150.000,00 €. Der Käufer verpflichtet sich gegenüber dem Verkäufer, bei der Bebauung entlang der Grundstücksgrenze (20 m) einen Grenzabstand von 5 Metern einzuhalten. Dies wird durch eine mitbeurkundete Grunddienstbarkeit gesichert.
Der Notar wird mit dem Vollzug beauftragt und bevollmächtigt, die Fälligkeit des Kaufpreises nach Eintritt bestimmter Voraussetzungen (Vorkaufsrechtsverzicht, Vormerkung) mitzuteilen.
Der Kaufvertrag wurde durch einen Makler vermittelt, dessen Provisionsanspruch durch Vertrag zugunsten Dritter in Höhe von 6,25 % einschließlich Umsatzsteuer in der Urkunde festgestellt wird. Die Auflassung wird erklärt. Der Notar wird beauftragt und bevollmächtigt, den Auflassungsvollzug zu überwachen.
Vom Kaufvertrag (16 Seiten) wurden zwei Entwürfe und vier begl. Abschriften gefertigt. Auslagen Grundbucheinsicht: 24,00 €.

240 **Kostenberechnung zum Kaufvertrag vom 1.8.2014**
URNr. 280/2014

Nr. 21100	Beurkundungsverfahren		816,00 €
	Summe nach § 35 Abs. 1	174.375,00 €	
	Geschäftswert nach §§ 97, 47, 52 – Kaufvertrag	165.000,00 €	
	Geschäftswert nach §§ 97, 47 – Maklerprovision	9.375,00 €	
Nr. 21201	Beurkundungsverfahren		45,50 €
	Geschäftswert nach §§ 97, 52	15.000,00 €	
Nr. 22110	Vollzugsgebühr (Nr. 22112)		50,00 €
	Geschäftswert nach § 112	189.375,00 €	
Nr. 22200	Betreuungsgebühr		217,50 €
	Geschäftswert nach § 113 Abs. 1	189.375,00 €	

A. Kaufverträge

Auslagen				
Nr. 32001	Dokumentenpauschale – Papier (s/w)	96 Seiten		14,40 €
Nr. 32005	Auslagenpauschale Post und Telekommunikation			20,00 €
Nr. 32011	Auslagen Grundbucheinsicht (je 8 €)			24,00 €
	Zwischensumme			1.187,40 €
Nr. 32014	19 % Umsatzsteuer			225,61 €
	Rechnungsbetrag			**1.413,01 €**

Der Geschäftswert für den Kaufvertrag setzt sich aus 150.000 € nach § 47 Satz 1 **241** (Kaufpreis) und der **Hinzurechnung** nach § 47 Satz 2 zusammen. Diese wird nach § 52 Abs. 3 Satz 1 ermittelt, soweit der nach § 52 Abs. 1 maßgebliche Wert des Rechts für den Berechtigten bzw. für das herrschende Grundstück nicht anders feststellbar ist (BDS/*Diehn*, § 52 Rn. 8): Es handelt sich hier um eine Pflicht von **unbeschränkter** Dauer. Maßgeblich ist daher der auf die ersten 20 Jahres entfallende Wert. Nach § 52 Abs. 5 ist demnach der Wert des betroffenen Gegenstandes maßgeblich. Betroffen sind 100 qm, also 10 % des Grundstücks. Das ergibt weitere 15.000 €. Eine **Aufschlüsselung** des Geschäftswertes nach § 19 Abs. 3 Nr. 3 ist nicht **erforderlich**, weil der Hinzurechnungsbetrag kein eigener Verfahrensgegenstand ist.

Wird über die **Maklerprovision** ein **Vertrag zugunsten Dritter** beurkundet, ist **242** hierfür eine 2,0-Gebühr nach Nr. 21100 zu erheben. Die Werte für den Kaufvertrag und die vertraglichen Vereinbarungen über die Maklerprovision sind dann nach § 35 Abs. 1 zu addieren. Da es sich um einen gesonderten Verfahrensgegenstand handelt, muss die Geschäftswertzusammensetzung insoweit nach § 19 Abs. 3 Nr. 3 in der Kostenberechnung transparent gemacht werden. **Übernimmt der Käufer** im Kaufvertrag eine Provisionsverpflichtung des Verkäufers, handelt es sich demgegenüber um einen Hinzurechnungsbetrag nach § 47 Satz 2. Rein **deklaratorische Hinweise** auf eine kraft Maklervertrags geschuldete Provision wirken demgegenüber gar nicht geschäftswerterhöhend.

Nach § 110 Nr. 2 lit. b) sind die Erklärungen zur Bestellung von subjektiv-dingli- **243** chen Rechten und der Veräußerungsvertrag **verschiedene Gegenstände**. Da die Grunddienstbarkeit in der Kaufvertragsurkunde bestellt wurde, ist sie auch gesondert zu bewerten. Nach § 94 Abs. 1, Hs. 1 entstehen insoweit gesondert berechnete Gebühren, weil die Bewilligung der Grunddienstbarkeit nach Nr. 21201 Nr. 4 nur eine 0,5-Gebühr auslöst. Eine 2,0-Gebühr aus 189.375,00 € läge mit 870,00 € höher als die Summe der Einzelgebühren und ist daher nach § 94 Abs. 1, Hs. 2 nicht maßgeblich. Der Geschäftswert für Vollzug und Betreuung beträgt demgegenüber ausschließlich 189.375,00 €.

2. Beschränkte persönliche Dienstbarkeit zugunsten des Verkäufers

> A (45 Jahre) verkauft an B ein Grundstück zum Kaufpreis von 200.000,00 €. Der **244**
> Käufer bestellt dem Verkäufer am Kaufgrundstück eine beschränkte persönliche
> Dienstbarkeit folgenden Inhalts: Auf dem Vertragsbesitz dürfen ohne Zustimmung
> des Verkäufers weder durch den Käufer noch durch Dritte, insbesondere nicht durch

Mieter, Pächter oder sonstige Nutzungsberechtigte, Lebensmitteldiscountmärkte, Verbrauchermärkte und Einkaufszentren errichtet oder betrieben werden. Die Eintragung der beschränkten persönlichen Dienstbarkeit in das Grundbuch wird beantragt. Der Notar wird mit dem Vollzug beauftragt und bevollmächtigt, die Fälligkeit des Kaufpreises nach Eintritt bestimmter Fälligkeitsvoraussetzungen (Vorkaufsrechtsverzicht BauGB, Vormerkung) mitzuteilen. Die Auflassung wird erklärt. Der Notar wird beauftragt und bevollmächtigt, den Auflassungsvollzug zu überwachen. Vom Kaufvertrag (16 Seiten) wurden 2 Entwürfe und 4 begl. Abschriften gefertigt. Grundbucheinsicht: 24,00 €.

245 **Kostenberechnung zum Kaufvertrag vom 1.8.2014**
URNr. 290/2014

Nr. 21100	Beurkundungsverfahren		1.370,00 €
	Geschäftswert nach §§ 97, 47, 52	350.000,00 €	
Nr. 22110	Vollzugsgebühr (Nr. 22112)		50,00 €
	Geschäftswert nach § 112	350.000,00 €	
Nr. 22200	Betreuungsgebühr		342,50 €
	Geschäftswert nach § 113 Abs. 1	350.000,00 €	
Auslagen			
Nr. 32001	Dokumentenpauschale – Papier (s/w)	96 Seiten	14,40 €
Nr. 32005	Auslagenpauschale Post und Telekommunikation		20,00 €
Nr. 32011	Auslagen Grundbucheinsicht (je 8 €)		24,00 €
	Zwischensumme		1.820,90 €
Nr. 32014	19 % Umsatzsteuer		345,97 €
	Rechnungsbetrag		**2.166,87 €**

246 Der Geschäftswert setzt sich aus 200.000 € nach § 47 Satz 1 (Kaufpreis) und der **Hinzurechnung** nach § 47 Satz 2 zusammen. Diese wird nach § 52 Abs. 4 ermittelt: Die beschränkte persönliche Dienstbarkeit ist ein auf die Lebensdauer des Berechtigten beschränktes Recht. Der **Jahreswert** des Rechts kann nach § 52 Abs. 5 bestimmt werden. Hier ist der 15 fache Jahreswert maßgeblich. Eine **Aufschlüsselung** des Geschäftswertes nach § 19 Abs. 3 Nr. 3 ist nicht erforderlich.

247 § 110 Nr. 2 lit. b) ist **nicht** anwendbar, weil keine Grunddienstbarkeit bewilligt wurde. Die Bestellung der beschränkten persönlichen Dienstbarkeit ist daher derselbe Gegenstand nach § 109 Abs. 1 Satz 1. Dass sich der Geschäftswert nach § 109 Abs. 1 Satz 5 ausschließlich nach dem Wert des Rechtsverhältnisses richtet, zu dessen Erfüllung, Sicherung oder sonstiger Durchführung sie dient, steht der Hinzurechnung nach § 47 Satz 2 nicht entgegen.

3. Grunddienstbarkeit zugunsten des Käufers (Stellplatz)

A verkauft an B ein Grundstück mit einem Stellplatz zum Preis von 200.000 €. 248
Der Verkäufer bestellt eine subjektiv dingliche Dienstbarkeit folgenden Inhalts:
Der jeweilige Eigentümer des Kaufgrundstücks ist berechtigt, den PKW-Stellplatz Nr. 1, der sich auf dem Nachbargrundstück des Verkäufers befindet, unentgeltlich zu nutzen. Die ortsübliche Miete für einen PKW-Stellplatz beträgt monatlich 100 €. Der Notar wird mit dem Vollzug beauftragt und bevollmächtigt, die Fälligkeit des Kaufpreises nach Eintritt bestimmter Fälligkeitsvoraussetzungen (Vorkaufsrechtsverzicht, Vormerkung) mitzuteilen. Die Auflassung wird erklärt. Der Notar wird beauftragt und bevollmächtigt, den Auflassungsvollzug zu überwachen. Vom Kaufvertrag (16 Seiten) wurden 2 Entwürfe und 4 begl. Abschriften gefertigt. Auslagen Grundbucheinsicht: 8,00 €.

Kostenberechnung zum Kaufvertrag vom 1.8.2014 249
URNr. 300/2014

Nr. 21100	Beurkundungsverfahren		870,00 €
	Geschäftswert nach §§ 97, 47	200.000,00 €	
Nr. 21201	Beurkundungsverfahren		57,50 €
	Geschäftswert nach §§ 97, 52	24.000,00 €	
Nr. 22110	Vollzugsgebühr (Nr. 22112)		50,00 €
	Geschäftswert nach § 112	224.000,00 €	
Nr. 22200	Betreuungsgebühr		242,50 €
	Geschäftswert nach § 113 Abs. 1	224.000,00 €	
Auslagen			
Nr. 32001	Dokumentenpauschale – Papier (s/w)	96 Seiten	14,40 €
Nr. 32005	Auslagenpauschale Post und Telekommunikation		20,00 €
Nr. 32011	Auslagen Grundbucheinsicht (je 8 €)		8,00 €
	Zwischensumme		1.262,40 €
Nr. 32014	19 % Umsatzsteuer		239,86 €
	Rechnungsbetrag		**1.502,26 €**

Bestellt der Verkäufer an anderen Grundstücken Dienstbarkeiten zugunsten des 250
Käufers, erfolgte bisher **keine Hinzurechnung**. Die Dienstbarkeit war auch nicht gegenstandsverschieden nach § 44 Abs. 2 KostO. Die Käuferleistungen wurden insgesamt als Gegenleistung auch für die Einräumung der Dienstbarkeit gesehen. Nunmehr ist die Grunddienstbarkeit auch dann **gesondert zu bewerten**, wenn sie zugunsten des Käufers bestellt wurde, § 110 Nr. 2 lit. b).

Der Wert eines Rechts von **unbeschränkter Dauer** ist der auf die ersten 20 Jahre 251
entfallende Wert, § 52 Abs. 3. Die Dienstbarkeit ist ein privilegierter Beurkundungsgegenstand nach Nr. 21201 Nr. 4. Die gesonderte Gebührenberechnung ist nach § 94 Abs. 1, Hs. 1 vorzunehmen.

252   Eine Pflicht zur **Vorabbestellung** der Dienstbarkeit in einer gesonderten Urkunde besteht wegen des Sachzusammenhangs nicht.

4. Grunddienstbarkeit zugunsten des Käufers (Geh- und Fahrtrecht)

253   A verkauft an B ein Grundstück zum Preis von 200.000 €. Um den Anschluss an das öffentliche Straßennetz zu sichern, bestellt der Verkäufer dem Käufer eine subjektiv dingliche Dienstbarkeit (Geh- und Fahrtrecht) an einem ihm gehörenden und nicht veräußerten Zwischengrundstück (Wert: 400.000 €). Der Ausübungsbereich umfasst ca. 10 % des Zwischengrundstücks. Der Notar wird mit dem Vollzug beauftragt und bevollmächtigt, die Fälligkeit des Kaufpreises nach Eintritt bestimmter Fälligkeitsvoraussetzungen (Vorkaufsrechtsverzicht BauGB, Vormerkung) mitzuteilen. Die Auflassung wird erklärt. Der Notar wird beauftragt und bevollmächtigt, den Auflassungsvollzug zu überwachen. Vom Kaufvertrag (16 Seiten) wurden zwei Entwürfe und vier beglaubigte Abschriften gefertigt. Auslagen Grundbucheinsicht: 8,00 €.

254   **Kostenberechnung zum Kaufvertrag vom 1.8.2014**
       URNr. 301/2014

Nr. 21100	Beurkundungsverfahren		870,00 €
	Geschäftswert nach §§ 97, 47	200.000,00 €	
Nr. 21201	Beurkundungsverfahren		53,50 €
	Geschäftswert nach §§ 97, 52 Abs. 3, 5	20.000,00 €	
Nr. 22110	Vollzugsgebühr (Nr. 22112)		50,00 €
	Geschäftswert nach § 112	220.000,00 €	
Nr. 22200	Betreuungsgebühr		242,50 €
	Geschäftswert nach § 113 Abs. 1	220.000,00 €	
Auslagen			
Nr. 32001	Dokumentenpauschale – Papier (s/w)	96 Seiten	14,40 €
Nr. 32005	Auslagenpauschale Post und Telekommunikation		20,00 €
Nr. 32011	Auslagen Grundbucheinsicht (je 8 €)		8,00 €
	Zwischensumme		1.258,40 €
Nr. 32014	19 % Umsatzsteuer		239,10 €
	Rechnungsbetrag		**1.497,50 €**

255   Die Grunddienstbarkeit ist auch dann **gesondert zu bewerten**, wenn sie zugunsten des Käufers bestellt wurde, § 110 Nr. 2 lit. b). Die Dienstbarkeit ist ein privilegierter Beurkundungsgegenstand nach Nr. 21201 Nr. 4. Die gesonderte Gebührenberechnung ist nach § 94 Abs. 1, Hs. 1 vorzunehmen. Eine Pflicht zur **Vorabbestellung** der Dienstbarkeit in einer gesonderten Urkunde besteht nicht.

256   Der Wert eines Rechts von **unbeschränkter Dauer** ist der auf die ersten 20 Jahre entfallende Wert, § 52 Abs. 3. Liegen keine Anhaltspunkte für den Wert der Dienstbarkeit vor, ist nach § 52 Abs. 5 von einem **Jahreswert von 5% des Wertes des dienen-**

den **Grundstücks** auszugehen. Der Wert muss allerdings auf die betroffene Teilfläche, also auf 10 % beschränkt werden. Da das Geh- und Fahrtrecht nur zur Mitbenutzung berechtigt, wird davon nur ein Teilwert von 50 % angesetzt.

5. Vorkaufsrecht

A verkauft an B eine unvermessene Teilfläche von 900 qm zum Preis von 200,00 € je Quadratmeter. Gleichzeitig räumt A an der nichtverkauften Restfläche von 500 qm B ein Vorkaufsrecht für den ersten Verkaufsfall ein und bewilligt dessen Eintragung im Grundbuch. Der Notar wird mit dem Vollzug beauftragt und bevollmächtigt, die Fälligkeit des Kaufpreises nach Eintritt bestimmter Fälligkeitsvoraussetzungen (Vermessung, Vorkaufsrechtsverzicht BauGB, Vormerkung) mitzuteilen. Der Notar wird beauftragt und bevollmächtigt, die Vermessung des Grundstücks auf Kosten des Käufers (2.000,00 €) zu beantragen.
Vom Kaufvertrag (16 Seiten) wurden zwei Entwürfe und vier beglaubigte Abschriften gefertigt. Auslagen Grundbucheinsicht: 8,00 €.

257

Kostenberechnung zum Kaufvertrag vom 1.8.2014
URNr. 302/2014

258

Nr. 21100	Beurkundungsverfahren		816,00 €
	Geschäftswert nach §§ 97, 47	182.000,00 €	
Nr. 21201	Beurkundungsverfahren		82,50 €
	Geschäftswert nach §§ 97, 51	50.000,00 €	
Nr. 22110	Vollzugsgebühr		267,50 €
	Geschäftswert nach § 112	232.000,00 €	
Nr. 22200	Betreuungsgebühr		267,50 €
	Geschäftswert nach § 113 Abs. 1	232.000,00 €	
Auslagen			
Nr. 32001	Dokumentenpauschale – Papier (s/w)	96 Seiten	14,40 €
Nr. 32005	Auslagenpauschale Post und Telekommunikation		20,00 €
Nr. 32011	Auslagen Grundbucheinsicht (je 8 €)		8,00 €
	Zwischensumme		1.475,90 €
Nr. 32014	19 % Umsatzsteuer		280,42 €
	Rechnungsbetrag		**1.756,32 €**

Der Wert des Kaufvertrags setzt sich aus dem Kaufpreis nach § 47 Satz 1 (180.000,00 €) und den vom Käufer übernommenen Vermessungskosten nach § 47 Satz 2, Fall 2 (2.000,00 €) zusammen. **Vermessungskosten** sind Kosten der Übergabe, die nach § 448 Abs. 1, Fall 1 BGB grundsätzlich der Verkäufer zu tragen hat. Durch die Übernahme der Kosten vom Käufer werden diese zu einem Hinzurechnungsbetrag nach § 47 Satz 2, Fall 2. Ein gesonderter Ausweis nach § 19 Abs. 3 Nr. 3 ist **nicht** erforderlich, da es sich um gesonderte Beurkundungsgegenstände handelt.

259

260 Da das Vorkaufsrecht nicht den Kaufgegenstand betrifft, ist es ein **gesonderter Beurkundungsgegenstand**, § 86. Die Bewertung erfolgt nach § 94 Abs. 1, Hs. 1.

261 Wird der Notar beauftragt, die **Vermessung für die Beteiligten zu beantragen**, liegt eine Vollzugstätigkeit nach Vorbemerkung 2.2.1.1 Abs. 1 Satz 2 **Nr. 11** vor.

VIII. Änderungen

1. Kaufpreisänderung

262 Der Kaufpreis wird in einer Nachtragsurkunde von 360.000 € um 20.000 € herabgesetzt.
Von der Urkunde (3 Seiten) werden drei beglaubigte Abschriften gefertigt.
Auslagen Grundbucheinsicht: 8,00 €.

263 **Kostenberechnung zur Änderungsurkunde vom 1.8.2014**
URNr. 310/2014

Nr. 21100	Beurkundungsverfahren		214,00 €
	Geschäftswert nach §§ 97, 36 Abs. 1	20.000,00 €	
Auslagen			
Nr. 32001	Dokumentenpauschale – Papier (s/w)	9 Seiten	1,35 €
Nr. 32005	Auslagenpauschale Post und Telekommunikation		20,00 €
Nr. 32011	Auslagen Grundbucheinsicht (je 8 €)		8,00 €
	Zwischensumme		243,35 €
Nr. 32014	19 % Umsatzsteuer		46,24 €
	Rechnungsbetrag		**289,59 €**

264 § 42 KostO wurde in das GNotKG **nicht** übernommen. Der Gesetzgeber geht zutreffend davon aus, dass sachgerechte Ergebnisse durch die regelmäßig niedrigeren Geschäftswerte erzielt werden (RegE 219). Der Gebührensatz der Änderungsurkunde ist daher wie bei der ursprünglichen Urkunde zu bestimmen.

265 Der Geschäftswert bestimmt sich nach § 97 Abs. 1, der von dem **Höchstwert aus § 97 Abs. 2** begrenzt wird. Daher macht es auch keinen Sinn, zur Erfüllung des Zitiergebots nach § 19 Abs. 3 Nr. 2 zwischen den einzelnen Absätzen zu unterscheiden. Unzureichend wäre jedenfalls die bloße Angabe von § 97 Abs. 2.

266 Aus § 97 Abs. 2 kann man folgern, dass der Gesetzgeber bei Veränderungen eines Rechtsverhältnisses **nicht** den Wert des Bezugs-Rechtsverhältnisses nach § 97 Abs. 1 zu Grunde legen möchte, weil sonst der in § 97 Abs. 2 beschriebene Fall nicht eintreten könnte.

267 Sachlich liegt hier hinsichtlich der Bewertung des maßgeblichen Rechtsverhältnisses ein Fall von **§ 36 Abs. 1, Fall 2** vor: Der Wert steht betragsmäßig fest, so dass für ein billiges Ermessen nach § 36 Abs. 1, Fall 3 kein Raum mehr ist.

268 Die Kosten des ursprünglichen Verfahrens, insbesondere die **Vollzugs- und Betreuungsgebühren**, ändern sich durch die Absenkung des Kaufpreises nicht, weil sie mit

A. Kaufverträge

dem Antrag auf Vornahme der entsprechenden Tätigkeiten bereits entstanden und fällig geworden sind. Die Änderungsurkunde kann ihrerseits Vollzugs- und Betreuungsgebühren auslösen, die aus dem Wert des Verfahrens der Änderungsurkunde zu berechnen wären.

2. Änderung sonstiger Bestimmungen

Die Fälligkeit des Kaufpreises (200.000 €) wird dahingehend geändert, dass der Kaufpreis keinesfalls vor einem bestimmten Datum fällig wird. Es wird ferner ein Rücktrittsrecht des Käufers für den Fall der nicht fristgerechten Räumung durch den Verkäufer eingeräumt. **269**
Von der Urkunde (4 Seiten) werden vier beglaubigte Abschriften gefertigt.
Auslagen Grundbucheinsicht: 8,00 €.

Kostenberechnung zur Änderungsurkunde vom 1.8.2014 **270**
URNr. 320/2014

Nr. 21100	Beurkundungsverfahren		290,00 €
	Geschäftswert nach §§ 97, 36 Abs. 1	40.000,00 €	
Auslagen			
Nr. 32001	Dokumentenpauschale – Papier (s/w)	16 Seiten	2,40 €
Nr. 32005	Auslagenpauschale Post und Telekommunikation		20,00 €
Nr. 32011	Auslagen Grundbucheinsicht (je 8 €)		8,00 €
	Zwischensumme		320,40 €
Nr. 32014	19 % Umsatzsteuer		60,88 €
	Rechnungsbetrag		**381,28 €**

§ 42 KostO wurde in das GNotKG nicht übernommen. Der Gebührensatz der Änderungsurkunde ist daher wie bei der ursprünglichen Urkunde zu bestimmen. **271**

Der Geschäftswert bestimmt sich nach § 97 Abs. 1, der von dem **Höchstwert aus** **272**
§ 97 Abs. 2 begrenzt wird. Daher macht es auch keinen Sinn, zur Erfüllung des Zitiergebots nach § 19 Abs. 3 Nr. 2 zwischen den einzelnen Absätzen von § 97 zu unterscheiden. Unzureichend wäre jedenfalls die bloße Angabe von § 97 Abs. 2.

Aus § 97 Abs. 2 kann man folgern, dass der Gesetzgeber bei Veränderungen eines **273** Rechtsverhältnisses **nicht** den vollen Wert des Bezugs-Rechtsverhältnisses nach § 97 Abs. 1 zu Grunde legen möchte, weil sonst der in § 97 Abs. 2 beschriebene Fall nicht eintreten könnte.

Daher muss bei Veränderungen sonstiger Bestimmungen des Kaufvertrags nach **274** § 36 Abs. 1, Fall 3 ein **Teilwert** aus dem Wert des Kaufvertrags gebildet werden. Dabei sind Umfang und Bedeutung der Änderungen zu berücksichtigen. Hier erscheinen 20 % angemessen. Mehrere Änderungen sind nicht jeweils besondere Verfahrensgegenstände, sondern bilden einen einheitlichen Gegenstand. Es ist eine Gesamtbetrachtung vorzunehmen, die in die Ermessensausübung nach § 36 Abs. 1 einfließt. Die gegenstandsinterne Wertzusammensetzung muss nicht nach § 19 Abs. 3 Nr. 3 transparent gemacht werden.

275 Die Ermessensausübung durch den Notar kann durch das Gericht nur auf **Ermessensfehler** überprüft werden. Unzulässig sind insbesondere Ermessensnichtgebrauch und -fehlgebrauch, also das Verlassen der Ermessensgrenzen.

IX. Messungsanerkennung, Identitätserklärung

1. Abweichung nach unten

276 Im Kaufvertrag wurde eine noch unvermessene Teilfläche zu 1.000 qm zum Preis von 80 € je Quadratmeter veräußert. Die Kosten der Vermessung (1.200,00 €) hat der Käufer zu tragen. Die amtliche Vermessung hat eine Grundstücksgröße von 950 qm ergeben. Das neu gebildete Grundstück wird aufgelassen. Der Kaufpreis beträgt endgültig 76.000,00 €. Bezahlt wurden 80.000,00 €. Der Verkäufer verpflichtet sich, den überzahlten Betrag von 4.000,00 € sofort zurückzubezahlen. Von der Urkunde (5 Seiten) werden eine Ausfertigung und auf Antrag zwei beglaubigte Abschriften gefertigt. Auslagen Grundbucheinsicht: 8,00 €.

277 **Kostenberechnung zur Änderungsurkunde mit Auflassung vom 1.8.2014 URNr. 325/2014**

Nr. 21100	Beurkundungsverfahren		120,00 €
	Geschäftswert nach §§ 97, 47	4.000,00 €	
Nr. 21101	Beurkundungsverfahren		109,50 €
	Geschäftswert nach §§ 97, 46	77.200,00 €	
Auslagen			
Nr. 32001	Dokumentenpauschale – Papier (s/w)	15 Seiten	2,25 €
Nr. 32005	Auslagenpauschale Post und Telekommunikation		20,00 €
Nr. 32011	Auslagen Grundbucheinsicht (je 8 €)	1 Einsicht	8,00 €
	Zwischensumme		259,75 €
Nr. 32014	19 % Umsatzsteuer		49,35 €
	Rechnungsbetrag		**309,10 €**

278 Der Geschäftswert des **Nachtrags** richtet sich nach § 97 Abs. 1 und beträgt 4.000 €. Aus § 97 Abs. 2 kann man folgern, dass der Gesetzgeber bei Veränderungen eines Rechtsverhältnisses nicht den vollen Wert des Bezugs-Rechtsverhältnisses nach § 97 Abs. 1 zu Grunde legen möchte, weil sonst der in § 97 Abs. 2 beschriebene Fall nicht eintreten könnte.

279 Für die **Auflassung** beträgt der Geschäftswert 77.200 €. Maßgeblich ist nach §§ 97 Abs. 1, 46 Abs. 1 der Verkehrswert des Grundstücks. Neben dem Kaufpreis müssen dabei die **Kosten der Vermessung** des Grundstücks berücksichtigt werden, weil diese im gesetzlichen Regelfall (§ 448 Abs. 1 BGB) der Verkäufer zu tragen hat. Werden sie vom Käufer übernommen, müssen sie beim Kaufvertrag kostenrechtlich nach § 47 Satz 2, Fall 2 hinzugerechnet werden. Das gilt auch für die Auflassung, weil der Wert des Grundstücks die Vermessungskosten umfasst.

A. Kaufverträge

Beide Erklärungen haben **nicht denselben Gegenstand** (RegE 186). Man hätte an § 109 Abs. 1 (Erfüllung) denken können, weil auch Kaufvertrag und Auflassung denselben Gegenstand haben. Die Auflassung dient aber nicht dem Zweck des Nachtrags, sondern nur dem Zweck des Kaufvertrags (in der Gestalt, die ihm durch den Nachtrag gegeben wurde). Die Auflassung steht auch **nicht in einem Abhängigkeitsverhältnis zum Nachtrag**, sondern zum Kaufvertrag. Diese Sichtweise des Gesetzgebers ist eine (heimliche) Abkehr von zur KostO allgemein anerkannten Grundsätzen. 280

Es entstehen nach § 94 Abs. 1 Satz 1 **gesondert berechnete Gebühren**. Dabei muss die spezifische Mindestgebühr von Nr. 21100 in Höhe von 120,00 € für den Nachtrag berücksichtigt werden. Nach § 94 Abs. 1 Satz 2 war die Einheitsgebühr mit dem höchsten Gebührensatz von 2,0 aus der Summe der Geschäftswerte (81.200,00 €) mit 492,00 € höher als die Summe der Einzelgebühren. 281

2. Abweichung nach oben

Abwandlung: Die Vermessung ergibt 1.050 qm, also 50 qm mehr und damit einen Mehrpreis von 4.000 €. 282

Kostenberechnung zur Änderungsurkunde mit Auflassung vom 1.8.2014 URNr. 327/2014 283

Nr. 21100	Beurkundungsverfahren		120,00 €
	Geschäftswert nach §§ 97, 47	4.000,00 €	
Nr. 21101	Beurkundungsverfahren		123,00 €
	Geschäftswert nach §§ 97, 46	85.200,00 €	
Auslagen			
Nr. 32001	Dokumentenpauschale – Papier (s/w)	15 Seiten	2,25 €
Nr. 32005	Auslagenpauschale Post und Telekommunikation		20,00 €
Nr. 32011	Auslagen Grundbucheinsicht (je 8 €)	1 Einsicht	8,00 €
	Zwischensumme		273,25 €
Nr. 32014	19 % Umsatzsteuer		51,92 €
	Rechnungsbetrag		**325,17 €**

Der Geschäftswert des Nachtrags richtet sich nach § 97 Abs. 1 und beträgt 4.000 €. 284

Erstaunlich ist die Vorstellung des Gesetzgebers hinsichtlich der Bewertung der Auflassung (RegE 186): Führt der Nachtrag zu einer Erweiterung des Vertragsgegenstands, sollen Nachtrag und Auflassung bis zum Wert des Nachtrags (4.000,00 €) derselbe Gegenstand nach § 109 Abs. 1 (Erfüllung), **im Übrigen** aber gegenstandsverschieden sein und damit gesonderte Gebühren auslösen. Abenteuerlich ist daran, dass die Auflassung mit einem Wert von 85.200 € (§§ 97, 46) aufgespalten werden würde, nämlich in einen nicht zu bewertenden Teil von 4.000 € und einen zu bewertenden Teil von 81.200 €. **Richtig** ist vielmehr, dass die Erklärungen wie bei der Abweichung nach unten **nicht denselben Gegenstand** haben, sondern nach § 86 Abs. 2 verschiedene Beurkundungsgegenstände bilden. 285

286 Es entstehen nach § 94 Abs. 1 Satz 1 **gesondert berechnete Gebühren**. Dabei muss die spezifische Mindestgebühr von Nr. 21100 in Höhe von 120,00 € für den Nachtrag berücksichtigt werden. Nach § 94 Abs. 1 Satz 2 war die Einheitsgebühr mit dem höchsten Gebührensatz von 2,0 aus der Summe der Geschäftswerte (89.200,00 €) mit 492,00 € höher als die Summe der Einzelgebühren.

3. Identitätsfeststellung

287 **Abwandlung:** Ein Schätzfehler liegt nicht vor: Das Vermessungsergebnis entspricht dem Teilflächenkaufvertrag, in dem bereits die Auflassung erklärt wurde. Der Notar bestätigt die Identität zwischen Vertragsgegenstand und Vermessungsergebnis in einer Eigenurkunde, bezeichnet die aufgelassene Teilfläche. Von der zweiseitigen Urkunde fertigt er eine Ausfertigung und antragsgemäß zwei beglaubigte Abschriften. Ferner fertigt er von Lageplänen drei Farbkopien DIN A4. Das Grundbuch wurde eingesehen.

288 **Kostenberechnung zum Kaufvertrag vom 1.8.2014**
URNr. 326/2014

Nr. 25204	Eigenurkunde		57,50 €
Auslagen			
Nr. 32000	Dokumentenpauschale – Papier (s/w)	4 Seiten	2,00 €
Nr. 32001	Dokumentenpauschale – Papier (s/w)	2 Seiten	0,30 €
Nr. 32000	Dokumentenpauschale – Papier (Farbe)	2 Seiten	2,00 €
Nr. 32001	Dokumentenpauschale – Papier (Farbe)	1 Seite	0,30 €
Nr. 32005	Auslagenpauschale Post und Telekommunikation		11,50 €
Nr. 32011	Auslagen Grundbucheinsicht (je 8 €)		8,00 €
	Zwischensumme		81,60 €
Nr. 32014	19 % Umsatzsteuer		15,50 €
	Rechnungsbetrag		**97,10 €**

289 Wurde der Notar bevollmächtigt, aufgrund des Fortführungsnachweises zu bestätigen, dass sich die aufgelassene Teilfläche nach Vermessung als Flurstück x mit einer Fläche y beschreibt, errichtet er eine an das Grundbuchamt gerichtete **notarielle Eigenurkunde**. Eine solche Identitätserklärung setzt voraus, dass zwischen der aufgelassenen und der vermessenen Teilfläche eine **exakte Übereinstimmung** besteht. Andernfalls ist eine erneute Auflassung erforderlich. Deshalb ist der Weg mittels Nachtragsbeurkundung (Messungsanerkennung und Auflassung) vorzuziehen. Die Identitätserklärung enthält **keine materiell-rechtliche Ergänzung** des Kaufvertrages und hat keine materiell-rechtliche Bedeutung, vielmehr ist darin ausschließlich eine **rein verfahrensrechtliche Übereinstimmungsbestätigung** zu sehen.

290 Kostenrechtlich ist daher von einer **0,5-Gebühr** nach Nrn. 24102, 21201 Nr. 4, § 92 Abs. 2 mit einer Mindestgebühr von 30,00 € auszugehen, die hier überschritten wird.

A. Kaufverträge

Geschäftswert ist nach §§ 119 Abs. 1, 36 Abs. 1 ein Teilwert aus dem Wert des betroffenen Gegenstandes. Angemessen sind **20 bis 30%**. Der Berechnungsweg unterliegt nicht dem Zitiergebot, weil Nr. 25204 eine **reine Annexgebühr** darstellt.

Die **Dokumentenpauschalen** sind ein **Subsumtionsabenteuer** für sich: Für die auf Antrag gefertigten beglaubigten Abschriften ist Nr. 32000 einschlägig, weil kein Beurkundungsverfahren vorliegt. Die für das Grundbuchamt bestimmte Ausfertigung muss nach Nr. 32001 Nr. 1 fakturiert werden, weil diesbezüglich kein besonderer Antrag vorliegt. 291

Der gesonderte Ausweis der Auslagenbeträge für Farb- und Schwarz-Weiß-Kopien ist **nicht** erforderlich (aber technisch einfacher). 292

Abwandlung: Die Auflassung wird erst nach Vermessung zusammen mit der Identitätsfeststellung vorgenommen (Bezeichnung des Vertragsgegenstandes nach § 28 GBO und materiell-rechtlich). 292a

In diesem Fall enthält die Identitätserklärung **nicht nur verfahrensrechtliche** Erklärungen und löst daher eine 1,0-Gebühr nach Nr. 21200 KV aus; der Geschäftswert ist mit **10% bis 30% des Ausgangsgeschäftswerts** (Kaufpreis) zu bestimmen. Identitätserklärung und Auflassung sind nicht gegenstandsgleich i.S.d. § 109 Abs. 1, da die Auflassung nicht der Erfüllung der Identitätserklärung dient, sondern der Erfüllung des Kaufvertrags, der gesondert beurkundet wurde. Gegenstandsgleichheit kommt aber nur in derselben Urkunde in Betracht. Es ist daher gem. § 94 Abs. 1 eine Vergleichsberechnung durchzuführen. Maßgeblich ist die niedrigere Gebühr: Entweder 1,0 aus der Wertsumme oder Summe der Einzelgebühren. 292b

X. Aufhebung

1. Ohne Schadenersatzregelung

Ein Kaufvertrag wird aufgehoben. Der Kaufpreis betrug 250.000 €. Der Notar wird beauftragt, die bereits im Grundbuch eingetragene Vormerkung löschen zu lassen.
Er reicht den Antrag nebst Urkunde elektronisch zum Vollzug ein. Von der Urkunde (3 Seiten) werden vier begl. Abschriften gefertigt. Auslagen Grundbucheinsicht: 8,00 €. 293

Kostenberechnung zur Vertragsaufhebung vom 1.8.2014 294
URNr. 330/2014

Nr. 21102	Beurkundungsverfahren (Nr. 21100)		535,00 €
	Geschäftswert nach §§ 97, 47	250.000,00 €	
Nr. 22114	Elektronischer Vollzug und XML-Strukturdaten		160,50 €
	Geschäftswert nach § 112	250.000,00 €	

Kapitel 1. Grundstücksrecht

Auslagen

Nr. 32001	Dokumentenpauschale – Papier (s/w)	12 Seiten	1,80 €
Nr. 32002	Dokumentenpauschale – Daten	1 Datei/3 Scanseiten	1,50 €
Nr. 32005	Auslagenpauschale Post und Telekommunikation		20,00 €
Nr. 32011	Auslagen Grundbucheinsicht (je 8 €)		8,00 €
	Zwischensumme		726,80 €
Nr. 32014	19 % Umsatzsteuer		138,09 €
	Rechnungsbetrag		**864,89 €**

295 Die Aufhebung eines Rechtsverhältnisses wird nach § 97 Abs. 1 bewertet, also mit dem **vollen Wert** des Rechtsverhältnisses.

296 Selbst wenn man den Geschäftswert der Aufhebung nach den Maßstäben der Veränderung eines Rechtsverhältnisses bewerten wollte, läge eine **100-Prozent-Änderung** vor, die nach § 36 Abs. 1 zum vollen Wertansatz führen müsste.

297 Die **früheren Unterscheidungen** zwischen erfüllten und nichterfüllten Verträgen (§ 38 Abs. 2 Nr. 3 KostO) wurde zu Recht **aufgegeben**, da insbesondere ein Kaufvertrag regelmäßig bereits mit dem Abschluss teilerfüllt wird, nämlich durch Bewilligung der Auflassungsvormerkung und/oder Erklärung der Auflassung.

298 Soweit der Grundbuchverkehr bereits auf das **elektronische Verfahren** umgestellt wurde, muss die Gebühr für die Erzeugung von XML-Strukturdaten erhoben werden, und zwar auch dann, wenn sich der Urkundenvollzug auf die **Löschung** eines eingetragenen Rechts beschränkt. Ein besonderer Auftrag zur elektronischen Kommunikation mit dem Grundbuchamt ist kostenrechtlich nicht erforderlich, Vorbemerkung 2.2 Abs. 1, Hs. 2. **Jedoch**: Solange ein Gericht neben der elektronischen Einreichung auch das Papierverfahren zulässt, kann die Gebühr nach Nr. 22114 mit Blick auf § 13 und der Verpflichtung des Notars zur **Wahl des kostengünstigsten Weges** nur erhoben werden, wenn er zur Erstellung der Strukturdaten beauftragt wurde.

2. Mit Schadenersatzregelung

299 Ein Kaufvertrag wird aufgehoben. Wert des Kaufvertrages 250.000 €. Der Käufer verpflichtet sich, dem Verkäufer als Schadenersatz einen Betrag von 25.000 € zu zahlen und unterwirft sich deswegen der sofortigen Zwangsvollstreckung in sein gesamtes Vermögen.
Von der Urkunde (4 Seiten) werden vier beglaubigte Abschriften gefertigt.
Auslagen Grundbucheinsicht: 8,00 €.

300 **Kostenberechnung zur Aufhebung vom 1.8.2014**
URNr. 340/2014

Nr. 21102	Beurkundungsverfahren (Nr. 21100)		535,00 €
	Geschäftswert nach §§ 97, 47	250.000,00 €	
Nr. 21100	Beurkundungsverfahren		230,00 €
	Geschäftswert nach § 97	25.000,00 €	

A. Kaufverträge

Auslagen				
Nr. 32001	Dokumentenpauschale – Papier (s/w)	16 Seiten		2,40 €
Nr. 32005	Auslagenpauschale Post und Telekommunikation			20,00 €
Nr. 32011	Auslagen Grundbucheinsicht (je 8 €)			8,00 €
	Zwischensumme			795,40 €
Nr. 32014	19 % Umsatzsteuer			151,13 €
	Rechnungsbetrag			**946,53 €**

Die Aufhebung eines Rechtsverhältnisses wird nach § 97 Abs. 1 bewertet, also mit dem **vollen Wert** des Rechtsverhältnisses. **301**

Selbst wenn man den Geschäftswert der Aufhebung nach den Maßstäben der Veränderung eines Rechtsverhältnisses bewerten wollte, läge eine **100-Prozent-Änderung** vor, die nach § 36 Abs. 1 zum vollen Wertansatz führen müsste. **302**

Die **früheren Unterscheidungen** zwischen erfüllten und nichterfüllten Verträgen (§ 38 Abs. 2 Nr. 3 KostO) wurde zu Recht **aufgegeben**, da insbesondere ein Kaufvertrag regelmäßig mit Abschluss teilerfüllt wird, nämlich durch Bewilligung der Auflassungsvormerkung und/oder Erklärung der Auflassung. **303**

Die Aufhebung und die **Schadenersatzregelung** sind **nicht derselbe Beurkundungsgegenstand** nach § 109 Abs. 1. Es fehlt an einem Abhängigkeitsverhältnis, das nach § 109 Abs. 1 Satz 2 nur vorliegt, wenn die Schadenersatzregelung der Erfüllung, Sicherung oder sonstigen Durchführung des Aufhebungsvertrages diente. Das ist aber nicht der Fall; vielmehr handelt es sich um eine **eigenständige Folge-Regelung** (ebenso *Fackelmann* Rn. 539). Die Zwangsvollstreckungsunterwerfung ist demgegenüber derselbe Gegenstand wie der gesicherte Anspruch, § 109 Abs. 1 Satz 4 Nr. 4. Eine gesonderte Bewertung findet daher insoweit nicht statt. **304**

Die **Addition der Geschäftswerte** und Berechnung der Gebühr aus dem höchsten in Betracht kommenden Gebührensatz ist hier deutlich teurer als die getrennte Berechnung, § 94 Abs. 1: 2,0-Gebühr aus 275.000 € = 1.170 €. **305**

XI. Kauf- und Werkvertrag

A verkauft an B ein baureifes Grundstück zum Kaufpreis von 100.000 €. In der gleichen Urkunde schließt B mit der XY-GmbH, deren Geschäftsführer A ist (Vertretung jedoch nur gemeinsam mit einem weiteren Geschäftsführer, nämlich C, der von A vorbehaltlich Genehmigung vertreten wird), einen Bauherstellungsvertrag. Die GmbH verpflichtet sich zur Errichtung eines Wohngebäudes. B verpflichtet sich zur Bezahlung eines Werklohnes von 300.000 €. Der Notar holt die Genehmigungserklärung von C ein. Er teilt den Eintritt der Fälligkeit des Kaufpreises mit und überwacht den Vollzug der Auflassungen. **306**

Von der Urkunde (29 Seiten) werden zwei Entwürfe, vier beglaubigte Abschriften und zwei Dateifassungen gefertigt. Auslagen Grundbucheinsicht: 16,00 €.

307 **Kostenberechnung zum Kauf- und Werkvertrag vom 1.8.2014
URNr. 370/2014**

Nr. 21100	Beurkundungsverfahren		1.570,00 €
	Summe nach § 35 Abs. 1	400.000,00 €	
	Geschäftswert nach §§ 97, 47	100.000,00 €	
	Geschäftswert nach § 97	300.000,00 €	
Nr. 22110	Vollzugsgebühr		392,50 €
	Geschäftswert nach § 112	400.000,00 €	
Nr. 22200	Betreuungsgebühr		392,50 €
	Geschäftswert nach § 113 Abs. 1	400.000,00 €	
Auslagen			
Nr. 32001	Dokumentenpauschale – Papier (s/w)	174 Seiten	26,10 €
Nr. 32002	Dokumentenpauschale – Daten	2 Dateien/58 Scanseiten	26,20 €
Nr. 32005	Auslagenpauschale Post und Telekommunikation		20,00 €
Nr. 32011	Auslagen Grundbucheinsicht (je 8 €)		16,00 €
	Zwischensumme		2.443,30 €
Nr. 32014	19 % Umsatzsteuer		464,23 €
	Rechnungsbetrag		**2.907,53 €**

308 Ein Fall von § 93 Abs. 2 liegt nicht vor, weil hier ein **rechtlicher Verknüpfungswille** besteht, § 93 Abs. 2 Satz 2, Fall 2. Würde es daran fehlen, wäre kostenrechtlich hinsichtlich der beiden Beurkundungsgegenstände von verschiedenen Verfahren auszugehen.

309 Ob bei bestehendem Verknüpfungswillen zum **Zwecke der Kostenersparnis** zwei Urkunden hätten gefertigt werden müssen, erscheint bereits grundsätzlich zweifelhaft. Geht man davon aus, dass der Grundstückskaufvertrag isoliert 18 Seiten hätte und der Werkvertrag 15 Seiten, würden sich Kosten von 1.058,15 € bzw. 1.946,84 € ergeben. In der Summe wären die Gebühren dadurch sogar um 96,75 € höher: Die beim Werkvertrag ersparten Vollzugskosten werden **durch den Wegfall des Degressionsvorteils aufgefressen**.

B. Angebot, Annahme, Ankaufsrechte, Optionen

I. Vertragsangebote

1. Grundfall

310 Die A GmbH & Co KG bietet B den Abschluss eines Kaufvertrages über ein Grundstück zum Kaufpreis von 250.000 € an. A hält sich an das Angebot zwei Wochen ab Beurkundung gebunden. Die Urkunde (23 Seiten) wird zweimal ausgefertigt.
Vor Beurkundung sieht der Notar das Grundbuch einmal und die beiden Registerblätter der Verkäuferin ein. Auslagen Grundbucheinsicht: 8,00 €.

Kostenberechnung zum Angebot vom 1.8.2014
URNr. 410/2014

311

Nr. 21100	Beurkundungsverfahren		1.070,00 €
	Geschäftswert nach §§ 97, 47	250.000,00 €	
Nr. 25200	Bescheinigung nach § 21 BNotO		30,00 €
Auslagen			
Nr. 32001	Dokumentenpauschale – Papier (s/w)	46 Seiten	6,90 €
Nr. 32005	Auslagenpauschale Post und Telekommunikation		20,00 €
Nr. 32011	Auslagen Grundbucheinsicht (je 8 €)		8,00 €
Nr. 32011	Auslagen Handelsregistereinsicht (je 4,50 €)		9,00 €
	Zwischensumme		1.143,90 €
Nr. 32014	19 % Umsatzsteuer		217,34 €
	Rechnungsbetrag		**1.361,24 €**

Nr. 21100 mit einem **Gebührensatz von 2,0** findet nach Vorbemerkung 2.1.1 Nr. 1 auch auf Angebote Anwendung. Im Gegensatz zum früheren Recht (§ 37 KostO: 15/10-Gebühr) fällt damit die **gleiche Gebühr an wie bei der Vertragsbeurkundung**. Die Aufspaltung eines Vertrages in Angebot und Annahme ist daher nicht nur berufsrechtlich rechtfertigungsbedürftig (siehe Abschnitt II. Nr. 1 lit. d) der Richtlinienempfehlungen der Bundesnotarkammer zu systematischen Aufspaltungen), sondern auch kostenrechtlich.

312

Unterwirft sich der Angebotsempfänger (Käufer) bereits im Angebot für den Fall der Annahme der sofortigen **Zwangsvollstreckung**, handelt es sich um denselben Beurkundungsgegenstand, § 109 Abs. 1 Satz 4 Nr. 4. Diese Erklärungen werden daher nicht gesondert bewertet.

313

Für **Bescheinigungen** nach § 21 Abs. 1 BNotO fällt eine Gebühr nach Nr. 25200 von 15,00 € je eingesehenem Registerblatt an. Hier wurde das Registerblatt der KG und der Komplementär-GmbH eingesehen – was nicht nach § 19 zitiert werden muss.

314

2. Angebot mit Vereinbarung eines Bindungsentgelts

Die B bietet der A GmbH & Co KG den Abschluss eines Kaufvertrages über ein Grundstück zum Kaufpreis von 260.000 € an.
B hält sich an das Angebot zwei Wochen ab Beurkundung gebunden. Dafür zahlt A an B ein Bindungsentgelt von 5.000 €. Dieses ist sofort zur Zahlung fällig und verbleibt bei B unabhängig davon, ob der Kaufvertrag zu Stande kommt oder nicht. Eine Anrechnung auf den Kaufpreis findet nicht statt.
Die Urkunde (23 Seiten) wird zweimal ausgefertigt.
Vor Beurkundung sieht der Notar einmal das Grundbuch und die beiden Registerblätter der Verkäuferin ein. Auslagen Grundbucheinsicht: 8,00 €.

314a

314b Kostenberechnung zum Angebot vom 1.8.2014
URNr. 411/2014

Nr. 21100	Beurkundungsverfahren		1.170,00 €
	Summe nach § 35 Abs. 1	265.000,00 €	
	Geschäftswert nach §§ 97, 47	260.000,00 €	
	Geschäftswert nach § 97	5.000,00 €	
Nr. 25200	Bescheinigung nach § 21 BNotO		30,00 €
Auslagen			
Nr. 32001	Dokumentenpauschale – Papier (s/w)	46 Seiten	6,90 €
Nr. 32005	Auslagenpauschale Post und Telekommunikation		20,00 €
Nr. 32011	Auslagen Grundbucheinsicht (je 8 €)		8,00 €
Nr. 32011	Auslagen Handelsregistereinsicht (je 4,50 €)		9,00 €
	Zwischensumme		1.243,90 €
Nr. 32014	19 % Umsatzsteuer		236,34 €
	Rechnungsbetrag		**1.480,24 €**

314c Anders als in der 2. Aufl. (Rn. 313) angenommen hat die Verpflichtung zur Zahlung eines **Bindungsentgeltes** nicht grundsätzlich denselben Beurkundungsgegenstand wie das Angebot (zutreffend: Leipziger Kostenspiegel, S. 251). Es muss vielmehr im Einzelfall untersucht werden, ob ein Abhängigkeitsverhältnis nach § 109 Abs. 1 Satz 2 vorliegt. Wenn das Bindungsentgelt **unabhängig vom Kaufvertrag** gezahlt wird liegt ein eigenständiger Beurkundungsgegenstand vor (§ 86 Abs. 2). Das Bindungsentgelt wird zwar mit Blick auf das Angebot gezahlt; das macht es aber noch nicht zur Durchführungserklärung. Bei selbständigen Leistungsversprechen fehlt das Abhängigkeitsverhältnis.

314d Wird das Bindungsentgelt hingegen **auf den Kaufpreis angerechnet**, handelt es sich um einen Kaufpreisbestandteil, für den besondere Vertragsmodalitäten gelten, nämlich andere Fälligkeitsvoraussetzungen. Dann fehlt es bereits an einem eigenen Rechtsverhältnis nach § 86. In diesem Fall ist eine Hinzurechnung über den Kaufpreis hinaus nicht angezeigt.

3. Mehrheit von Angeboten

315 A bietet B den Abschluss eines Kaufvertrages über ein Grundstück zum Kaufpreis von 250.000 € an. A hält sich an das Angebot zwei Wochen ab Beurkundung gebunden.
Für den Fall, dass B das Angebot nicht annehmen sollte, unterbreitet A dem C in der Urkunde ein inhaltsgleiches Angebot.
Die Urkunde hat 23 Seiten (1 Ausfertigung, 2 beglaubigte Abschriften).
Vor Beurkundung sieht der Notar das Grundbuch einmal ein. Auslagen Grundbucheinsicht: 8,00 €.

B. Angebot, Annahme, Ankaufsrechte, Optionen

Kostenberechnung zum Angebot vom 1.8.2014   **316**
URNr. 420/2014

Nr. 21100	Beurkundungsverfahren		1.870,00 €
	Summe nach § 35 Abs. 1	500.000,00 €	
	Geschäftswert nach §§ 97, 47	250.000,00 €	
	Geschäftswert nach §§ 97, 47	250.000,00 €	
Auslagen			
Nr. 32001	Dokumentenpauschale – Papier (s/w)	69 Seiten	10,35 €
Nr. 32005	Auslagenpauschale Post und Telekommunikation		20,00 €
Nr. 32011	Auslagen Grundbucheinsicht (je 8 €)		8,00 €
	Zwischensumme		1.908,35 €
Nr. 32014	19 % Umsatzsteuer		362,59 €
	Rechnungsbetrag		**2.270,94 €**

Zwei Angebote liegen vor, wenn ein Gegenstand in einer Urkunde zwei Personen in   **317**
der Weise angeboten wird, dass mit der Annahmeerklärung des Ersterklärenden der
Vertrag zustande kommt.

Nr. 21100 mit einem **Gebührensatz von 2,0** findet nach Vorbemerkung 2.1.1 Nr. 1   **318**
auch auf Angebote Anwendung. Im Gegensatz zum früheren Recht (§ 37 KostO: 15/
10-Gebühr) fällt damit die gleiche Gebühr an wie bei der Vertragsbeurkundung. Damit
sollen sowohl der **höhere Aufwand beim Notar** ausgeglichen als auch die berufs-
rechtliche Rechtfertigungsbedürftigkeit von Angeboten kostenrechtlich untermauert
werden.

Räumen sich zwei Vertragsteile **gegenseitig Angebote** an verschiedenen Gegen-   **319**
ständen ein (z.B. Gesellschafter gegenseitig an ihren GmbH-Anteilen), so liegt ein
Austauschvertrag vor (§ 97 Abs. 3). Geschäftswert ist dann der volle Wert des höherwertigen Angebots.

4. Verlängerung Annahmefrist, Aufhebung Vertragsstrafenregelung

Vor Ablauf der Annahmefrist lässt A einen Nachtrag zum Angebot (Grundstück   **320**
zum Preis von 250.000 €) beurkunden und verlängert die Annahmefrist um eine
Woche.
Ferner wird eine für den Fall verspäteter Kaufpreiszahlung vorgesehene Vertrags-
strafenregelung (1.000 € pro Woche, max. 15.000 €) ersatzlos gestrichen.
Die Urkunde (3 Seiten) wird zweimal ausgefertigt.

321 **Kostenberechnung zum Nachtrag vom 1.8.2014**
URNr. 430/2014

Nr. 21100	Beurkundungsverfahren		290,00 €
	Geschäftswert nach §§ 97, 36 Abs. 1, 37	40.000,00 €	
Auslagen			
Nr. 32001	Dokumentenpauschale – Papier (s/w)	6 Seiten	0,90 €
Nr. 32005	Auslagenpauschale Post und Telekommunikation		20,00 €
	Zwischensumme		310,90 €
Nr. 32014	19 % Umsatzsteuer		59,07 €
	Rechnungsbetrag		**369,97 €**

322 § 42 KostO wurde in das GNotKG nicht übernommen. Der Gebührensatz der Änderungsurkunde ist daher **wie bei der ursprünglichen Urkunde** zu bestimmen.

323 Der Geschäftswert bestimmt sich nach § 97 Abs. 1, der von dem Höchstwert aus § 97 Abs. 2 begrenzt wird. Daher macht es auch keinen Sinn, zur Erfüllung des Zitiergebots nach § 19 Abs. 3 Nr. 2 zwischen den einzelnen Absätzen zu unterscheiden. Unzureichend wäre jedenfalls die bloße Angabe von § 97 Abs. 2.

324 Bei **Veränderungen sonstiger Bestimmungen** des Angebots ist nach § 36 Abs. 1, Fall 3 ein **Teilwert** aus dem Wert des Angebots zu bilden. Das gilt auch für die Verlängerung der Angebotsfrist. Insoweit erscheinen **10 bis 20 Prozent angemessen**.

325 **Vertragsstrafen** werden nach § 37 Abs. 1 nicht berücksichtigt, wenn sie neben einem Hauptgegenstand auftreten. In der Änderungsurkunde ist aber die Vertragsstrafe **selbst Hauptgegenstand**. Sie muss daher gemäß § 37 Abs. 2 bewertet werden. Der Wert der Vertragsstrafenregelung richtet sich nach der **(maximalen) Höhe** der Vertragsstrafe. Er beträgt hier 15.000 €. Die Eintrittswahrscheinlichkeit ist irrelevant.

326 Die beiden Änderungen sind keine gesonderten Beurkundungsgegenstände i.S.v. § 35 Abs. 1. Das **Zitiergebot** nach § 19 Abs. 3 Nr. 3 verlangt daher nicht, die Wertzusammensetzung aufzuschlüsseln, weil eine **gegenstandsinterne Addition** erfolgt: 25.000 € (hier mit 10 %) + 15.000 € = 40.000 €. Dass es sich um einen Fall gegenstandsinterner Addition handelt, kann man daran sehen, dass die Vertragsänderung auch hätte durch Neufassung des Angebots erfolgen können: Kostenrechtlich dürfte auch dann nur die „Differenz" bewertet werden.

327 Ist die Angebotsfrist bereits **abgelaufen**, liegt ein **neues Angebot** vor. Dann steht der Wert fest nach §§ 97, 36 Abs. 1, Fall 2: Es ist dann der volle Wert des Angebots.

II. Annahme beim Angebotsnotar

1. Grundfall

328 A hatte B den Abschluss eines Kaufvertrages über ein Grundstück zum Kaufpreis von 250.000 € angeboten.
B nimmt das Angebot bei demselben Notar, der das Angebot protokolliert hatte, an.

Die Auflassung wird erklärt und entgegengenommen.
Die Urkunde hat sechs Seiten, es werden eine Ausfertigung und zwei beglaubigte Abschriften gefertigt.

Kostenberechnung zur Annahme mit Auflassung vom 1.8.2014 329
URNr. 440/2014

Nr. 21101	Beurkundungsverfahren (Nr. 21100)		267,50 €
	Geschäftswert nach §§ 97, 47	250.000,00 €	
Auslagen			
Nr. 32001	Dokumentenpauschale – Papier (s/w)	18 Seiten	2,70 €
Nr. 32005	Auslagenpauschale Post und Telekommunikation		20,00 €
	Zwischensumme		290,20 €
Nr. 32014	19 % Umsatzsteuer		55,14 €
	Rechnungsbetrag		**345,34 €**

Annahme und Auflassung sind **derselbe Gegenstand**, § 109 Abs. 1 Satz 2 (Erfüllung). Der Geschäftswert richtet sich daher gemäß § 109 Abs. 1 Satz 5 nur nach dem Wert des Rechtsverhältnisses, zu dessen Erfüllung die anderen Rechtsverhältnisse dienen. Nun dient die Auflassung zwar nicht der Erfüllung der **Annahme**. Jedoch kommt mit der Annahme der Kaufvertrag zu Stande und ist insofern selbst als **maßgebliches Grundgeschäft** zu behandeln. Das Verhältnis zwischen Annahme und Auflassung ist somit anders zu beurteilen als zwischen der Änderungsurkunde zum Kaufvertrag und Auflassung. Letztere sind gesonderte Beurkundungsgegenstände, weil die Änderungsurkunde gerade nicht mit dem Kaufvertrag gleichgesetzt werden kann. Deshalb bleibt es in diesem Fall beim Grundsatz des § 86 Abs. 2. 330

Der **Gebührensatz** für die Annahme beträgt 0,5 nach Nr. 21101 Nr. 1, für die Auflassung beträgt er ebenfalls 0,5 nach Nr. 21101 Nr. 2. **§ 94 Abs. 2 ist daher nicht einschlägig.** 331

Die Kosten für die **getrennte Protokollierung** von Angebot und Annahme belaufen sich daher im günstigsten Fall auf insgesamt 2,5 Gebühren. Anders als nach bisherigem Recht fallen bei getrennter Beurkundung **immer höhere Gebühren** an. Die Aufspaltung eines Vertrages in Angebot und Annahme ist daher nicht nur berufsrechtlich **rechtfertigungsbedürftig** (siehe Abschnitt II. Nr. 1 lit. d) der Richtlinienempfehlungen der Bundesnotarkammer zu systematischen Aufspaltungen), sondern auch kostenrechtlich. 332

2. Zwangsvollstreckungsunterwerfung

A hatte B den Abschluss eines Kaufvertrages über ein Grundstück zum Kaufpreis von 250.000 € angeboten. B nimmt das Angebot an. Er unterwirft sich zusätzlich wegen der Verpflichtung zur Zahlung des Kaufpreises der sofortigen Zwangsvollstreckung in sein gesamtes Vermögen. Die Auflassung wird erklärt und entgegengenommen. 333

Die Urkunde hat sechs Seiten, es werden eine Ausfertigung und zwei beglaubigte Abschriften gefertigt. B beantragt beim Notar, einen unbeglaubigten Grundbuchauszug per E-Mail zu erhalten.

334 **Kostenberechnung zur Annahme mit Auflassung und Unterwerfung vom 1.8.2014, URNr. 450/2014**

Nr. 21200	Beurkundungsverfahren		535,00 €
	Geschäftswert nach §§ 97, 47	250.000,00 €	
Nr. 25212	Grundbuchauszug (elektronisch)		5,00 €
Auslagen			
Nr. 32001	Dokumentenpauschale – Papier (s/w)	18 Seiten	2,70 €
Nr. 32005	Auslagenpauschale Post und Telekommunikation		20,00 €
Nr. 32011	Auslagen Grundbucheinsicht (je 8 €)		8,00 €
	Zwischensumme		570,70 €
Nr. 32014	19 % Umsatzsteuer		108,43 €
	Rechnungsbetrag		**679,13 €**

335 Annahme und Auflassung sind **derselbe Gegenstand**, § 109 Abs. 1 Satz 2 (Erfüllung). Der Gebührensatz für die Annahme beträgt 0,5 nach Nr. 21101 Nr. 1, für die Auflassung beträgt er auch 0,5 nach Nr. 21101 Nr. 2.

336 Die **Zwangsvollstreckungsunterwerfung** ist ebenfalls derselbe Gegenstand wie Annahme und Auflassung, § 109 Abs. 1 Satz 2 (Sicherung). Allerdings beträgt der Gebührensatz 1,0 nach Nr. 21200.

337 Nach § 94 Abs. 2 Satz 1 kommt dieser **höchste Gebührensatz** zur Anwendung. Eine gesonderte Berechnung, § 94 Abs. 2 Satz 2, kann bei gleichen Geschäftswerten der Beurkundungsgegenstände nicht günstiger sein, weil es zu einer bloßen Gebührensatzaddition käme.

338 **Keine Mehrkosten** würde die Zwangsvollstreckungsunterwerfung auslösen, wenn sie unter Mitwirkung des Angebotsempfängers bereits **im Angebot** protokolliert werden würde.

338a Erteilt der Notar einem Beteiligten einen **Grundbuchauszug**, sind folgende Grundsätze zu beachten:
– Die **Abrufgebühren** sind **auslagenfähig** nach Nr. 32011.
– Zusätzlich entstehen Notargebühren. Wird der Grundbuchauszug ohne Zusammenhang zu einem Verfahren oder Geschäft erteilt, fallen 15 € nach Nr. 25209 an. Andernfalls entstehen Gebühren nach Nrn. 25210 ff. zwischen 5 € und 15 €.

3. Teilweise Zwangsvollstreckungsunterwerfung

339 A hatte B den Abschluss eines Kaufvertrages über ein Grundstück zum Kaufpreis von 250.000 € angeboten.

> B nimmt das Angebot an. Er unterwirft sich zusätzlich wegen der Verpflichtung zur Zahlung eines gestundeten Kaufpreisrestes von 50.000 € der sofortigen Zwangsvollstreckung in sein gesamtes Vermögen.
> Die Auflassung wird erklärt und entgegengenommen.
> Die Urkunde hat sechs Seiten, es werden drei Ausfertigung und zwei einfache Abschriften gefertigt. Sie wurde einmal per E-Mail versandt.

Kostenberechnung zur Annahme mit Auflassung und Unterwerfung vom 1.8.2014, URNr. 460/2014 340

Nr. 21101	Beurkundungsverfahren (Nr. 21100)		267,50 €
	Geschäftswert nach §§ 97, 47	250.000,00 €	
Nr. 21200	Beurkundungsverfahren		165,00 €
	Geschäftswert nach §§ 97, 47	50.000,00 €	
Auslagen			
Nr. 32001	Dokumentenpauschale – Papier (s/w)	30 Seiten	4,50 €
Nr. 32002	Dokumentenpauschale – Daten	1 Datei/6 Scanseiten	3,00 €
Nr. 32005	Auslagenpauschale Post und Telekommunikation		20,00 €
	Zwischensumme		460,00 €
Nr. 32014	19 % Umsatzsteuer		87,40 €
	Rechnungsbetrag		**547,40 €**

Annahme und Auflassung sind **derselbe Gegenstand**, § 109 Abs. 1 Satz 2 (Erfüllung). Der Gebührensatz für die Annahme beträgt 0,5 nach Nr. 21101 Nr. 1, für die Auflassung beträgt er auch 0,5 nach Nr. 21101 Nr. 2. 341

Die Zwangsvollstreckungsunterwerfung ist **ebenfalls derselbe Gegenstand** wie Annahme und Auflassung, § 109 Abs. 1 Satz 2 (Sicherung). Allerdings beträgt der Gebührensatz 1,0 nach Nr. 21200. 342

Nach § 94 Abs. 2 Satz 1 kommt dieser höchste Gebührensatz hier nicht zur Anwendung: Vielmehr ist nach § 94 Abs. 2 Satz 2 die **getrennte Berechnung** der Gebühren vorzunehmen, da sie günstiger ist, als aus 250.000 € eine 1,0-Gebühr zu erheben (535,00 € im Vergleich zu 432,50 €). 343

III. Annahme bei einem anderen als dem Angebotsnotar

> A hatte B den Abschluss eines Kaufvertrages über ein Grundstück zum Kaufpreis von 250.000 € angeboten. B nimmt das Angebot nun an. Die Auflassung wird erklärt und entgegengenommen. Die Urkunde hat 6 Seiten, es werden drei Ausfertigung erteilt. 344

345 **Kostenberechnung zur Annahme mit Auflassung vom 1.8.2014 URNr. 470/2014**

Nr. 21102	Beurkundungsverfahren		535,00 €
	Geschäftswert nach §§ 97, 47	250.000,00 €	
Auslagen			
Nr. 32001	Dokumentenpauschale – Papier (s/w)	18 Seiten	2,70 €
Nr. 32005	Auslagenpauschale Post und Telekommunikation		20,00 €
	Zwischensumme		557,70 €
Nr. 32014	19 % Umsatzsteuer		105,96 €
	Rechnungsbetrag		**663,66 €**

346 Bei der Anwendung von Nr. 21102 Nr. 1 ist **zweifelhaft**, ob das „zugrunde liegende Rechtsgeschäft ... bereits beurkundet" wurde. Denn der Kaufvertrag ist im Moment der Beurkundung der Auflassung **noch nicht beurkundet**, sondern nur das Angebot. Allerdings enthält bereits das beurkundete Angebot den **kompletten Vertragstext**. Für diese Sichtweise spricht auch, dass der **Privilegierungszweck** erfüllt ist: Dem Notar, der hier das Verfügungsgeschäft beurkundet, liegt der Text des Grundgeschäfts in gesicherter Form vor (so bereits DST, Rn. 193).

347 **Jedoch**: Die Gebühr für die Auflassung entsteht bereits mit dem Zugang des Beurkundungsantrags beim Notar; in diesem Zeitpunkt anzunehmen, das zugrunde liegende Rechtsgeschäft sei bereits beurkundet, fällt mangels Annahme nicht leicht. Jedoch kann man auch nicht einfach eine 2,0-Gebühr nach Nr. 21100 ansetzen, sondern müsste nach § 21 überlegen, ob nicht zunächst die Annahme zu beurkunden wäre und danach die Auflassung (luzide: *Fackelmann* Rn. 491, 532, 535). Das würde nämlich zu einer **1,5-Gebühr** führen und wäre günstiger. Es ist **nicht auszuschließen, dass sich der Gesetzgeber diese Umstände so vorgestellt hat** (RegE 219): „*Die ermäßigte Gebühr 21102 fällt auch für die Beurkundung einer Auflassung an, wenn [...] derselbe Notar zuvor die Annahme beurkundet hat.*" Davon bin ich in diesem Beispiel in der 1. Auflage ausgegangen.

348 Letztlich ist dennoch die **1,0-Gebühr vorzugswürdig**, weil nicht ersichtlich ist, dass eine vorherige Protokollierung der Annahme den Aufwand für die Beurkundung der Auflassung senkt. Deshalb ist die 1,0-Gebühr auch bei gleichzeitiger Beurkundung von Annahme und Auflassung gerechtfertigt und einer allzu technischen Sicht der Dinge vorzuziehen.

349 Insgesamt löst die getrennte Beurkundung von Angebot und Annahme daher deutlich höhere Kosten aus: **2,5 Gebühren,** wenn alle Urkunden bei einem Notar errichtet werden; **3,0 Gebühren**, wenn verschiedene Notare beteiligt sind.

IV. Ankaufsrecht

1. Einräumung

> A ist Eigentümer des Grundstücks Fl. Nr. 1 (Verkehrswert 200.000 €) und räumt B ein Ankaufsrecht ein, wonach B berechtigt ist, das Grundstück zum Kaufpreis von 200.000 € bis sechs Monate nach Beurkundung anzukaufen.
> Die Urkunde (6 Seiten) wird dreimal ausgefertigt.
> Der Notar hat das Grundbuch eingesehen. Abrufgebühren: 8,00 €.

350

Kostenberechnung zum Ankaufsrecht vom 1.8.2014
URNr. 480/2014

351

Nr. 21100	Beurkundungsverfahren		870,00 €
	Geschäftswert nach §§ 97, 51	200.000,00 €	
Auslagen			
Nr. 32001	Dokumentenpauschale – Papier (s/w)	18 Seiten	2,70 €
Nr. 32005	Auslagenpauschale Post und Telekommunikation		20,00 €
Nr. 32011	Auslagen Grundbucheinsicht (je 8 €)		8,00 €
	Zwischensumme		900,70 €
Nr. 32014	19 % Umsatzsteuer		171,13 €
	Rechnungsbetrag		**1.071,83 €**

Ankaufsrechte und sonstige Erwerbs- und Veräußerungsrechte sind unterschiedslos mit dem vollen Wert des Gegenstandes zu bewerten, § 51 Abs. 1 Satz 1. Bisher wurde § 20 Abs. 1 KostO angewendet, wenn die Einräumung eines Ankaufsrechtes mehr einem Kaufvertrag entsprach, insbesondere wenn das Zustandekommen des schuldrechtlichen Vertrages nicht mehr von den Beteiligten beeinflusst werden konnte. Andernfalls kam § 20 Abs. 2 KostO, also der halbe Wert der betroffenen Sache, zum Ansatz. § 51 Abs. 1 Satz 1 führt daher zu einer echten Vereinfachung der Rechtslage.

352

Der Wert eines **Vorkaufs- oder Wiederkaufsrechts** ist demgegenüber die Hälfte des Werts des Gegenstandes, § 51 Abs. 1 Satz 2.

353

Die **Systematik von § 51** ist daher wie folgt:

354

– Recht zum Ankauf/Erwerb/Veräußerung   100 %
– Recht zum Vorkauf/Wiederkauf   50 %
– Verfügungsbeschränkung   30 %

Bei den in § 50 geregelten **schuldrechtlichen** Verpflichtungen gilt demgegenüber folgende Staffelung:

355

– Verpflichtung zur eingeschränkten Verfügung   10 %
– Verpflichtung zur eingeschränkten Nutzung   20 %
– Verpflichtung zur Errichtung einer Bauwerks   20 %

2. Ausübung

356 B erklärt, das Ankaufsrecht auszuüben. In der gleichen Urkunde wird der Kaufvertrag zwischen A und B geschlossen und die Auflassung erklärt und entgegengenommen. Der Notar wird beauftragt, bei der zuständigen Gemeinde eine Negativbescheinigung nach § 28 Abs. 1 BauGB einzuholen. Der Notar wird ferner beauftragt und bevollmächtigt, die Fälligkeit des Kaufpreises nach Eintritt bestimmter Fälligkeitsvoraussetzungen (Vormerkung, Vorkaufsrechtsbescheinigung) mitzuteilen. Der Notar wird auch beauftragt und bevollmächtigt, den Auflassungsvollzug zu überwachen.

Das zuständige Grundbuchamt nimmt Grundbuchanträge ausschließlich elektronisch entgegen, weshalb der Notar entsprechende XML-Strukturdaten erzeugt. Er reicht zunächst elektronisch den Kaufvertrag (14 Seiten) ein, der den Antrag auf Eintragung der Vormerkung enthält. Später bewilligt und beantragt er die Eigentumsumschreibung (1 Seite) und reicht mit der Eigenurkunde die Negativbescheinigung und die steuerliche Unbedenklichkeitsbescheinigung elektronisch ein (je eine Seite). Es wurden zwei Entwürfe versandt und sieben beglaubigte Abschriften gefertigt. Auslagen Grundbucheinsicht: 16,00 €.

357 Kostenberechnung zum Kaufvertrag vom 1.8.2014
URNr. 490/2014

Nr. 21100	Beurkundungsverfahren		870,00 €
	Geschäftswert nach §§ 97, 47	200.000,00 €	
Nr. 22110	Vollzugsgebühr (Nr. 22112)		50,00 €
	Geschäftswert nach § 112	200.000,00 €	
Nr. 22114	Elektronischer Vollzug und XML-Strukturdaten		130,50 €
	Geschäftswert nach § 112	200.000,00 €	
Nr. 22200	Betreuungsgebühr		217,50 €
	Geschäftswert nach § 113 Abs. 1	200.000,00 €	
Nr. 25102	Beglaubigung von Dokumenten (je 10,00 €)		20,00 €
Auslagen			
Nr. 32001	Dokumentenpauschale – Papier (s/w)	126 Seiten	18,90 €
Nr. 32002	Dokumentenpauschale – Daten	1/3 Dateien/14/3 Scanseiten	11,50 €
Nr. 32005	Auslagenpauschale Post und Telekommunikation		20,00 €
Nr. 32011	Auslagen Grundbucheinsicht (je 8 €)		16,00 €
	Zwischensumme		1.354,40 €
Nr. 32014	19 % Umsatzsteuer		257,34 €
	Rechnungsbetrag		**1.611,74 €**

358 Die Ausübung des Ankaufsrechts und der daraufhin abgeschlossene Kaufvertrag haben **denselben Gegenstand**, § 109 Abs. 1 Satz 1.

359 Soweit der Grundbuchverkehr bereits auf das **elektronische Verfahren** umgestellt wurde, wird die Gebühr für die Erzeugung von XML-Strukturdaten erhoben nach

Nr. 22114 bzw. Nr. 22125. Ein besonderer Auftrag zur elektronischen Kommunikation mit dem Grundbuchamt ist kostenrechtlich nicht erforderlich, Vorbemerkung 2.2 Abs. 1, Hs. 2. Da das Gericht neben der elektronischen Einreichung das Papierverfahren hier nicht mehr zulässt, kann die Gebühr nach Nr. 22114 **nicht** mit Blick auf § 13 und der Verpflichtung des Notars zur Wahl des kostengünstigsten Weges in Frage gestellt werden. Ihre Erhebung ist zwingend.

Die Erstellung von **XML-Strukturdaten** ist zwar Vollzugstätigkeit, löst aber keine Vollzugsgebühr aus, sondern gesonderte Gebühren nach Nr. 22114 bzw. Nr. 22125. Deshalb gilt für die Erstellung der Strukturdaten auch **§ 93 Abs. 1 Satz 1 nicht**. Die Gebühr nach Nr. 22114 fällt daher **neben der Vollzugsgebühr** an, was in der Anmerkung zu Nr. 22114 bzw. Nr. 22125 nochmals klargestellt wurde. 360

Demgegenüber kann die Gebühr für die **Erzeugung von XML-Strukturdaten** auch bei mehrfacher Erzeugung von XML-Strukturdaten in einem Verfahren wohl nicht mehrfach entstehen. Das scheidet in folgenden Fällen bereits mangels Mehrfacherzeugung aus: 361

– Die Urkunde betrifft **mehrere Blattstellen** eines Grundbuchamtes: Es wird ein einheitlicher XML-Datensatz erzeugt und einheitlich zum Grundbuchamt gesendet.
– Die Urkunde betrifft **mehrere Grundbuchämter**: Es wird ebenfalls – jedenfalls mit XNotar der NotarNet GmbH – ein einheitlicher XML-Datensatz erzeugt. Erst in der Versandstufe erfolgt – automatisch – eine Aufspaltung mit gesondertem Versand an das jeweils richtige Grundbuchamt.

Wird eine Urkunde jedoch **zu verschiedenen Zeitpunkten** zum Grundbuchamt eingereicht, etwa wie hier zum Zwecke der Eintragung der Auflassungsvormerkung einerseits und zur Eigentumsumschreibung andererseits, müssen je Einreichung XML-Strukturdaten erzeugt werden. Statt der Bewilligung durch den Notar ist auch weit verbreitet, die Auflassung zunächst nicht mitauszufertigen, sondern erst später mit dem Antrag auf Eigentumsumschreibung beim Grundbuchamt einzureichen. Obwohl der Aufwand beim Notar durch die mehrfache Erzeugung der XML-Strukturdaten wesentlich höher ist, kann auch in diesen Fällen die Gebühr wohl nur einmal je Verfahren erhoben werden, § 93 Abs. 1 Satz 1 analog (siehe DST, Rn. 68). 361a

Bei der **Dokumentenpauschale** für die elektronische Übermittlung wird es nochmals kompliziert. 362

– Im ersten Vorgang werden 14 Seiten eingescannt. Dabei ist davon ausgegangen worden, dass der Beglaubigungsvermerk dem Scan elektronisch angefügt wird. Andernfalls wären es 15 Seiten. Jedenfalls muss auf Basis der Vergleichsberechnung **nach Nr. 32000 abgerechnet** werden: 7,00 €
– Im zweiten Vorgang geht es um drei Dateien mit jeweils einer Seite. Diese sind demnach **auf Dateibasis** mit 1,50 € je Datei abzurechnen: 4,50 €

Summe **11,50 €**

Nicht richtig wäre es, 17 Seiten nach Nr. 32000 abzurechnen. Das ergäbe nur Auslagen von 8,50 €.

Liegen der Vorkaufsrechtsverzicht und die steuerliche Unbedenklichkeitsbescheinigung nicht bereits als elektronisches Dokument nach § 137 Abs. 2 GBO vor, müssen sie gemäß § 137 Abs. 1 Satz 1 GBO mit einem einfachen elektronischen Zeugnis nach § 39a BeurkG versehen werden. Es findet also eine Abschriftsbeglaubigung statt. 363

V. Einräumung einer Option

364 A räumt B ein Ankaufsrecht zum Verkehrswert an einem Grundstück ein, wonach B befugt ist, die Übertragung des Grundstücks an sich zu verlangen, wenn
- über den Grundbesitz ohne Zustimmung von B verfügt wird oder
- über das Vermögen des Eigentümers ein Insolvenzverfahren eröffnet wird.

Die Übertragungsbedingungen werden vollständig mitbeurkundet. Durch die Ausübungserklärung des Berechtigten wird aus dem aufschiebend bedingt geschlossenen Vertrag ein unbedingter Vertrag.
Der Wert des Grundstücks beträgt 100.000 €.
Der Notar fertigt 2 Ausfertigungen der Urkunde (23 Seiten).
Er hat das Grundbuch eingesehen. Auslagen Grundbucheinsicht: 8,00 €.

365 **Kostenberechnung zum Angebot vom 1.8.2014**
URNr. 500/2014

Nr. 21100	Beurkundungsverfahren		546,00 €
	Geschäftswert nach §§ 97, 51	100.000,00 €	
Auslagen			
Nr. 32001	Dokumentenpauschale – Papier (s/w)	46 Seiten	6,90 €
Nr. 32005	Auslagenpauschale Post und Telekommunikation		20,00 €
Nr. 32011	Auslagen Grundbucheinsicht (je 8 €)		8,00 €
	Zwischensumme		580,90 €
Nr. 32014	19 % Umsatzsteuer		110,37 €
	Rechnungsbetrag		**691,27 €**

366 Ob die Option als **Angebot** oder als **aufschiebend bedingter Vertrag** qualifiziert wird, ist kostenrechtlich egal. In jedem Fall ist nach Nr. 21100 ein Gebührensatz von 2,0 anzuwenden.

367 Bei der Bestimmung des Geschäftswertes zu einem **bedingten Erwerbsrecht** wie einem Optionsrecht wurde bisher nach § 30 Abs. 1 i. V. m. § 20 Abs. 2 KostO verfahren und der halbe Wert der betroffenen Sache angesetzt. Davon konnte je nach Grad der Bindung und Wahrscheinlichkeit des Eintritts der Verpflichtung abgewichen werden. Jetzt sind **alle sonstigen Erwerbs- und Veräußerungsrechte** mit dem vollen Wert des Gegenstandes zu bewerten, § 51 Abs. 1 Satz 1 (s. Seite 90. Rn. 350 ff.). Bisher musste unterschieden werden, ob die Einräumung eines Ankaufsrechtes mehr einem Kaufvertrag entsprach (dann wurde § 20 Abs. 1 KostO angewendet), insbesondere wenn das Zustandekommen des schuldrechtlichen Vertrages nicht mehr von den Beteiligten beeinflusst werden konnte. Andernfalls kam nur der halbe Wert der betroffenen Sache zum Ansatz. § 51 Abs. 1 Satz 1 stellt klar, dass derartige Rechte immer mit dem Verkehrswert der betroffenen Sache zu bewerten sind.

VI. Vorvertrag

1. Abschluss

> A verpflichtet sich gegenüber B, diesem ein bestimmtes Grundstück zum Kaufpreis von 200.000 € zu verkaufen, wenn B den Abschluss des Kaufvertrages verlangt.
> Die Urkunde (6 Seiten) wird dreimal ausgefertigt.
> Der Notar hat das Grundbuch eingesehen. Auslagen Grundbucheinsicht: 8,00 €.

368

Kostenberechnung zum Vorvertrag vom 1.8.2014
URNr. 510/2014

369

Nr. 21100	Beurkundungsverfahren		870,00 €
	Geschäftswert nach §§ 97, 51	200.000,00 €	
Auslagen			
Nr. 32001	Dokumentenpauschale – Papier (s/w)	18 Seiten	2,70 €
Nr. 32005	Auslagenpauschale Post und Telekommunikation		20,00 €
Nr. 32011	Auslagen Grundbucheinsicht (je 8 €)		8,00 €
	Zwischensumme		900,70 €
Nr. 32014	19 % Umsatzsteuer		171,13 €
	Rechnungsbetrag		**1.071,83 €**

Der Vorvertrag ist ein Vertrag, der **ohne weiteres unter Nr. 21100** fällt und eine 2,0-Gebühr auslöst.

370

Der Geschäftswert ist nach § 51 Abs. 1 Satz 1 (sonstiges Erwerbsrecht) zu bestimmen. Ein Vorvertrag hat demnach grundsätzlich **denselben Wert** wie der in Aussicht genommene endgültige Vertrag. Für den Vorvertrag ist auch dann der volle Wert des aufgrund der vorvertraglichen Verpflichtung abzuschließenden Hauptvertrages maßgebend, wenn die Erfüllung dieser Verpflichtung an bestimmte (aufschiebende) Bedingungen geknüpft wird, wie z.B. die Vorlage von Aufteilungsplänen oder den Eintritt eines bestimmten Zeitpunktes.

371

Die **bislang übliche Bewertungspraxis** von 50 % unter analoger Anwendung von § 20 Abs. 2 KostO, um der Ungewissheit über das Zustandekommen des endgültigen Vertrages Rechnung zu tragen, wurde vom Gesetzgeber beendet. Eine analoge Anwendung von § 51 Abs. 1 Satz 2 kommt angesichts der weiten Formulierung in Satz 1 **nicht** in Betracht. Der Vorvertrag hat kostenrechtlich nichts mehr mit einem Vorkaufsrecht nach § 51 Abs. 1 Satz 2 zu tun. Angesichts der Irrelevanz von Bedingungen im Kostenrecht war der bisher übliche Abschlag ohnehin zweifelhaft.

372

2. Anspruch aus Vorvertrag

373 B erklärt, den Abschluss des Kaufvertrages zu verlangen. In der gleichen Urkunde wird der Kaufvertrag zwischen A und B geschlossen und die Auflassung erklärt. Die Beurkundung findet außerhalb der Geschäftszeiten des Notars um 19 Uhr statt. Der Notar wird beauftragt, bei der zuständigen Gemeinde eine Negativbescheinigung nach § 28 Abs. 1 BauGB einzuholen. Der Notar wird ferner beauftragt und bevollmächtigt, die Fälligkeit des Kaufpreises nach Eintritt bestimmter Fälligkeitsvoraussetzungen (Vormerkung, Vorkaufsrechtsbescheinigung) mitzuteilen. Der Notar wird auch beauftragt und bevollmächtigt, den Auflassungsvollzug zu überwachen.
Vom Kaufvertrag (14 Seiten) wurden zwei Entwürfe versandt und sieben beglaubigte Abschriften gefertigt. Auslagen Grundbucheinsicht: 16,00 €.

374 Kostenberechnung zum Kaufvertrag vom 1.8.2014
URNr. 520/2014

Nr. 21100	Beurkundungsverfahren		870,00 €
	Geschäftswert nach §§ 97, 47	200.000,00 €	
Nr. 22110	Vollzugsgebühr (Nr. 22112)		50,00 €
	Geschäftswert nach § 112	200.000,00 €	
Nr. 22200	Betreuungsgebühr		217,50 €
	Geschäftswert nach § 113 Abs. 1	200.000,00 €	
Nr. 26000	Tätigkeit außerhalb der Geschäftszeiten		30,00 €
Auslagen			
Nr. 32001	Dokumentenpauschale – Papier (s/w)	126 Seiten	18,90 €
Nr. 32005	Auslagenpauschale Post und Telekommunikation		20,00 €
Nr. 32011	Auslagen Grundbucheinsicht (je 8 €)		16,00 €
	Zwischensumme		1.222,40 €
Nr. 32014	19 % Umsatzsteuer		232,26 €
	Rechnungsbetrag		**1.454,66 €**

375 Die Privilegierung aus § 38 Abs. 1 Satz 1 KostO wurde **nicht** in das GNotKG übernommen.

376 Nr. 26000 enthält die aus § 58 Abs. 3 KostO bekannte **Unzeitgebühr**, die nach wie vor auf 30,00 € begrenzt ist. Allerdings ist diese Zusatzgebühr nicht mehr als Wertgebühr ausgestaltet, sondern als **echte Annexgebühr**, die 30 % der für das Verfahren oder das Geschäft zu erhebenden Gebühr beträgt. Hinsichtlich des **Bezugswertes** gilt: Maßgeblich ist nur die Verfahrens- bzw. Geschäftsgebühr, die durch die **unzeitige Tätigkeit ausgelöst** wird. Kosten für Vollzug und Betreuung sind grundsätzlich **nicht zu berücksichtigen**; für diese Geschäfte können aber im Extremfall gesonderte Unzeitgebühren entstehen, wenn sie auf Verlangen außerhalb der üblichen Geschäftszeiten vorgenommen werden. Sie gelten jedenfalls bei Nr. 26000 anders als bei Nr. 32005 (siehe dessen Anmerkung Satz 2) nicht zusammen als ein Geschäft.

C. Isolierte Auflassung

I. Auflassung vor demselben Notar

A verkauft an B ein Grundstück (Kaufpreis 1 Mio. €). Die Auflassung war nicht mitbeurkundet worden. Nach Eingang des Kaufpreises erfolgt unter Bezugnahme auf die in der Kaufurkunde enthaltene Vollmacht für A die Beurkundung der Auflassung, und zwar bei dem Notar, der bereits das Verpflichtungsgeschäft beurkundet hatte. Der Notar begibt sich dazu zu A ins Krankenhaus, weil dieser zwischenzeitlich einen Unfall erlitten hatte. Auf dem Weg vom Krankenhaus ins Büro beglaubigt er ferner in einer anderen Angelegenheit zwei Unterschriften, was einen Mehraufwand von 20 Minuten verursacht. Der Gesamtvorgang hat insgesamt 95 Minuten gedauert. Die Urkunde (3 Seiten) wird dreimal ausgefertigt. Vor Beurkundung sieht der Notar das Grundbuch ein (Auslagen: 8,00 €). 377

Kostenberechnung zur Auflassung vom 1.8.2014 378
URNr. 380/2014

Nr. 21101	Beurkundungsverfahren (Nr. 21100)		867,50 €
	Geschäftswert nach §§ 97, 47	1.000.000,00 €	
Nr. 26002	Tätigkeit außerhalb der Geschäftsstelle		150,00 €
	75 Minuten		
Auslagen			
Nr. 32001	Dokumentenpauschale – Papier (s/w)	9 Seiten	1,35 €
Nr. 32005	Auslagenpauschale Post und Telekommunikation		20,00 €
Nr. 32011	Auslagen Grundbucheinsicht (je 8 €)		8,00 €
	Zwischensumme		1.046,85 €
Nr. 32014	19 % Umsatzsteuer		198,90 €
	Rechnungsbetrag		**1.245,75 €**

Die isolierte Auflassung ist nach Nr. 21101 privilegiert, wenn **derselbe Notar** oder **eine in Vorbemerkung 2 Abs. 1 genannte Person** (Amtsvorgänger, Sozius [sic!], sogar bei nur gemeinsamen Geschäftsräumen) bereits die Gebühr nach Nr. 21100 für die Beurkundung des Kausalgeschäfts erhoben hat. Ein **zeitlicher Konnex** zwischen Kausal- und Verfügungsgeschäft ist nicht erforderlich, insbesondere keine demnächstige Beurkundung der Auflassung. 379

Der **Wert** der Auflassung richtet sich nach § 47 und nicht nach § 46, etwaige Hinzurechnungen nach § 47 Satz 2 sind daher zu berücksichtigen (BDS/*Diehn*, § 47 Rn. 5). 379a

Bei der **Auswärtsgebühr** könnte die Umsetzung von Anmerkung 1 zu Nr. 26002, nämlich die Verpflichtung zur Aufteilung der Zusatzgebühr auf die einzelnen Geschäfte, Fragen aufwerfen. Wichtig ist hier, dass die Anmerkung **nur für Geschäfte** 380

Kapitel 1. Grundstücksrecht

gilt, also nicht für Verfahren. Daher ist hier die Gebühr aus der Abwesenheitsdauer zu berechnen, die auf die Beurkundung bei isolierter Betrachtung entfällt. Das sind 75 Minuten.

381 Die Zeitangabe in der Kostenberechnung ist **fakultativ**.

II. Auflassung vor einem anderen Notar

382 Die A GmbH & Co KG verkauft an B ein Grundstück (Kaufpreis 1 Mio. €). Die Auflassung war nicht mitbeurkundet worden.
Nach Eingang des Kaufpreises erfolgt die Beurkundung der Auflassung, und zwar bei einem anderen Notar als dem, der bereits das Verpflichtungsgeschäft beurkundet hatte. Die Urkunde (3 Seiten) wird dreimal ausgefertigt.
Vor Beurkundung sieht der Notar das Grundbuch ein (Abrufgebühren: 8,00 €). Er sieht ferner das Handelsregister ein.
Es wurde ein Vorschuss in Höhe von 2.000,00 € geleistet.

383 **Kostenberechnung zur Auflassung vom 1.8.2014**
URNr. 390/2014

Nr. 21102	Beurkundungsverfahren (Nr. 21100)		1.735,00 €
	Geschäftswert nach §§ 97, 47	1.000.000,00 €	
Nr. 25200	Bescheinigung nach § 21 BNotO		30,00 €
Auslagen			
Nr. 32001	Dokumentenpauschale – Papier (s/w)	9 Seiten	1,35 €
Nr. 32005	Auslagenpauschale Post- und Telekommunikation		26,00 €
	Beurkundungsverfahren	20,00 €	
	Bescheinigung (je 3 €)	6,00 €	
Nr. 32011	Auslagen Grundbucheinsicht (je 8 €)		8,00 €
Nr. 32011	Auslagen Handelsregistereinsicht (je 4,50 €)		9,00 €
	Zwischensumme		1.809,35 €
Nr. 32014	19 % Umsatzsteuer		343,78 €
	Zwischensumme		**2.153,13 €**
	Geleisteter Vorschuss		2.000,00 €
	Rechnungsbetrag		**153,13 €**

384 Das isolierte Verfügungsgeschäft ist auch dann noch privilegiert, wenn zwar nicht derselbe Notar (und nicht der Amtsvorgänger, Sozius etc.) das entsprechende Verpflichtungsgeschäft beurkundet hatte, aber es **immerhin beurkundet** wurde. Dann beträgt der Gebührensatz nach Nr. 21102 nur 1,0 statt nach Nr. 21100 2,0.

384a Wenn der Notar zusätzlich einen **Nachtrag zum Kaufvertrag** beurkundet, ist ebenfalls Nr. 21102 anzuwenden: Auch wenn der Nachtrag nach Nr. 21100 zu bewerten ist, führt dies (aus verschiedenen Gründen, s. BDS/*Diehn*, Nr. 21102 KV Rn. 10) nicht zur Anwendung von Nr. 21101 für das Verfügungsgeschäft.

Für **Bescheinigungen** nach § 21 Abs. 1 BNotO fällt eine Gebühr nach Nr. 25200 **385**
von 15,00 € je eingesehenem Registerblatt an. Hier wurde das Registerblatt der KG
und der Komplementär-GmbH eingesehen. Die Bescheinigungen sind eigenständige
Geschäfte, für die auch die **Pauschale** für Post- und Telekommunikationsdienstleistungen jeweils gesondert **entsteht**.

Geleistete **Vorschüsse** müssen in der Kostenberechnung aufgeführt werden. Es han- **386**
delt sich dabei nach § 19 Abs. 2 Nr. 5 um eine **Wirksamkeitsvoraussetzung**.

III. Ausländisches Verpflichtungsgeschäft

A und B haben den schuldrechtlichen Kaufvertrag bei einem Notar in der Schweiz **387**
beurkunden lassen. Kaufpreis 250.000 €. Der deutsche Notar N beurkundet nunmehr die Auflassung. Er wird mit dem weiteren Vollzug beauftragt: Er holt bei der
zuständigen Gemeinde eine Negativbescheinigung nach § 28 Abs. 1 BauGB ein
und beantragt eine Genehmigung nach dem Grundstücksverkehrsgesetz. Die Urkunde (3 Seiten) wird dreimal ausgefertigt. Vor Beurkundung sieht der Notar das
Grundbuch ein (Auslagen Grundbucheinsicht: 8,00 €).

Kostenberechnung zur Auflassung vom 1.8.2014 **388**
URNr. 400/2014

Nr. 21100	Beurkundungsverfahren		1.070,00 €
	Geschäftswert nach §§ 97, 47	250.000,00 €	
Nr. 22110	Vollzugsgebühr (Nr. 22112)		100,00 €
	Geschäftswert nach § 112	250.000,00 €	
Auslagen			
Nr. 32001	Dokumentenpauschale – Papier (s/w)	9 Seiten	1,35 €
Nr. 32005	Auslagenpauschale Post und Telekommunikation		20,00 €
Nr. 32011	Auslagen Grundbucheinsicht (je 8 €)		8,00 €
	Zwischensumme		1.199,35 €
Nr. 32014	19 % Umsatzsteuer		227,88 €
	Rechnungsbetrag		**1.427,23 €**

Die Beurkundung in Nr. 21102 setzt die Beurkundung durch einen **deutschen No-** **389**
tar voraus (*Fackelmann* Rn. 537). Diese Frage war zu § 38 Abs. 2 Nr. 6 KostO umstritten. Der Gesetzgeber hat sich dazu zwar (leider) nicht explizit geäußert, an der
Neuordnung der Gebührensätze bei Verfügungsgeschäften wird aber deutlich, dass der
Gebührensatz den **Aufwand für die Beurkundung** wiederspiegelt. Ein nach ausländischem Verfahrensrecht beurkundetes Verpflichtungsgeschäft bringt aber **nicht die**
Entlastung mit sich, die den reduzierten Gebührensatz von 1,0 rechtfertigen könnte,
denn der Notar ist nach § 925a BGB verpflichtet zu prüfen, ob eine den Anforderungen
von § 311b Abs. 1 Satz 1 BGB genügende Urkunde überhaupt vorliegt.

Ein **Vollzug in besonderen Fällen** nach Nrn. 22120 ff. liegt nicht vor. Der Notar hat **390**
nur dann keine Gebühr für ein Beurkundungsverfahren, die das zu vollziehende Ge-

IV. Vermächtniserfüllung

1. Erbvertrag oder öffentliches Testament

391 Der Notar beurkundet die Auflassung eines Grundstücks (Verkehrswert 250.000 €) in Erfüllung eines Vermächtnisses, das in einer öffentlichen Urkunde enthalten ist. Der Vermächtnisnehmer wird aufgrund notarieller Vollmacht vertreten, was der Notar gemäß § 21 Abs. 3 BNotO bescheinigt.
Die Vermächtniserfüllung (3 Seiten) wird dreimal ausgefertigt. Vor Beurkundung sieht der Notar das Grundbuch einmal ein. Auslagen Grundbucheinsicht: 8,00 €.

392 Kostenberechnung zur Auflassung vom 1.8.2014
URNr. 405/2014

Nr. 21102	Beurkundungsverfahren (Nr. 21100)		535,00 €
	Geschäftswert nach §§ 97, 46	250.000,00 €	
Nr. 25214	Vollmachtsbescheinigung (je 15 €)		15,00 €
Auslagen			
Nr. 32001	Dokumentenpauschale – Papier (s/w)	9 Seiten	1,35 €
Nr. 32005	Auslagenpauschale Post und Telekommunikation		20,00 €
Nr. 32011	Auslagen Grundbucheinsicht (je 8 €)		8,00 €
	Zwischensumme		579,35 €
Nr. 32014	19 % Umsatzsteuer		110,08 €
	Rechnungsbetrag		**689,43 €**

2. Eigenhändiges Testament

393 Abwandlung: Es liegt ein eigenhändiges Testament vor.

394 Kostenberechnung zur Auflassung vom 1.8.2014
URNr. 406/2014

Nr. 21100	Beurkundungsverfahren		1.070,00 €
	Geschäftswert nach §§ 97, 46	250.000,00 €	
Nr. 25214	Vollmachtsbescheinigung (je 15 €)		15,00 €

C. Isolierte Auflassung

Auslagen

Nr. 32001	Dokumentenpauschale – Papier (s/w)	9 Seiten	1,35 €
Nr. 32005	Auslagenpauschale Post und Telekommunikation		20,00 €
Nr. 32011	Auslagen Grundbucheinsicht (je 8 €)		8,00 €
	Zwischensumme		1.114,35 €
Nr. 32014	19 % Umsatzsteuer		211,73 €
	Rechnungsbetrag		**1.326,08 €**

Nr. 21101 ist bei Vermächtniserfüllungs-Verträgen nie anwendbar, was in Absatz 1 der Anmerkung geregelt wurde: „Als zugrunde liegendes Rechtsgeschäft gilt nicht eine Verfügung von Todes wegen". **395**

Ist das Vermächtnis in einer **notariellen** Urkunde verfügt worden, kommt allerdings die **Privilegierung der Nr. 21102** mit dem Gebührensatz von 1,0 in Betracht. Absatz 1 der Anmerkung zu Nr. 21101 ist dahingehend zu verstehen, dass der Ausschluss von Verfügungen von Todes wegen als taugliches zugrunde liegendes Rechtsgeschäft nicht generell gilt, sondern eben nur für diese Nummer. Im Gegenschluss ist die beurkundete Verfügung von Todes wegen ein taugliches Verpflichtungsgeschäft im Sinne von Nr. 21102. Der Beurkundung des Verpflichtungsgeschäfts steht ferner die Beurkundung des Zuschlags im Rahmen einer freiwilligen Grundstücksversteigerung gleich. Der Gebührensatz von 1,0 ist an die Stelle der 5/10-Gebühr nach § 38 Abs. 2 Nr. 6 lit. a) KostO getreten. **396**

Kommt Nr. 21102 mangels beurkundeter Verfügung von Todes wegen nicht zur Anwendung, ist die **Auflassung – unprivilegiert – als Vertrag** nach Nr. 21100 zu bewerten. Insofern liegt es wie nach § 36 Abs. 2 KostO. **397**

Werden zur Vermächtniserfüllung **weitere/andere Erklärungen** als das isolierte Verfügungsgeschäft (also die Auflassung oder die dingliche Übertragung von GmbH-Geschäftsanteilen) protokolliert, scheidet die Privilegierung nach Nr. 21102 selbst dann aus, wenn das Vermächtnis in einer öffentlichen Urkunde enthalten ist. Es liegt dann ein Vertrag vor, der nach Nr. 21100 zu bewerten ist. **398**

Nottestamente, die vor dem Bürgermeister errichtet worden sind, stehen einer beurkundeten Verfügung von Todes wegen gleich, weil der Bürgermeister nach § 2249 BGB als Urkundsperson den Vorschriften des BeurkG entsprechend handelt. Nottestamente vor drei Zeugen (§ 2250 BGB) und auf See (§ 2251 BGB) sind demgegenüber Privaturkunden. Die praktische Relevanz von Nottestamenten ist aufgrund deren beschränkten Gültigkeitsdauer nach § 2252 BGB äußerst gering. **399**

Die **Vollmachtsbescheinigung** nach § 21 Abs. 3 BNotO genügt nach § 34 GBO, um eine durch Rechtsgeschäft erteilte Vertretungsmacht im Grundbuchverfahren nachzuweisen (s. auch Rn. 766a). Damit verbunden sind noch **zwei Schwierigkeiten**: **399a**

– Die notarielle Vollmachtsbescheinigung soll im Grundbuch- und in sonstigen Registerverfahren verwendet werden und dabei die **Vollmachtsurkunde ersetzen** (BT-Drucks. 17/13136, S. 28). Es hätte sich daher angeboten, auch **§ 12 BeurkG** entsprechend anzupassen. Dies ist in **§ 12 Abs. 1 Satz 3 HGB** immerhin erfolgt, wonach anstelle der Vollmacht die Bescheinigung nach § 21 Abs. 3 BNotO eingereicht werden kann. Ob § 12 Satz 2 BeurkG entsprechend erweitert ausgelegt werden kann, ist unklar (dafür hatte ich mich in der Vorauflage ausgesprochen). Der Berufs- **399b**

Kapitel 1. Grundstücksrecht

rechtsausschuss der Bundesnotarkammer empfiehlt, bis zu einer Klarstellung durch den Gesetzgeber die Vollmachtsurkunden der Urschrift beizufügen, aber nicht mit auszufertigen, sondern analog § 42 Abs. 3 BeurkG auszugsweise Ausfertigungen bzw. beglaubigte Abschriften zu erteilen (BNotK-RS 23/2013 vom 5.9.2013).

399c – Der **Gebührenunterschied** zwischen Nr. 25102 Abs. 2 Nr. 2 (kostenfreie beglaubigte Abschriften vorgelegter Vollmachten bei Niederschriften) und Nr. 25214 (15 € je Vollmachtsbescheinigung) kann den Ansatz der Bescheinigungskosten jedenfalls **nicht hindern**, weil sonst Nr. 25214 absolut keinen Anwendungsbereich hätte. Das Gesetz ist stets so auszulegen, dass jeder Vorschrift ein sinnvoller Anwendungsbereich verbleibt. Hier geht der Gesetzgeber zu Recht davon aus, dass die **Vollmachtsbescheinigung der qualitativ überlegenere Weg** sei: Die notarielle Bescheinigung nach § 21 Abs. 3 BNotO enthält das Prüfungsergebnis des Notars, wonach aufgrund der Vollmacht für das konkret vorgenommene Rechtsgeschäft Vertretungsmacht besteht. Dies stellt die Eintragungsgrundlage für Grundbuch oder Handelsregister dar. Damit begründet die Vollmachtsbescheinigung einen Mehrwert, der auch Mehrkosten rechtfertigt (BNotK-RS 23/2013 vom 5.9.2013).

399d Die Beweiswirkung der in öffentlicher Urkunde enthaltenen Notarbescheinigung nach § 21 Abs. 3 BNotO gilt auch in einem etwaigen späteren Zwangsvollstreckungsverfahren.

D. Überlassung

I. Gegenleistungen

400 A (52 Jahre alt) überlässt seine Eigentumswohnung (Wert: 480.000 €) an seinen Sohn B. Mitübergeben werden bewegliche Einrichtungsgegenstände (Wert 20.000 €).
Als Gegenleistungen werden vereinbart:
– Übernahme der Verbindlichkeiten von 100.000 €, welche durch eine Grundschuld im Nennbetrag von 200.000 € gesichert sind. Die Grundschuld wird ebenfalls übernommen, der Übernehmer unterwirft sich persönlich der sofortigen Zwangsvollstreckung. Der Notar wird mit der Einholung der Genehmigung zur Schuldübernahme beauftragt.
– Lebenslängliche Rente zu 1.000 € monatlich und aufschiebend bedingte Rente für die Ehefrau des A (49 Jahre alt) von 500 € ab dem Tod des A. Wertsicherungsklausel und dingliche Sicherung werden vereinbart.
A hat die Eigentumswohnung von seinem Vater V erworben. In dem seinerzeitigen Überlassungsvertrag ist vereinbart, dass eine Veräußerung nur mit Zustimmung des V möglich ist, andernfalls das Eigentum auf Verlangen des V auf diesen zurück zu übertragen wäre. Zur Sicherung des bedingten Rückübertragungsanspruchs ist eine Vormerkung im Grundbuch eingetragen. Der Notar wird beauftragt, die Zustimmung des V und die Löschungsbewilligung über die Vormerkung einzuholen.
Von der Urkunde (25 Seiten) werden sieben beglaubigte Abschriften gefertigt. Der Notar hat das Grundbuch eingesehen. Auslagen Grundbucheinsicht: 8,00 €.

D. Überlassung

Kostenberechnung zum Überlassungsvertrag vom 1.8.2014 401
URNr. 600/2014

Nr. 21100	Beurkundungsverfahren		1.870,00 €
	Geschäftswert nach §§ 97, 46	500.000,00 €	
Nr. 21200	Beurkundungsverfahren		435,00 €
	Geschäftswert nach §§ 97	200.000,00 €	
Nr. 22110	Vollzugsgebühr		627,50 €
	Geschäftswert nach § 112	700.000,00 €	
Auslagen			
Nr. 32001	Dokumentenpauschale – Papier (s/w)	175 Seiten	26,25 €
Nr. 32005	Auslagenpauschale Post und Telekommunikation		20,00 €
Nr. 32011	Auslagen Grundbucheinsicht (je 8 €)		8,00 €
	Zwischensumme		2.986,75 €
Nr. 32014	19 % Umsatzsteuer		567,48 €
	Rechnungsbetrag		**3.554,23 €**

Der **Gegenleistungsvergleich**, § 97 Abs. 3, führt hier zu keinem höheren Wert als 402
500.000 €, nämlich nur zu 280.000 €:

– Übernahme der Verbindlichkeiten 100.000 €
– Rente (1.000 € x 12 x 15 gem. § 52 Abs. 4 Satz 1 und Satz 2 Nr. 1) 180.000 €

Summe **280.000 €**

Das **Schuldanerkenntnis und die Zwangsvollstreckungsunterwerfungen** sichern 403
die künftige Darlehensschuld des Übernehmers und könnten daher grundsätzlich ebenfalls derselbe Beurkundungsgegenstand nach § 109 Abs. 1 sein, jedenfalls, soweit das Darlehen valutiert. Allerdings bestimmt § 110 Nr. 2 lit. a) insoweit eine Ausnahme: Ein Veräußerungsvertrag – dazu zählen auch Überlassungen – und **Erklärungen zur Finanzierung** der Gegenleistung gegenüber Dritten sind abweichend von § 109 Abs. 1 **immer verschiedene Beurkundungsgegenstände**. Das gilt unabhängig davon, ob der Geschäftswert nach der Leistung (§ 97 Abs. 1) oder der Gegenleistung bestimmt wird (§ 97 Abs. 3).

Kostenrechtlich sind die Werte mehrerer Verfahrensgegenstände **zusammenzurechnen** 404
(§ 35 Abs. 1), soweit nichts anderes bestimmt ist. Etwas anderes bestimmt ist für Beurkundungsverfahren in § 94 Abs. 1. Danach entstehen grundsätzlich **gesonderte Gebühren**, wenn innerhalb eines Beurkundungsverfahrens verschiedene Gebührensätze anzuwenden sind (hier 2,0 für den Vertrag und 1,0 für Schuldanerkenntnis und Zwangsvollstreckungsunterwerfungen), wenn nicht die nach dem höchsten Gebührensatz (hier 2,0) berechnete Gebühr aus dem Gesamtbetrag der Werte (700.000 €) günstiger ist (hier nicht der Fall: 2,0 aus 700.000 € ergibt 2.510,00 €).

Die **Wertsicherung** ist nach § 52 Abs. 7 **unbeachtlich**. Die dingliche Sicherung ist 405
derselbe Gegenstand, § 109 Abs. 1.

Vollzugstätigkeiten sind nach Vorbemerkung 2.2.1.1 Abs. 1 Satz 2 Nrn. 6, 8 u. 9 406
gegeben. Der maßgebliche Geschäftswert richtet sich nach dem Beurkundungsverfahren und ergibt sich aus der Summe der Werte der einzelnen Verfahrensgegenstände.

II. Löschungsbewilligung Dritter

407 A überlässt seine Eigentumswohnung (Wert: 480.000 €) an seinen Sohn B. A hatte diese von seinem Vater V erworben. In dem seinerzeitigen Überlassungsvertrag wurde vereinbart, dass eine Veräußerung nur mit Zustimmung des V möglich ist, andernfalls das Eigentum auf Verlangen des V auf diesen zurück zu übertragen wäre. Zur Sicherung des bedingten Rückübertragungsanspruchs ist eine Vormerkung im Grundbuch eingetragen. Der bei der Beurkundung anwesende V bewilligt die Löschung der Vormerkung in der Übergabeurkunde.
Von der Urkunde (15 Seiten) werden sieben beglaubigte Abschriften gefertigt. Der Notar hat das Grundbuch eingesehen. Auslagen Grundbucheinsicht: 8,00 €.

408 Kostenberechnung zum Überlassungsvertrag vom 1.8.2014
URNr. 605/2014

Nr. 21100	Beurkundungsverfahren			1.870,00 €
	Geschäftswert nach §§ 97, 46		480.000,00 €	
Auslagen				
Nr. 32001	Dokumentenpauschale – Papier (s/w)		105 Seiten	15,75 €
Nr. 32005	Auslagenpauschale Post und Telekommunikation			20,00 €
Nr. 32011	Auslagen Grundbucheinsicht (je 8 €)			8,00 €
	Zwischensumme			1.913,75 €
Nr. 32014	19 % Umsatzsteuer			363,61 €
	Rechnungsbetrag			**2.277,36 €**

409 Die **Löschungsbewilligung** unterfällt nicht § 109 Abs. 1 Satz 4 Nr. 1 lit. b), da weder ein Kaufvertrag vorliegt noch ein Grundpfandrecht gelöscht werden soll. Die dort angesprochenen Erklärungen beziehen sich ohnehin nur auf die Eigentümerzustimmung nach § 27 GBO. **Derselbe Gegenstand** liegt dennoch vor nach § 109 Abs. 1 Satz 1. Dafür spricht insbesondere § 109 Abs. 1 Satz 3, wonach auch Dritterklärungen erfasst sind.

410 Demzufolge **unterbleibt** nach § 109 Abs. 1 Satz 5 der gesonderte Ansatz einer 0,5-Gebühr für die Löschungsbewilligung nach Nr. 21201 Nr. 4.

III. Betriebsübergabe

411 A überträgt sein Grundstück mit der darauf betriebenen Druckerei einschließlich aller Aktiva und Passiva an seine Tochter B. Die Bilanz zum 31.12.2012 weist ein Aktivvermögen von 500.000,00 € aus. Darin ist der Buchwert für den mitübertragenen Grundbesitz in Höhe von 150.000,00 € enthalten. Tatsächlich hat der Grundbesitz einen Verkehrswert von 400.000,00 €.
Am Grundbesitz ist eine Grundschuld für die Hamburger Sparkasse über 200.000,00 € eingetragen. Für diese soll der Notar auftragsgemäß die Löschungs-

bewilligung einholen. Die Hamburger Sparkasse bewilligt die Löschung und erteilt dem Notar den Treuhandauftrag, die verbliebene Restschuld in Höhe von 50.000,00 € abzulösen. Gegenleistungen der B werden nicht vereinbart. Von der Urkunde (15 Seiten) werden sieben beglaubigte Abschriften gefertigt. Der Notar hat das Grundbuch eingesehen. Auslagen Grundbucheinsicht: 8,00 €.

Kostenberechnung zum Überlassungsvertrag vom 1.8.2014   **412**
URNr. 606/2014

Nr. 21100	Beurkundungsverfahren		2.670,00 €
	Geschäftswert nach §§ 97, 46	750.000,00 €	
Nr. 22110	Vollzugsgebühr		667,50 €
	Geschäftswert nach § 112	750.000,00 €	
Nr. 22201	Treuhandgebühr		82,50 €
	Geschäftswert nach § 113 Abs. 2	50.000,00 €	
Auslagen			
Nr. 32001	Dokumentenpauschale – Papier (s/w)	105 Seiten	15,75 €
Nr. 32005	Auslagenpauschale Post und Telekommunikation		20,00 €
Nr. 32011	Auslagen Grundbucheinsicht (je 8 €)		8,00 €
	Zwischensumme		3.463,75 €
Nr. 32014	19 % Umsatzsteuer		658,11 €
	Rechnungsbetrag		**4.121,86 €**

Der Geschäftswert für das Beurkundungsverfahren muss vom Eigenkapital ausgehend um den Verkehrswert des Grundstücks korrigiert werden.   **413**

IV. Landwirtschaftlicher Betrieb

A, verwitwet, 61 Jahre alt, übergibt sein landwirtschaftliches Anwesen einschließlich Hofstelle mit dem lebenden und toten Inventar an seinen Sohn B, welcher den Betrieb unverändert fortführt. Der Einheitswert des landwirtschaftlichen Betriebes beträgt 30.000 €, der Verkehrswert 500.000 €.   **414**
Als Gegenleistungen werden vereinbart:
a) Die Übernahme von Darlehensverbindlichkeiten in Höhe von 40.000 € samt Übernahme der zur Sicherung im Grundbuch eingetragenen Grundschuld zu nominal 60.000 €.
b) Die Einräumung folgender Rechte zugunsten des Übergebers:
– Wohnungsrecht im übergebenen Anwesen, wobei die Kosten für Strom, Heizung sowie sonstige Nebenkosten vom Übernehmer zu tragen sind; monatlicher Nutzungswert der Wohnräume = 180 €, monatliche Nebenkosten = 40 €.
– Gewährung einer angemessenen Verköstigung; Wertansatz gem. § 2 Abs. 1 SvEV = 219 € pro Person und Monat.

– Verpflichtung zu Wart und Pflege; Wertansatz gem. Pflegegeld bei Sachleistung nach dem Pflegeversicherungsgesetz bei Pflegestufe I (435 € pro Monat).
– Verpflichtung zur Zahlung eines Taschengeldes von monatlich 200 €; hierzu wird eine Wertsicherungsklausel vereinbart.
c) Die Verpflichtung des Erwerbers, an seine Schwester C einen Betrag von 20.000 € hinauszuzahlen. Die Schwester C, die bei Beurkundung mitwirkt, verzichtet gegenüber dem Übergeber gegenständlich beschränkt auf das übergebene Anwesen auf Pflichtteils- bzw. Pflichtteilsergänzungsansprüche.
d) Die Verpflichtung des Erwerbers, das Vertragsanwesen zu Lebzeiten des Übergebers weder ganz noch teilweise ohne dessen vorherige Zustimmung zu veräußern oder zu belasten (ausgenommen an Ehegatten oder Abkömmlinge); für den Fall der Zuwiderhandlung ist der Erwerber zur Rückübertragung des Vertragsanwesens verpflichtet.
e) Die Übernahme der Begräbniskosten und der Grabpflege.

Der Notar erhält Vollzugsauftrag (Genehmigung Grundstücksverkehrsgesetz, Schuldübernahmegenehmigung).
Von der Urkunde (32 Seiten) werden sieben beglaubigte Abschriften gefertigt.
Der Notar hat das Grundbuch eingesehen. Auslagen Grundbucheinsicht: 16,00 €.

415 **Kostenberechnung zum Überlassungsvertrag vom 1.8.2014**
URNr. 610/2014

Nr. 21100	Beurkundungsverfahren		1.070,00 €
	Summe nach § 35 Abs. 1	253.880,00 €	
	Geschäftswert nach §§ 97, 36, 46, 48, 50, 52	223.880,00 €	
	Geschäftswert nach § 102 (Pflichtteilsverzicht)	30.000,00 €	
Nr. 22110	Vollzugsgebühr		267,50 €
	Geschäftswert nach § 112	253.880,00 €	
Auslagen			
Nr. 32001	Dokumentenpauschale – Papier (s/w)	224 Seiten	33,60 €
Nr. 32005	Auslagenpauschale Post und Telekommunikation		20,00 €
Nr. 32011	Auslagen Grundbucheinsicht (je 8 €)		16,00 €
	Zwischensumme		1.407,10 €
Nr. 32014	19 % Umsatzsteuer		267,35 €
	Rechnungsbetrag		**1.674,45 €**

416 Nach §§ 97 Abs. 1, 48 Abs. 1 beträgt der **Höchstwert** für die Leistung des landwirtschaftlichen Betriebs mit Hofstelle das **Vierfache des Einheitswertes**, hier also 120.000 €. Maßgeblich ist daher der höhere Wert der Gegenleistungen, § 97 Abs. 3.

417 Die Verpflichtung aus **§ 19 Abs. 3 Nr. 3**, die Werte der einzelnen Gegenstände in der Kostenberechnung aufzuschlüsseln, besteht nur, wenn sich der Geschäftswert aus der Summe der Werte mehrerer Verfahrensgegenstände im Sinne von § 35 Abs. 1 ergibt.

D. Überlassung

Das ist hier hinsichtlich der Übergabe und des Pflichtteilsverzichtsvertrages der Fall. Die **Zusammensetzung der Gegenleistung** betrifft demgegenüber nur einen Verfahrensgegenstand und muss auch dann **nicht aufgeschlüsselt** werden, wenn die Gegenleistung für den Kostenansatz nach § 97 Abs. 3 maßgeblich ist (**gegenstandsinterne Addition**).

Die **Gegenleistungen** sind hier wie folgt zu bewerten:	
– Schuldübernahme (gem. § 97)	40.000 €
– Wohnrecht = (180 € + 40 €) × 12 × 10 (gem. § 52 Abs. 4)	26.400 €
– Verköstigung = 219 € × 12 × 10 (gem. § 52 Abs. 4)	26.280 €
– Wart und Pflege = 435 € × 12 × 10 (gem. § 52 Abs. 4)	52.200 €
– Taschengeld = 200 € × 12 × 10 (gem. § 52 Abs. 4)	24.000 €
– Veräußerungsverbot = 10 % vom Verkehrswert (gem. § 50 Nr. 1)	50.000 €
– Begräbnis und Grabpflege (gem. § 36 Abs. 3)	5.000 €
Summe	**223.880 €**

418

Der **Pflichtteilsverzicht** ist nach § 102 Abs. 4 Satz 2 zu bewerten. Die Erbquote der Tochter würde ½ betragen, die Pflichtteilsquote folglich ¼ (s. Rn. 1239). Da der Pflichtteilsverzicht gegenständlich beschränkt auf den übergebenen landwirtschaftlichen Betrieb erklärt wurde, ist dieses Vermögen maßgeblich, § 102 Abs. 3. Insofern muss auch § 48 angewandt werden. Auszugehen ist also von 30.000 € × 4 = 120.000 €. Davon ¼ sind 30.000 €. Das **Hinauszahlungsgeld** von 20.000 € steht damit im Austauschverhältnis, § 97 Abs. 3, und kommt daher nicht gesondert zum Ansatz.

419

V. Gemeinschaftsregelungen

A überlässt an B und C zum Miteigentum je zur Hälfte sein Zweifamilienwohnhaus (Wert: 500.000 €).
Die Erwerber vereinbaren unter sich: B erhält zur alleinigen Benutzung die Wohnung im Erdgeschoss, C die Wohnung im Obergeschoss. Das Recht, die Aufhebung der Gemeinschaft zu verlangen, wird auf 30 Jahre ausgeschlossen. Die Erwerber räumen sich gegenseitig je ein Vorkaufsrecht für alle Verkaufsfälle an ihren Miteigentumsanteilen ein.
Von der Urkunde (32 Seiten) werden sieben beglaubigte Abschriften gefertigt.
Der Notar hat das Grundbuch zweimal eingesehen. Auslagen Grundbucheinsicht: 16,00 €.

420

Kostenberechnung zum Überlassungsvertrag vom 1.8.2014
URNr. 620/2014

421

Nr. 21100	Beurkundungsverfahren		3.331,00 €
	Summe nach § 35 Abs. 1	925.000,00 €	
	Geschäftswert nach §§ 97, 46 – Überlassung	500.000,00 €	
	… nach §§ 97, 51 – Benutzungsregelung	150.000,00 €	
	… nach §§ 97, 51 – Aufhebungsausschluss	150.000,00 €	
	… nach §§ 97, 51 – Vorkaufsrechte	125.000,00 €	

Auslagen

Nr. 32001	Dokumentenpauschale – Papier (s/w)	224 Seiten	33,60 €
Nr. 32005	Auslagenpauschale Post und Telekommunikation		20,00 €
Nr. 32011	Auslagen Grundbucheinsicht (je 8 €)		16,00 €
	Zwischensumme		3.379,60 €
Nr. 32014	19 % Umsatzsteuer		642,21 €
	Rechnungsbetrag		**4.021,72 €**

422 Die **Benutzungsregelung** nach § 1010 BGB wird nach § 51 Abs. 2 mit 30 % des Wertes des betroffenen Gegenstands angesetzt. Der **Ausschluss des Rechtes, die Aufhebung der Gemeinschaft zu verlangen**, wird ebenfalls nach § 51 Abs. 2 bewertet. Die Regelungen sind **nicht derselbe Gegenstand** (RegE 171); deren Werte müssen daher addiert werden, § 35 Abs. 1.

423 Die **gegenseitigen Vorkaufsrechte** stehen in einem Austauschverhältnis nach § 97 Abs. 3. Anzusetzen ist daher nur **ein** Vorkaufsrecht. Die Bewertung erfolgt nach § 51 Abs. 1 Satz 2 mit 50 % des Wertes des betroffenen Anteils (also 50 % von 1/2 aus 500.000 €).

423a Vollzugs- und Betreuungsgebühren fallen nicht an.

E. Miet- und Pachtverträge

I. Unbestimmte Dauer

424 Beurkundet wird ein Pachtvertrag über ein Waldstück (Wert: 150.000 €) auf unbestimmte Dauer. Der monatliche Pachtzins beträgt 800,00 €.
Zugunsten des Pächters bewilligt der Eigentümer in derselben Urkunde die Eintragung eines Vorkaufsrechts für den ersten Verkaufsfall im Grundbuch.
Der Notar erteilt von der Urkunde (20 Seiten) vier Ausfertigungen.

425 Kostenberechnung zum Pachtvertrag vom 1.8.2014
URNr. 650/2014

Nr. 21100	Beurkundungsverfahren		330,00 €
	Geschäftswert nach § 99 Abs. 1 Satz 2	48.000,00 €	
Nr. 21201	Beurkundungsverfahren		109,50 €
	Geschäftswert nach §§ 97, 51 Abs. 1 Satz 2	75.000,00 €	
Auslagen			
Nr. 32001	Dokumentenpauschale – Papier (s/w)	80 Seiten	12,00 €
Nr. 32005	Auslagenpauschale Post und Telekommunikation		20,00 €
	Zwischensumme		471,50 €
Nr. 32014	19 % Umsatzsteuer		89,59 €
	Rechnungsbetrag		**561,09 €**

E. Miet- und Pachtverträge

Der Geschäftswert von auf unbestimmte Dauer geschlossenen Miet- und Pachtverträgen ist der auf die **ersten fünf Jahre** entfallende Wert der Leistungen. Ist jedoch die Auflösung des Vertrags erst zu einem späteren Zeitpunkt zulässig, ist dieser maßgebend, § 99 Abs. 1 Satz 2, Hs. 2. In keinem Fall darf der Geschäftswert nach § 99 Abs. 1 Satz 3 den auf die ersten 20 Jahre entfallenden Wert übersteigen. Dieser Wert wurde im Vergleich zu § 25 Abs. 1 KostO um 20 % abgesenkt. **426**

Das Vorkaufsrecht ist ein **gesonderter Beurkundungsgegenstand**, § 86. Ein Fall von § 109 Abs. 1 liegt nicht vor, weil das Erwerbsrecht mit Miet- oder Pachtverträgen nichts zu tun hat, insbesondere nicht deren Vertragszweck absichert. Es wird daher als Grundbucherklärung nach Nr. 21201 Nr. 4 mit einer 0,5-Gebühr aus dem halben Wert des Grundstücks (§ 51 Abs. 1 Satz 2) bewertet. **427**

Nach **§ 94 Abs. 1, Hs. 1** entstehen grundsätzlich gesondert berechnete Gebühren. Die Vergleichsberechnung nach § 94 Abs. 1, Hs. 2 führt hier zu höheren Gebühren (2,0-Gebühr aus 123.000 € = 600,00 €), die nicht angesetzt werden dürfen. **428**

Bei der **Zitierung** der Geschäftswertvorschriften ist die Unterscheidung nach Absätzen und Sätzen von § 19 Abs. 3 Nr. 2 nicht gefordert. **429**

II. Bestimmte Dauer

> Beurkundet wird ein Pachtvertrag über 30 Jahre. Der monatliche Pachtzins beträgt 500,00 €. Das Pachtobjekt hat einen Wert von 150.000 €.
> Der Notar fertigt von der Urkunde (20 Seiten) vier beglaubigte Abschriften. **430**

Kostenberechnung zum Pachtvertrag vom 1.8.2014 **431**
URNr. 651/2014

Nr. 21100	Beurkundungsverfahren		600,00 €
	Geschäftswert nach § 99 Abs. 1 Satz 3	120.000,00 €	
Auslagen			
Nr. 32001	Dokumentenpauschale – Papier (s/w)	80 Seiten	12,00 €
Nr. 32005	Auslagenpauschale Post und Telekommunikation		20,00 €
	Zwischensumme		632,00 €
Nr. 32014	19 % Umsatzsteuer		120,08 €
	Rechnungsbetrag		**752,08 €**

Bei **unbestimmter** Dauer ist der auf die **ersten fünf Jahre** entfallende Zins maßgeblich, § 99 Abs. 1 Satz 2. Der Geschäftswert beträgt – insbesondere bei bestimmter Dauer – **nie mehr als der auf die ersten 20 Jahre** entfallende Wert. Die Unterscheidung nach Sätzen ist von § 19 Abs. 3 Nr. 2 nicht gefordert. **432**

> **Abwandlung:** Beurkundet wird ein Mietvertrag über 2 Jahre. Der monatliche Mietzins beträgt 500,00 €.
> Der Notar fertigt von der Urkunde (20 Seiten) vier beglaubigte Abschriften. **433**

434 **Kostenberechnung zum Pachtvertrag vom 1.8.2014**
URNr. 651/2014

Nr. 21100	Beurkundungsverfahren		166,00 €
	Geschäftswert nach § 99 Abs. 1 Satz 3	12.000,00 €	
Auslagen			
Nr. 32001	Dokumentenpauschale – Papier (s/w)	80 Seiten	12,00 €
Nr. 32005	Auslagenpauschale Post und Telekommunikation 20,00 €		
	Zwischensumme		198,00 €
Nr. 32014	19 % Umsatzsteuer		37,62 €
	Rechnungsbetrag		**235,62 €**

435 Der Geschäftswert ist nach § 99 Abs. 1 Satz 2 der **Wert aller Leistungen** des Mieters.

III. Gestaffelte Miete

1. Unbestimmte Mietdauer

436 Beurkundet wird ein Mietvertrag (20 Seiten) auf unbestimmte Zeit. Monatlicher Mietzins in den ersten 5 Jahren 500,00 €, ab dem sechsten bis zehnten Jahr 1.000,00 €, ab dem elften Jahr 1.500,00 €. Der Notar fertigt vier beglaubigte Abschriften.

437 **Kostenberechnung zum Mietvertrag vom 1.8.2014**
URNr. 652/2014

Nr. 21100	Beurkundungsverfahren		250,00 €
	Geschäftswert nach § 99 Abs. 1	30.000,00 €	
Auslagen			
Nr. 32001	Dokumentenpauschale – Papier (s/w)	80 Seiten	12,00 €
Nr. 32005	Auslagenpauschale Post und Telekommunikation		20,00 €
	Zwischensumme		282,00 €
Nr. 32014	19 % Umsatzsteuer		53,58 €
	Rechnungsbetrag		**335,58 €**

2. Bestimmte Mietdauer

438 **Abwandlung:** Der obige Mietvertrag wird auf 15 Jahre befristet. Ab dem elften Jahr beträgt der Mietzins 1.500,00 €

F. Wohnungs- und Teileigentum

Kostenberechnung zum Mietvertrag vom 1.8.2014   **439**
URNr. 653/2014

Nr. 21100	Beurkundungsverfahren		816,00 €
	Geschäftswert nach § 99 Abs. 1	180.000,00 €	
Auslagen			
Nr. 32001	Dokumentenpauschale – Papier (s/w)	80 Seiten	12,00 €
Nr. 32005	Auslagenpauschale Post und Telekommunikation		20,00 €
	Zwischensumme		848,00 €
Nr. 32014	19 % Umsatzsteuer		161,12 €
	Rechnungsbetrag		**1.009,12 €**

Auch wenn die Beteiligten nach dem Inhalt des Vertrages von einer **längeren Lauf-**   **440**
zeit als fünf Jahre ausgehen, gilt die Gebührenbegrenzung nach § 99 Abs. 1 Satz 2 auf die ersten fünf Jahre bei Verträgen von unbestimmter Dauer.

Die **deutliche Gebührendifferenz** zwischen bestimmter und unbestimmter Dauer   **441**
ist rechtlich und rechtspolitisch zweifelhaft.

F. Wohnungs- und Teileigentum

I. Begründung nach § 8 WEG

1. Grundfall

> A ist Alleineigentümer eines Grundstücks, welches mit einem Wohnhaus bebaut   **442**
> ist (Wert: 300.000 €), das aus vier Wohnungen besteht. A begründet Wohnungseigentum nach § 8 WEG in der Weise, dass mit je einem Miteigentumsanteil zu 1/4 das Sondereigentum an einer Wohnung verbunden wird. Der Notar wird beauftragt, die Abgeschlossenheitsbescheinigung einzuholen. Er kümmert sich um die Aufteilungspläne und bearbeitet Nachfragen und Korrekturwünsche der Baubehörde. Die Urkunde hat 56 Seiten und wird sieben Mal ausgefertigt. Ferner werden jeweils vier Pläne der Größe A2 dreimal kopiert (Kosten: je Plan 5,00 €). Auslagen Grundbucheinsicht: 8,00 €.

Kostenberechnung zur Begründung von Sondereigentum vom 1.8.2014   **443**
URNr. 1200/2014

Nr. 21200	Beurkundungsverfahren		635,00 €
	Geschäftswert nach §§ 97, 42	300.000,00 €	
Nr. 22111	Vollzugsgebühr (Nr. 22110, 22112)		190,50 €
	Geschäftswert nach § 112	300.000,00 €	

Auslagen

Nr. 32001	Dokumentenpauschale – Papier (s/w)	392 Seiten		58,80 €
Nr. 32003	Dokumentenpauschale – Papier (s/w)		60,00 €	
Nr. 32005	Auslagenpauschale Post und Telekommunikation		20,00 €	
Nr. 32011	Auslagen Grundbucheinsicht (je 8 €)		8,00 €	
	Zwischensumme			972,30 €
Nr. 32014	19 % Umsatzsteuer			184,74 €
	Rechnungsbetrag			**1.157,04 €**

444 Der nur hälftige Ansatz des Grundstückswertes nach § 21 Abs. 2 KostO bei der Begründung von Sondereigentum wurde aufgegeben. Maßgeblich ist nunmehr der **volle Wert des bebauten Grundstücks**, § 42 Abs. 1 Satz 1. Ist das Grundstück noch nicht bebaut, ist der Wert des zu errichtenden Bauwerks hinzuzurechnen.

445 Die Einholung der **Abgeschlossenheitsbescheinigung** (§ 7 Abs. 4 Nr. 2 WEG) und die Einholung des unterschriebenen **Aufteilungsplans** (§ 7 Abs. 4 Nr. 1 WEG) sind **zwei Vollzugstätigkeiten** nach Vorbemerkung 2.2.1.1 Abs. 1 Satz 2 Nr. 1; die Höchstvollzugsgebühr nach Nr. 22110 beträgt daher 100,00 € gemäß Nr. 22112. In der Regel wird jedoch ein **Fall nach Nr. 11** vorliegen, weil der Notar die einzureichenden Pläne vorbereitet und Nachfragen der Baubehörde klärt. Der Gebührensatz für die Vollzugstätigkeit ergibt sich hier aus Nr. 22111.

2. Mit Vorkaufsrechten

446 A ist Alleineigentümer eines Grundstücks, welches mit einem Wohnhaus bebaut ist, das aus vier Wohnungen besteht (Wert: 300.000 €). A begründet Wohnungseigentum nach § 8 WEG in der Weise, dass mit je einem Miteigentumsanteil zu 1/4 das Sondereigentum an einer Wohnung verbunden wird. An drei Einheiten bestellt sich der Eigentümer ein Vorkaufsrecht für alle Verkaufsfälle.
Der Notar wird beauftragt, die Abgeschlossenheitsbescheinigung einzuholen.
Die Urkunde hat 16 Seiten und wird siebenmal ausgefertigt. Ferner werden jeweils vier Pläne der Größe A2 dreimal kopiert (Kosten: je Plan 5,00 €). Auslagen Grundbucheinsicht: 8,00 €.

447 Kostenberechnung zur Begründung von Sondereigentum vom 1.8.2014 URNr. 1210/2014

Nr. 21200	Beurkundungsverfahren		635,00 €
	Geschäftswert nach §§ 97, 42	300.000,00 €	
Nr. 21201	Beurkundungsverfahren		150,00 €
	Geschäftswert nach § 35 Abs. 1	112.500,00 €	
	... nach §§ 97, 51 – Vorkaufsrecht	37.500,00 €	
	... nach §§ 97, 51 – Vorkaufsrecht	37.500,00 €	
	... nach §§ 97, 51 – Vorkaufsrecht	37.500,00 €	
Nr. 22110	Vollzugsgebühr (Nr. 22112)		50,00 €
	Geschäftswert nach § 112	412.500,00 €	

F. Wohnungs- und Teileigentum

Auslagen

Nr. 32001	Dokumentenpauschale – Papier (s/w)	112 Seiten	16,80 €
Nr. 32002	Dokumentenpauschale – Papier (s/w)		60,00 €
Nr. 32005	Auslagenpauschale Post und Telekommunikation		20,00 €
Nr. 32011	Auslagen Grundbucheinsicht (je 8 €)		8,00 €
	Zwischensumme		889,80 €
Nr. 32014	19 % Umsatzsteuer		169,06 €
	Rechnungsbetrag		**1.058,86 €**

Der nur hälftige Ansatz des Grundstückswertes nach § 21 Abs. 2 KostO bei der Begründung von Sondereigentum wurde aufgegeben. Maßgeblich ist nunmehr der **volle Wert des bebauten Grundstücks**, § 42 Abs. 1 Satz 1. Ist das Grundstück noch nicht bebaut, ist der Wert des zu errichtenden Bauwerks hinzuzurechnen. **448**

Die **drei Vorkaufsrechte** haben jeweils einen Wert von 37.500,00 €: Der Eigentümer enthält ein Vorkaufsrecht an den drei übrigen Einheiten (Wert: je 50 %). **449**

§ 94 Abs. 1, Hs. 2 ist nicht einschlägig: Die getrennte Berechnung ist günstiger. **450**

Beschränkt sich die Vollzugstätigkeit des Notars auf das **bloße Einholen der Abgeschlossenheitsbescheinigung**, gilt dafür die Höchstgebühr von 50,00 €; andernfalls läge ein Fall von Vorbemerkung 2.2.1.1 Abs. 1 Satz 2 Nr. 11 vor, was zur ungedeckelten Vollzugsgebühr führte. **451**

3. Bauträgerprojekt

Der Bauträger A plant auf einem Aufteilungsgrundstück die Errichtung von 26 Wohneinheiten mit Kellerräumen und 26 Tiefgaragenparkplätzen. Die Baukosten betragen ca. 5 Mio. €, die angestrebte Erlössumme 10 Mio. €. Der Notar entwirft die Teilungserklärung nebst Gemeinschaftsordnung. Es wird eine Grunddienstbarkeit zugunsten des jeweiligen Eigentümers des Nachbargrundstücks bestellt, der bestimmte Ver- und Entsorgungseinrichtungen mitnutzen darf (Jahreswert der Nutzung: 15.000,00 €). Mit der Teilungserklärung wird ferner die Baubeschreibung protokolliert. Die Abgeschlossenheitsbescheinigung und den von der Baubehörde unterschriebenen Aufteilungsplan holt der Bauträger selbst ein. Die Urkunde hat 56 Seiten und wird 35 Mal ausgefertigt. Der Notar hat das Grundbuch eingesehen. Grundbucheinsicht: 8,00 €. **452**

Kostenberechnung zur Teilungserklärung mit Baubeschreibung vom 1.8.2014 **453**
URNr. 1230/2014

Nr. 21200	Beurkundungsverfahren		11.385,00 €
	Geschäftswert nach §§ 97, 42 – Teilungserklärung	10.000.000,00 €	
Nr. 21201	Beurkundungsverfahren		317,50 €
	Geschäftswert nach §§ 97, 52	300.000,00 €	

Kapitel 1. Grundstücksrecht

Auslagen

Nr. 32001	Dokumentenpauschale – Papier (s/w)	1.960 Seiten		294,00 €
Nr. 32005	Auslagenpauschale Post und Telekommunikation			20,00 €
Nr. 32011	Auslagen Grundbucheinsicht (je 8 €)			8,00 €
	Zwischensumme			12.024,50 €
Nr. 32014	19 % Umsatzsteuer			2.284,66 €
	Rechnungsbetrag			**14.309,16 €**

454 Geschäftswert der Teilungserklärung ist der **volle Wert des bebauten Grundstücks**, § 42 Abs. 1 Satz 1. Angesetzt werden kann der vom Bauträger erstrebte Veräußerungserlös.

455 Wird mit einer **Grunddienstbarkeit** ein Recht für einen **anderen Eigentümer**/ein anderes als das Aufteilungsgrundstück bestellt, liegt ein gesonderter Beurkundungsgegenstand nach § 86 Abs. 2 vor. Es sind **realistische Jahreswerte** anzusetzen.

456 Ob daran festgehalten werden kann, dass die mitbeurkundete **Baubeschreibung** denselben Beurkundungsgegenstand hat wie die Teilungserklärung, erscheint zweifelhaft. Dafür müsste ein Abhängigkeitsverhältnis zur Teilungserklärung bestehen: Weder eine Bauverpflichtung noch die Ausgestaltung des geplanten Bauvorhabens durch die Baubeschreibung dienen der Erfüllung, Sicherung oder unmittelbaren Durchführung der Teilungserklärung selbst. Die Teilungserklärung ist insofern nur **Bezugsurkunde** für ein gesondertes Vorhaben. Es erscheint daher vertretbar, kostenrechtlich entsprechend zu bewerten. Der Geschäftswert wäre ein nach § 36 Abs. 1 zu bildender Schätzwert aus den Baukosten. Hier wurde wie bisher bewertet. Unzweifelhaft wäre der **Beschluss zur Verwalterbestellung** entgegen der bisherigen Praxis ein **gesonderter Beurkundungsgegenstand** nach § 110 Nr. 1 (DST, Rn. 316).

II. Begründung nach § 3 WEG

457 A und B sind je zur Hälfte Miteigentümer eines mit einem Zweifamilienhaus bebauten Grundstücks (Wert: 300.000 €). Die Beteiligten begründen Wohnungseigentum nach § 3 WEG in der Weise, dass mit dem Miteigentumsanteil des A das Sondereigentum an der abgeschlossenen Wohnung im Erdgeschoss des Anwesens verbunden wird und mit dem Miteigentumsanteil des B das Sondereigentum an der abgeschlossenen Wohnung im Obergeschoss. Die Eigentumswohnungen sind gleichwertig.
Der Notar holt die Abgeschlossenheitsbescheinigung und die Aufteilungspläne ein.
Das Wohnungseigentumsrecht im Obergeschoss soll künftig lastenfrei sein. Der Notar holt für die Beteiligten eine Pfandfreigabeerklärung bezüglich der derzeit eingetragenen Grundschuld für die Sparkasse in Höhe von 100.000 € ein.
Die Urkunde hat 25 Seiten und wird siebenmal ausgefertigt.
Der Notar hat das Grundbuch eingesehen. Auslagen Grundbucheinsicht: 8,00 €.

Kostenberechnung zur Begründung von Sondereigentum vom 1.8.2014   **458**
URNr. 1220/2014

Nr. 21100	Beurkundungsverfahren		1.270,00 €
	Geschäftswert nach §§ 97, 42	300.000,00 €	
Nr. 22110	Vollzugsgebühr		317,50 €
	Geschäftswert nach § 112	300.000,00 €	
Auslagen			
Nr. 32001	Dokumentenpauschale – Papier (s/w)	175 Seiten	26,25 €
Nr. 32005	Auslagenpauschale Post und Telekommunikation		20,00 €
Nr. 32011	Auslagen Grundbucheinsicht (je 8 €)		8,00 €
	Zwischensumme		1.641,75 €
Nr. 32014	19 % Umsatzsteuer		311,93 €
	Rechnungsbetrag		**1.953,68 €**

Die **vertragliche Einräumung** von Sondereigentum nach § 3 WEG löst eine Gebühr nach Nr. 21100 mit einem Gebührensatz von **2,0** aus – wie bisher nach § 36 Abs. 2 KostO.   **459**

Der nur hälftige Ansatz des Grundstückswertes nach § 21 Abs. 2 KostO bei der Begründung von Sondereigentum wurde aufgegeben. Maßgeblich ist nunmehr der **volle Wert des bebauten Grundstücks**, § 42 Abs. 1 Satz 1. Ist das Grundstück noch nicht bebaut, ist der Wert des zu errichtenden Bauwerks hinzuzurechnen.   **460**

Wegen der **Lastenfreistellung** (Vollzugstätigkeit nach Vorbemerkung 2.2.1.1 Abs. 1 Satz 2 Nr. 9) fällt die ungedeckte Vollzugsgebühr nach Nr. 22110 an. Die beiden weiteren Vollzugstätigkeiten nach Vorbemerkung 2.2.1.1 Abs. 1 Satz 2 Nr. 1 werden davon **konsumiert**. Es können nicht jeweils 50,00 € addiert werden.   **461**

III. Identitätserklärungen

> Nachdem die amtlichen Aufteilungspläne und die Abgeschlossenheitsbescheinigungen vorliegen, stellt der Notar aufgrund ihm erteilter Vollmacht fest, dass die Pläne mit den der Teilungserklärung zu Grunde gelegten identisch sind. Er beantragt, die Teilungserklärung im Grundbuch zu vollziehen. Für die Teilungserklärung wurde ein Wert von 900.000 € angesetzt. Die Urkunde hat drei Seiten. Sie wird als Entwurf per E-Mail zwei Mal versandt und zwei Mal ausgefertigt.   **461a**

**461b Kostenberechnung zur Identitätserklärung vom 1.8.2014
URNr. 1222/2014**

Nr. 21201	Beurkundungsverfahren		204,00 €
	Geschäftswert nach §§ 97, 36	180.000,00 €	
Auslagen			
Nr. 32001	Dokumentenpauschale – Papier (s/w)	6 Seiten	0,90 €
Nr. 32002	Dokumentenpauschale – Daten	2 Dateien	3,00 €
Nr. 32005	Auslagenpauschale Post und Telekommunikation		20,00 €
	Zwischensumme		227,90 €
Nr. 32014	19 % Umsatzsteuer		43,30 €
	Rechnungsbetrag		**271,20 €**

461c Die Identitätserklärung ist eine **Grundbucherklärung** nach Nr. 21201 Nr. 4. Wenn sie aufgrund Eigenurkunde erklärt wird, richtet sich die Gebühr nach Nr. 25204. Wird sie wie hier aufgrund Vollmacht für die Beteiligten erklärt, kann Nr. 21201 unmittelbar zur Anwendung kommen.

461d Der Geschäftswert ist nach §§ 97 Abs. 1, 36 Abs. 1 zu schätzen. Maßgeblich ist ein Teilwert aus dem Wert des betroffenen Gegenstandes. Angemessen sind **20 bis 30%**.

461e Abwandlung: Nachdem die amtlichen Aufteilungspläne und die Abgeschlossenheitsbescheinigungen vorliegen, stellt der Notar aufgrund ihm erteilter Vollmacht fest, dass die Pläne mit denen der Teilungserklärung zu Grunde gelegten identisch sind. Ferner werden die Teilungserklärung hinsichtlich der Miteigentumsanteile geändert, weitere Sondernutzungsrechte zugewiesen und die Gemeinschaftsordnung in zwei Punkten geändert. Der Notar beantragt, die Teilungserklärung mit den Änderungen im Grundbuch zu vollziehen.
Die Urkunde hat fünf Seiten. Sie wird als Entwurf per E-Mail zwei Mal versandt und zwei Mal ausgefertigt.

**461f Kostenberechnung zur Nachtragsurkunde vom 1.8.2014
URNr. 1223/2014**

Nr. 21201	Beurkundungsverfahren		204,00 €
	Geschäftswert nach §§ 97, 42, 36	180.000,00 €	
Nr. 21200	Beurkundungsverfahren		585,00 €
	Geschäftswert nach §§ 97, 42, 36	270.000,00 €	

F. Wohnungs- und Teileigentum

Auslagen			
Nr. 32001	Dokumentenpauschale – Papier (s/w)	10 Seiten	1,50 €
Nr. 32002	Dokumentenpauschale – Daten	2 Dateien	3,00 €
Nr. 32005	Auslagenpauschale Post und Telekommunikation		20,00 €
	Zwischensumme		813,50 €
Nr. 32014	19 % Umsatzsteuer		154,57 €
	Rechnungsbetrag		**968,07 €**

Die Identitätserklärung ist eine **Grundbucherklärung** nach Nr. 21201 Nr. 4. Sie **461g** löst eine 0,5-Gebühr aus 20 bis 30% des Wertes der Teilungserklärung aus.

Der Gebührensatz für die **Änderung der Teilungserklärung** mit Gemeinschaftsord- **461h** nung ist nach den Änderungserklärungen zu ermitteln. Sind nur Grundbucherklärungen betreffen, ist eine 0,5-Gebühr zu erheben, andernfalls – wie hier – entsteht eine 1,0-Gebühr nach Nr. 21200. Der Geschäftswert ist aber nur ein Teilwert nach § 36 Abs. 1, der je nach Umfang der Änderungen festzusetzen ist. Hier wurden 30% angesetzt.

Identitätserklärung und Änderung der TE sind **gesonderte** Beurkundungsgegen- **461i** stände.

IV. Verwalter

1. Bestellung

Der Notar beglaubigt mit einem Vermerk die Unterschriften von A, B und C unter **462** dem Protokoll der Eigentümerversammlung, in der A zum Verwalter bestellt wurde.
Er versendet die Urschrift (vier Seiten) auftragsgemäß an einen anderen Notar zum weiteren Vollzug. A wünscht eine beglaubigte Abschrift, B und C erhalten einfache Abschriften.

Kostenberechnung zur Urkunde vom 1.8.2014, URNr. 2232/2014 **463**
Unterschriftsbeglaubigung

Nr. 25100	Unterschriftsbeglaubigung (Nr. 25101)		20,00 €
Nr. 22124	Übermittlung an Gericht, Behörde oder Dritten		20,00 €
Nr. 25102	Beglaubigung von Dokumenten		10,00 €
Auslagen			
Nr. 32000	Dokumentenpauschale – Papier (s/w)	8 Seiten	4,00 €
Nr. 32004	Entgelte für Post- und Telekommunikationsdienstleistungen		2,61 €
	Zwischensumme		56,61 €
Nr. 32014	19 % Umsatzsteuer		10,76 €
	Rechnungsbetrag		**67,37 €**

464 Mit der Gebühr Nr. 25100 ist nach dessen Anmerkung 2 die Beglaubigung **mehrerer Unterschriften** oder Handzeichen abgegolten, wenn diese in einem einzigen Vermerk erfolgt. Daher entsteht für die Beglaubigung aller Unterschriften unter dem Protokoll nur eine Gebühr, obwohl **drei Geschäfte** vorliegen. Das gilt auch im Fall von Nr. 25101, obwohl der Gesetzgeber einen ausdrücklichen Verweis auf die Anmerkungen von Nr. 25100 nicht aufgenommen hat.

465 Die Vollzugsgebühr entsteht grundsätzlich für jedes Geschäft. § 93 ist mangels Verfahrens nicht anwendbar. Dennoch wird man hier die einschlägige Gebühr **Nr. 22124 nicht mehrfach** ansetzen, sondern nur einmal. Dies könnte auf eine analoge Anwendung von § 93 gestützt werden, weil Absatz 2 der Anmerkung zu Nr. 25100 die mehreren Geschäfte verfahrensähnlich verklammert und der Gesetzgeber diesen Sachverhalt wohl nicht recht durchdacht hatte.

466 Die Vollzugsgebühr Nr. 22124 umfasst – wie alle Gebühren – **keine Auslagen**, so dass Kosten für Porto etc. gesondert abzurechnen sind.

466a Für die Abschriftsbeglaubigung fällt eine Gebühr nach Nr. 25102 an, jedoch keine Dokumentenpauschale. Die beiden einfachen Abschriften sind nach Nr. 32000 abzurechnen.

467 Die Notarkosten bei der Unterschriftsbeglaubigung **schuldet** nach § 29 Nr. 1, wer den Auftrag erteilt oder den Antrag gestellt hat. Dies ist in der Regel der **Verwalter** selbst bzw. die **WEG**, als deren Vertreter der Verwalter handelt.

2. Zustimmung

468 A stimmt als Verwalter der Veräußerung einer Eigentumswohnung, die zum Kaufpreis von 200.000 € verkauft wurde, zu. Darin enthalten sind bewegliche Sachen im Wert von 10.000 €. Der Notar beglaubigt dessen Unterschrift unter einem Entwurf (1 Seite), den er zuvor im Rahmen des Kaufvertragsvollzugs entworfen hatte. Der Verwalter erbittet eine Abschrift.

469 Kostenberechnung zur Urkunde vom 1.8.2014, URNr. 2231/2014 Unterschriftsbeglaubigung

Nr. 25100	Unterschriftsbeglaubigung		49,20 €
	Geschäftswert nach §§ 121, 98 Abs. 1	95.000,00 €	
Auslagen			
Nr. 32000	Dokumentenpauschale – Papier (s/w)	2 Seiten	1,00 €
Nr. 32004	Entgelte für Post- und Telekommunikationsdienstleistungen		0,58 €
	Zwischensumme		50,78 €
Nr. 32014	19 % Umsatzsteuer		9,65 €
	Rechnungsbetrag		**60,43 €**

470 Stimmt der Verwalter **im Veräußerungsvertrag** zu, erfolgt keine zusätzliche Bewertung, § 109 Abs. 1. Die Kostenhaftung des Verwalters ist in diesem Fall nach § 30 Abs. 2 eingeschränkt, weil die Zustimmungserklärung ein anderes Rechtsverhältnis betrifft als den Kaufvertrag.

G. Erbbaurecht

Entwirft der Notar die Verwalterzustimmung im Rahmen des Vertragsvollzugs, erhält er die Vollzugsgebühr nach Nr. 22110; zusätzliche Entwurfsgebühren sind ausgeschlossen, Vorbemerkung 2.2 Abs. 2. Das gilt auch, wenn der Entwurf erst später gefertigt wird. **Beglaubigt** derselbe Notar auf der von ihm entworfenen Verwalterzustimmung sodann die Unterschrift des Verwalters, ist die Beglaubigung der Unterschrift jedoch immer **kostenpflichtig nach Nr. 25100**. Nur bei Abrechnung eines Entwurfs nach Nrn. 24100 ff. ist gemäß Vorbemerkung 2.4.1 die erstmalige Beglaubigung – eben mit der Entwurfsgebühr – abgegolten. Bei Vollzugshandlungen liegt kein Entwurf in diesem Sinne vor, so dass die Begünstigung der kostenfreien ersten Unterschriftsbeglaubigung entfällt. **Die Vollzugsgebühr konsumiert die Unterschriftsbeglaubigung nicht.** Der Geschäftswert für die Unterschriftsbeglaubigung richtet sich nach § 121 nach den für die Beurkundung **der Erklärung** geltenden Vorschriften, also nach dem Halbwertprinzip aus § 98 Abs. 1, Fall 2. „Erklärung" darf hier nicht mit „Verfahren" verwechselt werden: Geschäftswert ist der halbe Wert des veräußerten Wohnungs- oder Teileigentums, weil der Verwalter nicht den Vertrag genehmigt, sondern der Veräußerung des Raumeigentums zustimmt. **471**

Entwirft ein **anderer Notar** die Verwalterzustimmungserklärung, entsteht nach Nr. 24101 eine 1,0-Gebühr (einseitige Erklärung) aus demselben Wert. **472**

Die Dokumentenpauschale außerhalb eines Beurkundungsverfahrens oder Entwurfsgeschäfts ist nach **Nr. 32000** zu berechnen, weil weder Nr. 32001 Nr. 2 noch Nr. 32001 Nr. 3 einschlägig ist. **473**

G. Erbbaurecht

I. Begründung

Die Pfarrkirchenstiftung M bestellt an einem Grundstück (Wert: 100.000 €) für B ein Erbbaurecht auf die Dauer von 99 Jahren. Für Rechnung des Erbbauberechtigten wurde darauf ein Mehrfamilienwohnhaus errichtet (Wert: 500.000 €). Der Erbbauzins beträgt für die ersten fünf Jahre jährlich 2.000 €, für die nächsten zehn Jahre jährlich 3.000 € und dann jährlich 4.000 €. Hierzu wird eine Wertsicherungsklausel vereinbart.
Der Grundstückseigentümer räumt dem jeweiligen Erbbauberechtigten das Vorkaufsrecht am Grundstück für alle Verkaufsfälle ein.
Der Erbbauberechtigte räumt dem jeweiligen Grundstückseigentümer das Vorkaufsrecht am Erbbaurecht für alle Verkaufsfälle ein.
Zur Veräußerung und Belastung des Erbbaurechts ist die Zustimmung des Grundstückseigentümers erforderlich.
Der Notar wird beauftragt, die stiftungsaufsichtliche Genehmigung einzuholen.
Die Urkunde hat 25 Seiten und wird siebenmal ausgefertigt. Der Notar hat das Grundbuch eingesehen. Auslagen Grundbucheinsicht: 8,00 €. **474**

Kapitel 1. Grundstücksrecht

475 **Kostenberechnung zur Bestellung eines Erbbaurechts vom 1.8.2014 URNr. 1300/2014**

Nr. 21100	Beurkundungsverfahren		2.670,00 €
	Summe nach § 35 Abs. 1	720.000,00 €	
	Geschäftswert nach §§ 97, 43 – Erbbaurecht	480.000,00 €	
	... nach §§ 97, 51 – Vorkaufsrecht am Erbbaurecht	240.000,00 €	
Nr. 22110	Vollzugsgebühr		667,50 €
	Geschäftswert nach § 112	720.000,00 €	
Auslagen			
Nr. 32001	Dokumentenpauschale – Papier (s/w)	175 Seiten	26,25 €
Nr. 32005	Auslagenpauschale Post und Telekommunikation		20,00 €
Nr. 32011	Auslagen Grundbucheinsicht (je 8 €)		8,00 €
	Zwischensumme		3.391,75 €
Nr. 32014	19 % Umsatzsteuer		644,43 €
	Rechnungsbetrag		**4.036,18 €**

476 Die Bewertung des Erbbaurechts nach §§ 43 Satz 1, 52 Abs. 2 führt zu einem Wert von 60.000 €. Deshalb ist nach § 43 Satz 2, 49 Abs. 2 vorzugehen: **80 %** von 600.000 €. Anders als nach § 21 Abs. 1 Satz 2 KostO bleibt die für Rechnung des Erbbauberechtigten erfolgte Bebauung des Grundstücks nicht mehr außer Betracht.

477 Das **Vorkaufsrecht** am Erbbaurecht ist ein **gesonderter Gegenstand**, nicht jedoch das Vorkaufsrecht am Erbbaugrundstück, das zum Inhalt des Erbbaurechts selbst gehört (§ 2 Nr. 7 ErbbauRG).

II. Verkauf

1. Erbbaurecht

477a A verkauft sein Erbbaurecht mit Einfamilienhaus zum Kaufpreis von 100.000 € an B. Der Käufer übernimmt mit Wirkung ab dem Übergabetag anstelle des Verkäufers den Erbbauzins von jährlich 500 € einschließlich einer sich aufgrund der mit dem Eigentümer des Stammgrundstücks vereinbarten Wertsicherungsklausel ergebenden Erhöhung. Weiter übernimmt er das am Erbbaurecht für den jeweiligen Grundstückseigentümer eingetragene Vorkaufsrecht.
Der Notar wird beauftragt, die Zustimmungserklärung des Grundstückseigentümers zur Veräußerung des Erbbaurechts samt Nichtausübungserklärung des Vorkaufsrechts am Erbbaurecht einzuholen. Der Notar wird ferner beauftragt und bevollmächtigt, die Fälligkeit des Kaufpreises nach Eintritt der Fälligkeitsvoraussetzungen mitzuteilen. Der Notar wird auch beauftragt und bevollmächtigt, den Auflassungsvollzug zu überwachen. Vom Kaufvertrag (14 Seiten) wurden zwei Entwürfe je an Verkäufer und Käufer per E-Mail versandt und sieben begl. Abschriften gefertigt. Auslagen Grundbucheinsicht: 16,00 €.

G. Erbbaurecht

Kostenberechnung zum Kaufvertrag vom 1.8.2014 477b
URNr. 1310/2014

Nr. 21100	Beurkundungsverfahren		546,00 €
	Geschäftswert nach §§ 97, 43, 47, 49	100.000,00 €	
Nr. 22110	Vollzugsgebühr		136,50 €
	Geschäftswert nach § 112	100.000,00 €	
Nr. 22200	Betreuungsgebühr		136,50 €
	Geschäftswert nach § 113	100.000,00 €	
Auslagen			
Nr. 32001	Dokumentenpauschale – Papier (s/w)	98 Seiten	14,70 €
Nr. 32002	Dokumentenpauschale – Daten	2x2 Dateien	6,00 €
Nr. 32005	Auslagenpauschale Post und Telekommunikation		20,00 €
Nr. 32011	Auslagen Grundbucheinsicht (je 8 €)		8,00 €
	Zwischensumme		739,20 €
Nr. 32014	19 % Umsatzsteuer		140,45 €
	Rechnungsbetrag		**879,65 €**

Die Einholung der Eigentümerzustimmung samt Nichtausübungserklärung zum 477c
Vorkaufsrecht ist **Vollzugstätigkeit** nach Vorbemerkung 2.2.1.1 Abs. 1 Satz 2 Nr. 5
bzw. Nr. 6. Entwurfsgebühren können dafür nicht abgerechnet werden; die **Unterschriftsbeglaubigung** ist jedoch auch beim Vollzugsnotar gebührenpflichtig nach
Nr. 25100, weil eine Sperrwirkung nach Vorbemerkung 2.4.1 Abs. 2 mangels Entwurfsgebühr nicht besteht (Streifzug Rn. 657).

Fertigt ein **anderer Notar** den **Entwurf** der Eigentümerzustimmung mit Nichtaus- 477d
übungserklärung, entsteht eine 1,0-Gebühr nach Nr. 24101. Die Werte der beiden Erklärungen sind zu **addieren**, §§ 119 Abs. 1, 35 Abs. 1; sie haben nicht denselben Gegenstand, sondern betreffen unterschiedliche, nebeneinander bestehende Rechte des
Eigentümers. Die Zustimmungserklärung ist nach §§ 119 Abs. 1, 98 Abs. 1 mit dem
halben Wert des Erbbaurechts anzusetzen, der Vorkaufsrechtsverzicht mit einem Teilwert von weniger als 50% aus dem Wert des Vorkaufsrechts nach §§ 119 Abs. 1, 51
Abs. 1 Satz 2, Abs. 3, also mit 10 bis 30% des Wertes des Erbbaurechts. Der Teilwert
ist deshalb gerechtfertigt, weil das Vorkaufsrecht für mehrere Vorkaufsfälle besteht
und hier nur *ein* konkreter Fall betroffen ist.

2. Finanzierungsgrundschuld zum Erbbaurecht

Zur Finanzierung des Kaufpreises wird eine vollstreckbare Grundschuld im Nenn- 477e
betrag von 75.000,00 € für die Hamburger Sparkasse bestellt (8 Seiten). Daran
wirken derzeitiger und künftiger Berechtigter mit. Der Käufer gibt ein entsprechendes abstraktes Schuldanerkenntnis ab und unterwirft sich insoweit der sofortigen Zwangsvollstreckung in sein gesamtes Vermögen.
Der Notar wird beauftragt, die im Kaufvertrag vereinbarte Einschränkung des
Sicherungsvertrags herbeizuführen und zu überwachen. Er wird ferner beauftragt,

die erforderliche Zustimmungserklärung des Eigentümers des Stammgrundstücks einzuholen.
Der Notar fertigt zwei Ausfertigungen und drei beglaubigte Abschriften der Urkunde.

477f **Kostenberechnung zur Grundschuldbestellung vom 1.8.2014 URNr. 1315/2014**

Nr. 21200	Beurkundungsverfahren		219,00 €
	Geschäftswert nach §§ 97, 53	75.000,00 €	
Nr. 22110	Vollzugsgebühr		65,70 €
	Geschäftswert nach § 112	75.000,00 €	
Nr. 22200	Betreuungsgebühr		65,70 €
	Geschäftswert nach § 113	75.000,00 €	
Auslagen			
Nr. 32001	Dokumentenpauschale – Papier (s/w)	40 Seiten	6,00 €
Nr. 32005	Auslagenpauschale Post und Telekommunikation		20,00 €
	Zwischensumme		376,40 €
Nr. 32014	19 % Umsatzsteuer		71,52 €
	Rechnungsbetrag		**447,92 €**

477g Bei der Finanzierungsgrundschuld zu einem Erbbaurecht fällt neben der Betreuungsgebühr wegen der Einschränkung des Sicherungszwecks **auch eine Vollzugsgebühr** wegen der Eigentümerzustimmung an. Diese ist nicht mit der Vollzugshandlung zum Kaufvertrag abgegolten.

3. Stillhalteerklärung

477h Ein Erbbaurecht (Wert: 500.000 €) wird mit einer Grundschuld im Nennbetrag von 350.000 € zugunsten der Hamburger Sparkasse belastet.
Der Notar wird beauftragt, eine Stillhalteerklärung (2 Seiten) zu entwerfen, mit der sich der Eigentümer des Stammgrundstücks gegenüber der Haspa wie folgt verpflichtet: (i) für den Fall der Zwangsversteigerung des Erbbaurechts wird der Erbbauzins (auch der künftig erhöhte) nicht kapitalisiert, sondern bleibt wegen der künftig fällig werdenden Beträge bestehen, (ii) hinsichtlich des Vorkaufsrechts am Erbbaurecht wird kein Wertersatz verlangt und auf Erlöszuteilung verzichtet, (iii) ohne vorherige Zustimmung der Haspa wird keinen anderen Rechten in Abteilung II und III des Erbbaugrundbuches der Vorrang oder Gleichrang eingeräumt sowie (iv) im Falle der Veräußerung des Grundstücks wird der Erwerber verpflichtet, die Rechte und Pflichten aus dieser Erklärung zu übernehmen.

G. Erbbaurecht

Kostenberechnung zum Entwurf einer Stillhalteerklärung vom 1.8.2014   477i
URNr. 1330/2014

Nr. 24101	Fertigung eines Entwurfs		219,00 €
	Geschäftswert nach §§ 119, 45, 36	70.000,00 €	
Auslagen			
Nr. 32001	Dokumentenpauschale – Papier (s/w)	2 Seiten	0,30 €
Nr. 32005	Auslagenpauschale Post und Telekommunikation		20,00 €
	Zwischensumme		239,30 €
Nr. 32014	19 % Umsatzsteuer		45,47 €
	Rechnungsbetrag		**284,77 €**

Die **Stillhalteerklärung** begründet Verpflichtungen des Grundstückseigentümers 477j
gegenüber dem Grundschuldgläubiger auf Abänderung der Versteigerungsbedingungen nach § 59 Abs. 1 ZVG für den Fall der Zwangsversteigerung des Erbbaurechts, um die Rechte des Grundschuldgläubigers **ohne einen Rangrücktritt** des Grundstückseigentümers zu verbessern. Der Geschäftswert ist nach § 36 Abs. 1 zu bestimmen. Bezugswert ist der nach § 45 Abs. 1 maßgebliche Wert, hier also der Wert des (hypothetisch vortretenden) Grundpfandrechts. Ein Schätzwert von 10–30 Prozent des Grundschuldbetrages ist im Regelfall angemessen (Streifzug Rn. 641). Hier wurden 20% angesetzt.

Holt der Notar die Stillhalteerklärung **im Zusammenhang mit einer Grund-** 477k
schuldbestellung ein, liegt eine Vollzugstätigkeit vor, für die eine 0,3-Gebühr nach Nr. 22111 anfällt. Dann entsteht keine Entwurfsgebühr, Vorbemerkung 2.2. Abs. 2.

4. Stammgrundstück mit Löschung des Erbbaurechts

Die Freie und Hansestadt Hamburg FHH verkauft das mit einem Erbbaurecht (Ge- 477l
bäudewert nach Angabe ca. 270.000 €) belastete Grundstück an den Erbbauberechtigten E zum Kaufpreis von 200.000 €. An dem Grundstück ist neben dem Erbbaurecht ein Vorkaufsrecht für den jeweiligen Erbbauberechtigten im Grundbuch eingetragen.
In Abteilung II des Erbbaugrundbuchs sind der Erbbauzins von jährlich 2.500 € und ein Vorkaufsrecht für den jeweiligen Eigentümer des Stammgrundstücks eingetragen, in Abteilung III zwei Grundschulden mit den Nennbeträgen 210.000 € und 50.000 €; die Grundschulden sollen auf das Grundstück „übertragen" werden. Deshalb unterstellt der Käufer das gekaufte Stammgrundstück den beiden Grundschulden als Pfand, unterwirft es der dinglichen Zwangsvollstreckung und bewilligt und beantragt die Eintragungen in das Grundbuch. Weiter hebt er das Erbbaurecht auf und bewilligt und beantragt die Löschung des Erbbaurechts und des Vorkaufsrechts am Erbbaugrundstück.
Der Notar wird beauftragt und bevollmächtigt, die Zustimmung der Gläubiger einzuholen und die Fälligkeit des Kaufpreises nach Eintritt der Fälligkeitsvoraussetzungen mitzuteilen. Der Notar wird auch beauftragt und bevollmächtigt, den Auflassungsvollzug zu überwachen.

Vom Kaufvertrag (14 Seiten) wurden zwei Entwürfe je an Verkäufer und Käufer per E-Mail versandt und sieben begl. Abschriften gefertigt. Auslagen Grundbucheinsicht: 16,00 €.

477m **Kostenberechnung zum Kaufvertrag mit Aufhebung eines Erbbaurechts vom 1.8.2014**
URNr. 1320/2014

Nr.	Bezeichnung	Wert	Gebühr
Nr. 21100	Beurkundungsverfahren		870,00 €
	Kaufvertrag: §§ 97, 47, 43, 49	200.000,00 €	
Nr. 21200	Beurkundungsverfahren		535,00 €
	Summe nach § 35 Abs. 1	250.000,00 €	
	Pfandhafterstreckung: §§ 97, 53, 44 – GS 210.000 €	200.000,00 €	
	Pfandhafterstreckung: §§ 97, 53, 44 – GS 50.000 €	50.000,00 €	
Nr. 21201	Beurkundungsverfahren		392,50 €
	Summe nach § 35 Abs. 1	396.000,00 €	
	Löschung Erbbaurecht: §§ 97, 43, 49	376.000,00 €	
	Löschung Vorkaufsrecht: §§ 97, 51	20.000,00 €	
Nr. 22110	Vollzugsgebühr		747,50 €
	Geschäftswert nach § 112	846.000,00 €	
Nr. 22200	Betreuungsgebühr		747,50 €
	Geschäftswert nach § 113	846.000,00 €	
Auslagen			
Nr. 32001	Dokumentenpauschale – Papier (s/w)	98 Seiten	14,70 €
Nr. 32002	Dokumentenpauschale – Daten	2x2 Dateien	6,00 €
Nr. 32005	Auslagenpauschale Post und Telekommunikation		20,00 €
Nr. 32011	Auslagen Grundbucheinsicht (je 8 €)		8,00 €
	Zwischensumme		3.349,20 €
Nr. 32014	19 % Umsatzsteuer		636,35 €
	Rechnungsbetrag		**3.985,55 €**

477n Die beiden **Pfandunterstellungen** sind nach § 44 Abs. 1 zu bewerten. Maßgeblich ist der jeweilige niedrigere Wert des Grundstücks oder Grundpfandrechts.

477o Der Geschäftswert für die **Löschung** des Erbbaurechts ist nach § 49 Abs. 2 mit 80 % des Wertes von Grundstück und Gebäude zu bestimmen (80 % von 470.000 €).
Für die Löschung des Vorkaufsrechts am Stammgrundstück ist ein nach § 51 Abs. 1 Satz 2, Abs. 3 zu bildender Teilwert in Höhe von 10 bis 30 % des Wertes des Stammgrundstücks anzusetzen (hier: 10%).

477p Der Kaufvertrag, die Pfandunterstellungen und die Löschungserklärungen bzgl. des Erbbaurechts und des Vorkaufsrechts am Stammgrundstück betreffen **verschiedene Beurkundungsgegenstände** nach § 86 Abs. 2 (Streifzug Rn. 682). Nach § 94 Abs. 1, Hs. 1 sind deshalb auch getrennte Gebühren zu erheben, weil unterschiedliche Gebührenansätze zur Anwendung kommen. Die Vergleichsberechnung nach § 94 Abs. 1,

Hs. 2 mit der 2,0-Gebühr aus dem Verfahrenswert von 846.000 € ergibt eine deutlich höhere Verfahrensgebühr von 2.990,00 €.

Die **Vollzugs- und die Betreuungsgebühr** sind nach §§ 112, 113 Abs. 1 aus dem vollen Verfahrenswert zu berechnen. 477q

H. Rechte in Abteilung II

I. Geh- und Fahrtrecht

Der Grundstückseigentümer (Wert des Grundstücks: 300.000 €) räumt dem jeweiligen Eigentümer des Nachbargrundstücks ein Geh- und Fahrtrecht ein. Dessen Ausübungsbereich betrifft 10 % der Grundstücksfläche. Eine Befristung oder einen Wegfall des Rechts aufgrund des Eintritts bestimmter Ereignisse beinhaltet die Rechtseinräumung nicht. Gegenleistungen werden nicht vereinbart. Der Notar beurkundet das Geh- und Fahrtrecht.
Von der Urkunde (4 Seiten) werden drei beglaubigte Abschriften gefertigt. 478

Kostenberechnung zur Bestellung einer Dienstbarkeit vom 1.8.2014 479
URNr. 810/2014

Nr. 21201	Beurkundungsverfahren		34,50 €
	Geschäftswert nach §§ 97, 52, 36	9.000,00 €	
Auslagen			
Nr. 32001	Dokumentenpauschale – Papier (s/w)	12 Seiten	1,80 €
Nr. 32005	Auslagenpauschale Post und Telekommunikation		6,90 €
	Zwischensumme		43,20 €
Nr. 32014	19 % Umsatzsteuer		8,21 €
	Rechnungsbetrag		**51,41 €**

Beim Jahreswert der Dienstbarkeit ist nach § 52 Abs. 5 von **5 % des Wertes** der betroffenen Fläche, also von 30.000 € auszugehen. Maßgeblich sind nach § 52 Abs. 3 Satz 1 **20 Jahre**. Wegen der bloßen **Mitbenutzung** erscheint ein Teilwert von 30 % als angemessen. 480
Der Gebührensatz ist **0,5** nach Nr. 21201 Nr. 4. 481

II. Unterlassungsdienstbarkeit

Der Grundstückseigentümer (Wert des Grundstücks: 300.000 €) bestellt B (49 Jahre) eine beschränkte persönliche Dienstbarkeit folgenden Inhalts: Auf dem Grundbesitz dürfen ohne Zustimmung des Eigentümers weder durch B noch durch Dritte, insbesondere nicht durch Mieter, Pächter oder sonstige Nutzungsberechtigte, Lebensmitteldiscountmärkte, Verbrauchermärkte und Einkaufszentren errichtet oder betrieben werden. Gegenleistungen werden nicht vereinbart. Die Ein- 482

Kapitel 1. Grundstücksrecht

tragung der beschränkten persönlichen Dienstbarkeit in das Grundbuch wird beantragt.
Der Notar beurkundet die Dienstbarkeit.
Von der Urkunde (4 Seiten) werden drei beglaubigte Abschriften gefertigt.

483 Kostenberechnung zur Bestellung einer Dienstbarkeit vom 1.8.2014 URNr. 800/2014

Nr. 21201	Beurkundungsverfahren		242,50 €
	Geschäftswert nach §§ 97, 52	225.000,00 €	
Auslagen			
Nr. 32001	Dokumentenpauschale – Papier (s/w)	12 Seiten	1,80 €
Nr. 32005	Auslagenpauschale Post und Telekommunikation		20,00 €
	Zwischensumme		264,30 €
Nr. 32014	19 % Umsatzsteuer		50,22 €
	Rechnungsbetrag		**314,52 €**

484   Der Jahreswert der Dienstbarkeit ist nach § 52 Abs. 5 mit **5 % des Grundstückswertes**, also mit 15.000 € anzusetzen. Eine Beschränkung auf eine Teilfläche kommt hier nicht in Betracht. Maßgeblich sind **15 Jahre** nach § 52 Abs. 4.

485   Der Gebührensatz ist 0,5 nach Nr. 21201 Nr. 4.

III. Wohnungsrecht

486   A räumt seinen Eltern (49 und 51 Jahre) auf deren Lebensdauer ein Wohnungsrecht ein. Das Wohnungsrecht bleibt bis zum Tod des Längerlebenden bestehen. Gegenleistungen werden nicht vereinbart. Der vergleichbare Mietwert würde 600 € monatlich betragen.
Der Notar beurkundet das Wohnungsrecht.
Von der Urkunde (3 Seiten) werden zwei beglaubigte Abschriften gefertigt.

487 Kostenberechnung zur Bestellung einer Dienstbarkeit vom 1.8.2014 URNr. 820/2014

Nr. 21201	Beurkundungsverfahren		136,50 €
	Geschäftswert nach §§ 97, 52 Abs. 4	108.000,00 €	
Auslagen			
Nr. 32001	Dokumentenpauschale – Papier (s/w)	6 Seiten	0,90 €
Nr. 32005	Auslagenpauschale Post und Telekommunikation		20,00 €
	Zwischensumme		157,40 €
Nr. 32014	19 % Umsatzsteuer		29,91 €
	Rechnungsbetrag		**187,31 €**

Der Jahreswert beträgt 7.200 €. **488**

Da das Wohnungsrecht mit dem Tod des zuletzt Sterbenden erlischt, ist nach § 52 **489**
Abs. 4 Satz 2 Nr. 1 das **Lebensalter der jüngsten Person** maßgeblich. Bei 49 Jahren gilt der **Multiplikator 15**.

Der Gebührensatz ist **0,5** nach Nr. 21201 Nr. 4. **490**

IV. Vorkaufsrechte

1. Bewilligung

A bewilligt und beantragt die Eintragung eines anderweitig notariell eingeräumten **491**
Vorkaufsrechtes für den ersten Verkaufsfall zugunsten von B an einem Grundstück (Verkehrswert 1 Mio. €). Der Notar fertigt hier den Entwurf der Eintragungsbewilligung und beglaubigt die Unterschrift. Er hat das Grundbuch eingesehen und eine beglaubigte Abschrift (3 Seiten) gefertigt. Auslagen Grundbucheinsicht: 8,00 €.

Kostenberechnung zur Bestellung eines Vorkaufsrechts vom 1.8.2014 **492**
URNr. 850/2014

Nr. 24102	Fertigung eines Entwurfs		467,50 €
	Geschäftswert nach §§ 121, 51 Abs. 1 Satz 2	500.000,00 €	
Auslagen			
Nr. 32000	Dokumentenpauschale – Papier (s/w)	3 Seiten	1,50 €
Nr. 32005	Auslagenpauschale Post und Telekommunikation		20,00 €
Nr. 32011	Auslagen Grundbucheinsicht (je 8 €)		8,00 €
	Zwischensumme		497,00 €
Nr. 32014	19 % Umsatzsteuer		94,43 €
	Rechnungsbetrag		**591,43 €**

Das Vorkaufsrecht ist nach § 51 Abs. 1 Satz 2 mit der **Hälfte** des Wertes des Grund- **493**
stücks anzusetzen. Die Beurkundung würde hier eine Gebühr nach **Nr. 21201 Nr. 4** mit einem Gebührensatz von 0,5 auslösen.

Beglaubigt der Notar, der den Entwurf gefertigt hat, demnächst darunter Unter- **494**
schriften, entstehen für die erstmaligen Beglaubigungen, die an ein und demselben Tag erfolgen, **keine gesonderten Gebühren**, Vorbemerkung 2.4.1 Abs. 2.

Die **Dokumentenpauschale** richtet sich aber für die Abschriften der unterschrifts- **495**
beglaubigten Erklärung nach **Nr. 32000**.

2. Vertrag

496 A und B schließen einen Vertrag über ein Vorkaufsrecht für den ersten Verkaufsfall zugunsten von B an Fl. Nr. 1 (Verkehrswert 1 Mio. €). A bewilligt und beantragt die Eintragung im Grundbuch. Der Notar beurkundet den Vertrag mit Eintragungsbewilligung. Er hat das Grundbuch eingesehen und fertigt vier beglaubigte Abschriften (3 Seiten). Auslagen Grundbucheinsicht: 8,00 €.

497 Kostenberechnung zur Bestellung eines Vorkaufsrechts vom 1.8.2014 URNr. 860/2014

Nr. 21100	Beurkundungsverfahren		1.870,00 €
	Geschäftswert nach §§ 97, 51 Abs. 1 Satz 2	500.000,00 €	
Auslagen			
Nr. 32001	Dokumentenpauschale – Papier (s/w)	12 Seiten	1,80 €
Nr. 32005	Auslagenpauschale Post und Telekommunikation		20,00 €
Nr. 32011	Auslagen Grundbucheinsicht (je 8 €)		8,00 €
	Zwischensumme		1.899,80 €
Nr. 32014	19 % Umsatzsteuer		360,96 €
	Rechnungsbetrag		**2.260,76 €**

498 Der Vertrag über ein Vorkaufsrecht ist nach **Nr. 21100** und nicht nach Nr. 21201 zu bewerten; er löst eine **2,0-Gebühr** aus. Antrag und Bewilligung haben denselben Gegenstand wie die Einigung über das Recht, § 109 Abs. 1. Das Vorkaufsrecht ist nach § 51 Abs. 1 Satz 2 mit der **Hälfte des Wertes** des Grundstücks anzusetzen.

3. Gegenseitige Vorkaufsrechte

499 A und B sind Miteigentümer zu zwei Fünfteln bzw. drei Fünfteln eines Grundstücks (Verkehrswert 1 Mio. €). Sie schließen einen Vertrag und räumen sich darin gegenseitige Vorkaufsrechte für alle Verkaufsfälle ein.
Der Notar beurkundet den Vertrag mit Eintragungsbewilligungen.
Er hat das Grundbuch eingesehen und fertigt vier beglaubigte Abschriften (3 Seiten).
Auslagen Grundbucheinsicht: 8,00 €.

I. Grundschulden

Kostenberechnung zur Bestellung von Vorkaufsrechten vom 1.8.2014   **500**
URNr. 870/2014

Nr. 21100	Beurkundungsverfahren		1.270,00 €
	Geschäftswert nach §§ 97, 51	300.000,00 €	
Auslagen			
Nr. 32001	Dokumentenpauschale – Papier (s/w)	12 Seiten	1,80 €
Nr. 32005	Auslagenpauschale Post und Telekommunikation		20,00 €
Nr. 32011	Auslagen Grundbucheinsicht (je 8 €)		8,00 €
	Zwischensumme		1.299,80 €
Nr. 32014	19 % Umsatzsteuer		246,96 €
	Rechnungsbetrag		**1.546,76 €**

Die gegenseitige Einräumung von Vorkaufsrechten ist ein **Austausch** von Leistun-   **501**
gen, bei dem nur der Wert der Leistungen eines Teils maßgeblich ist, § 97 Abs. 3.

Das **höherwertige Vorkaufsrecht** ist nach § 51 Abs. 1 Satz 2 mit der Hälfte des   **502**
Wertes des Grundstücks, bzw. hier des Miteigentumsanteils, anzusetzen. Der Wert des
größeren Miteigentumsanteils beträgt 60 % von 1 Mio. €, also 600.000,00 €. Davon
die Hälfte ist der maßgebliche Geschäftswert.

I. Grundschulden

I. Grundschuld und Zwangsvollstreckungsunterwerfung

1. Vollständige Zwangsvollstreckungsunterwerfung

Es wird eine Grundschuld im Nennbetrag von 120.000,00 € für die Sparkasse be-   **503**
stellt. Der Eigentümer gibt ein Schuldanerkenntnis ab und unterwirft sich dinglich
und persönlich der sofortigen Zwangsvollstreckung.
Der Notar fertigt zwei Ausfertigungen sowie eine beglaubigte und zwei einfache
Abschriften der Urkunde (8 Seiten). Er versendet ferner einen Scan der Urkunde
auf Wunsch an den Schuldner.

Kapitel 1. Grundstücksrecht

**504 Kostenberechnung zur Grundschuldbestellung vom 1.8.2014
URNr. 700/2014**

Nr. 21200	Beurkundungsverfahren		300,00 €
	Geschäftswert nach §§ 97, 53	120.000,00 €	
Auslagen			
Nr. 32001	Dokumentenpauschale – Papier (s/w)	40 Seiten	6,00 €
Nr. 32002	Dokumentenpauschale – Daten	1 Datei/8 Scanseiten	4,00 €
Nr. 32005	Auslagenpauschale Post und Telekommunikation		20,00 €
	Zwischensumme		330,00 €
Nr. 32014	19 % Umsatzsteuer		62,70 €
	Rechnungsbetrag		**392,70 €**

505   Grundschuldbestellung und Schuldanerkenntnis sind nach § 109 Abs. 2 Satz 1 Nr. 3 **derselbe Gegenstand**. Die Zwangsvollstreckungsunterwerfungen und der jeweilige Anspruch sind ebenfalls derselbe Gegenstand, § 109 Abs. 1 Satz 4 Nr. 4.

506   Anzuwenden ist der **höchste in Betracht kommende Gebührensatz**, § 94 Abs. 2 Satz 1. Die Summe der Gebühren, die bei getrennter Beurkundung entstanden wären, § 94 Abs. 2 Satz 2, liegt notwendig höher und ist daher nicht maßgeblich.

507   Bei der **Dokumentenpauschale** sind die beantragten Abschriften nach Nr. 32001 Nr. 2 zu bewerten. Das gilt auch für Ausfertigungs- bzw. Beglaubigungsvermerke, die von dem besonderen Antrag hinsichtlich der Abschrift umfasst sind.

508   Die Fertigung und Übersendung der **eingescannten Urkunde** wird nach Nr. 32002 bewertet. Im Gegensatz zur bisherigen Rechtslage (2,50 € je Datei, § 136 Abs. 3 KostO zzgl. der Dokumentenpauschale für die eingescannten Seiten von 0,50 € für die ersten 50, danach 15 Cent je Seite) wurde auf 1,50 € je Datei, max. 5,00 € je Vorgang und mindestens so viel wie für die Anfertigung einer Kopie in Papierform nach Nr. 32000 „**verkompliziert**". In jedem Fall geht damit eine **deutliche Absenkung** der Auslagenhöhe einher, während der Ermittlungsaufwand aufgrund der erforderlichen Vergleichsberechnungen deutlich steigt.

2. Teilweise Zwangsvollstreckungsunterwerfung und Vollzug

509   Der Notar beurkundet eine Grundschuld mit dem Nennbetrag von 200.000 €. Die Grundschuldbestellung enthält ausschließlich formelle Grundbucherklärungen.
Für einen ranglichen Teilbetrag in Höhe von 40.000 € gibt der Eigentümer ein Schuldanerkenntnis ab und unterwirft sich sowohl persönlich als auch dinglich der sofortigen Zwangsvollstreckung.
Der Eigentümer stimmt der Löschung einer noch für eine Bausparkasse eingetragenen Grundschuld über 25.000,00 € zu und beantragt den Vollzug. Der Notar fordert auftragsgemäß die Löschungsbewilligung bei der Bausparkasse an und erhält diese mit der Auflage, sie nur zu verwenden, wenn die für die Bausparkasse angefallenen Notarkosten von 31,48 € bezahlt sind.
An dem Pfandgrundstück ist ferner ein Sanierungsvermerk eingetragen. Der Notar holt die Genehmigung bei der Stadt im Auftrag des Eigentümers ein.

I. Grundschulden

Der Notar fertigt eine Ausfertigung, zwei beglaubigte und zwei einfache Abschriften der Urkunde (8 Seiten) und reicht sie elektronisch mit XML-Strukturdaten beim zuständigen Grundbuchamt zur Eintragung ein.
Der Notar wird beauftragt, der Gläubigerin und dem Darlehensnehmer nach Eintragung der Grundschuld unbeglaubigte Grundbuchabdrucke zu übersenden.

Kostenberechnung zur Grundschuldbestellung vom 1.8.2014   **510**
URNr. 720/2014

Nr. 21201	Beurkundungsverfahren		242,50 €
	Summe nach § 35 Abs. 1	225.000,00 €	
	Geschäftswert nach §§ 97, 53 (Grundschuld)	200.000,00 €	
	Geschäftswert nach §§ 97, 53 (Löschungszustimmung)	25.000,00 €	
Nr. 21200	Beurkundungsverfahren		145,00 €
	Geschäftswert nach § 97	40.000,00 €	
Nr. 22111	Vollzugsgebühr		175,50 €
	Geschäftswert nach § 112	265.000,00 €	
Nr. 22114	Elektronischer Vollzug und XML-Strukturdaten		175,50 €
	Geschäftswert nach § 112	265.000,00 €	
Nr. 22201	Treuhandgebühr		15,00 €
	Geschäftswert nach § 113 Abs. 2	31,48 €	
Nr. 25210	Grundbuchabdruck (je 10 €)		20,00 €
Auslagen			
Nr. 32001	Dokumentenpauschale – Papier (s/w)	40 Seiten	6,00 €
Nr. 32002	Dokumentenpauschale – Daten	1 Datei / 8 Scanseiten	4,00 €
Nr. 32005	Auslagenpauschale Post und Telekommunikation		20,00 €
Nr. 32011	Auslagen Grundbucheinsicht (je 8 €)		16,00 €
	Zwischensumme		819,50 €
Nr. 32014	19 % Umsatzsteuer		155,71 €
	Rechnungsbetrag		**975,21 €**

Schuldanerkenntnis und Zwangsvollstreckungsunterwerfung sind **derselbe Gegen-**   **511**
stand, § 109 Abs. 1 Satz 4 Nr. 4. Der Geschäftswert ergibt sich unmittelbar aus dem Wert des Rechtsverhältnisses, § 97 Abs. 1, also der Höhe des gesicherten Anspruchs. Die **Eigentümerzustimmung nach § 27 GBO** ist ein gesonderter Beurkundungsgegenstand. § 98 ist auf derartige Grundbucherklärungen nicht anwendbar. Anzuwenden ist nicht der höchste in Betracht kommende Gebührensatz nach § 94 Abs. 2 Satz 1 auf den Wert des Verfahrens (1,0 aus 265.000 € ergibt 585,00 €). Vielmehr ist die **getrennte Berechnung der Gebühren nach § 94 Abs. 2 Satz 2 günstiger** und daher maßgeblich. Dabei sind beide Gebühren nach Nr. 22111 und Nr. 22114 aus dem nach § 35 Abs. 1 zusammengerechneten Wert zu berechnen.

Die **Vollzugsgebühren** sind anders als in § 146 KostO nicht mehr auf bestimmte   **512**
Hauptgeschäfte beschränkt. Hier geht es um die Löschung des voreingetragenen

Grundpfandrechts und damit um eine Tätigkeit nach Vorbemerkung 2.2.1.1 Abs. 1 Satz 2 Nr. 9. Die Genehmigung der Stadt wegen des **Sanierungsvermerks** (Vorbemerkung 2.2.1.1 Abs. 1 Satz 2 Nr. 1) fällt daneben nicht gesondert ins Gewicht, insbesondere gilt Nr. 22112 nicht. Die Vollzugsgebühr wird einmal, § 93 Abs. 1, und zwar ohne Gebührenbegrenzung je Tätigkeit erhoben. Der **elektronische Vollzug mit XML-Strukturdaten** ist nach Nr. 22114 abzurechnen. Diese Gebühr ist keine Vollzugsgebühr, so dass § 93 Abs. 1 nicht gilt. Sie kann daher, wie es auch in der dortigen Anmerkung heißt, gesondert entstehen. Eines Antrags bedarf es insoweit nicht, Vorbemerkung 2.2. Abs. 1, Hs. 2. Hinzu kommt die Dokumentenpauschale nach Nr. 32002. Das **Einscannen** löst keine Auslagen nach Nrn. 32000 und 32001 mehr aus, wird aber im Rahmen der Vergleichsberechnung nach der Anmerkung zu Nr. 32002 relevant.

513 Die **Treuhandgebühr** für die Beachtung einer Treuhandauflage eines Dritten **von rechnerisch 7,50 €** muss mit dem **Mindestbetrag** einer Gebühr von 15,00 € gemäß § 34 Abs. 5 angesetzt werden. § 34 gehört aber nicht zum Kreis der zitierpflichtigen Vorschriften.

513a **Grundbuchabdrucke** sind nach Nrn. 25210 ff. gebührenpflichtig. Die Gebühren entstehen neben den Auslagen für die **Grundbucheinsicht**, die nach Nr. 32011 weiterberechnet werden. Eine Gebühr nach Nr. 25209 kann hier nicht (zusätzlich) erhoben werden, weil der Grundbuchabdruck im Zusammenhang mit einem Beurkundungsverfahren erfolgt. **Dokumentenpauschalen** kann der Notar für die Grundbuchausdrucke nicht erheben, aber Auslagen für Post- und Telekommunikationsdienstleistungen. Diese können konkret nach Nr. 32004 (in voller tatsächlicher Höhe) oder pauschal nach Nr. 32005 (20% der Gebühr je Geschäft, hier also je 2,00 €) erhoben werden.

II. Finanzierungsgrundschuld

514 Zur Finanzierung des Kaufpreises wird eine vollstreckbare Grundschuld im Nennbetrag von 120.000,00 € für die Hamburger Sparkasse bestellt (8 Seiten). Daran wirken derzeitiger und künftiger Eigentümer mit. Der künftige Eigentümer gibt zudem ein entsprechendes abstraktes Schuldanerkenntnis ab und unterwirft sich insoweit der sofortigen Zwangsvollstreckung in sein gesamtes Vermögen. Der Notar wird beauftragt, die im Kaufvertrag vereinbarte Einschränkung des Sicherungsvertrags herbeizuführen. Zu diesem Zweck holt der Notar von der Gläubigerin eine entsprechende Bestätigung ein.
Der Notar fertigt zwei Ausfertigungen und drei beglaubigte Abschriften der Urkunde.

**515 Kostenberechnung zur Grundschuldbestellung vom 1.8.2014
URNr. 710/2014**

Nr. 21200	Beurkundungsverfahren		300,00 €
	Geschäftswert nach §§ 97, 53	120.000,00 €	
Nr. 22200	Betreuungsgebühr		150,00 €
	Geschäftswert nach § 113	120.000,00 €	

I. Grundschulden

Auslagen

Nr. 32001	Dokumentenpauschale – Papier (s/w)	40 Seiten	6,00 €
Nr. 32005	Auslagenpauschale Post und Telekommunikation		20,00 €
	Zwischensumme		476,00 €
Nr. 32014	19 % Umsatzsteuer		90,44 €
	Rechnungsbetrag		**566,44 €**

Bei Finanzierungsgrundschulden (**Vorwegbeleihung**) kommen dem Notar umfangreiche Aufgaben zu, um insbesondere die **Einschränkung des Sicherungsvertrages** zur Absicherung des Eigentümers zu bewirken und zu überwachen. Dabei kommt der Ansatz einer Vollzugsgebühr (Vorbemerkung 2.2.1.1 Abs. 1 Satz 2 Nr. 9, Fall 3) oder einer Betreuungsgebühr (Nr. 22200 Nr. 3 oder Nr. 5) in Betracht. 516

In jedem Fall ist **Anknüpfungspunkt (Hauptvorgang) die Grundschuld**, auch wenn die Bedingungen der Mitwirkung des Eigentümers an der Bestellung der Grundschuld einschließlich Finanzierungsvollmacht im Kaufvertrag enthalten sind. Denn der Kaufvertrag ist niemals Veranlassung, mit einer daraus gar nicht hervorgehenden Gläubigerin in Kontakt zu treten. Vielmehr geht es um Bedingungen der konkret ins Auge gefassten Grundschuld, wobei Vollzugshandlungen nach Vorbemerkung 2.2.1.1 Abs. 1 Satz 3 ohne weiteres vor Beurkundung (der Grundschuld) vorgenommen werden können; hier im Interesse des Verkäufers. 517

Im Ergebnis wird man hier eine **Betreuungstätigkeit** nach Nr. 22200 anzunehmen haben. Jedenfalls muss der Notar i.S.v. Nr. 5 sicherstellen, dass die Gläubigerin die Einschränkung der Sicherungsabrede akzeptiert. Dafür ist **mindestens eine Anzeige** erforderlich, wenn der Notar nicht sogar die Herausgabe der Urkunde nach Nr. 22200 Nr. 3 davon abhängig macht, dass die Einschränkungen ausdrücklich – und nicht nur nach § 362 Abs. 1 Satz 1, Hs. 2 HGB – angenommen werden. 518

III. Grundschuld mit Betreuung

Es wird eine Grundschuld im Nennbetrag von 1,2 Mio. € für die Sparkasse bestellt. Der Notar beglaubigt nur die Unterschrift des Eigentümers. Er wird beauftragt, die Grundschuld erst nach Eintritt bestimmter ihm nachgewiesener Bedingungen zum Grundbuch einzureichen. Der Notar fertigt drei beglaubigte Abschriften der Urkunde (8 Seiten), eine davon für seine Urkundensammlung. 519

Kostenberechnung zur Grundschuldbestellung vom 1.8.2014 520
URNr. 715/2014

Nr. 25100	Unterschriftsbeglaubigung		70,00 €
	Geschäftswert nach §§ 121, 97, 53	1.200.000,00 €	
Nr. 22124	Übermittlung an Gericht, Behörde oder Dritten		20,00 €
Nr. 22200	Betreuungsgebühr		1.027,50 €
	Geschäftswert nach § 113 Abs. 1	1.200.000,00 €	
Nr. 25102	Beglaubigung von Dokumenten (je 10,00 €)		20,00 €

Kapitel 1. Grundstücksrecht

Auslagen

Nr. 32005	Auslagenpauschale Post und Telekommunikation	20,00 €
	Zwischensumme	1.157,50 €
Nr. 32014	19 % Umsatzsteuer	219,93 €
	Rechnungsbetrag	**1.377,43 €**

521 Für die Unterschriftsbeglaubigung fällt die **Höchstgebühr** von 70,00 € an.

522 Die **Betreuungsgebühr** entsteht hier nach Nr. 22200 Nr. 3, Fall 1: „Beachtung einer Auflage eines an dem Beurkundungsverfahren Beteiligten im Rahmen eines Treuhandauftrags, eine Urkunde oder Auszüge einer Urkunde nur unter bestimmten Bedingungen herauszugeben, wenn die Herausgabe nicht lediglich davon abhängt, dass ein Beteiligter der Herausgabe zustimmt, …". Der Geschäftswert ist nach § 113 Abs. 1 wie bei der Beurkundung zu bestimmen. Im Gegensatz zu § 112 wird also nicht auf das Beurkundungsverfahren abgestellt, sondern auf einen weiten Beurkundungsbegriff, worunter auch – wie im BeurkG – die Unterschriftsbeglaubigung fällt. Ohne Beurkundungsverfahren kann daher ohne weiteres auf den Wert des zugrundeliegenden Geschäfts abgestellt werden. Dieser ist unabhängig von der niedrigen Höchstgebühr bei der **Unterschriftsbeglaubigung** mit dem vollen Wert ohne Teilwertbildung anzusetzen.

523 Für die beiden beantragten **beglaubigten Abschriften** ist je eine Gebühr nach **Nr. 25102** in Höhe des Mindestbetrags von 10,00 € zu erheben. Der Mindestbetrag der Gebühr von 15,00 € nach **§ 34 Abs. 5 gilt hier nicht**, weil er nur bei Wertgebühren einschlägig ist. Ein Fall von Anmerkung 2 Nr. 1 liegt nicht vor: Die Unterschriftsbeglaubigung genügt nicht für die Annahme der Aufnahme der Urkunde durch den Notar. Ferner gelangt die Urschrift nicht in seine dauerhafte Verwahrung.

524 Insoweit entsteht aber **keine Dokumentenpauschale**, Nr. 25102 Anm. 1. Die beim Notar verbleibende Abschrift löst ebenfalls keine Dokumentenpauschale aus.

525 **Abwandlung:** Es wird eine Grundschuld mit Schuldanerkenntnis und Zwangsvollstreckungsunterwerfungen im Nennbetrag von 120.000,00 € beurkundet. Der Grundbuchvollzug erfolgt elektronisch.
Der Notar wird beauftragt, eine Ausfertigung aufgrund der ihm von der Gläubigerin hierzu erteilten Vollmacht für diese zum Zwecke der Herbeiführung der Bindungswirkung nach § 873 Abs. 2 BGB entgegenzunehmen.
Der Notar fertigt drei Ausfertigungen der Urkunde (8 Seiten). Er hat das Grundbuch eingesehen.

526 **Kostenberechnung zur Grundschuldbestellung vom 1.8.2014 URNr. 716/2014**

Nr. 21200	Beurkundungsverfahren		300,00 €
	Geschäftswert nach §§ 97, 53	120.000,00 €	
Nr. 22114	Elektronischer Vollzug und XML-Strukturdaten		90,00 €
	Geschäftswert nach § 112	120.000,00 €	
Nr. 22200	Betreuungsgebühr		150,00 €
	Geschäftswert nach § 113 Abs. 1	120.000,00 €	

I. Grundschulden

Auslagen

Nr. 32001	Dokumentenpauschale – Papier (s/w)	24 Seiten	3,60 €
Nr. 32005	Auslagenpauschale Post und Telekommunikation		20,00 €
Nr. 32011	Auslagen Grundbucheinsicht (je 8 €)		8,00 €
	Zwischensumme		571,60 €
Nr. 32014	19 % Umsatzsteuer		108,60 €
	Rechnungsbetrag		**680,20 €**

Der **elektronische Vollzug** mit Erstellung von XML-Strukturdaten löst eine 0,3-Gebühr aus dem vollen Wert des Beurkundungsverfahrens nach § 112 aus. 527

Für die Entgegennahme der für die Gläubigerin bestimmten Ausfertigung einer Grundpfandrechtsbestellungsurkunde zur Herbeiführung der Bindungswirkung gemäß § 873 Abs. 2 BGB entsteht eine Betreuungsgebühr nach **Nr. 22200 Anmerkung 7**. Der Gebührensatz beträgt **0,5**. 528

Die Betreuungsgebühr ist aus dem **vollen Wert** des Beurkundungsverfahrens zu erheben, § 113 Abs. 1. Die Herbeiführung der Bindungswirkung durch den Notar wird mithin **teurer**, da nach KostO von einem Teilwert nach § 30 Abs. 1 KostO ausgegangen werden konnte. Dies entspricht der generellen Linie des GNotKG, Betreuungs- und Vollzugstätigkeiten des Notars besser zu entlohnen als bisher. 529

Grundschuldbestellung und Schuldanerkenntnis sind nach § 109 Abs. 2 Satz 1 Nr. 3 **derselbe Gegenstand**. Die Zwangsvollstreckungsunterwerfungen und der jeweilige Anspruch sind ebenfalls derselbe Gegenstand, § 109 Abs. 1 Satz 4 Nr. 4. 530

Anzuwenden ist der **höchste in Betracht kommende Gebührensatz**, § 94 Abs. 2 Satz 1. Die Summe der Gebühren, die bei getrennter Beurkundung entstanden wären, § 94 Abs. 2 Satz 2, liegt notwendig höher und ist daher nicht maßgeblich. 531

IV. Grundschuldbestellung und Verpfändung

A erwirbt von B ein Grundstück der Gemarkung Sasel zum Preis von 300.000,00 €. Zu seinen Gunsten wird eine Eigentumsvormerkung eingetragen, jedoch keine Vollmacht mitbeurkundet, das Kaufgrundstück mit Grundpfandrechten zur Kaufpreisfinanzierung schon vor Eigentumsumschreibung zu belasten. Auch die Auflassung wird noch nicht erklärt. A bestellt zu Gunsten der Sparkasse eine Grundschuld über 350.000,00 € in der Weise, dass er alle Rechte und Ansprüche, insbesondere die Anwartschaftsrechte aus der Vormerkung, aus dem Kaufvertrag mit B an die Hamburger Sparkasse verpfändet. Sollte der Vertrag nicht zur Durchführung gelangen, tritt A seinen Anspruch auf Rückgewähr des bereits bezahlten Kaufpreises an die Sparkasse ab. Neben der Bewilligung, die Grundschuld in das Grundbuch einzutragen, gibt A auch eine Bewilligung ab, die Verpfändung im Grundbuch bei der zu seinen Gunsten eingetragenen Vormerkung zu vermerken. Der Notar wird beauftragt, die Verpfändung beim Eigentümer anzuzeigen. Er fertigt drei Ausfertigungen der Urkunde (8 Seiten) und hat das Grundbuch eingesehen. 532

533 Kostenberechnung zur Verpfändung vom 1.8.2014
URNr. 717/2014

Nr. 21200	Beurkundungsverfahren		685,00 €
	Geschäftswert nach §§ 97, 53	350.000,00 €	
Auslagen			
Nr. 32001	Dokumentenpauschale – Papier (s/w)	24 Seiten	3,60 €
Nr. 32005	Auslagenpauschale Post und Telekommunikation		20,00 €
Nr. 32011	Auslagen Grundbucheinsicht (je 8 €)		8,00 €
	Zwischensumme		716,60 €
Nr. 32014	19 % Umsatzsteuer		136,15 €
	Rechnungsbetrag		**852,75 €**

534 Der Geschäftswert für die Grundschuldbestellung beträgt 350.000,00 € gemäß § 53 Abs. 1 Satz 1. Der **Geschäftswert für die Verpfändung** beträgt nur 300.000 € gemäß § 53 Abs. 2. Grundschuldbestellung und Verpfändung haben **denselben Beurkundungsgegenstand** gemäß § 109 Abs. 1 Satz 2. Maßgeblich ist der Wert des Hauptgeschäfts, § 109 Abs. 1 Satz 5; das ist hier die Grundschuldbestellung.

535 Fällig ist eine **1,0 Gebühr** nach Nr. 21200 für die Verpfändungserklärung, da nach § 94 Abs. 2 Satz 1 der höchste in Betracht kommende Gebührensatz maßgeblich ist. Die hier erforderliche Vergleichsberechnung nach § 94 Abs. 2 Satz 2 (0,5-Gebühr aus 350.000,00 € für die Grundbucherklärung der Grundschuld – 342,50 € – zzgl. 1,0-Gebühr aus 300.000,00 € – 635,00 €) ergibt einen höheren Wert (977,50 €). Wirkt der Gläubiger bereits mit (die Verpfändung ist ein **Vertrag**), entsteht eine 2,0-Gebühr.

536 Die Anzeige der Verpfändung nach § 1280 BGB löst **keine Betreuungsgebühr** nach Nr. 22200 Nr. 5 aus, wenn sich die Tätigkeit des Notars auf die Übermittlung der Urkunde beschränkt.

V. Pfandunterstellung

537 Zu Gunsten der Sparkasse bestehen vollstreckbare Grundschulden über 100.000,00 € und 150.000,00 €. Ihnen wird zusätzlich das Grundstück Fl.Nr. 100 der Gemarkung Hamburg-Nord pfandunterstellt, das einen Wert von 125.000,00 € hat. Der Eigentümer erklärt die dingliche Zwangsvollstreckungsunterwerfung.
Der Notar fertigt zwei Ausfertigungen sowie eine beglaubigte und zwei einfache Abschriften der Urkunde (3 Seiten). Er versendet ferner einen Scan der Urkunde auf Wunsch an den Schuldner.
Der Notar hat das Grundbuch eingesehen (8,00 €).

I. Grundschulden

Kostenberechnung zur Grundschuldbestellung vom 1.8.2014   **538**
URNr. 705/2014

Nr. 21200	Beurkundungsverfahren		485,00 €
	Summe nach § 35 Abs. 1	225.000,00 €	
	Geschäftswert nach §§ 97, 44	100.000,00 €	
	Geschäftswert nach §§ 97, 44	125.000,00 €	

Auslagen

Nr. 32001	Dokumentenpauschale – Papier (s/w)	15 Seiten	2,25 €
Nr. 32002	Dokumentenpauschale – Daten	1 Datei/3 Scanseiten	1,50 €
Nr. 32005	Auslagenpauschale Post und Telekommunikation		20,00 €
Nr. 32011	Auslagen Grundbucheinsicht (je 8 €)		8,00 €
	Zwischensumme		516,75 €
Nr. 32014	19 % Umsatzsteuer		98,18 €
	Rechnungsbetrag		**614,93 €**

Bei der Einbeziehung eines Grundstücks in die Mithaft wegen eines Grundpfand- **539** rechts bestimmt sich der Geschäftswert gemäß § 44 Abs. 1 Satz 1 nach dem **Wert des einbezogenen Grundstücks**, wenn dieser geringer als der Wert des oder der Grundpfandrechte nach § 53 Abs. 1 ist. Hier geht es um zwei verschiedene Pfandunterstellungen: Bezüglich der Grundschuld über 100.000,00 € ist deren Nominalbetrag maßgeblich; hinsichtlich der Grundschuld über 150.000,00 € ist der niedrigere Wert des einbezogenen Grundstücks von 125.000,00 € anzusetzen. Es handelt sich um gesonderte Verfahrensgegenstände. Werden hingegen mehrere Grundstücke nachverpfändet, ist für einen Wertvergleich deren Gesamtwert maßgeblich (siehe DST, Rn. 281).

Die **Zwangsvollstreckungsunterwerfung** ist demgegenüber wertmäßig irrelevant **540** nach § 109 Abs. 1 Satz 5, wirkt sich aber nach § 94 Abs. 2 Satz 1 hinsichtlich des Gebührensatzes aus. Sie löst nämlich die maßgebliche 1,0-Gebühr nach Nr. 21200 aus. Demgegenüber war die Pfandunterstellung als Grundbucherklärung lediglich nach Nr. 21201 Nr. 4 zu bewerten (0,5-Gebühr).

VI. Rangbescheinigung

Es wird eine Grundschuld im Nennbetrag von 120.000,00 € für die Sparkasse be- **541** stellt. Der Eigentümer gibt ein Schuldanerkenntnis ab und unterwirft sich dinglich und persönlich der sofortigen Zwangsvollstreckung.
Es wird beantragt, der Gläubigerin eine Rangbescheinigung zu erteilen.
Der Notar fertigt zwei Ausfertigungen, zwei beglaubigte Abschriften und eine einfache Abschrift der Urkunde (8 Seiten).
Der Notar hat das Grundbuch eingesehen.

**542 Kostenberechnung zur Grundschuldbestellung vom 1.8.2014
URNr. 730/2014**

Nr. 21200	Beurkundungsverfahren		300,00 €
	Geschäftswert nach §§ 97, 53	120.000,00 €	
Nr. 25201	Rangbescheinigung		90,00 €
	Geschäftswert nach § 122	120.000,00 €	
Auslagen			
Nr. 32001	Dokumentenpauschale – Papier (s/w)	40 Seiten	6,00 €
Nr. 32005	Auslagenpauschale Post und Telekommunikation		20,00 €
Nr. 32011	Auslagen Grundbucheinsicht (je 8 €)		8,00 €
	Zwischensumme		424,00 €
Nr. 32014	19 % Umsatzsteuer		80,56 €
	Rechnungsbetrag		**504,56 €**

543 Die Rangbescheinigung wird nach Nr. 25201 mit einer **0,3-Gebühr** bewertet. Sie ist damit günstiger als die Betreuungstätigkeit nach Nr. 22200 Anmerkung 7 (Entgegennahme der Ausfertigung zur Herbeiführung der Bindungswirkung nach § 873 Abs. 2 BGB). Geschäftswert ist nach § 122 **der volle Wert des beantragten Rechts**. Bisher war die Erteilung einer Vorlage- oder Rangbestätigung in § 147 Abs. 1 Satz 2 KostO geregelt: Zu erheben war eine 1/4-Gebühr aus dem (vollen) Wert des betroffenen Rechtes.

544 Die **Auslagenpauschale** Post und Telekommunikation nach Nr. 32005 kann für die Rangbescheinigung **gesondert** angesetzt werden, weil es sich um ein selbständiges Geschäft handelt und die Pauschale nach der Anmerkung zu Nr. 32005 in jedem notariellen Verfahren bzw. Geschäft entsteht. Wenn insoweit Auslagen entstanden sind, dürfte sich deren Berechnung nach Nr. 32004 empfehlen. Das kann auch – wie hier – zu einem **Nullansatz** führen.

VII. Abtretungen

1. Abtretung einer Briefgrundschuld

545 Abgetreten werden soll eine Briefgrundschuld zu 75.000 €. Der Notar entwirft die Abtretungserklärung des Gläubigers, der auch die Eintragung im Grundbuch bewilligt und beantragt. Die Unterschrift wird beglaubigt.
Von der Urkunde (3 Seiten) wurde ein Entwurf per E-Mail versandt, ferner wurden nach Unterschrift drei beglaubigte Abschriften gefertigt, eine für die Urkundensammlung. Der Notar hat das Grundbuch eingesehen.

I. Grundschulden

Kostenberechnung zur Abtretungserklärung vom 1.8.2014   **546**
URNr. 740/2014

Nr. 24101	Fertigung eines Entwurfs		219,00 €
	Geschäftswert nach §§ 119 Abs. 1, 97, 53	75.000,00 €	
Auslagen			
Nr. 32000	Dokumentenpauschale – Papier (s/w)	6 Seiten	3,00 €
Nr. 32002	Dokumentenpauschale – Daten	1 Datei	1,50 €
Nr. 32005	Auslagenpauschale Post und Telekommunikation		20,00 €
Nr. 32011	Auslagen Grundbucheinsicht (je 8 €)		8,00 €
	Zwischensumme		251,50 €
Nr. 32014	19 % Umsatzsteuer		47,79 €
	Rechnungsbetrag		**299,29 €**

Nach § 1154 Abs. 1 Satz 2 BGB hat der Zedent auf Verlangen des Zessionars die   **547**
Abtretungserklärung – abweichend von § 403 Satz 2 BGB – auf seine Kosten **öffentlich beglaubigen** zu lassen. Die Abtretungserklärung ist eine einseitige Erklärung, die nach Nr. 21200 mit einer 1,0-Gebühr zu bewerten ist. Der Entwurf mit Unterschriftsbeglaubigung löst die gleichen Gebühren aus wie die Beurkundung: Nr. 24101, § 92 Abs. 2. Die Annahme muss nicht in öffentlicher Form erfolgen. Daher beträgt der Gebührensatz 1,0 nach Nr. 21200 bzw. Nr. 24101.

Die **Grundbuchanträge** sind bei der Abtretungserklärung einer Briefgrundschuld   **548**
derselbe Gegenstand nach § 109 Abs. 1 (Durchführung).

Läge nur eine **schriftliche** Abtretungserklärung vor und sollen deshalb Grundbuch-   **549**
anträge gestellt werden (§ 1154 Abs. 2 BGB), wäre der **Gebührensatz 0,5**: entweder für die Beurkundung nach Nr. 21201 Nr. 4 oder für den Entwurf nach Nr. 24102 i. V. m. § 92 Abs. 2.

Für die zur Urkundensammlung genommene Abschrift fällt nach Nr. 32001 Nr. 1,   **550**
Hs. 2 keine **Dokumentenpauschale** an. Im Übrigen ist m. E. Nr. 32000 anzuwenden. Nr. 32001 Nr. 2 ist mangels Beurkundungsverfahrens nicht einschlägig. Nr. 32001 Nr. 3 sperrt nicht, weil die Abschriftsanträge nach Entwurfsversand, der hier per E-Mail erfolgt, gestellt wurden.

2. Abtretung einer Buchgrundschuld

> Abgetreten werden soll eine Buchgrundschuld zu 75.000 €. Der Notar entwirft   **551**
> die Urkunde und beglaubigt die Unterschrift des Gläubigers A. Dieser bewilligt und beantragt die Eintragung im Grundbuch. Die Urkunde enthält keine schuldrechtlichen Erklärungen.
> Von der Urkunde (3 Seiten) wurde ein Entwurf per E-Mail versandt, ferner werden vier beglaubigte Abschriften gefertigt, eine davon für die Urkundensammlung des Notars.
> Der Notar hat das Grundbuch eingesehen.

552 **Kostenberechnung zur Abtretungserklärung vom 1.8.2014**
URNr. 741/2014

Nr. 24102	Fertigung eines Entwurfs		109,50 €
	Geschäftswert nach §§ 119, 97, 53	75.000,00 €	
Auslagen			
Nr. 32000	Dokumentenpauschale – Papier (s/w)	9 Seiten	4,50 €
Nr. 32002	Dokumentenpauschale – Daten	1 Datei	1,50 €
Nr. 32005	Auslagenpauschale Post und Telekommunikation		20,00 €
Nr. 32011	Auslagen Grundbucheinsicht (je 8 €)		8,00 €
	Zwischensumme		143,50 €
Nr. 32014	19 % Umsatzsteuer		27,27 €
	Rechnungsbetrag		**170,77 €**

553 Werden die Abtretungserklärung oder Garantien für den Bestand, die Güte und die Einbringlichkeit der Forderung bzw. die Abtretung der Rechte aus dem persönlichen Schuldanerkenntnis **mitbeurkundet**, kommt die Privilegierung nach Nr. 21201 Nr. 4 bzw. Nr. 24102 **nicht** in Betracht. Vielmehr ist dann die volle Gebühr nach Nr. 21200 bzw. Nr. 24101 zu erheben.

554 Der **reine Grundbuchantrag** löst eine 0,5-Gebühr nach Nr. 21201 aus dem vollen Nennbetrag der Grundschuld aus, § 53. Der Entwurf ist daher wie hier nach Nr. 24102 abzurechnen.

555 Für die zur Urkundensammlung genommene Abschrift fällt nach Nr. 32001 Nr. 1, Hs. 2 keine **Dokumentenpauschale** an. Im Übrigen ist m.E. Nr. 32000 anzuwenden. Nr. 32001 Nr. 2 ist mangels Beurkundungsverfahrens nicht einschlägig und kann daher keine Sperrwirkung entfalten. Nr. 32001 Nr. 3 sperrt nicht, weil die Abschriftsanträge nach Entwurfsversand, der hier per E-Mail erfolgt, gestellt wurden. Somit steht die Anmerkung zu Nr. 32000 deren Anwendung nicht entgegen.

3. Änderung der Zins- und Zahlungsbestimmungen

556 Im Grundbuch ist eine Buchhypothek zu 35.000 € mit einem Zinssatz von 9 % p.a. eingetragen bei jährlicher Kündbarkeit. Seitens des Gläubigers ist die Kündigung auf die Dauer von fünf Jahren ausgeschlossen.
In der Urkunde werden durch den Gläubiger die Forderung samt Hypothek abgetreten sowie zwischen dem Grundstückseigentümer und dem neuen Gläubiger die Zins- und Zahlungsbestimmungen dahin geändert, dass die Zinsen jährlich 6 % betragen und die Kündigung beiderseits mit halbjährlicher Frist zulässig ist.
Die notarielle Urkunde (5 Seiten) wird einmal als Entwurf per E-Mail versandt und dreimal ausgefertigt. Der Notar hat das Grundbuch eingesehen.

I. Grundschulden

Kostenberechnung zur Abtretungserklärung vom 1.8.2014   **557**
URNr. 742/2014

Nr. 21200	Beurkundungsverfahren		135,00 €
	Geschäftswert nach §§ 97, 53	35.000,00 €	
Nr. 21100	Beurkundungsverfahren		182,00 €
	Summe nach §§ 97, 52, 36 Abs. 1	14.000,00 €	
Auslagen			
Nr. 32001	Dokumentenpauschale – Papier (s/w)	15 Seiten	2,25 €
Nr. 32002	Dokumentenpauschale – Daten	1 Datei	1,50 €
Nr. 32005	Auslagenpauschale Post und Telekommunikation		20,00 €
Nr. 32011	Auslagen Grundbucheinsicht (je 8 €)		8,00 €
	Zwischensumme		348,75 €
Nr. 32014	19 % Umsatzsteuer		66,26 €
	Rechnungsbetrag		**415,01 €**

Die Abtretungserklärung ist eine **einseitige Erklärung** (die Annahme muss nicht in **558** öffentlicher Form erfolgen); daher beträgt der Gebührensatz 1,0 nach Nr. 21200.

Die Änderung der Zins- und Zahlungsbestimmungen erfolgt durch **Vertrag**. Der **559** Geschäftswert ist für die Zinsänderung von 3 % nach § 52 Abs. 3 Satz 2 zu bestimmen. Es geht um ein Recht von unbestimmter Dauer; daher ist der 10-fache Jahresbetrag von 1.050,00 € maßgeblich. Die Änderung der Kündigungsbedingungen ist nach § 36 Abs. 1 mit einem angemessenen Teilwert aus der Darlehenssumme zu bewerten, hier mit 10 %. **§ 37 Abs. 1** steht der Berücksichtigung nicht entgegen, da die Änderung des Zinssatzes hier Hauptgegenstand ist.

Besondere Beurkundungsgegenstände liegen bei den Änderungen nicht vor. Mehrere Änderungen sind ein Fall der **gegenstandsinternen Addition**.   **560**

Es entstehen für die beiden Beurkundungsgegenstände nach § 94 Abs. 1, Hs. 1 **ge- 561 sondert** berechnete Gebühren. Die nach dem höchsten Gebührensatz (2,0) berechnete Gebühr aus dem Gesamtbetrag der Werte (49.000 €) ist **nicht günstiger**: 330,00 € statt 317,00 €.

VIII. Aufgebotsverfahren

Der Eigentümer E bittet den Notar unter Vorlage der Löschungsbewilligung, die **561a** Löschung einer Briefgrundschuld im Nennbetrag von 50.000 € zu bewirken. Der Grundschuldbrief ist nicht mehr auffindbar. Der Notar beglaubigt dafür die Unterschrift des Eigentümers unter dem Löschungsantrag und entwirft einen Antrag auf Kraftloserklärung des Grundschuldbriefs mit eidesstattlicher Versicherung des E. Nach Kraftloserklärung reicht er alle Unterlagen bei Gericht ein.
E erhält je eine Kopie des Löschungsantrags (4 Seiten) und der Antragsschrift zur Kraftloserklärung (2 Seiten). Der Notar hat das Grundbuch eingesehen.

**561b Kostenberechnung zur Unterschriftsbeglaubigung vom 1.8.2014
URNr. 743/2014**

Nr. 25101	Unterschriftsbeglaubigung		20,00 €
Nr. 22121	Vollzugsgebühr		82,50 €
	Geschäftswert nach § 112	50.000,00 €	
Auslagen			
Nr. 32000	Dokumentenpauschale – Papier (s/w)	6 Seiten	3,00 €
Nr. 32005	Auslagenpauschale Post und Telekommunikation		20,00 €
Nr. 32011	Auslagen Grundbucheinsicht (je 8 €)		8,00 €
	Zwischensumme		133,50 €
Nr. 32014	19 % Umsatzsteuer		25,37 €
	Rechnungsbetrag		**158,87 €**

561c Die **Unterschriftsbeglaubigung** löst nur die Festgebühr nach Nr. 25101 Nr. 2 aus. Hätte der Notar den Entwurf gefertigt, wäre die Gebühr 24102 zu erheben.

561d Der Antrag auf **Durchführung des Aufgebotsverfahrens ist Vollzugshandlung** nach Vorbemerkung 2.2.1.1 Abs. 1 Satz 2 Nr. 2, die die Vollzugsgebühr in besonderen Fällen nach Nr. 22121, also eine 0,5-Gebühr ohne Höchstgebühr auslöst. Der Entwurf des Antrags kann daher nach Vorbemerkung 2.2 Abs. 2 nicht nach Nr. 24101 abgerechnet werden (s. aber *Diehn/Volpert*, Notarkostenrecht, Rn. 187 ff. zum isolierten Aufgebotsverfahren).

561e Nicht in Betracht kommt die Gebühr 23300. Da die eidesstattliche Versicherung hier **nicht vom Notar abgenommen**, sondern formfrei erklärt wird, fällt die Gebühr nicht an.

561f Ist die Kraftloserklärung **Teil eines Beurkundungsverfahrens**, fällt die Gebühr 23300 nach Vorbemerkung 2.3.3 Abs. 1 ebenfalls nicht an.

J. Umschreibung der Vollstreckungsklausel

I. Bescheinigung Rechtsnachfolge

562 Der Notar schreibt die Vollstreckungsklausel einer Grundschuld im Nennbetrag von 200.000 € aufgrund Rechtsnachfolge um. Er fügt der Ausfertigung eine neue Vollstreckungsklausel (1 Seite) bei und händigt die Urkunde sowie eine beglaubigte Abschrift (7 Seiten) aus.

Kostenberechnung zur Erteilung einer vollstreckbaren Ausfertigung Aktenzeichen 2800 vom 1.8.2014

563

Nr. 23803	Erteilung einer vollstreckbaren Ausfertigung		217,50 €
	Geschäftswert nach § 118	200.000,00 €	
Auslagen			
Nr. 32000	Dokumentenpauschale – Papier (s/w)	7 Seiten	3,50 €
Nr. 32005	Auslagenpauschale Post und Telekommunikation		20,00 €
Nr. 32011	Auslagen Grundbucheinsicht (je 8 €)		8,00 €
	Zwischensumme		249,00 €
Nr. 32014	19 % Umsatzsteuer		47,31 €
	Rechnungsbetrag		**296,31 €**

Im Verfahren über die Erteilung einer vollstreckbaren Ausfertigung bemisst sich der Geschäftswert gemäß **§ 118** nach den Ansprüchen, die Gegenstand der vollstreckbaren Ausfertigung sind. Mit Blick auf das Zitiergebot müssen **keine** Wertvorschriften (§ 19 Abs. 3 Nr. 2) angegeben werden, die die Bewertung der betroffenen Ansprüche (beispielsweise §§ 97, 53, 36) regeln.

564

Für die Abschriftsbeglaubigung fällt **keine Gebühr nach Nr. 25102** an, weil Urschrift, Ausfertigung und Beglaubigungsvermerk vom Notar bzw. dessen Amtsvorgänger aufgenommen worden sind, Anmerkung 2 Abs. 1 zu Nr. 25102.

565

Die **Dokumentenpauschalen** sind – wie immer – **kompliziert**:

566

– Klar vom Tisch ist die zu § 133 KostO vertretene Auffassung, bei Erteilung einer vollstreckbaren Ausfertigung würden keine Dokumentenpauschalen anfallen. Wenn neben einer Gebühr keine Dokumentenpauschale erhoben werden darf, ist dies im GNotKG angeordnet, wie beispielsweise in Nr. 25102 Anmerkung 1.
– Die Erteilung einer vollstreckbaren Ausfertigung ist **kein Beurkundungsverfahren**, sondern ein sonstiges Verfahren. Die beantragte beglaubigte Abschrift ist daher nach Nr. 32000 abzurechnen (7 Seiten), weil Nr. 32001 Nrn. 2 und 3 nicht tatbestandsmäßig sind und daher keine Sperrwirkung entfalten können.

II. Vorabvollzug Abtretung

Der Notar soll die Vollstreckungsklausel einer Buchgrundschuld im Nennbetrag von 200.000 € aufgrund Rechtsnachfolge umschreiben.
Er wird vom Zessionar beauftragt, zunächst die Abtretung im Grundbuch vollziehen zu lassen. Die Bewilligung des Zedenten (2 Seiten) liegt in öffentlich beglaubigter Form vor. Der Notar entwirft den Grundbuchantrag (2 Seiten, zwei beglaubigte Abschriften mit Bewilligung, eine für die Urkundensammlung).
Er verbindet nach Grundbuchumschreibung die Urkunde mit der neuen Vollstreckungsklausel (1 Seite) und händigt diese neue vollstreckbare Ausfertigung sowie eine beglaubigte Abschrift der Urkunde (7 Seiten) aus.

567

568 **Kostenberechnung zum Entwurf eines Grundbuchantrags**
URNr. 2805/2014 vom 1.8.2014

Nr. 24102	Fertigung eines Entwurfs		217,50 €
	Geschäftswert nach §§ 97, 53	200.000,00 €	
Auslagen			
Nr. 32000	Dokumentenpauschale – Papier (s/w)	4 Seiten	2,00 €
Nr. 32004	Entgelte für Post- und Telekommunikationsdienstleistungen		2,90 €
	Zwischensumme		222,40 €
Nr. 32014	19 % Umsatzsteuer		42,26 €
	Rechnungsbetrag		**264,66 €**

569 **Kostenberechnung zur Erteilung einer vollstreckbaren Ausfertigung**
Aktenzeichen 2806 vom 1.8.2014

Nr. 23803	Erteilung einer vollstreckbaren Ausfertigung		217,50 €
	Geschäftswert nach § 118	200.000,00 €	
Auslagen			
Nr. 32000	Dokumentenpauschale – Papier (s/w)	7 Seiten	3,50 €
Nr. 32005	Auslagenpauschale Post und Telekommunikation		20,00 €
Nr. 32011	Auslagen Grundbucheinsicht (je 8 €)		8,00 €
	Zwischensumme		249,00 €
Nr. 32014	19 % Umsatzsteuer		47,31 €
	Rechnungsbetrag		**296,31 €**

	Rechnungsgesamtbetrag	**560,97 €**

570 Muss der Notar den **Grundbuchantrag** nicht selbst entwerfen und beschränkt sich seine Tätigkeit daher auf die Übermittlung an das Gericht, ist anstelle der Entwurfsgebühr nach Nr. 22124 in Höhe von 20,00 € abzurechnen. Neben der Entwurfsgebühr entstehen für die Einreichung zum Grundbuchamt keine gesonderten Kosten, Vorbemerkung 2.4.1 Abs. 4.

571 Der Grundbuchantrag ist als Geschäft im Verhältnis zum Verfahren zur Erteilung der vollstreckbaren Ausfertigung immer ein **gesonderter notarieller Vorgang**. Die Berechnung einer einheitlichen Gebühr aus 400.000 € kommt daher nicht in Betracht.

572 Bei der **Dokumentenpauschale** für den Grundbuchantrag sind folgende Überlegungen anzustellen: Die beglaubigte Abschrift fällt unter Nr. 32000, weil Nr. 32001 Nr. 3 nach Unterschriftsbeglaubigung nicht mehr einschlägig ist. Sie hat vier Seiten:
– Urkunde mit Beglaubigungsvermerk   2 Seiten
– Anlage: Bewilligung   2 Seiten

573 Bei der vollstreckbaren Ausfertigung sind zur **Dokumentenpauschale** folgende Überlegungen anzustellen:

J. Umschreibung der Vollstreckungsklausel

– Klar vom Tisch ist die zu § 133 KostO vertretene Auffassung, im Verfahren zur Erteilung einer vollstreckbaren Ausfertigung würden keine Dokumentenpauschalen anfallen. Wenn neben einer Gebühr keine Dokumentenpauschale erhoben werden darf, ist dies im GNotKG ausdrücklich angeordnet, wie beispielsweise in Nr. 25102 Abs. 1.
– Die Erteilung einer vollstreckbaren Ausfertigung ist **kein Beurkundungsverfahren und kein Entwurfsgeschäft**, sondern ein sonstiges notarielles Verfahren. Die beantragte beglaubigte Abschrift ist daher nach Nr. 32000 abzurechnen (7 Seiten), weil Nrn. 32001 Nr. 2 und 3 nicht tatbestandsmäßig sind und daher keine Sperrwirkung entfalten können.
– **Zur Abgrenzung von Nr. 32001 Nr. 1 und Nr. 32000**: Ob die Seite der **Vollstreckungsklausel** „besonders beantragt" wird, wird man wie bei der Beurkundung verneinen, weil sie integraler Bestandteil des Antrags zur Vornahme des Amtsgeschäfts ist, obwohl das Amtsgeschäft gerade darin besteht, eine neue Abschrift zu erstellen. Für die Fertigung der Vollstreckungsklausel wird deshalb keine Dokumentenpauschale erhoben, wie für alle Urschriften, selbst wenn sie im Sinne von Nr. 32001 nicht im Notariat verbleiben.

Schon heute kann man voraussagen, dass erhebliche Unsicherheiten bei **Dokumentenpauschalen bestehen** werden.

III. Sonstige Berichtigung

Der Notar berichtigt die Vollstreckungsklausel einer Grundschuld im Nennbetrag von 200.000 €, weil sich die Firma des Gläubigers geändert hat. | 574

Er fertigt eine Abschrift der Urkunde (6 Seiten), verbindet diese mit der neuen Vollstreckungsklausel (1 Seite) und versendet diese vollstreckbare Ausfertigung sowie eine beglaubigte Abschrift der Urkunde (7 Seiten) auftragsgemäß an den Gläubiger per Einschreiben.

Kostenberechnung zur Erteilung einer vollstreckbaren Ausfertigung | 575
Aktenzeichen 2810 vom 1.8.2014

Auslagen				
Nr. 32000	Dokumentenpauschale – Papier (s/w)	14 Seiten		7,00 €
Nr. 31002	Auslagenpauschale für Einschreiben (Nr. 32004 Abs. 2)			3,50 €
	Zwischensumme			10,50 €
Nr. 32014	19 % Umsatzsteuer			2,00 €
	Rechnungsbetrag			**12,50 €**

Die reine Berichtigung der Vollstreckungsklausel ist **gebührenfrei**, weil nicht der Eintritt einer Tatsache oder einer Rechtsnachfolge i.S.v. Nr. 23803 zu prüfen ist (§§ 726 bis 729 ZPO). | 576

Die **Dokumentenpauschale** fällt dennoch an. In dem Berichtigungsantrag liegt der Antrag auf Erteilung einer (neuen und berichtigten) vollstreckbaren Ausfertigung. Das ist ein **besonderer Auftrag** i.S.v. Nr. 32000, weil es in dem Verfahren – im Gegensatz | 577 zu Beurkundungs- oder Entwurfsaufträgen – gerade um die Fertigung einer weiteren Abschrift geht. Die Sperrwirkung von Nr. 32001 Nrn. 2 und Nr. 3 kann nicht eintreten, weil weder ein Beurkundungs- noch ein Entwurfsverfahren vorliegt.

578 Die **Auslagenpauschale** für Post- und Telekommunikationsdienstleistungen kann hier mangels Gebühren nicht oder nur in Höhe von **0,00 €** erhoben werden. Die tatsächlich angefallenen Entgelte für Post- und Telekommunikationsdienstleistungen können aber in voller Höhe nach Nr. 32004 abgerechnet werden. Als **Rückausnahme** dazu bestimmt Abs. 2 von Nr. 32004, dass für Zustellungen mit Zustellungsurkunde und für **Einschreiben gegen Rückschein** die Pauschale in Höhe von 3,50 € nach Nr. 31002 anzusetzen ist.

IV. Weitere vollstreckbare Ausfertigung

578a Der Notar erteilt antragsgemäß von der Urschrift einer Grundschuldbestellungsurkunde im Nennbetrag von 200.000 € eine weitere vollstreckbare Ausfertigung, nachdem er sich von dem berechtigten Interesse des Gläubigers überzeugt hatte. Dieser will im Wege verschiedener Vollstreckungsarten gleichzeitig vollstrecken. Der Notar fertigt eine Abschrift der von ihm verwahrten Urschrift (6 Seiten), verbindet diese mit einer Vollstreckungsklausel (1 Seite), kennzeichnet sie dabei ausdrücklich als weitere vollstreckbare Ausfertigung und versendet diese sowie eine Abschrift der Urkunde (7 Seiten) auftragsgemäß an den Gläubiger per Einschreiben.

578b **Kostenberechnung zur Erteilung einer weiteren vollstreckbaren Ausfertigung Aktenzeichen 2815 vom 1.8.2014**

Auslagen			
Nr. 32000	Dokumentenpauschale – Papier (s/w)	14 Seiten	7,00 €
Nr. 31002	Auslagenpauschale für Einschreiben (Nr. 32004 Abs. 2)		3,50 €
Nr. 32004	Entgelte für Post- und Telekommunikationsdienstleistungen		2,90 €
	Zwischensumme		13,40 €
Nr. 32014	19 % Umsatzsteuer		2,55 €
	Rechnungsbetrag		**15,95 €**

578c Die Entscheidung über die Erteilung einer weiteren vollstreckbaren Ausfertigung wird bei einer notariellen Urkunde **von dem die Urkunde verwahrenden Notar** getroffen, § 797 Abs. 3 Satz 2, Fall 2 ZPO (BT-Drucks 17/13136, S. 8). Um keine weitere vollstreckbare Ausfertigung handelt es sich, wenn gegen Rückgabe der alten vollstreckbaren Ausfertigung (z.B. wegen Beschädigung / Alterung des Papiers oder Unleserlichkeit) eine neue ausgestellt wird.

578d Der GNotKG-Gesetzgeber hat allerdings die Regelung des § 133 Satz 1, Hs. 2 KostO, die galt, wenn der Notar eine weitere vollstreckbare Ausfertigung erteilte, ausdrücklich (RegE 228) **nicht in Nr. 23803** übernommen und dabei angeführt, dass das zugrunde liegende Verfahren nicht der Notar führe, sondern das zuständige Amtsgericht. Dabei hat er das zwischenzeitlich beschlossene Aufgabenübertragungsgesetz

(BT-Drucks 17/13136, S. 8 vom 17.4.2013) **übersehen**. Daher ist Nr. 23803 nicht zu entnehmen, der Gesetzgeber habe die Kostenfreiheit des Verfahrens entschieden. Eine **analoge Anwendung** von Nr. 23803 zu Lasten des Kostenschuldners kommt **nicht** in Betracht. Vielmehr ist der Gesetzgeber gefordert, den Lapsus zu beseitigen.

Nicht ausgeschlossen erscheint hingegen die **Vereinbarung von Gebühren** nach § 126 Abs. 1 Satz 2 durch **öffentlich-rechtlichen Vertrag**. Eine Gebühr ist für die Erteilung der weiteren vollstreckbaren Ausfertigung derzeit nicht bestimmt. Die Tätigkeit wird auch nicht im Zusammenhang mit anderen gebührenpflichtigen Amtshandlungen erbracht – es handelt sich vielmehr um ein eigenständiges sonstiges Verfahren. Der Tatbestand ist daher gegeben. Es erscheint naheliegend, Gebühren nach Nr. 23803 aus einem Geschäftswert nach § 118 zu vereinbaren, jedoch ist auch ein niedrigerer oder höherer Ansatz möglich. Der Ansatz von 20,00 € in Anlehnung an Nr. 18001 kommt aufgrund des Haftungsrisikos des Notars nicht in Betracht, auch nicht eine Anwendung des GKG nach Vorbemerkung 1.8 Satz 2 KV-GNotKG i.V.m. Nr. 2110 KV-GKG (dafür *Vossius/Zeiser*, notar 2014, 100). **578e**

Gleichwohl hat die **Bundesregierung** in Artikel 9 Nr. 5 des Entwurfes eines Gesetzes zur Durchführung der Verordnung (EU) Nr. 1215/2012 sowie zur Änderung sonstiger Vorschriften (BT-Drucks. 17/823 vom 17.3.2014) eine **Nr. 23804 n.F.** für „*Verfahren über den Antrag auf Erteilung einer weiteren vollstreckbaren Ausfertigung (§ 797 Abs. 3, § 733 ZPO)*" mit einer Festgebühr von 20 € vorgeschlagen. Der Gesetzgeber möge diesen Vorschlag nicht aufgreifen. **578f**

K. Grundbucherklärungen – Unterschriftsbeglaubigung

I. Bewilligung der Gläubigerin

1. Löschungsbewilligung

> Die Raiffeisenbank bewilligt die Löschung einer Grundschuld zu 500.000,00 €. Den Entwurf hat die Bank selbst gefertigt. Der Notar beglaubigt die Unterschrift der vertretungsberechtigten Personen der Raiffeisenbank und fügt zum Nachweis der Vertretungsmacht eine vom Notar beglaubigte Abschrift der entsprechenden Vollmacht (4 Seiten) bei. Der Vertreter nimmt die Urschrift wieder mit. **579**

Kostenberechnung zur Urkunde vom 1.8.2014, URNr. 2200/2014 **580**
Unterschriftsbeglaubigung

Nr. 25100	Unterschriftsbeglaubigung		70,00 €
	Geschäftswert nach §§ 121, 97, 53	500.000,00 €	
Nr. 25102	Beglaubigung von Dokumenten		10,00 €
	Zwischensumme		80,00 €
Nr. 32014	19 % Umsatzsteuer		15,20 €
	Rechnungsbetrag		**95,20 €**

581 Für die Beglaubigung von **Vertretungsnachweisen** gem. § 12 BeurkG entsteht nur bei Niederschriften keine Gebühr mehr, Nr. 25102 Abs. 2 Nr. 2. Bei der Unterschriftsbeglaubigung ohne Entwurf muss die Gebühr jedoch erhoben werden (s. näher Rn. 594).

581a Mit Inkrafttreten des Aufgabeübertragungsgesetzes (BGBl. I 2013 Nr. 32 vom 29.6.2013, S. 1800) erteilt der Notar zum Nachweis einer rechtsgeschäftlichen Vertretungsbefugnis eine **Vollmachtsbescheinigung** nach § 21 Abs. 3 BNotO. Bei der Unterschriftsbeglaubigung ohne Entwurf, für die § 12 BeurkG ohnehin nicht gilt, ist die notarielle Vollmachtsurkunde nicht mehr beizufügen. Die Vollmachtsbescheinigung dient nach § 34 GBO als Nachweis der Vertretungsmacht und ist zu diesem Zweck der **sicherste und schnellste Weg**. Sie erleichtert das Eintragungsverfahren und entlastet die Justiz. Für die Bescheinigung entsteht die Gebühr nach **Nr. 25214** i. H. v. **15 €**. Die Mehrkosten im Vergleich zu Nr. 25102 in Höhe von 5 € stellen keine unrichtige Sachbehandlung nach § 21 dar, weil es sich bei der Vollmachtsbescheinigung um den neuen, vom Gesetzgeber vorgesehenen Weg zum Nachweis rechtsgeschäftlicher Vertretungsmacht handelt.

582 Nach Nr. 25102 Abs. 1 wird neben dieser Beglaubigungsgebühr **keine Dokumentenpauschale** erhoben.

583 Hätte der beglaubigende Notar den Entwurf der Löschungsbewilligung im Rahmen einer Vollzugshandlung gefertigt, würde die Gebühr nach Nr. 25100 ebenfalls anfallen, da der Ausschluss nach **Vorbemerkung 2.4.1 Abs. 2 nicht auf Vollzugshandlungen** anwendbar ist, sondern nur auf selbständige Entwurfsfertigungen (s. auch Rn. 471; DST, Rn. 166, 274).

2. Entlassung aus der Mithaft/Pfandfreigabe

584 Die Berechtigte entlässt das Grundstück Fl.Nr. 123 (Wert: 480.000,00 €) aus der Mithaft einer Sicherungsgrundschuld im Nennbetrag von 2,3 Mio. €. Der Notar fertigt den Entwurf (1 Seite – 1 begl. Abschrift) und beglaubigt die Unterschrift der Berechtigten.

585 Kostenberechnung zur Urkunde vom 1.8.2014, URNr. 2202/2014
Entwurf Grundbucherklärung

Nr. 24102	Fertigung eines Entwurfs		467,50 €
	Geschäftswert nach §§ 119, 97, 44	480.000,00 €	
Auslagen			
Nr. 32000	Dokumentenpauschale – Papier (s/w)	1 Seite	0,50 €
	Zwischensumme		468,00 €
Nr. 32014	19 % Umsatzsteuer		88,92 €
	Rechnungsbetrag		**556,92 €**

586 Bei der Entlassung eines Grundstücks aus der Mithaft bestimmt sich der Geschäftswert gemäß **§ 44 Abs. 1 Satz 1** nach dem Wert des entlassenen Grundstücks (hier: 480.000 €), wenn dieser geringer ist als nach § 53 Abs. 1 (hier: 2,3 Mio. €).

3. Löschung Globalgrundpfandrecht

Nachdem alle Einheiten bis auf einen Stellplatz (Preis 10.000,00 €) veräußert und aus der Haft entlassen worden sind, bewilligt und beantragt der Bauträger die Löschung der Globalgrundschuld im Nennbetrag von 17,3 Mio. €. Der Notar fertigt den Entwurf (1 Seite – 1 begl. Abschrift) und beglaubigt sodann die Unterschrift des Berechtigten. 587

Kostenberechnung zur Urkunde vom 1.8.2014, URNr. 2203/2014 588
Entwurf Grundbucherklärung

Nr. 24102	Fertigung eines Entwurfs		37,50 €
	Geschäftswert nach §§ 119, 97, 44	10.000,00 €	
Auslagen			
Nr. 32000	Dokumentenpauschale – Papier (s/w)	1 Seite	0,50 €
	Zwischensumme		38,00 €
Nr. 32014	19 % Umsatzsteuer		7,22 €
	Rechnungsbetrag		**45,22 €**

Nach § 44 Abs. 1 Satz 2 steht die Löschung eines Grundpfandrechts, bei dem bereits zumindest ein Grundstück aus der Mithaft entlassen worden ist, bei der Geschäftswertermittlung der Entlassung aus der Mithaft gleich. Der Geschäftswert beträgt daher 10.000,00 € statt 17,3 Mio. €. 589

4. Auswärtsbeglaubigungen

Der Notar begibt sich auf Ersuchen in die B Bank und beglaubigt 15 Unterschriften unter Löschungsbewilligungen. Die Gesamtdauer der Abwesenheit des Notars beträgt 55 Minuten. 590
Die hier interessierende Urkunde betrifft eine Löschungsbewilligung für eine Grundschuld im Nennbetrag von 80.000 €. Der Notar fügt der Löschungsbewilligung die beglaubigte Abschrift der Vollmacht (3 Seiten) bei, aus der sich die Vertretungsberechtigung des Unterzeichners ergibt. Der Notar versendet die Urschriften an die B.

Kostenberechnung zur Urkunde vom 1.8.2014, URNr. 2201/2014 591
Unterschriftsbeglaubigung

Nr. 25100	Unterschriftsbeglaubigung		43,80 €
	Geschäftswert nach §§ 121, 97, 53	80.000,00 €	
Nr. 25102	Beglaubigung von Dokumenten		10,00 €
Nr. 26002	Tätigkeit außerhalb der Geschäftsstelle		6,67 €

Auslagen

Nr. 32005	Auslagenpauschale Post und Telekommunikation	12,09 €
	Zwischensumme	72,56 €
Nr. 32014	19 % Umsatzsteuer	13,79 €
	Rechnungsbetrag	**86,35 €**

592 Wenn die **Auswärtsgebühr** von hier insgesamt 100 € auf die verschiedenen Vorgänge verteilt wird, gilt der Mindestbetrag der Gebühr von 15,00 € nicht für Teilbeträge nach Anmerkung 1 von Nr. 26002.

593 Der auf das Geschäft entfallende Zeitaufwand muss in der Kostenberechnung **ebenso wenig angegeben** werden wie der Gesamtaufwand der Auswärtstätigkeit. § 19 macht insoweit keine Vorgaben.

594 Die Gebühr für die **Abschriftsbeglaubigung** muss nach Nr. 25102 erhoben werden. Der Ausschluss nach Abs. 2 Nr. 2 der Anmerkung gilt nach dem eindeutigen Wortlaut nur, soweit beglaubigte Abschriften „**Niederschriften**" beigefügt werden. Der in der Anmerkung zitierte § 12 BeurkG ist auch nur auf diese anwendbar. Für **Vermerke** gilt der Ausschluss **nicht**. Insbesondere bei Unterschriftsbeglaubigungen ohne Entwurf muss der Notar Nr. 25102 daher erheben, wenn er seinem Zeugnis zum Nachweis der Vertretungsberechtigung eine beglaubigte Abschrift der entsprechenden Vollmacht beifügt. Das ist auch angemessen, weil die stark reduzierte Gebühr für die Unterschriftsbeglaubigung keine weitere Abgeltungswirkung haben kann.

595 Die **Auslagenpauschale** für Post und Telekommunikation kann auch erhoben werden, wenn nur ein geringer tatsächlicher Aufwand entstanden ist. Vergleichsberechnungen sind nicht erforderlich; sie würden den Zweck der gesetzlichen Pauschale auch entwerten. Hier ist dennoch mit **Augenmaß** vorzugehen. Bei vielen Beglaubigungen sind aber beispielsweise diverse Telefonate für die Terminabsprache, insbesondere bei Auswärtstätigkeit, und Kosten für den Versand der Unterlagen nicht untypisch.

595a **Abwandlung:** Die hier interessierende Urkunde betrifft eine Löschungsbewilligung für eine Grundschuld im Nennbetrag von 40.000 €. Der Notar bescheinigt die Vertretungsberechtigung des Bevollmächtigten der Bank in der Löschungsbewilligung nach § 21 Abs. 3 BNotO. Der Notar versendet die Urschrift auftragsgemäß an den Grundstückseigentümer.

595b **Kostenberechnung zur Urkunde vom 1.8.2014, URNr. 2205/2014**
Unterschriftsbeglaubigung

Nr. 25100	Unterschriftsbeglaubigung		29,00 €
	Geschäftswert nach §§ 121, 97, 53	40.000,00 €	
Nr. 22124	Durchführungs- und Übermittlungsgebühr		20,00 €
Nr. 25214	Vollmachtsbescheinigung (je 15 €)		15,00 €
Nr. 26002	Tätigkeit außerhalb der Geschäftsstelle		6,67 €

Auslagen

Nr. 32004	Entgelte für Post- und Telekommunikationsdienstleistungen	1,45 €
	Zwischensumme	72,12 €
Nr. 32014	19 % Umsatzsteuer	13,70 €
	Rechnungsbetrag	**85,82 €**

Die Vollzugsgebühr 22124 für die **Übermittlung von Urkunden** fällt an, wenn diese auftragsgemäß an einen Dritten, hier den Eigentümer des betroffenen Grundstücks, versandt werden. 595c

Für die **Vollmachtsbescheinigung**, die seit 1.9.2013 gemäß § 21 Abs. 3 BNotO in den Zuständigkeitsbereich der Notare fällt, sind nach Nr. 25214 je Bescheinigung 15 € abzurechnen (s. auch Rn. 399a). Sie genügt nach **§ 34 GBO**, um eine durch Rechtsgeschäft erteilte Vertretungsmacht im Grundbuchverfahren nachzuweisen (s. auch Rn. 399a, 766a). Dass der Gesetzgeber vergessen hat, auch **§ 12 BeurkG** entsprechend anzupassen, ist hier irrelevant, weil § 12 BeurkG nur bei Niederschriften gilt, nicht jedoch bei Unterschriftsbeglaubigungen. Hier kann daher ohne weiteres mit der Bescheinigung gearbeitet werden. Die **Vollmachtsbescheinigung** ist angesichts ihrer den Rechtsverkehr erleichternden Wirkung auch **der qualitativ überlegenere Weg** im Vergleich zum Beifügen der Vollmacht. Den Notaren ist daher zu empfehlen, diesen vom Gesetzgeber vorgesehenen Weg zu beschreiten. 595d

Die hier in konkreter Höhe erhobenen Auslagen für Porto und Telekommunikation können alternativ als **Auslagenpauschale** nach Nr. 32005 berechnet werden. Das wären hier 10,13 €. Auch wenn die Pauschale über die tatsächlichen Auslagen hinausgeht, ist der Ansatz der Pauschale rechtmäßig, weil der Gesetzgeber damit als Ausnahme zum Grundsatz der Vorbemerkung 3.2 Abs. 1 eine **pauschale Abgeltung von Allgemeinkosten** ermöglichen wollte. 595e

II. Löschungsantrag und -zustimmung des Eigentümers

1. Ohne Entwurf (Unterschriftsbeglaubigung)

Der Notar beglaubigt die Unterschrift des Eigentümers unter der Löschungsbewilligung (1 Seite) für eine Grundschuld mit dem Nennbetrag von 90.000 €. Die Löschungszustimmung und der Antrag wurden bereits von der Raiffeisenbank auf der Löschungsbewilligung formuliert. Der Notar fertigt auf Antrag eine beglaubigte Abschrift für den Eigentümer und leitet die Urschrift auf Bitten des Eigentümers an das Grundbuchamt weiter. 596

Kostenberechnung zur Urkunde vom 1.8.2014, URNr. 2210/2014 597
Unterschriftsbeglaubigung

Nr. 25100	Unterschriftsbeglaubigung (Nr. 25101)	20,00 €
Nr. 25102	Beglaubigung von Dokumenten	10,00 €
Nr. 22124	Übermittlung an Gericht, Behörde oder Dritten	20,00 €

Kapitel 1. Grundstücksrecht

Auslagen		
Nr. 32004	Entgelte für Post- und Telekommunikationsdienstleistungen	1,45 €
	Zwischensumme	51,45 €
Nr. 32014	19 % Umsatzsteuer	9,78 €
	Rechnungsbetrag	**61,23 €**

598 Für die **Beglaubigung** der Unterschrift unter eine Zustimmung gemäß **§ 27 GBO** ist eine **Festgebühr** von nur 20,00 € vorgesehen. Deshalb muss auch kein Geschäftswert angegeben werden, § 19 Abs. 2 Nr. 3.

599 Nr. 22124 ist nach Vorbemerkung 2.2.1.2 Nr. 1 anwendbar, weil der Notar weder für ein Beurkundungsverfahren noch für die Fertigung eines Entwurfs eine Gebühr erhalten hat, die das zu vollziehende Geschäft betrifft. In diesem Fall wird für die auftragsgemäße **Übersendung der Urkunde** an das Gericht eine Festgebühr erhoben. Ansonsten wäre dieser Vorgang von den Beurkundungs- bzw. Entwurfsgebühren abgegolten, Vorbemerkung 2.1 Abs. 2.

600 Für die **Abschriftsbeglaubigung** fällt die Gebühr Nr. 25102 an. Sie ist nicht nach Abs. 2 Nr. 1 der Anmerkung ausgeschlossen, weil der Notar bei der Unterschriftsbeglaubigung die Urkunde nicht „aufgenommen" hat und sie auch nicht verwahrt, § 45 Abs. 3 BeurkG.

601 Statt der **Pauschale für Entgelte für Post- und Telekommunikationsdienstleistungen** nach Nr. 32005 können auch – wie hier – die konkreten Auslagen nach Nr. 32004 abgerechnet werden.

602 Bei der **Dokumentenpauschale** ist Nr. 32001 Nr. 1 für den Beglaubigungsvermerk nicht einschlägig. Für die beglaubigte Abschrift wäre Nr. 32000 einschlägig; insoweit sind Dokumentenpauschalen aber nach Anmerkung 1 zu Nr. 25102 ausgeschlossen.

602a **Abwandlung:** Die Löschungsbewilligung betrifft ein weiteres Grundpfandrecht im Nennbetrag von 30.000 €.

602b Die kostenrechtliche Betrachtung **ändert sich nicht**: Zu erheben ist eine Festgebühr nach Nr. 25101. Der doppelte Ansatz der Gebühr kommt aus mehreren Gründen nicht in Betracht: Nach Nr. 25100 Abs. 2 wäre nur eine Gebühr selbst bei zwei Beglaubigungen zu erheben. Die zwei Grundpfandrechte sind ferner nur Bezugspunkt des ansonsten einheitlichen einen Antrags und der einen Zustimmungserklärung zur Löschung von zwei Grundpfandrechten.

2. Entwurfsüberprüfung – Ergänzung durch Beteiligten

603 **Abwandlung:** Der Notar überprüft auf Wunsch den Entwurf und stellt fest, dass der Löschungsantrag fehlt, den der Eigentümer daraufhin ergänzt. Dann beglaubigt der Notar die Unterschrift und fertigt eine Abschrift für die Urkundensammlung.

K. Grundbucherklärungen – Unterschriftsbeglaubigung

Kostenberechnung zur Urkunde vom 1.8.2014, URNr. 2211/2014 **604**
Überprüfung eines Entwurfs

Nr. 24102	Überprüfung eines Entwurfs		73,80 €
	Geschäftswert nach §§ 119 Abs. 1, 97, 53	90.000,00 €	
Auslagen			
Nr. 32000	Dokumentenpauschale – Papier (s/w)	2 Seiten	1,00 €
Nr. 32004	Entgelte für Post- und Telekommunikationsdienstleistungen		1,45 €
	Zwischensumme		76,25 €
Nr. 32014	19 % Umsatzsteuer		14,49 €
	Rechnungsbetrag		**90,74 €**

Die drastische Reduzierung der Notarkosten für Unterschriftsbeglaubigungen, so- **605** wohl beim Gebührensatz (0,2 statt 0,25) als auch in der Höchstgebühr (70 € statt 130 €), und deren teilweise Ausgestaltung als Festgebühr wurde vor allem mit den eingeschränkten Amtspflichten des Notars und der **begrenzten Abgeltungswirkung** der entsprechenden Gebühren in diesem Bereich begründet. Insbesondere damit üblicherweise im Zusammenhang stehende **Beratungs- und Entwurfsüberprüfungsleistungen** sollen künftig **stärker als bisher gesondert abgerechnet** werden.

Bei der **Abgrenzung** zwischen Beratung und Entwurf ist insbesondere Vorbemer- **606** kung 2.4.1 Abs. 3 zu beachten. Dort wird geregelt, dass Entwurfsgebühren auch entstehen, wenn der Notar einen ihm vorgelegten Entwurf **überprüft, ändert oder ergänzt**. Ist das der Fall, scheiden Beratungsgebühren (Nrn. 24200 bis 24202) aus.

Die Beurkundung des Löschungsantrags würde eine 0,5-Gebühr nach Nr. 21201 **607** Nr. 4 auslösen. Innerhalb des entsprechenden Gebührensatzrahmens der Nr. 24102 von 0,3 bis 0,5 erscheint wegen der **einfach gelagerten Tätigkeit** und des geringen Aufwands die **untere Grenze angemessen: 0,3**. Der Gebührensatz ist nicht vom Zitiergebot nach § 19 umfasst.

Eine Gebühr gemäß Nr. 25102 für die vom Eigentümer beantragte **Beglaubigung** **608** **der Abschrift** scheidet hier nach Abs. 2 Nr. 1 der Anmerkung aus. Dafür wird aber die Dokumentenpauschale nach Nr. 32000 wieder möglich.

Beglaubigt der Notar, der den Entwurf gefertigt hat, **demnächst** unter dem Entwurf **609** eine Unterschrift, entstehen für die **Beglaubigung hingegen keine Gebühren**, Vorbemerkung 2.4.1 Abs. 2. Neben der Entwurfsgebühr fällt daher weder eine Gebühr für die Unterschriftsbeglaubigung nach Nr. 25100 in Gestalt von Nr. 25101 an noch die Vollzugsgebühr nach Nr. 22124: Nach Vorbemerkung 2.2.1.2 Nr. 1 ist Nr. 22124 nur anwendbar, wenn der Notar keine Gebühr für die Fertigung eines Entwurfs erhalten hat, die das zu vollziehende Geschäft betrifft. Der Fertigung des Entwurfs steht dessen Überprüfung gleich.

Die **kurze Bezeichnung des Gebührentatbestands** nach § 19 Abs. 3 Nr. 1 kann **610** sowohl bei der Überprüfung als auch bei der Ergänzung eines Entwurfs „**Fertigung eines Entwurfs**" lauten, weil dies die amtliche Bezeichnung der Nrn. 24100 ff. ist. Eine Differenzierung – wie hier vorgenommen – ist nicht erforderlich.

Beim **Geschäftswert** ist fraglich, ob **§ 119 Abs. 1** auch bei Entwurfsüberprüfung **611** anwendbar ist, weil die Vorschrift nur die **Fertigung** des Entwurfs streng an die Beurkundungsvorschriften knüpft. Allerdings stellt Vorbemerkung 2.4.1 Abs. 3 Fertigung,

Überprüfung und Ergänzung des Entwurfs **gleich**. Die Annahme, dass diese Regelung nur für das Kostenverzeichnis gelten könnte, trägt nicht. Die Differenzierung hinsichtlich des Umfangs der Tätigkeit des Notars erfolgt nach der gesetzlichen Konzeption **ausschließlich innerhalb des Gebührensatzrahmens**, § 92 Abs. 1.

612 Die **Abschrift** für die Urkundensammlung kann nicht nach Nr. 32001 Nr. 1 abgerechnet werden, weil sie beim Notar verbleibt.

3. Entwurfsergänzung

613 **Abwandlung:** Der Notar überprüft den Entwurf und stellt fest, dass der Löschungsantrag fehlt. Auf Wunsch des Eigentümers ergänzt der Notar den Löschungsantrag. Der Notar fertigt eine Abschrift der Urkunde für die Urkundensammlung.

614 **Kostenberechnung zur Urkunde vom 1.8.2014, URNr. 2212/2014 Entwurf Grundbucherklärung**

Nr. 24102	Fertigung eines Entwurfs		123,00 €
	Geschäftswert nach §§ 119, 97, 53	90.000,00 €	
Auslagen			
Nr. 32000	Dokumentenpauschale – Papier (s/w)	2 Seiten	1,00 €
Nr. 32004	Entgelte für Post- und Telekommunikationsdienstleistungen		1,45 €
	Zwischensumme		125,45 €
Nr. 32014	19 % Umsatzsteuer		23,84 €
	Rechnungsbetrag		**149,29 €**

615 Bei der Ergänzung des Löschungsantrags stellt sich die Frage, ob darin wie bisher eine **vollständige Entwurfsfertigung** gesehen werden kann mit der Folge, dass § 92 Abs. 2 Anwendung findet. Ich denke, dass trotz der eigenständigen Formulierung eines verfahrensleitenden Antrags ein Fall von Vorbemerkung 2.4.1 Abs. 3, also der **Ergänzung** vorliegt. Damit scheidet die **zwingende** Annahme des Höchstsatzes aus.

616 Das bedeutet aber **nicht**, dass die **Ausschöpfung des Gebührensatzrahmens** ermessensfehlerhaft wäre. **Im Gegenteil** sind insoweit die **für § 145 KostO entwickelten Grundätze** anwendbar: War die Erklärung noch nicht vollzugsfähig, steht die Ergänzung durch den Notar der vollständigen Entwurfsfertigung gleich. Hierbei muss auch berücksichtigt werden, dass die Überprüfung eines Fremdentwurfs bereits grundsätzlich mit höherem Risiko und Aufwand einhergeht. Der Eingriff in den Fremdentwurf in verfahrensleitender Hinsicht bedeutet die vollständige Verantwortungsübernahme. Ein **Ausschöpfen** des Gebührensatzrahmens ist dann **ermessensfehlerfrei.**

4. Löschung von Schiff und Schiffshypothek

616a Der Notar beglaubigt die Unterschrift des Eigentümers eines Schiffs. Gegenstand der Erklärung ist die Anzeige des Auslandsverkaufs des Schiffs. Beantragt wird

K. Grundbucherklärungen – Unterschriftsbeglaubigung

die Löschung des Schiffs aus dem deutschen Schiffsregister unter Vorlage der Löschungsbewilligung der Gläubigerin der noch eingetragenen Schiffshypothek (Nennbetrag 19,6 Mio. €). Der Wert des Schiffs ist unbekannt.
Der Beglaubigungsvermerk enthält zwei Bescheinigungen zur Vertretung der Schiffseigentümerin, einer GmbH & Co. KG. Der Notar hat die Handelsregister eingesehen.
Der Notar fertigt eine Abschrift der Urkunde (3 Seiten).

Kostenberechnung zur Urkunde vom 1.8.2014, URNr. 2213/2014   **616b**
Unterschriftsbeglaubigungen Schiffsregister

Nr. 25100	Unterschriftsbeglaubigung		70,00 €
	Geschäftswert nach §§ 121, 97, 46, 53	19.600.000 €	
Nr. 25200	Bescheinigung nach § 21 BNotO		30,00 €
	Vertretungsbefugnis GmbH	15,00 €	
	Vertretungsbefugnis KG	15,00 €	
Nr. 22124	Übermittlung an Gericht, Behörde oder Dritten		20,00 €
Auslagen			
Nr. 32000	Dokumentenpauschale – Papier (s/w)	3 Seiten	1,50 €
Nr. 32005	Auslagenpauschale Post und Telekommunikation		20,00 €
Nr. 32011	Auslagen Handelsregistereinsicht (je 4,50 €)		9,00 €
	Zwischensumme		150,50 €
Nr. 32014	19 % Umsatzsteuer		28,60 €
	Rechnungsbetrag		**179,10 €**

Hier ist der Wert des Schiffs **unbekannt**, jedoch bedarf es wegen der offensichtlich **616c** einschlägigen Höchstgebühr nach Nr. 25100 insoweit **keiner Nachforschungen**: Auch wenn die Löschung der Schiffshypothek keines besonderen Antrags bedarf (§ 20 Abs. 3 SchRegO), kann der Wert der Urkunde (Anmeldung der Löschung des Schiffs nach § 14 Abs. 2 SchRegO) nicht unterhalb des Nominalbetrags der Schiffshypothek liegen. Diesen anzugeben ist daher mit Blick auf das Zitiergebot ausreichend.

Für die Einreichung der Urkunde fällt eine Durchführungsgebühr an, weil es mangels Beurkundungs- und Entwurfstätigkeit des Notars um einen **Vollzug in besonderen Fällen** geht.   **616d**

III. Grundbuchberichtigungen

1. Gesellschaft bürgerlichen Rechts

B scheidet aus der Gesellschaft bürgerlichen Rechts ABC aus, die als Eigentümerin eines Grundstücks (Wert: 210.000 €) eingetragen ist. Es kommt zur Anteilsanwachsung (§ 738 BGB) bei A und C. Der Notar entwirft auftragsgemäß den Grundbuchberichtigungsantrag und beglaubigt die Unterschrift des bewilligenden B. Der Notar reicht die Urkunde (3 Seiten) beim Grundbuchamt ein und fertigt vier begl. Abschriften (eine für die Urkundensammlung).   **617**

618 **Kostenberechnung zum Grundbuchberichtigungsantrag URNr. 2215/2014 vom 1.8.2014**

Nr. 24102	Fertigung eines Entwurfs		109,50 €
	Geschäftswert nach §§ 119, 97, 36, 46	70.000,00 €	
Auslagen			
Nr. 32000	Dokumentenpauschale – Papier (s/w)	9 Seiten	4,50 €
Nr. 32005	Auslagenpauschale Post und Telekommunikation		20,00 €
Nr. 32011	Auslagen Grundbucheinsicht (je 8 €)		8,00 €
	Zwischensumme		142,00 €
Nr. 32014	19 % Umsatzsteuer		26,98 €
	Rechnungsbetrag		**168,98 €**

619 Im Grundbuch wird in Spalte 2 der Abteilung I der ausscheidende Gesellschafter B „gelöscht" (gerötet) und in Spalte 4 die Anteilsanwachsung vermerkt. Früher wurde nicht der volle Wert des Grundstücks angesetzt, sondern nur ein Teilwert. Mit Einführung von § 899a BGB ist das wirtschaftliche Interesse an der richtigen Eintragung der Gesellschafter aber erheblich gestiegen. Daher ist nunmehr nach §§ 97, 36 Abs. 1, 46 auf den **Anteil des ausscheidenden oder eintretenden Gesellschafters** abzustellen (OLG München MittBayNot 2013, 171 m. instruktiver Anm. *Tiedtke*). Dem entspricht der Rechtsgedanke in § 70 Abs. 1, Abs. 4, Fall 2. Sind die Anteile nicht bekannt, ist bei der Schätzung davon auszugehen, dass die Gesellschafter zu gleichen Teilen am Vermögen der GbR beteiligt sind, arg. e § 70 Abs. 1 Satz 2. Hier ist daher von 1/3 auszugehen.

620 Der **Gebührensatz** folgt aus Nr. 24102. Er liegt gem. § 92 Abs. 2 bei 0,5, weil die Beurkundung des Grundbuchberichtigungsantrags in Nr. 21201 Nr. 4 privilegiert ist.

621 Scheidet auch C aus, wird das Grundbuch unrichtig sowohl hinsichtlich des Gesellschafterbestandes als auch hinsichtlich der Fortexistenz der GbR. An die Stelle des früheren Rechtsträgers (AC GbR) ist **ein neuer Rechtsträger** (A) getreten. Das rechtfertigt den Ansatz des vollen Wertes, § 46. **Vergleichbare** Fälle sind: Erbfolge, Eintritt der Gütergemeinschaft, Verschmelzung auf einen Rechtsträger (im Gegensatz zu formwechselnden Umwandlungen, bei denen mangels Identitätswechsel ein Teilwert nach § 36 Abs. 1 anzusetzen ist).

2. Namensberichtigung Heirat

621a Die Miteigentümerin M zu ½ hat geheiratet und daher ihren Namen geändert. Der Notar wird gebeten, eine entsprechende Grundbuchberichtigung unter Vorlage der Heiratsurkunde zu bewirken. Er fertigt den Antrag und eine beglaubigte Abschrift der Heiratsurkunde, beglaubigt die Unterschrift der M und reicht alles zum Grundbuchamt ein. M erhält eine Abschrift des Grundbuchantrags (2 Seiten). Der Notar hatte zuvor das Grundbuch eingesehen. Der Wert des Grundstücks beträgt 250.000 €.

Kostenberechnung zum Grundbuchberichtigungsantrag   **621b**
URNr. 2217/2014 vom 1.8.2014

Nr. 24102	Fertigung eines Entwurfs		57,50 €
	Geschäftswert nach §§ 119, 36, 46	25.000,00 €	
Nr. 25102	Beglaubigung von Dokumenten		10,00 €
Auslagen			
Nr. 32000	Dokumentenpauschale – Papier (s/w) 2 Seiten		1,00 €
Nr. 32005	Auslagenpauschale Post und Telekommunikation		13,50 €
Nr. 32011	Auslagen Grundbucheinsicht (je 8 €)		8,00 €
	Zwischensumme		90,00 €
Nr. 32014	19 % Umsatzsteuer		17,10 €
	Rechnungsbetrag		**107,10 €**

    Die Namensberichtigung hat einen Geschäftswert nach § 36 Abs. 1 von ca. **10%**   **621c**
des Bezugswertes, hier also des Verkehrswertes des Grundstückseigentums.
    Die Beglaubigungsgebühr fällt wegen der Heiratsurkunde an.   **621d**

3. Namensberichtigung GbR

> In die AC GbR (Vermögen 300.000 €) tritt D ein. Zudem wird der Name der GbR   **622**
> in ACD GbR geändert.
> Der Notar entwirft auftragsgemäß den Grundbuchberichtigungsantrag und beglaubigt die Unterschriften der bewilligenden A und C und des zustimmenden D.
> Der Notar reicht die Urkunde (3 Seiten mit Beglaubigungsvermerk) beim Grundbuchamt ein und fertigt vier beglaubigte Abschriften, eine davon für seine Urkundensammlung. Er hatte zuvor das Grundbuch eingesehen.

Kostenberechnung zum Grundbuchberichtigungsantrag   **623**
URNr. 2217/2014 vom 1.8.2014

Nr. 24102	Fertigung eines Entwurfs		163,50 €
	Summe nach § 35 Abs. 1	130.000,00 €	
	Geschäftswert nach §§ 119, 97, 36, 46 – Eintritt	100.000,00 €	
	… §§ 119, 97, 36, 46 – Namensänderung	30.000,00 €	
Auslagen			
Nr. 32000	Dokumentenpauschale – Papier (s/w) 9 Seiten		4,50 €
Nr. 32005	Auslagenpauschale Post und Telekommunikation		20,00 €
Nr. 32011	Auslagen Grundbucheinsicht (je 8 €)		8,00 €
	Zwischensumme		196,00 €
Nr. 32014	19 % Umsatzsteuer		37,24 €
	Rechnungsbetrag		**233,24 €**

624 Beim Geschäftswert ist hinsichtlich der Berichtigung des Gesellschafterbestands nach §§ 97, 36 Abs. 1, 46 auf den **Anteil des ausscheidenden oder eintretenden Gesellschafters** abzustellen (OLG München v. 19.7.2012, 34 Wx 522/11 Kost). Das entspricht dem Rechtsgedanken von § 70 Abs. 1, Abs. 4, Fall 2. Sind die Anteile nicht bekannt, ist bei der Schätzung davon auszugehen, dass die Gesellschafter zu gleichen Teilen am Vermögen der GbR beteiligt sind, arg. e § 70 Abs. 1 Satz 2. Hier ist daher von 1/3 auszugehen.

625 Für den Antrag auf **Berichtigung des Namens** der GbR ist nach §§ 97, 36 Abs. 1, 46 auf einen Teilwert abzustellen. Angemessen sind 10 Prozent des Grundstückswertes. Wegen der Identität des Rechtsträgers ist ein Teilwert ebenfalls anzusetzen bei Firmenänderungen (angemessen sind dabei ebenfalls 10 Prozent) und formwechselnden Umwandlungen (angemessen sind dort 30 bis 50 Prozent).

626 Treffen **mehrere Berichtigungsanträge** in einer Urkunde zusammen, liegen gebührenrechtlich mehrere Verfahrensgegenstände vor, § 86 Abs. 2, deren Werte zu addieren sind, § 35 Abs. 1. Das gilt auch für Entwurfsgeschäfte nach § 119. Beim Zitiergebot ist in diesen Fällen § 19 Abs. 3 Nr. 3 zu beachten, wonach die Werte der einzelnen Gegenstände in der Berechnung enthalten sein sollen. Eine Zuordnung der Wertvorschriften – wie hier – ist rechtlich nicht geboten.

IV. Grundschuldbestellungen

1. Unterschriftsbeglaubigung

627 Der Notar beglaubigt die Unterschrift des Eigentümers unter einem ausgefüllten Grundschuldformular (Nennbetrag 50.000 €). Der Notar reicht die Urkunde (5 Seiten) beim Grundbuchamt ein und versendet eine begl. und eine einfache Abschrift an E.

628 Kostenberechnung zur Urkunde vom 1.8.2014, URNr. 2199/2014 Unterschriftsbeglaubigung

Nr. 25100	Unterschriftsbeglaubigung			33,00 €
	Geschäftswert nach §§ 121, 97, 53		50.000,00 €	
Nr. 25102	Beglaubigung von Dokumenten			10,00 €
Nr. 22124	Übermittlung an Gericht, Behörde oder Dritten			20,00 €
Auslagen				
Nr. 32000	Dokumentenpauschale – Papier (s/w)		5 Seiten	2,50 €
Nr. 32005	Auslagenpauschale Post und Telekommunikation			12,60 €
	Zwischensumme			78,10 €
Nr. 32014	19 % Umsatzsteuer			14,84 €
	Rechnungsbetrag			**92,94 €**

2. Entwurfsergänzung

Abwandlung: Das Pfandobjekt ist nicht in der von § 28 Satz 1 GBO geforderten Form bezeichnet. Der Eigentümer bittet, die Vollzugsfähigkeit der Urkunde herzustellen. 629

Kostenberechnung zur Grundbucherklärung vom 1.8.2014 630
URNr. 2220/2014

Nr. 24102	Ergänzung eines Entwurfs		66,00 €
	Geschäftswert nach §§ 119, 97, 53	50.000,00 €	
Auslagen			
Nr. 32000	Dokumentenpauschale – Papier (s/w)	10 Seiten	5,00 €
Nr. 32005	Auslagenpauschale Post und Telekommunikation		13,20 €
	Zwischensumme		84,20 €
Nr. 32014	19 % Umsatzsteuer		16,00 €
	Rechnungsbetrag		**100,20 €**

Hier wurde ein mittlerer Gebührensatz von **0,4** nach § 92 Abs. 1 festgesetzt. 631

3. Grundschuldbestellung mit Vollzug

Es soll eine Grundschuld mit einem Nennbetrag von 500.000 € bestellt werden. Unterwerfungserklärungen werden nicht abgegeben. Der Notar wird mit der Unterschriftsbeglaubigung beauftragt. Er soll auch den Vollzug der Grundschuld betreiben. An dem Grundstück ist ein Sanierungsvermerk eingetragen. Der Notar holt die erforderliche Genehmigung der Stadt ein. Es werden drei beglaubigte Abschriften der Urkunde (7 Seiten) gefertigt, wovon eine in der Urkundensammlung verbleibt. Der Notar hat das Grundbuch eingesehen. 632

Kostenberechnung zur Urkunde vom 1.8.2014, URNr. 2230/2014 633
Unterschriftsbeglaubigung

Nr. 25100	Unterschriftsbeglaubigung		70,00 €
	Geschäftswert nach §§ 121, 97, 53	500.000,00 €	
Nr. 25102	Beglaubigung von Dokumenten (je 10,00 €)		20,00 €
Nr. 22121	Vollzugsgebühr		467,50 €
	Geschäftswert nach § 112	500.000,00 €	

Kapitel 1. Grundstücksrecht

Auslagen

Nr. 32005	Auslagenpauschale Post und Telekommunikation	20,00 €
Nr. 32011	Auslagen Grundbucheinsicht (je 8 €)	8,00 €
	Zwischensumme	585,50 €
Nr. 32014	19 % Umsatzsteuer	111,25 €
	Rechnungsbetrag	**696,75 €**

634 Die Einholung der **Genehmigung der Sanierungsbehörde** ist eine Vollzugstätigkeit nach Vorbemerkung 2.2.1.1 Abs. 1 Satz 2 Nr. 1. Hier liegt ein **Vollzug in besonderen Fällen** nach Unterabschnitt 2 vor, weil der Notar keine Gebühr für ein Beurkundungsverfahren oder für die Fertigung eines Entwurfs erhalten hat, die das zu vollziehende Geschäft betrifft. Anders als die Gebühr nach Nr. 22110 in Gestalt von Nr. 22112 gibt es in Unterabschnitt 2 **keine Höchstgebühren**. Hier ist die 0,5-Gebühr nach Nr. 22121 anzuwenden.

635 Für die Fertigung der **beglaubigten Abschriften** (außer für die Urkundensammlung) fällt jeweils die Mindestgebühr nach Nr. 25102 an; § 34 Abs. 5 gilt nicht.

636 Das **Paradoxe** an dieser Konstellation ist, dass die Gebühr um 40,00 € sinkt, wenn der Notar die **Grundschuld beurkundet** oder auch nur mit der Entwurfsüberprüfung betraut wird. Dann würden nämlich die Vollzugsgebühr nach Nr. 22110 aufgrund der Höchstgebühr aus Nr. 22112 nur 50,00 € betragen und die Gebühren nach Nr. 25102 nicht entstehen, während die 0,5-Gebühr für die Beurkundung aus Nr. 21201 Nr. 4 (bzw. die Entwurfsüberprüfung nach Nr. 24102) in Höhe von 467,50 € anfiele.

637 Für den Beglaubigungsvermerk gilt Nr. 32001 Nr. 1 nicht. Im Übrigen wäre die **Dokumentenpauschale** nach Nr. 32000 zu erheben: Eine Sperrwirkung nach Anmerkung 1 zu Nr. 32000 durch Nr. 32001 Nr. 2 oder Nr. 3 besteht nicht, da kein Beurkundungsverfahren vorliegt und keine Entwurfsfertigung beauftragt war. Neben Nr. 25102 wird jedoch keine Dokumentenpauschale erhoben, was aus Anmerkung 1 zu dieser Nummer folgt.

V. Änderung der Teilungserklärung

638 Die ABCD WEG (Verkehrswert aller Wohnungen: 900.000 €) hat beschlossen, dass bei künftigen Veräußerungen von Wohnungs- und Teileigentum die Zustimmung des Verwalters nicht (mehr) erforderlich ist. Der Notar beglaubigt die Unterschriften des Verwalters und eines Wohnungseigentümers, die das entsprechende Protokoll unterschrieben hatten, das bereits den Grundbuchantrag auf Löschung der Verfügungsbeschränkung enthielt, und reicht es auftragsgemäß zum grundbuchamtlichen Vollzug ein (§§ 12 Abs. 4, 26 Abs. 3 WEG).
Die Wohnungseigentümer hatten ferner eine Änderung der Kostenverteilung für den Aufzug beschlossen. Der Notar wird beauftragt, diesen Beschluss grundbuchamtlich zu vollziehen. Er entwirft die Bewilligung und den Grundbuchantrag (4 Seiten), beglaubigt die Unterschriften der Wohnungseigentümer (von A, B und C in Vermerk 1 und von D, der eine Woche später erscheint, in Vermerk 2), reicht den Antrag beim Grundbuchamt ein und benachrichtigt die Beteiligten über den

K. Grundbucherklärungen – Unterschriftsbeglaubigung

> Vollzug. Jeder der vier Wohnungseigentümer erhält eine beglaubigte Abschrift des Antrags.
> Der Notar hatte das Grundbuch eingesehen.

Kostenberechnung zur Urkunde vom 1.8.2014, URNr. 2233/2014 **639**
Unterschriftsbeglaubigung

Nr. 25100	Beglaubigung der Unterschrift		70,00 €
	Geschäftswert nach §§ 121, 97, 51	270.000,00 €	
Nr. 22124	Übermittlung an Gericht, Behörde oder Dritten		20,00 €
Auslagen			
Nr. 32005	Auslagenpauschale Post und Telekommunikation		18,00 €
	Zwischensumme		108,00 €
Nr. 32014	19 % Umsatzsteuer		20,52 €
	Rechnungsbetrag		**128,52 €**

Nr. 25101 Nr. 3 ist nicht einschlägig, weil es (ausnahmsweise) bei der Beglaubigung der Unterschriften unter den Beschluss der WEG nicht um den Nachweis der Verwaltereigenschaft geht. **640**

Der Wert einer **Verfügungsbeschränkung** ist nach § 51 Abs. 2 mit 30 % des Wertes des von der Beschränkung betroffenen Gegenstandes zu ermitteln. Das gilt auch für die Aufhebung der Verfügungsbeschränkung. Hier ist die Höchstgebühr nach Nr. 25100 maßgeblich. **641**

Für den Beglaubigungsvermerk ist die **Auslage nach Nr. 32001 Nr. 1** nicht zu berechnen, obwohl dieser nicht beim Notar verbleibt. **642**

Wegen der bloßen Unterschriftsbeglaubigung ohne Entwurf entsteht eine Vollzugsgebühr nach Nr. 22124.

Kostenberechnung zur Urkunde vom 1.8.2014, URNr. 2234/2014 **643**
Entwurf Grundbucherklärung

Nr. 24102	Fertigung eines Entwurfs		123,00 €
	Geschäftswert nach §§ 119, 97, 36	90.000,00 €	
Nr. 25100	Beglaubigung der Unterschrift		49,20 €
	Geschäftswert nach §§ 121, 97, 51, 36	90.000,00 €	

Auslagen

Nr. 32000	Dokumentenpauschale – Papier (s/w)	24 Seiten	12,00 €
Nr. 32005	Auslagenpauschale Post und Telekommunikation		20,00 €
Nr. 32011	Auslagen Grundbucheinsicht (je 8 €)		8,00 €
	Zwischensumme		212,20 €
Nr. 32014	19 % Umsatzsteuer		40,32 €
	Rechnungsbetrag		**252,52 €**

	Rechnungsgesamtbetrag	**381,04 €**

644 Änderungen der Teilungserklärung sind nach § 36 Abs. 1 im Wege der **Schätzung** vom Verkehrswert des Gesamtobjekts zu bewerten. Dabei können kleinere Änderungen – wie hier – mit einem **Teilwert ab 10 %** angenommenen werden. Es ist nicht erforderlich, die vorgenommene Änderung zu kapitalisieren, zumal dies häufig gar nicht möglich sein würde. Eine Kapitalisierung der Kostendifferenz ist nicht erforderlich.

645 Nach Vorbemerkung 2.4.1 Abs. 2 fallen neben dem Entwurf gesonderte Gebühren für die Unterschriftsbeglaubigung **nur unter zwei Voraussetzungen nicht** an:
– Die Beglaubigung muss **demnächst** erfolgen.
– Keine Gebühren entstehen nur für die **erstmaligen** Beglaubigungen und nur, soweit sie **an ein und demselben** Tag erfolgen.

646 Daraus folgt, dass spätere Beglaubigungen gebührenpflichtig sind und abgerechnet werden müssen.

647 Für die **spätere, gesonderte Beglaubigung** in Vermerk 2 sind daher hier Kosten zu erheben. Der Geschäftswert ist wie beim Entwurf, § 121. § 44 ist nicht anwendbar, ebenso wenig § 98: Die Bewilligung bezieht sich auf die gesamte Änderung.

648 Hier könnte noch kurz überlegt werden, von dem besonderen Verfahren für die Löschung der Veräußerungsbeschränkung **nach § 12 Abs. 4 WEG** aus Kostengründen abzusehen. Würde der Notar die Löschungsbewilligung mitentwerfen, wäre jedoch eine 0,5-Gebühr aus 360.000,00 € zu erheben, was Gebühren in Höhe von 367,50 € auslöste und damit teurer wäre.

Kapitel 2. Gesellschaftsrecht

A. Einzelunternehmen

I. Erste Handelsregisteranmeldung

A meldet sein Einzelunternehmen zur Eintragung in das Handelsregister an. Der Notar fertigt den Entwurf der Anmeldung (2 Seiten), beglaubigt die Unterschrift und reicht die Anmeldung in elektronischer Form ein. A erhält eine einfache Abschrift. **649**

Kostenberechnung zur Handelsregisteranmeldung vom 1.8.2014 **650**
URNr. 1400/2014

Nr. 24102	Handelsregisteranmeldung		62,50 €
	Geschäftswert nach §§ 119, 105, 106	30.000,00 €	
Nr. 22114	Elektronischer Vollzug und XML-Strukturdaten		37,50 €
	Geschäftswert nach § 112	30.000,00 €	
Auslagen			
Nr. 32000	Dokumentenpauschale – Papier (s/w)	3 Seiten	1,50 €
Nr. 32002	Dokumentenpauschale – Daten	1 Datei/3 Scanseiten	1,50 €
Nr. 32005	Auslagenpauschale Post und Telekommunikation		20,00 €
	Zwischensumme		123,00 €
Nr. 32014	19 % Umsatzsteuer		23,37 €
	Rechnungsbetrag		**146,37 €**

Der Geschäftswert für die Erstanmeldung eines Einzelkaufmanns beträgt nach § 105 Abs. 2, Abs. 3 Nr. 1 **immer 30.000 €.** **651**

Die Beurkundung der Handelsregisteranmeldung würde eine Gebühr nach Nr. 21201 Nr. 5 mit einem Gebührensatz von 0,5 auslösen. Daher sind weder Nr. 24100 noch Nr. 24101 anzuwenden, sondern Nr. 24102. **652**

Bei der Ermittlung der **Dokumentenpauschale** nach Nr. 32002 ist **regelmäßig in drei Schritten** vorzugehen: **653**
1. Je Datei 1,50 € (bis 3 Dateien)
2. Maximal jedoch 5,00 € (ab 4 Dateien)
3. Aber nicht weniger als nach Nr. 32000 (jedenfalls ab 11 Seiten), also
– 0,50 € für die ersten 50 gescannten Seiten und
– 0,15 € für jede weitere gescannte Seite

Um die **automatisierte Erstellung** von Kostenberechnungen nicht zu verhindern, muss beim Zitat von § 105 nach § 19 Abs. 3 Nr. 2 **nicht weiter nach Absatz und** **654**

Kapitel 2. Gesellschaftsrecht

Satz gegliedert werden (RegE 158). Das gilt beim Ansatz des Mindestwertes umso mehr, als bereits die Angabe von § 105 dem Kostenschuldner die Überprüfung der Berechnung ermöglicht.

II. Prokura

655 Der Kaufmann A erteilt C und D jeweils Einzelprokura. Die für B bereits bestehende Prokura wird in eine Gesamtprokura umgewandelt.
Der Notar fertigt den Entwurf der Anmeldung (2 Seiten), beglaubigt die Unterschrift (gesondertes Blatt) und reicht die Anmeldung in elektronischer Form ein.
A erhält eine einfache Abschrift.
Der Notar hat das Handelsregister eingesehen.

656 **Kostenberechnung zur Handelsregisteranmeldung vom 1.8.2014 URNr. 1407/2014**

Nr. 24102	Handelsregisteranmeldung		123,00 €
	Summe nach § 35 Abs. 1	90.000,00 €	
	Geschäftswert nach §§ 119, 105, 106 (Prokura C)	30.000,00 €	
	Geschäftswert nach §§ 119, 105, 106 (Prokura D)	30.000,00 €	
	Geschäftswert nach §§ 119, 105, 106 (Prokura B)	30.000,00 €	
Nr. 22114	Elektronischer Vollzug und XML-Strukturdaten		73,80 €
	Geschäftswert nach § 112	90.000,00 €	
Auslagen			
Nr. 32000	Dokumentenpauschale – Papier (s/w)	3 Seiten	1,50 €
Nr. 32002	Dokumentenpauschale – Daten	1 Datei/3 Scanseiten	1,50 €
Nr. 32005	Auslagenpauschale Post und Telekommunikation		20,00 €
Nr. 32011	Auslagen Handelsregistereinsicht (je 4,50 €)		4,50 €
	Zwischensumme		224,30 €
Nr. 32014	19 % Umsatzsteuer		42,62 €
	Rechnungsbetrag		**266,92 €**

657 Die Anmeldungen der Erteilung oder des Erlöschens verschiedener Prokuren sind **nicht derselbe Gegenstand**. Es handelt sich um **verschiedene Tatsachen nach § 86 Abs. 2**. Die Werte der Anmeldungen sind daher gemäß § 35 Abs. 1 zu addieren. Der Geschäftswert ergibt sich jeweils aus § 105 Abs. 2, Abs. 4 Nr. 4, da es sich um spätere Anmeldungen ohne bestimmten Geldwert handelt. Das gilt auch für die **Umwandlung** einer Einzelprokura in eine Gesamtprokura. Dabei handelt es sich **nicht** um einen Anmeldung ohne wirtschaftliche Bedeutung nach § 105 Abs. 5.

658 Die **Dokumentenpauschale** für die einfache Abschrift ist nach Nr. 32000 zu erheben, weil Nr. 32001 Nr. 3 nicht einschlägig ist: Die Abschrift soll nämlich nicht vom Entwurf gefertigt werden, sondern von der unterschriftsbeglaubigten Urkunde. Auch wird der Antrag erst bei Beglaubigung gestellt und nicht „am Tag vor der Versendung des Entwurfs".

A. Einzelunternehmen

III. Anmeldung Verkauf/Unternehmensfortführung

Zur Eintragung in das Handelsregister wird angemeldet, **659**
– dass A sein Unternehmen an B verkauft hat, B führt das Unternehmen fort.
– Die Firma wird nicht fortgeführt, die bisherige Firma ist erloschen.
Der Notar fertigt den Entwurf der Anmeldung (2 Seiten), beglaubigt die Unterschrift (gesondertes Blatt) und reicht die Anmeldung in elektronischer Form ein.
Es werden zwei beglaubigte Abschriften erstellt.
Der Notar hat das Handelsregister eingesehen.

Kostenberechnung zur Handelsregisteranmeldung vom 1.8.2014   660
URNr. 1401/2014

Nr. 24102	Handelsregisteranmeldung		96,00 €
	Summe nach § 35 Abs. 1	60.000,00 €	
	Geschäftswert nach §§ 119, 105, 106	30.000,00 €	
	Geschäftswert nach §§ 119, 105, 106	30.000,00 €	
Nr. 22114	Elektronischer Vollzug und XML-Strukturdaten		57,60 €
	Geschäftswert nach § 112	60.000,00 €	
Auslagen			
Nr. 32000	Dokumentenpauschale – Papier (s/w)	6 Seiten	3,00 €
Nr. 32002	Dokumentenpauschale – Daten	1 Datei/3 Scanseiten	1,50 €
Nr. 32005	Auslagenpauschale Post und Telekommunikation		20,00 €
Nr. 32011	Auslagen Handelsregistereinsicht (je 4,50 €)		4,50 €
	Zwischensumme		182,60 €
Nr. 32014	19 % Umsatzsteuer		34,69 €
	Rechnungsbetrag		**217,29 €**

Bei der Anmeldung des Käufers als neuen Inhaber des Einzelunternehmens handelt **661**
es sich um eine **Erstanmeldung**, deren Geschäftswert in § 105 Abs. 2, Abs. 3 Nr. 1 geregelt ist. Sie umfasst die Firmenänderung.

Die Löschung der bisherigen Firma ist eine **spätere Anmeldung** ohne bestimmten **662**
Geldwert; der Geschäftswert ist in § 105 Abs. 2, Abs. 4 Nr. 4 geregelt.

Die Anmeldungen **betreffen verschiedene Tatsachen** und stellen daher verschie- **663**
dene Beurkundungsgegenstände dar, § 86 Abs. 1, Fall 2, deren Werte zu addieren sind,
§ 35 Abs. 1. Eine § 105 Abs. 1 Satz 1 Nr. 6 ähnelnde Ausnahmevorschrift gibt es hier nicht.

Die Beurkundung der Handelsregisteranmeldung würde eine Gebühr nach **664**
Nr. 21201 Nr. 5 mit einem Gebührensatz von 0,5 auslösen. Daher sind weder
Nr. 24100 noch Nr. 24101 anzuwenden, sondern Nr. 24102.

IV. Änderung der Geschäftsanschrift

665 Der Kaufmann A meldet eine neue Geschäftsanschrift an. Der Notar fertigt den Entwurf der Anmeldung (1 Seite), beglaubigt die Unterschrift (gesondertes Blatt) und reicht die Anmeldung in elektronischer Form ein. A erhält eine einfache Abschrift.

666 Kostenberechnung zur Handelsregisteranmeldung vom 1.8.2014 URNr. 1408/2014

Nr. 24102	Handelsregisteranmeldung		30,00 €
	Geschäftswert nach §§ 119, 105, 106	5.000,00 €	
Nr. 22114	Elektronischer Vollzug und XML-Strukturdaten		15,00 €
	Geschäftswert nach § 112	5.000,00 €	
Auslagen			
Nr. 32000	Dokumentenpauschale – Papier (s/w)	2 Seiten	1,00 €
Nr. 32002	Dokumentenpauschale – Daten	1 Datei/2 Scanseiten	1,50 €
Nr. 32004	Entgelte für Post- und Telekommunikationsdienstleistungen		3,10 €
	Zwischensumme		50,60 €
Nr. 32014	19 % Umsatzsteuer		9,61 €
	Rechnungsbetrag		**60,21 €**

667 Ist eine Anmeldung nur deshalb erforderlich, weil sich eine Anschrift geändert hat, oder handelt es sich um eine ähnliche Anmeldung, die für das Unternehmen keine wirtschaftliche Bedeutung hat, so beträgt der **Geschäftswert 5.000,00 €** nach § 105 Abs. 5.

668 Die Beurkundung der Handelsregisteranmeldung würde eine Gebühr nach Nr. 21201 Nr. 5 mit einem Gebührensatz von 0,5 auslösen. Daher sind weder Nr. 24100 noch Nr. 24101 anzuwenden, sondern Nr. 24102.

669 Nr. 24102 hat eine **spezifische Mindestgebühr** von 30,00 €. Daher kommt der niedrige Geschäftswert aus § 105 Abs. 5 tatsächlich nicht zum Tragen.

670 Für die Erstellung der XML-Strukturdaten gilt hier der **allgemeine Mindestbetrag** einer Gebühr von 15,00 € nach § 34 Abs. 5.

671 Sonstige **Anmeldungen ohne wirtschaftliche Bedeutung** i.S.v. § 105 Abs. 5 sind:
– Änderung des Namens des Unternehmensinhabers wegen Verheiratung,
– Änderung des Namens eines Gesellschafters,
– Änderung der Firma, weil sich der Ortsname geändert hat,
– Satzungsänderungen technischer oder redaktioneller Art, aber ohne wirtschaftlichen Wert,
– Isolierte Anmeldung der abstrakten Vertretungsbefugnis,
– Rein rechnerische Umstellung von Grund- oder Stammkapital auf Euro ohne Glättungsmaßnahmen.

B. Gesellschaft bürgerlichen Rechts

I. Gründung

> Der Notar beurkundet einen GbR-Vertrag (7 Seiten). Zweck der Gesellschaft ist es, Grundstücke zu erwerben und zu bebauen. Einlageverpflichtungen werden nicht vereinbart. Es werden drei beglaubigte Abschriften gefertigt.

672

Kostenberechnung zur GbR-Gründung vom 1.8.2014
URNr. 1402/2014

673

Nr. 21100	Beurkundungsverfahren		250,00 €
	Geschäftswert nach §§ 36, 97, 107	30.000,00 €	
Auslagen			
Nr. 32001	Dokumentenpauschale – Papier (s/w)	21 Seiten	3,15 €
Nr. 32005	Auslagenpauschale Post und Telekommunikation		20,00 €
	Zwischensumme		273,15 €
Nr. 32014	19 % Umsatzsteuer		51,90 €
	Rechnungsbetrag		**325,05 €**

Wird eine GbR gegründet und haben die **Gesellschafter keine Einlagen** zu erbringen, ist die Bestimmung des „Wertes des Rechtsverhältnisses" nicht leicht. Hier kommt dem Notar nach § 36 Abs. 1 hinsichtlich der Bewertung ein Ermessensspielraum zu, weil der Wert weder feststeht noch sich aus den Vorschriften des Gesetzes ergibt. **Begrenzt** wird der Ermessensspielraum nach unten und oben **durch § 107**.

674

> **Abwandlung:** Zweck der Gesellschaft ist die Realisierung eines Immobilienprojekts mit einer geplanten Investitionssumme von 1,5 Mio. € bei einer Eigenkapitalquote von 20 %. Einlageverpflichtungen werden nicht vereinbart.

675

Kostenberechnung zur GbR-Gründung vom 1.8.2014
URNr. 1403/2014

676

Nr. 21100	Beurkundungsverfahren		1.270,00 €
	Geschäftswert nach §§ 36, 97, 107	300.000,00 €	
Auslagen			
Nr. 32001	Dokumentenpauschale – Papier (s/w)	21 Seiten	3,15 €
Nr. 32005	Auslagenpauschale Post und Telekommunikation		20,00 €
	Zwischensumme		1.293,15 €
Nr. 32014	19 % Umsatzsteuer		245,70 €
	Rechnungsbetrag		**1.538,85 €**

677 Bei der Ermessensausübung kommt dem **Gesellschaftszweck** Bedeutung zu. Besteht dieser darin, ein **konkretes Grundstück** zu erwerben und dieses zu bebauen, ist der Gesamtwert der Aufwendungen für den Grundstückserwerb und die Bebauung als Ausgangspunkt maßgeblich. Davon ist ein **angemessener Teilwert** zu bilden, der sich an der geplanten Höhe der Eigenkapitalquote orientieren kann. Die Statuierung von (niedrigeren) Einlagepflichten ändert an dieser Bewertung nichts.

678 Zwar ergibt sich aus dem Gesellschaftszweck die **mittelbare Verpflichtung** zur Aufbringung aller Mittel, um den Zweck der Gesellschaft zu erreichen. Soweit die Gesellschaft – nicht die Gesellschafter – zur Erreichung des Gesellschaftszwecks aber Fremdmittel aufnimmt, sind diese für die Bewertung des GbR-Vertrags nicht relevant, weil sie nicht an die Stelle der Einlagepflichten treten.

679 Ist der Gesellschaftszweck **nicht auf ein konkretes Vorhaben** bezogen, sondern allgemein gehalten, kann regelmäßig nur der Mindestwert nach § 107 Abs. 1 Satz 1 angesetzt werden.

II. Fortführung einer oHG als GbR

680 Die ABC oHG hat ihren Geschäftsbetrieb aufgegeben und wird als Grundbesitzgesellschaft fortgeführt. Das Erlöschen der Firma wird zum Handelsregister angemeldet.
Die Gesellschafter A, B und C beantragen, sie unter ihrem Namen als GbR-Gesellschafter in das Grundbuch einzutragen (Wert der betroffenen Grundstücke: 120.000 €, 150.000 € und 120.000 €).
Der Notar fertigt die Entwürfe, beglaubigt die Unterschriften und reicht die Urkunden elektronisch mit XML-Strukturdaten beim Handelsregister bzw. Grundbuchamt ein.
Von den Urschriften (je 3 Seiten) werden je 2 beglaubigte Abschriften gemacht.
Der Notar hat das Grundbuch und das Handelsregister eingesehen.

681 **Kostenberechnung zur Handelsregisteranmeldung vom 1.8.2014**
URNr. 1404/2014

Nr. 24102	Handelsregisteranmeldung			62,50 €
	Geschäftswert nach §§ 119, 105, 106		30.000,00 €	
Nr. 22114	Elektronischer Vollzug und XML-Strukturdaten			37,50 €
	Geschäftswert nach § 112		30.000,00 €	
Auslagen				
Nr. 32000	Dokumentenpauschale – Papier (s/w)		6 Seiten	3,00 €
Nr. 32002	Dokumentenpauschale – Daten		1 Datei/3 Scanseiten	1,50 €
Nr. 32004	Entgelte für Post- und Telekommunikationsdienstleistungen			1,80 €
Nr. 32011	Auslagen Handelsregistereinsicht (je 4,50 €)		4,50 €	
	Zwischensumme			110,80 €
Nr. 32014	19 % Umsatzsteuer			21,05 €
	Rechnungsbetrag			**131,85 €**

B. Gesellschaft bürgerlichen Rechts

Kostenberechnung zur Urkunde vom 1.8.2014, URNr. 1405/2014   **682**
Entwurf Grundbucherklärung

Nr. 24102	Fertigung eines Entwurfs		392,50 €
	Summe nach § 35 Abs. 1	390.000,00 €	
	Geschäftswert nach §§ 119, 92 Abs. 2, 97, 36, 46	120.000,00 €	
	Geschäftswert nach §§ 119, 92 Abs. 2, 97, 36, 46	150.000,00 €	
	Geschäftswert nach §§ 119, 92 Abs. 2, 97, 36, 46	120.000,00 €	
Nr. 22114	Elektronischer Vollzug und XML-Strukturdaten		235,50 €
	Geschäftswert nach § 112	390.000,00 €	

Auslagen

Nr. 32000	Dokumentenpauschale – Papier (s/w)	6 Seiten	3,00 €
Nr. 32002	Dokumentenpauschale – Daten	1 Datei/3 Scanseiten	1,50 €
Nr. 32004	Entgelte für Post- und Telekommunikationsdienstleistungen		1,80 €
Nr. 32011	Auslagen Grundbucheinsicht (je 8 €)		8,00 €
	Zwischensumme		**642,30 €**
Nr. 32014	19 % Umsatzsteuer		122,04 €
	Rechnungsbetrag		**764,34 €**
	Rechnungsgesamtbetrag		**896,19 €**

Die **Handelsregisteranmeldung** ist nach § 105 Abs. 2 und Abs. 4 Nr. 3, Hs. 1 zu **683**
bewerten. Der Geschäftswert beträgt 30.000 €. Ein Fall von § 105 Abs. 5 liegt nicht
vor.

Es liegen **drei** Grundbuchberichtigungsanträge vor, die **verschiedene Beurkun-** **684**
dungsgegenstände darstellen, § 86 Abs. 2, deren Werte zu addieren sind, § 35 Abs. 1.

Hinsichtlich der **Grundbuchanträge** ist fraglich, ob ein Abschlag vom Wert der Sa- **685**
che(n) nach § 46 noch gerechtfertigt werden kann: Die Umwandlung der Personenhan-
delsgesellschaft in die GbR erfolgt zwar unter Beibehaltung der Identität der Gesellschaft. Allerdings wurde durch § 899a BGB der Gutglaubensschutz des Grundbuchs
auf die hier erstmals (siehe § 15 Abs. 1 lit. b) und lit. c) GBV) einzutragenden Gesellschafter erstreckt. Daher ist nach §§ 97, 36 Abs. 1, 46 auf den **vollen Wert** der betroffenen Grundstücke abzustellen (OLG München, MittBayNot 2013, 171 m. instruktiver
Anm. *Tiedtke*), was sich auch aus dem Rechtsgedanken von § 70 Abs. 1, Abs. 4, Fall 2
ergibt.

III. Abtretung einer GbR-Beteiligung

A ist zu einem Drittel an der ABC-Grundstücks-GbR beteiligt, zu deren Vermögen **686**
Grundbesitz mit einem Verkehrswert von 900.000 € und durch Grundschuld gesicherte Verbindlichkeiten in Höhe von 450.000 € gehören.
A verkauft seine Beteiligung an D zum Preis von 300.000,00 € unter Anrechnung
von übernommenen Verbindlichkeiten in Höhe von 150.000.00 € und tritt sie an
diesen ab, wobei der Notar eine Ausfertigung der Urkunde erst erstellen und die

Berichtigung des Grundbuchs veranlassen soll, wenn die Kaufpreiszahlung nachgewiesen ist. Solange wird ein Widerspruch im Grundbuch eingetragen.
D erkennt gegenüber der B-Bank eine Teilschuld in Höhe von 150.000,00 € an und unterwirft sich wegen der Grundschuld im Nennbetrag von 450.000,00 € und der persönlichen Verpflichtung von 150.000,00 € der sofortigen Zwangsvollstreckung. A wird aus der Mithaft entlassen. Der Notar wird beauftragt, die Genehmigung der Bank für die Haftentlassung und Schuldübernahme einzuholen. Liegen diese vor, soll er die Fälligkeit des Kaufpreises mitteilen.
Von der Urkunde (12 Seiten) fertigt der Notar zwei Entwürfe, die per E-Mail versandt wurden und neun beglaubigte Abschriften.
Er hat das Grundbuch zweimal eingesehen.

687 **Kostenberechnung zum Kaufvertrag vom 1.8.2014**
URNr. 1406/2014

	Nr. 21100	Beurkundungsverfahren		1.270,00 €
		Geschäftswert nach § 97	300.000,00 €	
	Nr. 21200	Schuldanerkenntnis, Zwangsvollstreckungsunterwerfung		354,00 €
		Geschäftswert nach § 97	150.000,00 €	
	Nr. 22110	Vollzugsgebühr		442,50 €
		Geschäftswert nach § 112	450.000,00 €	
	Nr. 22200	Betreuungsgebühr		442,50 €
		Geschäftswert nach § 113 Abs. 1	450.000,00 €	
Auslagen				
	Nr. 32001	Dokumentenpauschale – Papier (s/w)	108 Seiten	16,20 €
	Nr. 32002	Dokumentenpauschale – Daten	2 Dateien	3,00 €
	Nr. 32005	Auslagenpauschale Post und Telekommunikation		20,00 €
	Nr. 32011	Auslagen Grundbucheinsicht (je 8 €)	2 Einsichten	16,00 €
		Zwischensumme		2.564,20 €
	Nr. 32014	19 % Umsatzsteuer		487,20 €
		Rechnungsbetrag		**3.051,40 €**

688 Gegenstand des Kaufvertrags und der Abtretung ist die Mitgliedschaft selbst, und der Wechsel der Zuordnung des Gesellschaftsvermögens ist bloße Folge der Anteilsübertragung. Das war (*Tiedtke/Diehn*, Notarkosten, Rn. 1438) und ist aber bei Personengesellschaften **kostenrechtlich irrelevant**. In § 38 Satz 2 a.E. hat der Gesetzgeber deshalb bestimmt, dass das **Schuldenabzugsverbot** im Fall der Beteiligung an einer Personengesellschaft auch für deren Verbindlichkeiten gilt. Ob man nun sagt, bei der Ermittlung des Wertes *der Mitgliedschaft* dürften die Verbindlichkeiten der Gesellschaft nicht berücksichtigt werden oder gleich, dass das Aktivvermögen der Personengesellschaft bewertet wird, ist kein Unterschied in der Sache. Hier sind jedenfalls 300.000,00 € anzusetzen nach § 97 Abs. 1. § 54 ist nicht einschlägig.

689 **Schuldanerkenntnis** und diesbezügliche **Zwangsvollstreckungsunterwerfung** haben untereinander denselben Gegenstand nach § 109 Abs. 1 (Sicherung); der Geschäftswert beträgt 150.000,00 €. Die Zwangsvollstreckungsunterwerfung in dinglicher Hinsicht dient der Sicherung des Anspruchs aus § 1147 BGB, der sich hier aufgrund der GbR-Konstellation nicht mit dem Schuldanerkenntnis deckt. Man wird dennoch nicht nach § 86 Abs. 2 von Gegenstandsverschiedenheit ausgehen, sondern den dinglichen Anspruch hinsichtlich der Grundschuld und die diesbezügliche Zwangsvollstreckungsunterwerfung als Hauptgegenstand i.S.v. § 109 Abs. 1 Satz 5 ansehen müssen. Diesem ordnen sich die anderen Erklärungen als weitere Sicherungsinstrumente unter, § 109 Abs. 1. Auch insoweit muss aber das Innenverhältnis der GbR berücksichtigt werden. Daher ist der Geschäftswert nicht 450.000,00 €, sondern nur 150.000,00 €. Im Verhältnis zum Kaufvertrag handelt es sich jedoch **nicht um denselben Beurkundungsgegenstand**, § 86 Abs. 2: § 110 Nr. 2 lit. a) ist ebenso wenig einschlägig wie § 109 Abs. 1 (mangels Zweckbeziehung).

Kostenrechtlich sind die Werte mehrerer Verfahrensgegenstände zusammenzurechnen (§ 35 Abs. 1), soweit nichts anderes bestimmt ist. Etwas anderes bestimmt ist für Beurkundungsverfahren in § 94 Abs. 1. Danach entstehen grundsätzlich **gesonderte Gebühren**, wenn innerhalb eines Beurkundungsverfahrens verschiedene Gebührensätze anzuwenden sind (hier 2,0 für den Vertrag und 1,0 für Schuldanerkenntnis und Zwangsvollstreckungsunterwerfungen) und nicht die nach dem höchsten Gebührensatz (hier 2,0) berechnete Gebühr aus dem Gesamtbetrag der Werte (450.000 €) günstiger ist (hier nicht der Fall: 2,0 aus 450.000 € ergibt 1.770,00 €). **690**

Die Anforderung der Genehmigung der Schuldübernahme durch die Bank ist **Vollzugstätigkeit** nach Vorbemerkung 2.2.1.1 Abs. 1 Satz 2 Nr. 8. Als Geschäftswert ist der Verfahrenswert nach § 35 Abs. 1 zu Grunde zu legen, § 112. **691**

Betreuungstätigkeiten wurden nach Nr. 22200 Nrn. 2 und 3 übernommen. Die Gebühr errechnet sich ebenfalls aus dem vollen Verfahrenswert, § 113 Abs. 1. **692**

IV. Kaufvertrag und Mitbeurkundung des Gesellschaftsvertrages

Die Käufer erwerben ein Grundstück zum Kaufpreis von 250.000 € in Gesellschaft bürgerlichen Rechts. Mitbeurkundet werden dabei einige Bestimmungen, die das Verhältnis der Gesellschafter mit Blick auf das Kaufobjekt untereinander regeln. **693**
Die Auflassung wird erklärt. Der Notar wird beauftragt, bei der zuständigen Gemeinde eine Negativbescheinigung nach § 28 Abs. 1 BauGB einzuholen. Der Notar wird ferner beauftragt und bevollmächtigt, die Fälligkeit des Kaufpreises nach Eintritt bestimmter Fälligkeitsvoraussetzungen (Vormerkung, Vorkaufsrechtsbescheinigung) mitzuteilen. Der Notar wird auch beauftragt und bevollmächtigt, den Auflassungsvollzug zu überwachen.
Vom Kaufvertrag (24 Seiten einschließlich Gesellschaftsvertrag) wurden zwei Entwürfe versandt und sieben weitere beglaubigte Abschriften gefertigt.
Auslagen Grundbucheinsicht: 16,00 €.

694 **Kostenberechnung zum Kaufvertrag vom 1.8.2014**
URNr. 1409/2014

Nr. 21100	Beurkundungsverfahren		1.370,00 €
	Summe nach § 35 Abs. 1	325.000,00 €	
	Geschäftswert nach §§ 97, 47	250.000,00 €	
	Geschäftswert nach §§ 36 Abs. 1	75.000,00 €	
Nr. 22110	Vollzugsgebühr (nach Nr. 22112)		50,00 €
	Geschäftswert nach § 112	325.000,00 €	
Nr. 22200	Betreuungsgebühr		342,50 €
	Geschäftswert nach § 113 Abs. 1	325.000,00 €	
Auslagen			
Nr. 32001	Dokumentenpauschale – Papier (s/w)	216 Seiten	32,40 €
Nr. 32005	Auslagenpauschale Post und Telekommunikation		20,00 €
Nr. 32011	Auslagen Grundbucheinsicht (je 8 €)	2 Einsichten	16,00 €
	Zwischensumme		1.830,90 €
Nr. 32014	19 % Umsatzsteuer		347,87 €
	Rechnungsbetrag		**2.178,77 €**

695 Kaufvertrag und Gesellschaftsvertrag sind **verschiedene Beurkundungsgegenstände**. Zwar dienen die gesellschaftsvertraglichen Regelungen (auch) der Durchführung des Rechtsverhältnisses nach § 109 Abs. 1 Satz 2, Fall 3. Sie reichen aber als Gesellschaftsvertrag zugleich darüber hinaus. Eine **Teilidentität** reicht nach § 109 Abs. 1 anders als nach § 44 Abs. 1 Satz 2 KostO für die Annahme von Gegenstandsgleichheit jedoch nicht aus. Vielmehr verbleibt es in solchen Fällen beim **Grundsatz des § 86 Abs. 2**. Die Werte beider Beurkundungsgegenstände sind daher zu addieren, § 35 Abs. 1. Selbst wenn umgekehrt die Gründung der Gesellschaft Hauptgegenstand ist, sind nur Gesellschaftsvertrag und Auflassung derselbe Gegenstand, § 109 Abs. 1 Satz 4 Nr. 2. Soweit neben dem Gesellschaftsvertrag schuldvertragliche Regelungen zum Einbringungsgeschäft getroffen werden, liegen verschiedene Gegenstände vor.

696 Wie die gesellschaftsvertraglichen Regelungen gesondert zu bewerten sind, bedarf einer **differenzierten Betrachtung**:
– Der volle Wert des **Gesellschaftsvertrags** ist nur dann sachgerecht, wenn **alle wesentlichen Bestimmungen beurkundet** werden (*Ländernotarkasse*, Leipziger Kostenspiegel, Teil 2 Rn. 90). Dazu zählen zum Beispiel Beteiligungsverhältnisse, Gesellschaftszweck, Geschäftsführung, Beschlussfassungen, Gewinn- und Verlustverteilung, Kündigung und Auflösung bei Ausscheiden.
– Bei Mitbeurkundung **einzelner Regelungen** des gesellschaftsrechtlichen Verhältnisses der Grundstückserwerber kann nicht der volle Wert angenommen werden. Maßgeblich ist vielmehr nach § 36 Abs. 1 ein Teilwert – ganz ähnlich wie bei **Benutzungsregelungen** nach § 1010 BGB. Diese werden nach § 51 Abs. 2 mit 30 % des Wertes des betroffenen Gegenstands angesetzt. Dies erscheint mir ein geeigneter Anhaltspunkt, der hier aufgegriffen wurde. Wird – wie häufig – nur geregelt, dass die Gesellschaft mit dem Tod eines Gesellschafters nicht aufgelöst, sondern mit dessen Erben fortgesetzt wird, erscheint ein Ansatz von 10 % bis 20 % angemessen.

– Bestehen die gesellschaftsrechtlichen Vereinbarungen lediglich darin, dass die Käufer erklären, sie seien zu gleichen Teilen an der GbR beteiligt und im Übrigen sollen für die Gesellschaft die gesetzlichen Bestimmungen gelten, liegt kein Gesellschaftsvertrag vor, der zusätzlich zu bewerten wäre. **Gar kein gesonderter Kostenansatz** ist also vorzunehmen, soweit es sich um einen notwendigen Erklärungsbestandteil handelt (reine Vertragsbedingung). Das ist der Fall, wenn sich die Erklärungen auf die Angabe des Berechtigungsverhältnisses nach § 47 GBO beschränken.
– Eine **mitbeurkundete Vollmacht der GbR** zugunsten aller oder einzelner Gesellschafter ist im Verhältnis zum Gesellschaftsvertrag gegenstandsgleich. Anzusetzen ist jedoch mindestens ein Schätzwert von 50 % für die gesellschaftsvertraglichen Regelungen und die Vollmacht zusammen.

Durch die Mitbeurkundung des Gesellschaftsvertrags **steigen auch die Kosten der Betreuung**. Wegen des Sachzusammenhangs ist dagegen aber nichts einzuwenden. Im Gegenteil hat der Gesetzgeber durch die einheitliche Maßgeblichkeit des Verfahrenswertes dies sogar bewusst in Kauf genommen. In § 93 Abs. 2 ist daher auch nur der umgekehrte Fall geregelt, dass nämlich zur Kostenersparnis verschiedenste Gegenstände in einem Verfahren zusammengefasst werden. Dort ist auch das entscheidende **Kriterium des sachlichen Grundes** festgelegt. Besteht ein sachlicher Grund für die Zusammenbeurkundung, können etwaige Mehrkosten nicht nach § 13 behandelt werden. Im hier vorliegenden Fall wären die Gebühren **bei Auseinanderbeurkundung** wegen des Degressionseffekts **sogar höher** (netto 1.825,50 € statt 1.762,50 €). 697

C. Offene Handelsgesellschaft

I. Handelsregisteranmeldung der Gründung

1. Zwei Gesellschafter

Der Notar nimmt die Erstanmeldung einer neu errichteten offenen Handelsgesellschaft AB oHG vor. Gesellschafter sind A und B. 698
Der Notar fertigt den Entwurf der Handelsregisteranmeldung (2 Seiten), beglaubigt die Unterschriften (gesonderte Seite) und reicht die Anmeldung in elektronischer Form ein.
Es werden zwei einfache Abschriften erstellt.

Kostenberechnung zur Handelsregisteranmeldung vom 1.8.2014 699
URNr. 1410/2014

Nr. 24102	Handelsregisteranmeldung		77,50 €
	Geschäftswert nach §§ 119, 105, 106	45.000,00 €	
Nr. 22114	Elektronischer Vollzug und XML-Strukturdaten		46,50 €
	Geschäftswert nach § 112	45.000,00 €	

163

Auslagen

Nr. 32000	Dokumentenpauschale – Papier (s/w)	6 Seiten	3,00 €
Nr. 32002	Dokumentenpauschale – Daten	1 Datei / 3 Scanseiten	1,50 €
Nr. 32005	Auslagenpauschale Post und Telekommunikation		20,00 €
	Zwischensumme		148,50 €
Nr. 32014	19 % Umsatzsteuer		28,22 €
	Rechnungsbetrag		**176,72 €**

700 Nach § 105 Abs. 2, Abs. 3 Nr. 2 beträgt der **Geschäftswert** der ersten Anmeldung einer oHG mit zwei Gesellschaftern 45.000 €.

701 Die Anmeldung der **inländischen Geschäftsanschrift** nach §§ 106 Abs. 2 Nr. 2, 107 HGB ist notwendiger Erklärungsinhalt der Erstanmeldung und daher nicht gesondert zu bewerten.

702 Die Beurkundung der Handelsregisteranmeldung würde eine Gebühr nach Nr. 21201 Nr. 5 mit einem Gebührensatz von **0,5** auslösen. Daher sind weder Nr. 24100 noch Nr. 24101 anzuwenden, sondern Nr. 24102.

702a **Dokumentenpauschalen** richten sich nach Nr. 32000, da kein Beurkundungsverfahren vorliegt.

2. Mehr als zwei Gesellschafter

703 Der Notar nimmt die Erstanmeldung einer neu errichteten offenen Handelsgesellschaft ABCD oHG vor. Gesellschafter sind A, B, C und D.
Der Notar fertigt den Entwurf der Handelsregisteranmeldung (2 Seiten), beglaubigt die Unterschriften (gesonderte Seite) auf Wunsch um 19 Uhr und reicht die Anmeldung in elektronischer Form ein. Es werden fünf Abschriften (drei davon beglaubigt) erstellt.

704 Kostenberechnung zur Handelsregisteranmeldung vom 1.8.2014
URNr. 1411/2014

Nr. 24102	Handelsregisteranmeldung		109,50 €
	Geschäftswert nach §§ 119, 105, 106	75.000,00 €	
Nr. 22114	Elektronischer Vollzug und XML-Strukturdaten		65,70 €
	Geschäftswert nach § 112	75.000,00 €	
Nr. 26000	Tätigkeit außerhalb der Geschäftszeiten		30,00 €

C. Offene Handelsgesellschaft

Auslagen

Nr. 32000	Dokumentenpauschale – Papier (s/w)	15 Seiten	7,50 €
Nr. 32002	Dokumentenpauschale – Daten	1 Datei/3 Scanseiten	1,50 €
Nr. 32005	Auslagenpauschale Post und Telekommunikation		20,00 €
	Zwischensumme		234,20 €
Nr. 32014	19 % Umsatzsteuer		44,50 €
	Rechnungsbetrag		**278,70 €**

Nach § 105 Abs. 2, Abs. 3 Nr. 2 beträgt der **Geschäftswert** der ersten Anmeldung einer oHG mit mehr als zwei Gesellschaftern 45.000 € zuzüglich 15.000 € je weiteren Gesellschafter, hier also insgesamt 75.000,00 €. 705

Die Beurkundung der Handelsregisteranmeldung würde eine Gebühr nach Nr. 21201 Nr. 5 mit einem Gebührensatz von 0,5 auslösen. Daher sind weder Nr. 24100 noch Nr. 24101 anzuwenden, sondern Nr. 24102 706

Nr. 26000 enthält die aus § 58 Abs. 3 KostO bekannte **Unzeitgebühr**, die nach wie vor auf 30,00 € begrenzt ist. Allerdings ist diese Zusatzgebühr nicht mehr als Wertgebühr ausgestaltet, sondern als **echte Annexgebühr**, die 30 % der für das Verfahren oder das Geschäft zu erhebenden Gebühr beträgt. Hinsichtlich des **Bezugswertes** gilt: Maßgeblich ist nur die Verfahrens- bzw. Geschäftsgebühr, die durch die **unzeitige Tätigkeit ausgelöst** wird. Entwurf und Unterschriftsbeglaubigung sind insoweit als Einheit zu betrachten. Kosten für Vollzug und Betreuung können jedoch grundsätzlich **nicht berücksichtigt** werden; für diese Geschäfte können aber im Extremfall gesonderte Unzeitgebühren entstehen, wenn sie auf Verlangen außerhalb der üblichen Geschäftszeiten vorgenommen werden. Sie gelten jedenfalls bei Nr. 26000 anders als bei Nr. 32005 (siehe dessen Anmerkung Satz 2) nicht zusammen als ein Geschäft. Weil Vollzugs- und Betreuungshandlungen regelmäßig keine Mitwirkung der Beteiligten erfordern, wird ein **spezifisches Verlangen** zur Vornahme dieser Tätigkeiten außerhalb der ordentlichen Geschäftszeiten die **seltene Ausnahme** darstellen. 707

3. Gründung und Handelsregisteranmeldung in einer Urkunde

Der Notar beurkundet den Gesellschaftsvertrag der von A und B zu gründenden AB oHG. A erbringt eine Bareinlage von 10.000 €. B bringt ein Grundstück mit einem Verkehrswert von 70.000 € in die Gesellschaft ein und lässt es auf diese auf. Auf ausdrücklichen Wunsch der Gesellschafter erfolgt die Anmeldung der Gesellschaft zum Handelsregister in derselben Urkunde (insgesamt 19 Seiten). 707a
Der Notar reicht die Anmeldung mit auszugsweise beglaubigter Urkunde (4 Seiten) in elektronischer Form ein. Es werden drei beglaubigte Abschriften erstellt. Zwei Entwürfe wurden per E-Mail versandt.

Kapitel 2. Gesellschaftsrecht

707b Kostenberechnung zur oHG-Gründung mit Handelsregisteranmeldung URNr. 1413/2014 vom 1.8.2014

Nr. 21100	Beurkundungsverfahren		438,00 €
	Geschäftswert nach §§ 97, 107	80.000,00 €	
Nr. 21201	Beurkundungsverfahren		77,50 €
	Geschäftswert nach §§ 105, 106	45.000,00 €	
Nr. 22114	Elektronischer Vollzug und XML-Strukturdaten		90,00 €
	Geschäftswert nach § 112	125.000,00 €	
Auslagen			
Nr. 32001	Dokumentenpauschale – Papier (s/w)	57 Seiten	26,05 €
Nr. 32002	Dokumentenpauschale – Daten	2 Dateien + 4 Scanseiten	5,00 €
Nr. 32005	Auslagenpauschale Post und Telekommunikation		20,00 €
	Zwischensumme		656,55 €
Nr. 32014	19 % Umsatzsteuer		124,74 €
	Rechnungsbetrag		**781,29 €**

707c Der Geschäftswert des **Gesellschaftsvertrags** beläuft sich nach §§ 97 Abs. 1, 107 Abs. 1 auf den **Wert der Einlagen** aller Gesellschafter. Es fällt die Vertragsgebühr nach Nr. 21100 an. Die **Auflassung** ist nach § 109 Abs. 1 Satz 4 Nr. 2 derselbe Gegenstand und daher nach § 109 Abs. 1 Satz 5 nicht gesondert zu bewerten.

707d Die **Handelsregisteranmeldung** ist demgegenüber nach § 111 Nr. 3 ein besonderer Beurkundungsgegenstand. Er löst eine 0,5-Gebühr nach Nr. 21201 aus 45.000 € gemäß § 109 Abs. 2, Abs. 3 Nr. 2, Fall 1 aus.

707e Die gesonderte Berechnung von Gebühren ist nach **§ 94 Abs. 1, Hs. 1 günstiger** als die Anwendung des höchsten Gebührensatzes auf die Wertsumme nach § 94 Abs. 1, Hs. 2. Daher ist eine **Zusammenbeurkundung** nur unter besonderen Umständen wie hier aufgrund des ausdrücklichen Wunsches möglich.

707f Denn die Gebühr für die **XML-Strukturdaten** nach Nr. 22114 richtet sich nach dem Verfahrenswert, der nach § 35 Abs. 1 der Wertsumme aller Gegenstände entspricht. Es wäre daher günstiger, getrennte Urkunden vorzusehen.

707g Bei der Dokumentenpauschale **32002** fallen je 1,50 € pro Entwurfsversand an und weitere 2,00 € für das Einscannen der vier Seiten für die Handelsregisteranmeldung.

4. Partnerschaftsgesellschaft

707h Die Partnerschaft von Rechtsanwälten X hat die Beschränkung ihrer Berufshaftung beschlossen. Der Notar nimmt daraufhin Abstimmungen mit der zuständigen Rechtsanwaltskammer vor (bspw. hins. der Versicherungsbescheinigung). Dann entwirft er die Handelsregisteranmeldung (3 Seiten) und reicht alles elektronisch ein. Sieben von acht Unterschriftsbeglaubigungen (je 2 Seiten) wurden gesondert durchgeführt. Es werden zehn Abschriften der vollständigen Handelsregisteranmeldung gefertigt.

C. Offene Handelsgesellschaft

Kostenberechnung zur Handelsregisteranmeldung 707i
URNr. 1414/2014 vom 1.8.2014

Nr. 24200	Beratung		125,00 €
	Geschäftswert nach § 36	30.000,00 €	
Nr. 24102	Entwurf Handelsregisteranmeldung		62,50 €
	Geschäftswert nach §§ 105, 106	30.000,00 €	
Nr. 22114	Elektronischer Vollzug und XML-Strukturdaten		37,50 €
	Geschäftswert nach § 112	30.000,00 €	
Nr. 25100	Beglaubigung der Unterschrift		175,00 €
	Geschäftswert nach §§ 121, 105, 106: je 30.000 €	je 25,00 €	
Auslagen			
Nr. 32000	Dokumentenpauschale – Papier (s/w)	170 Seiten	43,00 €
Nr. 32002	Dokumentenpauschale – Daten	2 Dateien, 18 Scanseiten	9,00 €
Nr. 32005	Auslagenpauschale Post und Telekommunikation		20,00 €
	Zwischensumme		472,00 €
Nr. 32014	19 % Umsatzsteuer		89,68 €
	Rechnungsbetrag		**561,68 €**

Die Anmeldung der Haftungsbeschränkung ist einschließlich der daraus resultierenden Firmenänderung (mbH) **eine** Tatsache. Der Geschäftswert folgt aus § 105 Abs. 2, Abs. 4 Nr. 3. 707j

Die **nachklappenden Unterschriftsbeglaubigungen** sind nach Vorbemerkung 2.4.1 Abs. 2 nicht mit der Entwurfsgebühr abgegolten, weil es sich nicht um die erstmaligen Beglaubigungen handelt. Jeder weitere Vermerk ist gesondert zu fakturieren. Mehrere Unterschriften können mit einem Vermerk beglaubigt werden, so dass auch nur eine Beglaubigungsgebühr aus dem zusammengerechneten Wert entsteht (Anmerkung 2 zu Nr. 25100). Hier wurde davon ausgegangen, dass jeder der Nachzügler an einem anderen Tag erscheint, so dass eine Zusammenfassung weder geboten noch zweckmäßig war. 707k

Für die **Abstimmung** von Rahmenbedingungen der Haftungsbeschränkung mit der zuständigen Rechtsanwaltskammer fällt eine Beratungsgebühr an, weil der Notar den Änderungsbeschluss weder entworfen noch beurkundet hatte. Hier wurde ein Gebührensatz von 1,0 gewählt. Um eine (vorweggenommene, s. Vorbemerkung 2.2.1.1 Abs. 2) Vollzugstätigkeit zur Registeranmeldung handelt es sich hier m.E. – anders als bei der IHK-Voranfrage – nicht. 707l

II. Ein- und Austritt von Gesellschaftern

Für die X-oHG entwirft der Notar die Anmeldung zur Eintragung in das Handelsregister, dass 708
 – A als Gesellschafter ausgeschieden und
 – C und D als neue Gesellschafter eingetreten sind.

> Der Notar beglaubigt die Unterschriften und reicht die Anmeldung (insgesamt 3 Seiten) in elektronischer Form ein.
> Es werden fünf Abschriften, davon drei beglaubigte erstellt.
> Der Notar hat das Handelsregister eingesehen.

709 **Kostenberechnung zur Handelsregisteranmeldung vom 1.8.2014 URNr. 1412/2014**

Nr. 24102	Handelsregisteranmeldung		77,50 €
	Geschäftswert nach §§ 119, 105, 106	45.000,00 €	
Nr. 22114	Elektronischer Vollzug und XML-Strukturdaten		46,50 €
	Geschäftswert nach § 112	45.000,00 €	
Auslagen			
Nr. 32000	Dokumentenpauschale – Papier (s/w)	15 Seiten	7,50 €
Nr. 32002	Dokumentenpauschale – Daten	1 Datei/3 Scanseiten	1,50 €
Nr. 32005	Auslagenpauschale Post und Telekommunikation		20,00 €
Nr. 32011	Auslagen Handelsregistereinsicht (je 4,50 €)	4,50 €	4,50 €
	Zwischensumme		157,50 €
Nr. 32014	19 % Umsatzsteuer		29,93 €
	Rechnungsbetrag		**187,43 €**

710 § 105 Abs. 2, Abs. 4 Nr. 3 behandelt das Eintreten und Ausscheiden persönlich haftender Gesellschafter **wie eine Anmeldung** mit einem Geschäftswert von 30.000,00 €. Ab dem dritten Gesellschafter erhöht sich der Geschäftswert für jeden weiteren ein- oder austretenden persönlich haftenden Gesellschafter um 15.000 €.

711 Man könnte die Vorschrift auch so verstehen, dass nur das Eintreten und Ausscheiden von **genau zwei** Gesellschaftern als eine Anmeldung gelten soll (mit dem Geschäftswert von 30.000,00 €), bei drei oder mehr wechselnden Gesellschaftern aber wieder verschiedene Gegenstände vorliegen, die einen Geschäftswert von je 15.000,00 € haben und nach § 35 Abs. 1 zu addieren sind. Diese Sichtweise entspricht mehr dem Wortlaut und auch einem systematischen Vergleich mit § 105 Abs. 3 Nr. 2. Ich halte sie dennoch nicht für überzeugend, weil die Differenzierung unnötig kompliziert ist und **keine Auswirkungen** hat (außer auf das Zitiergebot).

712 Weil m.E. **kostenrechtlich nur ein Gegenstand** vorliegt, ist eine Aufgliederung der Geschäftswertermittlung nach § 19 Abs. 3 Nr. 3 hier nicht erforderlich.

III. Liquidation

1. Auflösung der Gesellschaft

713 Die oHG ist aufgelöst. Zum Liquidator sind die bisherigen Gesellschafter A und B bestellt. Die Handelsregisteranmeldung enthält eine Reparaturvollmacht zugunsten der Mitarbeiter des Notars. Der Notar fertigt den Entwurf der Anmeldung

(2 Seiten), beglaubigt die Unterschriften und reicht in elektronischer Form ein. Es wird eine beglaubigte Abschrift erstellt.

Kostenberechnung zur Handelsregisteranmeldung vom 1.8.2014 URNr. 1415/2014

714

Nr. 24102	Handelsregisteranmeldung		123,00 €
	Summe nach § 35 Abs. 1	90.000,00 €	
	Geschäftswert nach §§ 119, 105, 106 (Auflösung)	30.000,00 €	
	Geschäftswert nach §§ 119, 105, 106 (Liquidator A)	30.000,00 €	
	Geschäftswert nach §§ 119, 105, 106 (Liquidator B)	30.000,00 €	
Nr. 22114	Elektronischer Vollzug und XML-Strukturdaten		73,80 €
	Geschäftswert nach § 112	90.000,00 €	
Auslagen			
Nr. 32000	Dokumentenpauschale – Papier (s/w)	3 Seiten	1,50 €
Nr. 32002	Dokumentenpauschale – Daten	1 Datei/3 Scanseiten	1,50 €
Nr. 32005	Auslagenpauschale Post und Telekommunikation		20,00 €
	Zwischensumme		219,80 €
Nr. 32014	19 % Umsatzsteuer		41,76 €
	Rechnungsbetrag		**261,56 €**

Die Anmeldung der Auflösung der Gesellschaft sowie die Anmeldung der Liquidatoren sind **gesonderte Gegenstände** (DST, Rn. 455). Anders als nach der KostO ist die Annahme, die Anmeldungen der Liquidatoren seien als Durchführungserklärungen gegenstandsgleich, wegen § 111 Nr. 3 ausgeschlossen: Anmeldungen zu einem Register sind stets besondere Beurkundungsgegenstände (näher *Diehn/Volpert*, Rn. 785 ff.). Hier geht es um drei Tatsachen (siehe bereits BGH DNotZ 2003, 297). Wer die Anmeldung der Liquidation mit der Erstanmeldung der Gesellschaft vergleicht, die keinen werbenden Zweck mehr hat, mag auch für die Annahme nur einer Tatsache Argumente finden (s. Rn. 943). **715**

Der **Geschäftswert** richtet sich nach § 105 Abs. 2, Abs. 4 Nr. 3 und beträgt deshalb 30.000,00 € je Tatsache. **716**

Durchführungs- und Reparaturvollmachten für den Notar oder Mitarbeiter bilden zusammen mit dem Hauptvorgang stets einen **einheitlichen Gegenstand** i.S.v. § 86 Abs. 1. Deshalb liegt auch im Anwendungsbereich von § 111 (absolute Gegenstandsverschiedenheit) **kein besonderer Gegenstand** vor. Eine Werterhöhung findet daher **nicht** statt. **716a**

2. Liquidationsbeendigung und Erlöschen der Firma

Die Liquidation ist beendet. Die Firma der oHG ist erloschen.
Der Notar fertigt den Entwurf der Anmeldung (2 Seiten), beglaubigt die Unterschriften und reicht die Anmeldung in elektronischer Form ein.
Es wird eine einfache Abschrift erstellt. **717**

**718 Kostenberechnung zur Handelsregisteranmeldung vom 1.8.2014
URNr. 1416/2014**

Nr. 24102	Handelsregisteranmeldung		62,50 €
	Geschäftswert nach §§ 119, 105, 106	30.000,00 €	
Nr. 22114	Elektronischer Vollzug und XML-Strukturdaten		37,50 €
	Geschäftswert nach § 112	30.000,00 €	
Auslagen			
Nr. 32000	Dokumentenpauschale – Papier (s/w)	3 Seiten	1,50 €
Nr. 32002	Dokumentenpauschale – Daten	1 Datei/3 Scanseiten	1,50 €
Nr. 32005	Auslagenpauschale Post und Telekommunikation		20,00 €
	Zwischensumme		123,00 €
Nr. 32014	19 % Umsatzsteuer		23,37 €
	Rechnungsbetrag		**146,37 €**

719 Liquidationsbeendigung und Erlöschen der Firma sind ein- und dieselbe Tatsache. Anzumelden ist nach § 157 Abs. 1 HGB das „Erlöschen der Firma" durch die Liquidatoren.

720 Der **Geschäftswert** richtet sich nach § 105 Abs. 2, Abs. 4 Nr. 3 (spätere Anmeldung) und beträgt deshalb 30.000,00 €.

D. Kommanditgesellschaft

I. Handelsregisteranmeldung der KG-Gründung

721 Der Notar nimmt die Handelsregisteranmeldung für eine neu errichtete Kommanditgesellschaft vor. A und B sind persönlich haftende Gesellschafter. Kommanditisten sind C mit einer Kommanditeinlage von 10.000 € und D mit einer Kommanditeinlage von 30.000 €.
Der Notar fertigt den Entwurf der Anmeldung (2 Seiten), beglaubigt die Unterschriften und reicht die Anmeldung in elektronischer Form ein. Es werden drei einfache Abschriften erstellt.

**722 Kostenberechnung zur Handelsregisteranmeldung vom 1.8.2014
URNr. 1420/2014**

Nr. 24102	Handelsregisteranmeldung		123,00 €
	Geschäftswert nach §§ 119, 105, 106	85.000,00 €	
Nr. 22114	Elektronischer Vollzug und XML-Strukturdaten		73,80 €
	Geschäftswert nach § 112	85.000,00 €	

D. Kommanditgesellschaft

Auslagen

Nr. 32000	Dokumentenpauschale – Papier (s/w)	9 Seiten	4,50 €
Nr. 32002	Dokumentenpauschale – Daten	1 Datei/3 Scanseiten	1,50 €
Nr. 32005	Auslagenpauschale Post und Telekommunikation		20,00 €
	Zwischensumme		222,80 €
Nr. 32014	19 % Umsatzsteuer		42,33 €
	Rechnungsbetrag		**265,13 €**

Nach § 105 Abs. 1 Satz 1 Nr. 5 beträgt der **Geschäftswert** der ersten Anmeldung einer KG 723
- die Summe aus allen **Kommanditeinlagen** und
- **30.000 €** für den ersten persönlich haftenden Gesellschafter
- zuzüglich **15.000 € für jeden weiteren persönlich haftenden** Gesellschafter,
  hier also **85.000 €**
  – Kommanditeinlagen 40.000 €
  – Komplementär A + 30.000 €
  – Komplementär B + 15.000 €

Die Berechnung des Geschäftswertes muss **nicht im Einzelnen** in der Kostenberechnung dargelegt werden, insbesondere nicht nach § 19 Abs. 3 Nr. 3, weil es nicht um die Werte einzelner Gegenstände geht – es liegt vielmehr nur ein einziger Gegenstand vor (gegenstandsinterne Addition). 724

Die Beurkundung der Handelsregisteranmeldung würde eine Gebühr nach Nr. 21201 Nr. 5 mit einem **Gebührensatz von 0,5** auslösen. Daher sind weder Nr. 24100 noch Nr. 24101 anzuwenden, sondern Nr. 24102. 725

II. Gründung GmbH & Co. KG

1. Bareinlage

Die X GmbH und B errichten unter der Firma XY GmbH & Co. KG eine Kommanditgesellschaft und stellen die Satzung nach Maßgabe der der Urkunde beigefügten Anlage fest. 726
An der Gesellschaft ist die Firma X GmbH als persönlich haftende Gesellschafterin ohne Kapitalanteil beteiligt und B mit einer Kommanditeinlage in Höhe von 500,00 €, welche in bar erbracht wird.
Der Notar beurkundet den Gründungsakt (22 Seiten). Er fertigt ferner den Entwurf der Anmeldung (2 Seiten), beglaubigt die Unterschriften und reicht die Anmeldung in elektronischer Form ein. Es werden vier beglaubigte Abschriften der Gründungsurkunde und zwei beglaubigte Abschriften der Anmeldung erstellt. Der Notar hat das Handelsregister eingesehen.

**727 Kostenberechnung zur KG-Gründung vom 1.8.2014
URNr. 1430/2014**

Nr. 21100	Beurkundungsverfahren		250,00 €
	Geschäftswert nach §§ 97, 107	30.000,00 €	
Auslagen			
Nr. 32001	Dokumentenpauschale – Papier (s/w)	88 Seiten	13,20 €
Nr. 32005	Auslagenpauschale Post und Telekommunikation		20,00 €
Nr. 32011	Auslagen Handelsregistereinsicht (je 4,50 €)		4,50 €
	Zwischensumme		287,70 €
Nr. 32014	19 % Umsatzsteuer		54,66 €
	Rechnungsbetrag		**342,36 €**

728 Der Geschäftswert für die KG-Gründung ist nach § 97 Abs. 1 der **Wert der Einlagen aller Gesellschafter**. Die Komplementärin erbringt keine Einlage, insoweit kann auch nichts angesetzt werden. B erbringt 500 €.

729 § 107 Abs. 1 Satz 1 bestimmt aber, dass der Geschäftswert **mindestens 30.000 €** beträgt.

**730 Kostenberechnung zur Handelsregisteranmeldung vom 1.8.2014
URNr. 1431/2014**

Nr. 24102	Handelsregisteranmeldung		67,50 €
	Geschäftswert nach §§ 119, 105, 106	30.500,00 €	
Nr. 22114	Elektronischer Vollzug und XML-Strukturdaten		40,50 €
	Geschäftswert nach § 112	30.500,00 €	
Auslagen			
Nr. 32000	Dokumentenpauschale – Papier (s/w)	6 Seiten	3,00 €
Nr. 32002	Dokumentenpauschale – Daten	1 Datei/3 Scanseiten	1,50 €
Nr. 32005	Auslagenpauschale Post und Telekommunikation		20,00 €
	Zwischensumme		132,50 €
Nr. 32014	19 % Umsatzsteuer		25,18 €
	Rechnungsbetrag		**157,68 €**

	Rechnungsgesamtbetrag	**500,04 €**

731 Nach § 105 Abs. 1 Satz 1 Nr. 5 beträgt der Geschäftswert der ersten Anmeldung einer KG die **Summe aus allen Kommanditeinlagen und 30.000 €** für den ersten persönlich haftenden Gesellschafter, hier also: 500 € + 30.000 € = 30.500 €.

732 Die Berechnung des Geschäftswertes muss **nicht** im Einzelnen in der Kostenberechnung dargelegt werden, insbesondere nicht nach § 19 Abs. 3 Nr. 3, weil es nicht um die

Werte einzelner Gegenstände geht – es liegt vielmehr nur ein einziger Gegenstand vor (gegenstandsinterne Addition).

Die Beurkundung der Handelsregisteranmeldung würde eine Gebühr nach Nr. 21201 Nr. 5 mit einem **Gebührensatz von 0,5** auslösen. Daher sind weder Nr. 24100 noch Nr. 24101 anzuwenden, sondern Nr. 24102. 733

2. Sacheinlage

> Die A GmbH und B errichten unter der Firma AB GmbH & Co. KG eine Kommanditgesellschaft und stellen die Satzung nach Maßgabe der der Urkunde beigefügten Anlage fest. 734
> An der Gesellschaft ist die A GmbH als persönlich haftende Gesellschafterin ohne Kapitalanteil beteiligt und B mit einer Kommanditeinlage in Höhe von 500,00 €. Die Einlage des B wird durch Einbringung eines Grundstücks erbracht (Verkehrswert 490.000,00 €). Bestehende Belastungen in Höhe von 130.000,00 € werden übernommen. Die Auflassung wird erklärt und erfolgt in Erfüllung der Einlageverpflichtung.
> Der Notar beurkundet den Gründungsakt (22 Seiten). Er fertigt ferner den Entwurf der Anmeldung (3 Seiten), beglaubigt die Unterschriften und reicht die Anmeldung in elektronischer Form ein.
> Es werden vier beglaubigte Abschriften der Gründungsurkunde und zwei beglaubigte Abschriften der Anmeldung erstellt.
> Der Notar hat das Handelsregister eingesehen.

Kostenberechnung zur KG-Gründung vom 1.8.2014 735
URNr. 1440/2014

Nr. 21100	Beurkundungsverfahren		1.870,00 €
	Geschäftswert nach §§ 97, 46	490.000,00 €	
Auslagen			
Nr. 32001	Dokumentenpauschale – Papier (s/w)	88 Seiten	13,20 €
Nr. 32005	Auslagenpauschale Post und Telekommunikation		20,00 €
Nr. 32011	Auslagen Handelsregistereinsicht (je 4,50 €)	4,50 €	
	Zwischensumme		1.907,70 €
Nr. 32014	19 % Umsatzsteuer		362,46 €
	Summe		**2.270,16 €**

Der nach § 97 Abs. 1 maßgeblich Wert des Rechtsgeschäfts bestimmt sich nach dem **Wert der Einlagen**. Der Einlagegegenstand, das Grundstück, ist nach § 46 zu bewerten. **Verbindlichkeiten** werden **nicht** abgezogen, § 38. 736

737 Kostenberechnung zur Handelsregisteranmeldung vom 1.8.2014 URNr. 1441/2014

Nr. 24102	Handelsregisteranmeldung		67,50 €
	Geschäftswert nach §§ 119, 105, 106	30.500,00 €	
Nr. 22114	Elektronischer Vollzug und XML-Strukturdaten		40,50 €
	Geschäftswert nach § 112	30.500,00 €	
Auslagen			
Nr. 32000	Dokumentenpauschale – Papier (s/w)	8 Seiten	4,00 €
Nr. 32002	Dokumentenpauschale – Daten	1 Datei/4 Scanseiten	2,00 €
Nr. 32005	Auslagenpauschale Post und Telekommunikation		20,00 €
	Zwischensumme		134,00 €
Nr. 32014	19 % Umsatzsteuer		25,46 €
	Rechnungsbetrag		**159,46 €**

	Rechnungsgesamtbetrag	**2.429,62 €**

738 Nach § 105 Abs. 1 Satz 1 Nr. 5 beträgt der Geschäftswert der ersten Anmeldung einer KG die **Summe aus allen Kommanditeinlagen und 30.000 €** für den ersten persönlich haftenden Gesellschafter, hier also: 500 € + 30.000 € = 30.500 €.

739 Die Berechnung des Geschäftswertes muss **nicht** im Einzelnen in der Kostenberechnung dargelegt werden, insbesondere nicht nach § 19 Abs. 3 Nr. 3, weil es nicht um die Werte einzelner Gegenstände geht – es liegt vielmehr nur ein einziger Gegenstand vor (gegenstandsinterne Addition).

740 Die Beurkundung der Handelsregisteranmeldung würde eine Gebühr nach Nr. 21201 Nr. 5 mit einem **Gebührensatz von 0,5** auslösen. Daher sind weder Nr. 24100 noch Nr. 24101 anzuwenden, sondern Nr. 24102.

III. Übertragung bei GmbH & Co. KG

741 A überträgt eine Kommanditbeteiligung mit einer voll eingezahlten Pflichteinlage von 2.500 € an der A Holding GmbH & Co. KG auf B und tritt an diesen auch seinen Geschäftsanteil von 1.250,00 € an der Komplementär-GmbH (Stammkapital 25.000,00 €, keine Vermögensbeteiligung) ab. Die Abtretung der GmbH-Geschäftsanteile erfolgt aufschiebend bedingt mit der Eintragung der Sonderrechtsnachfolge hinsichtlich des Kommanditanteils im Handelsregister. Der Notar wird beauftragt, die Zustimmung der übrigen Kommanditisten zu der Übertragung einzuholen.
Der Kaufpreis beträgt 50.000,00 €. Die Beteiligung entspricht einem Anteil von 5 % an der KG, die über ein Aktivvermögen von 4 Mio. € bei Verbindlichkeiten von 3 Mio. € verfügt. Die KG ist überwiegend vermögensverwaltend tätig.
Der Notar beurkundet den Vertrag (13 Seiten – 3 begl. Abschriften), entwirft die Handelsregisteranmeldung (3 Seiten mit UB – 2 begl. Abschriften) und die Gesell-

schafterliste (1 Seite – 1 Abschrift), nimmt darauf die Bescheinigung vor und reicht alles elektronisch beim Handelsregister ein. Der Notar hat die Handelsregister eingesehen.

Kostenberechnung zum Kaufvertrag vom 1.8.2014 URNr. 1445/2014   742

Nr. 21100	Beurkundungsverfahren		970,00 €
	Summe nach § 35 Abs. 1	201.250,00 €	
	Geschäftswert nach §§ 97, 54 – GmbH-Geschäftsanteil	1.250,00 €	
	Geschäftswert nach §§ 97, 54 – KG-Beteiligung	200.000,00 €	
Nr. 22110	Vollzugsgebühr		242,50 €
	Geschäftswert nach § 112	201.250,00 €	
Nr. 22114	Elektronischer Vollzug und XML-Strukturdaten		145,50 €
	Geschäftswert nach § 112	201.250,00 €	
Nr. 22200	Betreuungsgebühr		242,50 €
	Geschäftswert nach § 113 Abs. 1	201.250,00 €	
Auslagen			
Nr. 32001	Dokumentenpauschale – Papier (s/w)	40 Seiten	6,00 €
Nr. 32002	Dokumentenpauschale – Daten	1 Datei/1 Scan	1,50 €
Nr. 32005	Auslagenpauschale Post und Telekommunikation		20,00 €
Nr. 32011	Auslagen Handelsregistereinsicht (je 4,50 €)		9,00 €
	Zwischensumme		1.637,00 €
Nr. 32014	19 % Umsatzsteuer		311,03 €
	Rechnungsbetrag		**1.948,03 €**

Beim **Austauschvertrag** sind die Leistungen des Veräußerers und des Erwerbers nach § 97 Abs. 3 zu vergleichen. Aufgrund der unterschiedlichen kostenrechtlichen Bewertung ist der nach **§ 54 Satz 3 maßgebliche** Wert der Leistung hier wesentlich höher als der Kaufpreis: Der KG-Beteiligung ist mit dem Anteil am Aktivvermögen anzusetzen. Mangels Vermögensbeteiligung ist der GmbH-Anteil nur in Höhe des anteiligen Nominalbetrags zu bewerten.   743

Die Erstellung der neuen Gesellschafterliste für die Komplementärin ist Vollzugstätigkeit nach Vorbemerkung 2.2.1.1 Abs. 1 Satz 2 Nr. 3. Die Einholung der Zustimmungserklärungen ist ebenfalls Vollzugstätigkeit, Vorbemerkung 2.2.1.1 Abs. 1 Satz 2 Nr. 5. Es entsteht eine Vollzugsgebühr nach Nr. 22110, die nicht nach Nr. 22113 begrenzt ist. Die elektronische Einreichung der Liste löst zudem die Gebühr für die Erstellung von XML-Strukturdaten nach Nr. 22114 aus.   744

Die **Betreuungsgebühr** entsteht nach Nr. 22200 Nr. 6, weil der Notar die wirksame Eintragung der Sonderrechtsnachfolge in den Kommanditanteil prüfen muss, bevor er die Bescheinigung vornehmen kann, weil die dingliche Wirkung der Abtretung davon abhängt.   745

**746 Kostenberechnung zur Handelsregisteranmeldung vom 1.8.2014
URNr. 1446/2014**

Nr. 24102	Handelsregisteranmeldung		62,50 €
	Geschäftswert nach §§ 119, 105, 106	30.000,00 €	
Nr. 22114	Elektronischer Vollzug und XML-Strukturdaten		37,50 €
	Geschäftswert nach § 112	30.000,00 €	
Auslagen			
Nr. 32000	Dokumentenpauschale – Papier (s/w)	6 Seiten	3,00 €
Nr. 32002	Dokumentenpauschale – Daten	1 Datei/3 Scanseiten	1,50 €
Nr. 32005	Auslagenpauschale Post und Telekommunikation		20,00 €
	Zwischensumme		124,50 €
Nr. 32014	19 % Umsatzsteuer		23,66 €
	Rechnungsbetrag		**148,16 €**

	Rechnungsgesamtbetrag	**2.096,01 €**

747   Ist ein **Kommanditist als Nachfolger** eines anderen Kommanditisten einzutragen, ist nach § 105 Abs. 1 Satz 1 Nr. 6, Hs. 2 nur die einfache Kommanditeinlage maßgebend, obwohl es sich um zwei Anmeldefälle handelt. Das wären hier 2.500,00 €. Nach § 105 Abs. 1 Satz 2 greift aber der **Mindestwert von 30.000,00 €**.

748   Liegt **nicht der Sonderfall** des § 105 Abs. 1 Satz 1 Nr. 6 vor, ist bei späteren Anmeldungen zu einer Personenhandels- oder Partnerschaftsgesellschaft nach § 105 Abs. 2, Abs. 4 Nr. 3, Hs. 1 ein Geschäftswert von **30.000,00 €** vorgesehen. Bei Eintritt oder Ausscheiden von mehr als zwei persönlich haftenden Gesellschaftern oder Partnern sind als Geschäftswert 15.000,00 € für jeden eintretenden oder ausscheidenden Gesellschafter oder Partner anzunehmen, § 105 Abs. 2, Abs. 4 Nr. 3, Hs. 2.

749   Die Beurkundung der Handelsregisteranmeldung würde eine Gebühr nach Nr. 21201 Nr. 5 mit einem **Gebührensatz von 0,5** auslösen. Daher sind weder Nr. 24100 noch Nr. 24101 anzuwenden, sondern Nr. 24102.

IV. Handelsregisteranmeldung bei Kommanditistenwechsel

1. Ausscheiden

750   A scheidet aus der KG aus (Haftsumme 500 €).
Der Notar fertigt den Entwurf der Anmeldung (2 Seiten), beglaubigt die Unterschriften und reicht die Anmeldung in elektronischer Form ein.
Es werden zwei einfache Abschriften erstellt.
Der Notar hat das Handelsregister eingesehen.

Kostenberechnung zur Handelsregisteranmeldung vom 1.8.2014   **751**
URNr. 1450/2014

Nr. 24102	Handelsregisteranmeldung		62,50 €
	Geschäftswert nach §§ 119, 105, 106	30.000,00 €	
Nr. 22114	Elektronischer Vollzug und XML-Strukturdaten		37,50 €
	Geschäftswert nach § 112	30.000,00 €	
Auslagen			
Nr. 32000	Dokumentenpauschale – Papier (s/w)	6 Seiten	3,00 €
Nr. 32002	Dokumentenpauschale – Daten	1 Datei/3 Scanseiten	1,50 €
Nr. 32005	Auslagenpauschale Post und Telekommunikation		20,00 €
Nr. 32011	Auslagen Handelsregistereinsicht (je 4,50 €)		4,50 €
	Zwischensumme		129,00 €
Nr. 32014	19 % Umsatzsteuer		24,51 €
	Rechnungsbetrag		**153,51 €**

752   Der Mindestwert aus § 105 Abs. 1 Satz 2 gilt für **alle Fälle** nach § 105 Abs. 1 Satz 1, also anders als bisher auch, soweit – wie hier nach § 105 Abs. 1 Satz 1 Nr. 6 – ein konkreter Geldbetrag in das Handelsregister eingetragen wird oder war.

753   Die Beurkundung der Handelsregisteranmeldung würde eine Gebühr nach Nr. 21201 Nr. 5 mit einem **Gebührensatz von 0,5** auslösen. Daher sind weder Nr. 24100 noch Nr. 24101 anzuwenden, sondern Nr. 24102.

2. Sonderrechtsnachfolge (Abtretung)

754   A hat seinen Kommanditanteil (Haftsumme 1.000 €) an B zum Preis von 20.000 € verkauft und abgetreten.
Der Notar fertigt den Entwurf der Anmeldung (3 Seiten), beglaubigt die Unterschriften und reicht die Anmeldung in elektronischer Form ein.
Es werden drei einfache Abschriften erstellt.
Der Notar hat das Handelsregister eingesehen.

Kostenberechnung zur Handelsregisteranmeldung vom 1.8.2014   **755**
URNr. 1460/2014

Nr. 24102	Handelsregisteranmeldung		62,50 €
	Geschäftswert nach §§ 119, 105, 106	30.000,00 €	
Nr. 22114	Elektronischer Vollzug und XML-Strukturdaten		37,50 €
	Geschäftswert nach § 112	30.000,00 €	

Auslagen

Nr. 32000	Dokumentenpauschale – Papier (s/w)	12 Seiten	6,00 €
Nr. 32002	Dokumentenpauschale – Daten	1 Datei/4 Scanseiten	2,00 €
Nr. 32005	Auslagenpauschale Post und Telekommunikation		20,00 €
Nr. 32011	Auslagen Handelsregistereinsicht (je 4,50 €)		4,50 €
	Zwischensumme		132,50 €
Nr. 32014	19 % Umsatzsteuer		25,18 €
	Rechnungsbetrag		**157,68 €**

756   Ist ein **Kommanditist als Nachfolger** eines anderen Kommanditisten einzutragen, ist nach § 105 Abs. 1 Satz 1 Nr. 6, Hs. 2 nur die einfache Kommanditeinlage maßgebend, obwohl es sich um zwei Anmeldefälle handelt. Das wären hier 1.000,00 €. Nach § 105 Abs. 1 Satz 2 greift aber der **Mindestwert von 30.000,00 €**.

757   Liegt **nicht der Sonderfall** des § 105 Abs. 1 Satz 1 Nr. 6 vor, ist bei späteren Anmeldungen zu einer Personenhandels- oder Partnerschaftsgesellschaft nach § 105 Abs. 2, Abs. 4 Nr. 3, Hs. 1 ein Geschäftswert von **30.000,00 €** vorgesehen. Bei Eintritt oder Ausscheiden von mehr als zwei persönlich haftenden Gesellschaftern oder Partnern sind als Geschäftswert 15.000,00 € für jeden eintretenden oder ausscheidenden Gesellschafter oder Partner anzunehmen, § 105 Abs. 2, Abs. 4 Nr. 3, Hs. 2.

758   Die Beurkundung der Handelsregisteranmeldung würde eine Gebühr nach Nr. 21201 Nr. 5 mit einem **Gebührensatz von 0,5** auslösen. Daher sind weder Nr. 24100 noch Nr. 24101 anzuwenden, sondern Nr. 24102.

3. Sonderrechtsnachfolge Erbfall

758a   Der Kommanditist E (Haftsumme 1.500 €) ist verstorben und wurde von A, B und C zu gleichen Teilen beerbt. B und C haben ihre Anteile daraufhin auf A übertragen.
Der Notar fertigt den Entwurf der Anmeldung (3 Seiten), beglaubigt die Unterschriften und reicht die Anmeldung in elektronischer Form ein. Als Erbnachweis wird eine elektronisch beglaubigte Abschrift der vorgelegten Erbscheinsausfertigung (1 Seite) eingereicht. Es werden drei einfache Abschriften erstellt. Der Notar hat das Handelsregister eingesehen.

758b   **Kostenberechnung zur Handelsregisteranmeldung vom 1.8.2014**
URNr. 1461/2014

Nr. 24102	Handelsregisteranmeldung		123,00 €
	Summe nach § 35 Abs. 1	90.000,00 €	
	Geschäftswert Erbfall: §§ 119, 105, 106	30.000,00 €	
	… Übertragung durch B: §§ 119, 105, 106	30.000,00 €	
	… Übertragung durch C: §§ 119, 105, 106	30.000,00 €	
Nr. 22114	Elektronischer Vollzug und XML-Strukturdaten		73,80 €
	Geschäftswert nach § 112	90.000,00 €	
Nr. 25102	Beglaubigung von Dokumenten		10,00 €

D. Kommanditgesellschaft

Auslagen			
Nr. 32000	Dokumentenpauschale – Papier (s/w)	15 Seiten	7,50 €
Nr. 32002	Dokumentenpauschale – Daten	1 Datei/4 Scanseiten	2,00 €
Nr. 32005	Auslagenpauschale Post und Telekommunikation		20,00 €
Nr. 32011	Auslagen Handelsregistereinsicht (je 4,50 €)		4,50 €
	Zwischensumme		240,80 €
Nr. 32014	19 % Umsatzsteuer		45,75 €
	Rechnungsbetrag		**286,55 €**

Materiellrechtlich tritt **jeder Erbe als selbständiger Kommanditist** mit dem seiner Erbquote entsprechenden Teil der Einlage des Erblassers in die Kommanditgesellschaft ein. Dennoch halte ich es für vorzugswürdig, darin nicht so viele Tatsachen wie Erben, sondern **nur eine Gesamtrechtsnachfolge** und damit nur eine Tatsache zu sehen. **758c**

Die sich an den Erbfall anschließende Übertragung der beiden Miterben auf den anderen Miterben sind jedoch **klassische besondere Beurkundungsgegenstände** nach § 111 Nr. 3. **758d**

Nach § 105 Abs. 1 Satz 1 Nr. 6, Hs. 2 ist für jeden Gegenstand nur die einfache Kommanditeinlage maßgebend, obwohl es sich jeweils um zwei Anmeldefälle handelt. Das wären hier je 500,00 €. Nach § 105 Abs. 1 Satz 2 greift aber der **Mindestwert von 30.000,00 €**. **758e**

Der **Erbschein** ist als öffentliche Urkunde nach § 12 Abs. 2 HGB in elektronisch beglaubigter Form einzureichen, wofür die Beglaubigungsgebühr anfällt. **758f**

4. Unabhängiger Kommanditistenwechsel

A ist aus der KG ausgeschieden (Hafteinlage 20.000 €). B ist in die KG als Kommanditist eingetreten (Hafteinlage 30.000 €). **759**
Der Notar fertigt den Entwurf der Anmeldung (2 Seiten), beglaubigt die Unterschriften und reicht die Anmeldung in elektronischer Form ein. Es werden drei beglaubigte Abschriften erstellt. Der Notar hat das Handelsregister eingesehen.

Kostenberechnung zur Handelsregisteranmeldung vom 1.8.2014 **760**
URNr. 1470/2014

Nr. 24102	Handelsregisteranmeldung		96,00 €
	Summe nach § 35 Abs. 1	60.000,00 €	
	Geschäftswert nach §§ 119, 105, 106	30.000,00 €	
	Geschäftswert nach §§ 119, 105, 106	30.000,00 €	
Nr. 22114	Elektronischer Vollzug und XML-Strukturdaten		57,60 €
	Geschäftswert nach § 112	60.000,00 €	

Auslagen

Nr. 32000	Dokumentenpauschale – Papier (s/w)	9 Seiten	4,50 €
Nr. 32002	Dokumentenpauschale – Daten	1 Datei/3 Scanseiten	1,50 €
Nr. 32005	Auslagenpauschale Post und Telekommunikation		20,00 €
Nr. 32011	Auslagen Handelsregistereinsicht (je 4,50 €)		4,50 €
	Zwischensumme		184,10 €
Nr. 32014	19 % Umsatzsteuer		34,98 €
	Rechnungsbetrag		**219,08 €**

761 Beim **unabhängigen** Kommanditistenwechsel (also keine Sonderrechts- oder Gesamtrechtsnachfolge) liegen **zwei selbständige Beurkundungsgegenstände** nach § 86 Abs. 2 vor, weil § 105 Abs. 1 Satz 1 Nr. 6, Hs. 2 keine Anwendung findet. **Für jeden einzelnen** Anmeldevorgang gilt der **Mindestwert von 30.000 €** gemäß § 105 Abs. 1 Satz 2. Die beiden Mindestwerte sind nach § 35 Abs. 1 zu addieren.

762 § 105 Abs. 2, Abs. 4 Nr. 3 ist **nicht** einschlägig, sondern § 105 Abs. 1 Satz 1 Nr. 6, Hs. 1.

763 Die Beurkundung der Handelsregisteranmeldung würde eine Gebühr nach Nr. 21201 Nr. 5 mit einem **Gebührensatz von 0,5** auslösen. Daher sind weder Nr. 24100 noch Nr. 24101 anzuwenden, sondern Nr. 24102.

5. Beteiligungsumwandlung

764 A als bisheriger Mitkommanditist (Haftsumme 1.000 €) wird weiterer Komplementär ohne Kapitalbeteiligung.
Der Notar fertigt den Entwurf der Anmeldung (2 Seiten), beglaubigt die Unterschriften und reicht die Anmeldung in elektronischer Form ein. A handelt für die übrigen Kommanditisten. Der Notar bescheinigt die Vertretungsbefugnis nach § 21 Abs. 3 BNotO aufgrund von drei Handelsregistervollmachten, die in Ausfertigung vorlagen.
Es werden zwei beglaubigte Abschriften erstellt. Der Notar hat das Handelsregister eingesehen.

765 **Kostenberechnung zur Handelsregisteranmeldung vom 1.8.2014**
URNr. 1480/2014

Nr. 24102	Handelsregisteranmeldung		62,50 €
	Geschäftswert nach §§ 119, 105, 106	30.000,00 €	
Nr. 22114	Elektronischer Vollzug und XML-Strukturdaten		37,50 €
	Geschäftswert nach § 112	30.000,00 €	
Nr. 25214	Vollmachtsbescheinigung (je 15 €)		45,00 €

D. Kommanditgesellschaft

Auslagen			
Nr. 32000	Dokumentenpauschale – Papier (s/w)	6 Seiten	3,00 €
Nr. 32002	Dokumentenpauschale – Daten	1 Datei/3 Scanseiten	1,50 €
Nr. 32005	Auslagenpauschale Post und Telekommunikation		20,00 €
Nr. 32011	Auslagen Handelsregistereinsicht (je 4,50 €)		4,50 €
	Zwischensumme		174,00 €
Nr. 32014	19 % Umsatzsteuer		33,06 €
	Rechnungsbetrag		**207,06 €**

Der **Geschäftswert** richtet sich nach § 105 Abs. 1 Satz 2, weil der sich aus § 105 Abs. 1 Satz 1 Nr. 6, Hs. 2 ergebende Betrag von 1.000 € unter dem Mindestwert von 30.000 € liegt. 766

Für die **Vollmachtsbescheinigung**, die seit 1.9.2013 gemäß § 21 Abs. 3 BNotO in den Zuständigkeitsbereich der Notare fällt, sind nach Nr. 25214 je Bescheinigung 15 € abzurechnen (s. auch Rn. 399a). Nach § 12 Abs. 1 Satz 3 HGB kann anstelle der Handelsregistervollmacht die Bescheinigung eingereicht werden. Die Geschäftsgebühr fällt **je Bescheinigung** an, also je Vertretungsmacht, deren Bestehen bezeugt wird. Es kommt nicht darauf an, wie viele Vollmachtsurkunden vorgelegt werden, weil § 21 Abs. 3 BNotO ausschließlich auf die Vertretungsmacht abstellt und damit den Geschäftsgegenstand abschließend definiert. 766a

Die Beurkundung der Handelsregisteranmeldung würde eine Gebühr nach Nr. 21201 Nr. 5 mit einem **Gebührensatz von 0,5** auslösen. Daher sind weder Nr. 24100 noch Nr. 24101 anzuwenden, sondern Nr. 24102. 767

6. Einlagenänderungen

> Es soll im Handelsregister eingetragen werden: 768
> – Die Kommanditeinlage von A ist um 5.000 € erhöht,
> – die Kommanditeinlage von B ist um 35.000 € erhöht,
> – die Kommanditeinlage des C ist um 150.000 € herabgesetzt.
> Der Notar fertigt den Entwurf der Anmeldung (3 Seiten), beglaubigt die Unterschriften und reicht die Anmeldung in elektronischer Form ein.
> Es werden zwei beglaubigte Abschriften erstellt.
> Der Notar hat das Handelsregister eingesehen.

Kostenberechnung zur Handelsregisteranmeldung vom 1.8.2014 769
URNr. 1485/2014

Nr. 24102	Handelsregisteranmeldung		242,50 €
	Summe nach § 35 Abs. 1	215.000,00 €	
	Geschäftswert nach §§ 119, 105, 106	30.000,00 €	
	Geschäftswert nach §§ 119, 105, 106	35.000,00 €	
	Geschäftswert nach §§ 119, 105, 106	150.000,00 €	
Nr. 22114	Elektronischer Vollzug und XML-Strukturdaten		145,50 €
	Geschäftswert nach § 112	215.000,00 €	

Kapitel 2. Gesellschaftsrecht

Auslagen

Nr. 32000	Dokumentenpauschale – Papier (s/w)	8 Seiten	4,00 €
Nr. 32002	Dokumentenpauschale – Daten	1 Datei/4 Scanseiten	2,00 €
Nr. 32005	Auslagenpauschale Post und Telekommunikation		20,00 €
Nr. 32011	Auslagen Handelsregistereinsicht (je 4,50 €)		4,50 €
	Zwischensumme		418,50 €
Nr. 32014	19 % Umsatzsteuer		79,52 €
	Rechnungsbetrag		**498,02 €**

770 Jede Veränderung der Kommanditeinlage ist ein **gesonderter** Verfahrensgegenstand nach § 86 Abs. 2, deren Werte nach § 35 Abs. 1 zu addieren sind.

771 Der Geschäftswert richtet sich bei einem Erhöhungsbetrag von 5.000,00 € nach § 105 Abs. 1 Satz 2, weil der sich aus § 105 Abs. 1 Satz 1 Nr. 6, Hs. 2 ergebende Betrag von 5.000 € unter dem **Mindestwert von 30.000 €** liegt.

772 Die Beurkundung der Handelsregisteranmeldung würde eine Gebühr nach Nr. 21201 Nr. 5 mit einem **Gebührensatz von 0,5** auslösen. Daher sind weder Nr. 24100 noch Nr. 24101 anzuwenden, sondern Nr. 24102.

V. Ausscheiden eines Komplementärs

773 A scheidet als Komplementär aus der KG aus.
Die KG wird mit den übrigen Komplementären fortgesetzt. Die Firma wird fortgeführt, ohne dass es der Zustimmung des ausgeschiedenen Komplementärs bedurfte.
Der Notar fertigt den Entwurf der Anmeldung (2 Seiten), beglaubigt die Unterschrift und reicht die Anmeldung in elektronischer Form ein. Es werden drei einfache Abschriften erstellt.
Der Notar hat das Handelsregister eingesehen.

**774 Kostenberechnung zur Handelsregisteranmeldung vom 1.8.2014
URNr. 1490/2014**

Nr. 24102	Handelsregisteranmeldung		62,50 €
	Geschäftswert nach §§ 119, 105, 106	30.000,00 €	
Nr. 22114	Elektronischer Vollzug und XML-Strukturdaten		37,50 €
	Geschäftswert nach § 112	30.000,00 €	

D. Kommanditgesellschaft

Auslagen

Nr. 32000	Dokumentenpauschale – Papier (s/w)		9 Seiten	4,50 €
Nr. 32002	Dokumentenpauschale – Daten	1 Datei/3 Scanseiten		1,50 €
Nr. 32005	Auslagenpauschale Post und Telekommunikation			20,00 €
Nr. 32011	Auslagen Handelsregistereinsicht (je 4,50 €)			4,50 €
	Zwischensumme			130,50 €
Nr. 32014	19 % Umsatzsteuer			24,80 €
	Rechnungsbetrag			**155,30 €**

Der **Geschäftswert** richtet sich nach § 105 Abs. 2, Abs. 4 Nr. 3, Hs. 1. Er beträgt **775** daher **30.000,00 €**. § 105 Abs. 1 Satz 1 Nr. 6 ist nicht einschlägig; die Vorschrift gilt nur für Kommanditisten.

Die Fortsetzung der Gesellschaft muss grundsätzlich nicht gesondert angemeldet **776** werden (zur etwaigen namensrechtlichen Einwilligung in die Firmenfortführung siehe aber Rn. 783).

Ob die Kosten für **Post und Telekommunikation** pauschal wie hier beispielhaft **777** dargestellt oder in voller Höhe nach Nr. 32004 abgerechnet wird, entscheidet der Notar nach freiem Ermessen.

VI. Auflösung mit Einzelfirmaanmeldung

Der einzige Kommanditist (Einlage 20.000 €) scheidet aus der KG aus. Es ver- **778** bleibt nur der Komplementär. Die Gesellschaft ist aufgelöst und ohne Liquidation beendet. Angemeldet wird ferner, dass der Komplementär das Unternehmen als Einzelunternehmen fortführt. Der ausscheidende Kommanditist willigt in die Fortführung der Firma ein. Die Geschäftsräume wurden verlegt. Der Notar fertigt den Entwurf der Anmeldung (2 Seiten), beglaubigt die Unterschriften und reicht die Anmeldung in elektronischer Form ein. Es werden drei einfache Abschriften erstellt.

Kostenberechnung zur Handelsregisteranmeldung vom 1.8.2014   **779**
URNr. 1495/2014

Nr. 24102	Handelsregisteranmeldung		96,00 €
	Summe nach § 35 Abs. 1	65.000,00 €	
	Geschäftswert nach §§ 119, 105, 106 (Ausscheiden)	30.000,00 €	
	Geschäftswert nach §§ 119, 105, 106 (Fortführung)	30.000,00 €	
	... §§ 119, 105, 106 (Geschäftsanschrift)	5.000,00 €	
Nr. 24101	Fertigung eines Entwurfs		60,00 €
	Geschäftswert nach §§ 119, 36	5.000,00 €	
Nr. 22114	Elektronischer Vollzug und XML-Strukturdaten		65,70 €
	Geschäftswert nach § 112	70.000,00 €	

Auslagen

Nr. 32000	Dokumentenpauschale – Papier (s/w)	9 Seiten	4,50 €
Nr. 32002	Dokumentenpauschale – Daten	1 Datei / 3 Scanseiten	1,50 €
Nr. 32005	Auslagenpauschale Post und Telekommunikation		20,00 €
	Zwischensumme		247,70 €
Nr. 32014	19 % Umsatzsteuer		47,06 €
	Rechnungsbetrag		**294,76 €**

780 Beim Ausscheiden des letzten Kommanditisten und der Auflösung der Gesellschaft (weil nur noch ein Gesellschafter verbleibt) handelt es sich nur um **eine Tatsache** nach § 105 Abs. 1 Satz 1 Nr. 6, Fall 2, Satz 2 (notwendiger Erklärungseinheit).

781 Die **Anmeldung der Einzelfirma** hingegen ist ein **weiterer Gegenstand** nach § 105 Abs. 3 Nr. 1. Auch die Anmeldung der Firmenänderung, wenn eine oHG entstanden wäre, hätte gesondert bewertet werden müssen, § 111 Nr. 3.

782 Die Anmeldung der **Geschäftsanschrift** ist nur bei der Erstanmeldung als notwendiger Erklärungsinhalt nicht gesondert zu bewerten. Die Anmeldung der **Änderung** einer Geschäftsanschrift ist hingegen nach dem Grundsatz des § 111 Nr. 3 eine **eigene Tatsache** mit einem privilegierten Wert von 5.000 € nach § 105 Abs. 2, Abs. 5.

783 Bei der **Einwilligung in die Firmenfortführung** handelt es sich um eine einseitige **namensrechtliche Gestattung**, die wegen **§ 111 Nr. 3 gesondert** bewertet werden muss, wenn sie in der Handelsregisteranmeldung erklärt wird. Der Geschäftswert wird nach billigem Ermessen ermittelt, § 36 Abs. 2, Abs. 3.

E. Vereine

I. Erstanmeldung

784 Der Notar entwirft die Erstanmeldung (2 Seiten) für den Idealverein X zum Vereinsregister. A, B und C werden als vertretungsberechtigter Vorstand angemeldet. Der Notar beglaubigt die Unterschriften der drei Vorstandsmitglieder (1 Seite) und übermittelt die Registeranmeldung einschließlich Versammlungsprotokoll (4 Seiten), Satzung (7 Seiten) und Stellungnahme des Finanzamtes (2 Seiten) elektronisch mit XML-Strukturdaten an das Registergericht. Er fertigt zwei beglaubigte Abschriften der Anmeldung.

785 **Kostenberechnung zur Vereinsregisteranmeldung vom 1.8.2014**
URNr. 1600/2014

Nr. 24102	Vereinsregisteranmeldung		30,00 €
	§§ 119 Abs. 1, 92 Abs. 2, 36 Abs. 3, Abs. 2	5.000,00 €	
Nr. 22114	Elektronischer Vollzug und XML-Strukturdaten		15,00 €
	Geschäftswert nach § 112	5.000,00 €	

E. Vereine

Auslagen
Nr. 32000	Dokumentenpauschale – Papier (s/w)		32 Seiten	16,00 €
Nr. 32002	Dokumentenpauschale – Daten		4 Dateien/16 Scanseiten	8,00 €
Nr. 32005	Auslagenpauschale Post und Telekommunikation			9,00 €
	Zwischensumme			78,00 €
Nr. 32014	19 % Umsatzsteuer			14,82 €
	Rechnungsbetrag			**92,82 €**

§ 105 gilt nicht für Anmeldungen zum Vereinsregister. Es gibt keine spezifische Geschäftswertvorschrift. Es handelt sich um eine vermögensrechtliche Angelegenheit (Existenz des Rechtsträgers, § 21 BGB); deshalb ist § 36 Abs. 1 maßgeblich. Ist die **Vermögenslage des Vereins bekannt** oder werden **besondere Vereinszwecke** verfolgt, aus denen auf eine bestimmte Kapitalausstattung geschlossen werden kann (z.B. Betrieb eines Wohnstifts), ist ein Teilwert aus dem Vereinsvermögen maßgeblich. Angemessen sind 10 bis 30 Prozent. Der Höchstwert beträgt nach § 106, der auf Vereinsregisteranmeldungen anwendbar ist, 1 Mio. €. 786

Regelmäßig werden für Erstanmeldungen zum Vereinsregister bei Idealvereinen **keine genügenden Anhaltspunkte** für eine Bestimmung des Werts vorliegen, so dass nach **§ 36 Abs. 3** von 5.000,00 € auszugehen ist. Allerdings liegt die **spezifische Mindestgebühr** von 30,00 € über der rechnerischen Entwurfsgebühr aus 5.000,00 € von nur 22,50 €. 787

Die **Anmeldung des ersten Vorstands** ist nicht gesondert zu bewerten, weil die Anmeldung des Vorstands zum Rechtsverhältnis der Gründungsanmeldung gehört, § 59 BGB (notwendige Erklärungseinheit). 788

II. Satzungsänderungen, Wahlen

Der Notar entwirft die Vereinsregisteranmeldung (2 Seiten) für den Idealverein X, mit der folgende Veränderungen angemeldet werden: A ist nicht mehr Mitglied des Vorstands, B wurde in den Vorstand gewählt, die Satzung wurde in §§ 1 und 4 geändert. Der Notar beglaubigt die Unterschriften der vertretungsberechtigten Vorstandsmitglieder und übermittelt die Registeranmeldung einschließlich Versammlungsprotokoll (4 Seiten) elektronisch mit XML-Strukturdaten an das Registergericht. Er fertigt eine Abschrift der Anmeldung. 789

Kostenberechnung zur Vereinsregisteranmeldung vom 1.8.2014 790
URNr. 1601/2014

Nr. 24102	Vereinsregisteranmeldung		45,50 €
	Summe nach § 35 Abs. 1	15.000,00 €	
	§§ 119 Abs. 1, 92 Abs. 2, 36 Abs. 3 (Abwahl A)	5.000,00 €	
	§§ 119 Abs. 1, 92 Abs. 2, 36 Abs. 3 (Wahl B)	5.000,00 €	
	§§ 119 Abs. 1, 92 Abs. 2, 36 Abs. 3 (Satzung)	5.000,00 €	
Nr. 22114	Elektronischer Vollzug und XML-Strukturdaten		27,30 €
	Geschäftswert nach § 112	15.000,00 €	

Kapitel 2. Gesellschaftsrecht

Auslagen

Nr. 32000	Dokumentenpauschale – Papier (s/w)	7 Seiten	3,50 €
Nr. 32002	Dokumentenpauschale – Daten	2 Dateien/7 Scanseiten	3,50 €
Nr. 32004	Entgelte für Post- und Telekommunikationsdienstleistungen		1,74 €
	Zwischensumme		81,54 €
Nr. 32014	19 % Umsatzsteuer		15,49 €
	Rechnungsbetrag		**97,03 €**

791   Der **Geschäftswert** für Anmeldungen zum Vereinsregister richtet sich bei Idealvereinen regelmäßig nach **§ 36 Abs. 1, Abs. 3**. Je Tatsache ist daher von 5.000 € auszugehen. Der Wert kann bei günstigen finanziellen Verhältnissen auf ein Vielfaches angehoben werden, im Regelfall wohl aber nicht über 30.000 € je Tatsache.

792   Die in § 109 Abs. 2 Satz 1 Nr. 4 enthaltenen **Grundsätze zum Beurkundungsgegenstand** bei Beschlüssen von Organen einer Vereinigung gelten auch für Vereine, aber nicht für die korrespondierenden Vereinsregisteranmeldungen. Dafür bestimmt § 111 Nr. 3, dass jede Anmeldung zu einem Register stets ein besonderer Beurkundungsgegenstand ist. Jede anzumeldende Tatsache ist daher zwingend gesondert zu bewerten. Die Werte werden nach § 35 Abs. 1 addiert. Der **Höchstwert** beträgt 1 Mio. € und ergibt sich aus § 106 Satz 1. Er gilt nach § 106 Satz 2 nicht für jede Anmeldung isoliert, sondern **für die Summe der Werte**, wenn mehrere Anmeldungen in einem Beurkundungsverfahren zusammengefasst werden.

793   Bei Angelegenheiten von Vereinen muss in jedem Fall bedacht werden, ob zusätzliche Gebühren für die Überprüfung von Protokollen der Mitgliederversammlung (**Nr. 24100**) oder für Beratungsleistungen (**Nrn. 24200, 24203**) zu erheben sind (DST, Rn. 779).

III. Liquidation

793a   Die Liquidatoren A und B melden die Auflösung des Vereins und ihre Bestellung zum Liquidator an und bitten den Notar, die entsprechende Registeranmeldung zu entwerfen. Es versendet ihn an A und B per E-Mail. Der Anmeldung werden die Einladung zur und das Protokoll der Auflösungs-Mitgliederversammlung in Kopie beigefügt.
Der Notar beglaubigt die Unterschriften der Vorstandsmitglieder und übermittelt die Registeranmeldung mit Anlagen (7 Seiten) per Post an das Registergericht. Er fertigt zwei einfache Abschriften der Anmeldung.
Der Notar wird ferner beauftragt, in Erfüllung der Aufgaben der Liquidatoren gemäß § 50 BGB die Auflösung des Vereins in dem in der Satzung für Veröffentlichungen des Vereins bestimmten Blatt bekannt zu machen.

Kostenberechnung zur Vereinsregisteranmeldung vom 1.8.2014   **793b**
URNr. 1602/2014

Nr. 24102	Vereinsregisteranmeldung		45,50 €
	Summe nach § 35 Abs. 1	15.000,00 €	
	Geschäftswert nach §§ 119; 36 – Auflösung	5.000,00 €	
	Geschäftswert nach §§ 119; 36 – Bestellung A	5.000,00 €	
	Geschäftswert nach §§ 119; 36 – Bestellung B	5.000,00 €	
Nr. 22200	Betreuungsgebühr		45,50 €
	Geschäftswert nach § 113 Abs. 1	15.000,00 €	
Auslagen			
Nr. 32000	Dokumentenpauschale – Papier (s/w)	14 Seiten	7,00 €
Nr. 32002	Dokumentenpauschale – Daten	2 Dateien	3,00 €
Nr. 32005	Auslagenpauschale Post und Telekommunikation		9,10 €
	Zwischensumme		119,20 €
Nr. 32014	19 % Umsatzsteuer		22,65 €
	Rechnungsbetrag		**141,85 €**

Die Anmeldung der Auflösung und jedes Liquidators sind gesonderte Gegenstände. Als Geschäftswert kann je 5.000 € nach § 36 Abs. 2, Abs. 3 angenommen werden, wenn nicht Umstände des Einzelfalls eine höhere Bewertung erforderlich machen.

Übernimmt der Notar den **Gläubigeraufruf**, erhält er dafür eine Betreuungsgebühr   **793c**
aus dem vollen Verfahrenswert (s. Rn. 941).

Die Anmeldung der **Auflösung** des Vereins nach Ablauf des Sperrjahres hat nur ei-   **793d**
nen Tatsache zum Gegenstand.

F. Gesellschaft mit beschränkter Haftung

I. Gründung

1. Zwei-Personen-Bargründung

a) Mit Geschäftsführerbestellung

> Der Notar beurkundet die Gründung einer Zwei-Personen-GmbH (Stammkapital: **794**
> 25.000 €). Der Geschäftsführer wird durch Beschluss bestellt. Der Notar entwirft die Gesellschafterliste und die Handelsregisteranmeldung.
> Er reicht alles in elektronischer Form einschließlich eines Einzahlungsnachweises (eine Seite) beim Handelsregister ein.
> Von der Gründungsurkunde (10 Seiten) werden drei beglaubigte Abschriften erstellt, von der Handelsregisteranmeldung (3 Seiten) und Gesellschafterliste (1 Seite) je eine.

Kapitel 2. Gesellschaftsrecht

795 **Kostenberechnung zur GmbH-Gründung vom 1.8.2014**
URNr. 1500/2014

Nr. 21100	Beurkundungsverfahren		384,00 €
	Summe nach § 35 Abs. 1	60.000,00 €	
	Geschäftswert nach §§ 97 Abs. 1, 107	30.000,00 €	
	Geschäftswert nach §§ 97, 108, 105	30.000,00 €	
Nr. 22110	Vollzugsgebühr (Nr. 22113)		96,00 €
	Geschäftswert nach § 112	60.000,00 €	
Auslagen			
Nr. 32001	Dokumentenpauschale – Papier (s/w)	31 Seiten	4,65 €
Nr. 32005	Auslagenpauschale Post und Telekommunikation		20,00 €
	Zwischensumme		504,65 €
Nr. 32014	19 % Umsatzsteuer		95,88 €
	Rechnungsbetrag		**600,53 €**

796 **Kostenberechnung zur Handelsregisteranmeldung vom 1.8.2014**
URNr. 1501/2014

Nr. 24102	Handelsregisteranmeldung		62,50 €
	Geschäftswert nach §§ 119, 105, 106	30.000,00 €	
Nr. 22114	Elektronischer Vollzug und XML-Strukturdaten		37,50 €
	Geschäftswert nach § 112	30.000,00 €	
Auslagen			
Nr. 32000	Dokumentenpauschale – Papier (s/w)	3 Seiten	1,50 €
Nr. 32002	Dokumentenpauschale – Daten	4 Dateien/15 Scanseiten	7,50 €
Nr. 32005	Auslagenpauschale Post und Telekommunikation		20,00 €
	Zwischensumme		129,00 €
Nr. 32014	19 % Umsatzsteuer		24,51 €
	Rechnungsbetrag		**153,51 €**

	Rechnungsgesamtbetrag	**754,04 €**

797 Auch die Geschäftswerte für Beschlüsse und rechtsgeschäftliche Erklärungen sind fortan – anders als nach der KostO – **zusammenzurechnen**, § 35 Abs. 1. Gesonderte Gebühren für die Beurkundung entstehen innerhalb eines Verfahrens (bei gleichen Gebührensätzen, siehe § 94 Abs. 1) nicht mehr. Verschiedene Beurkundungsgegenstände liegen aber vor, § 110 Nr. 1.

798 Außer bei der UG mit Musterprotokoll (dazu siehe unten, Rn. 839 ff.) gilt für die Beurkundung von **Gesellschaftsverträgen** und Satzungen sowie von Plänen und Verträgen nach dem Umwandlungsgesetz ein **Mindestgeschäftswert** von 30.000 €, § 107 Abs. 1.

F. Gesellschaft mit beschränkter Haftung

Die Erstellung der **Gesellschafterliste** durch den Notar ist **Vollzugstätigkeit zum Gründungsvorgang** nach Vorbemerkung 2.2.1.1 Abs. 1 Satz 2 Nr. 3 (hier: Liste nach § 8 Abs. 1 Nr. 3 GmbHG). Die Handelsregisteranmeldung scheidet als Bezugsvorgang zwingend aus, weil sie die für die Listenerstellung erforderlichen Informationen nicht enthält (das verkennt *Wudy*, NotBZ 2013, 243 – mit Blick auf die Liste ist Vollzugstätigkeit zur Handelsregisteranmeldung allein deren Übermittlung). Maßgeblich für die Vollzugsgebühr ist wie immer der **volle Wert des Beurkundungsverfahrens**, § 112. Insoweit gilt allerdings nach Nr. 22113 eine besondere Höchstgebühr von 250 €. Eine Abrechnung nach Entwurfsgrundsätzen kommt gemäß Vorbemerkung 2.2 Abs. 2 nicht in Betracht, selbst wenn es wie hier mit 60,00 € günstiger wäre (Mindestgebühr aus Nr. 24101). 799

Eine Pflicht zur **gesonderten Protokollierung** des Beschlusses über die Geschäftsführerbestellung besteht auch dann **nicht**, wenn dadurch Kosten gespart werden würden. Gesonderte Verfahren sind nach § 93 Abs. 2 erst dann vorzusehen, wenn es keinen sachlichen Grund für die Zusammenfassung gibt. Hier würden die Kosten bei getrennter Beurkundung mangels Degressionseffekts massiv ansteigen (von 480 € auf 548 €), so dass sich die Frage nicht stellt: 800

– Nr. 21100 (Gründung, Geschäftswert 30.000 €) 250,00 €
– Nr. 22110 (Vollzug, Geschäftswert 30.000 €) 48,00 €
– Nr. 22100 (Beschluss, Geschäftswert 30.000 €) 250,00 €

Summe	**548,00 €**

Eine **Gründungsbescheinigung** des Notars ist als Eigenurkunde nach Nr. 25104 mit einer 1,0-Gebühr aus 20% bis 30% des Stammkapitals abzurechnen. 800a

Bei der **Handelsregisteranmeldung** der GmbH gilt der Mindestwert von 30.000 € ebenfalls, § 105 Abs. 1 Satz 2. Die Anmeldung des ersten Geschäftsführers ist nicht gesondert zu bewerten, weil die Anmeldung des Geschäftsführers zum Rechtsverhältnis der Gründungsanmeldung gehört, § 86 Abs. 1 (notwendiger Erklärungseinheit). Das gilt auch, wenn mehrere Geschäftsführer angemeldet werden. Die Anmeldung eines Prokuristen stellt demgegenüber einen eigenen Gegenstand dar. 801

Wird der Notar angewiesen, die Registeranmeldung **erst nach** Leistung der Stammeinlage durch die Gesellschafter zum Handelsregister einzureichen, entsteht für diese Auflage eine **Gebühr nach Nr. 22200 Nr. 3**. Die Herausgabe der Urkunde hängt nämlich nicht lediglich davon ab, dass ein Beteiligter zustimmt. Vielmehr wird regelmäßig die Vorlage einer entsprechenden Bestätigung beim Notar vorgesehen, damit dieser diese im Interesse des Geschäftsführers prüfen und mit einreichen kann. Dadurch können auch **Zeitverzögerungen** durch etwaige Vorlageverlangen des Gerichts nach § 8 Abs. 2 Satz 2 GmbHG **vermieden** werden. 802

b) Ohne Geschäftsführerbestellung

Der Notar beurkundet die Gründung einer Zwei-Personen-GmbH (Stammkapital: 500.000 €). Der Geschäftsführer wird anderweitig bestellt. 803
Der Notar entwirft die Gesellschafterliste, stellt eine Voranfrage bei der IHK wegen der gewählten Firma und fertigt die Handelsregisteranmeldung. Er reicht alles (einschließlich Fremdbeschluss und Einzahlungsnachweis – je eine Seite) in elektronischer Form beim Handelsregister ein.

> Von der Gründungsurkunde (9 Seiten) wurde ein Entwurf per E-Mail versandt und werden zwei beglaubigte Abschriften erstellt, von der Handelsregisteranmeldung (3 Seiten) und der Gesellschafterliste (1 Seite) je eine beglaubigte Abschrift.

804 Kostenberechnung zur GmbH-Gründung vom 1.8.2014 URNr. 1510/2014

Nr. 21100	Beurkundungsverfahren		1.870,00 €
	Geschäftswert nach §§ 97 Abs. 1, 107	500.000,00 €	
Nr. 22110	Vollzugsgebühr (Nrn. 22113, 22112)		300,00 €
	Geschäftswert nach § 112	500.000,00 €	
Auslagen			
Nr. 32001	Dokumentenpauschale – Papier (s/w)	19 Seiten	2,85 €
Nr. 32002	Dokumentenpauschale – Daten	1 Datei/9 Scanseiten	4,50 €
Nr. 32005	Auslagenpauschale Post und Telekommunikation		20,00 €
	Zwischensumme		2.197,35 €
Nr. 32014	19 % Umsatzsteuer		417,50 €
	Rechnungsbetrag		**2.614,85 €**

805 Die Einholung **der IHK-Stellungnahme** ist Vollzugstätigkeit nach Vorbemerkung 2.2.1.1 Abs. 1 Satz 2 Nr. 1. Es handelt sich um die Anforderung einer Erklärung nach öffentlich-rechtlichen Vorschriften. Geht die Mitwirkung des Notars über das schlichte Anfordern und Prüfen hinaus, handelt es sich um eine Tätigkeit nach Vorbemerkung 2.2.1.1 Abs. 1 Satz 2 Nr. 11. Nrn. 22112 und 22113 sind dann nicht mehr einschlägig.

806 Die **Höchstgebühr** für die anzusetzende Vollzugsgebühr nach Nr. 22110 wird gemäß Nrn. 22112 und 22113 **tätigkeitsbezogen** ermittelt. Hier geht es um eine Tätigkeit nach Nr. 22112 (IHK-Stellungnahme, Vorbemerkung 2.2.1.1 Abs. 1 Satz 2 Nr. 1: höchstens 50 €) und eine Tätigkeit nach Nr. 22113 (Liste: höchstens 250 €). Die Höchstgebühr ist daher 300 € (**Summe** aus 250 € + 50 €).

807 Die Vollzugsgebühr entsteht auch für Tätigkeiten, die bereits **vor der Beurkundung** vorgenommen worden waren, Vorbemerkung 2.2.1.1 Abs. 1 Satz 3. Damit ist beispielsweise der Fall der IHK-Voranfrage gemeint.

808 **Nebenrechnung Dokumentenpauschalen:**
– Abschrift der Gründungsurkunde, Nr. 32001 Nr. 2   18 Seiten
– Beglaubigungsvermerke, Nr. 32001 Nr. 2   ohne Berechnung
– Abschrift der Liste, Nr. 32001 Nr. 2   1 Seite
– Beglaubigungsvermerk, Nr. 32001 Nr. 2   ohne Berechnung

– Summe Nr. 32001   19 Seiten
– **Entwurfsversand per E-Mail, Nrn. 32002, 32000**   9 Seiten
– **Ausdruck der Urschrift der Gründungsurkunde**   ohne Berechnung
    Der Ausdruck der Urschrift fällt nicht unter Nr. 32001 Nr. 1, weil er beim Notar verbleibt. Nr. 32001 Nr. 2 ist nicht einschlägig, weil es an einem *besonderen* Antrag

fehlt. Der allgemeine Beurkundungsauftrag genügt nicht. Das Besondere muss sich gerade auf die Fertigung der Kopie/des Ausdrucks beziehen.
– **Ausdruck der Gesellschafter-Liste** ohne Berechnung
Der Ausdruck der Liste fällt nicht unter Nr. 32001 Nr. 1, weil die Urschrift der Liste beim Notar verbleibt. Für Nr. 2 fehlt es an einem besonderen Antrag.
– **IHK-Schreiben** ohne Berechnung
Das IHK-Schreiben fällt nicht unter Nr. 32001 Nr. 1, weil Vollzugsschreiben nicht zu den dort genannten Niederschriften, Entwürfen oder Urkunden gehören. Hinsichtlich der Nr. 2 fehlt es wiederum an dem besonderen Antrag. Der allgemeine Vollzugsauftrag genügt dafür nicht. Das Besondere muss sich gerade auf die Fertigung der Kopie oder des Ausdrucks beziehen.

Kostenberechnung zur Handelsregisteranmeldung vom 1.8.2014 809
URNr. 1511/2014

Nr. 24102	Handelsregisteranmeldung		467,50 €
	Geschäftswert nach §§ 119, 105, 106	500.000,00 €	
Nr. 22114	Elektronischer Vollzug und XML-Strukturdaten		250,00 €
	Geschäftswert nach § 112	500.000,00 €	
Auslagen			
Nr. 32000	Dokumentenpauschale – Papier (s/w)	3 Seiten	1,50 €
Nr. 32002	Dokumentenpauschale – Daten	4 Dateien + 9 Scanseiten	9,50 €
Nr. 32005	Auslagenpauschale Post und Telekommunikation		20,00 €
	Zwischensumme		748,50 €
Nr. 32014	19 % Umsatzsteuer		142,22 €
	Zwischensumme		**890,72 €**
	Rechnungsgesamtbetrag		**3.505,56 €**

Für die **Dokumentenpauschale** sind wegen der Abschrift der Anmeldung 3 Seiten 810 anzusetzen. Die 9 Scanseiten betreffen die Gründungsurkunde. Die vier Dateien sind: Handelsregisteranmeldung (3), Liste (1), Beschluss (1) und Einzahlungsbeleg (1).

2. Ein-Personen-Bargründung

Der Notar beurkundet die Gründung einer Ein-Personen-GmbH (Stammkapital: 811 25.000 €). Der Geschäftsführer wird durch mitbeurkundeten Beschluss bestellt. Der Notar entwirft die Gesellschafterliste und die Handelsregisteranmeldung. Er wird angewiesen, die Einreichung beim Handelsregister in elektronischer Form erst vorzunehmen, wenn die Leistung der Einlage mittels Einzahlungsnachweises dargetan ist.
Von der Gründungsurkunde (10 Seiten) werden zwei Abschriften erstellt (1 Entwurf, 1 beglaubigte Abschrift), von der Handelsregisteranmeldung (3 Seiten) eine beglaubigte und von der Gesellschafterliste (1 Seite) eine einfache.

Kapitel 2. Gesellschaftsrecht

812 Kostenberechnung zur GmbH-Gründung vom 1.8.2014
URNr. 1520/2014

Nr. 21200	Beurkundungsverfahren		125,00 €
	Geschäftswert nach §§ 97 Abs. 1, 107	30.000,00 €	
Nr. 21100	Beurkundungsverfahren		250,00 €
	Geschäftswert nach §§ 97, 108, 105	30.000,00 €	
Nr. 22110	Vollzugsgebühr		96,00 €
	Geschäftswert nach § 112	60.000,00 €	
Auslagen			
Nr. 32001	Dokumentenpauschale – Papier (s/w)	21 Seiten	3,15 €
Nr. 32005	Auslagenpauschale Post und Telekommunikation		20,00 €
	Zwischensumme		494,15 €
Nr. 32014	19 % Umsatzsteuer		93,89 €
	Zwischensumme		**588,04 €**

813 Gründungserklärung und Beschluss sind verschiedene Beurkundungsgegenstände, § 110 Nr. 1. Wegen der verschiedenen Gebührensätze entstehen nach § 94 Abs. 1, Hs. 1 grundsätzlich **gesondert zu berechnende Gebühren**. Dabei bleibt es hier auch, weil die aus dem höchsten Gebührensatz (2,0) nach § 94 Abs. 1, Hs. 2 berechnete Gebühr aus dem Gesamtbetrag der Werte (60.000,00 €) höher ist (384,00 €) als die Summe der Einzelgebühren (375,00 €).

814 Die **Vollzugsgebühr** richtet sich bei der Ein-Personen-Gründung nach Nr. 22111 (Gebührensatz 0,3), hier aber nach Nr. 22110, da die Beschlussgebühr 2,0 beträgt (s. auch Rn. 1022). Weitere Vollzugstätigkeiten, wie beispielsweise eine IHK Voranfrage, würden nicht zu einer höheren Gebühr führen. Die Angabe von **Nr. 22113 ist hier entbehrlich**, weil sich die Höchstgebühr von 250,00 € nicht auswirkt. Der Notar ist **nicht verpflichtet**, zur Senkung der Vollzugsgebühr den Beschluss in gesonderter Urkunde zu protokollieren.

815 Nebenrechnung Dokumentenpauschalen

– Ausdruck Entwurf Gründungsurkunde, Nr. 32001	10 Seiten
– Ausdruck der Urschrift Gründungsurkunde	ohne Berechnung
– Abschrift der Gründungsurkunde, Nr. 32001	10 Seiten
– Beglaubigungsvermerk Abschrift Gründungsurkunde	ohne Berechnung
– Ausdruck der Liste	ohne Berechnung
– Abschrift der Liste, Nr. 32001	1 Seite
– Summe, Nr. 32001	**21 Seiten**

F. Gesellschaft mit beschränkter Haftung

Kostenberechnung zur Handelsregisteranmeldung vom 1.8.2014   **816**
URNr. 1521/2014

Nr. 24102	Handelsregisteranmeldung		62,50 €
	Geschäftswert nach §§ 119, 105, 106	30.000,00 €	
Nr. 22114	Elektronischer Vollzug und XML-Strukturdaten		37,50 €
	Geschäftswert nach § 112	30.000,00 €	
Nr. 22200	Betreuungsgebühr		62,50 €
	Geschäftswert nach § 113 Abs. 1	30.000,00 €	
Auslagen			
Nr. 32000	Dokumentenpauschale – Papier (s/w)	3 Seiten	1,50 €
Nr. 32002	Dokumentenpauschale – Daten		9,50 €
Nr. 32005	Auslagenpauschale Post und Telekommunikation		20,00 €
	Zwischensumme		193,50 €
Nr. 32014	19 % Umsatzsteuer		36,77 €
	Zwischensumme		**230,27 €**
	Rechnungsgesamtbetrag		**818,30 €**

Für die Handelsregisteranmeldung spielt die Anmeldung des Geschäftsführers keine **817**
gesonderte Rolle. Sie ist **notwendiger Erklärungsbestandteil** der Erstanmeldung.

Wird der Notar angewiesen, die Registeranmeldung **erst nach Vorlage einer Bestä-** **818**
tigung über die Leistung der Stammeinlage zum Handelsregister einzureichen, entsteht für diese Betreuungsleistung **eine Gebühr** nach Nr. 22200 Nr. 3. Die Herausgabe hängt dabei nicht lediglich davon ab, dass ein Beteiligter zustimmt. Vielmehr geht es um den Nachweis, dass die Gesellschafter die Einlage zur freien Verfügung des Geschäftsführers erbracht haben. Der Geschäftswert ist nach § 113 Abs. 1 wie bei der Beurkundung zu bestimmen. Also gilt der gleiche Wert wie beim Entwurf der Anmeldung, weil auch dieser nach Beurkundungsgrundsätzen ermittelt wird.

Nebenrechnung Dokumentenpauschale		**819**
– Ausdruck Entwurf HRA (inkl. Beglaubigungsvermerk)	ohne Berechnung	
– Abschrift HRA, Nr. 32000	3 Seiten	
– Beglaubigungsvermerk	ohne Berechnung	
– Summe Nr. 32000	**3 Seiten**	
– Elektronischer Versand, Nr. 32002	**9,50 €**	
– HRA mit Beglaubigungsvermerk (3 Seiten)	1,50 €	
– Gründungsurkunde (10 Seiten)	5,00 €	
– Liste (1 Seite)	1,50 €	
– Einzahlungsbeleg (1 Seite)	1,50 €	

3. Sachgründung (Einbringung Einzelhandelsgeschäft)

820 A und B errichten eine GmbH mit einem Stammkapital von 100.000 €. Hiervon übernehmen A und B je einen Geschäftsanteil mit dem Nominalbetrag von 50.000 €. B leistet seine Einlage sofort in bar. Die Einlage auf den Geschäftsanteil des A wird dadurch erbracht, dass er sein unter der Firma X geführtes Einzelhandelsgeschäft mit allen Aktiven und Passiven einschließlich des Betriebsgrundstückes in die Gesellschaft einbringt. Maßgebend für die Einbringung ist die Bilanz zum 31.12.2012:

Aktiva
Anlagevermögen
– Betriebsgrundstück   120.000 €
– Gebäude   170.000 €
– Maschinen und sonstige Anlagen   150.000 €
Umlaufvermögen   720.000 €
Forderungen   640.000 €

Summe der Aktiva	**1.800.000 €**

Passiva
Eigenkapital   600.000 €
Verbindlichkeiten
– Langfristige Verbindlichkeiten   800.000 €
– Lieferantenschulden   200.000 €
– Rechnungsabgrenzungsposten   200.000 €

Summe der Passiva	**1.800.000 €**

Hinsichtlich des mit eingebrachten Betriebsgrundstückes wird die Auflassung erklärt. Die Einlage auf den Geschäftsanteil des A ist durch diese Einbringung geleistet. Das Betriebsgrundstück samt Gebäude hat einen Verkehrswert von 2 Mio. €.

Die Gründungsgesellschafter beschließen einstimmig, dass die Gesellschafter A und B zu Geschäftsführern bestellt werden; beide sind je allein zur Vertretung der Gesellschaft berechtigt und von den Beschränkungen des § 181 BGB befreit.

Der Notar beurkundet den Gesellschaftsvertrag samt Einbringung (28 Seiten – 5 beglaubigte Abschriften). Die Auflassung wird erklärt. Der Notar wird beauftragt, bei der zuständigen Gemeinde eine Negativbescheinigung nach § 28 Abs. 1 BauGB einzuholen. Er fertigt die Handelsregisteranmeldung (5 Seiten – 2 begl. Abschriften) sowie die Gesellschafterliste (1 Seite – eine Abschrift) und reicht die Unterlagen mit dem Einzahlungsbeleg (eine Abschrift) elektronisch zum Handelsregister ein. Der Notar berät bei der Fertigung des Sachgründungsberichts (10 Seiten – drei Abschriften). Der Notar hat das Handelsregister und das Grundbuch eingesehen.

F. Gesellschaft mit beschränkter Haftung

Kostenberechnung zur GmbH-Gründung mit Sachgründungsbericht   **821**
vom 1.8.2014
URNr. 1530/2014

Nr. 21100	Beurkundungsverfahren		11.790,00 €
	Summe nach § 35 Abs. 1	3.590.000,00 €	
	Geschäftswert nach §§ 97 Abs. 1, 107	3.560.000,00 €	
	Geschäftswert nach §§ 97, 108, 105	30.000,00 €	
Nr. 22110	Vollzugsgebühr (Nrn. 22112, 22113)		300,00 €
	Geschäftswert nach § 112	3.590.000,00 €	
Nr. 24201	Beratung Sachgründungsbericht		758,00 €
	Geschäftswert nach § 36 Abs. 1	1.053.000,00 €	
Auslagen			
Nr. 32000	Dokumentenpauschale – Papier (s/w)	30 Seiten	15,00 €
Nr. 32001	Dokumentenpauschale – Papier (s/w)	141 Seiten	21,15 €
Nr. 32005	Auslagenpauschale Post und Telekommunikation		40,00 €
	Gesellschaftsvertrag	20,00 €	
	Sachgründungsbericht	20,00 €	
Nr. 32011	Auslagen Grundbucheinsicht (je 8 €)	8,00 €	
Nr. 32011	Auslagen Handelsregistereinsicht (je 4,50 €)	4,50 €	
	Zwischensumme		12.936,65 €
Nr. 32014	19 % Umsatzsteuer		2.457,96 €
	Summe		**15.394,61 €**

Der **Geschäftswert** für die Gründung ist die Summe der Einlagen, § 97 Abs. 1. Dies   **822**
sind, wobei das Bruttoprinzip nach § 38 zu beachten ist:

– Bareinlage durch A		50.000 €
– Sacheinlage B		3.510.000 €
– Aktivvermögen	1.800.000 €	
– Buchwertbereinigung	2 Mio. € – 120.000 € – 170.000 € = 1.710.000 €	
Summe		**3.560.000 €**

Der **Einbringungsvertrag** samt dinglicher Übertragungen dient der Erfüllung und   **823**
Durchführung des Gesellschaftsvertrags und ist daher derselbe Beurkundungsgegenstand, der nach § 109 Abs. 1 Satz 5 nicht gesondert bewertet wird. Aus **§ 109 Abs. 1 Satz 4 Nr. 2** folgt kein Umkehrschluss für andere Einbringungsgegenstände als Grundstücke.

Berät der Notar bei der Erstellung des **Sachgründungsberichts** (§ 5 Abs. 4 Satz 2   **824**
GmbHG), ist eine Beratungsgebühr nach Nr. 24201 abzurechnen. Der Sachgründungsbericht ist nicht Gegenstand des Gründungsverfahrens, so dass die gesonderte Gebühr nicht nach Anmerkung 1 zu Nr. 24200 ausgeschlossen ist. Es handelt sich vielmehr um einen **gesonderten Vorgang (Geschäft)**. Der Beratungsgegenstand (Sachgründungsbericht) ist nicht Gegenstand des Beurkundungsverfahrens zur GmbH-Gründung.

Würde der Sachgründungsbericht beurkundet werden, käme die 1,0-Gebühr nach   **825**
Nr. 21200 zum Ansatz. Daher ist für die Beratung Nr. 24201 einschlägig. Aus dem **Ge-**

bührensatzrahmen von 0,3 bis 0,5 wurde nach § 92 Abs. 1 ein mittlerer Wert von 0,4 zum Ansatz gebracht. Der Geschäftswert richtet sich nach § 36 Abs. 1. Demnach ist – wie bisher – ein **Schätzwert (Teilwert) vom Wert der Sacheinlage** maßgeblich, hier 30 % von 3,51 Mio. €.

826 Die **Höchstvollzugsgebühr** beträgt 250,00 € (Liste, Nr. 22113) + 50,00 € (Negativattest, Nr. 22112) = 300,00 €.

827 Da **zwei Vorgänge** vorliegen (Gründungverfahren und Beratungsgeschäft), fällt die Pauschale für Post und Telekommunikation **zweimal** an: Sie kann nämlich nach der Anmerkung zu Nr. 32005 in jedem notariellen Verfahren und bei sonstigen notariellen Geschäften anstelle der tatsächlichen Auslagen nach Nr. 32004 gefordert werden. Das ist angesichts der Komplexität des Vorgangs und der üblicher Weise Vielzahl von Kommunikationsbeziehungen angemessen.

828 Der Geschäftswert für die **Bestellung der Geschäftsführer** ist nach §§ 108 Abs. 1 Satz 1, 105 Abs. 4 Nr. 1 zu ermitteln. Nach § 109 Abs. 2 Satz 1 Nr. 4 lit. d) liegt hinsichtlich der Bestellung von A und von B derselbe Beurkundungsgegenstand vor, so dass nach § 109 Abs. 2 Satz 2 der Wert von 30.000,00 € nur einmal anzusetzen ist. Gründung und Beschlüsse sind demgegenüber immer verschiedene Gegenstände, § 110 Nr. 1.

829 **Kostenberechnung zur Handelsregisteranmeldung vom 1.8.2014 URNr. 1531/2014**

Nr. 24102	Handelsregisteranmeldung			136,50 €
	Geschäftswert nach §§ 119, 105, 106		100.000,00 €	
Nr. 22114	Elektronischer Vollzug und XML-Strukturdaten			81,90 €
	Geschäftswert nach § 112		100.000,00 €	
Auslagen				
Nr. 32000	Dokumentenpauschale – Papier (s/w)		10 Seiten	5,00 €
Nr. 32002	Dokumentenpauschale – Daten	5 Dateien/45 Scanseiten		22,50 €
Nr. 32005	Auslagenpauschale Post und Telekommunikation			20,00 €
	Zwischensumme			265,90 €
Nr. 32014	19 % Umsatzsteuer			50,52 €
	Summe			**316,42 €**
	Rechnungsgesamtbetrag			**10.836,79 €**

830 Bei der Erstanmeldung der GmbH und der Anmeldung der Geschäftsführer handelt es sich auch hinsichtlich des zweiten Geschäftsführers noch um **dieselbe Tatsache**, nämlich die „**erste Anmeldung**" i.S.v. § 105 Abs. 1 Satz 1 Nr. 1, Hs. 1.

831 **Nebenberechnung Dokumentenpauschale**
 – Ausdruck Entwurf HRA (inkl. Beglaubigungsvermerk) ohne Berechnung
 – Abschriften HRA, Nr. 32000 10 Seiten
 – Beglaubigungsvermerke ohne Berechnung

Summe Nr. 32000 **10 Seiten**

F. Gesellschaft mit beschränkter Haftung

– Elektronischer Versand, Nrn. 32002, 32000	**5 Dateien/45 Scans**	
– HRA mit Beglaubigungsvermerk	5 Seiten	
– Gründungsurkunde	28 Seiten	
– Sachgründungsbericht	10 Seiten	
– Liste	1 Seite	
– Einzahlungsbeleg	1 Seite	

Die „50 Seiten" im Sinne von Nr. 32000 werden für die Vergleichsberechnung **nach** **831a**
Nr. 32002 gesondert gezählt und nicht mit übrigen nach Nr. 32000 abgerechneten Seiten verrechnet.

4. Wirtschaftliche Neugründung

A kauft von der F sämtliche Geschäftsanteile an einer Vorrats-GmbH mit einem **832**
Stammkapital von 25.000 € zum Kaufpreis von 27.500 €. In der gleichen Urkunde wird der bisherige Geschäftsführer abberufen und entlastet sowie ein neuer Geschäftsführer bestellt. Ferner werden der Gesellschaftszweck geändert und die Umfirmierung beschlossen.
Der Notar entwirft die Gesellschafterliste. Er stellt ferner den Wortlaut der neuen Satzung zusammen und erteilt die Bescheinigung nach § 54 Abs. 1 Satz 2, Hs. 2 GmbHG (12 Seiten – 2 beglaubigte Abschriften).
Der Notar entwirft die Handelsregisteranmeldung einschließlich Geschäftsführer-Versicherungen und BZRG-Belehrung, legt darin die wirtschaftliche Neugründung offen und beglaubigt die Unterschrift.
Der Notar reicht alles in elektronischer Form beim Handelsregister ein.
Von der Kauf- und Beschlussurkunde (17 Seiten) werden drei beglaubigte Abschriften erstellt, von der Handelsregisteranmeldung (3 Seiten) eine beglaubigte und der Gesellschafterliste (1 Seite) je eine.
Der Notar hat das Handelsregister eingesehen.

Kostenberechnung zum Kaufvertrag mit Gesellschafterbeschluss vom 1.8.2013 **833**
URNr. 1540/2014

Nr. 21100	Beurkundungsverfahren		492,00 €
	Summe nach § 35 Abs. 1	87.500,00 €	
	§§ 97, 47 (Abtretung)	27.500,00 €	
	§§ 108 Abs. 1, 105 (GF-Wechsel)	30.000,00 €	
	§§ 108 Abs. 1, 105 (Satzungsänderungen)	30.000,00 €	
Nr. 22110	Vollzugsgebühr (nach Nr. 22113)		123,00 €
	Geschäftswert nach § 112	87.500,00 €	

Kapitel 2. Gesellschaftsrecht

	Auslagen			
	Nr. 32001	Dokumentenpauschale – Papier (s/w)	76 Seiten	11,40 €
	Nr. 32005	Auslagenpauschale Post und Telekommunikation		20,00 €
	Nr. 32011	Auslagen Handelsregistereinsicht (je 4,50 €)		4,50 €
		Zwischensumme		650,90 €
	Nr. 32014	19 % Umsatzsteuer		123,67 €
		Rechnungsbetrag		**774,57 €**

834   Auch die Geschäftswerte für Beschlüsse und rechtsgeschäftliche Erklärungen sind fortan – anders als nach der KostO – **zusammenzurechnen**, § 35 Abs. 1, wenn sie in eine Urkunde aufgenommen werden. Es handelt sich stets um verschiedene Beurkundungsgegenstände, § 110 Nr. 1. Gesonderte Gebühren entstehen nur noch, wenn verschiedene Gebührensätze anwendbar sind, § 94 Abs. 1. Mehrere Wahlen haben jedoch, wenn keine Einzelwahlen stattfinden, denselben Gegenstand, § 109 Abs. 2 Satz 1 Nr. 4 lit. d).

835   **Kostenberechnung zur Handelsregisteranmeldung vom 1.8.2014 URNr. 1541/2014**

Nr. 24102	Handelsregisteranmeldung			150,00 €
	Summe nach § 35 Abs. 1		120.000,00 €	
	§§ 119, 105, 106 (Wirtschaftl. Neugr.)		30.000,00 €	
	§§ 119, 105, 106 (GF-Abberufung)		30.000,00 €	
	§§ 119, 105, 106 (GF-Anmeldung)		30.000,00 €	
	§§ 119, 105, 106 (Satzungsänderungen)		30.000,00 €	
Nr. 22114	Elektronischer Vollzug und XML-Strukturdaten			90,00 €
	Geschäftswert nach § 112		120.000,00 €	
Auslagen				
Nr. 32000	Dokumentenpauschale – Papier (s/w)		3 Seiten	1,50 €
Nr. 32002	Dokumentenpauschale – Daten	4 Dateien/33 Scanseiten		16,50 €
Nr. 32005	Auslagenpauschale Post und Telekommunikation			20,00 €
	Zwischensumme			278,00 €
Nr. 32014	19 % Umsatzsteuer			52,82 €
	Rechnungsbetrag			**330,82 €**
	Rechnungsgesamtbetrag			**1.105,39 €**

836   Die **Offenlegung** der wirtschaftlichen Neugründung/Aktivierung der Vorratsgesellschaft ist eine Tatsache nach § 105 Abs. 2, Abs. 4 Nr. 1, deren Geschäftswert mindestens 30.000 € beträgt. Die **Versicherungen des Geschäftsführers** nach § 39 Abs. 3 GmbHG sind Teil der Anmeldung und daher nicht gesondert zu bewerten. Die Abberufung des bisherigen und Anmeldung des neuen Geschäftsführers sind – anders als beim Beschluss – nach § 111 Nr. 3 nicht als derselbe Gegenstand zu behandeln.

Die **Belehrung nach § 53 Abs. 2 BZRG** über das unbeschränkte Auskunftsrecht des Registergerichts nach § 41 Abs. 1 Nr. 1 BZRG ist als notwendiger Erklärungsinhalt der Anmeldung ebenfalls nicht gesondert zu bewerten. **Schriftliche Fernbelehrungen**, bspw. von Geschäftsführern im Ausland, werden mit der Entwurfsgebühr 24101 (1,0-Gebühr – sonstige einseitige Erklärungen des Notars) aus einem Teilwert der Registeranmeldung fakturiert. 837

Wird dem Notar die **bloße Unterschriftsbeglaubigung** und nicht der Entwurf der Anmeldung angetragen, ist die **mündliche Belehrung nach § 53 Abs. 2 BZRG** von Nr. 25100 nicht erfasst. In Betracht kommt dann eine **Beratungsgebühr** nach Nr. 24202 (0,3-Gebühr). An meinem Vorschlag in der Vorauflage, diesen Sachverhalt als Entwurfsüberprüfung/-ergänzung zu behandeln, halte ich nicht fest. Der **Geschäftswert** richtet sich nach § 36 Abs. 1, wobei ein Teilwert von 10 bis 20 Prozent der Registeranmeldung angemessen sein dürfte. 838

5. Unternehmergesellschaft (haftungsbeschränkt)

a) Ein-Personen-Gründung mit Musterprotokoll

Es wird eine Unternehmergesellschaft (haftungsbeschränkt – UG) mittels Musterprotokolls (3 Seiten – zwei beglaubigte Abschriften) gegründet. Stammkapital: 1 €. Der Notar entwirft die Handelsregisteranmeldung (2 Seiten – zwei beglaubigte Abschriften) und reicht sie in elektronischer Form zusammen mit dem Musterprotokoll ein. 839

Kostenberechnung zur Gründung einer UG (haftungsbeschränkt) vom 1.8.2014 URNr. 1605/2014 840

Nr. 21200	Beurkundungsverfahren		60,00 €
	Geschäftswert nach §§ 97 Abs. 1, 107	1,00 €	
Auslagen			
Nr. 32001	Dokumentenpauschale – Papier (s/w)	6 Seiten	0,90 €
Nr. 32005	Auslagenpauschale Post und Telekommunikation		12,00 €
	Zwischensumme		72,90 €
Nr. 32014	19 % Umsatzsteuer		13,85 €
	Summe		**86,75 €**

Kostenberechnung zur Handelsregisteranmeldung vom 1.8.2014 URNr. 1606/2014 841

Nr. 24102	Handelsregisteranmeldung		30,00 €
	Geschäftswert nach §§ 119 Abs. 1, 105, 106	1,00 €	
Nr. 22114	Elektronischer Vollzug und XML-Strukturdaten		15,00 €
	Geschäftswert nach § 112	1,00 €	

Auslagen			
Nr. 32000	Dokumentenpauschale – Papier (s/w)	4 Seiten	2,00 €
Nr. 32002	Dokumentenpauschale – Daten	2 Dateien/5 Scanseiten	3,00 €
Nr. 32005	Auslagenpauschale Post und Telekommunikation		9,00 €
	Zwischensumme		59,00 €
Nr. 32014	19 % Umsatzsteuer		11,21 €
	Summe		**70,21 €**
	Rechnungsgesamtbetrag		**156,96 €**

842 § 105 Abs. 1 Satz 2 mit dem Mindestwert von 30.000 € gilt hier wegen **§ 105 Abs. 6 Nr. 1** nicht. Die **spezifischen Mindestgebühren** der Nrn. 21200 und 24102 sind jedoch anzuwenden. Das Musterprotokoll gilt zugleich als **Gesellschafterliste**.

b) Mehr-Personen-Gründung mit Musterprotokoll

843 Es wird eine Unternehmergesellschaft (haftungsbeschränkt – UG) mittels Musterprotokolls (3 Seiten – drei begl. Abschriften) gegründet. Stammkapital: 5.000 €. Der Notar entwirft die Handelsregisteranmeldung (2 Seiten – zwei begl. Abschriften) und reicht sie in elektronischer Form zusammen mit dem Musterprotokoll ein.

844 Kostenberechnung zur Gründung einer UG (haftungsbeschränkt) vom 1.8.2014 URNr. 1610/2014

Nr. 21100	Beurkundungsverfahren		120,00 €
	Geschäftswert nach §§ 97 Abs. 1, 107	5.000,00 €	
Auslagen			
Nr. 32001	Dokumentenpauschale – Papier (s/w)	9 Seiten	1,35 €
Nr. 32005	Auslagenpauschale Post und Telekommunikation		20,00 €
	Zwischensumme		141,35 €
Nr. 32014	19 % Umsatzsteuer		26,86 €
	Summe		**168,21 €**

845 Kostenberechnung zur Handelsregisteranmeldung vom 1.8.2014 URNr. 1611/2014

Nr. 24102	Handelsregisteranmeldung		30,00 €
	Geschäftswert nach §§ 119 Abs. 1, 105, 106	5.000,00 €	
Nr. 22114	Elektronischer Vollzug und XML-Strukturdaten		15,00 €
	Geschäftswert nach § 112	5.000,00 €	

F. Gesellschaft mit beschränkter Haftung

	Auslagen		
Nr. 32000	Dokumentenpauschale – Papier (s/w) 4 Seiten		2,00 €
Nr. 32002	Dokumentenpauschale – Daten 2 Dateien/5 Scanseiten		3,00 €
Nr. 32005	Auslagenpauschale Post und Telekommunikation		9,00 €
	Zwischensumme		59,00 €
Nr. 32014	19 % Umsatzsteuer		11,21 €
	Summe		**70,21 €**
	Rechnungsgesamtbetrag		**238,42 €**

Der **Mindestwert** aus § 107 Abs. 1 Satz 1 gilt gemäß § 107 Abs. 1 Satz 2 nicht. Die im Verhältnis zum Geschäftswert hohe Gebühr entsteht wegen der **spezifischen Mindestgebühr** im Beurkundungsverfahren, siehe Nr. 21100. § 105 Abs. 1 Satz 2 mit dem Mindestwert von 30.000 € gilt hier wegen § 105 Abs. 6 Satz 1 Nr. 1 nicht.   846

c) Mehr-Personen-Gründung ohne Musterprotokoll

Es wird eine Unternehmergesellschaft (haftungsbeschränkt – UG) gegründet (16 Seiten – 3 begl. Abschriften). Stammkapital: 5.000 €. Der Notar entwirft die Handelsregisteranmeldung (2 Seiten – 2 begl. Abschriften) und reicht sie in elektronischer Form zusammen mit der von ihm entworfenen Gesellschafterliste (1 Seite – 3 Abschriften) und dem privatschriftlichen Beschluss zur Geschäftsführerbestellung (1 Seite) ein.   847

Kostenberechnung zur GmbH-Gründung vom 1.8.2014   848
URNr. 1615/2014

Nr. 21100	Beurkundungsverfahren		250,00 €
	Geschäftswert nach §§ 97 Abs. 1, 107	30.000,00 €	
Nr. 22110	Vollzugsgebühr (Nr. 22113)		62,50 €
	Geschäftswert nach § 112	30.000,00 €	
Auslagen			
Nr. 32001	Dokumentenpauschale – Papier (s/w) 51 Seiten		7,65 €
Nr. 32005	Auslagenpauschale Post und Telekommunikation		20,00 €
	Zwischensumme		340,15 €
Nr. 32014	19 % Umsatzsteuer		64,63 €
	Rechnungsbetrag		**404,78 €**

849 **Kostenberechnung zur Handelsregisteranmeldung vom 1.8.2014 URNr. 1616/2014**

Nr. 24102	Handelsregisteranmeldung		62,50 €
	Geschäftswert nach §§ 119, 105, 106	30.000,00 €	
Nr. 22114	Elektronischer Vollzug und XML-Strukturdaten		37,50 €
	Geschäftswert nach § 112	30.000,00 €	
Auslagen			
Nr. 32000	Dokumentenpauschale – Papier (s/w)	4 Seiten	2,00 €
Nr. 32002	Dokumentenpauschale – Daten	4 Dateien/20 Scanseiten	10,00 €
Nr. 32005	Auslagenpauschale Post und Telekommunikation		20,00 €
	Zwischensumme		132,00 €
Nr. 32014	19 % Umsatzsteuer		25,08 €
	Zwischensumme		**157,08 €**
	Rechnungsgesamtbetrag		**561,86 €**

850 Die UG-Gründung **ohne** Musterprotokoll erfolgt nicht im vereinfachten Verfahren nach § 2 Abs. 1a GmbHG. § 105 Abs. 6 ist nicht anwendbar: **Mindestwerte gelten**.

II. Satzungsänderungen

1. Sitzverlegung, Gegenstandsänderung, Änderung der Vertretungsregelung

851 Beschlossen werden folgende Änderungen der Satzung der ABC GmbH: § 2 Gegenstand des Unternehmens, § 5 Gesellschafterversammlung und § 9 Kündigung. Das Stammkapital der Gesellschaft beträgt 25.000,00 €. Der Notar beurkundet die Beschlüsse in einer Niederschrift (3 Seiten – 3 begl. Abschriften), stellt den Wortlaut der neuen Satzung zusammen (10 Seiten – 2 begl. Abschriften), erteilt die Bescheinigung nach § 54 Abs. 1 Satz 2, Hs. 2 GmbHG (1 Seite – 2 begl. Abschriften), entwirft die Handelsregisteranmeldung (3 Seiten – 2 begl. Abschriften) und übermittelt diese elektronisch an das Registergericht. Der Notar hat das Handelsregister eingesehen.

F. Gesellschaft mit beschränkter Haftung

Kostenberechnung zum Beschluss vom 1.8.2014   **852**
URNr. 660/2014

Nr. 21100	Beurkundungsverfahren		250,00 €
	Geschäftswert nach §§ 97, 108, 105	30.000,00 €	
Auslagen			
Nr. 32001	Dokumentenpauschale – Papier (s/w)	31 Seiten	4,65 €
Nr. 32005	Auslagenpauschale Post und Telekommunikation		20,00 €
Nr. 32011	Auslagen Handelsregistereinsicht (je 4,50 €)		4,50 €
	Zwischensumme		279,15 €
Nr. 32014	19 % Umsatzsteuer		53,04 €
	Rechnungsbetrag		**332,19 €**

Nach § 109 Abs. 2 Satz 1 Nr. 4 lit. c) sind mehrere Änderungen der Satzung ohne **853** bestimmten Geldwert derselbe Gegenstand. Für den Satzungsänderungsbeschluss gilt nach § 108 Abs. 1 Satz 1 die Vorschrift in 105 Abs. 4 Nr. 1 entsprechend.

Gewisse Schwierigkeiten bereitet die kostenrechtliche Einordnung der **Satzungsbe- 854 scheinigung bzw. die Zusammenstellung des neuen Satzungstextes** durch den Notar.

– Klar ist zunächst, dass die **Satzungsbescheinigung** als solche nach Vorbemerkung **855** 2.1 Abs. 2 Nr. 4 **gebührenfrei** ist, wenn derselbe Notar den Beschluss über die Satzungsänderung beurkundet hat.

– Klar ist weiter, dass **keine Amtspflicht des Notars** besteht, den nach § 54 Abs. 1 **856** Satz 2, Hs. 1 einzureichenden vollständigen Wortlaut der Satzung selbst herzustellen. Daran schließt sich die Frage an, ob die auftragsgemäße Zusammenstellung des Wortlauts der neuen Satzung durch den Notar eine Gebühr auslösen kann und wenn ja welche. Eine entsprechende Anwendung von Vorbemerkung 2.2.1.1 Abs. 1 Satz 2 Nr. 3 (Erstellung der Gesellschafterliste) ist aufgrund des Analogieverbots (§ 1 Abs. 1) nicht möglich. Von einer Entwurfserstellung kann man nicht sprechen, weil das dafür erforderliche kreative Element im Sinne der Schöpfung von Erklärungen dem schlichten Zusammenstellen fehlt. Eine gebührenpflichtige **Entwurfsüberprüfung** liegt auch nicht vor, weil die Überprüfung mit der Satzungsbescheinigung abgegolten ist. In Betracht kommt daher allenfalls die Annahme einer **beratenden Tätigkeit nach Nr. 24200**. Ich persönlich tendiere jedoch zur **Gebührenfreiheit**, auch wenn es das „gebührenfreie Nebengeschäft" i.S.v. § 35 KostO im GNotKG nicht mehr gibt. Ich würde in der Gesamtschau von Vorbemerkung 2.1 Abs. 2 Nr. 4 und § 109 Abs. 2 Satz 1 Nr. 4 lit. c) das Bestreben des Gesetzgebers erkennen und anerkennen, die Notartätigkeit bei der Satzungsänderung ohne bestimmten Geldwert auf die Beurkundungsgebühr für einen Beschluss zu konzentrieren.

– Es stellt sich weiter die Frage, ob die **Dokumentenpauschalen** für die Satzungszu- **857** sammenstellungen nach Nr. 32001 Nr. 2 oder nach Nr. 32000 zu berechnen sind. Auf Nr. 32000 kann man insofern kommen, als die Satzungszusammenstellung ein gesondertes Verfahren sein könnte, das außerhalb des Beurkundungsverfahrens mit dem Beschluss stattfindet. Diese Annahme ist aber m.E. nicht richtig, weil ein Sachzusammenhang besteht. Die Gebührenfreiheit der Zusammenstellung und Bescheinigung bedeutet nicht gleichzeitig, dass kein Verfahrenszusammenhang besteht. Daher ist Nr. 32001 anzuwenden.

858 Kostenberechnung zur Handelsregisteranmeldung vom 1.8.2014 URNr. 661/2014

Nr. 24102	Handelsregisteranmeldung		96,00 €
	Summe nach § 35 Abs. 1	65.000,00 €	
	Geschäftswert nach §§ 119, 105, 106 – § 2	30.000,00 €	
	Geschäftswert nach §§ 119, 105, 106 – §§ 5, 9	30.000,00 €	
	... nach §§ 119, 105. 106 – Geschäftsanschrift	5.000,00 €	
Nr. 22114	Elektronischer Vollzug und XML-Strukturdaten		57,60 €
	Geschäftswert nach § 112	65.000,00 €	
Auslagen			
Nr. 32000	Dokumentenpauschale – Papier (s/w)	6 Seiten	3,00 €
Nr. 32002	Dokumentenpauschale – Daten	3 Dateien/17 Scanseiten	8,50 €
Nr. 32005	Auslagenpauschale Post und Telekommunikation		20,00 €
	Zwischensumme		185,10 €
Nr. 32014	19 % Umsatzsteuer		35,17 €
	Rechnungsbetrag		**220,27 €**
	Rechnungsgesamtbetrag		**552,46 €**

859 Der **Geschäftswert** ergibt sich aus § 105 Abs. 2, Abs. 4 Nr. 1, Abs. 5.

860 Die Anmeldung der verschiedenen Satzungsänderungen ist **nur eine Anmeldung**, soweit nicht Tatsachen nach §§ 54 Abs. 2, 10 GmbHG gesondert angemeldet werden müssen. Allerdings gilt § 109 Abs. 2 Satz 1 Nr. 4 lit. c) nur für die Beschlüsse. Daraus den Gegenschluss zu ziehen, dass bei Anmeldungen mehrere Gegenstände vorliegen, ist aber nicht gerechtfertigt. Entscheidend ist, dass die Anmeldung der Satzungsänderungen auch als **Satzungsneufassung** hätte erfolgen können. Die Enumeration der Änderungen ist kostenrechtlich nicht anders als **eine Satzungsneufassung** zu behandeln. Es liegt daher grundsätzlich **nur eine Tatsache** vor. Auch § 111 Nr. 3 steht somit nicht entgegen. Soweit jedoch das Gesetz eine Bezugnahme auf eine Neufassung verbietet (§§ 54 Abs. 2, 10 GmbHG), liegen auch kostenrechtlich gesonderte Gegenstände vor (BDS/*Bormann*, § 105 Rn. 23; *Diehn/Volpert*, Notarkostenrecht Rn. 1069).

860a Die Anmeldung der **Sitzverlegung** und die Anmeldung der **Änderung der Geschäftsanschrift** bilden **keine** notwendige Erklärungseinheit, weil der Satzungssitz einerseits und der Verwaltungssitz nebst Geschäftsanschrift andererseits nach der Aufhebung von § 4a Abs. 2 GmbHG aF durch das MoMiG auseinanderfallen können.

861 Nimmt der Notar die Handelsregisteranmeldung **durch Eigenurkunde** vor, ist nach Nr. 25204 die gleiche Gebühr wie für den Entwurf der Anmeldung zu erheben.

2. Satzungsänderung bei UG

Beschlossen wird die Aufnahme einer Vinkulierungsklausel. Das Stammkapital der Gesellschaft beträgt 300 €. Der Notar beurkundet den Beschluss (3 Seiten – 3 beglaubigte Abschriften), stellt den Wortlaut der neuen Satzung zusammen und erteilt die Bescheinigung nach § 54 Abs. 1 Satz 2, Hs. 2 GmbHG (5 Seiten – 1 Abschrift), entwirft die Handelsregisteranmeldung (3 Seiten – 1 beglaubigte Abschrift) und übermittelt diese elektronisch an das Registergericht. Der Notar hat das Handelsregister eingesehen.

862

Kostenberechnung zum Beschluss vom 1.8.2014
URNr. 662/2014

863

Nr. 21100	Beurkundungsverfahren		250,00 €
	Geschäftswert nach §§ 97, 108, 105	30.000,00 €	
Auslagen			
Nr. 32001	Dokumentenpauschale – Papier (s/w)	14 Seiten	2,10 €
Nr. 32005	Auslagenpauschale Post und Telekommunikation		20,00 €
Nr. 32011	Auslagen Handelsregistereinsicht (je 4,50 €)		4,50 €
	Zwischensumme		276,60 €
Nr. 32014	19 % Umsatzsteuer		52,55 €
	Rechnungsbetrag		**329,15 €**

Kostenberechnung zur Handelsregisteranmeldung vom 1.8.2014
URNr. 661/2014

864

Nr. 24102	Handelsregisteranmeldung		62,50 €
	Geschäftswert nach §§ 119, 105, 106	30.000,00 €	
Nr. 22114	Elektronischer Vollzug und XML-Strukturdaten		37,50 €
	Geschäftswert nach § 112	30.000,00 €	
Auslagen			
Nr. 32000	Dokumentenpauschale – Papier (s/w)	3 Seiten	1,50 €
Nr. 32002	Dokumentenpauschale – Daten	3 Dateien/11 Scanseiten	5,50 €
Nr. 32005	Auslagenpauschale Post und Telekommunikation		20,00 €
	Zwischensumme		127,00 €
Nr. 32014	19 % Umsatzsteuer		24,13 €
	Rechnungsbetrag		**151,13 €**

	Rechnungsgesamtbetrag	**480,28 €**

865 Der **Mindestwert von 30.000 €** nach § 105 Abs. 2, Abs. 4 Nr. 1 gilt, weil die Voraussetzungen nach § 105 Abs. 6 Satz 1 Nr. 2 nicht vorliegen.

3. Satzungsänderung und Gesellschafterliste

865a Der Notar beurkundet einen Beschluss zur Änderung der Firma der A GmbH (Stammkapital 25.000 €) in B GmbH (3 Seiten – 2 Abschriften, Entwurf per E-Mail an vier Empfänger) und wird beauftragt, die entsprechende Handelsregisteranmeldung (3 Seiten – 2 Abschriften) elektronisch vorzunehmen. Die Gesellschaft ist ferner an der X-GmbH und der Y-GmbH beteiligt. Daher wird der Notar gebeten, eine neue Liste dieser Gesellschaften zu fertigen, die im Termin vom jeweiligen Geschäftsführer unterschrieben und vom Notar jeweils mit XML-Strukturdaten eingereicht wird; jede Gesellschaft erhält eine Abschrift.

865b Kostenberechnung zum Beschluss vom 1.8.2014
URNr. 664/2014

Nr. 21100	Beurkundungsverfahren		250,00 €
	Geschäftswert nach §§ 97, 108, 105	30.000,00 €	
Auslagen			
Nr. 32001	Dokumentenpauschale – Papier (s/w)	6 Seiten	0,90 €
Nr. 32005	Auslagenpauschale Post und Telekommunikation		20,00 €
	Zwischensumme		270,90 €
Nr. 32014	19 % Umsatzsteuer		51,47 €
	Rechnungsbetrag		**322,37 €**

865c Kostenberechnung zur Handelsregisteranmeldung vom 1.8.2014
URNr. 665/2014

Nr. 24102	Handelsregisteranmeldung		62,50 €
	Geschäftswert nach §§ 119, 105, 106	30.000,00 €	
Nr. 22114	Elektronischer Vollzug und XML-Strukturdaten		37,50 €
	Geschäftswert nach § 112	30.000,00 €	
Auslagen			
Nr. 32000	Dokumentenpauschale – Papier (s/w)	6 Seiten	3,00 €
Nr. 32002	Dokumentenpauschale – Daten	4 Dateien + 2 Dateien	8,00 €
Nr. 32005	Auslagenpauschale Post und Telekommunikation		20,00 €
	Zwischensumme		131,00 €
Nr. 32014	19 % Umsatzsteuer		24,89 €
	Rechnungsbetrag		**155,89 €**

Kostenberechnung zur Gesellschafterliste der X-GmbH vom 1.8.2014   **865d**
Aktenzeichen 666/2014

Nr. 22121	Durchführungsgebühr (Gesellschafterliste)		16,50 €
	Geschäftswert nach § 112	3.000,00 €	
Nr. 22125	Elektronischer Vollzug und XML-Strukturdaten		19,80 €
	Geschäftswert nach § 112	3.000,00 €	
Auslagen			
Nr. 32000	Dokumentenpauschale – Papier (s/w)	1 Seite	0,50 €
Nr. 32002	Dokumentenpauschale – Daten	1 Datei	1,50 €
Nr. 32004	Auslagenpauschale Post und Telekommunikation		0,60 €
	Zwischensumme		38,90 €
Nr. 32014	19 % Umsatzsteuer		7,39 €
	Rechnungsbetrag		**46,29 €**

Kostenberechnung zur Gesellschafterliste der Y-GmbH vom 1.8.2014   **865e**
Aktenzeichen 667/2014

Nr. 22121	Durchführungsgebühr (Gesellschafterliste)		16,50 €
	Geschäftswert nach § 112	3.000,00 €	
Nr. 22114	Elektronischer Vollzug und XML-Strukturdaten		19,80 €
	Geschäftswert nach § 112	3.000,00 €	
Auslagen			
Nr. 32000	Dokumentenpauschale – Papier (s/w)	1 Seite	0,50 €
Nr. 32002	Dokumentenpauschale – Daten	1 Datei	1,50 €
Nr. 32004	Auslagenpauschale Post und Telekommunikation		0,60 €
	Zwischensumme		38,90 €
Nr. 32014	19 % Umsatzsteuer		7,39 €
	Rechnungsbetrag		**46,29 €**

	Rechnungsgesamtbetrag		**570,84 €**

Die **Aktualisierung der Gesellschafterlisten** bei **mittelbarer Mitwirkung** ist   **865f**
m. E. **kein Vollzug zur Firmenänderung**, sondern ein jeweils **selbständiges** Geschäft (str.). Ob die isolierte Erstellung der Gesellschafterliste als Entwurfstätigkeit oder Vollzug in besonderen Fällen kostenrechtlich zu erfassen ist, ist noch nicht geklärt. Mir scheinen im Ergebnis beide Ansätze vertretbar (s. Rn. 951g).

III. Geschäftsführerwechsel

1. Anmeldung mit Entwurf

866 Der Notar bereitet eine Handelsregisteranmeldung (1 Seite + UB – 4 Abschriften) des Inhalts vor, dass A nicht mehr Geschäftsführer der ABC GmbH (Stammkapital 25.000 €) ist und stattdessen B bestellt wurde. Ferner wird angemeldet, dass C Prokura erteilt wurde.
Die Anmeldung wird einschließlich der privatschriftlichen Beschlüsse (3 Seiten) elektronisch eingereicht.

867 Kostenberechnung zur Handelsregisteranmeldung vom 1.8.2014
URNr. 670/2014

Nr. 24102	Handelsregisteranmeldung		123,00 €
	Summe nach § 35 Abs. 1	90.000,00 €	
	Geschäftswert nach §§ 119, 105, 106 (Abberufung)	30.000,00 €	
	Geschäftswert nach §§ 119, 105, 106 (Anmeldung)	30.000,00 €	
	Geschäftswert nach §§ 119, 105, 106 (Prokura)	30.000,00 €	
Nr. 22114	Elektronischer Vollzug und XML-Strukturdaten		73,80 €
	Geschäftswert nach § 112	90.000,00 €	
Auslagen			
Nr. 32000	Dokumentenpauschale – Papier (s/w)	8 Seiten	4,00 €
Nr. 32002	Dokumentenpauschale – Daten	2 Dateien/5 Scanseiten	3,00 €
Nr. 32005	Auslagenpauschale Post und Telekommunikation		20,00 €
	Zwischensumme		223,80 €
Nr. 32014	19 % Umsatzsteuer		42,52 €
	Rechnungsbetrag		**266,32 €**

868 Werden **mehrere Tatsachen gleichzeitig** zum Handelsregister angemeldet, liegen verschiedene Beurkundungsgegenstände vor, deren Werte zu addieren sind, §§ 86 Abs. 2, 35 Abs. 1.

869 Anmeldungen zu einer GmbH mit unbestimmtem Geldwert sind nach § 105 Abs. 4 Nr. 1 zu bewerten: Maßgeblich sind 1 Prozent des eingetragenen Stammkapitals, aber mindestens **30.000,00 € je Tatsache**.

870 Würde der Notar auch den entsprechenden **Beschluss entwerfen**, wäre dafür eine 2,0-Gebühr nach Nrn. 24100, 21100, § 92 Abs. 2 zu erheben, und zwar aus 30.000,00 € nach §§ 108 Abs. 1 Satz 1, 105 Abs. 4 Nr. 1. Mehrere Wahlen sind ein Beschluss nach § 109 Abs. 2 Satz 1 Nr. 4 lit. d), wenn keine Einzelwahlen stattfinden.

2. Anmeldung ohne Entwurf (Unterschriftsbeglaubigung)

871 Der Notar beglaubigt die Unterschrift unter einer Handelsregisteranmeldung (2 Seiten – 1 Abschrift) des Inhalts, dass A nicht mehr Geschäftsführer der ABC

GmbH (Stammkapital 25.000 €) ist und stattdessen B bestellt wurde. C wurde Prokura erteilt.
Die Anmeldung wird elektronisch mit den Beschlüssen (3 Seiten) eingereicht.

Kostenberechnung zur Unterschriftsbeglaubigung vom 1.8.2014   872
URNr. 671/2014

Nr. 25100	Beglaubigung der Unterschrift		49,20 €
	Summe nach § 35 Abs. 1	90.000,00 €	
	Geschäftswert nach §§ 121, 105, 106 – GF-Abberufung	30.000,00 €	
	Geschäftswert nach §§ 121, 105, 106 – GF-Anmeldung	30.000,00 €	
	Geschäftswert nach §§ 121, 105, 106 – Prokura	30.000,00 €	
Nr. 22124	Übermittlung an Gericht, Behörde oder Dritten		20,00 €
Nr. 22125	Elektronischer Vollzug und XML-Strukturdaten		147,60 €
	Geschäftswert nach § 112	90.000,00 €	
Nr. 25102	Beglaubigung von Dokumenten		10,00 €
Auslagen			
Nr. 32000	Dokumentenpauschale – Papier (s/w)	2 Seiten	1,00 €
Nr. 32002	Dokumentenpauschale – Daten	2 Dateien/5 Scanseiten	3,00 €
Nr. 32005	Auslagenpauschale Post und Telekommunikation		22,00 €
	Unterschriftsbeglaubigung nebst Vollzug	20,00 €	
	Elektronische Beglaubigung	2,00 €	
	Zwischensumme		252,80 €
Nr. 32014	19 % Umsatzsteuer		48,03 €
	Rechnungsbetrag		**300,83 €**

Hat der Notar den Entwurf nicht selbst gefertigt, sondern beglaubigt er nur die Unterschrift des Anmeldenden, ist die Gebühr für die elektronische Einreichung und **Erstellung der XML-Strukturdaten** nach Nr. 22125 zu Recht höher als nach Nr. 22114. Der Grund liegt im höheren Aufwand. Daneben fällt die Gebühr nach Nr. 22124 für die Übermittlung an das Gericht als Vollzugsgebühr an.   873

Werden **mehrere Tatsachen gleichzeitig** zum Handelsregister angemeldet, liegen verschiedene Beurkundungsgegenstände vor, deren Werte zu addieren sind, §§ 86 Abs. 2, 35 Abs. 1. Das gilt auch für Unterschriftsbeglaubigungen, § 121.   874

Anmeldungen zu einer GmbH mit unbestimmtem Geldwert sind nach § 105 Abs. 4 Nr. 1 zu bewerten: Maßgeblich ist 1 Prozent des eingetragenen Stammkapitals, aber mindestens 30.000 € je Tatsache.   875

Die **Dokumentenpauschale** für die Abschriften richtet sich nach Nr. 32000, weil die Sperrwirkung von Nr. 32001 Nr. 2 und Nr. 3 mangels Beurkundungsverfahrens und Entwurfsfertigung nicht eintreten kann.   876

Eine Gebühr nach **Nr. 25102** ist für die Erstellung der (elektronisch) **beglaubigten Abschrift** zu erheben. Ein Fall von Abs. 2 Nr. 1, Abs. 3 der Anmerkung liegt nicht vor, weil der Notar die Handelsregisteranmeldung weder „aufgenommen" hatte noch die Urschrift verwahrt. Die Urschrift ist vielmehr **auszuhändigen**, § 45 Abs. 3 BeurkG.   877

Bei der Beglaubigung der Abschrift handelt es sich im Verhältnis zur Unterschriftsbeglaubigung um ein anderes Geschäft, für das die **Pauschale** für Post- und Telekommunikationsdienstleistungen **gesondert** anfällt.

878 Insgesamt sind die Kosten bei der Unterschriftsbeglaubigung ohne Entwurf **etwas höher** als bei der Fertigung des Entwurfs durch den Notar. Sie wird daher im Bereich von Handelsregisteranmeldungen nur noch bei hohen Werten vorkommen. Hier wurde ferner davon ausgegangen, dass die **Belehrung nach § 53 Abs. 2 BZRG** bereits erfolgt war. Andernfalls wäre nicht nach Nr. 25100, sondern nach Nr. 24102 abzurechnen gewesen, s. Rn. 837 f.

879 **Abwandlung:** Das Stammkapital beträgt 400 Mio. €.

880 **Kostenberechnung zur Handelsregisteranmeldung vom 1.8.2014 URNr. 673/2014**

Nr. 25100	Beglaubigung der Unterschrift		70,00 €
	Geschäftswert nach §§ 121, 105, 106	1.000.000,00 €	
Nr. 22124	Übermittlung an Gericht, Behörde oder Dritten		20,00 €
Nr. 22125	Elektronischer Vollzug und XML-Strukturdaten		250,00 €
	Geschäftswert nach § 112	1.000.000,00 €	
Nr. 25102	Beglaubigung von Dokumenten		10,00 €
Auslagen			
Nr. 32000	Dokumentenpauschale – Papier (s/w)	2 Seiten	1,00 €
Nr. 32002	Dokumentenpauschale – Daten	2 Dateien/5 Scanseiten	3,00 €
Nr. 32005	Auslagenpauschale Post und Telekommunikation		22,00 €
	Unterschriftsbeglaubigung nebst Vollzug	20,00 €	
	Elektronische Beglaubigung	2,00 €	
	Zwischensumme		376,00 €
Nr. 32014	19 % Umsatzsteuer		71,44 €
	Rechnungsbetrag		**447,44 €**

881 Bei Anmeldungen zum Handelsregister beträgt der **Höchstgeschäftswert 1 Mio. €**, § 106 Satz 1. Dies gilt nach § 106 Satz 2 auch dann, wenn mehrere Anmeldungen in einem Beurkundungsverfahren zusammengefasst werden. Deshalb ist es hier **entbehrlich**, nach §§ 19 Abs. 3 Nr. 3, 35 Abs. 1 die **Wertzusammensetzung** aus den verschiedenen Anmeldevorgängen (GF-Abberufung, GF-Anmeldung und Prokura-Erteilung) aufzuschlüsseln, da Werte oberhalb von 1 Mio. € ohnehin keine Berücksichtigung finden.

881a Für die Erstellung von **XML-Strukturdaten** gilt die Höchstgebühr von **250,00 €** auch beim Vollzug in besonderen Fällen wie hier. Bei den „echten" Vollzugstätigkeiten nach Nrn. 22120 und 22121 gilt jedoch anders als bei Nrn. 22112 und 22113 keine Höchstgebühr. Die hier anzusetzende Festgebühr nach Nr. 22124 bleibt gleich.

882 Aufgrund der Höchstgebühr für Unterschriftsbeglaubigungen wirken sich tatsächlich Geschäftswerte **oberhalb von 140.001,00 € nicht** mehr aus.

3. Geschäftsführerwechsel bei einer UG (mit Musterprotokoll)

Der Notar bereitet eine Handelsregisteranmeldung (2 Seiten + UB – 2 Abschriften) des Inhalts vor, dass A nicht mehr Geschäftsführer der ABC UG (haftungsbeschränkt) ist und stattdessen B bestellt wurde. Die Gesellschaft hat ein Stammkapital von 100 €. Die Anmeldung wird einschließlich des privatschriftlichen Beschlusses (1 Seite) elektronisch zum Handelsregister eingereicht. **882a**

Kostenberechnung zur Handelsregisteranmeldung vom 1.8.2014 **882b**
URNr. 672/2014

Nr. 24102	Handelsregisteranmeldung		96,00 €
	Summe nach § 35 Abs. 1	60.000,00 €	
	Geschäftswert nach §§ 119, 105, 106 (Abberufung)	30.000,00 €	
	Geschäftswert nach §§ 119, 105, 106 (Anmeldung)	30.000,00 €	
Nr. 22114	Elektronischer Vollzug und XML-Strukturdaten		57,60 €
	Geschäftswert nach § 112	60.000,00 €	
Auslagen			
Nr. 32000	Dokumentenpauschale – Papier (s/w)	6 Seiten	3,00 €
Nr. 32002	Dokumentenpauschale – Daten	2 Dateien	3,00 €
Nr. 32005	Auslagenpauschale Post und Telekommunikation		20,00 €
	Zwischensumme		179,60 €
Nr. 32014	19 % Umsatzsteuer		34,12 €
	Rechnungsbetrag		**213,72 €**

Die Privilegierungen der UG mit Musterprotokoll nach § 105 Abs. 6 Satz 1 gelten nur in zwei Fällen, nämlich bei Gründung (Nr. 1) und bei Satzungsänderungen innerhalb des Musterprotokolls (Nr. 2). Alle anderen Maßnahmen werden nach § 105 Abs. 2, Abs. 4 bewertet. Für den Geschäftsführerwechsel gilt daher § 105 Abs. 2, Abs. 4 Nr. 1 mit dem Mindestwert von 30.000 € je Tatsache. **882c**

IV. Kapitalerhöhung

1. Barkapitalerhöhung mit Übernahmeerklärung

Der Notar beurkundet für die ABC GmbH mit einem Stammkapital von 25.000 € einen Kapitalerhöhungsbeschluss über 25.000,00 € nebst entsprechender Satzungsänderung (4 Seiten – 2 beglaubigte Abschriften). Die Übernahme der neuen Geschäftsanteile wird mitbeurkundet. **883**
Der Notar stellt den Wortlaut der neuen Satzung (10 Seiten – 2 Abschriften) zusammen und erteilt die Bescheinigung nach § 54 Abs. 1 Satz 2 GmbHG. Der Notar entwirft die Handelsregisteranmeldung (1 Seite + UB – 2 beglaubigte Abschriften) und übermittelt diese elektronisch dem Registergericht – weisungsgemäß erst gegen Nachweis der Einzahlung des Erhöhungsbetrags.

> Im Auftrag der Beteiligten entwirft er die Kapitalerhöhungs-Liste und die neue Gesellschafterliste (je 1 Seite – 1 Abschrift). Ferner nimmt er die Bescheinigung nach § 40 Abs. 2 GmbHG vor, nachdem die Kapitalerhöhung im Handelsregister eingetragen worden war. Der Notar hatte das Handelsregister eingesehen.

884 Kostenberechnung zum Beschluss vom 1.8.2014
URNr. 680/2014

Nr. 21100	Beurkundungsverfahren			250,00 €
	Geschäftswert nach §§ 97, 108, 105		30.000,00 €	
Nr. 21200	Beurkundungsverfahren			115,00 €
	Geschäftswert nach § 97		25.000,00 €	
Nr. 22110	Vollzugsgebühr (nach Nr. 22113)			96,00 €
	Geschäftswert nach § 112		55.000,00 €	
Nr. 22200	Betreuungsgebühr			96,00 €
	Geschäftswert nach § 113 Abs. 1		55.000,00 €	
Auslagen				
Nr. 32001	Dokumentenpauschale – Papier (s/w)	30 Seiten		4,50 €
Nr. 32005	Auslagenpauschale Post und Telekommunikation			20,00 €
Nr. 32011	Auslagen Handelsregistereinsicht (je 4,50 €)			4,50 €
	Zwischensumme			586,00 €
Nr. 32014	19 % Umsatzsteuer			111,34 €
	Rechnungsbetrag			**697,34 €**

885 Der Erhöhungsbeschluss und die Übernahmeerklärung sind immer **verschiedene Gegenstände**, § 110 Nr. 1. Daher entstehen grundsätzlich gesondert berechnete Gebühren nach § 94 Abs. 1. Neu ist die auch bei Beschlüssen und Erklärungen erforderliche **Vergleichsberechnung**: Die nach dem höchsten Gebührensatz (2,0) berechnete Gebühr aus dem Gesamtbetrag der Werte (55.000 €) beträgt hier 384,00 € und kommt damit nicht, weil höher als 365,00 €, zum Ansatz.

886 Auch für **Beschlüsse** mit bestimmtem Geldwert gilt nunmehr nach § 108 Abs. 1 Satz 2 der **Mindestgeschäftswert** nach § 105 Abs. 1 Satz 2 von 30.000 €. Der gilt auch für Kapitalerhöhungen bei einer UG mit Musterprotokoll, weil Kapitalmaßnahmen von § 105 Abs. 6 Satz 1 Nr. 1 und Nr. 2 nicht erfasst werden (DST, Rn. 427).

887 Die Erstellung der **Gesellschafterlisten** ist Vollzugstätigkeit nach Vorbemerkung 2.2.1.1 Abs. 1 Satz 2 Nr. 3 zur Beschlussbeurkundung. Die Gebühr nach Nr. 22110 entsteht nur einmal, auch wenn zwei Listen gefertigt werden, § 93 Abs. 1 Satz 1, Fall 2. Die Höchstgebühr nach Nr. 22113 würde 500,00 € betragen, wird hier aber bei weitem nicht erreicht. Eine Pflicht, die Übernahmeerklärungen in gesonderte Urkunden aufzunehmen, um den Preis für die Gesellschafterliste zu senken, besteht wegen des Sachzusammenhangs nicht, § 93 Abs. 2 Satz 2.

888 Für die **Wirksamkeitsbescheinigung** fällt bei Kapitalerhöhungen immer eine Betreuungsgebühr an, weil die Bescheinigung nach § 40 Abs. 2 Satz 2 GmbHG erst erteilt werden kann, nachdem der Notar deren Eintragung **und** die Richtigkeit der Ein-

tragung im Handelsregister geprüft hat: Das sind Umstände außerhalb der Urkunde i. S. v. Nr. 22200 Anmerkung Nr. 6.

Kostenberechnung zur Handelsregisteranmeldung vom 1.8.2014 **889**
URNr. 681/2014

Nr. 24102	Handelsregisteranmeldung		62,50 €
	Geschäftswert nach §§ 119 Abs. 1, 105 Abs. 1	30.000,00 €	
Nr. 22114	Elektronischer Vollzug und XML-Strukturdaten		37,50 €
	Geschäftswert nach § 112	30.000,00 €	
Nr. 22200	Betreuungsgebühr		62,50 €
	Geschäftswert nach § 113 Abs. 1	30.000,00 €	
Auslagen			
Nr. 32000	Dokumentenpauschale – Papier (s/w)	4 Seiten	2,00 €
Nr. 32002	Dokumentenpauschale – Daten	5 Dateien/20 Scanseiten	10,00 €
Nr. 32005	Auslagenpauschale Post und Telekommunikation		20,00 €
	Zwischensumme		194,50 €
Nr. 32014	19 % Umsatzsteuer		36,96 €
	Rechnungsbetrag		**231,46 €**
	Rechnungsgesamtbetrag		**928,80 €**

Die Handelsregisteranmeldung ist ein **gesonderter Vorgang (Entwurfsgeschäft)**. **890**
Der Geschäftswert richtet sich nach § 105 Abs. 1 Satz 1 Nr. 3 grundsätzlich nach dem einzutragenden Unterschiedsbetrag, hier aber nach § 105 Abs. 1 Satz 2 nach dem **Mindestwert**. Anmeldung der Satzungsänderung und der Kapitalerhöhung sind dieselbe Tatsache. Die Erstellung der **XML-Strukturdaten** ist dazu Vollzugstätigkeit mit dem Basiswert der Handelsregisteranmeldung. Die Gebühr entsteht nur **einmal** (BDS/ Diehn, Nr. 22114 KV Rn. 18): Für die Einreichung der bescheinigten Gesellschafterliste entstehen keine gesonderten Gebühren für XML-Strukturdaten.

Die **Satzungsbescheinigung** ist nach Vorb. 2.1 Abs. 2 Nr. 4 gebührenfrei. Zur Zu- **891**
sammenstellung des Wortlauts der neuen Satzung s. oben Rn. 854 ff. Der **Treuhandauftrag**, die Handelsregisteranmeldung zunächst nicht einzureichen, löst die Betreuungsgebühr nach Nr. 22200 Nr. 3 aus.

2. Barkapitalerhöhung ohne Übernahmeerklärung

Abwandlung: Das Kapital wird um 600.000 € erhöht. Die Übernahmeerklärung **892**
wird nicht mitbeurkundet und nicht entworfen, sondern es wird nur die Unterschrift beglaubigt (2 Seiten, 2 Abschriften). Nach Einzahlung wird die Handelsregisteranmeldung unterzeichnet, die der Notar dann sofort beim Handelsregister einreichen soll.

**893 Kostenberechnung zum Beschluss vom 1.8.2014
URNr. 683/2014**

Nr. 21100	Beurkundungsverfahren		2.190,00 €
	Geschäftswert nach §§ 97, 108, 105	600.000,00 €	
Nr. 22110	Vollzugsgebühr (nach Nr. 22113)		500,00 €
	Geschäftswert nach § 112	600.000,00 €	
Nr. 22200	Betreuungsgebühr		547,50 €
	Geschäftswert nach § 113 Abs. 1	600.000,00 €	
Auslagen			
Nr. 32001	Dokumentenpauschale – Papier (s/w)	30 Seiten	4,50 €
Nr. 32005	Auslagenpauschale Post und Telekommunikation		20,00 €
Nr. 32011	Auslagen Handelsregistereinsicht (je 4,50 €)		4,50 €
	Zwischensumme		3.266,50 €
Nr. 32014	19 % Umsatzsteuer		620,64 €
	Rechnungsbetrag		**3.887,14 €**

**894 Kostenberechnung zur Unterschriftsbeglaubigung vom 1.8.2014
URNr. 684/2014**

Nr. 25100	Unterschriftsbeglaubigung		70,00 €
	Geschäftswert nach §§ 121, 97	600.000,00 €	
Auslagen			
Nr. 32000	Dokumentenpauschale – Papier (s/w)	4 Seiten	2,00 €
Nr. 32004	Entgelte für Post- und Telekommunikationsdienstleistungen		2,00 €
	Zwischensumme		74,00 €
Nr. 32014	19 % Umsatzsteuer		14,06 €
	Rechnungsbetrag		**88,06 €**

**895 Kostenberechnung zur Handelsregisteranmeldung vom 1.8.2014
URNr. 685/2014**

Nr. 24102	Handelsregisteranmeldung		547,50 €
	Geschäftswert nach §§ 119, 105, 106	600.000,00 €	
Nr. 25102	Beglaubigung von Dokumenten		10,00 €
Nr. 22114	Elektronischer Vollzug und XML-Strukturdaten		250,00 €
	Geschäftswert nach § 112	600.000,00 €	

F. Gesellschaft mit beschränkter Haftung

Auslagen
Nr. 32000	Dokumentenpauschale – Papier (s/w)	4 Seiten	2,00 €
Nr. 32002	Dokumentenpauschale – Daten	6 Dateien / 21 Scanseiten	10,50 €
Nr. 32005	Auslagenpauschale Post und Telekommunikation		20,00 €
	Zwischensumme		840,00 €
Nr. 32014	19 % Umsatzsteuer		159,60 €
	Rechnungsbetrag		**999,60 €**

	Rechnungsgesamtbetrag	**4.974,80 €**

Die Erstellung der **Gesellschafterlisten** ist Vollzugstätigkeit nach Vorbemerkung 2.2.1.1 Abs. 1 Satz 2 Nr. 3 zur Beschlussbeurkundung. Die Gebühr nach Nr. 22110 entsteht nach § 93 Abs. 1 Satz 1, Fall 2 **nur einmal**, auch wenn, wie hier, zwei Listen gefertigt werden. Die Höchstgebühr nach Nr. 22113 beträgt dann **500,00 €**; diese wird hier **erreicht**.   896

Die **Unterschriftsbeglaubigung** unter der von den Beteiligten entworfenen Übernahmeerklärung ist nach Nr. 25100 zu bewerten, also 0,2-Gebühr aus dem Wert der Übernahmeerklärung (§§ 121, 97), mindestens 20,00 €, höchstens 70,00 €. Fertigt der Notar den **Entwurf** der Übernahmeerklärung, ist nach Nr. 24101, § 92 Abs. 2 eine volle Gebühr zu berechnen.   897

Auch ohne Entwurfsfertigung wird **für die Übermittlung der Übernahmeerklärung an das Handelsregister** die Festgebühr nach Nr. 22124 regelmäßig nicht entstehen, weil es sich dabei nicht um den Vollzug der Übernahmeerklärung handelt, sondern der Handelsregisteranmeldung (zur Zuordnung von Vollzugstätigkeit s. Rn. 799).   897a

Die Handelsregisteranmeldung ist ein **gesondertes Beurkundungsverfahren**. Der Geschäftswert richtet sich nach § 105 Abs. 1 Satz 1 Nr. 3 nach dem einzutragenden Unterschiedsbetrag. Die Anmeldung der Satzungsänderung ist keine von der Kapitalerhöhung gesonderte Tatsache. Für die **elektronisch beglaubigte Abschrift** der Übernehmerliste ist die Beglaubigungsgebühr nach Nr. 25102 nicht ausgeschlossen, weil der Notar die Urkunde nicht entworfen hat (Anmerkung 2 Nr. 1 ist daher nicht einschlägig).   898

Die Erstellung der **XML-Strukturdaten** ist dazu Vollzugstätigkeit mit dem Basiswert der Handelsregisteranmeldung. Hier wird allerdings die **Höchstgebühr** von 250,00 € erreicht. Die Gebühr entsteht nur einmal (s. Rn. 890). Sie wird für die Einreichung der bescheinigten Liste nach Wirksamwerden der Kapitalerhöhung nicht gesondert erhoben.   898a

Die **Satzungsbescheinigung** ist nach Vorbemerkung 2.1 Abs. 2 Nr. 4 gebührenfrei. Zur Zusammenstellung des Wortlauts der neuen Satzung siehe oben Rn. 854 ff.   899

Die **Auslagenpauschale für Post- und Telekommunikationsdienstleistungen** fällt je Verfahren und Geschäft gesondert an. Ob sie – wie hier beispielhaft vorgerechnet – tatsächlich dreimal in Ansatz gebracht wird, sollte mit Augenmaß entschieden werden. Auf den tatsächlichen Aufwand kommt es aber nicht an. Alternativ können nach Nr. 32004 die Auslagen in konkreter Höhe abgerechnet werden.   900

3. Euro-Umstellung mit Glättung

900a Der Notar beurkundet eine Gesellschafterversammlung der A-GmbH mit einem Stammkapital von 50.000 DM (5 Seiten, 2 begl. Abschriften). Darin werden die Umstellung des Stammkapitals auf 25.564,59 € und eine Kapitalerhöhung um 35,41 € zur Glättung des Nennbetrags des Geschäftsanteils beschlossen. A wird zur Übernahme zugelassen und erklärt diese in derselben Urkunde. Gleichzeitig wird eine Änderung der Firma beschlossen.
Der Notar stellt den Wortlaut der neuen Satzung (10 Seiten – 2 Abschriften) zusammen und erteilt die Bescheinigung nach § 54 Abs. 1 Satz 2 GmbHG. Der Notar entwirft die Handelsregisteranmeldung (2 Seiten + UB – 2 beglaubigte Abschriften) und übermittelt sie elektronisch dem Registergericht.
Im Auftrag der Beteiligten entwirft der Notar die Kapitalerhöhungs-Liste und die neue Gesellschafterliste (je 1 Seite – 1 Abschrift). Ferner nimmt er die Bescheinigung nach § 40 Abs. 2 GmbHG vor, nachdem die Kapitalerhöhung im Handelsregister eingetragen worden war. Der Notar hat das Handelsregister eingesehen.

900b Kostenberechnung zum Beschluss vom 1.8.2014
URNr. 686/2014

Nr. 21100	Beurkundungsverfahren		384,00 €
	Geschäftswert nach §§ 97, 108, 105	60.035,41 €	
Nr. 22110	Vollzugsgebühr (nach Nr. 22113)		96,00 €
	Geschäftswert nach § 112	60.035,41 €	
Nr. 22200	Betreuungsgebühr		96,00 €
	Geschäftswert nach § 113 Abs. 1	60.035,41 €	
Auslagen			
Nr. 32001	Dokumentenpauschale – Papier (s/w)	31 Seiten	4,65 €
Nr. 32005	Auslagenpauschale Post und Telekommunikation		20,00 €
Nr. 32011	Auslagen Handelsregistereinsicht (je 4,50 €)		4,50 €
	Zwischensumme		605,15 €
Nr. 32014	19 % Umsatzsteuer		114,98 €
	Rechnungsbetrag		**720,13 €**

900c Der Geschäftswert für den Beschluss zur Euro-Umstellung beträgt nach §§ 108 Abs. 1 Satz 1, 105 Abs. 4 Nr. 1 mindestens 30.000 €. Die über den Mindestglättungsbetrag (0,41 €) hinausgehende Kapitalerhöhung hat insgesamt nicht denselben Gegenstand wie der Umstellungsbeschluss und ist nach §§ 108 Abs. 1 Satz 2, 105 Abs. 1 Satz 2 mit zusätzlichen 30.000 € anzusetzen. Die Mindestglättung wäre gegenstandsgleiche Durchführungsmaßnahme nach § 109 Abs. 1. Die **weiteren Beschlüsse** ohne bestimmten Geldwert (Satzungsänderungen) sind jedoch gegenstandsgleich nach § 109 Abs. 2 Satz 1 Nr. 4 lit. c zur Euroumstellung.

900d Die Übernahmeerklärung ist nach §§ 94 Abs. 1, Hs. 1, 110 Nr. 1 grundsätzlich gesondert nach Nr. 21200 aus dem Nominalbetrag der Erhöhung zu bewerten. Hier ist jedoch die 2,0-Gebühr aus der Wertsumme nach § 94 Abs. 1, Hs. 2 günstiger.

Kostenberechnung zur Handelsregisteranmeldung vom 1.8.2014 URNr. 687/2014				900e
Nr. 24102	Handelsregisteranmeldung		96,00 €	
	Geschäftswert nach §§ 119 Abs. 1, 105 Abs. 1	65.000,00 €		
Nr. 22114	Elektronischer Vollzug und XML-Strukturdaten		57,60 €	
	Geschäftswert nach § 112	65.000,00 €		
Auslagen				
Nr. 32000	Dokumentenpauschale – Papier (s/w)	6 Seiten	3,00 €	
Nr. 32002	Dokumentenpauschale – Daten		12,00 €	
Nr. 32005	Auslagenpauschale Post und Telekommunikation		20,00 €	
	Zwischensumme		188,60 €	
Nr. 32014	19 % Umsatzsteuer		35,83 €	
	Rechnungsbetrag		**224,43 €**	
	Rechnungsgesamtbetrag		**944,56 €**	

Die Anmeldung hat **drei Gegenstände**: Die Euroumstellung, die Kapitalerhöhung **900f** und die Firmenänderung. Nach § 111 Nr. 3 ist **jede** Handelsregisteranmeldung stets ein besonderer Beurkundungsgegenstand. Davon ist bei mehreren Satzungsänderungen eine Ausnahme zu machen, jedoch nach richtiger Auffassung nur insoweit, als keine gesonderte Anmeldepflicht besteht (BDS/*Bormann*, § 105 Rn. 23). Diese ist hinsichtlich der Firmenänderung aber gegeben (s. § 10 Abs. 1 Satz 1 GmbHG, aA Streifzug Rn. 1390).

Die **Geschäftswerte** richten sich nach § 105, und zwar bei der Kapitalerhöhung **900g** nach Abs. 1 Satz 2 und bei der Firmenänderung nach Abs. 4 Nr. 1 – in beiden Fällen ist der Mindestgeschäftswert von 30.000 € einschlägig. Die Euroumstellung wird man nach § 105 Abs. 5 mit 5.000 € zu bewerten haben.

XML-Strukturdaten sollten nur einmal abgerechnet werden, auch wenn die be- **900h** scheinigte Veränderungsliste nach § 40 Abs. 2 Satz 2 GmbH nach Wirksamwerden der Kapitalerhöhung durch Eintragung im Handelsregister gesondert eingereicht wird (BDS/*Diehn*, Nr. 22114 Rn. 18).

Wie immer bereiten die **Dokumentenpauschalen** erhebliche Schwierigkeiten. **900i** Nach Nr. 32002 sind je Datei 1,50 € anzusetzen, max. jedoch 5,00 € für den Arbeitsgang (Einreichung der Handelsregisteranmeldung). Die nach der Anmerkung erforderliche Vergleichsberechnung ergibt für zwei Dateien, nämlich das Beschlussprotokoll und die bescheinigte Satzung höhere Pauschalen, nämlich 2,50 € bzw. 5,00 €. Wie sich diese 7,50 € zu den 5,00 € verhalten, ist ungeklärt. Ich habe mich von dem Gedanken leiten lassen, dass die drei anderen Dokumente mit je 1,50 € anzusetzen waren. Zu diesen 4,50 € habe ich 7,50 € addiert. Dem Gesetzgeber ist **zu empfehlen**, die Regelung **zu vereinfachen**.

V. Anteilsabtretung

1. Kaufvertrag

901 An der X-GmbH (Stammkapital 25.000 €) sind A und B mit je einem Geschäftsanteil zu 12.500 € beteiligt. A verkauft seinen Geschäftsanteil an C für 20.000 €. Die dingliche Übertragung wird aufschiebend bedingt auf die Kaufpreiszahlung vereinbart. Der Notar wird beauftragt, die Gesellschafterliste zu erstellen. Die Beurkundung erfolgt auf Englisch. Der Notar fertigt von der Urkunde (14 Seiten) 3 beglaubigte Abschriften und von der Liste (1 Seite) 1 Abschrift. Er hat das Handelsregister zweimal eingesehen.

902 Kostenberechnung zum Kaufvertrag vom 1.8.2014
URNr. 690/2014

Nr. 21100	Beurkundungsverfahren		214,00 €
	Geschäftswert nach §§ 97, 54	20.000,00 €	
Nr. 26001	Protokoll in fremder Sprache		64,20 €
Nr. 22110	Vollzugsgebühr (nach Nr. 22113)		53,50 €
	Geschäftswert nach § 112	20.000,00 €	
Nr. 22114	Elektronischer Vollzug und XML-Strukturdaten		32,10 €
	Geschäftswert nach § 112	20.000,00 €	
Nr. 22200	Betreuungsgebühr		53,50 €
	Geschäftswert nach § 113 Abs. 1	20.000,00 €	
Auslagen			
Nr. 32001	Dokumentenpauschale – Papier (s/w)	43 Seiten	6,45 €
Nr. 32002	Dokumentenpauschale – Daten	1 Datei/1 Scan	1,50 €
Nr. 32005	Auslagenpauschale Post und Telekommunikation		20,00 €
Nr. 32011	Auslagen Handelsregistereinsicht (je 4,50 €)		9,00 €
	Zwischensumme		454,25 €
Nr. 32014	19 % Umsatzsteuer		86,31 €
	Rechnungsbetrag		**540,56 €**

903 Beim echten Anteilskauf steht mit dem **Kaufpreis** der Wert der Anteile grundsätzlich fest i.S.v. §§ 54 Satz 1, Hs. 1, 97 Abs. 3.

904 Die Vollzugsgebühr nach Nr. 22110 fällt für die **Listenerstellung** (Vorbemerkung 2.2.1.1 Abs. 1 Satz 2 Nr. 3) an. Nach Nr. 22114 entsteht – auch ohne besonderen Antrag, Vorbem. 2.2 Abs. 1 – eine Gebühr für die Erstellung der **XML-Strukturdaten**, um die Liste elektronisch an das Handelsregister zu senden. Maßgeblich ist auch hier nach § 112 der Wert des zugrunde liegenden Beurkundungsverfahrens.

904a Wurde in derselben Urkunde neben der Geschäftsanteilsabtretung eine **Satzungsänderung** protokolliert, erfolgt die Einreichung der Liste bei sofortiger dinglicher Wirksamkeit der Übertragung zusammen mit der Handelsregisteranmeldung; gesonderte XML-Strukturdaten werden dann nicht erstellt und auch nicht berechnet. Ist mangels sofortiger Wirksamkeit der Abtretung eine gesonderte Übermittlung der bescheinigten Liste erforderlich, ist aus meiner Sicht keine andere Bewertung gerechtfertigt: Der Abgeltungsumfang der Gebühren für XML-Strukturdaten zur Handelsregisteranmeldung erfasst den Gesamtvorgang (s. Rn. 890, 898a).

Die **Betreuungsgebühr** kommt nach Nr. 22200 Nr. 6 zum Ansatz für die Erteilung einer Bescheinigung über Veränderungen hinsichtlich der Personen der Gesellschafter (§ 40 Abs. 2 GmbHG), weil Umstände **außerhalb der Urkunde** zu prüfen waren, nämlich die vollständige **Kaufpreiszahlung**. 905

Abwandlung: A verkauft einen Geschäftsanteil von 5.000 € an C für 20.000 €. Der Teilungsbeschluss wird in derselben Urkunde gefasst. 905a

Kostenberechnung zum Kaufvertrag vom 1.8.2014   905b
URNr. 696/2014

Nr. 21100	Beurkundungsverfahren		330,00 €
	Summe nach § 35 Abs. 1	50.000,00 €	
	Geschäftswert nach §§ 97, 108, 105 – Beschluss	30.000,00 €	
	Geschäftswert nach §§ 97, 54 – Abtretung	20.000,00 €	
Nr. 26001	Protokoll in fremder Sprache		99,00 €
Nr. 22110	Vollzugsgebühr (nach Nr. 22113)		82,50 €
	Geschäftswert nach § 112	50.000,00 €	
Nr. 22114	Elektronischer Vollzug und XML-Strukturdaten		49,50 €
	Geschäftswert nach § 112	50.000,00 €	
Nr. 22200	Betreuungsgebühr		82,50 €
	Geschäftswert nach § 113 Abs. 1	50.000,00 €	
Auslagen			
Nr. 32001	Dokumentenpauschale – Papier (s/w)	43 Seiten	6,45 €
Nr. 32002	Dokumentenpauschale – Daten	1 Datei/1 Scan	1,50 €
Nr. 32005	Auslagenpauschale Post und Telekommunikation		20,00 €
Nr. 32011	Auslagen Handelsregistereinsicht (je 4,50 €)		9,00 €
	Zwischensumme		680,45 €
Nr. 32014	19 % Umsatzsteuer		129,29 €
	Rechnungsbetrag		**809,74 €**

Der **Teilungsbeschluss** und die Abtretung sind verschiedene Beurkundungsgegenstände nach § 110 Nr. 1. Wäre zusätzlich die **Nummerierung der Geschäftsanteile** beschlossen worden, ändert sich nichts: Kostenrechtlich bilden Teilung und Nummerierung nur einen (Konfektionierungs-)Beschluss (*Diehn/Volpert*, Notarkostenrecht Rn. 772v). 905c

Kapitel 2. Gesellschaftsrecht

2. Kaufvertrag bei vermögensverwaltender Gesellschaft

906 An der X-Holding GmbH (Stammkapital 25.000 €) sind A und B mit je einem Geschäftsanteil zu 12.500 € beteiligt. Die X-Holding GmbH ist Eigentümerin eines Grundstücks, das sie vermietet. Sie ist damit ausschließlich vermögensverwaltend tätig. Das Grundstück hat einen Verkehrswert von 300.000 €. Die Gesellschaft hat Verbindlichkeiten von 120.000 €. A verkauft seinen Geschäftsanteil an C für 90.000 €. Die dingliche Übertragung wird aufschiebend bedingt auf die Kaufpreiszahlung vereinbart. Der Notar wird beauftragt, die Gesellschafterliste zu erstellen.
Der Notar fertigt von der Urkunde (14 Seiten) 3 beglaubigte Abschriften und von der Liste (1 Seite) 1 Abschrift. Er hat das Handelsregister zweimal eingesehen.

907 Kostenberechnung zum Kaufvertrag vom 1.8.2014
URNr. 693/2014

Nr. 21100	Beurkundungsverfahren			708,00 €
	Geschäftswert nach §§ 97, 54		150.000,00 €	
Nr. 22110	Vollzugsgebühr (nach Nr. 22113)			177,00 €
	Geschäftswert nach § 112		150.000,00 €	
Nr. 22114	Elektronischer Vollzug und XML-Strukturdaten			106,20 €
	Geschäftswert nach § 112		150.000,00 €	
Nr. 22200	Betreuungsgebühr			177,00 €
	Geschäftswert nach § 113 Abs. 1		150.000,00 €	
Auslagen				
Nr. 32001	Dokumentenpauschale – Papier (s/w)		43 Seiten	6,45 €
Nr. 32002	Dokumentenpauschale – Daten		1 Datei/1 Scan	1,50 €
Nr. 32005	Auslagenpauschale Post und Telekommunikation			20,00 €
Nr. 32011	Auslagen Handelsregistereinsicht (je 4,50 €)			9,00 €
	Zwischensumme			1.205,15 €
Nr. 32014	19 % Umsatzsteuer			228,98 €
	Rechnungsbetrag			**1.434,13 €**

908 Beim echten Anteilskauf ist bei vermögensverwaltenden Gesellschaften nach §§ 54 Satz 3, 38 der **Aktivwert des Gesellschaftsvermögens** maßgeblich. Der **Kaufpreis** kommt nach 97 Abs. 3, Hs. 2 nur zum Ansatz, wenn er höher ausfällt.

909 Die Vollzugsgebühr nach Nr. 22110 fällt für die **Listenerstellung** (Vorbemerkung 2.2.1.1 Abs. 1 Satz 2 Nr. 3) an. Nach Nr. 22114 entsteht aus dem gleichen Wert – auch ohne besonderen Antrag, Vorbem. 2.2 Abs. 1 – eine Gebühr für die Erstellung der **XML-Strukturdaten**, um die Liste elektronisch ans Handelsregister zu senden.

910 Die **Betreuungsgebühr** kommt nach Nr. 22200 Nr. 6 zum Ansatz für die Erteilung einer Bescheinigung über Veränderungen hinsichtlich der Personen der Gesellschafter (§ 40 Abs. 2 GmbHG), weil Umstände **außerhalb der Urkunde** zu prüfen waren, nämlich die vollständige **Kaufpreiszahlung**.

3. Dinglicher Vollzug durch anderen Notar

An der X-GmbH (Stammkapital 25.000 €) sind A und B mit je einem Geschäfts- 911
anteil zu 12.500 € beteiligt. A verkaufte seinen Geschäftsanteil zu Protokoll eines
anderen Notars an C für 20.000 €.
Nunmehr soll die dingliche Übertragung erfolgen, die der Notar beurkundet.
Er wird ferner beauftragt, die Gesellschafterliste zu erstellen und die Bescheinigung nach § 40 Abs. 2 GmbHG zu erteilen.
Der Notar fertigt von der Urkunde (14 Seiten) 3 beglaubigte Abschriften und von
der Liste (1 Seite) 1 Abschrift.
Er hat das Handelsregister eingesehen.

Kostenberechnung zur Anteilsübertragung vom 1.8.2014 912
URNr. 695/2014

Nr. 21102	Beurkundungsverfahren		107,00 €
	Geschäftswert nach § 97	20.000,00 €	
Nr. 22111	Vollzugsgebühr (nach Nr. 22113)		32,10 €
	Geschäftswert nach § 112	20.000,00 €	
Nr. 22114	Elektronischer Vollzug und XML-Strukturdaten		32,10 €
	Geschäftswert nach § 112	20.000,00 €	
Nr. 25104	Tatsachenbescheinigung		51,00 €
	Geschäftswert nach § 112	6.000,00 €	
Auslagen			
Nr. 32001	Dokumentenpauschale – Papier (s/w)	43 Seiten	6,45 €
Nr. 32002	Dokumentenpauschale – Daten	1 Datei/1 Scan	1,50 €
Nr. 32005	Auslagenpauschale Post und Telekommunikation		20,00 €
Nr. 32011	Auslagen Handelsregistereinsicht (je 4,50 €)		4,50 €
	Zwischensumme		254,65 €
Nr. 32014	19 % Umsatzsteuer		48,38 €
	Rechnungsbetrag		**303,03 €**

Die **isolierte** Protokollierung des dinglichen Vertrages ist nach Nr. 21102 Nr. 1 mit 913
einer **1,0-Gebühr** belegt, wenn das Kausalgeschäft durch einen anderen deutschen
Notar beurkundet worden war.
Die **Vollzugsgebühr** beträgt in diesem Fall **nur 0,3** nach Nr. 22111 für die Erstel- 914
lung der Liste, und zwar höchstens 250,00 € nach Nr. 22113. Die Höchstgebühr ist unabhängig vom Vollzugsgebührensatz.
Eine **Betreuungsgebühr** nach Nr. 22200 Nr. 6 fällt nur an, wenn es der Notar für 915
die Erteilung der Bescheinigung für erforderlich hält, **Umstände außerhalb der Urkunde** zu prüfen. Das ist hier nicht ersichtlich, weshalb keine Betreuungsgebühr in
Ansatz gebracht worden ist. Damit **entfällt zugleich die Sperrwirkung** von Nr. 22200
gegenüber der Tatsachenbescheinigung nach Nr. 25104, was ich in der Vorauflage
übersehe hatte (zutreffend: BDS/*Pfeiffer*, Nr. 25104 KV Rn. 3 f.; LK/*Arnold*, Nr. 25104

KV Rn. 15, *Diehn/Volpert*, Notarkostenrecht Rn. 1173 ff.). Da „die Erteilung der Bescheinigung [k]eine Betreuungstätigkeit nach Nummer 22200 darstellt", ist die Gebühr 25104 zu erheben. Der Wert der Bescheinigung nach § 40 Abs. 2 Satz 2 GmbHG richtet sich nach § 36 Abs. 1; § 113 Abs. 1 gilt nicht. Der Teilwert kann zwischen 10 und 30 Prozent angesetzt werden (*Diehn/Volpert*, Notarkostenrecht Rn. 1175). Hier wurde von 30% ausgegangen. Ein angemessenes Gebührengefüge entsteht, wenn bei der Ausübung des Ermessens darauf geachtet wird, dass die Bescheinigungsgebühr nach Nr. 25104 nicht über den Betrag der hypothetischen Betreuungsgebühr nach Nr. 22200 hinausgeht.

4. Konzerninterne Anteilsübertragung

916 Alle Geschäftsanteile der X-GmbH (Stammkapital 250.000 €) werden durch Abtretung auf eine andere Konzerntochter übertragen. Die Abtretung wird dinglich sofort wirksam. Der Kaufpreis beträgt 50 Mio. €.
Die X-GmbH ist nicht überwiegend vermögensverwaltend tätig.
Der Notar wird beauftragt, die Gesellschafterliste zu erstellen. Er erteilt die Bescheinigung nach § 40 Abs. 2 GmbHG und reicht die bescheinigte Liste zum Handelsregister elektronisch ein.
Der Notar fertigt von der Urkunde (74 Seiten) 10 einfache und 4 begl. Abschriften sowie von der Liste (2 Seiten) drei Abschriften. Er hat 7 Handelsregistereinsichten vorgenommen.

917 Kostenberechnung zur Anteilsabtretung vom 1.8.2014
URNr. 691/2014

Nr. 21100	Beurkundungsverfahren		22.770,00 €
	Geschäftswert nach §§ 97, 54, 107 Abs. 2	10.000.000,00 €	
Nr. 22110	Vollzugsgebühr (nach Nr. 22113)		250,00 €
	Geschäftswert nach § 112	10.000.000,00 €	
Nr. 22114	Elektronischer Vollzug und XML-Strukturdaten		250,00 €
	Geschäftswert nach § 112	10.000.000,00 €	
Auslagen			
Nr. 32001	Dokumentenpauschale – Papier (s/w)	1.042 Seiten	156,30 €
Nr. 32002	Dokumentenpauschale – Daten	1 Datei/2 Scanseiten	1,50 €
Nr. 32005	Auslagenpauschale Post und Telekommunikation		20,00 €
Nr. 32011	Auslagen Handelsregistereinsicht (je 4,50 €)		31,50 €
	Zwischensumme		23.479,30 €
Nr. 32014	19 % Umsatzsteuer		4.461,07 €
	Rechnungsbetrag		**27.940,37 €**

918 Der allgemeine Höchstwert nach § 35 Abs. 2 von 60 Mio. € wird für konzerninterne Anteilsabtretungen **auf 10 Mio. € reduziert**, außer wenn die Gesellschaft, deren Anteile abgetreten werden, überwiegend vermögensverwaltend tätig ist. Die überwie-

F. Gesellschaft mit beschränkter Haftung

gende Vermögensverwaltung wird bei Immobilienverwaltungs-, Objekt-, Holding-, Besitz- oder sonstigen Beteiligungsgesellschaften vermutet. Werden Geschäftsanteile überwiegend vermögensverwaltender Gesellschaften konzernintern abgetreten, gilt der allgemeine Höchstgeschäftswert von 60 Mio. € nach § 35 Abs. 2.

Wenn **keine Umstände außerhalb der Urkunde** zu prüfen sind, fällt eine Betreuungsgebühr nach Nr. 22200 Nr. 6 nicht an. Die Bescheinigung nach § 40 Abs. 2 GmbHG löst in diesem Fall **keine zusätzlichen Kosten** aus. 919

5. Schenkung

Die A GmbH hat ein Stammkapital von 50.000 €. A überlässt seinem Sohn B einen Geschäftsanteil von 5.000 € im Wege der vorweggenommenen Erbfolge. Gegenleistungen werden nicht vereinbart. 920
Außer der folgenden aktuellen Bilanz liegen keine Anhaltspunkte für die Wertermittlung vor. Das Betriebsgrundstück hat aber mit Gebäude einen Verkehrswert nach § 46 Abs. 1 von 450.000 €.

Aktiva		
– Anlagevermögen	– Betriebsgrundstück	50.000 €
	– Gebäude	75.000 €
	– Maschine	35.000 €
– Umlaufvermögen		300.000 €
– Forderungen		120.000 €
Summe der Aktiva		**580.000 €**
Passiva		
– Eigenkapital		375.000 €
– Rückstellungen		20.000 €
– Verbindlichkeiten	– langfristige Verbindlichkeiten	160.000 €
	– Lieferantenschulden	20.000 €
	– Rechnungsabgrenzungsposten	5.000 €
Summe der Passiva		**580.000 €**

Der Notar wird beauftragt, die Gesellschafterliste zu erstellen. Er erteilt die Bescheinigung nach § 40 Abs. 2 GmbHG und reicht die bescheinigte Liste zum Handelsregister elektronisch ein.
Der Notar fertigt von der Urkunde (24 Seiten) drei beglaubigte Abschriften und von der Liste (1 Seite) eine Abschrift. Er hat das Handelsregister eingesehen.

Kostenberechnung zur Anteilsabtretung vom 1.8.2014 921
URNr. 692/2014

Nr. 21100	Beurkundungsverfahren		438,00 €
	Geschäftswert nach §§ 97, 54	70.500,00 €	
Nr. 22110	Vollzugsgebühr (nach Nr. 22113)		109,50 €
	Geschäftswert nach § 112	70.500,00 €	
Nr. 22114	Elektronischer Vollzug und XML-Strukturdaten		65,70 €
	Geschäftswert nach § 112	70.500,00 €	

223

Kapitel 2. Gesellschaftsrecht

Auslagen			
Nr. 32001	Dokumentenpauschale – Papier (s/w)	73 Seiten	10,95 €
Nr. 32002	Dokumentenpauschale – Daten	1 Datei/1 Scan	1,50 €
Nr. 32005	Auslagenpauschale Post und Telekommunikation		20,00 €
Nr. 32011	Auslagen Handelsregistereinsicht (je 4,50 €)		4,50 €
	Zwischensumme		650,15 €
Nr. 32014	19 % Umsatzsteuer		123,53 €
	Rechnungsbetrag		**773,68 €**

922 Nach § 54 Satz 1 ist bei der Wertermittlung vom **Eigenkapital** auszugehen; Rechnungsabgrenzungsposten müssen wie bisher hinzuaddiert werden, da es sich nicht um echte Verbindlichkeiten handelt. Auszugehen ist hier deshalb von **380.000 €**. Nach § 54 Satz 2 sind **Grundstücke, Gebäude, grundstücksgleiche Rechte**, Schiffe, oder Schiffsbauwerke jedoch nach den Bewertungsvorschriften dieses Unterabschnitts zu berücksichtigen. Insoweit muss einerseits eine **Buchwertkorrektur** stattfinden, andererseits gilt insoweit das Bruttoprinzip, § 38. Insbesondere die mit Immobilien verbundenen Verbindlichkeiten dürfen nicht abgezogen werden. Sie müssen zum Eigenkapital hinzuaddiert werden. Die Buchwertdifferenz beträgt hier 325.000 € (450.000 € – 50.000 € – 75.000 €). Maßgeblich ist hier ein **Anteil von 10 % aus 705.000 €** (325.000 € + 380.000 €).

923 Wenn **keine Umstände außerhalb der Urkunde** zu prüfen sind, fällt eine Betreuungsgebühr nach Nr. 22200 Nr. 6 nicht an. Die Bescheinigung nach § 40 Abs. 2 Satz 2 GmbHG löst in diesem Fall keine zusätzlichen Kosten aus.

924 **Abwandlung:** Die A GmbH ist ausschließlich vermögensverwaltend tätig.

925 **Kostenberechnung zur Anteilsabtretung vom 1.8.2014
URNr. 694/2014**

Nr. 21100	Beurkundungsverfahren		492,00 €
	Geschäftswert nach §§ 97, 54	90.500,00 €	
Nr. 22110	Vollzugsgebühr (nach Nr. 22113)		123,00 €
	Geschäftswert nach § 112	90.500,00 €	
Nr. 22114	Elektronischer Vollzug und XML-Strukturdaten		73,80 €
	Geschäftswert nach § 112	90.500,00 €	

F. Gesellschaft mit beschränkter Haftung

Auslagen
Nr. 32001	Dokumentenpauschale – Papier (s/w)	73 Seiten	10,95 €
Nr. 32002	Dokumentenpauschale – Daten	1 Datei /1 Scan	1,50 €
Nr. 32005	Auslagenpauschale Post und Telekommunikation		20,00 €
Nr. 32011	Auslagen Handelsregistereinsicht (je 4,50 €)		4,50 €
	Zwischensumme		725,75 €
Nr. 32014	19 % Umsatzsteuer		137,89 €
	Rechnungsbetrag		**863,64 €**

Bei überwiegend **vermögensverwaltenden Gesellschaften** ist nach § 54 Satz 3 der auf den jeweiligen Anteil entfallende Wert des Vermögens der Gesellschaft maßgeblich. Entscheidend ist daher das **Aktivvermögen** (**580.000 €**). Wenn nur Bilanzwerte vorliegen, müssen die **Buchwerte nach Möglichkeit korrigiert** werden (450.000 € – 50.000 € – 75.000 € = 325.000 €). Der Unternehmenswert beläuft sich daher auf 905.000 €. 10 % sind die hier maßgeblichen 90.500 €. **926**

VI. Verpfändung

Die operativ tätige A-GmbH ist in finanzielle Schieflage geraten. Das bilanzielle Eigenkapital geht gegen null. Der Investor stellt ein Darlehen in Höhe von 15 Mio. € zur Verfügung. Zur Sicherheit verpfänden die beiden Alleingesellschafter ihm ihre Geschäftsanteile an der A-GmbH, die bereits mit einem Pfandrecht zur Sicherung einer früheren Investition belastet sind. Der Notar protokolliert die Verpfändung der Anteile. **926a**
Die Urkunde (18 Seiten) ist in englischer Sprache verfasst.
Der Notar fertigt sieben beglaubigte Papierabschriften. Zuvor wurden 17 Fassungen der Urkunde per E-Mail mit anwaltlichem Empfängerkreis ausgetauscht. Nach Protokollierung versendet der Notar das eingescannte Dokument auftragsgemäß per E-Mail an neun Adressaten. Er hat das Handelsregister eingesehen.

Kostenberechnung zur Anteilsverpfändung vom 1.8.2014 **926b**
URNr. 697/2014

Nr. 21100	Beurkundungsverfahren		28.770,00 €
	Geschäftswert nach §§ 97, 54, 36	15.000.000,00 €	
Nr. 26001	Protokoll in fremder Sprache		8.631,00 €

Auslagen

Nr. 32001	Dokumentenpauschale – Papier (s/w)	126 Seiten	18,90 €
Nr. 32002	Dokumentenpauschale – Dateien	17	85,00 €
Nr. 32002	Dokumentenpauschale – Dateien nach Scan	18 Seiten	9,00 €
Nr. 32004	Entgelte für Post- und Telekommunikationsdienstleistungen		70,00 €
Nr. 32011	Auslagen Handelsregistereinsicht (je 4,50 €)		9,00 €
	Zwischensumme		37.522,90 €
Nr. 32014	19 % Umsatzsteuer		7.129,35 €
	Rechnungsbetrag		**44.652,25 €**

926c Bei der Verpfändung ist nach § 53 Abs. 2 der **Betrag der Forderung** maßgeblich, allerdings nicht mehr als der Wert des Pfandes. Dieser ist nach § 54 zu bestimmen, wobei dessen Einleitungssatz besondere Bedeutung zukommt. Das bilanzielle Eigenkapital der Gesellschaft ist nur **als Mindestwert** und nur solange maßgeblich, wie es keine Anhaltspunkte für einen höheren Wert der Anteile gibt.

926d Diese ergeben sich regelmäßig **aus den Gesamtumständen der Transaktion**: Die Verpfändung bedarf nach § 1274 Abs. 1 Satz 1 BGB i. V. m. § 15 Abs. 3 GmbHG der notariellen Beurkundung, nicht jedoch das schuldrechtliche Verpflichtungsgeschäft nach § 15 Abs. 4 GmbH. Alle Nebenabreden, Garantien des Verpfänders, Abreden über die Art der Ausübung der Stimmrechte und natürlich der Darlehensvertrag selbst werden daher oft außerhalb der notariellen Urkunde vereinbart. Diese Umstände können jedoch **bei der Wertbestimmung der Anteile herangezogen werden**. Sie ergeben regelmäßig, dass die verpfändeten Anteile einen **Wert haben, der der Darlehensvaluta entspricht**. Liegen entsprechende Umstände vor, können nach § 36 Abs. 1 Abschläge bis zu 50 % erfolgen.

926e Bei der Berechnung der **Pauschale nach Nr. 32002** wurde davon ausgegangen, dass bei 17 versandten Entwurfsfassungen jeweils mehr als drei E-Mail-Empfänger vorhanden waren. Dann sind 17 x 5,00 € anzusetzen. Der Versand der eingescannten Fassung nach Beurkundung ist nicht mit 5,00 €, sondern nach der Vergleichsberechnung mit Nr. 32000 als Papieräquivalent anzusetzen.

VII. Unternehmensverträge

1. Gewinnabführungs- und Beherrschungsvertrag

927 Zwischen der A-GmbH (Mutter) und der B-GmbH (Tochter) besteht ein Gewinnabführungsvertrag (18 Seiten), der am 30.5.2014 geschlossen worden ist.
Der Vertrag ist auf die Dauer von 5 Jahren geschlossen und verlängert sich um jeweils weitere 5 Jahre, wenn dieser nicht gekündigt werden sollte.
Die Gesellschafterin der B-GmbH hält eine Gesellschafterversammlung ab und beschließt, dem Gewinnabführungsvertrag zuzustimmen. Der abzuführende Gewinn wird auf durchschnittlich 100.000 € pro Jahr geschätzt.

Der Notar beurkundet den Beschluss (4 Seiten – 3 beglaubigte Abschriften) und entwirft die Registeranmeldung (3 Seiten – 2 beglaubigte Abschriften), die er elektronisch einreicht. Er hat das Handelsregister eingesehen.
Der Zustimmungsbeschluss der A-GmbH (1 Seite) liegt privatschriftlich vor.

Kostenberechnung zum Gesellschafterbeschluss vom 1.8.2014   **928**
URNr. 1760/2014

Nr. 21100	Beurkundungsverfahren		3.470,00 €
	Geschäftswert nach §§ 97, 108	1.000.000,00 €	
Auslagen			
Nr. 32001	Dokumentenpauschale – Papier (s/w)	12 Seiten	1,80 €
Nr. 32005	Auslagenpauschale Post und Telekommunikation		20,00 €
Nr. 32011	Auslagen Handelsregistereinsicht (je 4,50 €)		9,00 €
	Zwischensumme		3.500,80 €
Nr. 32014	19 % Umsatzsteuer		665,15 €
	Rechnungsbetrag		**4.165,95 €**

Der **Beschluss** ist nach § 108 Abs. 2 zu bewerten, also mit dem **Wert des Unterneh-** **929** **mensvertrages**. Die bei der Subsumtion unter § 108 Abs. 2 angewandten Vorschriften sind von dem Zitiergebot nach § 19 Abs. 3 Nr. 3 nicht erfasst.

Der **Unternehmensvertrag** war und ist eindeutig als Vereinbarung **mit bestimm-** **930** **tem Geldwert** zu qualifizieren. Die bisher teilweise abweichende Auffassung der Rechtsprechung (BayObLG DNotZ 1991, 401), die je nach bereits in der Vergangenheit abgelaufener Vertragslaufzeit zwischen bestimmtem und unbestimmtem Geldwert differenzieren wollte, ist obsolet. Das hat der Gesetzgeber in der Begründung (RegE 185) nochmals ausdrücklich klargestellt. **§ 52** erfasst alle schuldrechtlichen Ansprüche auf wiederkehrende oder dauernde Nutzungen oder Leistungen. Hier wäre der **Unternehmensvertrag nach § 52 Abs. 3 Satz 2 zu bewerten** gewesen, also mit dem **10-fachen Jahreswert**. Dieser ist auch für den Beschluss maßgeblich. Ferner gelten folgende Grundsätze:

– Bei der **Ermittlung des Jahreswertes** kann auf den Jahresgewinn bzw. Jahresfehlbe- **931** trag der letzten Jahre abgestellt werden, wobei ein durchschnittlicher Jahreswert (des **absoluten Betrages** – Gewinne und Verluste dürfen also **nicht verrechnet** werden) zugrunde gelegt werden kann. Unter Berücksichtigung der künftigen Entwicklung (zu erwartende Gewinne oder Verluste) sind Zu- oder Abschläge zulässig, § 36 Abs. 1, wobei ein steigender Verlust ebenfalls geschäftswerterhöhende Wirkung hat.

– Wird ein Beherrschungsvertrag **ohne Gewinnabführungsverpflichtung** oder Ver- **932** lustausgleichsverpflichtung beurkundet, ist der Wert nach § 36 Abs. 1 zu schätzen. Dabei sind die Größe des Unternehmens und der Jahresumsatz an-gemessen zu berücksichtigen.

– Für Unternehmensverträge gilt der **Höchstwert aus § 107 nicht**, weil es sich nicht **933** um Gesellschaftsverträge, Satzungen oder Pläne bzw. Verträge nach dem Umwandlungsgesetz handelt. Der Zustimmungsbeschluss unterliegt jedoch dem Höchstgeschäftswert aus § 108 Abs. 5 von 5 Mio. €.

Kapitel 2. Gesellschaftsrecht

**934   Kostenberechnung zur Handelsregisteranmeldung vom 1.8.2014
URNr. 1761/2014**

Nr. 24102	Handelsregisteranmeldung		62,50 €
	Geschäftswert nach §§ 119, 105, 106	30.000,00 €	
Nr. 22114	Elektronischer Vollzug und XML-Strukturdaten		37,50 €
	Geschäftswert nach § 112	30.000,00 €	
Auslagen			
Nr. 32000	Dokumentenpauschale – Papier (s/w) 6 Seiten		3,00 €
Nr. 32002	Dokumentenpauschale – Daten 4 Dateien/26 Scanseiten		13,00 €
Nr. 32005	Auslagenpauschale Post und Telekommunikation		20,00 €
	Zwischensumme		136,00 €
Nr. 32014	19 % Umsatzsteuer		25,84 €
	Rechnungsbetrag		**161,84 €**

Rechnungsgesamtbetrag	**4.327,79 €**

935   Die **Anmeldung** des Unternehmensvertrages zur Eintragung in das Handelsregister bei der beherrschten Gesellschaft hat – anders als der Vertrag selbst und der Zustimmungsbeschluss (§ 108 Abs. 2) – **keinen bestimmten Geldwert**, da nur die Tatsache des Vertragsschlusses eingetragen wird.

935a   **Abwandlung 1**: Der Gewinnabführungsvertrag wird mit Blick auf § 17 Satz 2 Nr. 2 KStG n.F. in der Weise geändert, dass eine Verlustübernahme durch Verweis auf die Vorschriften des § 302 des AktG in seiner jeweils gültigen Fassung vereinbart wird. Der Notar wird beauftragt, den Zustimmungsbeschluss der beherrschten Gesellschaft zu protokollieren (2 Seiten, 3 beglaubigte Abschriften).

**935b   Kostenberechnung zum Gesellschafterbeschluss vom 1.8.2014
URNr. 1762/2014**

Nr. 21100	Beurkundungsverfahren		870,00 €
	Geschäftswert nach §§ 97, 108, 36	200.000,00 €	
Auslagen			
Nr. 32001	Dokumentenpauschale – Papier (s/w) 6 Seiten		0,90 €
Nr. 32005	Auslagenpauschale Post und Telekommunikation		20,00 €
Nr. 32011	Auslagen Handelsregistereinsicht (je 4,50 €)		9,00 €
	Zwischensumme		899,90 €
Nr. 32014	19 % Umsatzsteuer		170,98 €
	Rechnungsbetrag		**1.070,88 €**

Betrifft der Zustimmungsbeschluss nur die **Änderung** eines bestehenden Gewinn- 935c
abführungs- und Beherrschungsvertrags, erscheint es richtig, nur einen Teilwert anzusetzen, § 36 Abs. 1. Er richtet sich nach dem **Maß der Anpassung**. Im unteren Bereich dürften zwischen 10 und 20 Prozent angemessen sein (*Diehn/Volpert*, Notarkostenrecht Rn. 756). Wird der Zustimmungsbeschluss der beherrschten Gesellschaft **mitbeurkundet**, **verdoppelt** sich der Geschäftswert, weil die Einzelwerte zu addieren sind, § 35 Abs. 1.

Zustimmungsbeschlüsse **verschiedener** beherrschter Gesellschaften zu verschiedenen Gewinnabführungs- und Beherrschungsverträgen sollten mangels Personenidentität mit Blick auf § 93 Abs. 2 **in gesonderten Urkunden** protokolliert werden, wenn nicht ausnahmsweise ein rechtlicher Verknüpfungswille besteht. Die bloße **Konzernzugehörigkeit** rechtfertigt die Zusammenbeurkundung ebensowenig wie das Kosteninteresse (Korintenberg/*Diehn*, § 93 Rn. 35). 935d

Abwandlung 2: Neben der Änderung wegen § 17 Satz 2 Nr. 2 KStG n. F. wird der 935e
EAV an einigen Stellen redaktionell angepasst und deshalb insgesamt neu gefasst.
Der Notar wird beauftragt, den Zustimmungsbeschluss der herrschenden und der
beherrschten Gesellschaft zu protokollieren (4 Seiten, 3 beglaubigte Abschriften).

Kostenberechnung zum Gesellschafterbeschluss vom 1.8.2014 935f
URNr. 1763/2014

Nr. 21100	Beurkundungsverfahren		2.830,00 €
	Summe nach § 35 Abs. 1	800.000,00 €	
	Geschäftswert nach §§ 97, 108, 36	400.000,00 €	
	Geschäftswert nach §§ 97, 108, 36	400.000,00 €	
Auslagen			
Nr. 32001	Dokumentenpauschale – Papier (s/w)	6 Seiten	1,80 €
Nr. 32005	Auslagenpauschale Post und Telekommunikation		20,00 €
Nr. 32011	Auslagen Handelsregistereinsicht (je 4,50 €)		9,00 €
	Zwischensumme		2.860,80 €
Nr. 32014	19 % Umsatzsteuer		543,55 €
	Rechnungsbetrag		**3.404,35 €**

Wird der Vertrag aufgrund **mehrerer Änderungen** insgesamt neu gefasst, sind 30 935g
bis 50 Prozent angemessen.

Wird **zugleich** der Zustimmungsbeschluss der herrschenden Gesellschaft beurkun- 935h
det, liegen **mehrere Beurkundungsgegenstände** vor, deren Werte zu addieren sind.
Ein Fall von § 109 Abs. 2 Satz 1 Nr. 4 lit. g) ist nicht gegeben, weil es sich nicht um
einen Umwandlungsvorgang handelt. Die Vorschrift kann aufgrund ihres Ausnahmecharakters auch nicht analog angewandt werden.

Kapitel 2. Gesellschaftsrecht

2. Beteiligungs- und Kooperationsvertrag

935i Die E-GmbH und I schließen einen Kooperationsvertrag über die Erbringung bestimmter E-Commerce-Dienstleistungen mit einer Laufzeit von 35 Jahren. Für die ersten 4 Jahre wird ein Garantieumsatz von insgesamt 3 Mio. € vereinbart.
W als Alleingesellschafter und Geschäftsführer der E GmbH verpflichtet sich gegenüber dem Investor I, ihm das Bezugsrecht für im Wege einer Kapitalerhöhung zu schaffende Geschäftsanteile von 25% und einer Stimme der E GmbH einzuräumen. Die Anteile sollen zu einem Ausgabepreis von 2 Mio. € übernommen werden.
Die Gesellschaftervereinbarung enthält darüber hinaus folgende Regelungen:
- W und I vereinbaren bestimmte Verfügungsbeschränkungen hinsichtlich der Geschäftsanteile.
- W und I vereinbaren wechselseitige Vorkaufsrechte an den jeweiligen Geschäftsanteilen.
- Ferner werden I Mitverkaufsrechte (Tag-along) und unter bestimmten Voraussetzungen (insb. Beteiligungsquote von 80%) Mitnahmerechte (Drag-along) eingeräumt.
- W kann unter bestimmten Voraussetzungen die Anteile von I kaufen (Call-Option). W kann ferner unter bestimmten Voraussetzungen weitere 15% der Anteile an I verkaufen, wobei I verpflichtet ist, diese abzunehmen (Put-Option).
- I hat das Recht, unter bestimmten Voraussetzungen weitere 24,9% der Geschäftsanteile zu erwerben (Call-Option).
- Im Fall einer weiteren Finanzierungsrunde soll I berechtigt sein, im Rahmen einer kompensierenden Kapitalerhöhung Geschäftsanteile zum Nennwert zu erwerben, um einer Verwässerung seiner Beteiligung entgegenzuwirken.
- I wird schließlich eine einfache Liquidation-Preference eingeräumt.
- W verpflichtet sich, der Gesellschaft für 5 Jahre als Geschäftsführer zum Jahresgehalt von 200.000 € zur Verfügung zu stehen.
- Ferner wird vereinbart, die Satzung der Gesellschaft nach bestimmten Vorgaben neu zu fassen.

Es wird am Tag vor der Beurkundung eine Bezugsurkunde (130 Seiten) errichtet (18 bis 23 Uhr). Gegenstand der Bezugsurkunde sind auch Bilanzen britischer Tochtergesellschaften, auf die nach § 14 BeurkG verwiesen wurde.
Der Notar bescheinigt die Vertretungsbefugnis von W und fügt die vom Vertreter des I vorgelegte Vollmacht (2 Seiten) in beglaubigter Abschrift bei. Es bescheinigt ferner die Existenz von I und die Vertretungsberechtigung der Personen, die die Vollmacht unterschrieben haben.
Die Beurkundung erfolgt zunächst am 1.8.2014 (Freitag) von 15 Uhr bis 5 Uhr des Folgetags. Sie wird von 9 Uhr bis 14 Uhr und von 18 bis 3 Uhr des Folgetags fortgesetzt. Der Notar fährt jeweils erschöpft mit dem Taxi nach Hause (Kosten insgesamt 40,00 €).
Die Urkunde (121 Seiten) wird nach Beurkundung elektronisch gefasst und als PDF-Version an 7 Empfänger mit einer E-Mail versandt. Sie wird mit Bezugsurkunde 8 Mal ausgefertigt. Der Notar hat drei Handelsregistereinsichten vorgenommen.

F. Gesellschaft mit beschränkter Haftung

Kostenberechnung zur Kooperations- und Beteiligungsvereinbarung vom 1./2. und 3.8.2014, URNr. 1768/2014 (mit BZU vom 31.7.2014, URNr. 1767/2014)   935j

Nr. 21200	Beurkundungsverfahren		2.295,00 €
	Geschäftswert nach § 36 Abs. 1 (Bezugsurkunde)	2.658.760,00 €	
Nr. 26001	Beurkundung in fremder Sprache		688,50 €
Nr. 21100	Beurkundungsverfahren		42.610,00 €
	Summe nach § 35 Abs. 1	26.587.600,00 €	
	Kooperationsvertrag nach §§ 97, 52	15.000.000,00 €	
	Verpflichtung zur Kapitalerhöhung nach § 97	2.000.000,00 €	
	Verfügungsbeschränkungen nach §§ 97, 50	800.000,00 €	
	Vorkaufsrechte nach §§ 97, 51	4.000.000,00 €	
	Mitverkaufsrechte I nach §§ 97, 51, 36	1.000.000,00 €	
	Mitverkaufsverpflichtung W §§ 97, 51, 36	800.000,00 €	
	Call Option W	600.000,00 €	
	Put Option W	360.000,00 €	
	Call Option I	597.600,00 €	
	Anti-Dilution	200.000,00 €	
	Liquidation Preference	200.000,00 €	
	GF-Verpflichtung	1.000.000,00 €	
	Satzungsneufassung	30.000,00 €	
Nr. 25200	Bescheinigung nach § 21 BNotO		45,00 €
	Vertretungsbefugnis E-GmbH	15,00 €	
	Existenz I	15,00 €	
	Vertretungsbefugnis I	15,00 €	
Nr. 26000	Tätigkeit außerhalb der Geschäftszeiten		90,00 €
	Bezugsurkunde	30,00 €	
	Kooperations- und Beteiligungsvereinbarung	90,00 €	
Auslagen			
Nr. 32001	Dokumentenpauschale – Papier (s/w)	2.008 Seiten	301,20 €
Nr. 32002	Dokumentenpauschale – Daten	6 Dateien + 251 Scanseiten	60,15 €
Nr. 32005	Auslagenpauschale Post und Telekommunikation		40,00 €
	Bezugsurkunde	20,00 €	
	Kooperations- und Beteiligungsvertrag	20,00 €	
Nr. 32011	Auslagen Handelsregistereinsicht (je 4,50 €)		4,50 €
Nr. 32015	Sonstige Aufwendungen		40,00 €
	Zwischensumme		46.213,35 €
Nr. 32014	19 % Umsatzsteuer		8.780,54 €
	Rechnungsbetrag		**54.993,89 €**

Die **Kooperationsvereinbarung** hat **wiederkehrende Leistungen** zum Gegen-   935k
stand. Diese haben auf das Basis des Garantieumsatzes einen Wert von 750.000,00 €
jährlich. Nach § 52 Abs. 2 Satz 2 ist der 20fache Jahreswert maßgebend.

Die **Verpflichtung zur Kapitalerhöhung** wird mit dem Ausgabebetrag der neuen   935l
Geschäftsanteile bewertet. Maßgeblich ist nicht nur der Nennbetrag, sondern auch das
Aufgeld, und zwar unabhängig davon, ob es sich um ein **echtes Aufgeld** mit Zahlungs-

verpflichtung gegenüber der Gesellschaft nach § 272 Abs. 2 Nr. 1 HGB handelt, oder ein **unechtes, sog. schuldrechtliches Agio** nach § 272 Abs. 2 Nr. 4 HGB handelt, das eine Einzahlungsverpflichtung in die Kapitalrücklage nur gegenüber den Gesellschaftern begründet.

935m Die übrigen Regelungen in der Gesellschaftervereinbarung haben **nicht denselben Gegenstand**. Sie sind vielmehr gesondert zu bewerten, weil kein Fall von § 109 vorliegt. Die Regelungen dienen insbesondere nicht unmittelbar der Durchführung der Kapitalerhöhung. Vielmehr sind sie wie die Kapitalerhöhung notwendige Maßnahmen der avisierten Beteiligung des Investors. Sie stehen damit nebeneinander – und sind auch so zu bewerten:

– **Schuldrechtlich wirkende Verfügungsbeschränkungen** werden nach § 50 Nr. 1 mit 10% des Wertes der betroffenen Gegenstände bewertet. Die Geschäftsanteile haben nach der Vorstellung der Beteiligten einen Wert von mindestens 8 Mio. €, so dass von 800.000 € auszugehen ist.

– Die **beiden Vorkaufsrechte** sind nach § 51 Abs. 1 Satz 2 mit der Hälfte des Verkehrswertes der jeweils betroffenen Geschäftsanteile anzusetzen. Bei zwei Gesellschaftern entspricht das der Hälfte des Verkehrswertes der Gesellschaft post-Money.

– Das **Mitverkaufsrecht** ist ein bedingtes Veräußerungsrecht. Bezugswert ist nach § 51 Abs. 1 Satz 1 der Wert der Geschäftsanteile von I. Die Bedingtheit des Rechts ist durch Teilwertbildung nach § 36 Abs. 1 zu berücksichtigen. Im Rahmen der Ermessensausübung kann die Entscheidung des Gesetzgebers in § 51 Abs. 1 Satz 2, bei Vorkaufsrechten den halben Wert der betroffenen Geschäftsanteile anzusetzen, berücksichtigt werden. Das bedingte Mitverkaufsrecht ist strukturell gleich gelagert, so dass es mit dem halben Wert der Geschäftsanteile von I zu bewerten ist.

– Die **Mitverkaufsverpflichtung** betrifft nur 20% der Geschäftsanteile der E-GmbH. Deren Wert ist daher die maßgebliche Bezugsgröße. Es handelt sich um eine bedingte Verkaufsverpflichtung. Hinsichtlich der kostenrechtlichen Berücksichtigung der Eintrittswahrscheinlich bietet sich m.E. ebenfalls ein Rückgriff auf § 51 Abs. 1 Satz 2 im Rahmen von § 36 Abs. 1 an. Hier wurde daher ein Teilwert von 50% angesetzt.

– Die **Call-Option** ist ein bedingtes Erwerbsrecht. Bezugsgröße ist nach § 51 Abs. 1 Satz 1 der volle Wert der betroffenen Geschäftsanteile. Die Eintrittswahrscheinlichkeit ist nach § 36 Abs. 1 zu berücksichtigen. Hier wurden 30 % angesetzt. Das gilt auch für die Call-Option von I.

– Die **Put-Option** ist ein Veräußerungsrecht. Bezugsgröße ist nach § 51 Abs. 1 Satz 1 der volle Wert der betroffenen Geschäftsanteile. Die Eintrittswahrscheinlichkeit ist nach § 36 Abs. 1 zu berücksichtigen. Hier wurden 30 % angesetzt.

– Der **Verwässerungsschutz** kann nach § 36 Abs. 1 mit einem niedrigen Teilwert der geschützten Beteiligung bewertet werden, hier mit 10%.

– Die einfache **Liquidation-Preference** gibt dem Investor das Recht, jedenfalls seine Investition im Fall der Abwicklung der Zielgesellschaft vorab zu erlösen. Sie ist daher Bezugsgröße, wobei nach § 36 Abs. 1 nur ein niedriger Teilwert anzusetzen ist, es sei denn, die Wahrscheinlichkeit der Insolvenz muss höher eingestuft werden.

– Die Verpflichtung zur **Geschäftsführertätigkeit** ist nach § 99 Abs. 2 zu bewerten. Maßgeblich ist der 5fache Jahreswert.

– Die Verpflichtung zur **Satzungsneufassung** ist, soweit gesondert bewertete Gesellschafterpflichten betroffen sind, gegenstandsgleich nach § 109 Abs. 1. Sie umfasst aber regelmäßig noch weitere Aspekte, die ohne bestimmten Geldwert pauschal mit dem Mindestwert angesetzt werden können.

Enthält die Urkunde darüber hinaus die Verpflichtung zum Abschluss eines Ge- **935n**
winnabführungs- und Beherrschungsvertrags, ist dessen nach § 52 ermittelter Wert
(s. Rn. 930) hinzuzurechnen.

Die **Bezugsurkunde** löst eine 1,0-Gebühr nach Nr. 21200 aus. Der Geschäftswert **935o**
ist ein Teilwert der Haupturkunde nach § 36 Abs. 1, der je nach Umfang und Bedeutung der Bezugsurkunde zu bemessen ist und zwischen 10 und 50 Prozent liegen kann
(s.u. Rn. 1449 ff.). Hier wurden 20% angesetzt. Eine Beurkundung in **fremder Sprache** liegt auch vor, wenn auf den fremdsprachigen Teil nur nach § 14 BeurkG unter
Verzicht auf das Verlesen verwiesen wird, da auch diese Dokumente zum Gegenstand
der öffentlichen Urkunde werden.

Je **Bescheinigung** sind 15,00 € nach Nr. 25200 abzurechnen. Für die beglaubigte **935p**
Abschrift einer Vollmacht kann nach Anmerkung 2 Nr. 2 zu Nr. 25102 keine Gebühr
erhoben werden. **Dokumentenpauschalen** fallen mangels Auftrag für die die Abschrift der Vollmacht, die zur Urschrift der Urkunde genommen wird, nicht an.

Die **Unzeitgebühr** 26000 fällt für die Bezugsurkunde einmal an, und für die Haupt- **935q**
turkunde dreimal: Anmerkung 1 zu Nr. 26000 schließt den **Mehrfachanfall** der Zusatzgebühr pro Urkunde nur insoweit aus, als eine Tätigkeit gleichzeitig mehrere Tatbestände erfüllt, bspw. bei Beurkundung am Sonntag um 20 Uhr. Hier liegen aber
mehrere nicht gleichzeitige Tätigkeiten vor:
– Unzeitfall 1: Freitag ab 18 Uhr bis Samstag 5 Uhr
– Unzeitfall 2: Samstag 13 bis 14 Uhr
– Unzeitfall 3: Sonntag

Taxikosten sind nach Nr. 32015 als sonstige Aufwendung nur ersatzfähig, wenn sie **935r**
auf ausdrücklichen Auftrag eines Beteiligten erfolgt sind. Davon ist hier angesichts der
zeitlichen Lage der Beurkundung auszugehen.

Die **Dokumentenpauschale** errechnet sich wie folgt: **935s**
– Die BZU und Urkunde haben zusammen 251 Seiten, insgesamt werden daher 2.008
  Seiten ausgefertigt. Dabei wird davon ausgegangen, dass Vollmachten und Bescheinigungen bereits mitgezählt sind. Pro Seite werden 0,15 € nach Nr. 32001 fakturiert.
– Für die Fertigung der PDF-Version entsteht eine Gebühr nach Nr. 32002 mit der
  Vergleichsberechnung nach Nr. 32000. Das ergibt 55,15 €. Hinzu kommen 5,00 €
  für den E-Mail-Versand an 6 Empfänger (ein Arbeitsgang).

VIII. Liquidation

1. Auflösung

Die ABC GmbH (Stammkapital 500.000 €) fasst folgende Beschlüsse: **936**
– Die ABC GmbH ist mit sofortiger Wirkung aufgelöst.
– A ist nicht mehr Geschäftsführer.
– B wird zum Liquidator bestellt.
Der Notar überprüft den privatschriftlichen Beschluss (3 Seiten), fertigt die Handelsregisteranmeldung (2 Seiten – 2 Abschriften), beglaubigt die Unterschriften
und übermittelt die Urkunde elektronisch an das Registergericht. Auftragsgemäß
nimmt er die Bekanntmachung im Bundesanzeiger vor und verauslagt die Veröffentlichungskosten in Höhe von 30,00 € zzgl. 5,70 € Umsatzsteuer.
Der Notar hat das Handelsregister eingesehen.

**937 Kostenberechnung zum Beschlussentwurf vom 1.8.2014
Aktenzeichen 1764**

Nr. 24100	Überprüfung eines Entwurfs		150,00 €
	Geschäftswert nach §§ 119 Abs. 1, 108, 105	30.000,00 €	
Nr. 22200	Betreuungsgebühr		62,50 €
	Geschäftswert nach § 113	30.000,00 €	
Auslagen			
Nr. 32005	Auslagenpauschale Post und Telekommunikation		20,00 €
Nr. 32011	Auslagen Handelsregistereinsicht (je 4,50 €)		4,50 €
Nr. 32015	Sonstige Auslagen		30,00 €
	Zwischensumme		267,00 €
Nr. 32014	19 % Umsatzsteuer		50,73 €
	Rechnungsbetrag		**317,73 €**

938 Der **Beschluss über die Auflösung** der Gesellschaft kann in der Regel **schriftlich** gefasst werden, wenn nicht in der Satzung eine feste Dauer der Gesellschaft vereinbart wurde. Fertigt der Notar einen Entwurf für den privatschriftlichen Beschluss, ist dieser wie bei Beurkundung abzurechnen: Nr. 24100, § 92 Abs. 2. Bei der Überprüfung eines Fremdentwurfs oder einer privatschriftlichen Urkunde ist der Gebührensatz nach § 92 Abs. 1 unter Berücksichtigung des Umfangs der erbrachten Leistung festzusetzen. Hier wurde von 1,2 innerhalb des Rahmens von 0,5–2,0 ausgegangen.

939 Der **Geschäftswert** richtet sich nach §§ 108 Abs. 1 Satz 1, 105 Abs. 4 Nr. 1, hier nach dem Mindestwert von 30.000,00 €, der auch bei einer UG mit Musterprotokoll gilt. Die beiden Beschlüsse zur Abberufung des Geschäftsführers und Bestellung des Liquidators haben **denselben Beurkundungsgegenstand** wie der Auflösungsbeschluss, § 109 Abs. 1 (sonstige Durchführung). Sie sind daher nicht gesondert anzusetzen, § 109 Abs. 1 Satz 5.

940 Die Abrechnung hätte auch zusammen mit der Kostenberechnung zur Handelsregisteranmeldung erfolgen können. Die Überprüfung ist aber unabhängig von der Abrechnungsweise ein gesondertes Geschäft, für das die **Pauschale nach Nr. 32005** anfällt, wenn insoweit tatsächliche Auslagen nach Nr. 32004 hätten gefordert werden können.

941 Wird der Notar beauftragt, den **Gläubigeraufruf** (§ 65 Abs. 2 GmbHG) zu entwerfen und bekanntzumachen, liegt eine **Betreuungstätigkeit** nach Nr. 22200 Anmerkung 5 vor: Es wird unbestimmt vielen Personen eine Tatsache (Auflösung der Gesellschaft) angezeigt, und zwar zur Erzielung einer Rechtsfolge, den Beginn des Sperrjahres nach § 73 Abs. 1 GmbHG. Der Geschäftswert richtet sich nach dem Auflösungsbeschluss. Ob der Notar diesen beurkundet oder entworfen hat, ist irrelevant.

941a Die **verauslagten Veröffentlichungskosten** werden netto, also i.H.v. 30,00 €, nach Nr. 32015 angesetzt. Die Auslage ist umsatzsteuerpflichtig, weil der Notar gegenüber dem Bundesanzeigerverlag zahlungspflichtig ist (s. Rn. 137a ff.). In Höhe von 5,70 € ist der Notar zum Vorsteuerabzug berechtigt.

F. Gesellschaft mit beschränkter Haftung

Kostenberechnung zur Handelsregisteranmeldung vom 1.8.2014   **942**
URNr. 1765/2014

Nr. 24102	Handelsregisteranmeldung		123,00 €
	Summe nach § 35 Abs. 1	90.000,00 €	
	Geschäftswert nach §§ 119, 105, 106	30.000,00 €	
	Geschäftswert nach §§ 119, 105, 106	30.000,00 €	
	Geschäftswert nach §§ 119, 105, 106	30.000,00 €	
Nr. 22114	Elektronischer Vollzug und XML-Strukturdaten		73,80 €
	Geschäftswert nach § 112	90.000,00 €	
Auslagen			
Nr. 32000	Dokumentenpauschale – Papier (s/w)	4 Seiten	2,00 €
Nr. 32002	Dokumentenpauschale – Daten	2 Dateien/5 Scanseiten	3,00 €
Nr. 32005	Auslagenpauschale Post und Telekommunikation		20,00 €
	Zwischensumme		221,80 €
Nr. 32014	19 % Umsatzsteuer		42,14 €
	Rechnungsbetrag		**263,94 €**
	Rechnungsgesamtbetrag		**481,67 €**

    Handelsregisteranmeldungen sind **stets besondere Beurkundungsgegenstände**,   **943**
§ 111 Nr. 3. Jede anzumeldende Tatsache ist daher gesondert zu bewerten, hier also die Auflösung der Gesellschaft (§ 65 Abs. 1 GmbHG), die Beendigung der Vertretungsbefugnis des Geschäftsführers (§ 39 Abs. 1 GmbHG), und die Bestellung des Liquidators (§ 67 Abs. 1 GmbHG). Es handelt sich um drei **spätere Anmeldungen** (wer die Beendigung der Vertretungsbefugnis nicht für gesondert anmeldepflichtig hält, kommt zu zwei Tatsachen, näher *Diehn/Volpert*, Notarkostenrecht Rn. 785 ff.). Dies gilt auch dann, wenn der bisherige Geschäftsführer abberufen und ein Dritter zum Liquidator bestellt wird. Diese Sichtweise entspricht BGH DNotZ 2003, 297. Wer die Anmeldung der Liquidation mit der Erstanmeldung einer GmbH vergleicht, die keinen werbenden Zweck mehr hat, mag auch für die Annahme nur einer Tatsache Argumente finden (s. Rn. 715).

    Beim **Geschäftswert** war jeweils 1 Prozent des Stammkapitals mit 5.000 € niedriger als der Mindestwert aus § 105 Abs. 2, Abs. 4 Nr. 1 von 30.000,00 €.   **944**

    Dokumentenpauschalen sind nach Nr. 32000 zu berechnen, weil die Unterschriftsbeglaubigung kein Beurkundungsverfahren oder Entwurfsgeschäft nach Nr. 32001 Nr. 2 oder Nr. 3 ist, so dass die Sperrung nach Anmerkung 1 zu Nr. 32000 nicht eintritt. Das Entwurfsgeschäft ist mit Fertigstellung des Entwurfs abgeschlossen. Insbesondere gehören die beantragten Abschriften nicht mehr zu diesem, weil es den Beteiligten darauf ankommt, beglaubigte Abschriften von der unterschriebenen Handelsregisteranmeldung zu erhalten.   **945**

    Eine (elektronische) **Beglaubigung des Beschlusses** und dementsprechende Gebühren kommen nicht in Betracht, weil dieser nach § 12 Abs. 2 Satz 2 HGB als einfache elektronische Aufzeichnung an das Handelsregister übermittelt werden kann.   **946**

2. Liquidationsbeendigung

947 Die ABC GmbH i.L. (Stammkapital 500.000 €) fasst folgende Beschlüsse:
- Die Liquidation ist beendet.
- Die Firma ist erloschen.

Der Notar entwirft die Handelsregisteranmeldung (2 Seiten – 2 Abschriften) und übermittelt diese elektronisch mit den Belegexemplaren über den Aufruf an die Gesellschaftsgläubiger (3 Seiten) an das Registergericht.
Der Notar hat das Handelsregister eingesehen.

948 Kostenberechnung zur Handelsregisteranmeldung vom 1.8.2014 URNr. 1766/2014

Nr. 24102	Handelsregisteranmeldung		62,50 €
	Geschäftswert nach §§ 119, 105, 106	30.000,00 €	
Nr. 22114	Elektronischer Vollzug und XML-Strukturdaten		37,50 €
	Geschäftswert nach § 112	30.000,00 €	
Auslagen			
Nr. 32000	Dokumentenpauschale – Papier (s/w)	10 Seiten	5,00 €
Nr. 32002	Dokumentenpauschale – Daten	2 Dateien/5 Scanseiten	3,00 €
Nr. 32005	Auslagenpauschale Post und Telekommunikation		20,00 €
Nr. 32011	Auslagen Handelsregistereinsicht (je 4,50 €)		4,50 €
	Zwischensumme		132,50 €
Nr. 32014	19 % Umsatzsteuer		25,18 €
	Rechnungsbetrag		**157,68 €**

949 Bei der Anmeldung der Liquidationsbeendigung und des Erlöschens der Firma handelt es sich um **eine spätere Anmeldung**, weil die Löschung der Gesellschaft zwingende Folge der Liquidationsbeendigung ist, § 74 Abs. 1 Satz 2 GmbHG (einheitliche Anmeldung, DST, Rn. 451). Ebenso läge es bei der Anmeldung der Fortsetzung einer aufgelösten GmbH und der Abberufung des Liquidators sowie der Geschäftsführerbestellung.

950 Da die Vermögensverteilung erst begonnen werden darf, wenn das **Sperrjahr** nach § 73 GmbHG abgelaufen ist, wird der **Gläubigeraufruf nachgewiesen**.

951 Das **Erlöschen des Liquidatorenamtes** muss nicht ausdrücklich zum Handelsregister angemeldet werden, da es die automatische Folge der Löschung der GmbH im Handelsregister ist. Das gilt auch für das Erlöschen eventueller Prokuren.

951a Bei der Anmeldung der **sofortigen Auflösung der Gesellschaft ohne Liquidation** (mangels Vermögens und Gläubiger) liegen **vier** Tatsachen vor: die Liquidation, das Ende Vertretungsbefugnis der Geschäftsführer, die Liquidatoren und die Auflösung einschließlich der Versicherungen zur Entbehrlichkeit des Sperrjahres.

F. Gesellschaft mit beschränkter Haftung

3. Fortsetzung der aufgelösten Gesellschaft

Die Gesellschafter der ABC GmbH i. L. (Stammkapital 25.000 €) wollen die Gesellschaft fortführen und fassen die entsprechenden Beschlüsse. Der Geschäftsführer A fertigt und unterschreibt die Gesellschafterliste.
Der Notar entwirft die Handelsregisteranmeldung mit den erforderlichen Versicherungen (4 Seiten – 2 Abschriften) und übermittelt diese nebst Liste und Beschluss elektronisch an das Registergericht. Der Notar hat das Handelsregister eingesehen.

951b

Kostenberechnung zur Handelsregisteranmeldung vom 1.8.2014
URNr. 1768/2014

951c

Nr. 24102	Handelsregisteranmeldung		62,50 €
	Geschäftswert nach §§ 119, 105, 106	30.000,00 €	
Nr. 22114	Elektronischer Vollzug und XML-Strukturdaten		37,50 €
	Geschäftswert nach § 112	30.000,00 €	
Auslagen			
Nr. 32000	Dokumentenpauschale – Papier (s/w)	8 Seiten	4,00 €
Nr. 32002	Dokumentenpauschale – Daten	3 Dateien/7 Scanseiten	4,50 €
Nr. 32005	Auslagenpauschale Post und Telekommunikation		20,00 €
Nr. 32011	Auslagen Handelsregistereinsicht (je 4,50 €)		4,50 €
	Zwischensumme		133,00 €
Nr. 32014	19 % Umsatzsteuer		25,27 €
	Rechnungsbetrag		**158,27 €**

M.E. liegt in der Anmeldung der Fortsetzung der Gesellschaft, der Abberufung des Liquidators und der Bestellung des Geschäftsführers nur **eine kostenrechtliche Tatsache**, jedenfalls solange die Figur der notwendigen Erklärungseinheit für die GmbH-Gründung für richtig gehalten wird (anders *Gustavus* S. 179 f.). Denn die Fortsetzung der Gesellschaft kann nicht ohne Geschäftsführer angemeldet werden.

951d

IX. Sonstiges

1. Isolierte GmbH-Gesellschafterliste

Der Notar wird beauftragt, nach dem Ausscheiden eines Gesellschafters der A GmbH (Stammkapital 25.000 €) durch Tod eine neue Gesellschafterliste zu entwerfen. Sie wird vom Geschäftsführer unterschrieben.
Sodann reicht der Notar die Liste mit XML-Strukturdaten zur Registerakte der Gesellschaft ein. Die Gesellschaft erhält eine Abschrift.

951e

Kapitel 2. Gesellschaftsrecht

951f **Kostenberechnung zur Gesellschafterliste vom 1.8.2014**
URNr. 1780/2014

Nr. 24101	Fertigung eines Entwurfs		60,00 €
	Geschäftswert nach §§ 119, 36	6.000,00 €	
Nr. 22114	Elektronischer Vollzug und XML-Strukturdaten		15,30 €
	Geschäftswert nach § 112	6.000,00 €	
Auslagen			
Nr. 32000	Dokumentenpauschale – Papier (s/w)	1 Seite	0,50 €
Nr. 32002	Dokumentenpauschale – Daten	1 Datei/1 Scanseite	1,50 €
Nr. 32004	Entgelte für Post- und Telekommunikationsdienstleistungen		1,20 €
Nr. 32011	Auslagen Handelsregistereinsicht (je 4,50 €)		4,50 €
	Zwischensumme		81,80 €
Nr. 32014	19 % Umsatzsteuer		15,77 €
	Rechnungsbetrag		**98,77 €**

951g Für die Bewertung der isolierten Fertigung der Gesellschafterliste durch den Notar werden zwei Ansätze diskutiert: die **Vollzugslösung** (BDS/*Diehn*, Vorbemerkung 2.2.1.1 Rn. 42; *Diehn/Volpert*, Notarkostenrecht Rn. 871) und die hier vorgestellte **Entwurfslösung**. Das Gesetz ist nicht eindeutig. Dogmatisch halte ich die Vollzugslösung für überzeugender, die hier dargestellte Entwurfslösung ist jedoch einfacher verständlich. Klar ist, dass (nach beiden Auffassungen) der Wert der **Liste als Teilwert von 10 bis 20 %** des gelisteten Stammkapitals zu ermitteln ist. Zur Gesellschafterliste bei **mittelbarer Mitwirkung** des Notars an Veränderungen s. Rn. 865d ff.

951h **Abwandlung:** Der Geschäftsführer bittet den Notar, die von ihm gefertigte und unterschriebene neue Liste zum Handelsregister einzureichen.

951i **Kostenberechnung zur Gesellschafterliste vom 1.8.2014**
URNr. 1781/2014

Nr. 22124	Übermittlung an Gericht, Behörde oder Dritten		20,00 €
Nr. 22125	Elektronischer Vollzug und XML-Strukturdaten		30,60 €
	Geschäftswert nach § 112	6.000,00 €	
Auslagen			
Nr. 32002	Dokumentenpauschale – Daten	1 Datei/1 Scanseite	1,50 €
Nr. 32004	Entgelte für Post- und Telekommunikationsdienstleistungen		1,20 €
Nr. 32011	Auslagen Handelsregistereinsicht (je 4,50 €)		4,50 €
	Zwischensumme		52,10 €
Nr. 32014	19 % Umsatzsteuer		10,13 €
	Rechnungsbetrag		**63,43 €**

F. Gesellschaft mit beschränkter Haftung

2. Liste der Aufsichtsratsmitglieder

Der Notar wird beauftragt, nach einem Wechsel im Aufsichtsrat der A AG (Grundkapital 200.000 €) eine neue Liste der Aufsichtsratsmitglieder zu entwerfen. Er reicht die unterschriebene Liste mit XML-Strukturdaten zur Registerakte der Gesellschaft ein. Die Gesellschaft erhält eine Abschrift.

951j

Kostenberechnung zur Liste der Aufsichtsratsmitglieder vom 1.8.2014 951k
URNr. 1784/2014

Nr. 24101	Fertigung eines Entwurfs		60,00 €
	Geschäftswert nach §§ 119, 36	6.000,00 €	
Nr. 22114	Elektronischer Vollzug und XML-Strukturdaten		15,30 €
	Geschäftswert nach § 112	6.000,00 €	
Auslagen			
Nr. 32000	Dokumentenpauschale – Papier (s/w)	1 Seite	0,50 €
Nr. 32002	Dokumentenpauschale – Daten	1 Datei/1 Scanseite	1,50 €
Nr. 32004	Entgelte für Post- und Telekommunikationsdienstleistungen		1,20 €
Nr. 32011	Auslagen Handelsregistereinsicht (je 4,50 €)		4,50 €
	Zwischensumme		81,80 €
Nr. 32014	19 % Umsatzsteuer		15,77 €
	Rechnungsbetrag		**98,77 €**

Bei der Liste der Aufsichtsratsmitglieder kommt die Vollzugslösung nicht in Betracht, weil deren Fertigung **keine Vollzugstätigkeit** nach Vorbemerkung 2.2.1.1 Abs. 1 Satz 2 Nr. 3 darstellt. 951l

Unklar ist dafür, wie der Geschäftswert für die Liste der Aufsichtsratsmitglieder zu ermitteln ist. Teilweise wird auf das Grundkapital abgestellt, wovon ein Listenteilwert **von 10 bis 20 %** des Grundkapitals zu ermitteln ist (DST, Rn. 566). Teilweise wird auf den Wert einer fiktiven Handelsregisteranmeldung abgestellt (so hier Rn. 956, 967 und *Diehn/Volpert*, Notarkostenrecht, Rn. 77). 951m

Abwandlung: Der Vorstand bittet den Notar, die von ihm gefertigte und unterschriebene neue Liste der Aufsichtsratsmitglieder zum Handelsregister einzureichen. 951n

Kostenberechnung zur Gesellschafterliste vom 1.8.2014 951o
URNr. 1781/2014

Nr. 22124	Übermittlung an Gericht, Behörde oder Dritten		20,00 €
Nr. 22125	Elektronischer Vollzug und XML-Strukturdaten		30,60 €
	Geschäftswert nach § 112	6.000,00 €	

Auslagen

Nr. 32002	Dokumentenpauschale – Daten	1 Datei/1 Scanseite	1,50 €
Nr. 32004	Entgelte für Post- und Telekommunikationsdienstleistungen		1,20 €
Nr. 32011	Auslagen Handelsregistereinsicht (je 4,50 €)		4,50 €
	Zwischensumme		52,10 €
Nr. 32014	19 % Umsatzsteuer		10,13 €
	Rechnungsbetrag		**63,43 €**

951p Die Gebühr für die Erzeugung von XML-Strukturdaten und die Übermittlungsgebühr fallen nebeneinander an, weil Nr. 22124 nach dessen Anmerkung nur durch die Gebühren 22120 bis 22123 ausgeschlossen wird.

3. Handelsregisterbescheinigungen

951q Der Notar wird beauftragt, einen bescheinigten Handelsregisterauszug der A GmbH zu fertigen. Dazu versieht er einen Handelsregisterauszug mit der Bescheinigung, dass sich diese Tatsachen aufgrund Einsicht vom aktuellen Tage aus dem Handelsregister ergeben.

951r Kostenberechnung zur Handelsregisterbescheinigung vom 1.8.2014 URNr. 1782/2014

Nr. 25200	Bescheinigung nach § 21 BNotO	15,00 €
Nr. 25210	Registerabdruck	10,00 €
Auslagen		
Nr. 32005	Auslagenpauschale Post und Telekommunikation	5,00 €
Nr. 32011	Auslagen Handelsregistereinsicht (je 4,50 €)	4,50 €
	Zwischensumme	34,50 €
Nr. 32014	19 % Umsatzsteuer	6,56 €
	Rechnungsbetrag	**41,06 €**

951s Handelsregisterauszüge mit der Wirkung einer Registerbescheinigung und mit der Beweiskraft nach § 21 Abs. 1 Satz 2 BNotO können **nicht nach Nr. 25211** bzw. 25213 abgerechnet werden, weil derartig „beglaubigte" Registerabdrucke diese Rechtswirkung nicht haben (*Diehn/Volpert*, Notarkostenrecht Rn. 4): Anders als im Grundbuchrecht fehlen entsprechende Ermächtigungen für Notare mit Blick auf das Handelsregister (s. Rn. 1466r). Verfahrens- und kostenrechtlich muss daher eine **Bescheinigung** nach § 21 Abs. 1 BNotO erteilt werden. Das führt zu Gebühren nach Nr. 25200 KV und Nr. 25210.

4. Einholung Apostille

> Der Notar beglaubigt die Unterschrift unter einem patentrechtlichen Antrag (3 Seiten) und fertigt den Vermerk in englischer Sprache (1 Seite). Er holt eine Apostille beim Landgericht ein. Es wird eine Abschrift gefertigt.

951t

Kostenberechnung zur Unterschriftsbeglaubigung vom 1.8.2014 **951u**
URNr. 1783/2014

Nr. 25100	Unterschriftsbeglaubigung		20,00 €
	Geschäftswert nach §§ 121, 36	5.000,00 €	
Nr. 26001	Vermerk in fremder Sprache		6,00 €
Nr. 22124	Übermittlung an Gericht, Behörde oder Dritten		20,00 €
Nr. 25207	Erwirkung einer Apostille		25,00 €
Auslagen			
Nr. 32000	Dokumentenpauschale – Papier (s/w)	5 Seiten	2,50 €
Nr. 32005	Auslagenpauschale Post und Telekommunikation		9,20 €
	Zwischensumme		82,70 €
Nr. 32014	19 % Umsatzsteuer		15,71 €
	Rechnungsbetrag		**98,41 €**

Ob die Gebühr 22124 **neben** der Gebühr für die Erwirkung der Apostille erhoben werden muss, ist unklar. Viel spricht für ein Nebeneinander (s. BDS/*Diehn*, Nr. 22124 Rn. 11; BDS/*Pfeiffer*, Nr. 25207 Rn. 4). Dogmatisch kann die Geschäftsgebühr (25207) eine Vollzugsgebühr (22124) nicht verdrängen. Auch wird man zu berücksichtigen haben, dass bei Annahme einer Konsumtion die Einholung der Apostille nur 5,00 € höhere Gebühren auslösen würde als die schlichte Übermittlung eines Antrags an ein Gericht ohne jede vorherige und weitere Prüftätigkeit. Das hat der Gesetzgeber ausweislich der Gesetzesbegründung wohl nicht gewollt.

951v

G. Aktiengesellschaft

I. Neugründung mit Gründungsprüfung

> A, B und C gründen eine Aktiengesellschaft mit einem Grundkapital von 100.000 €. Der Vorstand wird ermächtigt, das Grundkapital um 50.000 € zu erhöhen.
> In der Gründungsversammlung finden die Wahlen zum Aufsichtsrat statt. Der Notar fertigt die Liste der Aufsichtsratsmitglieder. Ferner wird der erste Abschlussprüfer bestimmt.
> Der Notar betreut die konstituierende Sitzung des Aufsichtsrats, in der der Vorsitzende und seine Stellvertreterin gewählt werden, entwirft das entsprechende Beschlussprotokoll und fertigt den Entwurf des Gründungsberichts (6 Seiten).

952

Der Notar übernimmt ferner die Gründungsprüfung.
Er entwirft ferner die Handelsregisteranmeldung und reicht diese elektronisch zum Handelsregister ein.
Von der nach § 8 ff. BeurkG protokollierten Gründungsurkunde (29 Seiten) fertigt der Notar 7 Abschriften, davon 4 beglaubigte, von der Liste der Aufsichtsratsmitglieder (1 Seite) 2 Abschriften, von der Handelsregisteranmeldung (3 Seiten) 2 beglaubigte Abschriften, vom Protokoll der Sitzung des Aufsichtsrats (2 Seiten) 2 Abschriften und vom Gründungsbericht 3 Abschriften.

953 **Kostenberechnung zur AG-Gründung vom 1.8.2014**
URNr. 1700/2014

Nr. 21100	Beurkundungsverfahren		816,00 €
	Summe nach § 35 Abs. 1	180.000,00 €	
	Geschäftswert nach § 97 – Gründung	150.000,00 €	
	Geschäftswert nach §§ 108, 105 – Wahlen	30.000,00 €	
Nr. 25206	Gründungsprüfung		1.000,00 €
	Geschäftswert nach § 123	100.000,00 €	
Nr. 24100	Konstituierende Sitzung Aufsichtsrat – Beschlussentwurf		250,00 €
	Geschäftswert nach §§ 119, 92 Abs. 2, 36 Abs. 1	30.000,00 €	
Nr. 24101	Fertigung eines Entwurfs (Liste der Aufsichtsratsmitglieder)		60,00 €
	Geschäftswert nach §§ 119, 92 Abs. 2, 36 Abs. 1	6.000,00 €	
Nr. 24101	Fertigung eines Entwurfs (Gründungsbericht)		125,00 €
	Geschäftswert nach §§ 119, 92 Abs. 2, 36 Abs. 1	30.000,00 €	
Auslagen			
Nr. 32000	Dokumentenpauschale – Papier (s/w)	30 Seiten	15,00 €
Nr. 32001	Dokumentenpauschale – Papier (s/w)	203 Seiten	30,45 €
Nr. 32005	Auslagenpauschale Post und Telekommunikation		92,00 €
	AG-Gründung, Gründungsprüfung, Gründungsbericht	60,00 €	
	Konstituierende Sitzung des Aufsichtsrats	20,00 €	
	Entwurf Liste	12,00 €	
	Zwischensumme		2.388,45 €
Nr. 32014	19 % Umsatzsteuer		453,81 €
	Rechnungsbetrag		**2.842,26 €**

954 Bei der Gründung ist ein in der Satzung bestimmtes **genehmigtes Kapital** dem Grundkapital hinzuzurechnen. Das ist zwar nur für die Handelsregisteranmeldung in § 105 Abs. 1 Satz 1 Nr. 1, Hs. 1 geregelt; der Rechtsgedanke gilt aber auch für die Ermittlung des Wertes des Gründungsvorgangs nach § 97. Sowohl der Zeitpunkt der Einlage als auch etwaige Bedingungen sind irrelevant (näher BDS/*Diehn*, § 97 Rn. 12). Dabei handelt es sich **nicht** um verschiedene Beurkundungsgegenstände, so dass die Zusammensetzung des Geschäftswertes insoweit nicht nach § 19 Abs. 3 Nr. 3 aufgeschlüsselt werden muss.

954a Die gleichen Grundsätze gelten bei anderen Gesellschaftsformen: Bspw. muss bei einer **Investmentaktiengesellschaft** mit veränderlichem Kapital grundsätzlich das in

G. Aktiengesellschaft

der Satzung festgelegte Höchstkapital angesetzt werden (s. § 116 Abs. 1 KAGB). Der **Höchstgeschäftswert** beträgt 10 Mio. € nach § 107 Abs. 1 Satz 1. Eher zweifelhaft erscheint, die Differenz zwischen Zahl- und Höchstbetrag als Ermächtigung zu begreifen und insoweit analog § 98 Abs. 4 maximal 1 Mio. € anzusetzen.

Die Bestellung von **Aufsichtsrat** und **Abschlussprüfern** erfolgt jeweils durch Beschluss, dessen Geschäftswert nach §§ 108 Abs. 1 Satz 1, 105 Abs. 4 Nr. 1 ermittelt wird. Der Gründungsvertrag sowie die Bestellung des Aufsichtsrates/der Abschlussprüfer sind **verschiedene Gegenstände**, § 110 Nr. 1. Nach § 109 Abs. 2 Satz 1 Nr. 4 lit. d) sind mehrere Wahlen untereinander derselbe Gegenstand, wenn keine Einzelwahlen stattfinden. Das gilt auch für die entsprechenden Beschlüsse. Bei einem Protokoll nach §§ 8 ff. BeurkG sind Einzelwahlen untypisch. Daher sind für die Wahlen nur einmal **30.000,00 €** anzusetzen. 955

Bereitet der Notar die konstituierende Sitzung des Aufsichtsrats vor, entwirft er regelmäßig die zu fassende Beschlüsse. Der Geschäftswert richtet sich für die Wahlen (unbestimmter Geldwert) nach §§ 108 Abs. 1 Satz 1, 105 Abs. 4 Nr. 1. Für die Erstellung der **Liste der Aufsichtsratsmitglieder** fällt ebenfalls eine Entwurfsgebühr an, weil diese Tätigkeit nicht als Vollzug definiert wurde. Die Vollzugsgebühr nach Nrn. 22110, 22113 kann nicht analog angewandt werden. Der Geschäftswert muss nach **§ 36 Abs. 1** ermittelt werden. Dabei kann ein Teilwert von 20 % aus dem **Wert einer fiktiven Handelsregisteranmeldung** der Aufsichtsratsmitglieder angesetzt werden, hier also **20 % aus 30.000 €** (§ 105 Abs. 2, Abs. 4 Nr. 1). 956

Beim **Gründungsbericht** ist der Geschäftswert ebenfalls nach § 36 Abs. 1 zu bestimmen. Angemessen erscheint ein Teilwert von 10 bis 40 % aus dem Grundkapital zzgl. genehmigten Kapitals, hier wurde von **20 % aus 150.000 €** ausgegangen. 957

Bei den **Dokumentenpauschalen** für den Entwurf der Liste der Aufsichtsratsmitglieder und des Gründungsberichts wurde von echten Fällen der Nr. 32001 Nr. 3 ausgegangen. Sofern im Rahmen der **Gründungsprüfung** Berichte angefertigt werden, entsteht dafür **keine** Dokumentenpauschale. 958

Bei der Protokollierung der Gründungsversammlung und den beiden Entwürfen handelt es sich um jeweils **verschiedene Beurkundungsverfahren**. Die Gründungsprüfung ist ein weiteres selbständiges Geschäft. Wegen des Sachzusammenhangs erscheint aber eine einheitliche Kostenberechnung vorteilhaft. Dabei muss nur bedacht werden, dass für jeden dieser **vier Vorgänge** die Auslagenpauschale Post und Telekommunikation nach Nr. 32005 gesondert erhoben werden kann. Alternativ ist eine Abrechnung nach Nr. 32004 möglich. 959

Kostenberechnung zur Handelsregisteranmeldung vom 1.8.2014 960
URNr. 1701/2014

Nr. 24102	Handelsregisteranmeldung		177,00 €
	Geschäftswert nach §§ 119, 105, 106	150.000,00 €	
Nr. 22114	Elektronischer Vollzug und XML-Strukturdaten		106,20 €
	Geschäftswert nach § 112	150.000,00 €	

243

Kapitel 2. Gesellschaftsrecht

Auslagen

Nr. 32000	Dokumentenpauschale – Papier (s/w)	6 Seiten	3,00 €
Nr. 32002	Dokumentenpauschale – Daten	9 Dateien/170 Scanseiten	43,00 €
Nr. 32005	Auslagenpauschale Post und Telekommunikation		20,00 €
	Zwischensumme		349,20 €
Nr. 32014	19 % Umsatzsteuer		66,35 €
	Rechnungsbetrag		**415,55 €**
	Rechnungsgesamtbetrag		**3.257,81 €**

961 Der **Geschäftswert** der Handelsregisteranmeldung bestimmt sich nach § 105 Abs. 1 Satz 1 Nr. 1 nach dem Grundkapital zzgl. genehmigten Kapitals.

962 Für die **Übermittlung der Liste der Aufsichtsratsmitglieder** wird keine gesonderte Gebühr für die Erstellung der XML-Strukturdaten erhoben, da es sich um einen Bestandteil der Handelsregisteranmeldung handelt, § 37 Abs. 4 Nr. 3a AktG. Auch eine Geschäftswerterhöhung findet deshalb nicht statt.

963 Wie immer löst die richtige Berechnung der **Dokumentenpauschale** den größten Aufwand aus, der in einem unangemessenen Verhältnis zur Höhe der Auslagen steht. Die Papierabschriften der Handelsregisteranmeldung sind nach Nr. 32000 zu bewerten, weil die erfolgte Unterschriftsbeglaubigung keine Sperrwirkung nach Nr. 32001 Nr. 2 oder Nr. 3 auslösen kann. Für Nr. 32002 wird es deutlich komplizierter: Hier wurde **von neun Dateien** ausgegangen:
– Handelsregisteranmeldung,
– Gründungsurkunde,
– Niederschrift über die Sitzung des ersten Aufsichtsrats,
– Bescheinigung über Einzahlung des Grundkapitals,
– Gründungsbericht,
– Gründungsprüfungsbericht Aufsichtsrat/Vorstand,
– Gründungsprüfungsbericht WP,
– Berechnung der Gründungskosten und
– Liste der Mitglieder des Aufsichtsrats

Insgesamt wurden **170 Seiten** veranschlagt. Der Gesetzgeber wäre gut beraten gewesen, dem Vorschlag der Bundesnotarkammer zu folgen und auch hier eine angemessene Pauschalregelung nach dem Vorbild von Nr. 32005 zu schaffen.

II. Hauptversammlungen

1. Jahresabschluss, Gewinnverwendung, Entlastung

964 Die Hauptversammlung der A AG (Grundkapital 200.000 €) fasst folgende Einzelbeschlüsse:
– Feststellung des Jahresabschlusses und Gewinnverwendung (100.000,00 €)
– Entlastung von Vorstand und Aufsichtsrat und Wahl zweier Aufsichtsratsmitglieder
– Wahl des neuen Abschlussprüfers

G. Aktiengesellschaft

Der Notar protokolliert die Hauptversammlung (19 Seiten – 3 beglaubigte Abschriften), erstellt die Liste der Aufsichtsratsmitglieder (3 Seiten – 1 Abschrift) und reicht diese sowie die Niederschrift über die Hauptversammlung elektronisch zum Handelsregister ein.

Kostenberechnung zur Hauptversammlung vom 1.8.2014   **965**
URNr. 1710/2014

Nr. 21100	Beurkundungsverfahren		762,00 €
	Summe nach § 35 Abs. 1	160.000,00 €	
	Geschäftswert nach § 97	100.000,00 €	
	Geschäftswert nach §§ 108, 105	30.000,00 €	
	Geschäftswert nach §§ 108, 105	30.000,00 €	
Nr. 22114	Elektronischer Vollzug und XML-Strukturdaten		114,30 €
	Geschäftswert nach § 112	160.000,00 €	
Nr. 24101	Fertigung eines Entwurfs (Liste der Aufsichtsratsmitglieder)		60,00 €
	Geschäftswert nach §§ 119 Abs. 1, 92 Abs. 2, 36 Abs. 1	6.000,00 €	
Nr. 22114	Elektronischer Vollzug und XML-Strukturdaten		15,30 €
	Geschäftswert nach § 112	6.000,00 €	
Auslagen			
Nr. 32001	Dokumentenpauschale – Papier (s/w)	60 Seiten	9,00 €
Nr. 32002	Dokumentenpauschale – Daten	2 Dateien/23 Scanseiten	11,50 €
Nr. 32005	Auslagenpauschale Post und Telekommunikation		32,00 €
	Hauptversammlung	20,00 €	
	Entwurf Liste	12,00 €	
	Zwischensumme		1.004,10 €
Nr. 32014	19 % Umsatzsteuer		190,78 €
	Rechnungsbetrag		**1.194,88 €**

Die **Entlastungsbeschlüsse** sind untereinander derselbe Gegenstand, § 109 Abs. 2   **966**
Satz 1 Nr. 4 lit. e). Wahlen und Entlastungsbeschlüsse sind auch derselbe Gegenstand, § 109 Abs. 2 Satz1 Nr. 4 lit. f), soweit nicht einzeln abgestimmt wird – wie hier hinsichtlich der Abschlussprüfer. Deshalb werden zwei Mal 30.000 € angesetzt, §§ 108 Abs. 1 Satz 1, 105 Abs. 4 Nr. 1.

Der Entwurf der **Liste der Aufsichtsratsmitglieder** ist ein gesondertes Geschäft, in   **967**
dem die Auslagenpauschale Post und Telekommunikation nach Nr. 32005 erneut anfällt. Es handelt sich nicht um eine Vollzugstätigkeit, weil Vorbemerkung 2.2.1.1 Abs. 1 Satz 2 Nr. 3 ausdrücklich nur die Liste der Gesellschafter der GmbH anspricht. Die Vollzugsgebühr nach Nrn. 22110, 22113 kann nicht analog angewandt werden. Wird der Notar beauftragt, die Liste zu fertigen, handelt es sich daher um eine Entwurfstätigkeit. Der **Geschäftswert** muss nach § 36 Abs. 1 ermittelt werden. Dabei kann ein **Teilwert von 20 %** aus dem Wert einer fiktiven Handelsregisteranmeldung der Aufsichtsratsmitglieder angesetzt werden, hier also 20 % aus 30.000 € (§ 105 Abs. 2, Abs. 4 Nr. 1, s. Rn. 951e ff.).

968 Die **elektronische Einreichung des Hauptversammlungsprotokolls** (§ 130 Abs. 5 AktG) sowie der vom Notar entworfenen Liste der Aufsichtsratsmitglieder lösen gesonderte Gebühren nach Nr. 22114 aus, weil es sich um **getrennte Verfahren** handelt, die auch **nicht** durch eine Handelsregisteranmeldung zu einem einheitlichen Vollzug **verklammert** sind.

2. Gewinnabführungsvertrag, Schaffung genehmigten Kapitals

969 Die Hauptversammlung der A AG (Grundkapital 200.000 €) fasst folgende Beschlüsse:
- Feststellung des Jahresabschlusses
- Gewinnverwendung (100.000,00 €)
- Zustimmung zu einem Gewinnabführungsvertrag für 5 Jahre (durchschnittlicher Jahresgewinn 100.000,00 €)
- Entlastung von Vorstand und Aufsichtsrat und Wahl des neuen Abschlussprüfers
- Schaffung eines genehmigten Kapitals von 50.000,00 €.

Der Notar protokolliert die Hauptversammlung (17 Seiten – 3 beglaubigte Abschriften), stellt den neuen Wortlaut der Satzung (10 Seiten – 2 Abschriften) zusammen und erteilt die Bescheinigung nach § 181 Abs. 1 Satz 2 AktG (1 Seite – 2 Abschriften).
Ferner fertigt er die Anmeldung des genehmigten Kapitals und reicht sie zusammen mit der bescheinigten Satzung und dem Hauptversammlungsprotokoll elektronisch zum Handelsregister ein (3 Seiten – 2 beglaubigte Abschriften).
Der Notar hat das Handelsregister eingesehen.

970 Kostenberechnung zur Hauptversammlung vom 1.8.2014
URNr. 1720/2014

Nr. 21100	Beurkundungsverfahren		2.510,00 €
	Summe nach § 35 Abs. 1	680.000,00 €	
	Geschäftswert nach § 97	100.000,00 €	
	Geschäftswert nach §§ 97, 108 Abs. 2	500.000,00 €	
	Geschäftswert nach §§ 108, 105	30.000,00 €	
	Geschäftswert nach § 97	50.000,00 €	
Auslagen			
Nr. 32001	Dokumentenpauschale – Papier (s/w)	73 Seiten	10,95 €
Nr. 32005	Auslagenpauschale Post und Telekommunikation		20,00 €
Nr. 32011	Auslagen Handelsregistereinsicht (je 4,50 €)		4,50 €
	Zwischensumme		2.545,45 €
Nr. 32014	19 % Umsatzsteuer		483,64 €
	Summe		**3.029,09 €**

971 Die **Satzungsbescheinigung** ist nach Vorbemerkung 2.1 Abs. 2 Nr. 4 gebührenfrei.
972 Die **elektronische Einreichung** des Hauptversammlungsprotokolls (§ 130 Abs. 5 AktG) kann unabhängig von der Handelsregisteranmeldung gesonderte Gebühren

nach Nr. 22114 auslösen, weil es sich insoweit um den Vollzug der Hauptversammlung selbst handelt. Die Gebühr entsteht aber **nur dann gesondert**, wenn das Hauptversammlungsprotokoll nicht als Anlage der Handelsregisteranmeldung eingereicht wird wie hier.

Kostenberechnung zur Handelsregisteranmeldung vom 1.8.2014   973
URNr. 1721/2014

Nr. 24102	Handelsregisteranmeldung		82,50 €
	Geschäftswert nach §§ 119, 105, 106	50.000,00 €	
Nr. 22114	Elektronischer Vollzug und XML-Strukturdaten		49,50 €
	Geschäftswert nach § 112	50.000,00 €	
Auslagen			
Nr. 32000	Dokumentenpauschale – Papier (s/w)	6 Seiten	3,00 €
Nr. 32002	Dokumentenpauschale – Daten	3 Dateien/31 Scanseiten	15,50 €
Nr. 32005	Auslagenpauschale Post und Telekommunikation		20,00 €
	Zwischensumme		170,50 €
Nr. 32014	19 % Umsatzsteuer		32,40 €
	Summe		**202,90 €**
	Rechnungsgesamtbetrag		**.231,99 €**

Der **Geschäftswert** der Handelsregisteranmeldung bestimmt sich nach § 105 Abs. 1   974
Satz 1 Nr. 1. Der einzutragende Geldbetrag entspricht der Höhe des beschlossenen genehmigten Kapitals.

Für die Erzeugung der **XML-Strukturdaten** ist nach § 112 der Geschäftswert des   975
zugrundeliegenden Beurkundungsverfahrens, hier also der Handelsregisteranmeldung, maßgeblich.

Die **Dokumentenpauschale** für die Papierabschriften richtet sich bei Unterschrifts-   976
beglaubigungen nach Nr. 32000.

3. Kapitalerhöhung

Die Hauptversammlung der A AG (Grundkapital 200.000.000 €) fasst den Be-   977
schluss, das Grundkapital um 10.000.000 € zu erhöhen und die Satzung entsprechend zu ändern.
Die Kapitalerhöhung wird durchgeführt.
Der Notar protokolliert die Hauptversammlung (10 Seiten – 4 beglaubigte Abschriften), stellt den neuen Wortlaut der Satzung (20 Seiten – 3 Abschriften) zusammen und erteilt die Bescheinigung nach § 181 Abs. 1 Satz 2 AktG (1 Seite – 3 Abschriften).
Ferner fertigt er die Handelsregisteranmeldung der Kapitalerhöhung, deren Durchführung sowie der Satzungsänderung und reicht sie elektronisch zum Handelsregister ein (3 Seiten – 3 Abschriften). Der Anmeldung werden darüber hinaus beigefügt: Zweitschriften der Zeichnungsscheine (4 Seiten), Verzeichnis der

> Zeichner (1 Seite), Kostenberechnung (2 Seiten), Bankbestätigung nach §§ 188 Abs. 2, 37 Abs. 1 AktG (2 Seiten).
> Der Notar hat das Handelsregister eingesehen.

978 **Kostenberechnung zur Hauptversammlung vom 1.8.2014**
URNr. 1730/2014

Nr. 21100	Beurkundungsverfahren		16.270,00 €
	Geschäftswert nach §§ 97, 108	5.000.000,00 €	
Auslagen			
Nr. 32001	Dokumentenpauschale – Papier (s/w)	103 Seiten	15,45 €
Nr. 32005	Auslagenpauschale Post und Telekommunikation		20,00 €
Nr. 32011	Auslagen Handelsregistereinsicht (je 4,50 €)		4,50 €
	Zwischensumme		16.309,95 €
Nr. 32014	19 % Umsatzsteuer		3.098,89 €
	Summe		**19.408,84 €**

979 Nach § 109 Abs. 2 Satz 1 Nr. 4 lit. b) sind der Beschluss über eine Kapitalerhöhung oder -herabsetzung und die weiteren damit im Zusammenhang stehenden Beschlüsse **derselbe Gegenstand**. Gemeint sind die hier notwendigen **Satzungsänderungen**.

980 Der **Höchstgeschäftswert für Beschlüsse** beträgt 5 Mio. € nach § 108 Abs. 5. Eine Höchstgebühr gibt es – systemgerecht – nicht mehr. Sie ergibt sich vielmehr aus der entsprechenden Wertgebühr.

981 Die **Satzungsbescheinigung** ist gebührenfrei nach Vorbemerkung 2.1 Abs. 2 Nr. 4.

982 Zum **Zusammenstellen des neuen Satzungswortlauts** durch den Notar siehe oben Rn. 854 ff.

983 **Kostenberechnung zur Handelsregisteranmeldung vom 1.8.2014**
URNr. 1731/2014

Nr. 24102	Handelsregisteranmeldung		867,50 €
	Geschäftswert nach §§ 119, 105, 106	1.000.000,00 €	
Nr. 22114	Elektronischer Vollzug und XML-Strukturdaten		250,00 €
	Geschäftswert nach § 112	1.000.000,00 €	
Auslagen			
Nr. 32000	Dokumentenpauschale – Papier (s/w)	9 Seiten	4,50 €
Nr. 32002	Dokumentenpauschale – Daten	7 Dateien/44 Scanseiten	22,00 €
Nr. 32005	Auslagenpauschale Post und Telekommunikation		20,00 €
	Zwischensumme		1.164,00 €
Nr. 32014	19 % Umsatzsteuer		221,16 €
	Summe		**1.385,16 €**
	Rechnungsbetrag		**20.794,00 €**

G. Aktiengesellschaft

984 Der **Geschäftswert** der Handelsregisteranmeldung der Kapitalerhöhung ergibt sich aus § 105 Abs. 1 Satz 1 Nr. 4 lit. a).

985 Die gleichzeitige Anmeldung der **Durchführung der Kapitalerhöhung** ist nach § 111 Nr. 3 ein **besonderer Beurkundungsgegenstand**. Die frühere Annahme der Gegenstandsgleichheit scheidet aus. Damit entspricht die kostenrechtliche Bewertung der Eigenständigkeit der Durchführungsanmeldung nach § 188 AktG. Es handelt sich um eine Anmeldung ohne bestimmten Geldwert.

986 Die Anmeldung des Erhöhungsbeschlusses umfasst als **gleiche Tatsache** auch die Anmeldung der entsprechenden Satzungsänderung (**notwendige Erklärungseinheit**). Das ist mangels verschiedener Tatsachen bereits kein Fall von § 109 und damit auch nicht von § 111 Nr. 3.

987 Der **Höchstwert für Handelsregisteranmeldungen** wurde von 500.000 € (§ 39 Abs. 5, Hs. 2 KostO) auf 1 Mio. € nach § 106 erhöht. Der Höchstwert gilt nach § 106 Satz 2 auch dann, wenn mehrere Anmeldungen in einem Beurkundungsverfahren zusammengefasst werden. Deshalb wirkt sich hier die Anmeldung der Durchführung der Kapitalerhöhung **nicht aus**. In diesem Fall ist es auch nicht nach § 19 Abs. 3 Nr. 3 erforderlich, die Werte der einzelnen Gegenstände anzuführen, jedenfalls dann nicht, wenn bereits ein Gegenstand den Höchstgeschäftswert auslöst.

988 Die Erstellung der **XML-Strukturdaten** ist Vollzugstätigkeit zur Handelsregisteranmeldung mit dem Basiswert der Handelsregisteranmeldung und einer Höchstgebühr von 250,00 € nach Nr. 22114.

III. Sonstige Handelsregisteranmeldungen

1. Vertretungsbefugnis

989 Zur Eintragung in das HR der A-AG (Grundkapital 12 Mio. €) werden angemeldet:
– A ist als Vorstandsmitglied ausgeschieden, B ist zum Vorstandsmitglied gewählt.
– C ist Einzelprokura, beschränkt auf die Zweigniederlassung 1, erteilt.
Der Notar entwirft die Handelsregisteranmeldung. Er reicht sie zusammen mit einer beglaubigten Abschrift des Aufsichtsratsbeschlusses (4 Seiten) in elektronischer Form beim Handelsregister ein. Von der Handelsregisteranmeldung (3 Seiten) werden drei beglaubigte Abschriften gefertigt. Der Notar hat das Handelsregister eingesehen.

990 **Kostenberechnung zur Handelsregisteranmeldung vom 1.8.2014**
URNr. 1732/2014

Nr. 24102	Handelsregisteranmeldung		367,50 €
	Summe nach § 35 Abs. 1	360.000,00 €	
	Geschäftswert nach §§ 119, 105, 106 (A)	120.000,00 €	
	Geschäftswert nach §§ 119, 105, 106 (B)	120.000,00 €	
	Geschäftswert nach §§ 119, 105, 106 (C)	120.000,00 €	
Nr. 22114	Elektronischer Vollzug und XML-Strukturdaten		220,50 €
	Geschäftswert nach § 112	360.000,00 €	
Nr. 25102	Beglaubigung von Dokumenten		10,00 €

Kapitel 2. Gesellschaftsrecht

Auslagen

Nr. 32000	Dokumentenpauschale – Papier (s/w)		9 Seiten	4,50 €
Nr. 32002	Dokumentenpauschale – Daten	2 Dateien/7 Scanseiten		3,50 €
Nr. 32005	Auslagenpauschale Post und Telekommunikation			20,00 €
Nr. 32011	Auslagen Handelsregistereinsicht (je 4,50 €)			4,50 €
	Zwischensumme			630,50 €
Nr. 32014	19 % Umsatzsteuer			119,80 €
	Summe			**750,30 €**

991 Der Geschäftswert jeder Anmeldung beträgt **ein Prozent vom Grundkapital** nach § 105 Abs. 2, Abs. 4 Nr. 1, also 120.000,00 €. Auf den Mindestwert kommt es hier wegen des hohen Grundkapitals nicht an.

992 Die Privilegierung von Anmeldungen betreffend **Zweigniederlassungen** nach § 41a Abs. 5 KostO wurde gestrichen. Sie sind nicht nur mit dem halben, sondern **mit dem vollen Wert** nach § 105 anzusetzen, hier nach § 105 Abs. 2, Abs. 4 Nr. 1.

993 Der Anmeldung sind nach § 81 Abs. 2 AktG die Urkunden über die Änderung des Vorstands in Urschrift **oder** öffentlich beglaubigter Abschrift beizufügen. Wird dem Notar (nur) eine beglaubigte Abschrift des Aufsichtsratsbeschlusses vorgelegt, muss er nach § 12 Abs. 2 Satz 2, Hs. 2 HGB vorgehen, eine elektronische Abschrift einreichen und die **Beglaubigungsgebühr** nach Nr. 25102 erheben.

2. Isolierte Durchführung einer Kapitalerhöhung

994 Der Notar wird beauftragt, die Durchführung einer Kapitalerhöhung bei der A-AG (Grundkapital 56 Mio. €) über 5,1 Mio. € aus genehmigtem Kapital anzumelden. Der Notar hat die Gesellschaft zuvor nicht betreut.
Der Notar wird beauftragt, die Gesellschaft bei der Durchführung der Kapitalerhöhung zu beraten und zu prüfen, ob Aufsichtsrat und Vorstand die Durchführung der Kapitalerhöhung ordnungsgemäß beschlossen haben.
Der Notar stellt die geänderte Satzung zusammen und erteilt die Bescheinigung nach § 181 Abs. 1 Satz 2 AktG.
Die Handelsregisteranmeldung (3 Seiten – 2 begl. Abschriften mit Anlagen) reicht der Notar elektronisch zum Handelsregister (mit Ausfertigung Vorstandsbeschluss – 8 Seiten, Ausfertigung Aufsichtsratsbeschluss – 4 Seiten, Zweitschriften der 3 Zeichnungsscheine – je 1 Seite, Verzeichnis der Zeichner – 1 Seite, Bestätigung des Kreditinstituts über Einlagenleistung – 2 Seiten, Kostenberechnung – 2 Seiten, Satzung mit Notarbescheinigung – 16 Seiten). Der Notar hat das Handelsregister eingesehen.

G. Aktiengesellschaft

Kostenberechnung zur Handelsregisteranmeldung vom 1.8.2014   **995**
URNr. 1733/2014

Nr. 24102	Handelsregisteranmeldung		547,50 €
	Geschäftswert nach §§ 119 Abs. 1, 105, 106	560.000,00 €	
Nr. 22114	Elektronischer Vollzug und XML-Strukturdaten		250,00 €
	Geschäftswert nach § 112	560.000,00 €	
Nr. 24200	Beratung bei der Beschlussumsetzung /-vorbereitung		6.508,00 €
	Geschäftswert nach § 36 Abs. 1	5.000.000,00 €	
Nr. 25104	Tatsachenbescheinigung		354,00 €
	Geschäftswert nach § 36 Abs. 1	153.000,00 €	
Auslagen			
Nr. 32000	Dokumentenpauschale – Papier (s/w)	78 Seiten	29,20 €
Nr. 32002	Dokumentenpauschale – Daten 10 Dateien/40 Scanseiten		20,00 €
Nr. 32005	Auslagenpauschale Post und Telekommunikation		60,00 €
	Handelsregisteranmeldung	20,00 €	
	Beratung	20,00 €	
	Tatsachenbescheinigung	20,00 €	
Nr. 32011	Auslagen Handelsregistereinsicht (je 4,50 €)		4,50 €
	Zwischensumme		7.773,20 €
Nr. 32014	19 % Umsatzsteuer		1.476,91 €
	Summe		**9.250,11 €**

Von den Amtspflichten beim Entwurf der Handelsregisteranmeldung sind die **Bera-**   **996**
tung und Betreuung der Gesellschaft hinsichtlich der nicht beurkundungsbedürftigen Beschlüsse zur Durchführung einer Kapitalerhöhung aus genehmigtem Kapital nicht erfasst. Deshalb ist daneben **Raum für isolierte Beratungsgebühren**.

Bei der **Abgrenzung** zwischen Nr. 24200 und Nr. 24203 hat sich der Gesetzgeber   **997**
wohl einen engen sachlichen Anwendungsbereich der Gebühr Nr. 24203 vorgestellt. Der **Begriff der „Durchführung"** ist demnach auf die Veranstaltung der Versammlung als solche bezogen und umfasst **nicht die Umsetzung der gefassten Beschlüsse**. Die Erweiterung des Gebührensatzrahmens auf 2,0 wäre aber wegen der rechtlich anspruchsvollen und haftungsgeneigten Beratungstätigkeit im Gesellschaftsrecht richtiger Weise generell angezeigt gewesen. Denn der Notar erbringt aufgrund seines spezialisierten Wissens im Gesellschaftsrecht heutzutage häufig über seine Amtspflichten hinausgehende Mehrleistungen nach § 24 BNotO, die auch in der operativen Beratung und Betreuung eines Beteiligten liegen können, beispielsweise durch terminliche **Koordination** von Beschlussfassungen durch Gremien aller Art oder Abstimmung des Zeitpunkts von Eintragungen mit dem Handelsregister. Diese sog. **Transaktionsbetreuung** ist typischer Gegenstand von Beratungsgebühren, die bei engem sachlichen Verständnis von Nr. 24203 der Nr. 24200 zuzuordnen sind.

Beim **Geschäftswert** ist nach § 36 Abs. 1 in Anlehnung an § 120 Satz 1 die Summe   **998**
der Geschäftswerte für die Beurkundung der gefassten Beschlüsse maßgeblich, analog § 120 Satz 2 höchstens 5 Mio. €. Im Gegensatz zur *Anmeldung* der Durchführung der Kapitalerhöhung haben die Beschlüsse von Vorstand und Aufsichtsrat über die Durch-

führung der Kapitalerhöhung einen bestimmten Geldwert, nämlich den **Nennwert des Erhöhungsbetrages**. Teilwerte sind grundsätzlich mit Blick auf § 120 nicht zu bilden – die Feinsteuerung erfolgt hier ausschließlich über den Gebührensatzrahmen.

999 Der **Gebührensatz** hängt vom Umfang der Prüfungs- und Koordinierungstätigkeiten ab, die der Notar übernimmt, § 92 Abs. 1. Hier wurde ein Gebührensatz von 0,8 gewählt.

1000 Die **Satzungsbescheinigung** ist gesondert abzurechnen, weil Vorbemerkung 2.1 Abs. 2 Nr. 4 nicht einschlägig ist. Die Änderung der Satzung erfolgt hier durch Beschluss des Aufsichtsrates, den der Notar nicht beurkundet hat, und daher ist auch keine Gebühr nach Hauptabschnitt 1 entstanden. Der Geschäftswert ist nach § 36 Abs. 1 zu ermitteln. Referenzwert ist der Wert der entsprechenden Handelsregisteranmeldung. Davon erscheint ein Teilwert von 30 bis 50 Prozent angemessen. Das Zusammenstellen der Satzung ist auch außerhalb des Anwendungsbereichs von Vorbemerkung 2.1 Abs. 2 Nr. 4 gebührenfrei.

1001 Die isolierte **Handelsregisteranmeldung** der Durchführung einer Kapitalerhöhung ist eine Anmeldung **ohne bestimmten Geldwert**, die nach § 105 Abs. 2, Abs. 4 Nr. 1 mit einem Prozent des Grundkapitals zu bewerten ist. Maßgeblich ist das **noch nicht erhöhte Grundkapital**, weil die Erhöhung erst mit Eintragung der Durchführung wirksam wird, § 189 AktG.

IV. Liquidation

1001a Der Notar beurkundet die Hauptversammlung der A AG (Grundkapital 1,5 Mio. €), in der ihre Liquidation beschlossen wird. Das bisherige Geschäftsjahr wird als erstes Abwicklungsjahr beibehalten. Dann werden A, B und C ohne Einzelwahl zu Liquidatoren bestellt, die satzungsgemäß vertreten. Schließlich wird der Abschlussprüfer gewählt. Der Notar wird gebeten, den Gläubigeraufruf zu erledigen.
Die Niederschrift hat 8 Seiten. Es werden 5 beglaubigte Abschriften gefertigt. Die PDF-Version wird an vier Empfänger versandt. Der Notar hatte das Handelsregister eingesehen. Er wird beauftragt, die Anmeldung der Liquidation im Handelsregister vorzunehmen (3 Seiten – 2 begl. Abschriften mit Anlagen).

1001b **Kostenberechnung zur Hauptversammlung vom 1.8.2014**
URNr. 1734/2014

Nr. 21100	Beurkundungsverfahren		600,00 €
	Summe nach § 35 Abs. 1	120.000,00 €	
	Geschäftswert nach §§ 108, 105 – Liquidation	30.000,00 €	
	Geschäftswert nach §§ 108, 105 – Geschäftsjahr	30.000,00 €	
	Geschäftswert nach §§ 108, 105 – Liquidatoren	30.000,00 €	
	Geschäftswert nach §§ 108, 105 – Abschlussprüfer	30.000,00 €	
Nr. 22200	Betreuungsgebühr		150,00 €
	Geschäftswert nach § 113	120.000,00 €	

G. Aktiengesellschaft

	Auslagen			
Nr. 32001	Dokumentenpauschale – Papier (s/w)	40 Seiten		6,00 €
Nr. 32002	Dokumentenpauschale – Daten	3 Dateien + 8 Scanseiten		8,50 €
Nr. 32005	Auslagenpauschale Post und Telekommunikation			20,00 €
Nr. 32011	Auslagen Handelsregistereinsicht (je 4,50 €)			4,50 €
	Zwischensumme			789,00 €
Nr. 32014	19 % Umsatzsteuer			149,91 €
	Summe			**938,91 €**

Es handelt sich um Beschlüsse **ohne bestimmten Geldwert**, die nach §§ 108 Abs. 1 Satz 1, 105 Abs. 4 Nr. 1 einen Mindestwert von 30.000 € haben. Insgesamt liegen vier kostenrechtliche Gegenstände vor; bei den Wahlen der Liquidatoren fanden keine Einzelwahlen statt, so dass es sich insoweit nur um einen Gegenstand handelt.   **1001c**

Der **Gläubigerabruf** zur Ingangsetzung des Sperrjahres (§ 272 Abs. 1 AktG) ist eine Betreuungstätigkeit nach Nr. 22200 Nr. 5.   **1001d**

Kostenberechnung zur Handelsregisteranmeldung vom 1.8.2014   1001e
URNr. 1735/2014

Nr. 24102	Handelsregisteranmeldung		177,00 €
	Summe nach § 35 Abs. 1	150.000,00 €	
	... §§ 119 Abs. 1, 105, 106: Liquidation	30.000,00 €	
	... §§ 119 Abs. 1, 105, 106: GJahr	30.000,00 €	
	... §§ 119 Abs. 1, 105, 106: A, B, C	90.000,00 €	
Nr. 22114	Elektronischer Vollzug und XML-Strukturdaten		106,20 €
	Geschäftswert nach § 112	150.000,00 €	
Auslagen			
Nr. 32000	Dokumentenpauschale – Papier (s/w) 22 Seiten		11,20 €
Nr. 32002	Dokumentenpauschale – Daten 2 Dateien/11 Scanseiten		5,50 €
Nr. 32005	Auslagenpauschale Post und Telekommunikation		20,00 €
	Zwischensumme		319,70 €
Nr. 32014	19 % Umsatzsteuer		60,74 €
	Summe		**380,44 €**
	Rechnungsbetrag		**1.319,35 €**

Fortsetzung: Nach Ablauf des Sperrjahres wird der Notar gebeten, die Niederschrift für die Hauptversammlung über die Beendigung der Liquidation zu entwerfen. Darin werden die Schlussrechnung gebilligt, die Liquidatoren und Mitglieder des Aufsichtsrates entlastet und über die Verwahrung der Bücher und Schriften der A AG beschlossen. Der Entwurf (4 Seiten) wird per E-Mail versandt.   **1001f**

Der Notar wird anschließend beauftragt, die Liquidationsbeendigung zum Handelsregister anzumelden (3 Seiten). Er überreicht das HV-Protokoll mit gebilligter Schlussrechnung sowie ein Belegexemplar des Gläubigeraufrufs. Er fertigt eine Abschrift der Handelsregisteranmeldung.

1001g Kostenberechnung zur Handelsregisteranmeldung vom 1.8.2014 URNr. 1736/2014

Nr. 24100	Fertigung eines Entwurfs		384,00 €
	Summe nach § 35 Abs. 1	65.000,00 €	
	Geschäftswert nach §§ 119 Abs. 1, 105, 106: Billigung	30.000,00 €	
	... §§ 119 Abs. 1, 105, 106: Entlastung	30.000,00 €	
	... §§ 119 Abs. 1, 105, 106: Aufbewahrung	5.000,00 €	
Nr. 24102	Handelsregisteranmeldung		62,50 €
	Geschäftswert nach §§ 119 Abs. 1, 105, 106	30.000,00 €	
Nr. 22114	Elektronischer Vollzug und XML-Strukturdaten		37,50 €
	Geschäftswert nach § 112	30.000,00 €	
Auslagen			
Nr. 32000	Dokumentenpauschale – Papier (s/w)	9 Seiten	4,50 €
Nr. 32002	Dokumentenpauschale – Daten	4 Dateien + / 4 Scanseiten	8,00 €
Nr. 32005	Auslagenpauschale Post und Telekommunikation		20,00 €
	Zwischensumme		516,50 €
Nr. 32014	19 % Umsatzsteuer		98,14 €
	Summe		**614,64 €**

1001h Der **Protokollentwurf** für die Hauptversammlung zur Entgegennahme und Billigung der Schlussrechnung ist nach Nr. 24100, § 92 Abs. 2 mit einer 2,0-Gebühr abzurechnen. Die Entlastungsbeschlüsse sind zur Billigung der Schlussrechnung gegenstandsverschieden. Die Beschlussfassung über die Aufbewahrung der Bücher und Schriften ist vergleichbar mit der Anschriftenangabe, so dass ich diese nach § 105 Abs. 5 mit nur 5.000 € bewerten würde.

1001i Die **Handelsregisteranmeldung** hat keinen bestimmten Geldwert, wobei die kostenrechtliche Schwierigkeit wie häufig eher im Auslagenbereich liegt.

H. Europäische Gesellschaft (SE)

I. Gründung einer Tochter-SE

1001j Die A GmbH und eine englische Limited gründen die A SE (als Europäische Gesellschaft – Societas Europaea) mit Sitz in Hamburg als gemeinsame Tochtergesellschaft. Der Notar beurkundet das Gründungsprotokoll und stellt die Satzung fest (15 Seiten). Das Grundkapital der A SE beträgt 120.000 €. Bestellt werden in der Gründungsurkunde der Verwaltungsrat und der Abschlussprüfer für das erste

Rumpfgeschäftsjahr. Der Notar fertigt ferner die Verwaltungsratsliste (1 Seite), das Protokoll der ersten Verwaltungsratssitzung (3 Seiten), den Gründungsbericht (5 Seiten) und den Gründungsprüfungsbericht (5 Seiten). Alle Urkunden werden im Vorfeld zweimal an vier Beteiligte per E-Mail versandt. Im Nachgang werden zwei Abschriften gefertigt. Das Handelsregister wurde eingesehen.

Die Vertretungsbefugnis des Geschäftsführers der GmbH wird durch Bescheinigung nach § 21 BNotO nachgewiesen. Für die Limited werden vorgelegt der Beschluss des *board of directors* in Verbindung mit einer Vollmacht, unterschrieben von den *directors* und dem *secretary*, beglaubigt von einem Scrivener Notary und versehen mit einer Apostille. Der Scrivener Notary hat „bescheinigt", dass die Gesellschaft wirksam vertreten wird.

Kostenberechnung zur SE-Gründung vom 1.8.2014   1001k
URNr. 1737/2014

Nr. 21100	Beurkundungsverfahren		708,00 €
	Summe nach § 35 Abs. 1	150.000,00 €	
	Geschäftswert nach § 97 – Gründung	120.000,00 €	
	Geschäftswert nach §§ 108, 105 – Wahlen	30.000,00 €	
Nr. 25200	Bescheinigung nach § 21 BNotO		15,00 €
Nr. 24100	Fertigung eines Entwurfs – Verwaltungsratssitzung		250,00 €
	Geschäftswert nach §§ 119, 36	30.000,00 €	
Nr. 24101	Fertigung eines Entwurfs – Verwaltungsratsliste		60,00 €
	Geschäftswert nach §§ 119, 36	6.000,00 €	
Nr. 24101	Fertigung eines Entwurfs – Gründungsbericht		115,00 €
	Geschäftswert nach §§ 119, 36	24.000,00 €	
Nr. 24101	Fertigung eines Entwurfs – Gründungsprüfungsbericht		115,00 €
	Geschäftswert nach §§ 119, 36	24.000,00 €	
Auslagen			
Nr. 32001	Dokumentenpauschale – Papier (s/w)	58 Seiten	8,70 €
Nr. 32002	Dokumentenpauschale – Daten	2 Arbeitsgänge	10,00 €
Nr. 32005	Auslagenpauschale Post und Telekommunikation		92,00 €
	AG-Gründung, Protokoll Verwaltungsratssitzung, je 20 €	40,00 €	
	Gründungsbericht, Gründungsprüfungsbericht, je 20 €	40,00 €	
	Entwurf Liste	12,00 €	
	Zwischensumme		1.373,70 €
Nr. 32014	19 % Umsatzsteuer		261,00 €
	Rechnungsbetrag		**1.634,70 €**

Nach Art. 15 Abs. 1 SE-VO findet auf die Gründung einer SE grundsätzlich das für Aktiengesellschaften geltende Recht des Staates Anwendung, in dem die SE ihren Sitz begründet. Deshalb entspricht auch die kostenrechtliche Behandlung der Gründung einer Aktiengesellschaft (s. dazu Rn. 952 ff.). Das gilt ebenfalls für die hier nicht ausgeführte Handelsregisteranmeldung.   1001l

II. Aktivierung einer Vorrats-SE

1001m Der Notar protokolliert die außerordentliche Hauptversammlung der V34 SE (Grundkapital 120.000 €) mit Sitz in Berlin, in der Beschlüsse zu folgenden Themen gefasst wurden:
- Änderung der Firma,
- Sitzverlegung nach Hamburg mit entsprechender Satzungsänderung,
- Gegenstand des Unternehmen,
- Änderung der Vertretungsregelung,
- Neufassung der Satzung.

Der Notar führt die Gründungsprüfung durch.
Der Notar meldet sodann diese Änderungen unter Entwurfsfertigung zum Handelsregister an. Er meldet ferner an, dass
- V nicht mehr Mitglied des Vorstands ist;
- A und B als Vorstandsmitglieder bestellt wurden;
- C und D der Vorsitzende bzw. stellv. Vorsitzende des Aufsichtsrats sind;
- sich die inländische Geschäftsanschrift geändert hat.

Ferner wird offengelegt,
- dass es sich um eine wirtschaftliche Neugründung (mit Versicherungen) handelt;
- dass sämtliche Aktien allein einem Aktionär gehören (§ 42 AktG).

Ferner wird versichert, dass die Gesellschaft weder Arbeitnehmer beschäftigt noch Einstellungen beabsichtigt, so dass weder Arbeitnehmer informiert (§ 4 SE-BG), noch eine schriftliche Vereinbarung über die Beteiligung der Arbeitnehmer geschlossen (§ 21 SE-BG) werden konnte.

Der Notar hatte folgende Dokumente entworfen bzw. Tätigkeiten ausgeführt,
- Liste der Aufsichtsratsmitglieder,
- Ergebnisprotokoll über die konstituierende Sitzung des Aufsichtsrates,
- Gründungsbericht des Aktionärs,
- Prüfungsbericht des Vorstandes und des Aufsichtsrates,
- Gründungsprüfungsbericht des Notars,
- vollständiger Wortlaut der Satzung mit der Bescheinigung gemäß § 181 AktG.

H. Europäische Gesellschaft (SE)

Kostenberechnung zur SE-Aktivierung vom 1.8.2014   **1001n**
URNr. 1738/2014

Nr. 21100	Beurkundungsverfahren		250,00 €
	Geschäftswert nach §§ 108, 105	30.000,00 €	
Nr. 24203	Beratung Vorbereitung/Durchführung Hauptversammlung		250,00 €
	Geschäftswert nach § 120	30.000,00 €	
Nr. 25206	Gründungsprüfung		1.000,00 €
	Geschäftswert nach § 123	120.000,00 €	
Nr. 24100	Fertigung eines Entwurfs – Aufsichtsratssitzung		250,00 €
	Geschäftswert nach §§ 119, 36	30.000,00 €	
Nr. 24101	Fertigung eines Entwurfs – Liste der Aufsichtsratsmitglieder		60,00 €
	Geschäftswert nach §§ 119, 36	6.000,00 €	
Nr. 24101	Fertigung eines Entwurfs – Berichte		345,00 €
	Geschäftswert nach §§ 119, 36: Gründung 24.000 €	115,00 €	
	Geschäftswert nach §§ 119, 36: Prüfung 24.000 €	115,00 €	
	… §§ 119, 36: Gründungsprüfung 24.000 €	115,00 €	
Nr. 24102	Handelsregisteranmeldung		367,50 €
	Geschäftswert nach §§ 119, 105, 106	365.000,00 €	
Nr. 22114	Elektronischer Vollzug und XML-Strukturdaten		220,50 €
	Geschäftswert nach § 112	150.000,00 €	
Auslagen			
Nr. 32005	Auslagenpauschale Post und Telekommunikation		152,00 €
	Zwischensumme		2.895,00 €
Nr. 32014	19 % Umsatzsteuer		550,05 €
	Rechnungsbetrag		**3.445,05 €**

    Die **Beschlüsse der Hauptversammlung** betreffen denselben Gegenstand nach   **1001o**
§ 109 Abs. 2 Satz 1 Nr. 4 lit. c. Daher ist der Geschäftswert nur der Mindestgeschäftswert nach § 105 Abs. 4 Nr. 1.

    In der **Handelsregisteranmeldung** handelt es sich um besondere Tatsachen (zur   **1001p**
wirtschaftlichen Neugründung bspw. Rn. 836). Satzungsänderungen betreffen je eine Tatsache, soweit sie gesondert anzumelden sind. Satzungsänderungen im Übrigen sind hingegen nur insgesamt eine Tatsache. Jede Offenlegung betrifft auch ein gesonderter Gegenstand. Die inländische Geschäftsanschrift führt nur zu einem Ansatz von 5.000 €. Die Versicherungen nach dem SE-BG sind m.E. nicht gesondert anzusetzen.

    Die **Auslagenpauschale** nach Nr. 32005 entsteht pro Verfahren und Geschäft gesondert.   **1001q**

Kapitel 2. Gesellschaftsrecht

I. Umwandlungen

I. Verschmelzung

1002 Die A-GmbH (Stammkapital 50.000 €, Gesellschafter G und H jeweils mit einem Geschäftsanteil von 25.000 €) überträgt ihr Vermögen als Ganzes unter Auflösung der Gesellschaft ohne Abwicklung im Wege der Verschmelzung durch Aufnahme gem. § 2 Nr. 1, § 20 Nr. 1 und § 55 Abs. 1 UmwG auf die B-GmbH (übernehmende Gesellschaft mit einem Stammkapital von 50.000 €). Das Aktivvermögen der übertragenden Gesellschaft beträgt lt. Bilanz 250.000 €.
Als Gegenleistung gewährt die aufnehmende Gesellschaft den Gesellschaftern der übertragenden Gesellschaft Geschäftsanteile im Nennbetrag von insgesamt 20.000 €.
Die Gesellschafter der B-GmbH fassen folgende Beschlüsse:
– Dem Verschmelzungsvertrag wird zugestimmt.
– Das Stammkapital wird um 20.000 € erhöht.
Die Gesellschafter der A-GmbH fassen folgenden Beschluss: Dem Verschmelzungsvertrag wird zugestimmt.
Die Gesellschafter der beiden an der Verschmelzung beteiligten Gesellschaften geben die Verzichtserklärungen gem. §§ 8 Abs. 3, 9 Abs. 3 i.V.m. § 12 UmwG ab.
Alle Erklärungen und Beschlüsse sind in einer Urkunde enthalten (37 Seiten – 9 beglaubigte Abschriften). Der Notar fertigt die Übernehmer- und Gesellschafterliste (je zwei Seiten – 2 Abschriften) und stellt den neuen Wortlaut der Satzung (20 Seiten – 3 Abschriften) zusammen. Er erteilt die Bescheinigung nach § 54 Abs. 1 Satz 2 GmbHG (2 Seiten – 2 Abschriften).
Sodann fertigt der Notar die Entwürfe der Registeranmeldungen für beide Gesellschaften (je 3 Seiten – 3 beglaubigte Abschriften) und übermittelt diese nach Beglaubigung der Unterschriften elektronisch – mit Schlussbilanz der A GmbH (5 Seiten) – an das Registergericht.
Nach Vollzug und Prüfung der Richtigkeit der Eintragung im Handelsregister erteilt der Notar die Bescheinigung nach § 40 Abs. 2 Satz 2 GmbHG.

1003 Kostenberechnung zur Verschmelzung vom 1.8.2014
URNr. 1740/2014

Nr. 21100	Beurkundungsverfahren		2.030,00 €
	Summe nach § 35 Abs. 1	530.000,00 €	
	Geschäftswert nach §§ 97, 107 – Umwandlung	250.000,00 €	
	... §§ 97, 108 – Zustimmungsbeschlüsse	250.000,00 €	
	... §§ 97, 108, 105 – Kapitalerhöhung	30.000,00 €	
Nr. 22110	Vollzugsgebühr (nach Nr. 22113)		500,00 €
	Geschäftswert nach § 112	530.000,00 €	
Nr. 22200	Betreuungsgebühr		507,50 €
	Geschäftswert nach § 113	530.000,00 €	

I. Umwandlungen

Auslagen

Nr. 32001	Dokumentenpauschale – Papier (s/w)	401 Seiten	60,15 €
Nr. 32005	Auslagenpauschale Post und Telekommunikation		20,00 €
Nr. 32011	Auslagen Handelsregistereinsicht (je 4,50 €)		18,00 €
	Zwischensumme		3.135,65 €
Nr. 32014	19 % Umsatzsteuer		595,77 €
	Summe		**3.731,42 €**

Die **Verschmelzung durch Aufnahme** ist ein Austauschvertrag nach § 97 Abs. 3. **1004** Der Höchstwert beträgt abweichend von § 35 Abs. 2 nunmehr 10 Mio. € nach § 107 Abs. 1 Satz 1. Die **Verzichtserklärungen** und der Verschmelzungsvertrag sind derselbe Gegenstand nach § 109 Abs. 1. Das gilt nach § 110 Nr. 1 nicht für die Beschlüsse. Diese haben aber **untereinander** nach § 109 Abs. 2 Satz 1 Nr. 4 lit. g) **denselben Gegenstand**, und zwar auch, soweit sie von verschiedenen Gesellschaften gefasst werden. Entscheidend ist nur, dass die Protokollierung in einer Urkunde erfolgt. Die Zustimmungsbeschlüsse haben nach § 108 Abs. 2 den gleichen Geschäftswert wie der Verschmelzungsvertrag.

Die **Kapitalerhöhung** wird nach § 97 Abs. 1 mit dem Erhöhungsbetrag angesetzt, **1005** gemäß §§ 108 Abs. 1 Satz 2, 105 Abs. 1 Satz 2 aber mindestens mit 30.000 €. Die entsprechende Satzungsänderung wird nicht gesondert bewertet, § 109 Abs. 2 Satz 1 Nr. 4 lit. b). Die Satzungsbescheinigung ist ebenfalls gebührenfrei, Vorb. 2.1 Abs. 2 Nr. 4. Zur Erstellung des vollständigen Wortlauts der neuen Satzung s.o. Rn. 854 ff.

Die Fertigung der **Gesellschafterlisten** nach § 57 Abs. 3 Nr. 2 GmbHG (Erhö- **1006** hungsliste) und nach § 40 Abs. 2 Satz 2 ist **Vollzugstätigkeit**. Die Gebühr nach Nr. 22110 ist nach Nr. 22113 auf 500,00 € (250,00 € je Liste) begrenzt.

Die **Betreuungsgebühr** fällt nach Nr. 22200 Nr. 6 an. **1007**

Kostenberechnung zur Handelsregisteranmeldung vom 1.8.2014 **1008**
URNr. 1741/2014 (B-GmbH)

Nr. 24102	Handelsregisteranmeldung		96,00 €
	Summe nach § 35 Abs. 1	60.000,00 €	
	Geschäftswert nach §§ 119, 105, 106	30.000,00 €	
	Geschäftswert nach §§ 119, 105, 106	30.000,00 €	
Nr. 22114	Elektronischer Vollzug und XML-Strukturdaten		57,60 €
	Geschäftswert nach § 112	60.000,00 €	

Auslagen

Nr. 32000	Dokumentenpauschale – Papier (s/w)	9 Seiten	4,50 €
Nr. 32002	Dokumentenpauschale – Daten	4 Dateien/64 Scanseiten	27,10 €
Nr. 32005	Auslagenpauschale Post und Telekommunikation		20,00 €
	Zwischensumme		205,20 €
Nr. 32014	19 % Umsatzsteuer		38,99 €
	Summe		**244,19 €**

Kapitel 2. Gesellschaftsrecht

1009 Die **Handelsregisteranmeldung** beim **bestehenden aufnehmenden Rechtsträger** hat keinen bestimmten Geldwert; der Geschäftswert richtet sich daher nach § 105 Abs. 2, Abs. 4 Nr. 1.

1010 Die Anmeldung der **Kapitalerhöhung** ist ein besonderer Gegenstand. Der Nennbetrag der Erhöhung ist nach §§ 105 Abs. 1 Satz 1 Nr. 3, 35 Abs. 1 hinzuzurechnen, **mindestens aber 30.000,00 €** nach § 105 Abs. 1 Satz 2.

1011 **Kostenberechnung zur Handelsregisteranmeldung vom 1.8.2014 URNr. 1742/2014 (A-GmbH)**

Nr. 24102	Handelsregisteranmeldung		62,50 €
	Geschäftswert nach §§ 119, 105, 106	30.000,00 €	
Nr. 22114	Elektronischer Vollzug und XML-Strukturdaten		37,50 €
	Geschäftswert nach § 112	30.000,00 €	
Auslagen			
Nr. 32000	Dokumentenpauschale – Papier (s/w)	9 Seiten	4,50 €
Nr. 32002	Dokumentenpauschale – Daten	3 Dateien/45 Scanseiten	22,50 €
Nr. 32005	Auslagenpauschale Post und Telekommunikation		20,00 €
	Zwischensumme		147,00 €
Nr. 32014	19 % Umsatzsteuer		27,93 €
	Summe		**174,93 €**
	Rechnungsgesamtbetrag		**4.150,54 €**

1012 Beim **übertragenden Rechtsträger** liegt ebenfalls eine Anmeldung ohne bestimmten Geldwert vor. Der Geschäftswert richtet sich daher nach § 105 Abs. 2, Abs. 4 Nr. 1.

II. Spaltung zur Neugründung

1013 Beurkundet wird ein Spaltungsplan (37 Seiten – 9 beglaubigte Abschriften), wonach aus dem Vermögen der A-GmbH (Stammkapital 50.000 €) der Betriebsteil XY abgespalten wird. Das auf XY entfallende Aktivvermögen beträgt lt. Bilanz 7 Mio. €. Die Abspaltung erfolgt auf die im Spaltungsplan mit einem Stammkapital von 25.000 € errichtete B-GmbH. Die Satzung der neuen GmbH wird festgelegt. Die beiden Gesellschafter der A-GmbH übernehmen je 12.500 € Stammeinlage an der neu errichteten B-GmbH. In dem Spaltungsplan verzichten die Gesellschafter gem. § 127 i.V.m. § 8 Abs. 3 UmwG auf Vorlage des Spaltungsberichtes und ferner auf Vorlage des Prüfungsberichtes gem. § 125 i.V.m. § 9 Abs. 3 UmwG. Die Gesellschafter der B-GmbH beschließen die Bestellung des Geschäftsführers. Die Gesellschafter der A-GmbH stimmen dem Spaltungsplan zu. Der Notar entwirft die Gesellschafterliste der B-GmbH (1 Seite, 2 Abschriften).
Der Notar protokolliert zu gesonderter Urkunde (3 Seiten, 2 beglaubigte Abschriften) eine Versammlung der Gesellschafter der A-GmbH: Das Stammkapital der

A-GmbH wird um 25.000 € herabgesetzt. Das Stammkapital beträgt künftig 25.000 €. Der Notar entwirft die Gesellschafterliste (1 Seite, 2 Abschriften). Der Notar ereilt nach Eintragung der Kapitalherabsetzung im Handelsregister bei der A die Bescheinigung nach § 40 Abs. 2 GmbHG (1 Seite).
Der Notar wirkt maßgeblich an der Erstellung des Sachgründungsberichts (12 Seiten – 3 Abschriften) mit.
Die Registeranmeldungen (je 3 Seiten – 3 beglaubigte Abschriften) werden vom Notar entworfen und elektronisch an das Registergericht übermittelt.

Kostenberechnung zur Spaltung/Sachgründungsbericht vom 1.8.2014 URNr. 1750/2014

Nr. 21100	Beurkundungsverfahren		25.170,00 €
	Summe nach § 35 Abs. 1	12.000.000,00 €	
	Geschäftswert nach §§ 97, 107 – Spaltungsplan	7.000.000,00 €	
	Geschäftswert nach §§ 97, 108 – Beschlüsse	5.000.000,00 €	
Nr. 22110	Vollzugsgebühr (nach Nr. 22113)		250,00 €
	Geschäftswert nach § 112	12.000.000,00 €	
Nr. 24101	Fertigung eines Entwurfs (Sachgründungsbericht)		878,50 €
	Geschäftswert nach §§ 119 Abs. 1, 92 Abs. 1, 36	700.000,00 €	
Auslagen			
Nr. 32001	Dokumentenpauschale – Papier (s/w) 371 Seiten		55,65 €
Nr. 32005	Auslagenpauschale Post und Telekommunikation		40,00 €
Nr. 32011	Auslagen Handelsregistereinsicht (je 4,50 €)		18,00 €
	Zwischensumme		26.412,15 €
Nr. 32014	19 % Umsatzsteuer		5.018,31 €
	Summe		**31.430,46 €**

Die GmbH-Gründung ist **Bestandteil des Spaltungsplans** und daher kostenrechtlich kein eigenständiger Vorgang. Der Spaltungsplan ist nach § 97 Abs. 1 mit dem Aktivwert, § 38, des übergehenden Vermögens zu bewerten (7 Mio. €). Die Verzichtserklärungen sind nach § 109 Abs. 1 (Durchführung eines Rechtsverhältnisses) der gleiche Gegenstand.

Die **Beschlüsse** sind nach § 110 Nr. 1 im Verhältnis zu Erklärungen immer ein verschiedener Gegenstand. Untereinander sind die Beschlüsse aber gemäß § 35 Abs. 1 aus einem zusammengerechneten Wert abzurechnen. Deren Zusammenfassung in einer Urkunde erfolgt hier wegen des Spaltungszusammenhangs nicht ohne sachlichen Grund, § 93 Abs. 2, so dass einer Addition nichts im Wege steht:
– Der Zustimmungsbeschluss für die A-GmbH.
– Die Geschäftsführerbestellung für die B-GmbH.

1017 Der Geschäftswert von Beschlüssen beträgt nach § 108 Abs. 5 aber **höchstens 5 Mio. €**, und zwar auch, wenn mehrere Beschlüsse mit verschiedenem Gegenstand in einem Beurkundungsverfahren zusammengefasst werden.

1018 Nach § 94 Abs. 1 entstehen **gesondert berechnete Gebühren**. Das sind hier 25.705,00 €, nämlich die Summe aus:
- Nr. 21200 Beurkundungsverfahren   9.435,00 €
  Geschäftswert nach §§ 97, 107 – Spaltungsplan: 7.000.000,00 €
- Nr. 21100 Beurkundungsverfahren   16.270,00 €
  Geschäftswert nach §§ 97, 108 – Beschlüsse: 5.000.000,00 €

1019 Die Gebühr darf aber nach § 94 Abs. 1, Hs. 2 **nicht mehr** als die nach dem höchsten Gebührensatz berechnete Gebühr aus dem Gesamtbetrag der Werte betragen: 25.170,00 €.

1020 Daraus ergeben sich mehrere **Folgefragen**:

1021 – **Wie wird zitiert?** Eigentlich entstehen Gebühren nach Nr. 21100 und Nr. 21200, deren Gesamtsumme nach § 94 Abs. 1, Hs. 2 begrenzt ist. Folglich wären auch beide Nummern zu zitieren. Der besseren Nachvollziehbarkeit halber halte ich die – dogmatisch etwas ungenaue – in das allgemeine Schema passende Angabe von Nr. 21100 und Addition der Werte der Beurkundungsgegenstände für überzeugender.

1022 – **Welcher Gebührensatz kommt bei der Vollzugsgebühr zum Ansatz?** Eine Folgefrage betrifft die Unterscheidung zwischen Nr. 22110 und Nr. 22111. Da für das Beurkundungsverfahren nach § 94 Abs. 1 gesonderte Gebühren mit unterschiedlichen Gebührensätzen anfallen, ist die Subsumtion hier erschwert. Ankommen dürfte es in diesen Fällen nach allgemeinen Grundsätzen **auf den höchsten in Betracht kommenden Vollzugsgebührensatz**. Die Vollzugsgebühr richtet sich daher nach Nr. 22110. Im Ergebnis ist die Diskussion, ob nicht auf den Beurkundungsgegenstand abzustellen ist, der vollzogen wird, hier aber irrelevant, weil die Höchstgebühr nach Nr. 22113 eingreift (siehe aber Rn. 814).

1023 Erstellt der Notar den **Sachgründungsbericht** (§ 5 Abs. 4 Satz 2 GmbHG), ist eine Entwurfsgebühr nach Nr. 24101 abzurechnen. Der Geschäftswert richtet sich nach § 36 Abs. 1. Demnach ist – wie bisher – ein **Teilwert** vom Wert der Sacheinlage anzusetzen, hier 10 % von 7 Mio. €. Wird der Sachgründungsbericht nicht vollständig erstellt (siehe § 92 Abs. 2), muss innerhalb des Gebührensatzrahmens von 0,3 bis 1,0 der Gebührensatz gewählt werden. Hier wurde er mit 0,7 angenommen, und zwar wegen der maßgeblichen Beteiligung des Notars am Entwurf. Es handelt sich bei der Entwurfsfertigung um ein gesondertes Verfahren; deshalb fällt die Post- und Telekommunikationspauschale gesondert an.

1024 **Kostenberechnung zur Kapitalherabsetzung vom 1.8.2014 URNr. 1750a/2014**

Nr. 21100	Beurkundungsverfahren		250,00 €
	Geschäftswert nach §§ 97, 108 – Kapitalherabsetzung	30.000,00 €	
Nr. 22110	Vollzugsgebühr (nach Nr. 22113)		62,50 €
	Geschäftswert nach § 112	30.000,00 €	
Nr. 22200	Betreuungsgebühr		62,50 €
	Geschäftswert nach § 113 Abs. 1	30.000,00 €	

I. Umwandlungen

Auslagen			
Nr. 32001	Dokumentenpauschale – Papier (s/w)	9 Seiten	1,35 €
Nr. 32005	Auslagenpauschale Post und Telekommunikation 20,00 €		
	Zwischensumme		396,35 €
Nr. 32014	19 % Umsatzsteuer		75,31 €
	Summe		**471,66 €**

Die **Kapitalherabsetzung** wurde als selbständiges Verfahren behandelt. Die Betreuungsgebühr nach Nr. 22200 wegen der Bescheinigung nach § 40 Abs. 2 GmbHG entsteht daher aus dem niedrigeren Wert. Das gilt auch für die Listenerstellung beim spaltenden Rechtsträger als Vollzugstätigkeit zur Kapitalherabsetzung. Die **Auslagenpauschale Post und Telekommunikation** entsteht gesondert. 1025

Kostenberechnung zur Handelsregisteranmeldung vom 1.8.2014 1026
URNr. 1751/2014

Nr. 24102	Handelsregisteranmeldung		96,00 €
	Summe nach § 35 Abs. 1	60.000,00 €	
	Geschäftswert nach §§ 119, 105, 106	30.000,00 €	
	Geschäftswert nach §§ 119, 105, 106	30.000,00 €	
Nr. 22114	Elektronischer Vollzug und XML-Strukturdaten		57,60 €
	Geschäftswert nach § 112	60.000,00 €	
Auslagen			
Nr. 32000	Dokumentenpauschale – Papier (s/w)	9 Seiten	4,50 €
Nr. 32002	Dokumentenpauschale – Daten	4 Dateien/42 Scanseiten	21,00 €
Nr. 32005	Auslagenpauschale Post und Telekommunikation		20,00 €
	Zwischensumme		199,10 €
Nr. 32014	19 % Umsatzsteuer		37,83 €
	Summe		**236,93 €**

Beim **abspaltenden Rechtsträger** ist die Handelsregisteranmeldung nach § 105 Abs. 2, Abs. 4 Nr. 1 zu bewerten. Die Kapitalherabsetzung wird hier ebenfalls mit dem Mindestwert nach § 105 Abs. 1 Satz 2 zum Ansatz gebracht. 1027

Bei der Dokumentenpauschale wurde auch die **einzureichende Schlussbilanz** berücksichtigt. 1028

Kostenberechnung zur Handelsregisteranmeldung vom 1.8.2014 1029
URNr. 1752/2014

Nr. 24102	Handelsregisteranmeldung		62,50 €
	Geschäftswert nach §§ 119, 105, 106	30.000,00 €	
Nr. 22114	Elektronischer Vollzug und XML-Strukturdaten		37,50 €
	Geschäftswert nach § 112	30.000,00 €	

Auslagen

Nr. 32000	Dokumentenpauschale – Papier (s/w)		9 Seiten	4,50 €
Nr. 32002	Dokumentenpauschale – Daten	3 Dateien/53 Scanseiten		25,45 €
Nr. 32005	Auslagenpauschale Post und Telekommunikation			20,00 €
	Zwischensumme			149,95 €
Nr. 32014	19 % Umsatzsteuer			28,49 €
	Summe			**178,44 €**
	Rechnungsgesamtbetrag			**32.317,49 €**

1030 Die Handelsregisteranmeldung der neu gegründeten GmbH ist nach § 105 Abs. 1 Satz 1 Nr. 1 zu bewerten. Die „erste Anmeldung" umfasst auch die Anmeldung des Geschäftsführers und sonstige zwingend mitanzumeldende Tatsachen. Das Stammkapital liegt hier unter dem deshalb nach § 105 Abs. 1 Satz 2 maßgeblichen Mindestwert von 30.000,00 €.

III. Formwechsel

1031 Die Gesellschafter X und Y der Firma XY oHG beschließen die Umwandlung der offenen Handelsgesellschaft durch Formwechsel in eine Gesellschaft mit beschränkter Haftung unter der Firma XY Beteiligungs-GmbH. Die Satzung hat der Notar im Vorfeld der Gesellschafterversammlung auf Antrag entworfen und mit den oHG-Gesellschaftern abgestimmt. Das Stammkapital des neuen Rechtsträgers beträgt 25.000,00 €, das Aktivvermögen laut Formwechselbilanz 250.000 €. Der Grundbesitz der Gesellschaft mit einem Verkehrswert von 300.000 € ist dort mit 50.000 € gebucht.
Durch Beschluss werden A und B zu Geschäftsführern der neuen GmbH bestellt. Sie sind stets einzelvertretungsberechtigt und vom Verbot des § 181 BGB befreit.
X und Y verzichten auf Erstattung eines Umwandlungsberichts samt Vermögensaufstellung, auf die Anfechtung der gefassten Beschlüsse und ein Abfindungsangebot.
Der Notar beurkundet den Formwechselbeschluss mit Verzichtserklärungen, GmbH-Satzung und Geschäftsführerbestellung (31 Seiten – 4 beglaubigte Abschriften), entwirft die Handelsregisteranmeldung, beglaubigt dort die Unterschriften (4 Seiten – 2 Abschriften) und übersendet diese elektronisch an das Registergericht. Er erstellt auch die Gesellschafterliste (1 Seite – 4 Abschriften). Der Sachgründungsbericht (10 Seiten) wurde außeramtlich erstellt.

I. Umwandlungen

Kostenberechnung zum Gesellschafterbeschluss vom 1.8.2014   **1032**
URNr. 1770/2014

Nr. 21100	Beurkundungsverfahren		2.030,00 €
	Geschäftswert nach § 108 – Beschluss	530.000,00 €	
Nr. 21200	Beurkundungsverfahren		273,00 €
	Summe nach § 35 Abs. 1	100.000,00 €	
	Geschäftswert nach §§ 97, 36 – Verzichtserklärungen X	50.000,00 €	
	Geschäftswert nach §§ 97, 36 – Verzichtserklärungen Y	50.000,00 €	
Nr. 22110	Vollzugsgebühr (nach Nr. 22113)		250,00 €
	Geschäftswert nach § 112	630.000,00 €	
Auslagen			
Nr. 32001	Dokumentenpauschale – Papier (s/w)	128 Seiten	19,20 €
Nr. 32005	Auslagenpauschale Post und Telekommunikation		40,00 €
Nr. 32011	Auslagen Handelsregistereinsicht (je 4,50 €)		9,00 €
	Zwischensumme		2.621,20 €
Nr. 32014	19 % Umsatzsteuer		498,03 €
	Rechnungsbetrag		**3.119,23 €**

Für den **Formwechselbeschluss** (2,0 Gebühr nach Nr. 21100) ist nach § 108 Abs. 3   **1033**
Satz 1 der Aktivwert des Vermögens des formwechselnden Rechtsträgers maßgeblich. Liegen nur Bilanzen vor, müssen die Buchwerte nach dem Rechtsgedanken von § 54 korrigiert werden (250 T€ + 300 T€ – 50T€).

Die **Verzichtserklärungen** (1,0-Gebühr nach Nr. 21200) sind nach § 36 Abs. 1 mit   **1033a**
einem angemessenen Teilwert aus dem Anteil des Verzichtenden am Vermögen des formwechselnden Rechtsträgers zu bewerten; angemessen sind 10–20 %. § 109 Abs. 2 Satz 1 Nr. 4 lit. g) ist außerhalb von Beschlüssen nicht anwendbar. Erklärungen und Beschlüsse sind immer **verschiedene Gegenstände**, § 110 Nr. 1. Daher entstehen nach § 94 Abs. 1, Hs. 1 **gesondert berechnete Gebühren**. Ein Fall von § 94 Abs. 1, Hs. 2 liegt nicht vor, weil die Gebühr aus dem höchsten Gebührensatz (2,0) aus dem Gesamtbetrag der Werte (630.000 €) zu höheren Kosten (2.350,00 € statt 2.303,00 €) führt.

Der **Gesellschaftsvertrag des formwechselnden Rechtsträgers** in der neuen   **1034**
Rechtsform und der Formwechselbeschluss gehören zum selben Beurkundungsgegenstand nach § 86 Abs. 1 (abw. Vorauflage; richtig BDS/*Bormann*, § 109 Rn. 68). Zwar umfasst bei der Protokollierung von Beschlüssen nach §§ 36 ff. BeurkG die Amtstätigkeit **nicht den Entwurf** des Beschlussgegenstandes (*Diehn/Volpert*, Notarkostenrecht Rn. 629). Bei Beurkundung von Willenserklärungen nach §§ 8 ff. BeurkG ist diese Erwägung jedoch nicht einschlägig; in diesen Fällen liegt keine von der Beurkundung der Beschlussfassung zum Formwechsel selbständige Entwurfstätigkeit vor. Der Entwurf ist mit den Gebühren des Beurkundungsverfahrens beim Formwechsel abgegolten, Vorbemerkung 2.4.1 Abs. 1.

Die einheitliche Abrechnung von Formwechselbeschluss und Satzungsentwurf birgt   **1035**
die Gefahr, dass die **Eigenständigkeit der beiden Verfahren** nicht deutlich wird. Man kann sie aber an der Auslagenpauschale Post und Telekommunikation nach Nr. 32005 erkennen, die nach der dortigen Anmerkung 1 für jedes notarielle Verfahren gesondert zu erheben ist. Daher fallen hier zweimal 20,00 € an.

**1036 Kostenberechnung zur Handelsregisteranmeldung vom 1.8.2014
URNr. 1771/2014**

Nr. 24102	Handelsregisteranmeldung		62,50 €
	Geschäftswert nach §§ 119, 105, 106	30.000,00 €	
Nr. 22114	Elektronischer Vollzug und XML-Strukturdaten		37,50 €
	Geschäftswert nach § 112	30.000,00 €	
Auslagen			
Nr. 32000	Dokumentenpauschale – Papier (s/w)	8 Seiten	4,00 €
Nr. 32002	Dokumentenpauschale – Daten	4 Dateien/46 Scanseiten	23,00 €
Nr. 32005	Auslagenpauschale Post und Telekommunikation		20,00 €
	Zwischensumme		147,00 €
Nr. 32014	19 % Umsatzsteuer		27,93 €
	Rechnungsbetrag		**174,93 €**
	Rechnungsgesamtbetrag		**3.294,16 €**

1037 Anzumelden ist **nur die neue Rechtsform des Rechtsträgers** und zwar zur Eintragung in das Register, in dem der formwechselnde Rechtsträger eingetragen ist, § 198 Abs. 1 UmwG. Wird wie hier eine oHG in eine GmbH umgewandelt, ist die GmbH als neue Rechtsform zur Eintragung in das Handelsregister anzumelden. Dabei handelt es sich um eine Ersteintragung. Das Kostenrecht folgt dem Gesellschaftsrecht: Der Geschäftswert bestimmt sich nach § 105 Abs. 1 Satz 1 Nr. 1 nach dem Stammkapital der GmbH; er beträgt mindestens 30.000,00 €, § 105 Abs. 1 Satz 2.

Kapitel 3. Familienrecht

A. Eheverträge

I. Vereinbarung eines anderen Güterstandes

Der Notar beurkundet einen Ehevertrag, mit dem die Verlobten für ihre künftige **1038**
Ehe den Güterstand der Gütertrennung vereinbaren. Ferner soll der nacheheliche
Unterhalt wegen der Pflege oder Erziehung eines gemeinschaftlichen Kindes für
mindestens sieben Jahre nach Rechtskraft der Scheidung verlangt werden können
und mindestens 1.000 € monatlich betragen. Das Aktivvermögen des Mannes beträgt 500.000 €; Verbindlichkeiten bestehen in Höhe von 100.000 €. Das Aktivvermögen der Frau beträgt 100.000 €, deren Verbindlichkeiten betragen
75.000 €. Der Notar fertigt von der Urkunde (6 Seiten) 2 Entwürfe und zwei begl.
Abschriften. Er registriert sie im ZTR.

Kostenberechnung zum Ehevertrag vom 1.8.2014 **1039**
URNr. 1100/2014

Nr. 21100	Beurkundungsverfahren		2.030,00 €
	Summe nach § 35 Abs. 1	534.000,00 €	
	Geschäftswert nach § 100	450.000,00 €	
	Geschäftswert nach §§ 97 Abs. 1, 52	84.000,00 €	
Auslagen			
Nr. 32001	Dokumentenpauschale – Papier (s/w)	24 Seiten	3,60 €
Nr. 32005	Auslagenpauschale Post und Telekommunikation	20,00 €	
	Zwischensumme		2.053,60 €
Nr. 32014	19 % Umsatzsteuer		390,18 €
Nr. 32015	Registrierung im Testamentsregister (je 15,00 €)		30,00 €
	Rechnungsbetrag		**2.473,78 €**

Neu ist die Berechnung des Geschäftswertes bei Eheverträgen nach dem **modifi-** **1040**
zierten Reinvermögen: **Verbindlichkeiten** werden nach § 100 Abs. 1 Satz 3 nur noch
bis zur Hälfte des Aktivvermögens abgezogen. Das Aktivvermögen der Frau war hier
daher nur um 50.000 € zu mindern. Zum Ansatz kommt **mindestens die Hälfte des**
Aktivvermögens jedes Ehegatten bei Beurkundung, § 96. Der Ehevertrag nach § 1408
BGB ist stets ein besonderer Beurkundungsgegenstand, **§ 111 Nr. 3**.

Bei **Unterhaltsvereinbarungen** ist die Begrenzung auf den fünffachen Jahreswert **1041**
nach § 24 Abs. 3 KostO ersatzlos entfallen. Berechnet wird nach § 52 Abs. 2 Satz 1.
Dabei kann kostenrechtlich ohne weiteres von einer Novation ausgegangen werden, so

dass nicht auf die Differenz zwischen gesetzlichem Unterhalt und der durch Ehevertrag erfolgten Verstärkung abgestellt werden muss.

1042 Bei Unterhaltsvereinbarungen ist deren **voller Wert** grundsätzlich nicht unbillig i. S. v. § 52 Abs. 6 Satz 3.

II. Modifikation der Zugewinngemeinschaft

1. Ausschluss des Zugewinnausgleichs

1043 Durch Ehevertrag wird der gesetzliche Güterstand dahin modifiziert, dass der Zugewinn für alle Fälle der Beendigung der Ehe außer im Todesfall ausgeschlossen ist. Ferner werden die Verfügungsbeschränkungen der §§ 1365, 1369 BGB aufgehoben. Das Aktivvermögen des Ehemanns beträgt 500.000 €; Verbindlichkeiten bestehen in Höhe von 100.000 €. Das Aktivvermögen der Ehefrau beträgt 100.000 €, deren Verbindlichkeiten 75.000 €. Der Notar fertigt von der Urkunde (6 Seiten) 2 begl. Abschriften.

1044 **Kostenberechnung zum Ehevertrag vom 1.8.2014**
URNr. 1105/2014

Nr. 21100	Beurkundungsverfahren		1.770,00 €
	Geschäftswert nach § 100	450.000,00 €	
Auslagen			
Nr. 32001	Dokumentenpauschale – Papier (s/w)	12 Seiten	1,80 €
Nr. 32005	Auslagenpauschale Post und Telekommunikation		20,00 €
	Zwischensumme		1.791,80 €
Nr. 32014	19 % Umsatzsteuer		340,44 €
	Rechnungsbetrag		**2.132,24 €**

1045 Zu § 39 Abs. 3 KostO bestand Einigkeit, dass nur der vollständige Wechsel des Güterstandes erfasst ist und nicht die Modifikation. Daran ist nicht festzuhalten. Da die Modifikation durch Ehevertrag i. S. v. § 1408 BGB erfolgt, ist der Geschäftswert nach **§ 100 Abs. 1 Satz 1 Nr. 1 und Satz 2** zu bestimmen. Anzusetzen ist daher der volle Wert des **modifizierten Reinvermögens**.

1046 Für **zwei Sonderfälle** der Modifikation enthält das Gesetz Spezialvorschriften:
– Werden nur die **Verfügungsbeschränkungen nach §§ 1365 und 1369 BGB** ausgeschlossen, ergibt sich aus § 51 Abs. 2, dass sie mit einem Schätzwert von nur **30 %** angesetzt werden. Bezugswert ist dabei der Aktivwert des betroffenen Vermögens. Das modifizierte Reinvermögen nach § 100 Abs. 1 Satz 3 wird dadurch nicht überschritten, da es mind. 50 % des Aktivvermögens beträgt.
– Betrifft der Ehevertrag nur **bestimmte Vermögenswerte**, ist nach § 100 Abs. 2 deren Aktivwert maßgeblich, allerdings ebenso höchstens das modifizierte Reinvermögen. Das gilt auch, wenn der Ehevertrag nur bestimmte, konkret feststehende güterrechtliche Ansprüche betrifft, über die verfügt wird. Der Anwendungsbereich von § 100 Abs. 2 ergibt sich aus § 39 Abs. 3 Satz 3 KostO.

A. Eheverträge

Für die typische Modifikation der Zugewinngemeinschaft, nämlich den **Ausschluss des Zugewinnausgleichs** für alle Fälle der Beendigung der Ehe außer für den Todesfall, sind künftig **100 %** des modifizierten Reinvermögens anzusetzen. Dieser Wert kann nicht durch weitere Modifikationen überschritten werden, siehe § 100 Abs. 2 a.E. 1047

2. Modifikation des Anfangsvermögens

Ein Grundstück (Wert 200.000 €) wurde aus während der Ehe erworbenen Mitteln des Ehemannes gekauft. Die Ehegatten vereinbaren, dass das Grundstück bzw. das eingesetzte Eigenkapital sowie der Wertzuwachs nicht ausgleichspflichtiges Anfangsvermögen des Ehemannes sein soll. 1048
Das Aktivvermögen des Ehemanns beträgt 500.000 €; Verbindlichkeiten bestehen in Höhe von 100.000 €. Das Aktivvermögen der Ehefrau beträgt 100.000 €, deren Verbindlichkeiten betragen 400.000 €.
Der Notar fertigt von der Urkunde (5 Seiten) 2 beglaubigte Abschriften.
Er hat das Grundbuch eingesehen.

Kostenberechnung zum Ehevertrag vom 1.8.2014 1049
URNr. 1110/2014

Nr. 21100	Beurkundungsverfahren		870,00 €
	Geschäftswert nach § 100	200.000,00 €	
Auslagen			
Nr. 32001	Dokumentenpauschale – Papier (s/w)	10 Seiten	1,50 €
Nr. 32005	Auslagenpauschale Post und Telekommunikation		20,00 €
Nr. 32011	Auslagen Grundbucheinsicht (je 8 €)		8,00 €
	Zwischensumme		899,50 €
Nr. 32014	19 % Umsatzsteuer		170,91 €
	Rechnungsbetrag		**1.070,41 €**

Betrifft der Ehevertrag **nur bestimmte Vermögenswerte**, auch wenn sie dem Anfangsvermögen hinzuzurechnen wären (§ 1374 Abs. 2 BGB), so ist nach § 100 Abs. 2 deren **Bruttowert** maßgeblich. Höchstens darf jedoch der Wert nach § 100 Abs. 1 Satz 3 angesetzt werden. 1050

Bei der Ermittlung des nach § 100 Abs. 1 maßgeblichen Vermögens ist **jeder Ehegatte gesondert** zu betrachten, § 100 Abs. 1 Satz 4. Der Wert des modifizierten Reinvermögens liegt hier mit 450.000 € deutlich über dem Bruttowert des Grundstücks. 1051

Auch eine Regelung, dass ein **bestimmtes Anfangsvermögen** der Berechnung des Zugewinns zugrunde gelegt werden soll, ist nach § 100 Abs. 2 zu bewerten: Betroffen ist das gesamte festgesetzte Anfangsvermögen als Abzugsposten der Ausgleichsberechnung. Dieser Wert ist daher maßgeblich. 1051a

3. Künftiges Vermögen

1052 Die Eheleute A und B leben in Gütertrennung. Sie vereinbaren den gesetzlichen Güterstand. Das Aktivvermögen des Ehemanns beträgt 50.000 €; Verbindlichkeiten bestehen in Höhe von 10.000 €. Das Aktivvermögen der Ehefrau beträgt 10.000 €, deren Verbindlichkeiten betragen 8.000 €. Der Ehemann erwartet die Schenkung eines Grundstücks im Wert von 300.000 €. Die Ehegatten vereinbaren, dass dieses Grundstück nicht zugewinnausgleichspflichtig sein soll, also weder beim Anfangs- noch beim Endvermögen des Ehemannes Berücksichtigung finden soll.
Der Notar fertigt von der Urkunde (5 Seiten) 2 beglaubigte Abschriften. Er registriert sie im Zentralen Testamentsregister der Bundesnotarkammer.

1053 **Kostenberechnung zum Ehevertrag vom 1.8.2014**
URNr. 1120/2014

Nr. 21100	Beurkundungsverfahren		694,00 €
	Geschäftswert nach § 100	135.000,00 €	
Auslagen			
Nr. 32001	Dokumentenpauschale – Papier (s/w)	10 Seiten	1,50 €
Nr. 32005	Auslagenpauschale Post und Telekommunikation		20,00 €
	Zwischensumme		675,50 €
Nr. 32014	19 % Umsatzsteuer		128,35 €
Nr. 32015	Registrierung im Testamentsregister (je 15,00 €)		30,00 €
	Rechnungsbetrag		**833,85 €**

1054 Hier geht es um **§ 100 Abs. 3**: Betrifft der Ehevertrag Vermögenswerte, die noch nicht zum Vermögen des Ehegatten gehören, werden sie mit **30 Prozent** ihres Werts berücksichtigt, wenn sie im Ehevertrag **konkret** bezeichnet sind. An die Konkretheit der Bezeichnung sind nicht zu strenge Anforderungen zu stellen. Es kommt darauf an, dass der Gegenstand als solcher erkenn- und bewertbar wird. Erforderlich und hinreichend ist, dass ein unbeteiligter Dritter mit den Angaben aus der Urkunde die Gegenstände ermitteln kann.

1055 § 100 Abs. 3 ist eine echte **Hinzurechnungsvorschrift** (RegE 181 f.). Durch diese kann der Geschäftswert den nach § 100 Abs. 1 oder Abs. 2 bestimmten Wert übersteigen. Hier war die Rechnung daher wie folgt:

– Ehemann, § 100 Abs. 1 Satz 1:	50.000 € – 10.000 € = 40.000 €
– Ehefrau, § 100 Abs. 1 Satz 1 und 3:	10.000 € – 5.000 € = 5.000 €
– Künftiges Vermögen, § 100 Abs. 3	30 % von 300.000 € = 90.000 €
Summe	**135.000 €**

1056 Die Nebenrechnung zur Geschäftswertermittlung ist **nicht** Gegenstand des Zitiergebotes nach § 19 Abs. 3 Nr. 3, weil das künftige Vermögen kein eigener Verfahrensgegenstand ist, sondern nur ein **Rechnungsposten** innerhalb eines einzigen einheitlichen Verfahrensgegenstandes.

Zu den ZTR-Gebühren siehe unter unten, Rn. 1087.   **1057**

III. Versorgungsausgleich

1. Ohne Anhaltspunkte

> Die Verlobten A und B, je 30 Jahre alt, beide berufstätig mit ungefähr gleichem   **1058**
> Einkommen und einem modifizierten Reinvermögen von 200.000 €, schließen den Zugewinnausgleichsanspruch für alle Fälle der Beendigung der Ehe außer für den Sterbefall aus.
> Ferner wird der Versorgungsausgleich ausgeschlossen. Anhaltspunkte für künftig auszugleichende Versorgungsanwartschaften bestehen nicht.
> Der Notar fertigt von der Urkunde (4 Seiten) 3 beglaubigte Abschriften.

Kostenberechnung zum Ehevertrag vom 1.8.2014   **1059**
URNr. 1115/2014

Nr. 21100	Beurkundungsverfahren		970,00 €
	Summe nach § 35 Abs. 1	205.000,00 €	
	Geschäftswert nach § 100	200.000,00 €	
	Geschäftswert nach § 36 Abs. 3	5.000,00 €	
Auslagen			
Nr. 32001	Dokumentenpauschale – Papier (s/w)	12 Seiten	1,80 €
Nr. 32005	Auslagenpauschale Post und Telekommunikation		20,00 €
	Zwischensumme		991,80 €
Nr. 32014	19 % Umsatzsteuer		188,44 €
	Rechnungsbetrag		**1.180,24 €**

Regelungen zum Güterrecht und zum Versorgungsausgleich haben **verschiedene**   **1060**
Beurkundungsgegenstände. Das folgt nicht aus § 111 Nr. 2, weil auch der Versorgungsausgleich durch Ehevertrag nach § 1408 Abs. 1 BGB geregelt wird. Jedoch liegen weder die Voraussetzungen von § 109 Abs. 1 vor noch ist die Konstellation in § 109 Abs. 2 abweichend vom Grundsatz des § 86 Abs. 2 geregelt worden. Es handelt sich um verschiedene Rechtsverhältnisse, die verschiedene ehevertragliche Aspekte betreffen. Die Werte sind daher nach § 35 Abs. 1 zu addieren.

Bei der **Modifikation des gesetzlichen Güterstandes** richtet sich der Geschäfts-   **1061**
wert nach § 100 Abs. 1. Abschläge nach § 36 Abs. 1 sind nicht mehr vorzunehmen außer in den Fällen nach § 51 Abs. 2 (s.o. Rn. 1045 f.).

Der Geschäftswert des Versorgungsausgleichs richtet sich **nicht nach § 100 Abs. 1**   **1062**
Satz 1 Nr. 1, und zwar auch dann nicht, wenn der Versorgungsausgleich neben güterrechtlichen Regelungen im Ehevertrag enthalten ist. Er ist vielmehr nach § 36 zu ermitteln. Insbesondere vor oder am Anfang einer Ehe **fehlen regelmäßig Anhaltspunkte** für künftig auszugleichende Versorgungsanwartschaften. Ohne Anhaltspunkt

für eine Schätzung ist nach § 36 Abs. 3 von dem **Auffangwert 5.000 €** auszugehen. Nr. 21100 hat eine spezifische Mindestgebühr von 120,00 €, die über der 2,0-Gebühr aus 5.000 € (rechnerisch 90,00 €) liegt.

2. Ausgleich der Kapitalwerte

1063   **Abwandlung:** F und M sind bereits verheiratet. Sie schließen den Versorgungsausgleich aus. F hat Versorgungsanwartschaften von 20.000 €. M hat Anrechte aus der gesetzlichen Rentenversicherung von 40.000 € und aus der betrieblichen Altersversorgung von 60.000 €. Als Gegenleistung für den Ausschluss zahlt M 40.000 € an F.
Weitere ehevertragliche Regelungen werden nicht getroffen.

1064   **Kostenberechnung zum Ehevertrag vom 1.8.2014**
URNr. 1116/2014

Nr. 21100	Beurkundungsverfahren		330,00 €
	Geschäftswert nach § 97	50.000,00 €	
Auslagen			
Nr. 32001	Dokumentenpauschale – Papier (s/w)	12 Seiten	1,80 €
Nr. 32005	Auslagenpauschale Post und Telekommunikation		20,00 €
	Zwischensumme		351,80 €
Nr. 32014	19 % Umsatzsteuer		66,84 €
	Rechnungsbetrag		**418,64 €**

1065   Beim Versorgungsausgleich werden grundsätzlich wechselseitig Anrechte auf Versorgungsleistungen übertragen, § 10 Abs. 1 VersAusglG, hier im Wert von 10.000 € von F an M und im Wert von 50.000 € von M an F. Darauf kann der Rechtsgedanke des § 97 Abs. 3 angewandt werden: Bei einem Austausch von Leistungen ist nur der Wert der Leistungen des einen Teils maßgebend; wenn der Wert der Leistungen verschieden ist, ist der höhere maßgebend. Im Verhältnis zur Ausgleichszahlung liegt ebenfalls ein Austauschverhältnis vor, auf das es jedoch nicht ankommt, weil die Ausgleichszahlung niedriger ist.

1066   § 18 VersAusglG enthält eine sog. **Bagatellklausel**, wonach beiderseitige Anrechte gleicher Art nicht auszugleichen sind, wenn die Differenz ihrer Ausgleichswerte gering ist. In solchen Fällen vollzieht sich der Ausgleich lediglich durch Verzicht auf die Differenzbeträge (**Ausgleich des Spitzenbetrags**). Damit sind auch nur die Differenzbeträge Grundlage für die Wertermittlung. **Im Übrigen** müssen aber bei verschiedenen Versorgungsträgern die **Kapitalwerte addiert** werden, soweit die jeweiligen Verzichtserklärungen reichen (unpräzise DST, Rn. 619 ff.).

1067   Im Anwendungsbereich von **§ 10 Abs. 2 VersAusglG** vollzieht sich der Ausgleich nur in Höhe des **Wertunterschieds** nach Verrechnung, wenn
– ür beide Ehegatten Anrechte gleicher Art
– bei demselben Versorgungsträger auszugleichen sind.

A. Eheverträge

Dann ist es auch kostenrechtlich vertretbar, nur den Wertunterschied anzusetzen. Bestehen bei den gleichen Versorgungsträgern gleich hohe Ansprüche, ist nur der Auffangwert von 5.000,00 € als Geschäftswert anzusetzen, was zur Mindestgebühr von 120,00 € führt.

Es besteht **keine Beschränkung des Geschäftswertes** auf das modifizierte Reinvermögen. § 100 ist nicht zu zitieren, weil sich der Ehevertrag ausschließlich auf den Versorgungsausgleich bezieht. **1068**

IV. Aufhebung/Modifikation von Eheverträgen

E (Aktivvermögen 100.000 € und 70.000 € Verbindlichkeiten) und M (200.000,00 € Vermögen) hatten Gütertrennung vereinbart. Sie wollen diesen Güterstand aufheben, um zur Zugewinngemeinschaft zurückzukehren. Zu diesem Zweck schließen sie einen Ehevertrag und vereinbaren den gesetzlichen Güterstand. **1069**

Kostenberechnung zum Ehevertrag vom 1.8.2014
URNr. 1101/2014

Nr. 21100	Beurkundungsverfahren		1.070,00 €
	Geschäftswert nach § 100	250.000,00 €	
Auslagen			
Nr. 32001	Dokumentenpauschale – Papier (s/w)	10 Seiten	1,50 €
Nr. 32002	Dokumentenpauschale – Daten	2 Dateien	3,00 €
Nr. 32005	Auslagenpauschale Post und Telekommunikation		20,00 €
	Zwischensumme		1.094,50 €
Nr. 32014	19 % Umsatzsteuer		207,96 €
Nr. 32015	Registrierung im Testamentsregister (je 15,00 €)		30,00 €
	Rechnungsbetrag		**1.332,46 €**

Findet ein **Wechsel** eines ehevertraglich vereinbarten Güterstandes statt, erfolgt dies durch **Ehevertrag**. Dadurch wird zugleich der frühere Ehevertrag „aufgehoben". Dennoch liegen **keine zwei Rechtsverhältnisse** vor, die die Annahme gesonderter Beurkundungsgegenstände rechtfertigen könnten. Vielmehr handelt es sich um ein **einheitliches Modifikationsrechtsverhältnis**. Dieses ist nach Nr. 21100 mit einer **2,0-Gebühr** zu bewerten. Nicht in Betracht kommt – weder ausschließlich noch zusätzlich – der Ansatz einer 1,0-Gebühr nach Nr. 21102 Nr. 2. Diese Vorschrift ist auf Eheverträge i.S.v. § 1408 BGB nicht anwendbar, weil der Ehevertrag nicht mit Wirkung für die Vergangenheit „aufgehoben", sondern vielmehr der künftige Güterstand gestaltet wird: jede Aufhebung güterstandsbezogener Regelungen selbst ist ein Ehevertrag und als solcher zu bewerten ist (**rechtserzeugende** Aufhebung). **1070**

Der **Geschäftswert** bestimmt sich nach § 100. Wegen des Güterstandswechsels ist das **volle modifizierte Reinvermögen** anzusetzen. **1071**

1072 **Abwandlung 1**: Die Eheleute vereinbaren nicht den gesetzlichen Güterstand, sondern Gütergemeinschaft.

1073 Die Abwandlung 1 ist **nicht anders zu bewerten** als der Grundfall, insbesondere sind die Aufhebung des einen Güterstandes und die Vereinbarung eines anderen Güterstandes keine gesonderten Beurkundungsgegenstände. Vielmehr liegt ein **einheitlicher Modifikationsehevertrag** vor, der nach § 100 Abs. 1 mit einer 2,0-Gebühr nach Nr. 21100 zu bewerten ist.

1074 **Abwandlung 2**: Die Ehegatten vereinbaren den gesetzlichen Güterstand und modifizieren diesen dahingehend, dass der Zugewinnausgleichsanspruch für alle Fälle der Beendigung der Ehe außer für den Todesfall ausgeschlossen sein soll. Ferner werden die Verfügungsbeschränkungen nach §§ 1365, 1369 BGB ausgeschlossen.

1075 Auch die Abwandlung 2 ist **wie der Grundfall zu bewerten**, insbesondere auch hinsichtlich des Geschäftswertes. Wegen des Wechsels von der Gütertrennung zur Zugewinngemeinschaft ist das volle modifizierte Reinvermögen anzusetzen. Es kommt **weder ein niedrigerer noch ein höherer Geschäftswert** in Betracht: Wegen der bloßen Modifikation des gesetzlichen Güterstandes nur einen Schätzwert von 80 % des modifizierten Reinvermögens anzusetzen, würde den stattfindenden Güterstandswechsel außer Acht lassen. Umgekehrt ist der Ansatz von 180 % des modifizierten Reinvermögens (Wechsel zur Zugewinngemeinschaft + Modifikation) inadäquat, weil ein einheitliches Modifikationsrechtsverhältnis gegeben ist, das auch einheitlich – als Ehevertrag i.S.v. § 1408 BGB – bewertet werden muss.

1076 **Abwandlung 3**: Die Ehegatten leben in modifizierter Zugewinngemeinschaft mit Ausschluss des Zugewinnausgleichsanspruchs für alle Fälle der Beendigung der Ehe außer für den Todesfall. Sie ergänzen ihren Ehevertrag dahingehend, dass die Verfügungsbeschränkungen nach §§ 1365, 1369 BGB ebenfalls ausgeschlossen sind.

1077 **Kostenberechnung zum Ehevertrag vom 1.8.2014**
URNr. 1102/2014

Nr. 21100	Beurkundungsverfahren		492,00 €
	Geschäftswert nach § 36 Abs. 1	90.000,00 €	
Auslagen			
Nr. 32001	Dokumentenpauschale – Papier (s/w)	10 Seiten	1,50 €
Nr. 32002	Dokumentenpauschale – Daten	2 Dateien	3,00 €
Nr. 32005	Auslagenpauschale Post und Telekommunikation		20,00 €
	Zwischensumme		516,50 €
Nr. 32014	19 % Umsatzsteuer		98,14 €
	Rechnungsbetrag		**614,64 €**

A. Eheverträge

Die Abwandlung 3 beinhaltet den reinen Modifikationsfall ohne Güterstandswechsel (s.o. Rn. 1046): Werden nur die **Verfügungsbeschränkungen nach §§ 1365 und 1369 BGB** ausgeschlossen, ergibt sich aus § 51 Abs. 2, dass sie – abweichend von § 100 Abs. 1 – mit einem Schätzwert von **30 %** angesetzt werden. Bezugswert ist dabei der Aktivwert des betroffenen Vermögens, hier also 300.000,00 €. **1078**

Der Ehevertrag muss mangels konkreter Erbfolgerelevanz **nicht im Zentralen Testamentsregister** der Bundesnotarkammer registriert werden. **1079**

V. Scheidungsfolgenvereinbarung

Die Ehegatten vereinbaren Gütertrennung. **1080**
Sie stellen fest, dass der Ehefrau gegenüber dem Ehemann Ansprüche auf Ausgleich des Zugewinns zustehen. Der Ausgleich des Zugewinns soll dadurch erfolgen, dass der Ehemann den ihm gehörenden ½-Miteigentumsanteil (Wert: 200.000 €) am gemeinschaftlichen Grundbesitz auf seine Ehefrau überträgt, so dass diese Alleineigentümerin wird. Die wegen des Grundbesitzes noch bestehenden Verbindlichkeiten von 150.000 € werden von der Ehefrau als künftiger Alleinschuldnerin übernommen. Sie übernimmt auch die auf dem Grundstück lastende Grundschuld im Nennbetrag von 200.000 €. Der Notar wird beauftragt, die Genehmigung zur Entlassung des Ehemanns aus der Gesamthaft einzuholen.
Ferner wird ein gegenseitiger Erb- und Pflichtteilsverzicht (zwei gemeinsame Kinder) vereinbart. Der Ehemann zahlt an die Ehefrau 1.000 € monatlich nachehelichen Unterhalt für die Dauer von 7 Jahren ab Rechtskraft der Scheidung.
Das Aktivvermögen des Ehemanns beträgt 200.000 € bei Verbindlichkeiten von 150.000 €; das Aktivvermögen der Ehefrau beträgt 200.000 € bei Verbindlichkeiten von 50.000 €. Der Notar fertigt von der Urkunde (25 Seiten) 8 begl. Abschriften und registriert sie im Zentralen Testamentsregister. Er hat das Grundbuch eingesehen.

Kostenberechnung zur Scheidungsfolgenvereinbarung vom 1.8.2014 **1081**
URNr. 1130/2014

Nr. 21100	Beurkundungsverfahren		2.190,00 €
	Summe nach § 35 Abs. 1	584.000,00 €	
	Geschäftswert nach § 100 – Gütertrennung	250.000,00 €	
	… nach §§ 97, 46 – Übertragung Miteigentumsanteil	200.000,00 €	
	… nach §§ 102, 97 Abs. 3 – Erbverzicht	50.000,00 €	
	… nach §§ 97, 52 – Unterhalt	84.000,00 €	
Nr. 22110	Vollzugsgebühr		547,50 €
	Geschäftswert nach § 112	584.000,00 €	

Auslagen

Nr. 32001	Dokumentenpauschale – Papier (s/w)	200 Seiten		30,00 €
Nr. 32005	Auslagenpauschale Post und Telekommunikation			20,00 €
Nr. 32011	Auslagen Grundbucheinsicht (je 8 €)			8,00 €
	Zwischensumme			2.795,50 €
Nr. 32014	19 % Umsatzsteuer			531,15 €
Nr. 32015	Registrierung im Testamentsregister (je 15,00 €)			30,00 €
	Rechnungsbetrag			**3.356,65 €**

1082 Der Ehevertrag ist nach § 100 Abs. 1 zu bewerten:

– Ehemann, § 100 Abs. 1 Satz 1 und 3: 200.000 € – 100.000 €   100.000 €
– Ehefrau, § 100 Abs. 1 Satz 1: 200.000 € – 50.000 €   150.000 €

Summe	**250.000 €**

1083 Die Übertragung des hälftigen Miteigentumsanteils in Erfüllung des Zugewinnausgleichsanspruchs ist **nicht Teil des Ehevertrags**, was sich aus § 1378 Abs. 3 Satz 2 BGB ergibt – einer Vorschrift, der es bei Annahme eines Ehevertrags wegen § 1410 BGB nicht bedurft hätte. Die Regelung der Ausgleichsmodalitäten ist daher ein gesonderter Beurkundungsgegenstand. Gegenstandsgleich ist allein die Feststellung der Höhe des Anspruchs auf Zugewinnausgleich in Geld.

1084 Es ist auch **nicht derselbe Gegenstand** wie der Ehevertrag, § 111 Nr. 2. Hätte der Gesetzgeber anordnen wollen, dass Eheverträge nur im Verhältnis zu bestimmten Geschäften, aber insbesondere nicht zu Erfüllungserklärungen für Zugewinnausgleichsansprüche als besonderer Gegenstand gelten, wäre eine Regelung in § 109 Abs. 2 erfolgt.

1085 Beim **Erbverzichtsvertrag** gilt § 102 Abs. 1 Satz 1 nach § 102 Abs. 4 entsprechend. Anzusetzen ist also der Anteil am maßgeblichen Reinvermögen des Erblassers, der der Erbquote entspricht. Die beiden Erbverzichte stehen in einem **Austauschverhältnis** nach § 97 Abs. 3; es kommt also auf den höherwertigen an. Die Erbquote des Ehemanns würde nach § 1931 Abs. 4 BGB neben den beiden Kindern ein Drittel betragen. Daher ergeben sich 1/3 von 150.000 € = 50.000 €.

1086 Die **Unterhaltsvereinbarung** ist nach § 52 Abs. 2 Satz 1 zu bewerten. Der Jahreswert beträgt 12.000 €. Ein Verwandtenprivileg gibt es nicht mehr.

1086a Für etwaige **Vollzugs- und Betreuungsgebühren** ist der volle Wert des Beurkundungsverfahrens maßgeblich, §§ 112, 113 Abs. 1. Sie sind nicht nur auf einzelne Teile des Verfahrens zu beziehen (BDS/*Diehn*, § 112 Rn. 6). Wird der Notar beauftragt, die Umschreibung des Miteigentumsanteils erst zu veranlassen, wenn ein bestimmter Ausgleichsbetrag gezahlt oder die Genehmigung der Schuldübernahme erteilt wurde, entsteht eine 0,5-Betreuungsgebühr nach Nr. 22200 Nr. 3. Wegen der Höhe der Vollzugs- und Betreuungsgebühren besteht **keine** Obliegenheit, Vergleichsberechnungen durchzuführen und sachlich zusammengehörende Regelungen auf verschiedene Urkunden zu verteilen (BDS/*Diehn*, § 112 Rn. 7).

1087 Die **Registrierungsgebühren im Zentralen Testamentsregister** werden vom Notar für die Registerbehörde entgegengenommen. Die ZTR-Gebühren unterliegen **nicht**

A. Eheverträge

der Umsatzsteuer. Die Registrierung erbfolgerelevanter Urkunden durch die Bundesnotarkammer und die Erteilung von Auskünften aus dem Register sind hoheitliche Pflichtaufgaben. Sie erfolgen daher nicht im Rahmen eines Betriebes gewerblicher Art i.S.v. § 4 KStG. Deshalb ist die Bundesnotarkammer als Körperschaft des öffentlichen Rechts, § 77 Abs. 1 BNotO, im Rahmen der Testamentsregisterführung nicht umsatzsteuerlicher Unternehmer i.S.v. § 2 Abs. 3 Satz 1 UStG. Alle das ZTR betreffende Amtshandlungen und Hilfstätigkeiten der Bundesnotarkammer sind somit keine umsatzsteuerbaren Leistungen. Auch der Notar erbringt durch die Weiterberechnung der ZTR-Gebühr nach § 78e Abs. 5 BNotO keine umsatzsteuerpflichtige Leistung an den Erblasser, da die Registergebühr gemäß § 78e Abs. 2 Satz 1 Nr. 2 BNotO ausschließlich vom Erblasser geschuldet wird. Die Leistungserbringung findet daher unmittelbar vom ZTR an den Erblasser statt. Dieses Ergebnis deckt sich mit der Rechtsauffassung über die umsatzsteuerliche Behandlung von Gebühren, die im Rahmen eines Grundbuchabrufverfahrens vom Notar geschuldet werden. Diese Gebühren stellen gem. 10.5 Abs. 3 Satz 2 UStAE keine durchlaufenden Posten dar, da der Notar gem. § 7b Abs. 2 JVKostO und nicht der Beteiligte Gebührenschuldner ist. Die Weiterberechnung der Grundbuchabrufgebühr an den Beteiligten unterliegt daher der Umsatzsteuer, auch wenn der Notar die Gebühr als verauslagte Gerichtskosten dem Mandanten in Rechnung stellen darf und er beim Abruf der Daten nicht im eigenen Namen, sondern als Bevollmächtigter der Beteiligten handelt.

Für die **elektronische Übermittlung der Verwahrangaben** an das Zentrale Testamentsregister fallen anders als bisher nach §§ 152 Abs. 1, 136 Abs. 3 KostO **keine Dokumentenpauschalen** mehr an. Das gilt auch für Ausdrucke der Eintragungsbestätigungen. Anders liegt es beim **Testamentsregisterauszug**: Dieser wird nur auf besonderen Antrag erteilt, so dass nach Nr. 32001 Nr. 2 abzurechnen ist.

1088

VI. Ehe- und Erbvertrag

> Es wird ein Ehe- und Erbvertrag (17 Seiten – 3 beglaubigte Abschriften) mit folgendem Inhalt geschlossen:
> – Vereinbarung der Gütertrennung,
> – gegenseitige Erbeinsetzung.
> Das Aktivvermögen des Ehemanns beträgt 300.000 € bei Verbindlichkeiten von 50.000 €; das Aktivvermögen der Ehefrau beträgt 300.000 € bei Verbindlichkeiten von 300.000 €. Die Urkunde wird im Zentralen Testamentsregister registriert. Der Notar stellt auf Antrag zwei Testamentsregisterauszüge zur Verfügung (je zwei Seiten).

1089

Kostenberechnung zur Scheidungsfolgenvereinbarung vom 1.8.2014 URNr. 1135/2014

1090

Nr. 21100	Beurkundungsverfahren		2.830,00 €
	Summe nach § 35 Abs. 1	800.000,00 €	
	Geschäftswert nach § 100	400.000,00 €	
	Geschäftswert nach § 102	400.000,00 €	

277

Auslagen

Nr. 32001	Dokumentenpauschale – Papier (s/w)	55 Seiten	8,25 €
Nr. 32005	Auslagenpauschale Post und Telekommunikation		20,00 €
	Zwischensumme		2.858,25 €
Nr. 32014	19 % Umsatzsteuer		543,07 €
Nr. 32015	Registrierung im Testamentsregister (je 15,00 €)		30,00 €
	Rechnungsbetrag		**3.431,32 €**

1091 Das **Gebührenprivileg** aus § 46 Abs. 3 KostO wurde ersatzlos gestrichen. Nach § 111 Nr. 2 hat ein Ehevertrag im Sinne von § 1408 Abs. 1 BGB vielmehr **nie denselben Gegenstand** wie andere mitbeurkundete Erklärungen. Deshalb sind Ehe- und Erbvertrag gesondert zu bewerten und die Werte zu addieren, § 35 Abs. 1.

1092 **Dokumentenpauschalen** für die Übermittlung der Dateien an das Testamentsregister und entsprechende Ausdrucke nach dem Vorbild von §§ 152 Abs. 1, 136 Abs. 1, 3 KostO sind nicht mehr vorgesehen. Der auf besonderen Antrag gefertigte Testamentsregisterauszug ist allerdings nach Nr. 32001 Nr. 2 abzurechnen. Die **Registrierung im ZTR** selbst ist wohl mit der Beurkundungsgebühr abgegolten, wenngleich für Notare eine mit der Anmerkung zu Nr. 12100 vergleichbare Vorschrift fehlt. Die Gebührenfreiheit ergibt sich aber aus Vorbemerkung 2.1 Abs. 2 Nr. 1 (Übermittlung von Erklärungen an eine Behörde).

1093 Die **Stellung des Antrags an das Geburtsstandesamt** wegen der Geburtsurkunde und dessen Übermittlung ist nach Vorbemerkung 2.1. Abs. 2 Nr. 2 (Stellung von Anträgen im Namen der Beteiligten bei einer Behörde) abgegolten. Entwurfsgebühren kommen nicht in Betracht, weil der Entwurf von der Registerbehörde zur Verfügung gestellt wird.

B. Kindschaftssachen

I. Adoption

1094 Der Notar beurkundet den Antrag des A (Reinvermögen 200.000 €), den minderjährigen B als Kind anzunehmen. Die anwesende Mutter willigt ein.
Die Urkunde (2 Seiten) wird dreimal ausgefertigt.

B. Kindschaftssachen

Kostenberechnung zum Adoptionsantrag vom 1.8.2014 1095
URNr. 1140/2014

Nr. 21200	Beurkundungsverfahren		60,00 €
	Geschäftswert nach § 101	5.000,00 €	
Auslagen			
Nr. 32001	Dokumentenpauschale – Papier (s/w)	6 Seiten	0,90 €
Nr. 32005	Auslagenpauschale Post und Telekommunikation 12,00 €		
	Zwischensumme		72,90 €
Nr. 32014	19 % Umsatzsteuer		13,85 €
	Rechnungsbetrag		**86,75 €**

Die Minderjährigen-Adoption hat einen **Geschäftswert von 5.000,00 €** gemäß 1096
§ 101. Die Einwilligungserklärung der Mutter ist **derselbe Gegenstand** nach § 109
Abs. 1 (Durchführung).

Isoliert wäre die **Einwilligungserklärung** nach Nr. 21201 Nr. 8 (0,5-Gebühr) zu be- 1097
werten gewesen, und zwar nach § 98 Abs. 1 aus einem halbierten Geschäftswert von
2.500,00 €.

Abwandlung: B ist volljährig. 1098

Kostenberechnung zum Adoptionsantrag vom 1.8.2014 1099
URNr. 1141/2014

Nr. 21200	Beurkundungsverfahren		192,00 €
	Geschäftswert nach § 36 Abs. 2	60.000,00 €	
Auslagen			
Nr. 32001	Dokumentenpauschale – Papier (s/w)	6 Seiten	0,90 €
Nr. 32005	Auslagenpauschale Post und Telekommunikation		20,00 €
	Zwischensumme		212,90 €
Nr. 32014	19 % Umsatzsteuer		40,45 €
	Rechnungsbetrag		**253,35 €**

Bei Annahme eines **Volljährigen** ist der Geschäftswert für die Anträge des Anneh- 1100
menden und des Anzunehmenden gemäß § 36 Abs. 2 unter Berücksichtigung des Vermögens und der Einkommensverhältnisse des Annehmenden zu bestimmen. Vorgeschlagen wird für den Regelfall ein **Schätzwert von 30 bis 50 % des Reinvermögens**
des Annehmenden, höchstens 1 Mio. €.

Für die erforderlichen **Einwilligungen** ist nach § 98 Abs. 1 der jeweils halbe Wert 1101
anzunehmen. Das führt zu einem **Höchstwert von 500.000,00 €**. Der Wert von
1 Mio. € nach § 98 Abs. 4 kann nicht erreicht werden, weil bereits der zu halbierende
Referenzwert nach § 36 Abs. 2 höchstens 1 Mio. € beträgt.

II. Vaterschaftsanerkennung

1102 Der Notar beurkundet die Anerkennung der Vaterschaft. Die Mutter stimmt in der Urkunde (4 Seiten) der Anerkennung zu. Er übersendet eine beglaubigte Abschrift der Urkunde der Mutter und dem Vater sowie dem Standesbeamten zum Vollzug des Antrags. Ein Entwurf der Urkunde wurde im Vorfeld per E-Mail übersandt.

1103 Kostenberechnung zur Vaterschaftsanerkennung vom 1.8.2014 URNr. 1150/2014

Auslagen

Nr. 32001	Dokumentenpauschale – Papier (s/w)	12 Seiten	1,80 €
Nr. 32002	Dokumentenpauschale – Daten	2 Dateien	3,00 €
Nr. 32004	Entgelte für Post- und Telekommunikationsdienstleistungen		1,65 €
	Zwischensumme		6,45 €
Nr. 32014	19 % Umsatzsteuer		1,23 €
	Rechnungsbetrag		**7,68 €**

1104 Die Beurkundung ist nach Vorbemerkung 2 Abs. 3 i. V. m. § 62 Abs. 1 Nr. 1 BeurkG **gebührenfrei**. Ich meine, man muss die Vorschrift so verstehen, dass nicht nur die Beurkundungsgebühren nicht anfallen, sondern **auch keine Vollzugsgebühren**, hier etwa nach Nr. 22124. Dafür spricht insbesondere die systematische Stellung von Vorbemerkung 2.

1105 Zu den nach Vorbemerkung 2 Abs. 3 **gebührenfreien** Beurkundungen nach § 62 Abs. 1 BeurkG gehören ferner Verpflichtungen zur Erfüllung von Unterhaltsansprüchen eines Kindes und nach § 1615l des Bürgerlichen Gesetzbuchs.

1106 Auslagen sind trotz Gebührenfreiheit zu erheben. Die Pauschale nach Nr. 32005 läuft allerdings ins Leere. Insofern ist eine konkrete Abrechnung zwingend.

1107 Werden in der Urkunde auch **Sorgerechtserklärungen** nach § 1626a Abs. 1 Nr. 1 BGB abgegeben, fallen Gebühren nach Nr. 21200 aus einem nach § 36 Abs. 2 (nichtvermögensrechtliche Angelegenheit) zu ermittelnden Wert an. Ohne Anhaltspunkte für Abweichungen vom Normalfall – etwa besondere Vermögens- oder Einkommensverhältnisse – kann auf den Auffangwert von 5.000,00 € zurückgegriffen werden. Erklärungen zur **Bestimmung des Geburtsnamens** des Kindes (§ 1617 Abs. 1 BGB) sind ein anderer Beurkundungsgegenstand, § 86 Abs. 2, und daher gesondert nach § 36 Abs. 2, Abs. 3 – in der Regel mit 5.000,00 € – zu bewerten.

C. Sonstige familienrechtliche Erklärungen

I. Rechtswahlen

1108 A verkauft eine Eigentumswohnung an die Ehegatten E (Reinvermögen 300.000 €). Der Kaufpreis beträgt 250.000 €. Die Ehegatten E sind ausländische Staatsangehörige. Hinsichtlich des erworbenen Grundstücks treffen die Käufer eine Rechtswahl, wonach künftig deutsches Ehegüterrecht gelten soll.
Vollzugstätigkeiten des Notars: Einholung einer Löschungsbewilligung bezüglich einer nicht valutierten Grundschuld zu 300.000 € und Verwalterzustimmung.
Der Notar wird ferner beauftragt und bevollmächtigt, die Fälligkeit des Kaufpreises nach Eintritt bestimmter Fälligkeitsvoraussetzungen mitzuteilen. Die Auflassung wird erklärt. Der Notar wird beauftragt und bevollmächtigt, den Auflassungsvollzug zu überwachen. Vom Kaufvertrag (14 Seiten) wurden zwei Entwürfe versandt und sieben beglaubigte Abschriften gefertigt.

1109 **Kostenberechnung zum Kaufvertrag vom 1.8.2014**
URNr. 2500/2014

Nr. 21100	Beurkundungsverfahren		1.370,00 €
	Summe nach § 35 Abs. 1	325.000,00 €	
	Geschäftswert nach §§ 97, 47	250.000,00 €	
	Geschäftswert nach § 104 Abs. 1	75.000,00 €	
Nr. 22110	Vollzugsgebühr		342,50 €
	Geschäftswert nach § 112	325.000,00 €	
Nr. 22200	Betreuungsgebühr		342,50 €
	Geschäftswert nach § 113 Abs. 1	325.000,00 €	
Auslagen			
Nr. 32001	Dokumentenpauschale – Papier (s/w)	126 Seiten	18,90 €
Nr. 32005	Auslagenpauschale Post und Telekommunikation		20,00 €
Nr. 32011	Auslagen Grundbucheinsicht (je 8 €)		16,00 €
	Zwischensumme		2.109,90 €
Nr. 32014	19 % Umsatzsteuer		400,88 €
	Rechnungsbetrag		**2.510,78 €**

1110 Die Rechtswahl ist nach § 104 nur noch mit **30 % des Bezugswertes** anzusetzen. Der Bezugswert ist hier nach § 100 Abs. 2 zu ermitteln, weil die Rechtswahl nur den Kaufgegenstand betrifft. Maßgeblich ist daher der Wert dieses Vermögensgegenstandes. Wegen der Begrenzung nach § 100 Abs. 2, Hs. 2 auf das modifizierte Reinvermögen nach § 100 Abs. 1 ist der Bezugswert u. U. auch niedriger als der Bruttowert des Vermögensgegenstandes. Die Rechtswahl ist nach § 111 Nr. 4 **nie derselbe Gegenstand** wie andere Rechtsverhältnisse der Urkunde. Sie wirkt also **immer geschäftswerterhöhend**.

1111 Eine **Registrierung im ZTR** ist nicht erforderlich, weil die Rechtswahl keine erbrechtlichen Auswirkungen hat, sondern nur die Eigentumszuordnung betrifft.

II. Einladung Gastaufenthalt

1112 A lädt den ausländischen Staatsangehörigen B zu einem Gastaufenthalt nach Deutschland ein. A erklärt, sämtliche Kosten in diesem Zusammenhang zu übernehmen. Die Erklärung ist von A vorbereitet.
Der Notar nimmt die Beglaubigung der Unterschrift vor und händigt die Urschrift aus.

1113 Kostenberechnung zur Urkunde vom 1.8.2014, URNr. 2240/2014
Unterschriftsbeglaubigung

Nr. 25100	Unterschriftsbeglaubigung		20,00 €
	Geschäftswert nach §§ 121, 36 Abs. 2, Abs. 3	5.000,00 €	
	Zwischensumme		20,00 €
Nr. 32014	19 % Umsatzsteuer		3,80 €
	Rechnungsbetrag		**23,80 €**

1114 Einreisewillige aus bestimmten Ländern brauchen für ihren Aufenthalt in Deutschland ein Visum. Zuweilen wird dafür eine **Verpflichtungserklärung des Gastgebers** benötigt. Mit dieser entsteht die Verpflichtung, die Kosten, die im Falle der Durchsetzung einer zwangsweisen Heimreise entstehen würden, etwa die Kosten für den Lebensunterhalt des Gastes, zu übernehmen. Der Gastgeber muss sämtliche öffentlichen Mittel erstatten, wenn der Gast soziale Leistungen für seinen Lebensunterhalt, im Krankheitsfall sowie bei Pflegebedürftigkeit beansprucht. Ob und in welcher Höhe ein Erstattungsanspruch überhaupt entsteht, ist in diesen Fällen im maßgeblichen Zeitpunkt, nämlich der Fälligkeit der Gebühr, § 96, aber **völlig unklar**. Daher ist die Bewertung **mit dem Auffangwert nach § 36 Abs. 3** gerechtfertigt, von dem mangels Anhaltspunkte im Rahmen der Ermessensausübung in § 36 Abs. 2 hier nicht abgewichen wird.

1115 Die **Pauschale für Entgelte für Post- und Telekommunikationsdienstleistungen** nach Nr. 32005 kann geltend gemacht werden, und zwar unabhängig vom tatsächlichen Umfang der in Anspruch genommenen Post- und Telekommunikationsdienstleistungen im Notarbüro. Voraussetzung ist aber, dass überhaupt Aufwand entstanden war. Ist das nicht Fall, muss der Kostenschuldner auch keine Pauschalen bezahlen.

III. Vormundbenennung

1116 Die Ehegatten A und B errichten ein gemeinschaftliches Testament und benennen darin für den Fall ihres Ablebens einen Vormund für ihren Sohn, sollte dieser noch minderjährig sein. Verfügungen von Todes wegen werden nicht getroffen.
Der Notar verbringt die Urkunde (2 Seiten) nach Registrierung im ZTR in die besondere amtliche Verwahrung.

In seiner Urkundensammlung verwahrt er antragsgemäß eine unverschlossene beglaubigte Abschrift. Die Beteiligten erhalten je eine beglaubigte Abschrift.

Kostenberechnung zum gemeinschaftlichen Testament vom 1.8.2014 URNr. 2242/2014 1117

Nr. 21100	Beurkundungsverfahren		120,00 €
	Geschäftswert nach § 36	5.000,00 €	
Auslagen			
Nr. 32001	Dokumentenpauschale – Papier (s/w)	6 Seiten	0,90 €
Nr. 32005	Auslagenpauschale Post und Telekommunikation		20,00 €
	Zwischensumme		140,90 €
Nr. 32014	19 % Umsatzsteuer		26,77 €
Nr. 32015	Registrierung im Zentralen Testamentsregister (je 15 €)		30,00 €
	Rechnungsbetrag		**197,67 €**

Die Eltern können einen Vormund benennen, wenn ihnen zur Zeit ihres Todes die Sorge für die Person und das Vermögen des Kindes zusteht. Der Vormund wird durch letztwillige Verfügung benannt, § 1777 Abs. 3. Der Geschäftswert bestimmt sich **nicht nach § 102**, weil weder über den Nachlass als Ganzes oder eine Bruchteil verfügt wird noch über einzelne Vermögensgegenstände. Vielmehr liegen **nichtvermögensrechtliche** Angelegenheiten nach § 36 Abs. 2 vor. 1118

Der Geschäftswert ist unter Berücksichtigung aller Umstände des Einzelfalls, insbesondere des Umfangs und der Bedeutung der Sache und der Vermögens- und Einkommensverhältnisse der Beteiligten, durch den Notar **nach billigem Ermessen** zu bestimmen. Liegen insbesondere **keine Anhaltspunkte** für besondere Einkommens- und Vermögensverhältnisse vor, kann vom Auffangwert nach § 36 Abs. 3 in Höhe von **5.000,00 €** ausgegangen werden. 1119

Die gleichgerichteten Erklärungen der Mutter und des Vaters betreffen ein Rechtsverhältnis (elterliche Sorge) und sind deshalb **ein Beurkundungsgegenstand** nach § 86. Die 2,0-Gebühr für das gemeinschaftliche Testament nach Nr. 21100 entsteht in Höhe ihrer Mindestgebühr. 1120

Die Urkunde ist im Zentralen Testamentsregister zu registrieren, obwohl sie keine Erbfolgerelevanz haben kann, weil ein gemeinschaftliches Testament **abstrakt erbfolgerelevant** ist. Die Kosten werden **netto** als Auslagen nach Nr. 32015 erhoben. 1121

Kapitel 4. Erbrecht

A. Verfügungen von Todes wegen

I. Erbeinsetzung und Vermächtnis

1. Verfügung über ganzen Nachlass

> Der Notar beurkundet folgendes Testament: A setzt B zu seinem Alleinerben ein. **1122**
> C und D erhalten Barvermächtnisse im Wert von je 40.000 €. A verfügt über ein
> Aktivvermögen von 300.000 € und Verbindlichkeiten von 180.000 €. Der Notar
> verbringt die Urschrift nach Registrierung im Zentralen Testamentsregister
> (15,00 €) in die besondere amtliche Verwahrung des Amtsgerichts. Von der Urkunde (3 Seiten) werden 3 beglaubigte Abschriften gefertigt, wovon eine weisungsgemäß in der Urkundensammlung des Notars verbleibt.

Kostenberechnung zum Testament vom 1.8.2014 **1123**
URNr. 900/2014

Nr. 21200	Beurkundungsverfahren		354,00 €
	Geschäftswert nach § 102	150.000,00 €	
Auslagen			
Nr. 32001	Dokumentenpauschale – Papier (s/w)	9 Seiten	1,35 €
Nr. 32005	Auslagenpauschale Post und Telekommunikation		20,00 €
	Zwischensumme		375,35 €
Nr. 32014	19 % Umsatzsteuer		71,32 €
Nr. 32015	Registrierung im Zentralen Testamentsregister		15,00 €
	Rechnungsbetrag		**461,67 €**

Der **Geschäftswert** bei Erbeinsetzungen ist der Wert des Vermögens des Erblassers **1124**
nach Abzug der bestehenden Verbindlichkeiten. Anders als früher ist der Schuldenabzug aber nach § 102 Abs. 1 Satz 2 begrenzt auf die **Hälfte des Aktivvermögens**. Maßgeblich ist daher ein kostenrechtlich **modifiziertes Reinvermögen**.

Vermächtnisse und Auflagen werden nach § 102 Abs. 1 Satz 3 nur bei Verfügungen **1125**
über einen Bruchteil hinzugerechnet, und zwar nur mit dem Anteil ihres Werts, der
dem Bruchteil entspricht, über den nicht verfügt wird. Hier sind die Vermächtnisse daher neben der Verfügung zur Gesamtrechtsnachfolge **gar nicht gesondert** zu bewerten.

Die **Dokumentenpauschale** richtet sich hier nach Nr. 2 von Nr. 32001: **1126**
– Nr. 1 für die **Urschrift**, die immer ohne besonderen Antrag gefertigt wird, kann
  nicht erhoben werden, obwohl diese wegen der besonderen amtlichen Verwahrung

nicht beim Notar verbleibt. Denn die Urschrift wird immer ausgedruckt, bevor es sich um eine „Niederschrift" im Sinne von Nr. 32001 Nr. 1 handelt.
- Nr. 2 hinsichtlich der **beglaubigten Abschriften für den Erblasser**, aber auch **hinsichtlich der in der notariellen Verwahrung verbleibenden Abschrift**, da diese hier besonders beantragt wird, § 20 Abs. 1 Satz 3 DONot.

2. Verfügung über einen Bruchteil

1127   A setzt B zu seinem Erben zu 1/3 ein. Ferner setzt A ein Vermächtnis zugunsten von C über 30.000 aus. Es wird Testamentsvollstreckung angeordnet. Aufgabe des Testamentsvollstreckers ist die Erfüllung des Vermächtnisses.
A verfügt über ein Aktivvermögen von 180.000 € bei Verbindlichkeiten von 95.000 €.
Der Notar verbringt die Urschrift des Testaments nach Registrierung im Zentralen Testamentsregister (15,00 €) in die besondere amtliche Verwahrung des Amtsgerichts.
Von der Urkunde (4 Seiten) werden 2 beglaubigte Abschriften gefertigt, wovon eine auf Antrag von A in der Urkundensammlung des Notars verbleibt.

1128 **Kostenberechnung zum Testament vom 1.8.2014**
URNr. 921/2014

Nr. 21200	Beurkundungsverfahren			165,00 €
	Geschäftswert nach § 102		50.000,00 €	
Auslagen				
Nr. 32001	Dokumentenpauschale – Papier (s/w)		8 Seiten	1,20 €
Nr. 32005	Auslagenpauschale Post und Telekommunikation			20,00 €
	Zwischensumme			186,20 €
Nr. 32014	19 % Umsatzsteuer			35,38 €
Nr. 32015	Registrierung im Zentralen Testamentsregister			15,00 €
	Rechnungsbetrag			**236,58 €**

1129   Das **modifizierte Reinvermögen** nach § 102 Abs. 1 Satz 1 und 2 beträgt hier 90.000,00 €. Die Erbeinsetzung zu 1/3 führt daher zu einem Geschäftswert von 30.000,00 €. Gerechnet werden kann auch umgekehrt: Ein Drittel vom Aktivvermögen sind 60.000,00 €. Die Verbindlichkeiten i. H. v. 95.000,00 € dürfen nur bis zur Hälfte des Aktivvermögens, also nur bis zu 90.000,00 € abgezogen werden. Auch bei den Verbindlichkeiten muss aber die Erbeinsetzung zum Bruchteil berücksichtigt werden, also kommen nur 30.000,00 € zum Abzug, so dass auch dieser Weg zu einem Geschäftswert von 30.000,00 € für die Erbeinsetzung führt.

1130   **Vermächtnisse und Auflagen** werden nach § 102 Abs. 1 Satz 3 nur bei Verfügungen über einen Bruchteil hinzugerechnet, und zwar nur mit dem Anteil ihres Werts, der dem Bruchteil entspricht, **über den nicht verfügt wird**. Hier wurde über zwei Drittel des Vermögens nicht verfügt. Mit diesem Anteil ist daher das Vermächtnis zu berücksichtigen, also mit 20.000,00 €.

Die Anordnung der Testamentsvollstreckung ist nach § 109 Abs. 1 **nicht gesondert** zu bewerten. Es handelt sich um Erklärungen zur Sicherung und Durchführung der Verfügungen von Todes wegen. 1131

Erbeinsetzung und Vermächtnis sind als Verfügungen ein und derselben Person keine gesonderten Beurkundungsgegenstände, deren Werte nach § 19 Abs. 3 Nr. 3 auszuweisen wären. Vielmehr handelt es sich um einen Fall der **gegenstandsinternen Addition**. 1132

3. Verfügung über künftiges Vermögen

Der Notar beurkundet folgendes Testament: A setzt seine Ehefrau B zu seiner Alleinerben ein. A beschwert seine Erbin mit einem Vermächtnis zugunsten seiner Tochter über einen 3%-Geschäftsanteil an der XY-GmbH (Wert: 70.000 €), den er von seinem eigenen Vater im nächsten Jahr übertragen bekommen wird. 1133
A verfügt über ein Aktivvermögen von 300.000 € und Verbindlichkeiten von 180.000 €.
Der Notar verbringt die Urschrift nach Registrierung im Zentralen Testamentsregister (15,00 €) in die besondere amtliche Verwahrung des Amtsgerichts.
Von der Urkunde (3 Seiten) werden 2 beglaubigte Abschriften gefertigt, wovon eine weisungsgemäß in der Urkundensammlung des Notars verbleibt.

Kostenberechnung zum Testament vom 1.8.2014 1134
URNr. 901/2014

Nr. 21200	Beurkundungsverfahren		485,00 €
	Geschäftswert nach § 102	220.000,00 €	
Auslagen			
Nr. 32001	Dokumentenpauschale – Papier (s/w)	6 Seiten	0,90 €
Nr. 32005	Auslagenpauschale Post und Telekommunikation		20,00 €
	Zwischensumme		505,90 €
Nr. 32014	19 % Umsatzsteuer		96,12 €
Nr. 32015	Registrierung im Zentralen Testamentsregister		15,00 €
	Rechnungsbetrag		**617,02 €**

Der **Geschäftswert** bei Erbeinsetzungen ist der Wert des Vermögens des Erblassers nach Abzug der bestehenden Verbindlichkeiten. Anders als früher ist der Schuldenabzug aber nach § 102 Abs. 1 Satz 2 begrenzt auf die **Hälfte des Aktivvermögens**. Maßgeblich ist daher ein kostenrechtlich **modifiziertes Reinvermögen**. 1135

Der vermächtnisweise zugewandte Gesellschaftsanteil ist künftiges Vermögen. Dieses ist nach **§ 102 Abs. 2 Satz 1** auch dann hinzuzurechnen, wenn daneben zur Gesamtrechtsnachfolge verfügt wird. Es handelt sich um eine **echte Hinzurechnungsvorschrift**, die den Geschäftswert über das aktuelle modifizierte Reinvermögen 1136 hinaus erhöht. Anders als nach § 100 Abs. 3 beim Ehevertrag wird künftiges Vermögen mit dem vollen Wert angesetzt und nicht nur mit 30 % des Wertes. Wie in § 100 Abs. 3 ist Voraussetzung, dass die künftigen Vermögenswerte in der Verfügung von Todes wegen konkret bezeichnet sind – das folgt jedoch bereits aus erbrechtlichen Grundsätzen.

1137 **Vermächtnisse und Auflagen** werden nach § 102 Abs. 1 Satz 3 nur bei Verfügungen über einen Bruchteil hinzugerechnet, und zwar nur mit dem Anteil ihres Werts, der dem Bruchteil entspricht, über den nicht verfügt wird. Hier betrifft das Vermächtnis aber nur künftiges Vermögen, für das § 102 Abs. 2 speziell ist. Es ist neben der Verfügung zur Gesamtrechtsnachfolge **immer gesondert** zu bewerten.

1138 Die **Dokumentenpauschale** richtet sich hier nach Nr. 2 von Nr. 32001:
– Nr. 1 für die **Urschrift**, die immer ohne besonderen Antrag gefertigt wird, kann nicht erhoben werden, obwohl diese wegen der besonderen amtlichen Verwahrung nicht beim Notar verbleibt. Denn bei Ausdruck handelt es sich noch nicht um eine „Niederschrift" im Sinne von Nr. 32001 Nr. 1, Fall 1.
– Nr. 2 hinsichtlich der **beglaubigten Abschrift für den Erblasser**, aber auch **hinsichtlich der in der notariellen Verwahrung verbleibenden Abschrift**, da diese hier besonders beantragt wird, § 20 Abs. 1 Satz 3 DONot.

4. Grundstücksvermächtnis

1139 A vermacht in einem Erbvertrag seinem Neffen X ein mit einem Wohnhaus bebautes Grundstück (Wert: 200.000 €). Der Vermächtnisnehmer hat die auf dem Grundstück lastende Grundschuld im Nennbetrag von 100.000 € samt Darlehen, das derzeit noch mit 60.000 € valutiert, zu übernehmen, soweit dieses beim Erbfall noch nicht getilgt ist. A verfügt über modifiziertes Reinvermögen von 70.000 €.
Die besondere amtliche Verwahrung der Urkunde wird ausgeschlossen. Der Notar registriert sie im Zentralen Testamentsregister (15,00 €).
Von der Urkunde (3 Seiten) werden 2 beglaubigte Abschriften gefertigt.

1140 **Kostenberechnung zum Erbvertrag vom 1.8.2014**
URNr. 910/2014

Nr. 21100	Beurkundungsverfahren		654,00 €
	Geschäftswert nach § 102	140.000,00 €	
Auslagen			
Nr. 32001	Dokumentenpauschale – Papier (s/w)	6 Seiten	0,90 €
Nr. 32005	Auslagenpauschale Post und Telekommunikation		20,00 €
	Zwischensumme		674,90 €
Nr. 32014	19 % Umsatzsteuer		128,23 €
Nr. 32015	Registrierung im Zentralen Testamentsregister		15,00 €
	Rechnungsbetrag		**818,13 €**

Neu ist, dass **Verbindlichkeiten auch dann abzuziehen** sind, wenn die Verfügung 1141
von Todes wegen nur **bestimmte** Gegenstände betrifft, § 102 Abs. 3, Hs. 2, Abs. 2
Satz 2. Voraussetzung ist aber, dass der Begünstigte diese im Erbfall auch zu übernehmen hätte.

Anders als bei Eheverträgen, § 100 Abs. 2, ist der Wert von Verfügungen von Todes 1142
wegen über bestimmte Vermögenswerte **nicht auf das modifizierte Reinvermögen
beschränkt**, weil der Verweis in § 102 Abs. 3 nicht auf Abs. 1, sondern ausdrücklich
nur auf Abs. 2 Satz 2 zielt.

Die Verweisungen innerhalb von § 102 sind ein schönes Beispiel, wie mit präziser 1143
Zitierweise der Laie eher verunsichert denn informiert werden würde. Im Rahmen von
§ 19 Abs. 3 Nr. 2 ist daher die **Angabe des Paragraphen völlig ausreichend**, siehe
Seite 8, Rn. 42.

Auch für den Abzug der Verbindlichkeiten, die derzeit noch an dem vermachten Ge- 1144
genstand lasten, gilt § 96; es kommt also auf den **Zeitpunkt der Fälligkeit** der Gebühr
an. Nach § 10 werden die Notargebühren mit der Beendigung des Verfahrens fällig, bei
Beurkundungen also auf den **Schluss der Verhandlung** durch Unterschrift des Notars.

Eine **Dokumentenpauschale** für die beim Notar verwahrte Urschrift fällt nicht an. 1145
Einschlägig ist allein Nr. 32001 Nr. 1. Dieser Tatbestand ist aber nicht erfüllt.

Zum **Testamentsregister** siehe oben, Rn. 1087. 1146

5. Isolierte Teilungsanordnung

Der Erblasser E nimmt auf sein notarielles Testament aus dem Vorjahr Bezug und 1146a
verfügt ergänzend, dass sich seine Miterben A und B in der Weise auseinandersetzen sollen, dass A das Grundstück auf Sylt (Wert: 1 Mio. €) und B das Grundstück
auf Föhr (Wert: 900.000 €) erhält.
Der Notar verbringt die Urschrift nach Registrierung im Zentralen Testamentsregister (15,00 €) in die besondere amtliche Verwahrung des Amtsgerichts.
Von der Urkunde (3 Seiten) werden 2 beglaubigte Abschriften gefertigt, wovon
eine weisungsgemäß in der Urkundensammlung des Notars verbleibt.

Kostenberechnung zum Testament vom 1.8.2014 1146b
URNr. 911/2014

Nr. 21200	Beurkundungsverfahren		3.175,00 €
	Geschäftswert nach § 102	1.900.000,00 €	
Auslagen			
Nr. 32001	Dokumentenpauschale – Papier (s/w)	6 Seiten	0,90 €
Nr. 32005	Auslagenpauschale Post und Telekommunikation		20,00 €
	Zwischensumme		3.195,90 €
Nr. 32014	19 % Umsatzsteuer		607,22 €
Nr. 32015	Registrierung im Zentralen Testamentsregister		15,00 €
	Rechnungsbetrag		**3.818,12 €**

1146c Isolierte Teilungsanordnungen sind Verfügungen von Todes wegen, die nur bestimmte Vermögenswerte betreffen. Bei der Geschäftswertbestimmung ist die „Intensität" der Betroffenheit nicht relevant. Eine analoge Anwendung von § 51 Abs. 2 kommt angesichts der klaren Regelung in § 102 Abs. 3 nicht in Betracht. Maßgeblich ist daher der volle Wert der betroffenen Vermögensgegenstände (*Diehn/Volpert*, Notarkostenrecht Rn. 1902 f.).

1146d Neben einer Verfügung über den ganzen Nachlass wird die Teilungsanordnung nicht gesondert bewertet, § 102 Abs. 1.

6. Vermächtnis KG-Anteil

1147 A vermacht in einem Erbvertrag seinem Neffen X seinen Kommanditanteil zu nominal 50.000,00 €. A ist an der Kommanditgesellschaft (gewerblicher Betrieb) zu 1/3 beteiligt. Aktiva lt. Bilanz der Gesellschaft: 1,5 Mio. €, das bilanzielle Eigenkapital beträgt 300.000 €, Grundbesitz ist mit einem Buchwert von 50.000 € (Verkehrswert 500.000 €) enthalten. Das Reinvermögen des Erblassers beträgt 800.000 €.
Der Notar verbringt die Urschrift nach Registrierung im Zentralen Testamentsregister (15,00 €) in die besondere amtliche Verwahrung des Amtsgerichts. Von der Urkunde (4 Seiten) werden 2 beglaubigte Abschriften gefertigt, wovon eine auf Antrag aller Beteiligten in der Urkundensammlung des Notars verbleibt.

1148 **Kostenberechnung zum Erbvertrag vom 1.8.2014**
URNr. 920/2014

Nr. 21100	Beurkundungsverfahren		1.070,00 €
	Geschäftswert nach §§ 102, 54	250.000,00 €	
Auslagen			
Nr. 32001	Dokumentenpauschale – Papier (s/w)	8 Seiten	1,20 €
Nr. 32005	Auslagenpauschale Post und Telekommunikation		20,00 €
	Zwischensumme		1.091,20 €
Nr. 32014	19 % Umsatzsteuer		207,33 €
Nr. 32015	Registrierung im Zentralen Testamentsregister		15,00 €
	Rechnungsbetrag		**1.313,53 €**

1149 Bei der **Bewertung des KG-Anteils** ist vom Eigenkapital auszugehen, § 54 Satz 1. Dieses wird um die stillen Reserven beim Grundstück korrigiert, § 54 Satz 2:

– Bilanzielles Eigenkapital	300.000 €
– Verkehrswert Grundbesitz	500.000 €
– ./. Buchwert Grundbesitz	50.000 €
Summe	**750.000 €**
Anteil: 1/3	250.000 €

A. Verfügungen von Todes wegen

Wäre die Kommanditgesellschaft überwiegend **vermögensverwaltend** tätig, würde nach §§ 54 Satz 3, 38 der **Bruttowert** maßgeblich sein, also ausgehend von den Aktiva der Bilanz i. H. v. 1,5 Mio. € der Anteil von einem Drittel, also 500.000,00 €. 1150

Eine **Dokumentenpauschale** für die beim Notar verwahrte Urschrift fällt nicht an. Einschlägig ist allein Nr. 32001 Nr. 1. Dieser Tatbestand ist aber nicht erfüllt. Einschlägig ist Nr. 32001 Nr. 2 hinsichtlich der beglaubigten Abschrift für den Erblasser, **aber auch hinsichtlich der in der notariellen Verwahrung verbleibenden Abschrift**, da diese hier besonders beantragt wird, § 20 Abs. 1 Satz 3 DONot. 1151

7. Erbvertrag

Die Ehegatten setzen sich gegenseitig vertragsmäßig zu Alleinerben ein. Ohne Bindungswirkungen bestimmt der jeweils Längerlebende den Sohn X zum Alleinerben. Der Ehemann verfügt über ein Aktivvermögen von 500.000 € und Verbindlichkeiten von 300.000 €, die Ehefrau von 300.000 € und 200.000 € Verbindlichkeiten. 1152
Der Notar verbringt die Urschrift nach Registrierung im Zentralen Testamentsregister (je 15,00 €) nicht in die besondere amtliche Verwahrung des Amtsgerichts, sondern behält sie wie beantragt in der notariellen Verwahrung. Von der Urkunde (4 Seiten) werden 3 beglaubigte Abschriften gefertigt. Der Entwurf wurde per E-Mail versandt.

Kostenberechnung zum Erbvertrag vom 1.8.2014 1153
URNr. 902/2014

Nr. 21100	Beurkundungsverfahren		1.570,00 €
	Summe nach § 35 Abs. 1	400.000,00 €	
	Geschäftswert nach § 102 – Verfügung Ehemann	250.000,00 €	
	Geschäftswert nach § 102 – Verfügung Ehefrau	150.000,00 €	
Auslagen			
Nr. 32001	Dokumentenpauschale – Papier (s/w)	12 Seiten	1,80 €
Nr. 32002	Dokumentenpauschale – Daten	1 Datei	1,50 €
Nr. 32005	Auslagenpauschale Post und Telekommunikation		20,00 €
	Zwischensumme		1.593,30 €
Nr. 32014	19 % Umsatzsteuer		302,73 €
Nr. 32015	Registrierung im Zentralen Testamentsregister (je 15 €)		30,00 €
	Rechnungsbetrag		**1.926,03 €**

Der Gebührensatz für die Beurkundung von Erbverträgen ist **2,0 nach Nr. 21100**. Das gilt unabhängig davon, ob und welche Verfügungen **einseitig oder vertragsmäßig** getroffen worden sind. Die 2,0-Gebühr resultiert aus dem Vertragscharakter und gilt für alle Erklärungen, die im Rahmen des Vertrages – unabhängig von der Bindungswirkung – abgegeben werden. 1154

Der Geschäftswert ergibt sich aus § 102 Abs. 1. Maßgeblich ist das **modifizierte Reinvermögen** jedes Ehegatten, der über seinen ganzen Nachlass verfügt. Insofern ist 1155 auch die Verfügung jedes Teils ein eigener Beurkundungsgegenstand, deren **Werte** nach § 35 Abs. 1 **addiert** werden. Der Erbvertrag hat folgenden **Geschäftswert**:

- Ehemann, § 102 Abs. 1 Satz 1 und 2: 500.000 € – 250.000 € = 250.000 €
- Ehefrau, § 102 Abs. 1 Satz 1 und 2: 300.000 € – 150.000 € = 150.000 €

Summe	**400.000 €**

1156   Der Erbvertrag ist **kein Austauschvertrag** im Sinne von § 97 Abs. 3, weil die Erbeinsetzungen keine Leistung in diesem Sinne ist. Vielmehr sind die Verfügungen von Todes wegen jedes Erblassers ein besonderer Beurkundungsgegenstand, §§ 86 Abs. 2, 111 Nr. 1. Das gilt auch für die Aufhebung des Erbvertrags.

8. Erbvertrag mit Pflichtteilsverzicht

1157   Die Ehegatten A setzen erbvertraglich je ihren Sohn X zu ihrem Alleinerben ein. Beide Ehegatten verzichten gegenseitig auf ihre Pflichtteilsansprüche am Nachlass des anderen Ehegatten.
Die Ehegatten A leben in Gütertrennung und haben außer dem gemeinsamen Sohn X keine Abkömmlinge. Der Ehemann verfügt über ein Aktivvermögen von 500.000 € und Verbindlichkeiten von 300.000 €, die Ehefrau von 300.000 € und 200.000 € Verbindlichkeiten.
Der Notar verbringt die Urschrift nach Registrierung im Zentralen Testamentsregister (je 15,00 €) nicht in die besondere amtliche Verwahrung des Amtsgerichts, sondern behält sie wie beantragt in der notariellen Verwahrung. Von der Urkunde (4 Seiten) werden 3 beglaubigte Abschriften gefertigt.
Der Entwurf wurde per E-Mail versandt.

1158   **Kostenberechnung zum Erbvertrag vom 1.8.2014**
        URNr. 930/2014

Nr. 21100	Beurkundungsverfahren		1.770,00 €
	Summe nach § 35 Abs. 1	462.500,00 €	
	Geschäftswert nach § 102 – Verfügung Ehemann	250.000,00 €	
	Geschäftswert nach § 102 – Verfügung Ehefrau	150.000,00 €	
	… §§ 102, 97 Abs. 3 – Pflichtteilsverzicht	62.500,00 €	
Auslagen			
Nr. 32001	Dokumentenpauschale – Papier (s/w)	12 Seiten	1,80 €
Nr. 32002	Dokumentenpauschale – Daten	1 Datei	1,50 €
Nr. 32005	Auslagenpauschale Post und Telekommunikation		20,00 €
	Zwischensumme		1.793,30 €
Nr. 32014	19 % Umsatzsteuer		340,73 €
Nr. 32015	Registrierung im Zentralen Testamentsregister		30,00 €
	Rechnungsbetrag		**2.164,03 €**

Anders als nach früherer Rechtslage, nach der § 44 KostO beim Zusammentreffen von § 46 KostO mit Gebührentatbeständen wie § 36 KostO nicht anwendbar war, gilt **§ 35 Abs. 1 nunmehr allgemein** ohne Rücksicht auf die Art des Verfahrensgegenstandes. Deshalb sind auch die Geschäftswerte von Verfügungen von Todes wegen und Erb- und Pflichtteilsverzichtsverträgen **zu addieren**. 1159

Die beiden **Pflichtteilsverzichtsverträge** stehen in einem **Austauschverhältnis** nach § 97 Abs. 3; es kommt also auf den höherwertigen an. Die Erbquote der Ehefrau würde nach § 1931 Abs. 4 BGB neben X 1/2 betragen, die **Pflichtteilsquote ein Viertel**. Bezugswert ist nach § 102 Abs. 4 Satz 1, Abs. 1 Satz 2 das **modifizierte Reinvermögen des Erblassers**, also des Ehemanns. Daher ergibt sich ¼ von 250.000 € = **62.500 €**. 1160

II. Widerruf und Aufhebung

1. Testamentswiderruf

Trotz Hinweises, das frühere Testament aus der besonderen amtlichen Verwahrung zu nehmen, wünscht E, dass der Notar ein reines Widerrufstestament beurkundet. E verfügt über ein Aktivvermögen von 200.000 € bei Verbindlichkeiten von 130.000 €.
Der Notar verbringt die Urschrift nach Registrierung im Zentralen Testamentsregister (15,00 €) in die besondere amtliche Verwahrung des Amtsgerichts. Von der Urkunde (3 Seiten) werden 2 beglaubigte Abschriften gefertigt, wovon eine weisungsgemäß in der Urkundensammlung des Notars verbleibt. 1161

Kostenberechnung zum Testament vom 1.8.2014 1162
URNr. 922/2014

Nr. 21201	Beurkundungsverfahren		136,50 €
	Geschäftswert nach § 102	100.000,00 €	
Auslagen			
Nr. 32001	Dokumentenpauschale – Papier (s/w)	6 Seiten	0,90 €
Nr. 32005	Auslagenpauschale Post und Telekommunikation		20,00 €
	Zwischensumme		157,40 €
Nr. 32014	19 % Umsatzsteuer		29,91 €
Nr. 32015	Registrierung im Zentralen Testamentsregister		15,00 €
	Rechnungsbetrag		**202,31 €**

Der Widerruf einer letztwilligen Verfügung ist nach Nr. 21201 Nr. 1 privilegiert und löst nur einen **Gebührensatz von 0,5** aus. Der maßgebliche Geschäftswert richtet sich nach § 102 Abs. 5 Satz 1 nach § 102 Abs. 1 bis Abs. 3: Ein Abschlag beim Geschäftswert ist für den Widerruf nicht vorgesehen. 1163

1164 **Abwandlung 1:** E widerruft sein früheres Testament und verfügt nunmehr, dass A Alleinerbe sein soll.

1165 **Kostenberechnung zum Testament vom 1.8.2014**
URNr. 923/2014

Nr. 21200	Beurkundungsverfahren		273,00 €
	Geschäftswert nach § 102	100.000,00 €	
Auslagen			
Nr. 32001	Dokumentenpauschale – Papier (s/w)	6 Seiten	0,90 €
Nr. 32005	Auslagenpauschale Post und Telekommunikation 20,00 €		
	Zwischensumme		293,90 €
Nr. 32014	19 % Umsatzsteuer		55,84 €
Nr. 32015	Registrierung im Zentralen Testamentsregister		15,00 €
	Rechnungsbetrag		**364,74 €**

1166 Der Widerruf einer Verfügung von Todes wegen ist nach § 109 Abs. 2 Satz 1 Nr. 2 **derselbe Beurkundungsgegenstand** wie die Errichtung einer neuen Verfügung von Todes wegen.

1167 Nach § 94 Abs. 2 Satz 1 wird die Gebühr nach dem **höchsten in Betracht kommenden Gebührensatz** berechnet, also nach Nr. 21200 (1,0-Gebühr für die neue Verfügung von Todes wegen). Sie beträgt jedoch nach § 94 Abs. 2 Satz 2 nicht mehr als die Summe der Gebühren, die bei getrennter Beurkundung entstanden wären. Der Höchstwert kann hier angesichts des gleichen Geschäftswertes für Widerruf und neue Verfügung **denklogisch nicht erreicht** werden.

1168 **Abwandlung 2:** E widerruft die Alleinerbeinsetzung von A aus seinem früheren Testament insoweit, als er nun A und B zu Miterben zu je ein halb einsetzt. Die in der Vorurkunde ausgesetzten Vermächtnisse nebst Testamentsvollstreckungsanordnung bleiben bestehen. Zusätzlich setzt E ein Vermächtnis zugunsten von C über 20.000 € aus.

1169 **Kostenberechnung zum Testament vom 1.8.2014**
URNr. 924/2014

Nr. 21200	Beurkundungsverfahren		192,00 €
	Summe nach § 35 Abs. 1	60.000,00 €	
	Geschäftswert nach § 102 – Erbeinsetzung B	50.000,00 €	
	Geschäftswert nach § 102 – Vermächtnis C	10.000,00 €	

A. Verfügungen von Todes wegen

Auslagen
Nr. 32001	Dokumentenpauschale – Papier (s/w)	6 Seiten	0,90 €
Nr. 32005	Auslagenpauschale Post und Telekommunikation		20,00 €
	Zwischensumme		212,90 €
Nr. 32014	19 % Umsatzsteuer		40,45 €
Nr. 32015	Registrierung im Zentralen Testamentsregister		15,00 €
	Rechnungsbetrag		**268,35 €**

Hier liegt ein **Teilwiderruf der Erbeinsetzung** von A vor, der mit der neuen Verfügung (Erbeinsetzung von B zu ein halb) nach § 109 Abs. 2 Satz 1 Nr. 2 **denselben Beurkundungsgegenstand** bildet (50.000,00 €). Nach § 94 Abs. 2 Satz 1 wird die Gebühr nach dem **höchsten in Betracht kommenden Gebührensatz** berechnet, also nach Nr. 21200 (1,0-Gebühr für die neue Verfügung von Todes wegen). 1170

Das **neue Vermächtnis** ist nach § 102 Abs. 1 Satz 3 nur mit dem Anteil des Werts zu addieren, der dem Bruchteil entspricht, über den in dieser Urkunde nicht verfügt wird, also nur zu 50 Prozent (10.000,00 €). 1171

Abwandlung: E widerruft das Vermächtnis zugunsten von A (40.000 €) aus seinem früheren Testament. Er ordnet hinsichtlich des Vermächtnisses zugunsten von B (20.000 €) Testamentsvollstreckung an. 1172

Kostenberechnung zum Testament vom 1.8.2014 1173
URNr. 925/2014

Nr. 21200	Beurkundungsverfahren		51,00 €
	Geschäftswert nach § 36 Abs. 1	6.000,00 €	
Nr. 21201	Beurkundungsverfahren		72,50 €
	Geschäftswert nach § 102	40.000,00 €	
Auslagen			
Nr. 32001	Dokumentenpauschale – Papier (s/w)	6 Seiten	0,90 €
Nr. 32005	Auslagenpauschale Post und Telekommunikation		20,00 €
	Zwischensumme		144,40 €
Nr. 32014	19 % Umsatzsteuer		27,44 €
Nr. 32015	Registrierung im Zentralen Testamentsregister		15,00 €
	Rechnungsbetrag		**186,84 €**

Der Widerruf ist nach § 102 Abs. 5 Satz 1 (Geschäftswert 40.000,00 €) und Nr. 21201 (Gebührensatz 0,5) zu bewerten. Die Anordnung der Testamentsvollstreckung ist von § 102 **nicht** erfasst. Es handelt sich um eine **vermögensrechtliche Angelegenheit**, die nach **§ 36 Abs. 1** nach billigem Ermessen bewertet werden muss. Angemessen ist ein Teilwert von 20 bis 30 Prozent des Wertes des betroffenen Gegenstandes (siehe unten, Rn. 1231). Der Gebührensatz beträgt 1,0 nach Nr. 21200. 1174

1175 Die beiden Beurkundungsgegenstände sind nach § 109 Abs. 2 Satz 1 Nr. 2 als **ein Gegenstand** zu behandeln, so dass die Gebühr gemäß § 94 Abs. 2 Satz 1 nach dem höchsten in Betracht kommenden Gebührensatz (1,0) berechnet wird, und zwar aus dem höchsten Geschäftswert nach § 109 Abs. 2 Satz 2 (40.000,00 €). Sie beträgt nach § 94 Abs. 2 Satz 2 jedoch **nicht mehr als die Summe** der Gebühren, die bei getrennter Beurkundung entstanden wären. Hier wird die 1,0-Gebühr aus 40.000,00 € mit 145,00 € daher durch § 94 Abs. 2 Satz 2 auf die Summe der Einzelgebühren, also auf 123,50 €, begrenzt.

1176 Nach dem Wortlaut des Gesetzes wäre das Ergebnis als Gebühr nach Nr. 21200 aus 40.000,00 € gemäß §§ 102, 36 Abs. 1 in Höhe von 123,50 € **zu zitieren**:
– § 94 Abs. 2 **Satz 2 begrenzt nur** die nach § 94 Abs. 2 Satz 1 maßgebliche Gebühr. Berechnet wird daher nach §§ 94 Abs. 2 Satz 1, 109 Abs. 2 Satz 2.
– Weder § 94 noch § 109 gehören zum **Kreis der zitierpflichtigen Vorschriften**.

1177 **Um Verwirrung zu vermeiden**, halte ich es für empfehlenswert, § 94 Abs. 2 Satz 2 nicht als bloß gebührenbegrenzende Vorschrift zu verstehen, sondern wie § 94 Abs. 2 Satz 1 als für den Rechenweg maßgeblich, so dass die beiden Summanden gesondert in die Berechnung aufgenommen werden sollten.

2. Widerruf eines gemeinschaftlichen Testaments

1178 Die Eheleute M und F widerrufen zur Urkunde des Notars ihr früheres gemeinschaftliches Testament, in dem sie sich wechselbezüglich zu Alleinerben eingesetzt hatten. Eine Rücknahme des früheren gemeinschaftlichen Testaments war ausdrücklich nicht gewünscht. M verfügt über ein Aktivvermögen von 200.000 € bei Verbindlichkeiten von 130.000 €. F verfügt über ein Aktivvermögen von 250.000 € bei Verbindlichkeiten von 100.000 €.
Der Notar verbringt die Urschrift nach Registrierung im Zentralen Testamentsregister (je 15,00 €) in die besondere amtliche Verwahrung des Amtsgerichts. Von der Urkunde (3 Seiten) werden 2 beglaubigte Abschriften gefertigt, wovon eine weisungsgemäß in der Urkundensammlung des Notars verbleibt.

1179 **Kostenberechnung zum Testament vom 1.8.2014**
URNr. 926/2014

Nr. 21100	Beurkundungsverfahren		1.070,00 €
	Geschäftswert nach § 102	250.000,00 €	
Auslagen			
Nr. 32001	Dokumentenpauschale – Papier (s/w)	6 Seiten	0,90 €
Nr. 32005	Auslagenpauschale Post und Telekommunikation		20,00 €
	Zwischensumme		1.090,90 €
Nr. 32014	19 % Umsatzsteuer		207,27 €
Nr. 32015	Registrierung im Zentralen Testamentsregister (je 15 €)		30,00 €
	Rechnungsbetrag		**1.328,17 €**

A. Verfügungen von Todes wegen

Der Widerruf durch Testament (§ 2254 BGB) ist auch bei einem gemeinschaftlichen Testament möglich. Der gemeinschaftliche Widerruf erfolgt durch gemeinschaftliches Widerrufstestament und ist daher nach Nr. 21100 zu bewerten, **nicht nach Nr. 21201** (kein einseitiger Widerruf) **und auch nicht analog Nr. 21102 Nr. 2** (kein Vertrag). 1180

Der Fall ist **wenig praxisrelevant**, da regelmäßig die (gebührenfreie, siehe Anm. zu Nr. 12100) Rücknahme der Urkunde aus der besonderen amtlichen Verwahrung erfolgen wird. Die Widerrufserklärungen haben einen nach § 102 Abs. 5 Satz 1 zu ermittelnden Wert in Höhe des aktuellen (§ 96) modifizierten Reinvermögens. 1181

Abwandlung 1: M und F setzen zudem ihre gemeinsamen Kinder zu ihren Erben ein. 1182

Kostenberechnung zum Testament vom 1.8.2014 1183
URNr. 927/2014

Nr. 21100	Beurkundungsverfahren		1.070,00 €
	Geschäftswert nach § 102	250.000,00 €	
Auslagen			
Nr. 32001	Dokumentenpauschale – Papier (s/w)	6 Seiten	0,90 €
Nr. 32005	Auslagenpauschale Post und Telekommunikation		20,00 €
	Zwischensumme		1.090,90 €
Nr. 32014	19 % Umsatzsteuer		207,27 €
Nr. 32015	Registrierung im Zentralen Testamentsregister (je 15 €)		30,00 €
	Rechnungsbetrag		**1.328,17 €**

Nach § 109 Abs. 2 Satz 1 Nr. 2 haben die Vernichtung einer Verfügung von Todes wegen und neue Verfügungen von Todes wegen **denselben Beurkundungsgegenstand**. Maßgeblich ist daher nach § 109 Abs. 2 Satz 2 der höhere der in Betracht kommenden Werte – die hier gleich sind. Wird wiederum über das Vermögen als Ganzes verfügt, ist der **Widerruf kostenrechtlich unbeachtlich**. 1184

Abwandlung 2: Die F widerruft einseitig das gemeinschaftliche Testament. Der Notar wird beauftragt, die Wirksamkeit der Widerrufsurkunde herbeizuführen. Von der Urkunde (2 Seiten) wird eine Ausfertigung und eine beglaubigte Abschriften gefertigt. 1185

Kostenberechnung zum Testament vom 1.8.2014 1186
URNr. 928/2014

Nr. 21201	Beurkundungsverfahren		267,50 €
	Geschäftswert nach § 102	250.000,00 €	
Nr. 22200	Betreuungsgebühr		267,50 €
	Geschäftswert nach § 113 Abs. 1	250.000,00 €	

Auslagen

Nr. 32001	Dokumentenpauschale – Papier (s/w)	4 Seiten	0,60 €
Nr. 32005	Auslagenpauschale Post und Telekommunikation		20,00 €
	Zwischensumme		555,60 €
Nr. 32014	19 % Umsatzsteuer		105,56 €
Nr. 32015	Registrierung im Zentralen Testamentsregister (je 15 €)		30,00 €
	Rechnungsbetrag		**661,16 €**

1187   Der **einseitige Widerruf** ist ein Fall der 0,5-Gebühr nach Nr. 21201 Nr. 1.

1188   Nach § 2270 Abs. 1 BGB hat der Widerruf der F auch die **Unwirksamkeit der Verfügungen von M** zur Folge. Deren Wert ist daher nach § 102 Abs. 5 Satz 2 dem Widerrufswert von F aus § 105 Abs. 5 Satz 1 **hinzuzurechnen**. Es liegt nur ein Beurkundungsgegenstand vor. Die Hinzurechnung (gegenstandsinterne Addition) muss nicht nach § 19 Abs. 3 Nr. 3 aufgeschlüsselt werden.

1189   Veranlasst und überwacht der Notar auftragsgemäß die Zustellung der beurkundeten Widerrufserklärung, um deren Wirksamkeit herbeizuführen, liegt eine **Betreuungstätigkeit** nach Nr. 22200 Nr. 5 vor. Die Tätigkeiten sind nicht nach Vorbem. 2.1 Abs. 2 mit der Verfahrensgebühr abgegolten. Ebenso liegt es in vergleichbaren Fällen wie der Überwachung der Zustellung eines Rücktritts von einem Erbvertrag.

3. Aufhebung eines Erbvertrags

1190   Die Eheleute A und B heben einen Erbvertrag mit gegenseitiger Erbeinsetzung auf. Der Ehemann verfügt über ein Aktivvermögen von 500.000 € und Verbindlichkeiten von 300.000 €, die Ehefrau von 150.000 € und keine Verbindlichkeiten.
Der Notar verbringt die Urschrift nach Registrierung im Zentralen Testamentsregister (je 15,00 €) in die besondere amtliche Verwahrung des Amtsgerichts. Von der Urkunde (2 Seiten) werden 3 beglaubigte Abschriften gefertigt, wovon eine auf Antrag aller Beteiligten in der Urkundensammlung des Notars verbleibt.

1191   **Kostenberechnung zum Erbvertrag vom 1.8.2014**
URNr. 990/2014

Nr. 21102	Beurkundungsverfahren		785,00 €
	Geschäftswert nach § 102	400.000,00 €	
Auslagen			
Nr. 32001	Dokumentenpauschale – Papier (s/w)	6 Seiten	0,90 €
Nr. 32005	Auslagenpauschale Post und Telekommunikation		20,00 €
	Zwischensumme		805,90 €
Nr. 32014	19 % Umsatzsteuer		153,12 €
Nr. 32015	Registrierung im Zentralen Testamentsregister (je 15 €)		30,00 €
	Rechnungsbetrag		**989,02 €**

A. Verfügungen von Todes wegen

Die Aufhebung des Erbvertrags – hier wegen der besonderen amtlichen Verwahrung 1192
der Aufhebungsurkunde zwingend in der Form des Erbvertrags und nicht nach § 2290
BGB – wird von Nr. 21201 (0,5-Gebühr) nicht erfasst und ist damit – anders als nach
§ 46 Abs. 2, Hs. 1 KostO – nicht mehr vollprivilegiert. Der Aufhebungsvertrag ist **kein
Widerruf**. Nach Nr. 21102 Nr. 2 kommt aber wegen der **Vollaufhebung eine 1,0-Gebühr** zum Ansatz (statt der Vertragsgebühr nach Nr. 21100, die wegen des Änderungscharakters bei Teilaufhebungen einschlägig ist, s. u. unten).

Die Privilegierung der Aufhebung eines Erbvertrags nach Nr. 21102 gilt **unabhängig** 1193
davon, ob eine Erbvertragsaufhebung gemäß § 2290 BGB beurkundet wurde oder
eine Erbvertragsaufhebung durch weiteren Erbvertrag wie hier.

Der Erbvertrag ist **kein Austauschvertrag** im Sinne von § 97 Abs. 3, weil die Erb- 1194
einsetzungen keine Leistung in diesem Sinne ist. Vielmehr sind die Verfügungen von
Todes wegen jedes Erblassers ein besonderer Beurkundungsgegenstand, § 111 Nr. 1.
Das gilt auch für die Aufhebung des Erbvertrags.

Die **isolierte Aufhebung** eines Erbvertrags ist wegen der Möglichkeit zur Rück- 1195
nahme der Urkunde aus der besonderen amtlichen Verwahrung (gebührenfrei, siehe
Anmerkung zu Nr. 12100) oder aus der notariellen Verwahrung (0,3-Gebühr nach
Nr. 23100) **kaum praxisrelevant**. In der Regel wird die Aufhebung eines Erbvertrags
mit der Neuerrichtung einer Verfügung von Todes wegen in derselben Urkunde einhergehen. Dann hat diese nach § 109 Abs. 2 Satz 1 Nr. 2 denselben Gegenstand.

Abwandlung: Die aufzuhebende gegenseitige Erbeinsetzung wurde im Ehe- und 1196
Erbvertrag der Eheleute erklärt. Andere erbrechtliche Erklärungen enthält der
Ehe- und Erbvertrag nicht.

Kostenberechnung zum Erbvertrag vom 1.8.2014
URNr. 991/2014

Nr. 21100	Beurkundungsverfahren		1.570,00 €
	Geschäftswert nach § 102	400.000,00 €	
Auslagen			
Nr. 32001	Dokumentenpauschale – Papier (s/w)	6 Seiten	0,90 €
Nr. 32005	Auslagenpauschale Post und Telekommunikation		20,00 €
	Zwischensumme		1.590,90 €
Nr. 32014	19 % Umsatzsteuer		302,27 €
Nr. 32015	Registrierung im Zentralen Testamentsregister (je 15 €)		30,00 €
	Rechnungsbetrag		**1.923,17 €**

Die Änderung des Ehe- und Erbvertrags durch Aufhebung des erbvertraglichen 1197
Teils liegt **außerhalb des Anwendungsbereichs von Nr. 21102 Nr. 2**. Die Vorschrift
erfasst nur die vollständige Aufhebung notarieller Urkunden. Teilaufhebungen sind
Vertragsänderungen, die **wie der Vertrag selbst nach Nr. 21100 zu bewerten** sind.
Das gilt auch für den hier vorliegenden Fall, dass der Vertrag aus zwei Vertragsteilen
besteht, die jeweils eine gewisse Unabhängigkeit und Selbständigkeit aufweisen. Sinn

und Zweck der Privilegierung – die geringere Komplexität von Vertragsaufhebungen im Vergleich zu sonstigen Beurkundungen – ist bei Modifikationen jeder Art nicht einschlägig: Gerade bei Teilaufhebungen muss die Änderungsurkunde präzise angeben und abgrenzen, welche Urkundsbestandteile aufgehoben und welche weitergelten sollen.

1198 Enthält der Ehe- und Erbvertrag neben der aufzuhebenden Alleinerbeinsetzung noch weitere Verfügungen von Todes wegen, ist noch klarer, dass Nr. 21102 Nr. 2 keine Anwendung finden kann.

1199 Die **Rücknahme** der Urkunde aus der Verwahrung zur Herbeiführung der Widerrufswirkung nach § 2256 Abs. 1 BGB kommt nicht in Betracht, § 2300 Abs. 2 BGB, weil der Erbvertrag nicht nur Verfügungen von Todes wegen enthält.

4. Rückgabe eines Erbvertrags

1200 Die Ehegatten A und B ersuchten um Rückgabe des von ihnen am 12. Juni 2000 errichteten Erbvertrags aus der notariellen Verwahrung, in dem sie sich gegenseitig zu Alleinerben eingesetzt hatten. Die Beteiligten wurden über die Auswirkungen durch die Rücknahme belehrt.
Heutiges Vermögen A: 150.000 €; heutiges Aktivvermögen B: 300.000 €, Verbindlichkeiten B: 200.000 €.
Der Notar fertigt über die Rücknahme eine Niederschrift (2 Seiten – 2 begl. Abschriften) und registriert die Rücknahme der Urkunde im Zentralen Testamentsregister.

1201 **Kostenberechnung zur Rückgabe des Erbvertrags vom 1.8.2014**
Aktenzeichen 950

Nr. 23100	Rückgabe des Erbvertrags		190,50 €
	Geschäftswert nach § 114	300.000,00 €	
Auslagen			
Nr. 32000	Dokumentenpauschale – Papier (s/w)	4 Seiten	2,00 €
Nr. 32005	Auslagenpauschale Post und Telekommunikation		20,00 €
	Zwischensumme		212,50 €
Nr. 32014	19 % Umsatzsteuer		40,38 €
	Rechnungsbetrag		**252,88 €**

1202 Der **Geschäftswert** für die Rückgabe/Rücknahme eines Erbvertrags aus der notariellen Verwahrung bestimmt sich gemäß § 114 nach § 102 Abs. 1 bis 3, also nach den Vorschriften über erbrechtliche Angelegenheiten. Maßgeblicher Zeitpunkt für die Wertfeststellung ist die Fälligkeit der Rücknahmegebühr, § 96, also die Beendigung der Rückgabe durch Aushändigung der Urschrift, § 10.

1203 Die **Wertgebühr** nach Nr. 23100 und die Einstufung der Rücknahme als notarielles **Verfahren** sind gerechtfertigt wegen der umfassenden Prüfungs- und Belehrungspflichten des Notars im Zusammenhang mit der Rückgabe.

Die Anfertigung einer **Niederschrift**, in der die Anwesenden, die Beobachtungen des Notars zur Geschäftsfähigkeit, gesetzliche Hinweise etc. protokolliert werden, ist nicht zwingend, aber empfehlenswert (siehe Zimmermann/*Diehn*, Erbrechtliche Nebengesetze, § 20 DONot Rn. 10). Zusätzliche Kosten löst sie **nicht** aus. 1204

Die **Registrierung** der Rücknahme des Erbvertrags im **Testamentsregister** ist dort **gebührenfrei**. Deshalb entsteht auch kein durchlaufender Posten. 1205

Nimmt ein Erblasser den Antrag auf Rückgabe des Erbvertrags zurück, wird die Verfahrensgebühr ebenfalls in voller Höhe fällig. **Gebührenermäßigungen** sind mangels Vorschriften zur vorzeitigen Beendigung in diesem Fall **nicht vorgesehen**. Nrn. 21300 ff. sind nicht anwendbar, da kein Beurkundungsverfahren vorliegt. 1206

Fortsetzung: Beim gleichen Notar errichtet A zwei Monate später ein Testament (3 Seiten – 2 beglaubigte Abschriften, wovon eine antragsgemäß beim Notar verbleibt) und setzt darin seinen Sohn zum Alleinerben ein. 1207

Kostenberechnung zum Testament vom 1.8.2014 1208
URNr. 960/2014

Nr. 21200	Beurkundungsverfahren		354,00 €
	Geschäftswert nach § 102	150.000,00 €	
Nr. 23100	Anrechnung gemäß der Anmerkung (hier: 50 %)		- 95,25 €
Auslagen			
Nr. 32001	Dokumentenpauschale – Papier (s/w)	6 Seiten	0,90 €
Nr. 32005	Auslagenpauschale Post und Telekommunikation		20,00 €
	Zwischensumme		279,65 €
Nr. 32014	19 % Umsatzsteuer		53,13 €
Nr. 32015	Registrierung im Zentralen Testamentsregister		15,00 €
	Rechnungsbetrag		**347,78 €**

Wenn derselbe Notar nach der Rückgabe eines Erbvertrags eine erneute Verfügung von Todes wegen desselben Erblassers beurkundet, wird die Rückgabe-Gebühr auf die Gebühr für das Beurkundungsverfahren **angerechnet**. Die Anrechnung findet nur statt, wenn zwischen Rückgabe und Beurkundung ein **zeitlicher Zusammenhang** besteht (siehe Satz 1 der Anmerkung zu Nr. 23100: „demnächst"). Wie lange von „demnächst" gesprochen werden kann, hängt von den Umständen des Einzelfalls ab. In der Regel dürfte nach sechs Monaten ein zeitlicher Zusammenhang verblassen. Der Zeitraum kann jedoch auch kürzer oder länger zu bemessen sein. 1209

Ob die Verrechnung anhand der **Brutto- oder Nettokosten** erfolgt, ist Geschmackssache. Ich halte den Nettoansatz für transparenter. Die Verrechnung ist vom Zitiergebot nach § 19 insgesamt nicht erfasst. 1210

Bei einer **Mehrheit von Erblassern** erfolgt die Anrechnung gemäß Satz 2 der Anmerkung zu Nr. 23100 nach Kopfteilen: Errichten nur einzelne der am zurückgegebenen Erbvertrag beteiligten Erblasser eine neue Verfügung von Todes wegen, werden die Gebühren nur anteilig angerechnet, im Beispiel nur 50 Prozent. 1211

Kapitel 4. Erbrecht

1212 Die **Dokumentenpauschale** richtet sich hier nach Nr. 2 von Nr. 32001:
- Nr. 1 für die **Urschrift**, die immer ohne besonderen Antrag gefertigt wird, kann hier trotz der besonderen amtlichen beim Amtsgericht nicht erhoben werden, weil beim Ausdruck noch keine „Niederschrift" vorlag.
- Nr. 2 hinsichtlich der beglaubigten Abschrift für den Erblasser und der beglaubigten Abschrift für die Urkundensammlung.

III. Änderung von Verfügungen von Todes wegen

1. Änderung der Erbquoten

1213 E ändert sein Testament dahingehend, dass A und B nicht mehr Erben zu gleichen Teilen werden, sondern zu zwei bzw. drei Fünfteln. Er verfügt über ein Aktivvermögen von 200.000 € bei Verbindlichkeiten von 130.000 €.
Der Notar verbringt die Urschrift nach Registrierung im Zentralen Testamentsregister (15,00 €) in die besondere amtliche Verwahrung des Amtsgerichts. Von der Urkunde (3 Seiten) werden 2 beglaubigte Abschriften gefertigt, wovon eine weisungsgemäß in der Urkundensammlung des Notars verbleibt.

1214 Kostenberechnung zum Testament vom 1.8.2014
URNr. 961/2014

Nr. 21200	Beurkundungsverfahren		75,00 €
	Geschäftswert nach § 102	10.000,00 €	
Auslagen			
Nr. 32001	Dokumentenpauschale – Papier (s/w)	6 Seiten	0,90 €
Nr. 32005	Auslagenpauschale Post und Telekommunikation		20,00 €
	Zwischensumme		90,90 €
Nr. 32014	19 % Umsatzsteuer		17,27 €
Nr. 32015	Registrierung im Zentralen Testamentsregister		15,00 €
	Rechnungsbetrag		**123,17 €**

1215 Hier wird ein **Bruchteil von 10 Prozent** des Nachlasses anders zugeordnet. Konstruktiv dürfte es sich handeln um einen Widerruf der Erbeinsetzung von A hinsichtlich einer Quote von 10 % und um eine Erbeinsetzung von B zu weiteren 10 %. Deshalb ist eine 1,0-Gebühr aus 10 % des modifizierten Reinvermögens zu erheben, wobei der Widerruf derselbe Beurkundungsgegenstand ist, § 109 Abs. 2 Satz 1 Nr. 2.

1216 Diese Sichtweise trägt verschiedene in diesem Zusammenhang denkbare Konstellationen, beispielsweise wenn der Anteil einem Dritten zugedacht wird oder wenn die ursprünglichen Quoten von 10 % und 90 % umgedreht werden. Im letzteren Fall sind 80 % des modifizierten Reinvermögens anzusetzen, weil über diesen Bruchteil nach § 102 Abs. 1 Satz 1, Fall 2 verfügt wird.

A. Verfügungen von Todes wegen

2. Teilaufhebung eines Erbvertrags

Ehegatten A und B haben einen Erbvertrag errichtet. In diesem haben sie mit erbvertraglicher Bindungswirkung eine gegenseitige Alleinerbeinsetzung verfügt und der Längerlebende zugunsten ihres gemeinsamen Sohnes eine Vermächtnisanordnung getroffen, dass dieser einen Geldbetrag in Höhe von 150.000,00 € erhält. Ohne Bindungswirkung hat der jeweils Erstversterbende ein Vermächtnis zugunsten von C in Höhe von 100.000,00 € ausgesetzt.
In einem Erbvertragsnachtrag verfügen die Ehegatten nunmehr:
– Die Vermächtnisanordnung zugunsten des Sohnes wird aufgehoben.
– A widerruft das Vermächtnis zugunsten von C.
– Zugunsten der gemeinsamen Tochter setzen A und B mit erbvertraglicher Bindungswirkung ein Vermächtnis aus, dass diese nach dem Ableben des Erstversterbenden 200.000,00 € erhält.
Der Notar verbringt die Urschrift nach Registrierung im Zentralen Testamentsregister (je 15,00 €) in die besondere amtliche Verwahrung des Amtsgerichts. Von der Urkunde (5 Seiten) werden 3 beglaubigte Abschriften gefertigt, wovon eine auf Antrag unverschlossen in der Urkundensammlung des Notars verbleibt.

1217

Kostenberechnung zum Erbvertrag vom 1.8.2014
URNr. 940/2014

1218

Nr. 21100	Beurkundungsverfahren		1.070,00 €
	Geschäftswert nach § 102	250.000,00 €	
Auslagen			
Nr. 32001	Dokumentenpauschale – Papier (s/w)	15 Seiten	2,25 €
Nr. 32005	Auslagenpauschale Post und Telekommunikation		20,00 €
	Zwischensumme		1.092,25 €
Nr. 32014	19 % Umsatzsteuer		207,53 €
Nr. 32015	Registrierung im Zentralen Testamentsregister (je 15 €)		30,00 €
	Rechnungsbetrag		**1.329,78 €**

Die Änderung von Erbverträgen ist **ausschließlich nach Nr. 21100** (2,0-Gebühr) zu bewerten. Zweifel können entstehen, soweit Änderungen – wie häufig – mit Teilaufhebungen einzelner Regelungen und Widerrufen einseitiger Verfügungen von Todes wegen einhergehen. Aber:
– Die **Teilaufhebung** des Erbvertrags ist im Gegensatz zur KostO (§ 46 Abs. 2 Satz 1, Hs. 1 KostO) nicht mehr wie Widerruf, Rücktritt und Anfechtung privilegiert: **Nr. 21201** Nrn. 1, 2 und 3 ist **nicht einschlägig**.
– Auch **Nr. 21102** Nr. 2 ist **nicht einschlägig**, weil dort nur der Fall der vollständigen Vertragsaufhebung mit der 1,0-Gebühr versehen wird.

1219

Die Teilaufhebung des Erbvertrags bzw. der Widerruf einseitiger Verfügungen und die neue Verfügung sind allerdings **gegenstandsgleich**: § 109 Abs. 2 Satz 1 Nr. 2 erfasst nämlich auch die Aufhebung nur einzelner vertragsmäßiger Verfügungen – wie in

1220

§ 2290 Abs. 1, Fall 2 BGB („einzelne [...] Verfügung") auch. Anzusetzen ist daher der höchste in Betracht kommende Wert, § 109 Abs. 2 Satz 2, hier also der Wert des Aufhebungs-/Widerrufskomplexes (150.000,00 € + 100.000,00 €).

1221 Die nach § 94 Abs. 2 Satz 2 vorgesehene **Vergleichsberechnung** ist hier entbehrlich, weil die Gegenstände nach gleichen Gebührensätzen abzurechnen sind (2,0-Gebühr nach Nr. 21100).

3. Ersatzerbeneinsetzung

1222 A bestimmt C zum Ersatzerben. Im Übrigen wird das bereits bestehende Testament (Erbe ist sein einziger Sohn B) nicht geändert. Modifiziertes Reinvermögen: 1 Mio. €.
Der Notar verbringt die Urschrift nach Registrierung im Zentralen Testamentsregister (15,00 €) in die besondere amtliche Verwahrung des Amtsgerichts. Von der Urkunde (2 Seiten) werden 2 beglaubigte Abschriften gefertigt, wovon eine auf Antrag von A in der Urkundensammlung des Notars verbleibt.

1223 Kostenberechnung zum Testament vom 1.8.2014
URNr. 970/2014

Nr. 21200	Beurkundungsverfahren		1.735,00 €
	Geschäftswert nach § 102	1.000.000,00 €	
Auslagen			
Nr. 32001	Dokumentenpauschale – Papier (s/w)	4 Seiten	0,60 €
Nr. 32005	Auslagenpauschale Post und Telekommunikation		20,00 €
	Zwischensumme		1.755,60 €
Nr. 32014	19 % Umsatzsteuer		333,56 €
Nr. 32015	Registrierung im Zentralen Testamentsregister		15,00 €
	Rechnungsbetrag		**2.104,16 €**

1224 Die noch im Referentenentwurf vorgesehene Regelung in § 102 Abs. 5: *„Ist bei Änderungen von Verfügungen von Todes wegen oder von Erb- oder Pflichtteilsverzichtsverträgen der nach den Absätzen 1 bis 4 bestimmte Wert nach den besonderen Umständen des Einzelfalls unbillig, kann ein niedrigerer Wert angenommen werden."*, wurde im Regierungsentwurf wieder **gestrichen**. Das ist bedauerlich, beispielsweise für Fälle wie diese, in denen ein Nachtrag für eher unwahrscheinliche Fälle gemacht wird.

1225 Das **modifizierte Reinvermögen** bzw. anteilige modifizierte Reinvermögen ist auch dann maßgeblich, wenn lediglich eine Ersatzerben-, Nacherben- oder Schlusserbeneinsetzung, z.B. im Wege eines Nachtrags zum Erbvertrag, angeordnet wird. Raum für Teilwertbildungen nach § 36 Abs. 1 wie bei sonstigen Änderungen von Erklärungen besteht hier nicht, weil § 102 Abs. 1 Satz 1 unmittelbar einschlägig ist: Die Ersatzerben-, Nacherben- oder Schlusserbeneinsetzung ist eine Verfügung über den ganzen Nachlass.

Die **Dokumentenpauschale** richtet sich hier nach Nr. 2 von Nr. 32001: 1226
- Nr. 1 für die **Urschrift**, die immer ohne besonderen Antrag gefertigt wird, ist hier nicht einschlägig, obwohl diese wegen der besonderen amtlichen Verwahrung nicht beim Notar verbleibt.
- Nr. 2 hinsichtlich der beglaubigten Abschriften für den Erblasser **und** der beglaubigten Abschrift für die Urkundensammlung.

IV. Testamentsvollstreckung

1. Nachträgliche Anordnung

A ordnet in einem Nachtragstestament erstmals Testamentsvollstreckung an. Zum 1227
Testamentsvollstrecker wird B bestimmt. Aktivvermögen von A: 400.000 €. Verbindlichkeiten 250.000 €. Der Notar verbringt die Urschrift nach Registrierung im Zentralen Testamentsregister (15,00 €) in die besondere amtliche Verwahrung des Amtsgerichts. Von der Urkunde (5 Seiten) werden 2 beglaubigte Abschriften gefertigt, wovon eine auf Antrag von A in der Urkundensammlung des Notars verbleibt.

Kostenberechnung zum Testament vom 1.8.2014 1228
URNr. 980/2014

Nr. 21200	Beurkundungsverfahren		300,00 €
	Geschäftswert nach § 36 Abs. 1	120.000,00 €	
Auslagen			
Nr. 32001	Dokumentenpauschale – Papier (s/w)	10 Seiten	1,50 €
Nr. 32005	Auslagenpauschale Post und Telekommunikation		20,00 €
	Zwischensumme		321,50 €
Nr. 32014	19 % Umsatzsteuer		61,09 €
Nr. 32015	Registrierung im Zentralen Testamentsregister		15,00 €
	Rechnungsbetrag		**397,59 €**

Die Anordnung der Testamentsvollstreckung ist von § 102 **nicht** erfasst. Es handelt 1229
sich um eine **vermögensrechtliche Angelegenheit**, die nach **§ 36 Abs. 1** nach billigem Ermessen bewertet werden muss.

Ein Fall von **§ 36 Abs. 4 Satz 2** liegt nicht vor, weil es keine Anordnung im Gesetz 1230
gibt, dass sich die Notargebühren bei der Testamentsvollstreckung nach den für Gerichte bestimmten Vorschriften richten. Dafür genügt nämlich die bloße Existenz einer gerichtlichen Wertvorschrift für die Ernennung von Testamentsvollstreckern (§ 65) nicht.

Ausgangswert für die Anordnung der Testamentsvollstreckung ist der Bruttonach- 1231
lasswert, wenn die Testamentsvollstreckung den gesamten Nachlass betrifft, andernfalls der betroffene Teil oder Wert des betroffenen Gegenstandes. Das **modifizierte Reinvermögen** nach § 102 kann i.R.v. § 36 Abs. 1 nicht angesetzt werden; vielmehr

gilt § 38. Ein **Teilwert von 30 %** erscheint angemessen. Eine analoge Anwendung von § 65 oder eine Berücksichtigung der Vorschrift bei der Ermessensausübung kommt nicht in Betracht, weil die Anordnung und die konkrete Ernennung völlig verschiedene Sachverhalte betreffen: Die Anordnung der Testamentsvollstreckung schafft die Voraussetzungen für eine Ernennung, die als Vollzugsakt niedriger bewertet wird. Vielmehr ist die Anordnung der Testamentsvollstreckung mit einer **Verfügungsbeschränkung nach § 51 Abs. 2** vergleichbar, § 2211 Abs. 1 BGB.

1232 Die **Dokumentenpauschale** richtet sich nach Nr. 2 von Nr. 32001:
– Nr. 1 für die Urschrift, die immer ohne besonderen Antrag gefertigt wird, ist nicht einschlägig, obwohl sie wegen der besonderen amtlichen Verwahrung nicht beim Notar verbleibt.
– Nr. 2 hinsichtlich der **beglaubigten Abschrift** für den Erblasser, aber auch hinsichtlich der in der Urkundensammlung des Notars verbleibenden Abschrift, da diese hier besonders beantragt wird, § 20 Abs. 1 Satz 3 DONot.

2. Wechsel des Testamentsvollstreckers

1233 A bestimmt in einem Nachtragstestament C anstelle des B zum Testamentsvollstrecker. Aktivvermögen von A: 400.000 €. Verbindlichkeiten 250.000 €.
Der Notar verbringt die Urschrift nach Registrierung im Zentralen Testamentsregister (15,00 €) in die besondere amtliche Verwahrung des Amtsgerichts. Von der Urkunde (3 Seiten) werden 2 beglaubigte Abschriften gefertigt, wovon eine auf Antrag von A in der Urkundensammlung des Notars verbleibt.

1234 **Kostenberechnung zum Testament vom 1.8.2014**
URNr. 981/2014

Nr. 21200	Beurkundungsverfahren		145,00 €
	Geschäftswert nach § 36 Abs. 2	40.000,00 €	
Auslagen			
Nr. 32001	Dokumentenpauschale – Papier (s/w)	6 Seiten	0,90 €
Nr. 32005	Auslagenpauschale Post und Telekommunikation		20,00 €
	Zwischensumme		165,90 €
Nr. 32014	19 % Umsatzsteuer		31,52 €
Nr. 32015	Registrierung im Zentralen Testamentsregister		15,00 €
	Rechnungsbetrag		**212,42 €**

1235 Die Benennung eines **anderen Testamentsvollstreckers** ist von § 102 **nicht** erfasst (RegE 182).

1236 Die Änderung der Person des Testamentsvollstreckers ist eine **nichtvermögensrechtliche** Angelegenheit, die nach § 36 Abs. 2 bewertet werden muss. Bisher wurde in der Regel nach § 30 Abs. 2 Satz 1 KostO auf den Auffangwert zurückgegriffen. Mit dem GNotKG hat sich diese Rechtslage aber m.E. insoweit geändert, als **in § 65 eine gesetzgeberische Einschätzung** für die Ernennung oder Entlassung von Testamentsvollstreckern vorliegt. Die dort vorgeschlagenen **10 Prozent** halte ich als Teilwert auch in notariellen Verfahren für gut geeignet. Ein Rückgriff auf den Auffangwert von 5.000,00 € nach § 36 Abs. 3 dürfte damit in der Regel ausscheiden, weil es (gesetzgeberische) Anhaltspunkte für die Wertfestsetzung gibt. Ein Fall von § 36 Abs. 4 Satz 2 liegt aber auch insoweit nicht vor, weil es keine Anordnung im Gesetz gibt, dass sich die Notargebühren bei der Testamentsvollstreckung nach den für Gerichte bestimmten Vorschriften richten. Dafür genügt nicht die Existenz einer gerichtlichen Wertvorschrift für die Ernennung von Testamentsvollstreckern (§ 65). Diese kann aber **im Rahmen der Ermessensausübung von § 36** berücksichtigt werden.

B. Erb- und Pflichtteilsverzichte

I. Pflichtteilsverzicht

> Die Ehegatten A und B vereinbaren einen wechselseitigen Pflichtteilsverzicht. **1237**
> Sie leben im gesetzlichen Güterstand und haben zwei Kinder.
> Der Ehemann verfügt über ein Aktivvermögen von 100.000 € und Verbindlichkeiten von 30.000 €, die Ehefrau von 200.000 € und 150.000 € Verbindlichkeiten.
> Von der Urkunde (3 Seiten) werden 2 beglaubigte Abschriften gefertigt.

Kostenberechnung zum Pflichtteilsverzichtsvertrag vom 1.8.2014   **1238**
URNr. 1000/2014

Nr. 21100	Beurkundungsverfahren		230,00 €
	Geschäftswert nach §§ 102, 97 Abs. 3	25.000,00 €	
Auslagen			
Nr. 32001	Dokumentenpauschale – Papier (s/w)	6 Seiten	0,90 €
Nr. 32005	Auslagenpauschale Post und Telekommunikation		20,00 €
	Zwischensumme		250,90 €
Nr. 32014	19 % Umsatzsteuer		47,67 €
	Rechnungsbetrag		**298,57 €**

Das Pflichtteilsrecht ist nach § 102 Abs. 4 Satz 2 wie ein entsprechender Bruchteil **1239** am Nachlass zu behandeln. Eine **Teilwertbildung** mit Überlegungen zur Eintrittswahrscheinlichkeit ist damit **ausgeschlossen**. Das gilt auch für den **gegenständlich beschränkten** Pflichtteilsverzicht weichender Erben im Überlassungsvertrag. Zahlt der Übernehmer einen Ausgleichsbetrag, liegt insoweit ein Austauschvertrag zwischen Übergeber und den weichenden Geschwistern vor (siehe Rn. 419).

Der gegenseitige Pflichtteilsverzicht der Ehegatten ist als Austauschleistung **1240** nach § 97 Abs. 3 zu bewerten. Maßgeblich ist daher nur der **höherwertige** Verzicht. Die Höherwertigkeit ist dabei **kostenrechtlich** zu betrachten, also anhand des nach § 102 modifizierten Reinvermögens (Einzelheiten *Diehn/Volpert*, Notarkostenrecht

Rn. 1675 ff.). Das Ergebnis kann von der realen Höherwertigkeit des Reinvermögens abweichen:

- Reinvermögen Ehemann   70.000 €
  Modifiziertes Reinvermögen Ehemann   **70.000 €**
- Reinvermögen Ehefrau   50.000 €
  Modifiziertes Reinvermögen Ehefrau   **100.000 €**

1241 Der **höherwertige Verzicht** ist daher der des **Ehemanns** gegenüber der Ehefrau, weil deren modifiziertes Reinvermögen größer ist als das des Mannes. Dessen gesetzliche Erbquote beträgt ½ (§§ 1931 Abs. 1, Abs. 3, 1371 Abs. 1 BGB), die Pflichtteilsquote somit ¼. Geschäftswert ist daher 25.000 €.

1242 Eine Registrierung der Urkunde im **Zentralen Testamentsregister** findet mangels Erbfolgerelevanz **nicht** (zwingend) statt.

II. Erbverzichtsvertrag

1243 Die Ehegatten A und B vereinbaren einen wechselseitigen Erbverzicht.
Sie leben im gesetzlichen Güterstand und haben zwei Kinder.
Der Ehemann verfügt über ein Aktivvermögen von 100.000 € und Verbindlichkeiten von 30.000 €, die Ehefrau von 200.000 € und 150.000 € Verbindlichkeiten.
Von der Urkunde (3 Seiten) werden 2 beglaubigte Abschriften gefertigt. Sie wird im Testamentsregister registriert.

1244 Kostenberechnung zum Erbverzichtsvertrag vom 1.8.2014
URNr. 1010/2014

Nr. 21100	Beurkundungsverfahren		330,00 €
	Geschäftswert nach §§ 102, 97 Abs. 3	50.000,00 €	
Auslagen			
Nr. 32001	Dokumentenpauschale – Papier (s/w)	6 Seiten	0,90 €
Nr. 32005	Auslagenpauschale Post und Telekommunikation		20,00 €
	Zwischensumme		350,90 €
Nr. 32014	19 % Umsatzsteuer		66,67 €
Nr. 32015	Registrierung im Zentralen Testamentsregister		30,00 €
	Ehemann	15,00 €	
	Ehefrau	15,00 €	
	Rechnungsbetrag		**447,57 €**

1245 Für die Beurkundung des Erbverzichtsvertrages gilt nach § 102 Abs. 4 Satz 1 § 102 Abs. 1 Satz 1 und 2 entsprechend. Eine **Teilwertbildung** mit Überlegungen zur Eintrittswahrscheinlichkeit ist damit **ausgeschlossen**. Das gilt auch für **Zuwendungsverzichtsverträge**.

1246 Der gegenseitige Erbverzicht der Ehegatten ist als Austauschleistung nach § 97 Abs. 3 zu bewerten. Maßgeblich ist daher nur der **höherwertige** Verzicht. Die Höherwertigkeit ist dabei **kostenrechtlich** zu betrachten, also anhand des nach § 102 modifizierten Reinvermögens. Das Ergebnis kann von der realen Höherwertigkeit des Reinvermögens abweichen:

	Reinvermögen	mod. Reinvermögen
– Ehemann	70.000 €	70.000 €
– Ehefrau	50.000 €	**100.000 €**

Der **höherwertige Verzicht** ist daher der des Ehemanns gegenüber der Ehefrau.

Die gesetzliche Erbquote beträgt ½ (§§ 1931 Abs. 1, Abs. 3, 1371 Abs. Abs. 1 BGB). Der maßgebliche Geschäftswert beträgt daher 50.000 €. 1247

Die Urkunde muss im Gegensatz zum Pflichtteilsverzichtsvertrag im **Zentralen Testamentsregister** registriert werden. Die Registrierungsgebühren werden vom Notar für die Bundesnotarkammer entgegengenommen, § 78e Abs. 5 BNotO, und können als echte Auslagen nach Nr. 32015 geltend gemacht werden. 1248

C. Sonstige erbrechtliche Erklärungen

I. Rechtswahl

A macht beim Notar ein Testament, um seinen letzten Willen zu regeln (Vermögen: 100.000 €). A plant, seinen Lebensabend in Spanien zu verbringen. Der Notar weist darauf hin, dass ab 17.8.2015 gemäß Art. 21 EU-ErbRVO die Erbfolge dem Recht des Staates unterliegen wird, in dem A seinen letzten gewöhnlichen Aufenthalt hatte. Der deutsche A wählt daraufhin das deutsche Recht. Der Notar verbringt die Urkunde in die besondere amtliche Verwahrung und fertigt 2 beglaubigte Abschriften (je 5 Seiten), davon eine für seine Urkundensammlung. Der Notar nimmt die Registrierung im Testamentsregister vor. 1249

Kostenberechnung zum Testament vom 1.8.2014 1250
URNr. 2501/2014

Nr. 21200	Beurkundungsverfahren		327,00 €
	Summe nach § 35 Abs. 1	130.000,00 €	
	Geschäftswert nach § 102	100.000,00 €	
	Geschäftswert nach § 104 Abs. 2	30.000,00 €	
Auslagen			
Nr. 32001	Dokumentenpauschale – Papier (s/w)	10 Seiten	1,50 €
Nr. 32005	Auslagenpauschale Post und Telekommunikation		20,00 €
	Zwischensumme		348,50 €
Nr. 32014	19 % Umsatzsteuer		66,22 €
Nr. 32015	Registrierung im Zentralen Testamentsregister		15,00 €
	Rechnungsbetrag		**429,72 €**

1251 Die **Erbrechtsverordnung** ist gemäß Art. 84 Abs. 2 EU-ErbRVO nach einer dreijährigen Übergangsfrist, also ab 17. August 2015, anwendbar. Eine grundstücksbezogene Rechtswahl (Art. 25 Abs. 2 EGBGB) wird dann unzulässig. Kostenrechtlich ist es ohne Belang, dass die allgemeine Rechtswahl erst mit Inkrafttreten der Erbrechtsverordnung erforderlich wird und Rechtswirkungen entfalten kann.

1252 Bei der Beurkundung einer Rechtswahl, die eine Rechtsnachfolge von Todes wegen betrifft, beträgt nach § 104 Abs. 2 der **Geschäftswert** 30 Prozent des Werts, der sich in entsprechender Anwendung des § 102, hier aus § 102 Abs. 1 ergibt. Auch die nur **vorsorgliche Wahl**, etwa wie hier bei deutschen Staatsangehörigen mit dem „Risiko" eines gewöhnlichen Aufenthaltes im Ausland, ist gesondert zu bewerten.

1253 Die **bloße Feststellung**, den gewöhnlichen Aufenthalt in Deutschland beibehalten zu wollen, ist demgegenüber keine Rechtswahl und nicht gesondert zu bewerten. Bei ausländischen Staatsangehörigen in Deutschland ist eine „**bestätigende Rechtswahl**" zugunsten des Rechts des aktuellen gewöhnlichen Aufenthaltsortes nicht vorgesehen. Die Klarstellung, dass eine konkludente Wahl des Staatsangehörigkeitsrechts nicht gewünscht ist, ist keine gesondert zu bewertende (**negative**) **Rechtswahl**.

II. Erbscheinsantrag

1. Erbscheinsantrag allgemein

1254 A ist aufgrund gesetzlicher Erbfolge Erbe zu 1/2 nach dem verstorbenen B geworden (Nachlasswert 300.000 €). A beantragt in der Urkunde die Erteilung eines (Teil-) Erbscheines und versichert die Richtigkeit der dabei erforderlichen Angaben an Eides statt. Der Notar wird beauftragt, eine noch fehlende Heiratsurkunde anzufordern. Der Erblasser hatte Verbindlichkeiten von 50.000 €. Ferner bittet A den Notar um einen amtlichen Grundbuchauszug für sein Grundstück, den der Notar fertigt (6 Seiten). Von der Urkunde (3 Seiten) werden 3 begl. Abschriften gefertigt.

1255 Kostenberechnung zum Erbscheinsantrag vom 1.8.2014
URNr. 1020/2014

Nr. 23300	Eidesstattliche Versicherung		300,00 €
	Geschäftswert nach § 40	125.000,00 €	
Nr. 22121	Vollzugsgebühr		150,00 €
	Geschäftswert nach § 112	125.000,00 €	
Nr. 25211	Grundbuchabdruck (§ 133a Abs. 1 GBO) beglaubigt (je 15 €)		15,00 €
Auslagen			
Nr. 32000	Dokumentenpauschale – Papier (s/w)	9 Seiten	4,50 €
Nr. 32005	Auslagenpauschale Post und Telekommunikation		20,00 €
Nr. 32011	Auslagen Grundbucheinsicht (je 8 €)		8,00 €
	Zwischensumme		497,50 €
Nr. 32014	19 % Umsatzsteuer		94,53 €
	Rechnungsbetrag		**592,03 €**

C. Sonstige erbrechtliche Erklärungen

Der **Geschäftswert** für eidesstattliche Versicherungen für Erbscheine ist nach § 40 Abs. 1 Satz 1 Nr. 1 der Wert des Nachlasses im Zeitpunkt des Erbfalls. Geht es um das Erbrecht eines Miterben, ist nach § 40 Abs. 2 dessen **Anteil** maßgeblich. **1256**

Nach der Anmerkung zu Nr. 21201 kommt eine Gebühr nach dessen Nr. 6 für den Erbscheinsantrag nicht in Betracht, weil die Abnahme der eidesstattlichen Versicherung **insoweit Abgeltungswirkung** hat. Das steht auch in Vorbem. 2.3.3 Abs. 2. Gleichzeitig richtet sich aber die **Vollzugsgebühr** für das Anfordern von Personenstandsurkunden (Vorbemerkung 2.2.1.1 Abs. 1 Satz 2 Nr. 1) nach Unterabschnitt 2. **1257**

Für die **Übermittlung des Erbscheinantrags** an das Gericht entsteht **keine** Vollzugsgebühr, und zwar weder nach Nr. 22121 auf Basis von Vorbemerkung 2.2.1.1 Abs. 1 Satz 2 Nr. 11, noch nach Nr. 22124. Denn die Abgeltungswirkung der eidesstattlichen Versicherung nach Vorbemerkung 2.3.3 Abs. 2 erstreckt sich sowohl auf die Beurkundungsgebühr für den Antrag als auch auf die nach Vorbemerkung 2.1 Abs. 2 mit dieser abgegoltenen Handlungen und damit auch auf die Übermittlung von Anträgen etc. **1257a**

Da die Abnahme einer eidesstattlichen Versicherung ein sonstiges notarielles Verfahren und kein Beurkundungsverfahren ist, ist Nr. 32001 Nr. 2 insoweit nicht einschlägig. Deshalb kann auch die **Sperrwirkung** nach Anmerkung 1 zu Nr. 32000 hier nicht eintreten. **1258**

Die Gebühr nach **Nr. 25209 für die Einsicht des Grundbuchs** entsteht nicht, weil **Nr. 25211** als speziellere Vorschrift vorgeht (s. Rn. 1466c). Der amtliche Grundbuchauszug kostet beim Notar 15 €, der einfache 10 € nach Nr. 25210. Dokumentenpauschalen werden dafür nicht erhoben, Ersatz der Kosten für die Grundbucheinsicht kann aber verlangt werden (**Nr. 32011**). Die schlichte Einsicht des Grundbuchs und formlose Mitteilung des Inhalts ist nach Nr. 25209 nur gebührenpflichtig, wenn die Tätigkeit nicht mit einem anderen gebührenpflichtigen Verfahren oder Geschäft zusammenhängt, was **inhaltlich** zu verstehen ist. Ein bloß zeitlicher Konnex, bspw. zum Erbscheinsantrag, schließt die Gebühr nicht aus. **1259**

2. Erbscheinsantrag mit Grundbuchberichtigungsantrag

A ist auf Grund gesetzlicher Erbfolge Alleinerbe nach dem verstorbenen B geworden. A beantragt in der Urkunde die Erteilung eines Erbscheins zum Zwecke der Grundbuchberichtigung und versichert die Richtigkeit der erforderlichen Angaben an Eides statt. A beantragt ferner die Berichtigung des Grundbuchs in derselben Urkunde. Der Nachlasswert beträgt 300.000 €, die Nachlassverbindlichkeiten im Zeitpunkt des Erbfalles 50.000 €. Der Verkehrswert des Grundstück beträgt 160.000 €; 40.000 € der Nachlassverbindlichkeiten lasten an diesem. Von der Urkunde (3 Seiten) werden 2 begl. Abschriften gefertigt. **1260**

Kostenberechnung zum Erbscheins- und Grundbuchberichtigungsantrag URNr. 1030/2014 vom 1.8.2014 **1261**

Nr. 23300	Eidesstattliche Versicherung		535,00 €
	Geschäftswert nach § 40	250.000,00 €	
Nr. 21201	Beurkundungsverfahren		190,50 €
	Geschäftswert nach §§ 97, 46	160.000,00 €	

	Auslagen			
	Nr. 32001	Dokumentenpauschale – Papier (s/w)	6 Seiten	0,90 €
	Nr. 32005	Auslagenpauschale Post und Telekommunikation		20,00 €
		Zwischensumme		746,40 €
	Nr. 32014	19 % Umsatzsteuer		141,82 €
		Rechnungsbetrag		**888,22 €**

1262 § 107 Abs. 3 KostO und die darin enthaltene **Privilegierung** von Erbscheinen **für Grundbuchzwecke** wurde in das GNotKG **nicht** übernommen. Maßgeblich ist daher nach § 40 Abs. 1 Satz 1 Nr. 1 der volle Wert des Nachlasses im Zeitpunkt des Erbfalls. Vom Erblasser herrührende Verbindlichkeiten werden vollständig abgezogen, § 40 Abs. 1 Satz 2.

1263 Der **Grundbuchberichtigungsantrag** ist gesondert zu bewerten. Einschlägig ist hier Nr. 21201 Nr. 4. Die Anmerkung zu Nr. 21201 stellt lediglich klar, dass der Erbscheinsantrag nicht neben Nr. 23300 bewertet wird. Für den Grundbuchberichtigungsantrag entstehen aber gesonderte Gebühren nach § 94 Abs. 1, Fall 1. Die gem. § 94 Abs. 1, Fall 2 nach dem höchsten Gebührensatz (1,0) berechnete Gebühr aus dem Gesamtbetrag der Werte (410.000 €) ist mit 785,00 € nicht günstiger.

1264 Da die Abnahme einer **eidesstattlichen Versicherung** als sonstiges notarielles Verfahren in ein Beurkundungsverfahren eingebettet ist, ist Nr. 32001 Nr. 2 einschlägig, so dass die **Sperrwirkung** nach Anmerkung 1 zu Nr. 32000 **nicht entfällt**.

III. Testamentseinreichung

1264a Der Notar wird gebeten, ein eigenhändiges Testament zur Eröffnung einzureichen. Er fertigt eine Kopie für den Beteiligten eine Kopie des Testaments (3 Seiten) und seines Übersendungsschreibens.

1264b **Kostenberechnung zur Testamentseinreichung vom 1.8.2014**
Aktenzeichen 1030/2014

Nr. 22124	Übermittlung an Gericht, Behörde oder Dritten		20,00 €
Auslagen			
Nr. 32000	Dokumentenpauschale – Papier (s/w)	4 Seiten	2,00 €
Nr. 32005	Auslagenpauschale Post und Telekommunikation		4,00 €
	Zwischensumme		26,00 €
Nr. 32014	19 % Umsatzsteuer		4,94 €
	Rechnungsbetrag		**30,94 €**

1264c Übernimmt es der Notar, ein abzulieferndes eigenhändiges Testament beim Nachlassgericht einzureichen, löst dies die Übermittlungsgebühr 22124 aus.

IV. Erbausschlagung

A und deren minderjährige Tochter B sind zu Erben zu je 1/2 berufen. Ersatzerbe ist C. Alle drei wollen die Erbschaft ausschlagen, weil sie vermuten, der Nachlass sei überschuldet. Letztlich ist und bleibt dessen Zusammensetzung aber unklar. Der Notar entwirft die Ausschlagungserklärung und beglaubigt die Unterschriften von A und C. Der Notar holt im Auftrag der Beteiligten zur Ausschlagungserklärung die familiengerichtliche Genehmigung ein und reicht die Urkunde (3 Seiten, 1 Entwurf vorab per E-Mail und ein Entwurf per Post versandt, 4 Abschriften) beim zuständigen Nachlassgericht ein.

1265

Kostenberechnung zur Erbausschlagung
URNr. 1040/2014 vom 1.8.2014

1266

Nr. 24102	Fertigung eines Entwurfs			45,50 €
	Summe nach § 35 Abs. 1		15.000,00 €	
	Geschäftswert nach §§ 119, 103, 36 Abs. 3		5.000,00 €	
	Geschäftswert nach §§ 119, 103, 36 Abs. 3		5.000,00 €	
	Geschäftswert nach §§ 119, 103, 36 Abs. 3		5.000,00 €	
Nr. 22111	Vollzugsgebühr			27,30 €
	Geschäftswert nach § 112		15.000,00 €	
Auslagen				
Nr. 32000	Dokumentenpauschale – Papier (s/w)		12 Seiten	6,00 €
Nr. 32002	Dokumentenpauschale – Daten		1 Datei	1,50 €
Nr. 32005	Auslagenpauschale Post und Telekommunikation			14,56 €
	Zwischensumme			94,86 €
Nr. 32014	19 % Umsatzsteuer			18,02 €
	Rechnungsbetrag			**112,88 €**

Ist der Nachlass überschuldet, ist der für den Geschäftswert maßgebliche **Nettowert des Nachlasses** (§ 103 Abs. 1) mit null Euro anzunehmen. Ist die Zusammensetzung des Nachlasses **unklar**, ist nach § 36 Abs. 3 von 5.000 € auszugehen.

1267

Für die Bemessung des Geschäftswerts kann wegen der klaren Anordnung in § 103 Abs. 1 nicht auf das Interesse des Erben abgestellt werden, sich durch die Ausschlagung von den Nachlassschulden zu befreien. Auch nicht entscheidend ist das Interesse, eine Haftung für die Nachlassschulden mit dem Privatvermögen zu vermeiden.

1268

Jede Ausschlagung ist ein **gesonderter Beurkundungsgegenstand** (missverständlich RegE 183). Die Werte sind nach § 35 Abs. 1 zu addieren.

1269

Die Vollzugstätigkeit (**Einholung familiengerichtlicher Genehmigung**) ist **kein gebührenfreies Nebengeschäft** mehr, sondern löst nach Vorbemerkung 2.2.1.1 Abs. 1 Satz 2 Nr. 4 eine Gebühr mit einem Satz von 0,3 nach Nr. 22111 aus.

1270

Für die **Dokumentenpauschale** gilt: Entwurfsversand nach Nr. 32001 Nr. 3 bzw. Nr. 32002. Abschriften nach Unterschriftsbeglaubigung nach Nr. 32000 mangels Beurkundungsverfahrens oder andauernden Entwurfsgeschäfts.

1271

D. Teilungssachen

I. Örtliche Unzuständigkeit

1271a Der Miterbe A beantragt beim Notar, die Auseinandersetzung des Nachlasses des Verstorbenen V zu vermitteln. Der Erblasser wurde ausweislich des beigefügten Erbscheins von A, B und C beerbt. Der Nachlass besteht im Wesentlichen aus mehreren noch nicht verteilten Grundstücken mit einem Verkehrswert von ca. 1 Mio. €.
Der Notar verweist das Verfahren vor Eintritt in die Verhandlung wegen örtlicher Unzuständigkeit an einen anderen Notar.

1271b Kostenberechnung zum Vermittlungsverfahren vom 1.8.2014
Aktenzeichen 1050

Nr. 23902	Verfahrensgebühr bei Unzuständigkeit		100,00 €
	Geschäftswert nach § 118a	1.000.000,00 €	
Auslagen			
Nr. 32005	Auslagenpauschale Post und Telekommunikation		20,00 €
	Zwischensumme		120,00 €
Nr. 32014	19 % Umsatzsteuer		22,80 €
	Rechnungsbetrag		**142,80 €**

1271c Nach § 23a Abs. 3 GVG sind für die den Amtsgerichten obliegenden Verrichtungen in Teilungssachen im Sinne von § 342 Abs. 2 Nr. 1 FamFG anstelle der Amtsgerichte **die Notare zuständig**. Die Kompetenz des Notars folgt aus § 20 Abs. 1 Satz 2 BNotO. Örtlich zuständig ist nach § 344 Abs. 4a FamFG jeder Notar, der seinen Amtssitz im Bezirk des Amtsgerichts hat, in dem der Erblasser seinen letzten Wohnsitz hatte. Von mehreren örtlich zuständigen Notaren ist derjenige zur Vermittlung berufen, bei dem **zuerst ein auf Auseinandersetzung gerichteter Antrag** eingeht.

1271d Die Verfahrensgebühr reduziert sich bei Verweisung des Verfahrens an einen anderen Notar wegen Unzuständigkeit auf 1,5, max. 100,00 €. Beruht die Unzuständigkeit auf einer **Vereinbarung der Beteiligten über die Zuständigkeit** eines anderen Notars, die ausweislich § 344 Abs. 4a Satz 4 FamFG möglich ist, wird die 3,0-Gebühr nach Nr. 23903 Nr. 2 (ohne Höchstgebühr) erhoben. Die für Bayern geltende Regelung des Art. 38 Abs. 2 AGGVG Bayern stellte insoweit klar, dass es nur um die Zuständigkeit bei Antragsstellung ging („nur bei einem Notar gestellt werden"). Die Frage dürfte sich jedoch durch die Kostenfolgen selbst beantworten, denn beim anderen Notar entsteht die Verfahrensgebühr nach Nr. 23900 erneut.

D. Teilungssachen

II. Antragsrücknahme

Abwandlung: Der Notar ist örtlich zuständig. Kurz vor dem ersten Verhandlungstermin nimmt A seinen Antrag zurück.
Bis dahin hatte der Notar bereits 5 Grundbucheinsichten gefertigt.

1271e

Kostenberechnung zum Vermittlungsverfahren vom 1.8.2014
Aktenzeichen 1051

1271f

Nr. 23901	Antragsrücknahme		2.602,50 €
	Geschäftswert nach § 118a	1.000.000,00 €	
Auslagen			
Nr. 32005	Auslagenpauschale Post und Telekommunikation		20,00 €
Nr. 32011	Auslagen Grundbucheinsicht (je 8 €)		40,00 €
	Zwischensumme		2.662,50 €
Nr. 32014	19 % Umsatzsteuer		505,88 €
	Rechnungsbetrag		**3.168,38 €**

Soweit das Verfahren vor Eintritt in die Verhandlung durch Zurücknahme oder auf andere Weise endet, entsteht eine 1,5-Gebühr. Geschäftswert ist nach § 118a Satz 1 der volle Wert des den Gegenstand der Auseinandersetzung bildenden Nachlasses

1271g

III. Abschluss ohne Auseinandersetzung

Abwandlung: Der Notar ist örtlich zuständig. Es finden zwei Verhandlungstermine statt. Die vom Notar vorgeschlagenen Auseinandersetzungspläne (5 Seiten, 3 Abschriften) treffen jedoch auf Widerspruch. Der Notar setzt daraufhin das Verfahren aus. A beantragt schließlich die Wiederaufnahme des Verfahrens, in dem ein Auseinandersetzungsplan (6 Seiten, 3 Abschriften) erarbeitet wird. Allerdings kommt es nicht zur Bestätigung der Auseinandersetzung. Grundbuchauslagen: 40 €.

1271h

**1271i Kostenberechnung zum Vermittlungsverfahren vom 1.8.2014
Aktenzeichen 1052**

Nr. 23903	Verfahrensgebühr		5.205,00 €
	Geschäftswert nach § 118a	1.000.000,00 €	
Auslagen			
Nr. 32000	Dokumentenpauschale – Papier (s/w)	33 Seiten	16,50 €
Nr. 32005	Auslagenpauschale Post und Telekommunikation		20,00 €
Nr. 32011	Auslagen Grundbucheinsicht (je 8 €)		40,00 €
	Zwischensumme		5.281,50 €
Nr. 32014	19 % Umsatzsteuer		1.003,49 €
	Rechnungsbetrag		**6.284,99 €**

1271j Wird das Verfahren nach Eintritt in Verhandlungen ohne Bestätigung der Auseinandersetzung „**abgeschlossen**", entsteht eine 3,0-Gebühr. Ein derartiger Abschluss liegt kostenrechtlich vor, wenn die Beteiligten das Verfahren **übereinstimmend für erledigt** erklären. Verfahrensrechtlich ist demgegenüber in § 370 Satz 1 FamFG nur vorgesehen, das Verfahren bis zur Erledigung von Streitpunkten **auszusetzen**, wenn sich bei den Verhandlungen Streitpunkte ergeben.

IV. Vermittlungsverfahren mit Auseinandersetzung

1271k **Abwandlung:** Der Notar ist örtlich zuständig. Es finden zwei Verhandlungstermine statt. Der vom Notar vorgeschlagene Auseinandersetzungsplan (5 Seiten, 3 Abschriften) wird bestätigt.
Der Notar protokolliert die Auseinandersetzung (19 Seiten, 4 Ausfertigungen) und überwacht die Eigentumsumschreibung, die von bestimmten Ausgleichszahlungen abhängt. Ferner holt er im Auftrag der Beteiligten zwei Verwalterzustimmungen ein und besorgt die Lastenfreistellung eines zur Erbmasse gehörenden Grundstücks. Die Löschungsunterlagen werden dem Notar unter der Treuhandauflage der Zahlung von 150.000 € zur Verfügung gestellt.
Grundbuchauslagen: 80 €.

**1271l Kostenberechnung zum Vermittlungsverfahren vom 1.8.2014
Aktenzeichen 1053**

Nr. 23900	Verfahrensgebühr		10.410,00 €
	Geschäftswert nach § 118a	1.000.000,00 €	
Nr. 22110	Vollzugsgebühr		867,50 €
	Geschäftswert nach § 112	1.000.000,00 €	
Nr. 22200	Betreuungsgebühr		857,50 €
	Geschäftswert nach § 113 Abs. 1	1.000.000,00 €	
Nr. 22201	Treuhandgebühr		177,00 €
	Geschäftswert nach § 113 Abs. 2	150.000,00 €	

D. Teilungssachen

Auslagen

Nr. 32000	Dokumentenpauschale – Papier (s/w)	15 Seiten	7,50 €
Nr. 32001	Dokumentenpauschale – Papier (s/w)	76 Seiten	11,40 €
Nr. 32005	Auslagenpauschale Post und Telekommunikation		20,00 €
Nr. 32011	Auslagen Grundbucheinsicht (je 8 €)		80,00 €
	Zwischensumme		12.440,90 €
Nr. 32014	19 % Umsatzsteuer		2.363,77 €
	Rechnungsbetrag		**14.804,67 €**

Das Vermittlungsverfahren – erfolgreich abgeschlossen – löst eine **6,0-Gebühr** nach Nr. 23900 aus.   **1271m**

Daneben werden Gebühren für Beurkundungsverfahren nur erhoben, wenn Gegenstand ein Vertrag ist, der **mit einem Dritten** zum Zweck der Auseinandersetzung geschlossen wird, Vorbemerkung 2.3.9 Abs. 2. Vollzugs- und Betreuungsgebühren fallen jedoch zusätzlich an, wenn der Notar entsprechende Handlungen vornimmt.   **1271n**

Gesondert erhoben werden stets auch **Gebühren für die Aufnahme von Vermögensverzeichnissen und Schätzungen, und für Versteigerungen**.   **1271o**

Kapitel 5. Vollmachten und Zustimmungen

A. Vollmachten

I. Spezialvollmacht

> A erteilt B Vollmacht, ihn beim Abschluss des Kaufvertrages über ein Grundstück zu vertreten. Das Grundstück hat einen Verkehrswert von 700.000 €. Der Notar beurkundet (3 Seiten) und fertigt eine Ausfertigung sowie eine beglaubigte Abschrift.

1272

Kostenberechnung zur Vollmacht vom 1.8.2014
URNr. 2000/2014

1273

Nr. 21200	Beurkundungsverfahren		685,00 €
	Geschäftswert nach § 98	350.000,00 €	
Auslagen			
Nr. 32001	Dokumentenpauschale – Papier (s/w)	6 Seiten	0,90 €
Nr. 32005	Auslagenpauschale Post und Telekommunikation		20,00 €
	Zwischensumme		705,90 €
Nr. 32014	19 % Umsatzsteuer		134,12 €
	Rechnungsbetrag		**840,02 €**

Der Gebührensatz für Vollmachten wurde **von 5/10 auf 1,0 erhöht**. Dafür kommt nach § 98 nur noch der **halbe Geschäftswert** zum Ansatz. 1274

Eine Gebühr von 1,0 fällt nach Nr. 24101 i.V.m. § 92 Abs. 2 auch an, wenn der Notar den Vollmacht**sentwurf** fertigt und anschließend die Unterschrift beglaubigt. 1275

Andere Vorschriften als § 98 müssen nach § 19 Abs. 3 Nr. 2 **nicht zitiert** werden; hier z.B. nicht § 47, da § 98 nicht auf solche Vorschriften verweist. 1276

> **Abwandlung:** Der Notar fertigt keinen Entwurf, sondern beglaubigt nur die Unterschrift, fertigt eine beglaubigte Abschrift für die Urkundensammlung und händigt die Urschrift dem Vollmachtgeber aus.

1277

1278 **Kostenberechnung zur Unterschriftsbeglaubigung vom 1.8.2014 URNr. 2001/2014**

Nr. 25100	Unterschriftsbeglaubigung		70,00 €
	Geschäftswert nach §§ 121, 98	350.000,00 €	
Auslagen			
Nr. 32005	Auslagenpauschale Post und Telekommunikation		14,00 €
	Zwischensumme		84,00 €
Nr. 32014	19 % Umsatzsteuer		15,96 €
	Rechnungsbetrag		**99,96 €**

1279 Der **Geschäftswert** für die Beglaubigung von Unterschriften (oder Handzeichen) bestimmt sich **nach § 121** nach den für die Beurkundung der Erklärung geltenden Vorschriften. Die insoweit maßgebliche Vorschrift muss nach § 19 Abs. 3 Nr. 2 mitzitiert werden. Hier ist § 98 Abs. 1 einschlägig. Das Zitat nach § 19 Abs. 3 Nr. 2 kann sich auf diese **Paragraphenangabe** (§ 98) beschränken.

1280 Die dort angeordnete **Geschäftswerthalbierung** sollte eigentlich nur für Beurkundungen gelten, weil insoweit der Gebührensatz von 0,5 (§ 38 Abs. 2 Nr. 4 KostO) auf 1,0 (Nr. 21200) im Gegenzug verdoppelt wurde. Angesichts des klaren Wortlauts führt aber kein Weg daran vorbei, den halbierten Wert auch für Unterschriftsbeglaubigungen anzusetzen.

1281 Die §§ 97, 46, aus denen sich der Geschäftswert für die Beurkundung für Grundstückskaufverträge ergibt, muss bei der Unterschriftsbeglaubigung **nicht nach § 19 Abs. 3 Nr. 2 mitzitiert** werden, weil § 98 Abs. 1 nicht auf diese Vorschriften verweist, sondern auf den Beurkundungsgeschäftswert – insofern geht es also um eine Subsumtion und nicht um die Anwendung von weiteren Vorschriften.

1282 Die beglaubigte **Abschrift für die Urkundensammlung** löst keine Dokumentenpauschalen aus:
– Nr. 32000 ist mangels besonderen Antrags nicht tatbestandsmäßig.
– Nr. 32001 Nr. 1 ist wegen Hs. 2 nicht tatbestandsmäßig, weil die Abschrift beim Notar verbleibt. Nr. 25102 ist mangels Antrags nicht einschlägig.

1283 Die **Pauschale für Entgelte für Post- und Telekommunikationsdienstleistungen** nach Nr. 32005 muss **nicht** zwingend geltend gemacht werden. Insbesondere kann auch nach konkretem Aufwand abgerechnet werden, Nr. 32004.

II. Vollmachtsbestätigung

1. Mit Entwurf

1284 A und B haben einen Kaufvertrag geschlossen, Kaufpreis 200.000 €. A als Verkäufer wurde dabei aufgrund mündlich erteilter Vollmacht vertreten.
Der Notar entwirft die Erklärung zur Vollmachtsbestätigung, beglaubigt die Unterschrift von A und versendet die Urkunde (2 Seiten) an den Notar, der den Kaufvertrag beurkundet hatte. Eine beglaubigte Abschrift verbleibt in der Urkundensammlung, eine einfache wird an A versandt.

A. Vollmachten

Kostenberechnung zur Urkunde vom 1.8.2014, URNr. 2100/2014   1285
Vollmachtsbestätigung

Nr. 24101	Fertigung eines Entwurfs		273,00 €
	Geschäftswert nach §§ 119 Abs. 1, 92 Abs. 2, 98 100.000,00 €		
Auslagen			
Nr. 32000	Dokumentenpauschale – Papier (s/w)	2 Seiten	1,00 €
Nr. 32005	Auslagenpauschale Post und Telekommunikation		20,00 €
	Zwischensumme		294,00 €
Nr. 32014	19 % Umsatzsteuer		55,86 €
	Rechnungsbetrag		**349,86 €**

Die früher erforderliche **Abgrenzung** zwischen Nachgenehmigung und Vollmachts-   1286
bestätigung aus kostenrechtlichen Gründen ist wegen der nunmehr einheitlichen kostenrechtlichen Folgen **nicht mehr erforderlich.** Der Hauptnotar ist nicht verpflichtet, im Rahmen seiner Vollzugstätigkeit (Vorbemerkung 2.2.1.1 Abs. 1 Satz 2 Nr. 5) einen Entwurf zu fertigen.

Die **Dokumentenpauschale** richtet sich nach Nr. 32000; die Urschrift kann nicht   1287
abgerechnet werden, für die beglaubigte Abschrift für die Urkundensammlung ist Nr. 32001 Nr. 1 nicht erfüllt.

2. Ohne Entwurf (Unterschriftsbeglaubigung)

Abwandlung: Der Notar beglaubigt nur die Unterschrift.   1288

Kostenberechnung zur Urkunde vom 1.8.2014, URNr. 2101/2014   1289
Unterschriftsbeglaubigung

Nr. 25100	Beglaubigung der Unterschrift		54,60 €
	Geschäftswert nach §§ 121, 98 100.000,00 €		
Nr. 22124	Übermittlung an Gericht, Behörde oder Dritten		20,00 €
Auslagen			
Nr. 32000	Dokumentenpauschale – Papier (s/w)	2 Seiten	1,00 €
Nr. 32005	Auslagenpauschale Post und Telekommunikation		14,92 €
	Zwischensumme		90,52 €
Nr. 32014	19 % Umsatzsteuer		17,20 €
	Rechnungsbetrag		**107,72 €**

Für den **Versand der Urkunde** erhält der Notar bei Entwurfsfertigung keine Ge-   1290
bühr nach Nr. 22124, weil der gesamte Unterabschnitt 2 (Vollzug in besonderen Fällen) nach Vorbemerkung 2.2.1.2 nur gilt, wenn der Notar keine Gebühr für ein Beur-

kundungsverfahren oder für die Fertigung eines Entwurfs erhalten hat, die das zu vollziehende Geschäft betrifft.

1291 Nach Vorbemerkung 2.4.1 Abs. 2, auf die in Anmerkung 1 zu Nr. 25100 Bezug genommen wird, fallen für die Unterschriftsbeglaubigung **keine zusätzlichen Gebühren** an, wenn der Notar, der den Entwurf gefertigt hat, demnächst unter dem Entwurf eine oder mehrere Unterschriften oder Handzeichen beglaubigt.

1292 Die **Dokumentenpauschale** für die Abschrift des Beteiligten ist nach Nr. 32000 zu berechnen, weil die Sperrwirkung der Nr. 32001 Nr. 3 nicht die unterschriftsbeglaubigte Urkunde erfasst.

III. Handelsregistervollmacht

1. Handelsregistervollmacht durch ein Vertretungsorgan

1293 Der Geschäftsführer einer GmbH (Stammkapital 125.000 €) bevollmächtigt A zur Vornahme aller künftigen Handelsregisteranmeldungen. Insbesondere die im nächsten Halbjahr geplanten drei Prokuraerteilungen soll bereits A anmelden. Der Notar entwirft die Urkunde (3 Seiten) und beglaubigt die Unterschrift des Geschäftsführers. Er fertigt eine beglaubigte Abschrift und eine Ausfertigung. Das Handelsregister wurde eingesehen.

1294 **Kostenberechnung zur Urkunde vom 1.8.2014, URNr. 2130/2014 Handelsregistervollmacht**

Nr. 24101	Fertigung eines Entwurfs		155,00 €
	Geschäftswert nach §§ 119 Abs. 1, 92 Abs. 2, 98	45.000,00 €	
Auslagen			
Nr. 32001	Dokumentenpauschale – Papier (s/w)	6 Seiten	0,90 €
Nr. 32005	Auslagenpauschale Post und Telekommunikation		20,00 €
Nr. 32011	Auslagen Handelsregistereinsicht (je 4,50 €)		4,50 €
	Zwischensumme		180,40 €
Nr. 32014	19 % Umsatzsteuer		34,28 €
	Rechnungsbetrag		**214,68 €**

1295 Die Beurkundungsgebühr für die Vollmacht wäre nach Nr. 21200 zu berechnen gewesen. Daher sind für den Entwurf weder Nr. 24100 noch Nr. 24102 einschlägig, sondern Nr. 24101.

1296 Der **Geschäftswert** für Handelsregistervollmachten, die sich auf unbestimmt viele Anmeldefälle beziehen, ist nach § 98 Abs. 3 Satz 1, Hs. 1 **nach billigem Ermessen** zu bestimmen. Dabei sind der Umfang der erteilten Vollmacht und das Vermögen des Vollmachtgebers angemessen zu berücksichtigen. Ausgangspunkt ist dafür bei Kapitalgesellschaften mindestens der Geschäftswert für eine spätere Anmeldung ohne bestimmten Geldwert. Die Begrenzung auf das hälftige Vermögen des Auftraggebers nach § 98 Abs. 3 Satz 2 hat hier keinen Anwendungsbereich.

A. Vollmachten

Liegen Anhaltspunkte für mehrere konkrete Anmeldefälle vor, kann mindestens der nach § 98 Abs. 1 maßgebliche Wert angesetzt werden, also die Hälfte des Geschäftswertes dieser Anmeldungen. Hier wurde von drei Anmeldefällen ohne bestimmten Geldwert ausgegangen. Sind Anhaltspunkte für Anmeldungen **mit bestimmtem Geldwert** vorhanden, ist deren halber Wert zu addieren. 1297

Der Wert beträgt höchstens 1 Mio. €, § 98 Abs. 4. 1298

Dokumentenpauschalen für die beglaubigte Abschrift zum Verbleib in der Urkundensammlung existieren nicht, siehe Nr. 32001 Nr. 1, Hs. 2. 1299

2. Handelsregistervollmacht Kommanditist

Der Kommanditist (Kommanditeinlage 15.000 € und einzutragende Haftsumme 5.000 €) erteilt der Komplementärin umfassende Vollmacht für die Vornahme von Anmeldungen im Handelsregister. 1300
Der Notar beglaubigt die Unterschrift, fertigt eine beglaubigte Abschrift für die Urkundensammlung und übersendet die Urschrift an den Kommanditisten per Post (Einschreiben – Rückschein).

Kostenberechnung zur Urkunde vom 1.8.2014, URNr. 2005/2014 1301
Unterschriftsbeglaubigung

Nr. 25100	Unterschriftsbeglaubigung		25,00 €
	Geschäftswert nach §§ 121, 98	30.000,00 €	
Auslagen			
Nr. 32005	Auslagenpauschale Post und Telekommunikation		5,00 €
	Zwischensumme		30,00 €
Nr. 32014	19 % Umsatzsteuer		5,70 €
	Rechnungsbetrag		**35,70 €**

Der Geschäftswert für Handelsregistervollmachten, die sich auf **unbestimmt viele Anmeldefälle** beziehen, ist nach § 98 Abs. 3 Satz 1, Hs. 1 **nach billigem Ermessen** zu bestimmen. Maßgeblich ist dabei mindestens der Geschäftswert für eine Handelsregisteranmeldung. Anders als bisher ist dafür nicht mehr nur der Wert der einzutragenden Haftsumme maßgeblich. Vielmehr kommt als Wertuntergrenze der Mindestwert von 30.000,00 € nach § 105 Abs. 1 Satz 2 zur Anwendung, da er auch für Anmeldungen mit bestimmtem Geldwert gilt (übersehen von *Ländernotarkasse*, Leipziger Kostenspiegel, Teil 10 Rn. 20 – die bisherige Bewertungspraxis kann wegen § 105 Abs. 1 Satz 2 gerade nicht beibehalten werden, richtig DST, Rn. 842). § 98 Abs. 3 Satz 2 – die Begrenzung des Geschäftswertes auf das halbe Aktivvermögen des Vollmachtgebers – dürfte nicht anwendbar sein, weil bereits das (Privat-) Vermögen des Vollmachtgebers im Rahmen der Ermessensausübung irrelevant ist – man müsste eher auf den Anteil des Aktivvermögens der KG abstellen, der auf den Kommanditisten entfällt (wohl aA *Ländernotarkasse*, Leipziger Kostenspiegel, Teil 10 Rn. 20). 1302

Dokumentenpauschalen für die beglaubigte Abschrift zum Verbleib in der Urkundensammlung fallen nicht an, siehe Nr. 32001 Nr. 1, Hs. 2. Obwohl der Beglaubi- 1303 gungsvermerk der Urschrift nicht im Notariat verbleibt, ist dieser nicht nach Nr. 32001 Nr. 1 abzurechnen.

1304 Die **Post- und Telekommunikationspauschale** ist hier wegen des Versands gerechtfertigt. Die Gebühr nach Nrn. 31002, 32004 Abs. 2 in Höhe von 3,50 € hat gegenüber Nr. 32005 **keinen Vorrang**. Die Pauschale nach Nr. 31002 kann nur bei Abrechnung in konkreter Höhe nach Nr. 32004 angesetzt werden. Neben Nr. 32005 hat sie keinen Anwendungsbereich.

IV. Generalvollmacht

1. Mit Entwurf

1305 Der Notar beurkundet eine uneingeschränkte Generalvollmacht. Diese wird auf Verlangen zweisprachig errichtet, wobei nur die deutsche Fassung beurkundet wird, nicht hingegen die vom Notar gefertigte Übersetzung in die englische Sprache.
Das Aktivvermögen des Vollmachtgebers beläuft sich auf 230.000 € bei Verbindlichkeiten in Höhe von 100.000 €.
Der Notar fertigt von der Urkunde (3 Seiten) eine Ausfertigung und eine beglaubigte Abschrift.

1306 **Kostenberechnung zur Urkunde vom 1.8.2014, URNr. 2010/2014**
Vollmacht

Nr. 21200	Beurkundungsverfahren		300,00 €
	Geschäftswert nach § 98	115.000,00 €	
Nr. 26001	Zweisprachige Ausführung		90,00 €
Auslagen			
Nr. 32001	Dokumentenpauschale – Papier (s/w)	6 Seiten	0,90 €
Nr. 32005	Auslagenpauschale Post und Telekommunikation		20,00 €
	Zwischensumme		410,90 €
Nr. 32014	19 % Umsatzsteuer		78,07 €
	Rechnungsbetrag		**488,97 €**

1307 Der Geschäftswert von Generalvollmachten beläuft sich höchstens auf die **Hälfte des Aktivvermögens** des Vollmachtgebers, § 98 Abs. 3. Verbindlichkeiten werden nicht abgezogen, § 38.

1308 Der **Höchstwert** beträgt 1 Mio. €, § 98 Abs. 4. Die höchste Gebühr für Vollmachten steigt mit dem GNotKG von 403,50 € auf 1.735,00 €. Der Höchstwert wird aber im Gegensatz zum früheren Recht nicht bereits bei Aktivvermögen von 500.000 € erreicht, sondern erst bei 2 Mio. €. Die Wertgebühr und ihre **Funktion des sozialen Ausgleichs** werden damit gestärkt. Gleichzeitig werden auch Zustimmungserklärungen – im Gegensatz zum bisherigen Recht – dem Höchstwert unterworfen. Insofern tritt eine wohltuende **Vereinheitlichung im Kostenrecht** ein.

A. Vollmachten

Die **Zusatzgebühr** nach Nr. 26001 in Höhe von 30 % der Beurkundungsgebühren 1309
entsteht auch, wenn der Notar den beurkundeten **Text übersetzt**. Eine Beurkundung
der Übersetzung ist nicht erforderlich. Hinsichtlich des Zitiergebots kann die
Nr. 26001 ganz unterschiedlich gekennzeichnet werden, etwa mit „Fremde Sprache"
oder „Protokoll in fremder Sprache", oder „Übersetzung" oder wie hier „Zweisprachige Ausführung".

2. Ohne Entwurf (Unterschriftsbeglaubigung)

Abwandlung: Der Notar beglaubigt nur die Unterschrift des Vollmachtgebers, 1310
und zwar auf Verlangen mit einem Beglaubigungsvermerk in englischer Sprache.
Er händigt die Urschrift (4 Seiten) aus und fertigt zwei beglaubigte Abschriften,
eine davon für die Urkundensammlung.

Kostenberechnung zur Urkunde vom 1.8.2014, URNr. 2011/2014 1311
Unterschriftsbeglaubigung

Nr. 25100	Beglaubigung der Unterschrift		60,00 €
	Geschäftswert nach §§ 121, 98	115.000,00 €	
Nr. 25102	Beglaubigung von Dokumenten		10,00 €
Nr. 26001	Vermerk in fremder Sprache		18,00 €
Auslagen			
Nr. 32004	Entgelte für Post- und Telekommunikationsdienstleistungen		1,45 €
	Zwischensumme		89,45 €
Nr. 32014	19 % Umsatzsteuer		17,00 €
	Rechnungsbetrag		**106,45 €**

Die **Zusatzgebühr** nach Nr. 26001 für die Tätigkeit in **fremder Sprache** wurde ge- 1312
genüber der bisherigen Regelung in § 59 KostO ausgeweitet:
– Hinsichtlich der **Höhe** der Gebühr wurde die Begrenzung auf 30,00 € aufgehoben.
  Ferner wurde die Zusatzgebühr in eine echte Annexgebühr gewandelt: Sie beträgt
  30 % der für das Beurkundungsverfahren zu erhebenden Gebühr. Die Referenzgebühr ist dabei grundsätzlich nur die Verfahrensgebühr. Für weitere Geschäfte entsteht Nr. 26001 nur, wenn sie auf Antrag ebenfalls in der fremden Sprache ausgeführt werden.
– Hinsichtlich des **Tatbestandes** ist über die Abgabe einer fremdsprachigen Erklärung durch einen Beteiligten auch die **Fertigung eines Beglaubigungsvermerks** in
  fremder Sprache erfasst.

Hinsichtlich der **Dokumentenpauschale** liegt der Fall wie folgt: 1313
– Beglaubigungsvermerk (**Urschrift**): Nr. 32000 ist nicht einschlägig, weil kein besonderer Antrag vorliegt. Für Nr. 32001 Nr. 1 wird zwar die Urschrift ausgehändigt,
  jedoch fällt Vermerk tatbestandlich nicht darunter.
– Beglaubigte Abschrift (**Urkundensammlung**): Nr. 32001 ist nicht einschlägig:
  Nr. 1 nicht, weil die Abschrift beim Notar verbleibt. Nrn. 2 und 3 nicht, weil kein
  Beurkundungsverfahren und keine Entwurfsfertigung vorliegen.

– Beglaubigte Abschrift (**Beteiligter**): Nr. 32001 ist nicht einschlägig: Nrn. 2 und 3 nicht, weil kein Beurkundungsverfahren und keine Entwurfsfertigung vorliegen. Nr. 1 nicht, weil ein besonderer Antrag vorliegt. Deshalb kommt grundsätzlich Nr. 32000 zur Anwendung. Allerdings fallen neben der Beglaubigungsgebühr nach Nr. 25102 keine Dokumentenpauschalen an (Anmerkung 1).

V. Vorsorgevollmacht mit Betreuungs- und Patientenverfügung

1. Mit Entwurf

1314 Frau A – Aktivvermögen 50.000 € – erteilt ihrem Sohn S Generalvollmacht. Die erteilte Vollmacht wird im Innenverhältnis dahingehend eingeschränkt, dass eine Verwendung nur erfolgen soll, wenn Gründe für eine Betreuerbestellung vorliegen. A bestimmt ferner, dass S zum Betreuer bestellt werden soll, falls eine Betreuerbestellung notwendig werden sollte. Die Urkunde enthält darüber hinaus eine Patientenverfügung.
Der Notar beurkundet die Vollmacht nebst Betreuungs- und Patientenverfügung (6 Seiten), fertigt eine Ausfertigung (zu Händen des Vollmachtgebers) und eine beglaubigte Abschrift. Er registriert die Urkunde im Vorsorgeregister (Gebühr 8,50 €).

1315 Kostenberechnung zur Urkunde vom 1.8.2014, URNr. 2020/2014
Vollmacht mit Betreuungs- und Patientenverfügung

Nr. 21200	Beurkundungsverfahren		125,00 €
	Summe nach § 35 Abs. 1	30.000,00 €	
	Geschäftswert nach § 98 – Vollmacht	25.000,00 €	
	Geschäftswert nach §§ 97, 36 Abs. 2, Abs. 3 – PV/BV	5.000,00 €	
Auslagen			
Nr. 32001	Dokumentenpauschale – Papier (s/w)	12 Seiten	1,80 €
Nr. 32005	Auslagenpauschale Post und Telekommunikation		20,00 €
	Zwischensumme		146,80 €
Nr. 32014	19 % Umsatzsteuer		27,89 €
Nr. 32015	Registrierung im Zentralen Vorsorgeregister		8,50 €
	Rechnungsbetrag		**183,19 €**

1316 **Patientenverfügung** und **Betreuungsverfügung** haben nach § 109 Abs. 2 Satz 1 Nr. 1 **denselben Gegenstand**. Der Geschäftswert dieser Erklärungen ist nach § 36 Abs. 2 zu ermitteln. Dabei bereitet die Berücksichtigung der Vermögens- und Einkommensverhältnisse der Beteiligten gewisse Schwierigkeiten. Liegen insoweit keine Anhaltspunkte für einen vom Durchschnitt abweichenden Fall vor, habe ich keine Bedenken, nach § 36 Abs. 3 den Auffangwert von 5.000,00 € festzusetzen. Dieser ist nach § 109 Abs. 2 Satz 2 nur einmal anzusetzen.

1317 Die **Vollmacht** und **Erklärungen gemäß § 109 Abs. 2 Satz 1 Nr. 1** (Patientenverfügung und Betreuungsverfügung) sind **verschiedene** Beurkundungsgegenstände,

A. Vollmachten

§ 110 Nr. 3. Für beide beträgt der Gebührensatz 1,0, so dass § 94 nicht angewendet wird. Vielmehr sind die Geschäftswerte nach § 35 Abs. 1 schlicht zu addieren.

Mit dem Rückbehalt der Ausfertigung wird dokumentiert, dass der Bevollmächtigte die Vollmacht zunächst nicht ausüben soll. Deshalb sind **Wertabschläge** gegenüber dem vollen Aktivvermögen **von 30 bis 50 %** anerkannt. Mit Blick auf den Vorsorgecharakter und aufgrund des Systemwechsels bei der Bewertung (doppelter Gebührensatz im Vergleich zur KostO) dürften im Rahmen der Ausübung des billigen Ermessens **auch höhere Abschläge vertretbar** sein. Meine in der Vorauflage vertretene Auffassung, dass über die Begrenzung auf 50% des vollen Aktivvermögens nach § 98 Abs. 3 Satz 2 **weitere Abschläge** regelmäßig nicht möglich sind, halte ich nicht aufrecht. 1318

2. Mit Entwurf: Wechselseitige Vollmacht

Frau A – Aktivvermögen 50.000 € – und Herr B – Aktivvermögen 100.000 € – erteilen sich wechselseitig und ihrem Sohn S jeweils einzeln Generalvollmacht in einer Urkunde. Die Vollmachten werden im Innenverhältnis dahingehend eingeschränkt, dass eine Verwendung nur erfolgen soll, wenn Gründe für eine Betreuerbestellung vorliegen. Die Bevollmächtigten sollen jeweils auch zum Betreuer bestellt werden, falls eine Betreuerbestellung notwendig werden sollte. 1318a

Der Notar beurkundet die Vollmachten nebst Betreuungsverfügungen (8 Seiten), fertigt je zwei Ausfertigungen (zu Händen des jeweiligen Vollmachtgebers) und je eine beglaubigte Abschrift. Den Entwurf der Urkunde hatte er an A und B per E-Mail versandt, und zwar wunschgemäß an zwei verschiedene E-Mail-Adressen. Der Notar registriert die Urkunde im Vorsorgeregister (Gebühr 22,00 €).

Kostenberechnung zur Urkunde vom 1.8.2014, URNr. 2022/2014 1318b
Vollmacht mit Betreuungsverfügung

Nr. 21200	Beurkundungsverfahren		246,00 €
	Summe nach § 35 Abs. 1	85.000,00 €	
	Geschäftswert nach § 98 – Vollmacht A	25.000,00 €	
	Geschäftswert nach § 98 – Vollmacht A	50.000,00 €	
	Geschäftswert nach §§ 97, 36 Abs. 2, Abs. 3 – BV A	5.000,00 €	
	Geschäftswert nach §§ 97, 36 Abs. 2, Abs. 3 – BV B	5.000,00 €	
Auslagen			
Nr. 32001	Dokumentenpauschale – Papier (s/w)	48 Seiten	7,20 €
Nr. 32002	Dokumentenpauschale – Daten	2 Dateien	3,00 €
Nr. 32005	Auslagenpauschale Post und Telekommunikation		20,00 €
	Zwischensumme		276,20 €
Nr. 32014	19 % Umsatzsteuer		52,48 €
Nr. 32015	Registrierung im Zentralen Vorsorgeregister		22,00 €
	Rechnungsbetrag		**350,68 €**

1318c Die Urkunde besteht aus **vier Gegenständen**, nämlich aus zwei Vollmachten und zwei Betreuungsverfügungen. Deren Werte sind nach § 35 Abs. 1 zu addieren. Ein Fall von § 94 liegt nicht vor, weil alle Gegenstände demselben Gebührensatz nach Nr. 21200 von 1,0 unterliegen.

1318d Wird eine **Datei** an **zwei Empfänger** versandt, sind insgesamt zwei Dateien i.S.v. Nr. 32002 betroffen, weil zwei Übermittlungsvorgänge vorliegen (BDS/*Diehn*, Nr. 32002 Nr. 9).

3. Ohne Entwurf (Unterschriftsbeglaubigung)

1319 **Abwandlung:** Der Notar beglaubigt nur die Unterschrift des Vollmachtgebers/Erklärenden. Er händigt die Urschrift (4 Seiten) aus und fertigt eine beglaubigte Abschrift für die Urkundensammlung und eine einfache auf Antrag.

1320 **Kostenberechnung zur Urkunde vom 1.8.2014, URNr. 2221/2014 Unterschriftsbeglaubigung**

Nr. 25100	Beglaubigung der Unterschrift		25,00 €
	Summe nach § 35 Abs. 1	30.000,00 €	
	Geschäftswert nach §§ 121, 98 – Vollmacht	25.000,00 €	
	… §§ 121, 97, 36 Abs. 2, Abs. 3 – PV/BV	5.000,00 €	
Nr. 22124	Übermittlung an Gericht, Behörde oder Dritten		20,00 €
Auslagen			
Nr. 32000	Dokumentenpauschale – Papier (s/w)	4 Seiten	2,00 €
Nr. 32005	Auslagenpauschale Post und Telekommunikation		9,00 €
	Zwischensumme		56,00 €
Nr. 32014	19 % Umsatzsteuer		10,64 €
Nr. 32015	Registrierung im Zentralen Vorsorgeregister		8,50 €
	Rechnungsbetrag		**75,14 €**

1321 **Dokumentenpauschalen** werden für die einfache Abschrift nach Nr. 32000 erhoben. Für die zurückbehaltene beglaubigte Abschrift kann mangels Antrags weder die Gebühr nach Nr. 25102 noch die Auslage nach Nr. 32000 verlangt werden. Auch Nr. 32001 Nr. 1 ist nicht einschlägig, weil die Abschrift im Notariat verbleibt.

1322 Für die **Registrierung im Vorsorgeregister** entsteht die Gebühr nach Nr. 22124, wenn die Voraussetzungen für den Vollzug in besonderen Fällen gegeben sind, also der Notar keine Gebühr für die Beurkundung oder den Entwurf erhalten hat. Dann kostet die Übermittlung von Erklärungen an eine Behörde 20,00 €. Die Gebühr entsteht pro Urkunde nur einmal, auch wenn in ihr mehrere Vollmachten enthalten sind, die zu mehreren Registrierungen im ZVR führen.

1323 Registrierungen im Vorsorgeregister lösen **Kosten nach der Vorsorgeregister-Gebührensatzung** aus. Diese werden vom Notar für die BNotK entgegengenommen, Kostenschuldner ist aber der Vollmachtgeber. Wegen der ausschließlichen Leistungsbeziehung zwischen BNotK und Vollmachtgeber ist der beim Notar nur durchlaufende Posten **ohne Umsatzsteuer** weiterzuberechnen.

A. Vollmachten

4. Auswärtstätigkeit

Die Eheleute A und B werden zu Hause gepflegt. Der Notar begibt sich auftragsgemäß zu ihnen, um eine wechselseitige Vorsorgevollmacht zu protokollieren, in der auch die Kinder C und D einzeln bevollmächtigt werden. Die Eheleute verfügen je über ein Aktivvermögen von 75.000 €. Gesamtdauer der Abwesenheit: 100 Minuten.
Der Notar fertigt vier Ausfertigungen und vier einfache Abschriften. Zuvor war ein Entwurf versandt worden. Der Notar registriert die Urkunde (4 Seiten) im Vorsorgeregister (Gebühr 27,00 €).

1323a

Kostenberechnung zur Urkunde vom 1.8.2014, URNr. 2020/2014
Vollmacht mit Betreuungs- und Patientenverfügung

1323b

Nr. 21200	Beurkundungsverfahren		219,00 €
	Summe nach § 35 Abs. 1	75.000,00 €	
	Geschäftswert nach § 98 – A	37.500,00 €	
	Geschäftswert nach § 98 – B	37.500,00 €	
Nr. 26003	Tätigkeit außerhalb der Geschäftsstelle		100,00 €
Auslagen			
Nr. 32001	Dokumentenpauschale – Papier (s/w)	36 Seiten	5,40 €
Nr. 32005	Auslagenpauschale Post und Telekommunikation		20,00 €
	Zwischensumme		344,40 €
Nr. 32014	19 % Umsatzsteuer		65,44 €
Nr. 32015	Registrierung im Zentralen Vorsorgeregister		27,00 €
	Rechnungsbetrag		**436,84 €**

Die Vorsorgevollmacht löst eine 1,0-Gebühr nach Nr. 21200 aus. Der Geschäftswert ist nach § 98 Abs. 3 Satz 1 nach billigem Ermessen zu bestimmen. Das halbe Aktivvermögen darf dabei nach § 98 Abs. 3 Satz 2 nicht überschritten werden. Dass im Rahmen der Ermessensausübung **höhere Abschläge als 50 %** vom Aktivvermögen erfolgen, ist zwar bei dokumentierter Ausübungsbeschränkung denkbar, scheidet hier jedoch **aufgrund der Gesamtumstände aus**, weil die Vollmacht eher kurzfristig gebraucht wird.

1323c

Es liegen zwei Vollmachten und damit **zwei Beurkundungsgegenstände** vor, deren Werte nach § 35 Abs. 1 addiert werden müssen. Eine **Aufschlüsselung** des Geschäftswertes nach § 19 Abs. 3 Nr. 3 ist erforderlich.

1323d

Die **Auswärtsgebühr** ist eine Festgebühr nach Nr. 26003. Die Dauer der Abwesenheit ist irrelevant. Die Festgebühr fällt nach Satz 1 der Anmerkung **je Auftraggeber** an, hier daher in Höhe von 100,00 €.

1323e

Hätte der Notar **zusätzlich** eine Unterschrift beglaubigt, etwa für die Löschung eines Grundpfandrechts, wäre die Auswärtsgebühr **nach Nr. 26002** zu berechnen gewesen. Nr. 26003 ist dann nicht einschlägig („betrifft ausschließlich"). Eine **Aufteilung**

1323f

Kapitel 5. Vollmachten und Zustimmungen

der nach Nr. 26002 entstehenden 200,00 € auf die verschiedenen Vorgänge ist **bei Identität der Kostenschuldner entbehrlich.**

1323g Kommt es **nicht** zu der beantragten Amtshandlung, weil es zur Überzeugung des Notars an der Geschäftsfähigkeit der Vollmachtgeber fehlt, fallen die gleichen Kosten auch ohne Beurkundung an, ggf. mit Ausnahme bestimmter Dokumentenpauschalen. An die Stelle der Beurkundungsgebühr tritt dann die (volle, § 92 Abs. 2) Entwurfsgebühr. Die Zusatzgebühren werden nach Anmerkung 2 zu Nr. 26002 auch dann erhoben, wenn ein Geschäft aus einem in der Person eines Beteiligten liegenden Grund nicht vorgenommen wird.

5. Registrierungen im Zentralen Vorsorgeregister

1323h Der Notar wird gebeten, zu einer vor drei Jahren durch ihn registrierten Urkunde in das Zentrale Vorsorgeregister der Bundesnotarkammer die geänderte Anschrift eines Bevollmächtigten einzutragen.
Nach der Datenübermittlung druckt der Notar die Eintragungsbestätigung aus (2 Seiten) und übersendet sie dem Vollmachtgeber.

1323i **Kostenberechnung zur Urkunde vom 1.8.2014, URNr. 2020/2014**
Vollmacht mit Betreuungs- und Patientenverfügung

Nr. 22124	Übermittlung an Gericht, Behörde oder Dritten		20,00 €
Auslagen			
Nr. 32000	Dokumentenpauschale – Papier (s/w)	2 Seiten	1,00 €
Nr. 32004	Entgelte für Post- und Telekommunikationsdienstleistungen		1,00 €
	Zwischensumme		22,00 €
Nr. 32014	19 % Umsatzsteuer		4,18 €
	Rechnungsbetrag		**26,18 €**

1323j Die elektronisch übermittelten Änderungen der Registrierung im Zentralen Vorsorgeregister werden **dort gebührenfrei** vermerkt. Beim Notar entsteht für die Übermittlung von Erklärungen an eine Behörde die Festgebühr nach Nr. 22124 von 20,00 €.

1323k In gleicher Weise ist abzurechnen, wenn der **Widerruf einer Vollmacht** im Auftrag eines Beteiligten registriert werden soll. Hat der Notar hingegen die Widerrufserklärung entworfen, ist deren Registrierung mit den Entwurfsgebühren abgegolten.

VI. Patientenverfügung

1324 Der Notar entwirft für den Multimillionär A eine Patientenverfügung und beglaubigt dessen Unterschrift. Er sendet A vor Beurkundung einen Entwurf (3 Seiten) zu und fertigt eine beglaubigte Abschrift für die Urkundensammlung.

A. Vollmachten

Kostenberechnung zur Urkunde vom 1.8.2014, URNr. 2044/2014   **1325**
Patientenverfügung

Nr. 24101	Fertigung eines Entwurfs		165,00 €
	Geschäftswert nach §§ 119 Abs. 1, 36 Abs. 2, Abs. 3	50.000,00 €	
Auslagen			
Nr. 32001	Dokumentenpauschale – Papier (s/w)	3 Seiten	0,45 €
Nr. 32005	Auslagenpauschale Post und Telekommunikation		20,00 €
	Zwischensumme		185,45 €
Nr. 32014	19 % Umsatzsteuer		35,24 €
	Rechnungsbetrag		**220,69 €**

Bei der Ermittlung des Geschäftswerts nach § 36 Abs. 2 müssen die **Vermögens- 1326 und Einkommensverhältnisse** der Beteiligten auch bei nichtvermögensrechtlichen Angelegenheiten berücksichtigt werden. Ich halte dies nur bei entsprechend großen Vermögen und hohen Einkommen für erforderlich und es dann ferner für zulässig, mit Vielfachen von 5.000,00 € zu arbeiten.

Nach Vorbemerkung 2.4.1 Abs. 2, auf die in Anmerkung 1 zu Nr. 25100 Bezug ge- 1327 nommen wird, fallen für die **Unterschriftsbeglaubigung** keine zusätzlichen Gebühren an, wenn der Notar, der den Entwurf gefertigt hat, demnächst unter dem Entwurf eine oder mehrere Unterschriften oder Handzeichen beglaubigt.

Eine **Dokumentenpauschale** für die Abschrift der Urkunde, die in der Urkunden- 1328 sammlung verbleibt, fällt nicht an: Nr. 32000 ist nicht einschlägig mangels besonderen Antrags, Nr. 32001 Nr. 1 nicht, weil das Dokument beim Notar verbleibt.

Abwandlung: Der Notar beglaubigt die Unterschrift unter der von A (und seinem 1329 Arzt) selbst entworfenen Patientenverfügung. Die Urschrift wird ausgehändigt.

Kostenberechnung zur Urkunde vom 1.8.2014, URNr. 2041/2014   **1330**
Patientenverfügung

Nr. 25100	Beglaubigung der Unterschrift		33,00 €
	Geschäftswert nach §§ 121, 36 Abs. 2, Abs. 3	50.000,00 €	
	Zwischensumme		33,00 €
Nr. 32014	19 % Umsatzsteuer		6,27 €
	Rechnungsbetrag		**39,27 €**

B. Zustimmungserklärungen

I. Nachgenehmigung

1331 A und B verkaufen die ihnen je zu 1/2 gehörende Wohnung zum Kaufpreis von 200.000 €. A handelt für B vorbehaltlich Genehmigung. Der Notar entwirft die Nachgenehmigungserklärung und beglaubigt B's Unterschrift. Er versendet die Urkunde (2 Seiten) an den Notar, der den Kaufvertrag beurkundet hatte. B erhält eine begl. Abschrift. Eine weitere begl. Abschrift verbleibt in der Urkundensammlung.

1332 **Kostenberechnung zur Urkunde vom 1.8.2014, URNr. 2111/2014**
Zustimmungserklärung

Nr. 24101	Fertigung eines Entwurfs		165,00 €
	Geschäftswert nach §§ 119 Abs. 1, 98	50.000,00 €	
Auslagen			
Nr. 32000	Dokumentenpauschale – Papier (s/w)	2 Seiten	1,00 €
Nr. 32005	Auslagenpauschale Post und Telekommunikation		20,00 €
	Zwischensumme		186,00 €
Nr. 32014	19 % Umsatzsteuer		35,34 €
	Rechnungsbetrag		**221,34 €**

1333 **Abwandlung:** Der Notar beglaubigt nur die Unterschrift.

1334 **Kostenberechnung zur Urkunde vom 1.8.2014, URNr. 2112/2014**
Unterschriftsbeglaubigung

Nr. 25100	Beglaubigung der Unterschrift		33,00 €
	Geschäftswert nach §§ 121, 98	50.000,00 €	
Nr. 22124	Übermittlung an Gericht, Behörde oder Dritten		20,00 €
Auslagen			
Nr. 32000	Dokumentenpauschale – Papier (s/w)	2 Seiten	1,00 €
Nr. 32004	Entgelte für Post- und Telekommunikationsdienstleistungen		1,45 €
	Zwischensumme		55,45 €
Nr. 32014	19 % Umsatzsteuer		10,54 €
	Rechnungsbetrag		**65,99 €**

1335 Der **Geschäftswert** von Zustimmungserklärungen richtet sich nach § 98 Abs. 1 nach der **Hälfte** des Wertes des Rechtsgeschäfts. Nach § 98 Abs. 2 Satz 1 ermäßigt

B. Zustimmungserklärungen

sich der Wert bei Zustimmungserklärungen aufgrund einer Mitberechtigung auf den Bruchteil, der dem Anteil der Mitberechtigung entspricht.

Hier wird besonders deutlich, dass die Angabe von § 47 nicht von der **Zitierungspflicht** nach § 19 Abs. 3 Nr. 2 erfasst sein kann, weil es sich bei der Anwendung von § 98 nicht um einen Verweis auf bestimmte Vorschriften handelt, sondern auf den Geschäftswert. Die Subsumtion des Geschäftswerts ist aber keine Gesetzesanwendung. 1336

Die **Vollzugsgebühr** nach Nr. 22124 ist zu erheben, wenn Unterlagen wie hier an einen Dritten, nämlich den beurkundenden Notar auftragsgemäß zu versenden sind. Die Post- und Telekommunikationspauschale nach Nr. 32005 fällt daneben an. Die Vollzugsgebühr nach Nr. 22124 fällt nicht an, wenn der Notar den Entwurf gefertigt hat, Vorbemerkung 2.2.1.2 Nr. 1; dann ist der Versand gebührenfrei. 1337

Die **Dokumentenpauschalen** sind wie immer kompliziert: 1338
– Bei der Entwurfsfertigung sind die zwei Seiten der Urschrift nicht nach Nr. 32001 Nr. 1 abzurechnen, obwohl sie nicht beim Notar verbleibt. Für die beglaubigte Abschrift ist jedoch nach Nr. 32000 abzurechnen. Insoweit entfaltet Nr. 32001 mangels Beurkundungsverfahrens (Nr. 1) und aufgrund vor der UB abgeschlossener Entwurfsfertigung keine Sperrwirkung (Nr. 2).
– Bei der Unterschriftsbeglaubigung fällt für die Urschrift keine Dokumentenpauschale für den Beglaubigungsvermerk an, und zwar auch nicht nach Nr. 32001 Nr. 1, weil der Vermerk nicht tatbestandsmäßig ist. Die auf Antrag gefertigte beglaubigte Abschrift wird nach Nr. 32000 abgerechnet (2 Seiten). Die beglaubigte Abschrift für die Urkundensammlung wird ohne Antrag gefertigt und verbleibt beim Notar: keine Beglaubigungsgebühr, keine Dokumentenpauschale.

II. Nachgenehmigung auswärts

A und B verkaufen die ihnen je zu 1/2 gehörende Wohnung zum Kaufpreis von 2.000.000 €. A ist dabei für B vorbehaltlich dessen Genehmigung aufgetreten. Der Notar begibt sich auf Ersuchen in das Krankenhaus, in dem sich B aufhält (Aufwand: 1 Stunde 10 Minuten), beglaubigt die Unterschrift von B und versendet die Urkunde (2 Seiten mit Beglaubigungsvermerk) an den Notar, der den Kaufvertrag beurkundet hatte. B erhält eine einfache Abschrift. 1339

Kostenberechnung zur Urkunde vom 1.8.2014, URNr. 2110/2014 1340
Unterschriftsbeglaubigung

Nr. 25100	Unterschriftsbeglaubigung		70,00 €
	Geschäftswert nach §§ 121, 98	500.000,00 €	
Nr. 22124	Übermittlung an Gericht, Behörde oder Dritten		20,00 €
Nr. 26002	Tätigkeit außerhalb der Geschäftsstelle		150,00 €

Kapitel 5. Vollmachten und Zustimmungen

	Auslagen			
	Nr. 32000	Dokumentenpauschale – Papier (s/w)	2 Seiten	1,00 €
	Nr. 32005	Auslagenpauschale Post und Telekommunikation		20,00 €
		Zwischensumme		261,00 €
	Nr. 32014	19 % Umsatzsteuer		49,59 €
		Rechnungsbetrag		**310,59 €**

1341 Der Geschäftswert der Nachgenehmigung ist nach § 98 Abs. 1 die **Hälfte des Wertes** des Kaufvertrags und ermäßigt sich entsprechend § 98 Abs. 2 nochmals auf den **Anteil der Mitberechtigung**.

1342 Besorgt der Notar den **Versand** der Urkunde, muss er eine Gebühr nach Nr. 22124 erheben, weil der gesamte Unterabschnitt 2 (Vollzug in besonderen Fällen) nach Vorbemerkung 2.2.1.2 gilt, denn der Notar hat keine Gebühr für ein Beurkundungsverfahren oder für die Fertigung eines Entwurfs erhalten, die das zu vollziehende Geschäft betrifft. Erledigt der Beteiligte den Versand, entsteht die Gebühr nicht.

1343 Für die auswärtige Tätigkeit muss der Notar **50,00 € je angefangener halber Stunde** Abwesenheit erheben.

1344 Die Gebühr nach Nr. 32005 (Post- und Telekommunikationspauschale) fällt neben der Gebühr nach Nr. 22124 für die Übermittlung an. Die Höhe der Auslage beträgt 20 % der Gebühren. Unter „Gebühren" in diesem Sinne sind **auch die Zusatzgebühren** zu verstehen. Sie sind also bei der Ermittlung des Bezugswertes zu berücksichtigen. Auslagen gehören demgegenüber nicht dazu.

III. Zustimmung des Ehegatten nach § 1365 BGB

1345 A hat mit der B-GmbH einen Kaufvertrag geschlossen; Kaufpreis 300.000,00 €. Der Notar entwirft die erforderliche Zustimmungserklärung des Ehegatten von A nach § 1365 BGB und beglaubigt die Unterschrift des Ehegatten, der an der Beurkundungsverhandlung nicht teilnehmen konnte.
Der Notar fertigt eine beglaubigte Abschrift für seine Urkundensammlung und eine einfache für den Ehegatten (2 Seiten).

1346 **Kostenberechnung zur Urkunde vom 1.8.2014, URNr. 2120/2014 Zustimmungserklärung**

	Nr. 24101	Fertigung eines Entwurfs		354,00 €
		Geschäftswert nach §§ 119 Abs. 1, 98	150.000,00 €	
	Auslagen			
	Nr. 32000	Dokumentenpauschale – Papier (s/w)	2 Seiten	1,00 €
	Nr. 32004	Entgelte für Post- und Telekommunikationsdienstleistungen		1,45 €
		Zwischensumme		356,45 €
	Nr. 32014	19 % Umsatzsteuer		67,73 €
		Rechnungsbetrag		**424,18 €**

B. Zustimmungserklärungen

Die Ehegattenzustimmung ist **nicht** nach § 51 Abs. 2 zu bewerten. 30 Prozent des von der Beschränkung betroffenen Gegenstands sind nur dann anzusetzen, wenn die Verfügungsbeschränkung nach § 1365 BGB selbst Gegenstand des Verfahrens ist. 1347

Hier ist die Erteilung der Zustimmung nach § 1365 BGB nach **§ 98 Abs. 1** mit dem **halben Wert des Bezugsrechtsgeschäfts** anzusetzen. 1348

Die Dokumentenpauschale nach Nr. 32005 ist alternativ zu Nr. 32004 denkbar. Für die Abschrift des Ehegatten ist nach Nr. 32000 zu fakturieren, weil Nr. 32001 Nr. 3 keine Sperrwirkung beim unterschriftbeglaubigten Dokument entfaltet. 1349

Kapitel 6. Beratung und Entwurf

A. Vorzeitige Beendigung

I. Keine Beratung und keine Urkundenvorbereitung

A als Verkäufer und B als Käufer beantragen die Beurkundung eines beabsichtigten Kaufvertrags (Kaufpreis 200.000 €). Noch bevor der Notar die Urkunde vorbereitet hat, wird der Beurkundungsauftrag zurückgenommen. **1350**

Kostenberechnung zum Beurkundungsauftrag vom 1.8.2014 **1351**
Aktenzeichen 2627

Nr. 21300	Vorzeitige Beendigung	20,00 €
	Zwischensumme	20,00 €
Nr. 32014	19 % Umsatzsteuer	3,80 €
	Rechnungsbetrag	**23,80 €**

Die jeweilige Gebühr für das Beurkundungsverfahren ermäßigt sich im Fall der vorzeitigen Beendigung grundsätzlich auf 20,00 € (**Festgebühr**), wenn wie hier ein Fall der Nr. 21300 vorliegt. Demgegenüber sind **Kosten in Höhe der Entwurfsgebühren** abzurechnen, wenn der Notar **1352**
– **am Tag zuvor** den gefertigten Entwurf durch Aufgabe zur Post versandte,
– den gefertigten Entwurf **zuvor**
  – per **Telefax oder** elektronisch **als Datei** übermittelt oder
  – diesen **ausgehändigt oder**
– mit allen Beteiligten in einem zum Zweck der Beurkundung vereinbarten Termin auf der Grundlage eines von ihm gefertigten Entwurfs **verhandelt** hat.

Anders als nach § 145 Abs. 3 Satz 1 KostO ist es nach dem GNotKG nicht mehr erforderlich, dass die Beteiligten den vom Notar gefertigten Entwurf beantragt hatten. Entscheidend ist nur, dass einer der in Nr. 21300 genannten Zeitpunkte überschritten wurde und der Notar tatsächlich einen Entwurf zur Vorbereitung des Beurkundungsverfahrens gefertigt hatte. **1353**

Es wird deutlich, dass die Gebühr für das Beurkundungsverfahren **bereits mit dem Antrag entstanden** war und mit der vorzeitigen Beendigung fällig geworden ist. Nr. 21300 hat danach nur den Charakter einer **Gebührenbegrenzung**. Für das **Zitiergebot** nach § 19 Abs. 2 Nr. 2 folgt daraus aber nicht, dass grundsätzlich auch die Nr. des Kostenverzeichnisses für das Beurkundungsverfahren anzugeben ist. Zwar enthalten die Nrn. 21300 ff. keine eigenständigen Gebührentatbestände, sie sind aber **aus sich heraus vollständig und verständlich**. **1354**

Kapitel 6. Beratung und Entwurf

II. Keine Urkundenvorbereitung, aber Beratung

1355 A als Verkäufer und B als Käufer suchen den Notar auf und lassen sich durch den Notar persönlich zu einem beabsichtigten Kaufvertrag (Kaufpreis 200.000 €) beraten. Dabei wurden wesentliche Inhalte des Kaufvertrags besprochen. Sie beantragen daraufhin die Beurkundung. Noch bevor der Notar die Urkunde vorbereitet hat, wird der Beurkundungsauftrag zurückgenommen.

1356 **Kostenberechnung zum Beurkundungsauftrag vom 1.8.2014**
Aktenzeichen 2630

Nr. 24200	Beratung		261,00 €
	Geschäftswert nach §§ 36 Abs. 1, 47	200.000,00 €	
Nr. 21300	Vorzeitige Beendigung		20,00 €
Nr. 24200	Anrechnung nach Nr. 24200 Anmerkung 2		- 20,00 €
	Zwischensumme		261,00 €
Nr. 32014	19 % Umsatzsteuer		49,59 €
	Rechnungsbetrag		**310,59 €**

1357 Die **Beratungsgebühr** nach Nr. 24200 ist hier nicht nach Anmerkung 1 zu diesem Gebührentatbestand ausgeschlossen, weil **im Zeitpunkt der Beratung noch kein Beurkundungsverfahren** anhängig war. Die Beratungsgebühr ist aber auf die mit der vorzeitigen Beendigung verbundenen Kosten anzurechnen.

1358 **Abwandlung:** Die persönliche Beratung durch den Notar erfolgt nach Beantragung der Beurkundung.

1359 **Kostenberechnung zum Beurkundungsauftrag vom 1.8.2014**
Aktenzeichen 2631

Nr. 21301	Vorzeitige Beendigung/Beratung (Nr. 24200)		261,00 €
	Geschäftswert nach §§ 36 Abs. 1, 47	200.000,00 €	
	Zwischensumme		261,00 €
Nr. 32014	19 % Umsatzsteuer		49,59 €
	Rechnungsbetrag		**310,59 €**

1360 Für die **Beratungsgebühr** gilt hier in beiden Varianten der gleiche Gebührensatzrahmen von 0,3 bis 1,0. Für die Berechnung wurde ein mittlerer Wert von 0,6 zu Grunde gelegt. Der angewandte Gebührensatz ist nicht vom Zitiergebot umfasst.

1361 Die persönliche Beratung im Sinne von Nr. 21301 kann **auch telefonisch** erfolgen.

1362 **Geschäftswertvorschrift** für die Beratung ist § 36. Hier wurde noch § 47 mit angegeben; das ist aber nicht zwingend. Ich verstehe das in § 36 eingeräumte Ermessen insoweit als geleitet, wie das GNotKG Vorgaben für Bewertung enthält.

A. Vorzeitige Beendigung

III. Rücknahme des Beurkundungsauftrags nach Versand des Entwurfs

A als Verkäufer und B als Käufer beantragen beim Notar die Beurkundung eines Kaufvertrags (Kaufpreis 200.000 €). Der Notar bereitet daraufhin den Entwurf der Urkunde (17 Seiten) vor und versendet ihn an den Käufer und Verkäufer. Er hat das Grundbuch eingesehen.
Am nächsten Tag nimmt der Käufer – noch bevor er die Urkunde erhält – den Beurkundungsantrag zurück, weil sich der Kauf zerschlagen hat.

1363

Kostenberechnung zum Beurkundungsauftrag vom 1.8.2014 **1364**
Aktenzeichen 2640

Nr. 21302	Vorzeitige Beendigung/Entwurf (Nr. 24100)		870,00 €
	Geschäftswert nach §§ 97, 47, 92 Abs. 2	200.000,00 €	
Auslagen			
Nr. 32001	Dokumentenpauschale – Papier (s/w)	34 Seiten	5,10 €
Nr. 32005	Auslagenpauschale Post und Telekommunikation		20,00 €
Nr. 32011	Auslagen Grundbucheinsicht (je 8 €)		8,00 €
	Zwischensumme		903,10 €
Nr. 32014	19 % Umsatzsteuer		171,59 €
	Rechnungsbetrag		**1.074,69 €**

Innerhalb eines Beurkundungsverfahrens finden nach Versand des Entwurfs grundsätzliche keine Gebührenreduzierungen bei vorzeitiger Beendigung mehr statt. Ein besonderer Entwurfsantrag oder das **Aushändigen** des Entwurfs i.S.v. § 145 Abs. 3 Satz 1 KostO ist nach dem GNotKG nicht mehr erforderlich. Es ist auch nicht erforderlich, dass die Beteiligten den vom Notar gefertigten Entwurf zur Kenntnis nehmen. Entscheidend ist nur, dass einer der in Nummer 21300 genannten Zeitpunkte überschritten wurde. Eine besondere Hinweispflicht des Notars auf das Entstehen und die Fälligkeit von Kosten besteht aber selbstverständlich nicht.

1365

Die **Gebührensatzreduzierung** nach § 145 Abs. 3, Abs. 2 KostO auf die Hälfte der für die Beurkundung bestimmten Gebühr gibt es auch nicht mehr. Stattdessen findet ein Gebührensatzrahmen Anwendung, der nach § 92 Abs. 2 aber voll auszuschöpfen ist, sofern der Entwurf vollständig erstellt wurde. Dem Notar steht in diesem Fall **kein Ermessen** zu.

1366

War der versandte Entwurf noch **unvollständig**, liegt dennoch ein Fall von Nr. 21302 vor, jedoch kann der Notar dann innerhalb der Rahmengebühr von Nr. 24100 gemäß § 92 Abs. 1 den Gebührensatz differenzieren.

Fortsetzung: Nach zwei Monaten kommt die Beurkundung bei dem Notar, der den Entwurf gefertigt hat, doch noch zu Stande.
Die Auflassung wird erklärt. Der Notar wird beauftragt, bei der zuständigen Gemeinde eine Negativbescheinigung nach § 28 Abs. 1 BauGB einzuholen. Er wird

1367

ferner beauftragt und bevollmächtigt, die Fälligkeit des Kaufpreises nach Eintritt bestimmter Fälligkeitsvoraussetzungen (Vormerkung, Vorkaufsrechtsbescheinigung) mitzuteilen. Der Notar wird auch beauftragt und bevollmächtigt, den Auflassungsvollzug zu überwachen.
Vom Kaufvertrag wurden sieben beglaubigte Abschriften gefertigt.

1368 Kostenberechnung zum Kaufvertrag vom 1.8.2014
URNr. 2650/2014

Nr. 21100	Beurkundungsverfahren			870,00 €
	Geschäftswert nach §§ 97, 47		200.000,00 €	
Vor 2.1.3 II	Anrechnung der Gebühr nach Nr. 21302			- 870,00 €
Nr. 22110	Vollzugsgebühr (Nr. 22112)			50,00 €
	Geschäftswert nach § 112		200.000,00 €	
Nr. 22200	Betreuungsgebühr			217,50 €
	Geschäftswert nach § 113 Abs. 1		200.000,00 €	
Auslagen				
Nr. 32001	Dokumentenpauschale – Papier (s/w)		119 Seiten	17,85 €
Nr. 32005	Auslagenpauschale Post und Telekommunikation			20,00 €
	Zwischensumme			305,35 €
Nr. 32014	19 % Umsatzsteuer			58,02 €
	Rechnungsbetrag			**363,37 €**

1369 Vorbemerkung 2.1.3 Abs. 2 bestimmt, dass die nach vorzeitiger Beendigung des Verfahrens zu erhebende Beurkundungsgebühr auf die Gebühr für ein auf dieser Grundlage durchgeführtes erneutes Beurkundungsverfahren **angerechnet** wird, wenn dieses **demnächst** erfolgt.

1370 Der Gesetzgeber definiert nicht, was „demnächst" bedeutet: Aus Vorbemerkung 2.1.3 Abs. 1 Satz 2 ergibt sich aber, dass mit einer Beurkundung in einem *laufenden* Verfahren in der Regel nicht mehr zu rechnen ist, wenn das Verfahren länger als sechs Monate nicht mehr betrieben wird. Dies könnte auch eine **Richtschnur** sein, wann eine Gebührenanrechnung bei Fortsetzung nach vorzeitiger Beendigung des Verfahrens nicht mehr in Betracht kommt. Nach den Umständen des Einzelfalls kann dieser Zeitraum aber auch wesentlich länger sein, in Ausnahmefällen auch kürzer.

1371 Soll der Vertrag nunmehr nicht zwischen A und B, sondern zwischen A und C geschlossen werden, scheidet eine Anrechnung aus. Sie setzt nämlich eine **Verfahrensidentität** voraus, die weder beim Auswechseln eines Vertragspartners noch beim Auswechseln des Vertragsgegenstandes vorliegt. Nur bei Verfahrensidentität kann eine „bereits erbrachte notarielle Tätigkeit" Grundlage für ein „erneutes Beurkundungsverfahren" sein. Der Gesetzgeber hat auch die Terminologie „**erneut**" mit Bedacht gewählt und nicht „neues" gesagt, weil es ausschließlich um die Fortsetzung des Beurkundungsverfahrens **im Sinne einer Erneuerung** des vormaligen Beurkundungswunsches geht.

1372 Die **Post- und Telekommunikationspauschale** fällt sowohl im vorzeitig beendeten als auch im erneuten Verfahren an.

A. Vorzeitige Beendigung

IV. Rücknahme bei auswärtiger Tätigkeit

Der Notar wird telefonisch beauftragt, für den bettlägerigen A ein Testament (5 Seiten) zu entwerfen. Er versendet den Entwurf. In der Beurkundungsverhandlung, die in der Wohnung des A stattfindet, überlegt A es sich anders und lehnt die Beurkundung ab.
A verfügt nach Angabe über ein Vermögen von 50.000 € ohne Schulden.

1373

Kostenberechnung zum Beurkundungsauftrag vom 1.8.2014
Aktenzeichen 2651

1374

Nr. 21303	Beurkundungsverfahren (Nr. 21200)		165,00 €
	Geschäftswert nach §§ 102, 92 Abs. 2	50.000,00 €	
Nr. 26003	Tätigkeit außerhalb der Geschäftsstelle		50,00 €
Auslagen			
Nr. 32001	Dokumentenpauschale – Papier (s/w)	10 Seiten	1,50 €
Nr. 32005	Auslagenpauschale Post und Telekommunikation		20,00 €
	Zwischensumme		236,50 €
Nr. 32014	19 % Umsatzsteuer		44,94 €
	Rechnungsbetrag		**281,44 €**

Nach Nr. 26003 Nr. 1 ist die **Auswärtsgebühr** für die Errichtung, Aufhebung oder Änderung einer Verfügung von Todes wegen eine Festgebühr von 50,00 €.

1375

Für den **Ausdruck der Urschrift** ist im Fall des Verhandlungsabbruchs die Dokumentenpauschale zu erheben, Nr. 32001 Nr. 1.

1376

Abwandlung: Der Auftrag betrifft kein Testament, sondern die Beglaubigung einer Unterschrift ohne Entwurf bei einer Patientenverfügung. A überlegt es sich anders. Der Notar verlässt die Wohnung ohne Beglaubigung.

1377

Kostenberechnung zum Beglaubigungsauftrag vom 1.8.2014
Aktenzeichen 2652

1378

Nr. 26003	Tätigkeit außerhalb der Geschäftsstelle	50,00 €
	Zwischensumme	50,00 €
Nr. 32014	19 % Umsatzsteuer	9,50 €
	Rechnungsbetrag	**59,50 €**

1379 Nach Nr. 26003 Nr. 4 ist die Auswärtsgebühr bei **Patientenverfügungen** eine Festgebühr von 50,00 €.

1380 Nach Satz 2 der Anmerkung von Nr. 26003, der auf Absatz 2 der Anmerkung zu Nr. 26002 verweist, wird die **Zusatzgebühr auch dann erhoben**, wenn ein Geschäft aus einem in der Person eines Beteiligten liegenden Grund nicht vorgenommen wird.

B. Beratung

I. Allgemeine Raterteilung

1381 A erkundigt sich beim Notar allgemein über den Abschluss eines Kaufvertrages über eine Eigentumswohnung, ohne ein konkretes Objekt anzusprechen. Die Beratung umfasste allgemeine Fragen zur Vertragsgestaltung und -abwicklung, Finanzierungsfragen eingeschlossen. Die Beratung dauerte 30 Minuten.

1382 **Kostenberechnung zur Beratung vom 1.8.2014**
Aktenzeichen 2600

Nr. 24200	Beratungsgebühr		27,00 €
	Geschäftswert nach § 36 Abs. 3	5.000,00 €	
	Zwischensumme		27,00 €
Nr. 32014	19 % Umsatzsteuer		5,13 €
	Rechnungsbetrag		**32,13 €**

1383 Der Notar legt den **Geschäftswert** für die Beratung nach § 36 Abs. 1 nach billigem Ermessen fest. Fehlt es an Anhaltspunkten, ist von **5.000,00 €** auszugehen, § 36 Abs. 3.

1384 Der Gebührensatz wurde hier aus dem Rahmen von **0,3 bis 1,0** mit 0,6 durchschnittlich angesetzt. Dauert die Beratung länger, ist auch der **volle** Gebührensatz gerechtfertigt.

II. Beratung zu einem konkreten Rechtsgeschäft

1385 Die Ehegatten A (ein gemeinsames Kind) beabsichtigten, sich scheiden zu lassen. Sie suchen den Notar auf und lassen sich konkret und umfassend über die güterrechtlichen Scheidungsfolgen beraten. Einen Entwurf wollen die Ehegatten zunächst nicht. Auch besteht noch keine Beurkundungsabsicht. Das Aktivvermögen der Ehegatten beträgt jeweils 100.000 €, Verbindlichkeiten bestehen keine.

B. Beratung

Kostenberechnung zur Beratung vom 1.8.2014   **1386**
Aktenzeichen 2610

Nr. 24200	Beratungsgebühr		435,00 €
	Geschäftswert nach § 36 Abs. 1	200.000,00 €	
	Zwischensumme		435,00 €
Nr. 32014	19 % Umsatzsteuer		82,65 €
	Rechnungsbetrag		**517,65 €**

Nach § 36 Abs. 1 bestimmt der Notar den Geschäftswert nach billigem Ermessen. **1387** Im Bereich des Erb- und Familienrechts kann das in §§ 100 Abs. 1 Satz 3, 102 Abs. 1 Satz 2 verankerte **modifizierte Reinvermögen** als Geschäftswert für Beratungen herangezogen werden, wenn das Güterrecht oder die Gesamtrechtsnachfolge Gegenstand war. Wurde zu weiteren Gegenständen beraten, etwa über Unterhaltsregelungen, Versorgungsausgleich, Kindesunterhalt und das Erbrecht, sind die entsprechenden Geschäftswerte hinzuzurechnen.

Wegen der **konkreten und umfassenden** Beratung wurde der Gebührensatzrahmen **1388** ausgeschöpft und der **Gebührensatz mit 1,0** bestimmt.

Fortsetzung: Zwei Monate später wird die Beurkundung der Scheidungsfolgen- **1389** vereinbarung (Gütertrennung, wechselseitiger Erbverzicht, nachehelicher Unterhalt von 1.000 € monatlich für fünf Jahre) beantragt und durchgeführt.
Der Notar fertigt von der Urkunde (22 Seiten) zwei Entwürfe, zwei Leseabschriften und sieben beglaubigte Abschriften.

Kostenberechnung zur Scheidungsfolgenvereinbarung vom 1.8.2014   **1390**
URNr. 2620/2014

Nr. 21100	Beurkundungsverfahren		1.270,00 €
	Summe nach § 35 Abs. 1	310.000,00 €	
	Geschäftswert nach § 100	200.000,00 €	
	Geschäftswert nach §§ 97, 52	60.000,00 €	
	Geschäftswert nach §§ 102 Abs. 4, 97 Abs. 3	50.000,00 €	
Nr. 24200	Anrechnung nach Nr. 24200 Anm. 2 (Beratung v. 1.8.2013)		- 435,00 €
Auslagen			
Nr. 32001	Dokumentenpauschale – Papier (s/w)	242 Seiten	36,30 €
Nr. 32005	Auslagenpauschale Post und Telekommunikation		20,00 €
	Zwischensumme		891,30 €
Nr. 32014	19 % Umsatzsteuer		169,35 €
	Rechnungsbetrag		**1.060,65 €**

Soweit derselbe Gegenstand demnächst Gegenstand eines anderen gebührenpflich- **1391** tigen Verfahrens oder Geschäfts ist, ist nach Anmerkung 2 zu Nr. 24200 die Beratungsgebühr auf die Gebühr für das andere Verfahren oder Geschäft **anzurechnen**.

Kapitel 6. Beratung und Entwurf

1392   Die Anrechnung ist nur möglich, wenn das andere gebührenpflichtige Geschäft bei **demselben Notar** (i. S. v. Vorbemerkung 2 Abs. 1 – also einschließlich Sozius) wie die Beratung durchgeführt wird. Soweit auch der Amtsnachfolger und Notar, die nur gemeinsame Geschäftsräume haben, als derselbe Notar gelten, ist Vorbemerkung 2 Abs. 1 eine problematische Vorschrift, weil die strenge Bindung zwischen Amtshandlung und Gebühr aufgelöst wird.

1393   Werden **Leseabschriften** gefertigt, unterfallen sie auch der Dokumentenpauschale nach Nr. 32001. In der Regel wird ein entsprechender Antrag der Beteiligten vorliegen, so dass Nr. 2 einschlägig ist. Aber auch ohne Antrag kommt Nr. 32001, und zwar Nr. 1, für die Leseabschriften in Betracht.

III. Beratung über Amtspflichten hinaus

1. Beratung anlässlich von Unterschriftsbeglaubigungen

1394   Der Notar beglaubigt die Unterschrift unter eine Eigentümerzustimmung zur Grundpfandrechtslöschung.
Dabei erläutert er auf Nachfrage, welche Risiken und Kosten mit einer Abtretung der Buchgrundschuld (Nennbetrag 75.000 €) verbunden wären.

1395   **Kostenberechnung zur Urkunde vom 1.8.2014, URNr. 2625/2014**
Unterschriftsbeglaubigung

Nr. 25100	Unterschriftsbeglaubigung (Nr. 25101)		20,00 €
Nr. 24202	Beratung		27,30 €
	Geschäftswert nach § 36 Abs. 1	15.000,00 €	
	Zwischensumme		47,30 €
Nr. 32014	19 % Umsatzsteuer		8,99 €
	Rechnungsbetrag		**56,29 €**

1396   Für die Beglaubigung der Unterschrift unter einer Zustimmung gemäß § 27 GBO ist eine **Festgebühr** von nur 20,00 € vorgesehen. Deshalb muss auch kein Geschäftswert angegeben werden.

1397   Der Gesetzgeber hat die Gebühren für Unterschriftsbeglaubigungen gesenkt, weil mit dieser – entgegen der bisherigen notariellen Praxis – nur die unmittelbar mit der Unterschriftsbeglaubigung verbundenen Amtspflichten abgegolten werden sollten, also die Prüfung und Bestätigung der Identität des Unterschreibenden. Wird der Notar **beratend** tätig, kann und soll **daneben** eine Beratungsgebühr erhoben werden. Hier ging es um die Abtretung einer Buchgrundschuld. Das Verfahren hätte eine 0,5-Gebühr ausgelöst (Nr. 21201), so dass Nr. 24202 mit einer 0,3-Gebühr für die Beratung einschlägig ist. Beim Geschäftswert ist von § 36 Abs. 1 auszugehen. Risiken und Kosten der Grundschuldabtretung wurden mit 20 % des nach § 53 Abs. 1 maßgeblichen Nennbetrags angesetzt.

1398   Raum für kostenfreie **allgemeine Rechtsinformationen** besteht durch Einführung von Beratungsgebühren in deutlich geringerem Umfang als bisher. Insbesondere bei

B. Beratung

Bezug zu einem konkreten Sachverhalt liegt eine Beratungstätigkeit vor. Der entsprechende **Antrag wird i.d.R. konkludent** gestellt. Belehrungspflichten über die Kosten bestehen nicht.

Die **Pauschale für Entgelte für Post- und Telekommunikationsdienstleistungen** nach Nr. 32005 anstelle der konkreten Auslagen nach Nr. 32004 erscheint angesichts des überschaubaren Aufwands unangebracht, wäre aber rechtlich nicht zu beanstanden. 1399

Keine Beratung, sondern **Betreuung** (Nr. 22200 Nr. 3, Fall 1) ist die Beachtung von **Treuhandauflagen** eines Urkundsbeteiligten. 1400

2. Steuerrechtliche Beratungen

Der Notar berät anlässlich einer Grundstücksveräußerung (Kaufpreis 700.000 €) über die ertragssteuerrechtlichen Implikationen. 1401

Kostenberechnung zur steuerrechtlichen Beratung 1402
Aktenzeichen 2626

Nr. 24200	Beratung		685,00 €
	Geschäftswert nach § 36 Abs. 1	350.000,00 €	
Auslagen			
Nr. 32004	Entgelte für Post- und Telekommunikationsdienstleistungen		1,45 €
	Zwischensumme		686,45 €
Nr. 32014	19 % Umsatzsteuer		130,43 €
	Rechnungsbetrag		**816,88 €**

Der Notar muss keine steuerrechtliche Beratung übernehmen. Seine Amtspflichten erschöpfen sich insoweit in den gesetzlich vorgeschriebenen Hinweispflichten. Wird er darüber **hinaus qualifiziert beratend** tätig, fällt die Beratungsgebühr **neben** den sonstigen Kosten des Beurkundungsverfahrens an. Nach der Vorstellung des Gesetzgebers (RegE 230) liegt „eine Gegenstandsgleichheit im Sinne der Anmerkung zur Gebühr 24200 KV GNotKG-E […] bei einer steuerlichen Beratung dann nicht vor, wenn der Notar auftragsgemäß steuerlichen Rat erteilt, der über die notariellen Hinweis- und Beratungspflichten hinausgeht und für den der Notar die Haftung übernimmt." 1403

Die **Beratungsgebühr** hat damit bei paralleler Urkundstätigkeit des Notars folgende **drei Voraussetzungen**: 1404
– **Antrag** des Beteiligten,
– Erteilung von Rat, der über die aus dem Beurkundungsverfahren folgenden Hinweis- und Belehrungspflichten **hinaus** geht, und
– **Haftung** des Notars.

Der **Geschäftswert** richtet sich nach § 36 Abs. 1. Angemessen erscheint ein Teilwert, der der maximalen Steuerlast entspricht. Hier wurden 50% vom Grundstückswert angesetzt. 1405

Der **Gebührensatz** kann sich von 0,3 bis 1,0 bewegen. Dabei ist nach § 92 Abs. 1 der Umfang der erbrachten Leistung zu berücksichtigen. In § 92 Abs. 2 wurde für die 1406

Kapitel 6. Beratung und Entwurf

vollständige Leistungserbringung bei Entwürfen zwingend vorgeschrieben, den Höchstsatz anzuwenden. Das insoweit zum Ausdruck kommende Prinzip, dass die **vollständige Leistungserbringung den vollen Gebührensatz rechtfertigt**, wurde auch hier angewandt. Der Gebührensatz beträgt daher 1,0.

1407 Die **Pauschale** für Entgelte für Post- und Telekommunikationsdienstleistungen nach Nr. 32005 kann für die Beratungstätigkeit gesondert erhoben werden, weil die Beratung ein gesondertes Geschäft ist. Hier wurde davon abgesehen und **nach Nr. 32004 fakturiert**, was rechtlich ebenso zulässig ist.

3. Abwicklungs-/Lastenfreistellungsberatung

1407a A verkauft an B ein Grundstück zum Peis von 1 Mio. €. Eingetragen ist noch eine nicht mehr valutierende Grundschuld mit einem Nominalbetrag von 20.000 €, die gelöscht werden soll.
Der Notar wird beauftragt, bei der zuständigen Gemeinde eine Negativbescheinigung nach § 28 Abs. 1 BauGB einzuholen.
Die vertragsgemäße Lastenfreistellung soll der Notar jedoch nicht bewirken. Die Beteiligten erbitten allerdings diesbezügliche Hinweise, damit sie die erforderlichen Schritte selbst vornehmen können.
Der Notar wird beauftragt und bevollmächtigt, die Fälligkeit des Kaufpreises nach Eintritt bestimmter Fälligkeitsvoraussetzungen (Vormerkung, Vorkaufsrechtsbescheinigung, Unterlagen Lastenfreistellung) mitzuteilen. Die Auflassung wird erklärt. Der Notar wird beauftragt und bevollmächtigt, den Auflassungsvollzug zu überwachen.
Vom Kaufvertrag (19 Seiten) wurden vier Entwürfe versandt und sieben weitere beglaubigte Abschriften gefertigt. Auslagen Grundbucheinsicht: 24,00 €.

1407b Kostenberechnung zum Kaufvertrag mit Beratung vom 1.8.2014 URNr. 2627/2014

Nr. 21100	Beurkundungsverfahren		3.470,00 €
	Geschäftswert nach §§ 97, 47	1.000.000,00 €	
Nr. 22110	Vollzugsgebühr (nach Nr. 22112)		50,00 €
	Geschäftswert nach § 112	1.000.000,00 €	
Nr. 22200	Betreuungsgebühr		867,50 €
	Geschäftswert nach § 113 Abs. 1	1.000.000,00 €	
Nr. 24202	Beratung Lastenfreistellung		32,10 €
	Geschäftswert nach § 36 Abs. 1	20.000,00 €	
Auslagen			
Nr. 32001	Dokumentenpauschale – Papier (s/w)	209 Seiten	31,35 €
Nr. 32005	Auslagenpauschale Post und Telekommunikation		20,00 €
Nr. 32011	Auslagen Grundbucheinsicht (je 8 €)	3 Einsichten	24,00 €
	Zwischensumme		4.494,95 €
Nr. 32014	19 % Umsatzsteuer		854,04 €
	Rechnungsbetrag		**5.348,99 €**

B. Beratung

Soweit der Notar keinen Vollzugsauftrag erhält, erstrecken sich seine Amtspflichten **1407c**
auch nicht auf die entsprechenden Vollzugshandlungen. Der Vollzugsauftrag kann allerdings auch konkludent gestellt werden, bspw. durch den Antrag, die zur Lastenfreistellung erforderlichen Entwürfe zu fertigen. Insoweit hat der Gesetzgeber nämlich in Vorbemerkung 2.2 Abs. 2 den **Vorrang der Vollzugsgebühr** klargestellt. Dieser steht nicht zur Disposition der Beteiligten und gilt auch für den **Vorabvollzug** nach Vorbemerkung 2.2.1.1 Abs. 1 Satz 3. Wenn die Beteiligten allerdings entscheiden, die **Lastenfreistellung selbst herbeiführen** zu wollen, wird man nicht ohne weiteres von einer Umgehung der Vorbemerkung 2.2 Abs. 2 sprechen können. Muss der Notar die Lastenfreistellungsunterlagen aber aufgrund der Vertragsgestaltung prüfen, liegt regelmäßig auch ein Vollzugsauftrag vor (s. Rn. 175b ff.).

Im Gegensatz zur Entwurfsgebühr wird die Beratungsgebühr von Vorbemerkung **1407d**
2.2 Abs. 2 nicht erfasst. Wenn der Notar daher zur Lastenfreistellung berät, sind **Beratungsgebühren abzurechnen**, soweit kein vorrangiger Vollzugsauftrag festgestellt werden kann. Voraussetzung ist, dass der Notar entsprechende Hinweise erteilt hat. Gesetzliche Hinweispflichten nach **§§ 17, 18, 19 und 20 BeurkG** schließen die Beratungsgebühr nicht aus. Die Vollzugsgebühr kommt allerdings **nur dann nicht** in Betracht, wenn der Notar die Lastenfreistellungsunterlagen nicht mehr prüfen muss. Das scheidet praktisch bei **noch valutierenden** Grundpfandrechten aus, wenn diese in Verbindung mit Treuhandaufträgen aus dem Erlös abgelöst werden sollen. Dann ist eine „Prüfung" der Unterlagen nach Vorbemerkung 2.2.1.1 Abs. 1 Satz 2 jedenfalls erforderlich. Ein „Anfordern" liegt bereits in Beratungshandlungen des Notars, weil Unterlagen **auch mittelbar angefordert** werden können, bspw. indem der Notar die Beteiligten instruiert, Unterlagen zu suchen, etwaige Funde mitzuteilen und bei Bedarf die Löschungsunterlagen erneut zu beantragen (s. auch Rn. 175b ff.).

Die Beratung bezieht sich auf Grundbucherklärungen, die eine Beurkundungsgebühr **1407e**
nach Nr. 21201 von 0,5 auslösen würden. Die Beratungsgebühr hat daher einen **Satz von nur 0,3** nach Nr. 24202. § 92 ist nicht anwendbar, da kein Gebührensatzrahmen gilt. Ginge es um eine **Verwalterzustimmung**, wäre von einem Gebührensatzrahmen von 0,3 bis 0,5 nach Nr. 24201 auszugehen.

Der maßgebliche **Geschäftswert** ist nach § 36 Abs. 1 nach billigem Ermessen zu **1407f**
bestimmen. Hier erscheint es aufgrund der Wertung in § 53 Abs. 1 angemessen, den Nennbetrag des Grundpfandrechts anzusetzen. Vom Wert des Kaufvertrages ist nicht auszugehen. Ginge es um eine Verwalterzustimmung, wäre nach §§ 36, 98 vom halben Kaufpreis auszugehen.

Die Beratungskosten zur Lastenfreistellung würden typischer Weise **dem Verkäu-** **1407g**
fer auferlegt werden.

Die Beratung ist ein **eigenständiges Geschäft**, für das die Auslagenpauschale nach **1407h**
Nr. 32005 gesondert erhoben werden könnte.

4. Erbenermittlung

> Der Notar wird gebeten, die Löschungsbewilligung (2 Seiten) für eine zugunsten **1407i**
> von A eingetragene Grundschuld im Nennbetrag von 20.000 € zu entwerfen und einzuholen.
> Es stellt sich heraus, dass A verstorben ist.

Der Notar wird daraufhin gebeten, den Berechtigten zu ermitteln, was letztlich auch gelingt, so dass die Grundschuld gelöscht werden kann.
Der Notar hat das Grundbuch eingesehen.
Auslagen im Zuge der Erbenermittlung: 75 €.

1407j **Kostenberechnung zum Entwurf mit Beratung vom 1.8.2014 URNr. 2627/2014**

Nr. 24102	Fertigung eines Entwurfs		53,50 €
	Geschäftswert nach §§ 97, 53	20.000,00 €	
Nr. 24202	Beratung		15,00 €
	Geschäftswert nach § 36	5.000,00 €	
Auslagen			
Nr. 32000	Dokumentenpauschale – Papier (s/w)	2 Seiten	1,00 €
Nr. 32005	Auslagenpauschale Post und Telekommunikation		13,70 €
Nr. 32011	Auslagen Grundbucheinsicht (je 8 €)	1 Einsicht	8,00 €
Nr. 32015	Sonstige Auslagen		75,00 €
	Zwischensumme		166,20 €
Nr. 32014	19 % Umsatzsteuer		31,58 €
	Rechnungsbetrag		**197,78 €**

1407k Die Ermittlung von Erben geht über die Amtspflichten des Notars hinaus. Daher kommt der Ansatz einer Beratungsgebühr hier in Betracht. Eine Beratung liegt auch bei **unmittelbarem Vollzug** von Hinweisen vor, also auch bei praktischen Unterstützungshandlungen (BDS/*Diehn*, Nr. 24200 KV Rn. 2). Beim Geschäftswert ist bei fehlenden Anhaltspunkten von 5.000 € nach § 36 Abs. 3 auszugehen, wobei je nach Einkommens- und Vermögensverhältnissen und Bedeutung der Angelegenheit nach oben abgewichen werden muss.

1407l Die **besonderen Auslagen** sind ausdrücklich beauftragt i. S. v. Nr. 32015, wenn sie zur Erbenermittlung erforderlich waren, wovon hier ausgegangen wird.

IV. Hauptversammlungsberatung

1408 Die Hauptversammlung der A AG (Grundkapital 2 Mio. €) fasst folgende Beschlüsse:
– Feststellung Jahresabschluss und Beschluss über Gewinnverwendung (600.000,00 €)
– Entlastung von Vorstand und Aufsichtsrat und Wahl des neuen Abschlussprüfers
– Schaffung genehmigten Kapitals von 500.000,00 €.
Der Notar berät die AG umfassend bei der Vorbereitung und Durchführung der Hauptversammlung. Er sieht die Einladungen durch, diskutiert mit dem Vorstand die Tagesordnung und beantwortet diverse Rechtsfragen. Der Notar protokolliert

liert die Hauptversammlung (17 Seiten – 3 begl. Abschriften), stellt den neuen Wortlaut der Satzung (10 Seiten – 2 Abschriften) zusammen und erteilt die Bescheinigung nach § 181 Abs. 1 Satz 2 AktG (1 Seite – 2 Abschriften). Der Notar hat das Handelsregister eingesehen.

Kostenberechnung zur Hauptversammlung vom 1.8.2014 1409
URNr. 2655/2014

Nr. 21100	Beurkundungsverfahren		3.950,00 €
	Summe nach § 35 Abs. 1	1.130.000,00 €	
	Geschäftswert nach § 97	600.000,00 €	
	Geschäftswert nach §§ 108, 105	30.000,00 €	
	Geschäftswert nach § 97	500.000,00 €	
Nr. 24203	Beratung Vorbereitung/Durchführung Hauptversammlung		2.962,50 €
	Geschäftswert nach § 120	1.130.000,00 €	
Auslagen			
Nr. 32001	Dokumentenpauschale – Papier (s/w)	73 Seiten	10,95 €
Nr. 32005	Auslagenpauschale Post und Telekommunikation		20,00 €
Nr. 32011	Auslagen Handelsregistereinsicht (je 4,50 €)		4,50 €
	Zwischensumme		6.927,95 €
Nr. 32014	19 % Umsatzsteuer		1.316,31 €
	Summe		**8.244,26 €**

Die Beratungsgebühr für die **Vor- und Nachbereitung der HV** entsteht, weil der 1410
Notar die Gesellschaft über seine im Beurkundungsverfahren bestehenden Amtspflichten hinaus beraten hat. Hier wurde aus dem Gebührensatzrahmen von 0,5 bis 2,0 ein Gebührensatz von 1,5 angesetzt. Der Geschäftswert bemisst sich wie beim Beschluss, § 120 Satz 1. Er beträgt nach § 120 Satz 2 **höchstens 5 Mio. €**.

Typische Beratungsleistungen nach Nr. 24203 sind beispielsweise auch die 1411
– Fertigung des **Teilnehmerverzeichnisses**,
– Ermittlung oder Überprüfung von **Abstimmungsergebnissen** und
– die **sonstige Beratung des Versammlungsleiters.**

Fertigt der Notar zur Vorbereitung einer Hauptversammlung **Beschlussvorlagen**, 1412
sind gesonderte **Entwurfsgebühren** abzurechnen, wobei sich der Geschäftswert wie für den Beschluss bestimmt.

C. Entwürfe

I. Entwurf für ein nicht beurkundungspflichtiges Geschäft

1413 A beauftragt den Notar, den Entwurf eines Pachtvertrages zu fertigen. Verpachtet wird ein Grundstück zu einem Pachtzins von jährlich 10.000,00 € von B an A. Der Pachtvertrag wird auf fünf Jahre abgeschlossen. Eine Beurkundung des Pachtvertrages ist nicht beabsichtigt.
Der Notar erstellt und versendet auftragsgemäß den Entwurf an A und an B (je 17 Seiten).

1414 Kostenberechnung zum Pachtvertrag vom 1.8.2014
Aktenzeichen 2660

Nr. 24100	Fertigung eines Entwurfs		330,00 €
	Geschäftswert nach §§ 119 Abs. 1, 99	50.000,00 €	
Auslagen			
Nr. 32001	Dokumentenpauschale – Papier (s/w)	34 Seiten	5,10 €
Nr. 32005	Auslagenpauschale Post und Telekommunikation		20,00 €
	Zwischensumme		355,10 €
Nr. 32014	19 % Umsatzsteuer		67,47 €
	Rechnungsbetrag		**422,57 €**

1415 Die Gebühren für die Entwurfserstellung haben einen wichtigen Anwendungsbereich verloren, nämlich den im GNotKG besonders geregelten Fall der **vorzeitigen Beendigung** des Verfahrens (Nrn. 21300 ff.).

1416 Bei **Miet- oder Pachtverträgen** von unbestimmter Vertragsdauer ist nach § 99 Abs. 1 Satz 2 der auf die ersten fünf Jahre entfallende Wert der Leistungen maßgebend.

1417 Während bei einem Beurkundungsauftrag für den Ausdruck der Urschrift kein besonderer Auftrag vorliegt, weil der Ausdruck der Urschrift zwingende Voraussetzung für die Durchführung der Beurkundung selbst ist – nach § 13 Abs. 1 Satz 1 BeurkG ist ein Vorlesen vom Monitor unzulässig – endet die Entwurfsfertigung nach dem System des GNotKG mit dessen Erstellung. **Bereits der Ausdruck** erfolgt damit „auf besonderen Antrag". Das hat folgende – vom Gesetzgeber gewollte – Konsequenzen:
– Es entsteht die Dokumentenpauschale nach Nr. 32001 Nr. 3 und nicht nach Nr. 32001 Nr. 1.
– Es entsteht **keine Dokumentenpauschale nach Nr. 32000**, weil die Sperrwirkung der Anmerkung i.V.m. Nr. 32001 Nr. 3 eintritt.
– Folgt auf das Entwurfsgeschäft eine **Unterschriftsbeglaubigung** mit entsprechenden Anträgen auf Fertigung von Abschriften der beglaubigten Urkunde, ist dafür allein Nr. 32000 einschlägig.

C. Entwürfe

II. Entwurfsüberprüfung/-ergänzung

Im Rahmen eines Immobiliengeschäfts soll zugunsten einer Bausparkasse eine Grundschuld mit einem Nominalbetrag von 550.000 € bestellt werden. Neben den formellrechtlichen Erklärungen enthält der vorgelegte Entwurf auch eine Einschränkung der Zweckerklärung sowie die Abtretung von Rückgewährsansprüchen gegenüber den Gläubigern von derzeit oder künftig im Range vorgehenden oder gleichstehenden Grundschulden.
Der vorgelegte Entwurf wird vom Notar hinsichtlich der Grundbuchstelle ergänzt. Ferner wird die Einschränkung der Zweckerklärung entsprechend den Vorgaben im Kaufvertrag präzisiert. Anschließend beglaubigt der Notar die Unterschrift des Käufers.

1418

Kostenberechnung zur Grundschuld vom 1.8.2014
URNr. 2670/2014

1419

Nr. 24101	Ergänzung eines Entwurfs		812,00 €
	Geschäftswert nach §§ 119 Abs. 1, 97, 53	550.000,00 €	
Nr. 22200	Betreuungsgebühr		505,70 €
	Geschäftswert nach § 113 Abs. 1	550.000,00 €	
Auslagen			
Nr. 32005	Auslagenpauschale Post und Telekommunikation		20,00 €
	Zwischensumme		1.339,50 €
Nr. 32014	19 % Umsatzsteuer		254,51 €
	Rechnungsbetrag		**1.594,01 €**

Die Entwurfsergänzung/-fertigung ist nach Nr. 24101 abzurechnen (**Gebührensatzrahmen 0,3 bis 1,0**), weil die Beurkundung der Grundschuld eine 1,0-Gebühr nach Nr. 21200 ausgelöst hätte. Die 0,5-Gebühr nach Nr. 21200 Nr. 4 ist nicht einschlägig, da auch andere als formelle Grundbucherklärungen enthalten sind.

1420

Bei der Ergänzung stellt sich die Frage, ob darin wegen der erst durch den Notar hergestellten Vollzugsfähigkeit der Urkunde (Ergänzung Grundbuchstelle, Einschränkung der Zweckerklärung gem. Vertrag) wie bisher eine **vollständige Entwurfsfertigung** gesehen werden muss mit der Folge, dass § 92 Abs. 2 Anwendung findet. Ich denke, dass trotz der erst durch den Notar herbeigeführten Entwurfsqualität ein Fall von Vorbemerkung 2.4.1 Abs. 3, also der **Entwurfsergänzung** vorliegt. Damit scheidet die zwingende Annahme des Höchstsatzes gem. § 92 Abs. 2 aus.

1421

Das bedeutet nicht, dass die **Ausschöpfung des Gebührensatzrahmens** ermessensfehlerhaft ist. Im Gegenteil halte ich insoweit die **für § 145 KostO entwickelten Grundätze** für anwendbar (BDS/*Bormann*, § 92 Rn. 11; DST, Rn. 755): War die Erklärung noch nicht vollzugsfähig, steht die Ergänzung durch den Notar der vollständigen Entwurfsfertigung gleich. Daher ist jeder Ansatz im oberen Bereich des Gebührensatzrahmens ermessensfehlerfrei, insbesondere auch das vollständige **Ausschöpfen**. Hierbei muss auch berücksichtigt werden, dass die Überprüfung eines Fremdentwurfs bereits grundsätzlich mit höheren Risiken und höherem Aufwand ein-

1422

Kapitel 6. Beratung und Entwurf

hergeht als die eigene Entwurfsfertigung. Der Eingriff in den Fremdentwurf in verfahrensleitender Hinsicht bedeutet aber faktisch die vollständige Verantwortungsübernahme. Hier wurde **mit 0,8** gerechnet.

1422a Wegen der Überwachung zur **Einschränkung der Zweckerklärung** / des Sicherungsvertrags entsteht eine Betreuungsgebühr nach Nr. 22200 Nr. 5 (s. Rn. 514 ff.; BDS/*Bormann*, Nr. 22200 KV Rn. 8). Die für Beurkundungsfälle entwickelten Grundsätze gelten im Entwurfsbereich ebenso.

III. Serienentwurf

1423 Der Notar fertigt für einen Bauträger B den Entwurf eines Grundstückskaufvertrags, der Grundlage für den Abschluss mehrerer gleichartiger Einzelverträge sein soll. Der Entwurf (23 Seiten) enthält bereits alle wesentlichen Bestandteile des Rechtsgeschäfts mit Ausnahme der Bezeichnung des Käufers. Offengelassen ist ferner, welches der zehn zur Verfügung stehenden Grundstücke gemeint ist.
Es sollen insgesamt 10 Kaufverträge mit einem Kaufpreisvolumen von 2 Mio. € abgeschlossen werden. Der Notar übersendet dem Bauträger den Entwurf und stundet die Gebühr bis zum Abverkauf der Grundstücke, längstens ein Jahr.

1424 Kostenberechnung zum Serienentwurf vom 1.8.2014
URNr. 2700/2014

Nr. 24100	Fertigung eines Serienentwurfs		3.470,00 €
	Geschäftswert nach §§ 119 Abs. 2, 97, 47	1.000.000,00 €	
Vor 2.4.1	Stundung bis zu einem Jahr		- 3.470,00 €
Auslagen			
Nr. 32001	Dokumentenpauschale – Papier (s/w)	23 Seiten	3,45 €
Nr. 32005	Auslagenpauschale Post und Telekommunikation		20,00 €
	Zwischensumme		23,45 €
Nr. 32014	19 % Umsatzsteuer		4,46 €
	Rechnungsgesamtbetrag		**27,91 €**

1425 Der Geschäftswert für die Fertigung eines Serienentwurfs ist im Gegensatz zur bisherigen Rechtslage nicht der volle Wert, sondern die **Hälfte des Werts** aller zum Zeitpunkt der Entwurfsfertigung beabsichtigten Einzelgeschäfte, § 119 Abs. 2.

1426 Nach Vorbemerkung 2.4.1 Abs. 7 kann die Gebühr für die Fertigung des Serienentwurfs **bis zu einem Jahr gestundet** werden. Die übrigen Kosten des Verfahrens, insbesondere die Auslagen, sind davon nicht erfasst.

1427 Ob die Stundung aufgrund einer Netto- oder Bruttorechnung erfolgt, ist Geschmackssache. Wie bei der Verrechnung plädiere ich für eine **Nettorechnung** (siehe oben, Rn. 1210), was insbesondere eine spätere Anrechnung erleichtert.

1428 Während der Stundung ist die **Verjährung des Anspruchs gehemmt,** § 6 Abs. 3 GNotKG, §§ 205, 209 BGB, d.h. der Zeitraum wird in die Frist nicht eingerechnet.

Fortsetzung: Auf der Grundlage des Serienentwurfs findet der erste Abverkauf 1429
statt: Der Käufer K erwirbt zum Preis von 200.000 €. Der Notar wird beauftragt,
bei der zuständigen Gemeinde eine Negativbescheinigung nach § 28 Abs. 1
BauGB einzuholen. B stimmt der Freigabe des Grundstücks aus der Mithaft für
die Globalgrundschuld zu 1,5 Mio. € zu. Der Notar holt die Freigabeerklärung der
Gläubigerin ein. Der Notar wird ferner beauftragt und bevollmächtigt, die Fälligkeit des Kaufpreises nach Eintritt bestimmter Fälligkeitsvoraussetzungen (Vormerkung, Vorkaufsrechtsbescheinigung) mitzuteilen. Die Auflassung wird erklärt.
Der Notar wird beauftragt und bevollmächtigt, den Auflassungsvollzug zu überwachen.

Vom Kaufvertrag (21 Seiten) wurden zwei Entwürfe und vier beglaubigte Abschriften gefertigt. Auslagen Grundbucheinsicht: 16,00 €.

Kostenberechnung zum Kaufvertrag vom 1.8.2014 1430
URNr. 2701/2014

Nr. 21100	Beurkundungsverfahren		870,00 €
	Geschäftswert nach §§ 97, 47	200.000,00 €	
Nr. 22110	Vollzugsgebühr		217,50 €
	Geschäftswert nach § 112	200.000,00 €	
Nr. 22200	Betreuungsgebühr		217,50 €
	Geschäftswert nach § 113 Abs. 1	200.000,00 €	
Auslagen			
Nr. 32001	Dokumentenpauschale – Papier (s/w)	126 Seiten	18,90 €
Nr. 32005	Auslagenpauschale Post und Telekommunikation		20,00 €
Nr. 32011	Auslagen Grundbucheinsicht (je 8 €)		16,00 €
	Zwischensumme		1.359,90 €
Nr. 32014	19 % Umsatzsteuer		258,38 €
	Rechnungsbetrag		**1.618,28 €**

Die Einholung der **Freigabeerklärung** ist Vollzugstätigkeit nach Vorbemerkung 1431
2.2.1.1 Abs. 2 Satz 2 Nr. 9. Auf §§ 44 Abs. 1 Satz 1, 53 kommt es daher nicht an, siehe
auch Vorbemerkung 2.2 Abs. 2.

Aktualisierte Kostenberechnung zum Serienentwurf vom 1.8.2014 1432
URNr. 2700/2014

Vor 2.4.1	Gestundeter Betrag (netto)	3.470,00 €
Nr. 24103	./. Anrechnung Gebühr Beurkundungsverfahren	- 870,00 €
	Gestundeter Rechnungsrestbetrag (netto)	**2.600,00 €**

Führt der Notar auf der Grundlage eines von ihm gefertigten Serienentwurfs eine 1433
Beurkundung durch, **ermäßigt** sich die Entwurfsgebühr (nachträglich) um die Gebühr

für das Beurkundungsverfahren. Vollzugs- oder Betreuungsgebühren sind nicht anrechnungsfähig.

1434 Soweit die Gebühr für den Serienentwurf nicht nach Vorbemerkung 2.4.1 Abs. 7 gestundet worden ist, muss sie **zurückerstattet** werden.

1435 Die **Anrechnungspflicht** nach Nr. 24103 besteht zeitlich unbegrenzt, wenn die Beurkundung bei demselben Notar stattfindet, der den Serienentwurf gefertigt hatte, und diese tatsächlich noch „auf der Grundlage" des Serienentwurfs erfolgt. Der inhaltliche Konnex ist umso begründungsbedürftiger, je größer der zeitliche Abstand zwischen Entwurf und Beurkundung wird.

Kapitel 7. Sonstiges

A. Beglaubigung von Dokumenten

I. Papier

Grundfall: Der Notar wird beauftragt, eine beglaubigte Zeugnisabschrift (4 Seiten) zu fertigen. Der Beglaubigungsvermerk soll auf Spanisch gefertigt werden. Der Auftraggeber nimmt die Dokumente gleich mit. **1436**

Kostenberechnung zur Beglaubigung von Dokumenten vom 1.8.2014 **1437**
Aktenzeichen 3100

Nr. 25102	Beglaubigung von Dokumenten	10,00 €
Nr. 26001	Fremde Sprache	3,00 €
	Zwischensumme	13,00 €
Nr. 32014	19 % Umsatzsteuer	2,47 €
	Rechnungsbetrag	**15,47 €**

Für Beglaubigungen von Dokumenten ist **1,00 € je Seite** zu erheben. Die spezifische Mindestgebühr von 10,00 € wurde in Nr. 25102 aus §§ 55 Abs. 1 Satz 2, 33 KostO übernommen. Der Mindestbetrag einer Gebühr nach § 34 Abs. 5 von 15,00 € gilt nicht, da es sich bei Nr. 25102 **nicht um eine Wertgebühr** handelt. **1438**

Werden mehrere Ablichtungen von verschiedenen Urkunden durch einen **einheitlichen Vermerk** beglaubigt, entsteht die Beglaubigungsgebühr nur einmal nach der Gesamtseitenzahl. Werden mehrere Vermerke gefertigt, liegen verschiedene Geschäfte vor, bei denen jeweils die Mindestgebühr gesondert zu beachten ist. **1439**

Neben der Beglaubigungsgebühr wird nach Anmerkung 1 zu Nr. 25102 **keine Dokumentenpauschale** erhoben. Die Beglaubigungsgebühr schließt also die Kosten für die Fertigung der Abschrift mit ein – anders als nach Nr. 23803 beim Verfahren über die Erteilung einer vollstreckbaren Ausfertigung. **1440**

Die **Pauschale für Post- und Telekommunikationsdienstleistungen** sollte mit Augenmaß gehandhabt werden. Rechtmäßig wäre deren Erhebung allerdings, weil damit auch Allgemeinkosten pauschal auf Beurkundungsverfahren und Geschäfte umgelegt werden, und zwar unabhängig vom konkreten Anfall. **1441**

Eigene Urkunde/Amtsvorgänger: Der Vollmachtgeber bittet um Übersendung einer weiteren beglaubigten Abschrift der Vorsorgevollmacht URNr. 2020/2010 (6 Seiten), die der Amtsvorgänger des Notars protokolliert hatte. **1442**

Kapitel 7. Sonstiges

1443 **Kostenberechnung zur Beglaubigung von Dokumenten vom 1.8.2014**
Aktenzeichen 3110

Auslagen			
Nr. 32000	Dokumentenpauschale – Papier (s/w)	6 Seiten	3,00 €
Nr. 32004	Entgelte für Post- und Telekommunikationsdienstleistungen		1,45 €
	Zwischensumme		4,45 €
Nr. 32014	19 % Umsatzsteuer		0,85 €
	Rechnungsbetrag		**5,30 €**

1444 **Nr. 25102 wird nicht erhoben** für beglaubigte Kopien/Ausdrucke der vom Notar aufgenommenen oder in Urschrift in seiner dauernden Verwahrung befindlichen Urkunden. Nach Vorbem. 2 Abs. 1 Satz 1 steht dem Notar der Aktenverwahrer gemäß § 51 BNotO, der Notariatsverwalter gemäß § 56 BNotO oder ein anderer Notar, mit dem der Notar am Ort seines Amtssitzes zur gemeinsamen Berufsausübung verbunden ist oder mit dem er dort gemeinsame Geschäftsräume unterhält, gleich. Dafür ist aber die **Dokumentenpauschale** anzusetzen. Sie ist nach **Nr. 32000** zu berechnen, da die Sperrwirkung der Nr. 32001 Nr. 2 oder 3 nicht eingreift.

1444a **Verhältnis zu Vollzugshandlungen:** Der Mandant bittet den Notar, ihm eine beglaubigte Abschrift der Übernehmerliste zu erteilen. Im Rahmen der Kapitalerhöhung hatte die Vollzugsgebühr u. a. auch die Fertigung dieser Liste abgegolten (Vorbemerkung 2.2.1.1 Abs. 1 Satz 2 Nr. 3).

1444b **Kostenberechnung zur Beglaubigung von Dokumenten vom 1.8.2014**
Aktenzeichen 3115

Nr. 25102	Beglaubigung von Dokumenten	10,00 €
Auslagen		
Nr. 32004	Entgelte für Post- und Telekommunikationsdienstleistungen	1,45 €
	Zwischensumme	11,45 €
Nr. 32014	19 % Umsatzsteuer	2,18 €
	Rechnungsbetrag	**13,63 €**

1444c Die Übernehmerliste wurde nicht vom Notar aufgenommen (keine notarielle Urkunde). Es handelt sich auch um keine Urkunde, die in der dauernden Verwahrung des Notars verbleibt, weil die Liste gar keine notarielle ist. Daher kann die Gebühr nach **Nr. 25102 anstelle der Dokumentenpauschale** erhoben werden.

1445 **Unterschriftsbeglaubigte Dokumente:** Der Vollmachtgeber bittet den Notar um Übersendung einer beglaubigten Abschrift der Vorsorgevollmacht mit Patientenverfügung URNr. 2011/2013 (12 Seiten). Dabei handelt es sich um eine privatschriftliche Urkunde, unter der der Notar die Unterschrift des Vollmachtgebers beglaubigt hatte. Der Notar hatte eine beglaubigte Abschrift der Urkunde in seine Urkundensammlung genommen.

Kostenberechnung zur Beglaubigung von Dokumenten vom 1.8.2014   **1446**
Aktenzeichen 3120

Nr. 25102	Beglaubigung von Dokumenten		12,00 €
Auslagen			
Nr. 32004	Entgelte für Post- und Telekommunikationsdienstleistungen		1,45 €
	Zwischensumme		13,45 €
Nr. 32014	19 % Umsatzsteuer		2,56 €
	Rechnungsbetrag		**16,01 €**

Die in der Urkundensammlung zurückbehaltene beglaubigte Abschrift ist **kein Fall** **1447**
der Anmerkung 1 zu Nr. 25102: Die Urkunde wurde nicht vom Notar aufgenommen (nur der Beglaubigungsvermerk ist die notarielle Urkunde) und die Urschrift befindet sich nicht in seiner dauernden Verwahrung (sondern nur eine beglaubigte Abschrift, da die Urschrift ausgehändigt wird, § 45 Abs. 3 BeurkG). Daher kann die Gebühr nach **Nr. 25102 anstelle der Dokumentenpauschale** erhoben werden.

Vergleichbar liegt der Fall, wenn der Notar um eine beglaubigte Abschrift des von **1447a**
ihm beurkundeten **Testaments nach dessen Eröffnung** gebeten wird: Durch den Eröffnungsvermerk verliert die Urkunde die Qualität als (ausschließlich) „eigene" Urkunde nach Anmerkung 2 zu Nr. 25102, so dass die Beglaubigungsgebühr erhoben wird.

Der Ausschluss nach **Anmerkung 2 zu Nr. 25102** ist bei Unterschriftsbeglaubigun- **1448**
gen ebenfalls nicht anwendbar. Wird dort eine Vollmacht in beglaubigter Abschrift beigefügt, entsteht die Beglaubigungsgebühr, weil diese Kosten nur durch die Protokollierung von „Niederschriften" abgegolten werden (siehe Rn. 594).

II. Dateien im elektronischen Rechtsverkehr

a) Einscannen und Signaturbeglaubigung einer selbst entworfenen Handels- **1448a**
registeranmeldung (2 Seiten) sowie anschließender EGVP-Versand

Nr. 32002 Dokumentenpauschale – Daten   1 Datei   1,50 €

Bei den Auslagen löst das **Einscannen** im Gegensatz zur bisherigen Rechtslage keine klassische Dokumentenpauschale mehr aus. Allerdings kann dem Einscannen im Rahmen der **Vergleichsberechnung** bei Nr. 32002 (Dokumentenpauschale für die Überlassung von elektronisch gespeicherten Dateien) Bedeutung zukommen; hier allerdings nicht.

Für die **elektronische Beglaubigung** der Handelsregisteranmeldung fällt die Gebühr 25102 nach Abs. 2 Nr. 1 der Anmerkung nicht an.

Kapitel 7. Sonstiges

Nr. 22124 kommt **nicht** in Betracht, weil aufgrund der Entwurfsfertigung nach Vorbemerkung 2.2.1.2 Nr. 1 kein Vollzug in besonderen Fällen vorliegt.

1448b **b) Einscannen und Signaturbeglaubigung eines Fremdentwurfs einer Handelsregisteranmeldung (4 Seiten) sowie anschließender EGVP-Versand**

Nr. 22124	Übermittlung an Gericht, Behörde oder Dritten		20,00 €
Nr. 25102	Beglaubigung von Dokumenten		10,00 €
Nr. 32002	Dokumentenpauschale – Daten	4 Seiten	2,00 €

Für die **elektronische Beglaubigung** der Handelsregisteranmeldung fällt die Gebühr 25102 an. Abs. 2 Nr. 1 der Anmerkung ist nicht einschlägig. Abs. 1 der Anmerkung schließt die Dokumentenpauschale für den Versand nicht aus, sondern nur die Dokumentenpauschale für die Herstellung der Abschrift, also das Einscannen. Allerdings kann dem Einscannen im Rahmen der Vergleichsberechnung bei Nr. 32002 Bedeutung zukommen; das ist hier der Fall.

Nr. 22124 kommt in Betracht, weil mangels Entwurfsfertigung nach Vorbemerkung 2.2.1.2 Nr. 1 ein Vollzug in besonderen Fällen vorliegt.

1448c **c) Einscannen und Signaturbeglaubigung einer vom Notar gefertigten Liste der Gesellschafter nach § 40 Abs. 1 sowie anschließender EGVP-Versand**

Nr. 32002	Dokumentenpauschale – Daten	1 Datei	1,50 €

Die Erstellung der Liste ist **Vollzugstätigkeit** nach Vorbemerkung 2.2.1.1 Abs. 1 Satz 2 Nr. 3. Mangels Entwurfstätigkeit im kostenrechtlichen Sinne scheidet die Beglaubigungsgebühr nicht bereits nach Anm. 2 Nr. 1 zu Nr. 25102 aus. Vielmehr kommt es darauf an, ob man die Fertigung einer elektronisch beglaubigten Abschrift wegen **§ 12 Abs. 2 Satz 2, Hs. 1 HGB** als fehlerhafte Sachbehandlung einstuft. Nach meiner Erfahrung ist die Differenzierung in § 12 Abs. 2 HGB in der registerrechtlichen Praxis noch immer nicht fest etabliert, so dass nach dem Prinzip des sichersten Wegs eine elektronische Beglaubigung mindestens vertretbar erscheint.

1448d **d) Einscannen (und Signaturbeglaubigung) einer fremdgefertigten Liste der Gesellschafter nach § 40 Abs. 1 sowie anschließender EGVP-Versand**

Nr. 22124	Übermittlung an Gericht, Behörde oder Dritten		20,00 €
Nr. 32002	Dokumentenpauschale – Daten	1 Datei	1,50 €

Für das Einreichen einer fremden Liste erhält der Notar eine **Übermittlungsgebühr**. Für die Übermittlung fallen ferner Dokumentenpauschalen an. Soweit der Notar die Liste im Zusammenhang mit einem anderen Verfahren oder Geschäft einreicht, scheidet die Übermittlungsgebühr allerdings aus, wenn der Notar entweder für den zu vollziehenden Vorgang eine Entwurfs- oder Beurkundungsgebühr erhalten hat oder andere Vollzugstätigkeiten vorliegen (s. Rn. 897a).

A. Beglaubigung von Dokumenten

e) Einscannen und Signaturbeglaubigung einer Liste der Gesellschafter mit eigener Bescheinigung nach § 40 Abs. 2 Satz 2 GmbHG sowie anschließender EGVP-Versand   1448e

Nr. 32002	Dokumentenpauschale – Daten	1 Datei	1,50 €

Die eigene Bescheinigung nach § 40 Abs. 2 Satz 2 GmbHG schließt eine **Beglaubigungsgebühr** nach Abs. 2 Nr. 1 der Anmerkung zu Nr. 25102 KV aus.

Die **Übermittlungsgebühr** kommt nicht in Betracht, wenn der Notar eine Beurkundungsgebühr für die Anteilsabtretung oder Kapitalmaßnahme erhalten hat.

f) Einscannen und Signaturbeglaubigung einer Liste der Gesellschafter mit fremder Bescheinigung nach § 40 Abs. 2 Satz 2 sowie anschließender EGVP-Versand   1448f

Nr. 22124	Übermittlung an Gericht, Behörde oder Dritten		20,00 €
Nr. 25102	Beglaubigung von Dokumenten		10,00 €
Nr. 32002	Dokumentenpauschale – Daten	1 Datei	1,50 €

Für die **elektronische Beglaubigung** der fremdbescheinigten Liste fällt die Gebühr 25102 an; Abs. 2 Nr. 1 der Anmerkung ist nicht einschlägig. Abs. 1 der Anmerkung schließt die **Dokumentenpauschale für den Versand** nicht aus, sondern nur die Dokumentenpauschale für die Herstellung der Abschrift, also das Einscannen. Allerdings kann dem Einscannen im Rahmen der Vergleichsberechnung bei Nr. 32002 Bedeutung zukommen; das ist hier der Fall.

Nr. 22124 kommt in Betracht, wenn mangels Entwurfsfertigung nach Vorbemerkung 2.2.1.2 Nr. 1 ein Vollzug in besonderen Fällen vorliegt (s. Rn. 897a).

g) Einscannen und Signaturbeglaubigung einer selbst entworfenen Handelsregistervollmacht (3 Seiten) sowie anschließender EGVP-Versand   1448g

Nr. 32002	Dokumentenpauschale – Daten	1 Datei	1,50 €

Bei eigenen Entwürfen scheiden Beglaubigungs- und Übermittlungsgebühren aus.

h) Einscannen und Signaturbeglaubigung einer fremdentworfenen Handelsregistervollmacht (3 Seiten) sowie anschließender EGVP-Versand   1448h

Nr. 22124	Übermittlung an Gericht, Behörde oder Dritten		20,00 €
Nr. 25102	Beglaubigung von Dokumenten		10,00 €
Nr. 32002	Dokumentenpauschale – Daten	1 Datei	1,50 €

Die **Beglaubigung** der Fremdurkunde ist hier nicht nach Anmerkung 2 Nr. 2 von Nr. 25102 ausgeschlossen, weil die Handelsregistervollmacht nicht einer Niederschrift beigelegt wird und daher kein Fall von § 12 BeurkG vorliegt.

Ob die Gebühr **22124** mit Blick auf die Handelsregistervollmacht erhoben werden muss, hängt davon ab, ob sie selbst Ausgangspunkt eines Vollzugsauftrags ist oder im Zusammenhang mit einem anderen Verfahren oder Geschäft eingereicht wird. Im letzteren Fall muss geprüft werden, ob hinsichtlich des anderen Verfahrens die Voraussetzungen der Nr. 22124 vorliegen (s. Rn. 897a).

1448i **i) Einscannen und Signaturbeglaubigung von vier fremdentworfenen Übernahmeerklärungen (je 1 Seite zzgl. Beglaubigungsvermerk) sowie anschließender EGVP-Versand**

Nr. 22124	Übermittlung an Gericht, Behörde oder Dritten		20,00 €
Nr. 25102	Beglaubigung von Dokumenten (je 10,00 €)		40,00 €
Nr. 32002	Dokumentenpauschale – Daten	4 Dateien	5,00 €

Für die elektronische **Beglaubigung** der Übernahmeerklärung fällt die Gebühr 25102 an. Abs. 2 Nr. 1 der Anmerkung ist nicht einschlägig. Abs. 1 der Anmerkung schließt die Dokumentenpauschale für den Versand nicht aus, sondern nur die Dokumentenpauschale für die Herstellung der Abschrift, also das Einscannen. Allerdings kann dem Einscannen im Rahmen der Vergleichsberechnung bei Nr. 32002 Bedeutung zukommen; das ist hier nicht der Fall.

Nr. 22124 kommt nur in Betracht, wenn die Übernahmeerklärungen selbst Ausgangspunkt eines Vollzugsauftrags sind. Werden sie im Zusammenhang mit einem anderen Verfahren oder Geschäft eingereicht, muss geprüft werden, ob hinsichtlich des anderen Verfahrens die Voraussetzungen der Nr. 22124 vorliegen (s. Rn. 897a).

1448j **j) Einscannen (und Signaturbeglaubigung) eines schriftlichen Gesellschafterbeschlusses (2 Seiten) sowie anschließender EGVP-Versand**

Nr. 22124	Übermittlung an Gericht, Behörde oder Dritten		20,00 €
Nr. 32002	Dokumentenpauschale – Daten	1 Datei	1,50 €

Die **Übermittlungsgebühr** kann nur erhoben werden, wenn der Beschluss selbst Ausgangspunkt eines Vollzugsauftrags ist. Wird er im Zusammenhang mit einem anderen Verfahren oder Geschäft eingereicht, muss geprüft werden, ob hinsichtlich des anderen Verfahrens die Voraussetzungen der Nr. 22124 vorliegen (s. Rn. 897a).

Ob eine **Beglaubigungsgebühr** nach Nr. 25102 erhoben werden kann, hängt davon ab, ob man die Fertigung einer elektronisch beglaubigten Abschrift wegen **§ 12 Abs. 2 Satz 2, Hs. 1 HGB** als fehlerhafte Sachbehandlung einstuft. Nach meiner Erfahrung ist die Differenzierung des § 12 Abs. 2 HGB in der registerrechtlichen Praxis noch immer nicht fest etabliert, so dass nach dem Prinzip des sichersten Wegs eine elektronische Beglaubigung mindestens vertretbar erscheint.

1448k **k) Einscannen und Signaturbeglaubigung eines fremdbeurkundeten Gesellschafterbeschlusses (4 Seiten) sowie anschließender EGVP-Versand**

B. Bezugsurkunden

Nr. 22124	Übermittlung an Gericht, Behörde oder Dritten	20,00 €
Nr. 25102	Beglaubigung von Dokumenten	10,00 €
Nr. 32002	Dokumentenpauschale – Daten	2,00 €

Die **elektronische Beglaubigung** des fremdbeurkundeten Gesellschafterbeschlusses ist nach § 12 Abs. 2 Satz 2, Hs. 2 HGB erforderlich und nach Nr. 25102 gebührenpflichtig.

Die **Übermittlungsgebühr** kann nur erhoben werden, wenn der Beschluss selbst Ausgangspunkt eines Vollzugsauftrags ist. Wird er im Zusammenhang mit einem anderen Verfahren oder Geschäft eingereicht, muss geprüft werden, ob hinsichtlich des anderen Verfahrens die Voraussetzungen der Nr. 22124 vorliegen (s. Rn. 897a).

l) Einscannen und Signaturbeglaubigung eines selbst beurkundeten Gesellschafterbeschlusses (4 Seiten) sowie anschließender EGVP-Versand   1448l

Nr. 32002   Dokumentenpauschale – Daten   2,00 €

Bei **eigenen Urkunden** scheiden Beglaubigungs- und Übermittlungsgebühren aus.

m) Einscannen und Signaturbeglaubigung einer selbst beurkundeten Gründungsverhandlung (15 Seiten) sowie anschließender EGVP-Versand   1448m

Nr. 32002   Dokumentenpauschale – Daten   7,50 €

Bei **eigenen Urkunden** scheiden Beglaubigungs- und Übermittlungsgebühren aus.

n) Einscannen (und Signaturbeglaubigung) eines Einzahlungsbelegs (1 Seite) sowie anschließender EGVP-Versand   1448n

Nr. 32002   Dokumentenpauschale – Daten   1,50 €

Der Beleg kann als **einfache elektronische Aufzeichnung** nach § 12 Abs. 2 Satz 2, Hs. 1 HGB eingereicht werden; einer elektronischen **Beglaubigung bedarf es nicht**. Für die Übermittlung von Unterlagen, die nicht zwingend erforderlich sind, wird die Durchführungsgebühr 22124 nicht erhoben. Das gilt beispielsweise für den Einzahlungsbeleg (vgl. § 8 Abs. 2 Satz 2 GmbHG).

B. Bezugsurkunden

Der Notar errichtet im Auftrag der Beteiligten eines in der nächsten Woche zu protokollierenden Unternehmenskaufvertrages (Kaufpreis: 10,4 Mio. €) eine Bezugsurkunde. Darin sind diverse Erklärungen der betroffen Gesellschaft (zu gehaltenen Beteiligungen und laufenden Rechtsstreitigkeiten), die letzten Jahresabschlüsse, relevante Handelsregisterauszüge, diverse Garantieversprechen und ein Konsortialvertrag enthalten.   1449

> Die Urkunde hat 78 Seiten. Sie wird nach Beurkundung eingescannt und mit einer E-Mail an vier Empfänger verteilt.

**1450 Kostenberechnung zur Urkunde vom 1.8.2014
URNr. 3250/2014**

Nr. 21200	Beurkundungsverfahren		1.815,00 €
	Geschäftswert nach §§ 97, 36	1.040.000,00 €	
Auslagen			
Nr. 32002	Dokumentenpauschale – Daten	4 Dateien/312 Seiten	33,70 €
Nr. 32005	Auslagenpauschale Post und Telekommunikation		20,00 €
	Zwischensumme		1.868,70 €
Nr. 32014	19 % Umsatzsteuer		355,05 €
	Rechnungsbetrag		**2.223,75 €**

1451   Bezugsurkunden sind **stets gesondert zu bewerten**. Sie können nicht mit der Gebühr für die Haupturkunde abgegolten sein, weil gesonderte Urkunden immer eigenständige Beurkundungsverfahren sind. Auch kommt nicht in Betracht, die Werte nach § 35 Abs. 1 zu addieren, weil der einheitliche Verfahrenswert ebenfalls nur innerhalb einer Urkunde und eines Verfahrens gebildet werden kann.

1452   Bezugsurkunden sind **stets einseitige Erklärungen**, und zwar unabhängig vom Inhalt und Gegenstand der Erklärungen. Deshalb entsteht eine **1,0-Gebühr** nach Nr. 21200.

1453   Der **Geschäftswert** ist stets nach **§ 36 Abs. 1** durch den Notar nach billigem Ermessen festzusetzen. Als Bezugswert kommt regelmäßig das Hauptverfahren in Betracht. Wie der Geschäftswert davon abgeleitet wird, hängt von Umfang und Art der in der Bezugsurkunde enthaltenen Erklärungen ab. Es kommt eine weite Spanne von **10 bis über 50 Prozent** des Geschäftswertes der Haupturkunde in Betracht. Hier wurden 10 % angesetzt.

1454   Für die **Kosten des E-Mail-Versands** ist entscheidend, dass die Anmerkung zu Nr. 32002 einschlägig ist. Eingescannt wurden nur 78 Seiten. Für die übrigen Dateien waren je 1,50 € anzusetzen (s. Rn. 134 ff.).

1455   Die **Pauschale für Post- und Telekommunikationsdienstleistungen** wird nicht erhoben, wenn tatsächlich gar keine derartigen Auslagen entstanden sind. Das ist angesichts der Notwendigkeit abstimmender Telefongespräche kaum denkbar.

C. Verlosung

1456   Der Notar wird gebeten, den Hergang einer Verlosung (Wert der verlosten Gegenstände: 40.000 €) zu beurkunden. Dazu überprüft er mittels Stichproben das Ziehungsgerät und die Lose und wohnt dem Verlosungsvorgang in den Geschäftsräumen des Veranstalters bei (Abwesenheit: 2 Stunden). Vom Protokoll (3 Seiten) werden zwei beglaubigte Abschriften gefertigt.

C. Verlosung

Kostenberechnung zur Verlosung vom 1.8.2014   **1457**
URNr. 3300/2014

Nr. 23200	Verlosung		290,00 €
	Geschäftswert nach §§ 97, 36	40.000,00 €	
Nr. 26002	Tätigkeit außerhalb der Geschäftsstelle		200,00 €
	120 Minuten		
Auslagen			
Nr. 32000	Dokumentenpauschale – Papier (s/w)	6 Seiten	3,00 €
Nr. 32005	Auslagenpauschale Post und Telekommunikation		20,00 €
	Zwischensumme		513,00 €
Nr. 32014	19 % Umsatzsteuer		97,47 €
	Rechnungsbetrag		**610,47 €**

Abwandlung: Die Amtstätigkeit beschränkt sich auf die Protokollierung des Ergebnisses der Verlosung.   **1458**

Kostenberechnung zur Verlosung vom 1.8.2014   **1459**
URNr. 3310/2014

Nr. 21200	Tatsachenprotokoll		145,00 €
	Geschäftswert nach §§ 97, 36	40.000,00 €	
Nr. 26002	Tätigkeit außerhalb der Geschäftsstelle		200,00 €
	120 Minuten		
Auslagen			
Nr. 32001	Dokumentenpauschale – Papier (s/w)	6 Seiten	0,90 €
Nr. 32005	Auslagenpauschale Post und Telekommunikation		20,00 €
	Zwischensumme		365,90 €
Nr. 32014	19 % Umsatzsteuer		69,52 €
	Rechnungsbetrag		**435,42 €**

Protokolliert der Notar den **Hergang** der Verlosung, ist Nr. 23200 (2,0-Gebühr) einschlägig, nimmt er nur das Verlosungs**ergebnis** auf, ist es Nr. 21200 (1,0-Gebühr).   **1460**

Kapitel 7. Sonstiges

D. Legal Opinion

1461 Der Notar wird ersucht zu bescheinigen, dass eine durchgeführte Kapitalmaßnahme in Höhe von 1,5 Mio. € mit den Statuten der Gesellschaft und dem deutschen Recht in Einklang stand.
Das in englischer Sprache gefertigte Rechtsgutachten hat einen Umfang von 17 Seiten und wird zweimal ausgefertigt.
Der Notar hat das Handelsregister eingesehen.

1462 Kostenberechnung zur Rechtsbescheinigung vom 1.8.2014
URNr. 3500/2014

Nr. 25203	Bescheinigung über geltendes Recht		2.535,00 €
	Geschäftswert nach § 36	1.500.000,00 €	
Nr. 26001	Protokoll in fremder Sprache		760,50 €
Auslagen			
Nr. 32000	Dokumentenpauschale – Papier (s/w)	34 Seiten	17,00 €
Nr. 32005	Auslagenpauschale Post und Telekommunikation		20,00 €
Nr. 32011	Auslagen Handelsregistereinsicht (je 4,50 €)	1 Einsicht	4,50 €
	Zwischensumme		3.337,00 €
Nr. 32014	19 % Umsatzsteuer		634,03 €
	Rechnungsbetrag		**3.971,03 €**

1463 Die Erteilung einer Bescheinigung über das im Inland oder im Ausland geltende Recht ist in Nr. 25203 als **Rahmengebühr von 0,3 bis 1,0** ausgestaltet. Bemühungen der Bundesnotarkammer, den Gebührensatzrahmen angesichts des Aufwands und der Haftungsgefahren von Rechtsgutachten auf 2,0 zu erweitern, waren erfolglos.

1464 **§ 92 Abs. 2 ist auf Nr. 25203 nicht unmittelbar anwendbar**, weil die Rechtsbescheinigung weder ein Beurkundungsverfahren darstellt noch eine Entwurfsfertigung. Der **Rechtsgedanke** ist aber auch bei Geschäften einschlägig: Für die vollständige Erbringung der für das Geschäft erforderlichen Leistung kann die **Höchstgebühr** erhoben werden. So wurde es hier gehandhabt.

1465 Wird die **Zusatzgebühr für fremde Sprache** nach Nr. 26001 abgerechnet, können **Übersetzungskosten** wohl auch bei Bescheinigungen nicht als Auslagen gemäß Nr. 32010 geltend gemacht werden. Allerdings gilt nach dem Wortlaut von Nr. 26001 die Einschränkung „ohne Hinzuziehung eines Dolmetschers" nur für die Abgabe einer zu beurkundenden Erklärung.

1466 Die **Dokumentenpauschale** ist nach Nr. 32000 abzurechnen, weil die Sperrwirkung von Nr. 32001 Nr. 2 bzw. Nr. 3 mangels Beurkundungsverfahrens und Entwurfsgeschäfts nicht eintritt.

E. Grundbuch- und Handelsregisterauszüge

Der Notar wird vom Eigentümer gebeten, ihm einen **unbeglaubigten** Grundbuchabdruck zu erteilen (7 Seiten). **1466a**

Kostenberechnung Erteilung eines Grundbuchauszugs vom 1.8.2014 **1466b**
Aktenzeichen 3130

Nr. 25210	Grundbuchabdruck nach § 133a Abs. 1 Satz 2 GBO		10,00 €
Auslagen			
Nr. 32004	Entgelte für Post- und Telekommunikationsdienstleistungen		1,45 €
Nr. 32011	Auslagen Grundbucheinsicht (je 8 €)	1 Einsicht	8,00 €
	Zwischensumme		19,45 €
Nr. 32014	19 % Umsatzsteuer		3,70 €
	Rechnungsbetrag		**23,15 €**

In § 133a Abs. 1 GBO stellt der Gesetzgeber die bereits aus § 24 Abs. 1 BNotO folgende **Kompetenz des Notars** klar, demjenigen, der ein berechtigtes Interesse im Sinne des § 12 GBO darlegt, den Inhalt des Grundbuchs mitteilen zu können. Die Mitteilung kann nach § 133a Abs. 1 Satz 2 GBO auch durch die Erteilung eines Grundbuchabdrucks erfolgen. Für die Erteilung von **Grundbuchabschriften** durch den Notar sind in Nrn. 25210 ff. nach einer Auffassung gebührenrechtliche **Spezialvorschriften** vorgesehen. Diese schließen die Anwendbarkeit von Nr. 25209 (15 €) für die Einsicht und Mitteilung des Grundbuchinhalts aus und entstehen im Gegensatz zu Nr. 25209 zusätzlich zu anderen Verfahrens- oder Geschäftsgebühren. Nach anderer Auffassung ist bei Einsichtnahmen, die unabhängig von einem anderen Verfahren oder Geschäft beauftragt werden, immer Nr. 25209 einschlägig, und zwar unabhängig von der Art der Mitteilung des Grundbuchinhalts (*Diehn/Volpert*, Notarkostenrecht Rn. 1 ff.). Für unbeglaubigte Abdrucke des Grundbuchinhalts erhebt der Notar **je 10 €**. Der von dem Notar erteilte Grundbuchabdruck (§ 133a Absatz 1 Satz 2 GBO) ist nach **§ 85 GBV** mit der Aufschrift „**Abdruck**" und dem **Hinweis auf das Datum des Abrufs** der Grundbuchdaten zu versehen. Ohne den Zusatz „Abdruck" liegt eine formlose Mitteilung des Grundbuchinhalts nach Nr. 25209 vor. **1466c**

Über die isolierte Mitteilung des Grundbuchinhalts führt der Notar ein **Protokoll** nach § 133a Abs. 3 Satz 1 GBO. Das Protokoll muss das **Datum** der Mitteilung, die Bezeichnung des **Grundbuchblatts**, die Bezeichnung der **Person**, der der Grundbuchinhalt mitgeteilt wurde und gegebenenfalls die Bezeichnung der von dieser vertretenen Person oder Stelle sowie die Angabe enthalten, **ob** ein Grundbuchabdruck erteilt wurde, § 85a Abs. 1 GBV. Die Mitteilung an den Eigentümer bzw. Berechtigten eines grundstücksgleichen Rechts muss jedoch nicht protokolliert werden, § 133a Abs. 4 Nr. 2 GBO. Die Führung des Protokolls erfolgt **gebührenfrei**. **1466d**

Neben der Abdruckgebühr sollen keine **Dokumentenpauschalen** anfallen, was der Gesetzgeber angesichts des erheblichen Umfangs einzelner Grundbücher nochmals **1466e**

Kapitel 7. Sonstiges

überdenken muss, zumal sie neben Nr. 25209 (formlose Mitteilung) und vor allem neben Nrn. 25212 f. (Dateiübermittlung) vorgesehen sind.

1466f Der Notar erteilt dem Eigentümer einen einfachen Grundbuchabdruck (7 Seiten) und sendet an einen potentiellen Käufer auftragsgemäß einen **beglaubigten** (amtlichen) Abdruck.

1466g **Kostenberechnung Erteilung von Grundbuchabdrucken vom 1.8.2014 Aktenzeichen 3131**

Nr. 25210	Grundbuchabdruck (§ 133a Abs. 1 GBO) (je 10 €)		10,00 €
Nr. 25211	Grundbuchabdruck (§ 133a Abs. 1 GBO) beglaubigt (je 15 €)		15,00 €
Auslagen			
Nr. 32005	Auslagenpauschale Post und Telekommunikation		5,00 €
Nr. 32011	Auslagen Grundbucheinsicht (je 8 €)	1 Einsicht	8,00 €
	Zwischensumme		38,00 €
Nr. 32014	19 % Umsatzsteuer		7,22 €
	Rechnungsbetrag		**45,22 €**

1466h Für beglaubigte Abdrucke des Grundbuchinhalts erhebt der Notar **je 15 €**. Nach § 85 Satz 2 GBV steht der notarielle Abdruck des Grundbuchs einem amtlichen Ausdruck gleich, wenn er mit dem **Amtssiegel des Notars** versehen und **vom Notar unterschrieben** ist. § 42 BeurkG ist nicht einschlägig, was möglicherweise noch geändert wird. Daher empfiehlt sich aus meiner Sicht bereits jetzt, mehrere Blätter mit Faden und Prägesiegel zu verbinden.

1466i Werden **mehrere Abdrucke** erteilt, ist jeder Abdruck ein Geschäft, das gesondert zu bewerten ist. Die Auslagen für die Grundbucheinsicht nach Nr. 32011 richten sich demgegenüber ausschließlich nach der Zahl der Abrufe des Grundbuchinhalts.

1466j Der Notar sendet dem Eigentümer je einen unbeglaubigten Grundbuchabdruck von drei Grundstücken per E-Mail und einem potentiellen Käufer auftragsgemäß je eine **beglaubigte** Datei.

1466k **Kostenberechnung Erteilung Grundbuchauszüge vom 1.8.2014 Aktenzeichen 3132**

Nr. 25212	Grundbuchinhalt elektronisch (je 5 €)	15,00 €
Nr. 25213	Grundbuchinhalt beglaubigte Datei (je 10 €)	30,00 €

E. Grundbuch- und Handelsregisterauszüge

Auslagen			
Nr. 32002	Dokumentenpauschale – Daten	6 Dateien	9,00 €
Nr. 32005	Auslagenpauschale Post und Telekommunikation		9,00 €
Nr. 32011	Auslagen Grundbucheinsicht (je 8 €)	3 Einsichten	24,00 €
	Zwischensumme		87,00 €
Nr. 32014	19 % Umsatzsteuer		16,53 €
	Rechnungsbetrag		**103,53 €**

Für die Mitteilung des Grundbuchinhalts in einer Datei erhebt der Notar nach Nr. 25212 nur **5,00 € je Datei**. Wird die Datei beglaubigt, fallen **10 € je Datei** nach Nr. 25213 an. 1466l

Analog § 85 Satz 2 GBV setzt die beglaubigte Datei als Äquivalent des amtlichen Ausdrucks voraus, dass das **Amtssiegel des Notars** und dessen **Unterschrift** in der elektronischen Welt reproduziert werden. Dies geschieht nach § 39a BeurkG durch qualifizierte elektronische Signatur mit Notarattribut. 1466m

Wird derselbe Grundbuchauszug an einen Empfänger in **unterschiedlichen Dateiformaten** gleichzeitig übermittelt, fällt nur eine Gebühr an. Wird derselbe Auszug an einen Empfänger sowohl beglaubigt als auch unbeglaubigt übermittelt, entsteht nur die Gebühr nach Nr. 25213. Werden Dateien an **mehrere Empfänger** übermittelt oder sind **unterschiedliche Grundbücher** betroffen, entstehen mehrere Gebühren. Hier werden daher sechs Gebühren erhoben. 1466n

Neben den Gebühren 25212 und 25213 fallen **Dokumentenpauschalen** an. Diese sind nach Nr. 32002 zu berechnen, und zwar 1,50 € je Datei. Die Begrenzung von 5,00 € je Arbeitsgang greift hier nicht ein, da zwei Arbeitsgänge à 4,50 € vorliegen. 1466o

Der Notar wird gebeten, der Gesellschaft den Inhalt des Handelsregisters per E-Mail und X per Einschreiben/Rückschreiben mitzuteilen. 1466p

Kostenberechnung Handelsregistereinsicht vom 1.8.2014 1466q
Aktenzeichen 3133

Nr. 25209	Einsicht des Grundbuchs, Registers und von Akten		15,00 €
Auslagen			
Nr. 32000	Dokumentenpauschale – Papier (s/w)	2 Seiten	1,00 €
Nr. 32002	Dokumentenpauschale – Daten	1 Datei	1,50 €
Nr. 31002	Auslagenpauschale für Einschreiben (Nr. 32004 Abs. 2)		3,50 €
Nr. 32004	Entgelte für Post- und Telekommunikationsdienstleistungen		1,45 €
Nr. 32011	Auslagen Handelsregistereinsicht (je 4,50 €)	1 Einsicht	4,50 €
	Zwischensumme		26,95 €
Nr. 32014	19 % Umsatzsteuer		5,12 €
	Rechnungsbetrag		**32,07 €**

1466r Nrn. 25211 und 25213 gelten für **Handelsregisterauszüge** überhaupt nicht: Handelsregisterabdrucke können nicht die Wirkung einer Registerbescheinigung mit der Beweiskraft nach § 21 Abs. 1 Satz 2 BNotO haben: Anders als im Grundbuchrecht fehlen entsprechende Ermächtigungen für Notare mit Blick auf das Handelsregister (s. Rn. 951n; *Diehn/Volpert*, Notarkostenrecht Rn. 4; BDS/*Diehn*, Nr. 25210 Rn. 2).

1466s **Isolierte Handelsregistereinsichten** werden nach Nr. 25209 fakturiert. Die Mitteilung des Inhalts – auch an mehrere Beteiligte bzw. Auftraggeber – ist mit dieser Gebühr abgegolten, egal in welcher Form sie erfolgt. Daneben können Auslagen erhoben werden, insbesondere Einsichtskosten, Dokumentenpauschalen und Portokosten. Das Einschreiben kann auch in Höhe der tatsächlichen Kosten weiterberechnet werden (BDS/*Diehn*, Nr. 32004 Rn. 10).

F. Sonstige Tatsachen- und Vorgangsprotokolle

I. Öffnung eines Schließfaches

1467 Der Notar wohnt auf Ersuchen der Bank der Öffnung eines Schließfaches durch Aufbohren des Verschlusses bei. Er protokolliert den Vorgang und nimmt ein Verzeichnis der vorgefundenen Gegenstände (Wert: ca. 7.000,00 €) auf, für dessen Richtigkeit und Vollständigkeit er einsteht. Das Protokoll (3 Seiten) wird in englischer Sprache verfasst und für die Bank zweimal ausgefertigt. Der Notar war 100 Minuten außerhalb seiner Geschäftsstelle tätig.

1468 Kostenberechnung zum Vermögensverzeichnis vom 1.8.2014
URNr. 3320/2014

Nr. 23500	Aufnahme eines Vermögensverzeichnisses		114,00 €
	Geschäftswert nach § 115	7.000,00 €	
Nr. 26001	Protokoll in fremder Sprache		34,20 €
Auslagen			
Nr. 32000	Dokumentenpauschale – Papier (s/w)	6 Seiten	3,00 €
Nr. 32005	Auslagenpauschale Post und Telekommunikation		20,00 €
	Zwischensumme		171,20 €
Nr. 32014	19 % Umsatzsteuer		32,53 €
	Rechnungsbetrag		**203,73 €**

1469 Die Gebühr Nr. 23500 hat **keinen Mindestbetrag** von 120,00 €. Mit der Gebühr wird nach Vorbemerkung 2.3 auch die Fertigung der Niederschrift abgegolten.

1470 Bei der **Abgrenzung** zur bloßen Mitwirkung als Urkundsperson bei der Aufnahme eines Vermögensverzeichnisses nach Nr. 23502 (1,0-Gebühr) kommt es vor allem auf die Prüfungspflichten des Notars betreffend die Vollständigkeit und Richtigkeit des Verzeichnisses an. Übernimmt er diese wie hier, ist die 2,0-Gebühr nach Nr. 23500 einschlägig. Beschränkt sich die Amtstätigkeit auf die Beaufsichtigung der Schließfachöffnung, geht es also nicht um ein Vermögensverzeichnis, entsteht die 1,0-Gebühr nach Nr. 21200, die mindestens 60,00 € beträgt.

Wegen der Aufnahme des Protokolls in **Englisch** erhöht sich der Gebührensatz um 30 % auf 2,6. Technisch ist die fremde Sprache als Zusatzgebühr im Sinne einer echten Annexgebühr ausgestaltet, die selbst keine Wertgebühr ist. Eine **Auswärtsgebühr** nach Nr. 26002 (hier für 100 Minuten in Höhe von potentiell 200,00 €) entsteht nach Vorbemerkung 2.3.5 hier nicht. **1471**

Die **Dokumentenpauschale** ist nach Nr. 32000 abzurechnen, weil die Sperrwirkung von Nr. 32001 Nr. 2 bzw. Nr. 3 mangels Beurkundungsverfahrens und Entwurfsgeschäfts nicht eintritt. Für die Erstellung der Urschrift liegt kein besonderer Antrag vor, so dass deren Ausdruck nach Nr. 32001 Nr. 1 nicht gesondert abgerechnet wird. **1472**

II. Mieterversammlung

Der Notar wohnt einer Versammlung bei, in der Erstinformationen über eine geplante Sanierung mitgeteilt werden, und protokolliert antragsgemäß dessen Verlauf. Das Protokoll (9 Seiten) wird 14 Mal ausgefertigt. Der Notar war 5 Stunden außerhalb seiner Geschäftsstelle tätig. **1473**

Kostenberechnung zur Mieterversammlung vom 1.8.2014 **1474**
URNr. 3330/2014

Nr. 21200	Beurkundungsverfahren		60,00 €
	Geschäftswert nach § 36	5.000,00 €	
Nr. 26002	Tätigkeit außerhalb der Geschäftsstelle		500,00 €
	300 Minuten		
Auslagen			
Nr. 32001	Dokumentenpauschale – Papier (s/w)	126 Seiten	18,90 €
Nr. 32005	Auslagenpauschale Post und Telekommunikation		20,00 €
	Zwischensumme		598,90 €
Nr. 32014	19 % Umsatzsteuer		113,79 €
	Rechnungsbetrag		**712,69 €**

Liegen Anhaltspunkte für einen höheren Geschäftswert vor, kann dieser nach § 36 Abs. 1 ohne weiteres angesetzt werden. **1475**

III. Lebensbescheinigung

Der Notar bescheinigt zur Beantragung einer Rente im Ausland, dass der Antragsteller noch lebt. Der Vermerk (2 Seiten) wird in englischer Sprache aufgenommen, ausgehändigt und in begl. Abschrift zur Urkundensammlung genommen. **1476**

Kapitel 7. Sonstiges

1477 Kostenberechnung zur Lebensbescheinigung vom 1.8.2014
URNr. 3340/2014

Nr. 25104	Tatsachenbescheinigung		45,00 €
	Geschäftswert nach § 36	5.000,00 €	
Nr. 26001	Protokoll in fremder Sprache		13,50 €
Auslagen			
Nr. 32005	Auslagenpauschale Post und Telekommunikation	11,70 €	
	Zwischensumme		70,20 €
Nr. 32014	19 % Umsatzsteuer		13,34 €
	Rechnungsbetrag		**83,54 €**

G. Gebührenermäßigung

I. Gegenüber Begünstigten

1478 Die Gemeinde A verkauft ein Grundstück zum Kaufpreis von 200.000 € an den Bund. Eine auch nur teilweise Weiterveräußerung an einen nichtbegünstigten Dritten ist nicht beabsichtigt.
Vom Kaufvertrag (14 Seiten) werden vier beglaubigte Abschriften gefertigt. Auslagen Grundbucheinsicht: 16,00 €.

1479 Kostenberechnung zum Kaufvertrag vom 1.8.2014
URNr. 3200/2014

Nr. 21100	Beurkundungsverfahren		870,00 €
	Geschäftswert nach §§ 97, 47	200.000,00 €	
§ 91	Gebührenermäßigung 40 %		- 348,00 €
Auslagen			
Nr. 32001	Dokumentenpauschale – Papier (s/w)	56 Seiten	8,40 €
Nr. 32005	Auslagenpauschale Post und Telekommunikation		20,00 €
Nr. 32011	Auslagen Grundbucheinsicht (je 8 €)	2 Einsichten	16,00 €
	Zwischensumme		566,40 €
Nr. 32014	19 % Umsatzsteuer		107,62 €
	Rechnungsbetrag		**674,02 €**

1480 § 91 in seinen Absätzen 1 bis 3 **gleicht inhaltlich § 144 KostO**. Die Geschäftswertermäßigung betrifft **nur Gebühren für das Beurkundungsverfahren** sowie **Entwurfs- und Beratungsgeschäfte**. Nicht erfasst werden alle sonstigen notariellen Verfahren und alle anderen Geschäfte. Die Gebührenermäßigung gilt ferner nicht, soweit wirtschaftliche Unternehmen der persönlich Begünstigten betroffen sind.

Wenn das Beurkundungsverfahren bzw. Entwurfs- oder Beratungsgeschäft mit dem **Erwerb eines Grundstücks** oder grundstücksgleichen Rechts zusammenhängt, ermäßigen sich die Gebühren nach § 91 Abs. 1 Satz 3 nur, wenn dargelegt wird, dass eine auch nur teilweise **Weiterveräußerung an einen nichtbegünstigten Dritten nicht beabsichtigt** ist. Ändert sich diese Absicht innerhalb von drei Jahren nach Beurkundung der Auflassung, entfällt nach § 91 Abs. 1 Satz 4 eine bereits gewährte Ermäßigung. Der Begünstigte ist **verpflichtet, den Notar zu unterrichten**, § 91 Abs. 1 Satz 5. Darauf sollte der Notar in der Urkunde gesondert hinweisen. 1481

Die Ermäßigung erstreckt sich nach § 91 Abs. 3 auf andere Beteiligte, die mit dem Begünstigten als **Gesamtschuldner** haften, nur insoweit, als sie von dem Begünstigten aufgrund gesetzlicher Vorschrift Erstattung verlangen können. 1482

Haftet ein persönlich Gebührenbegünstigter **kraft bürgerlichen Rechts** für die Kostenschuld eines nicht Begünstigten, kann sich der persönlich Begünstigte gegenüber dem Notar **nicht** auf die Ermäßigungsvorschrift berufen, § 91 Abs. 4. 1483

II. Gegenüber Nichtbegünstigten

Eine Gemeinde A bestellt B ein Erbbaurecht (Geschäftswert 200.000 €). Am Erbbaurecht wird in gleicher Urkunde ein Vorkaufsrecht für A bestellt (Geschäftswert 100.000 €). Vom Kaufvertrag (14 Seiten) werden vier beglaubigte Abschriften gefertigt. Auslagen Grundbucheinsicht: 16,00 €. In Anspruch genommen wird der nichtbegünstige Erwerber B. 1484

Kostenberechnung zum Kaufvertrag vom 1.8.2014 1485
URNr. 3201/2014

Nr. 21100	Beurkundungsverfahren		1.270,00 €
	Summe nach § 35 Abs. 1	300.000,00 €	
	Geschäftswert nach §§ 97, 43	200.000,00 €	
	Geschäftswert nach §§ 97, 51	100.000,00 €	
§ 91	Gebührenermäßigung 5 %		- 63,50 €
Auslagen			
Nr. 32001	Dokumentenpauschale – Papier (s/w)	56 Seiten	8,40 €
Nr. 32005	Auslagenpauschale Post und Telekommunikation		20,00 €
Nr. 32011	Auslagen Grundbucheinsicht (je 8 €)	2 Einsichten	16,00 €
	Zwischensumme		1.250,90 €
Nr. 32014	19 % Umsatzsteuer		237,67 €
	Rechnungsbetrag		**1.488,57 €**

Da B persönlich nicht nach § 91 Abs. 1 oder Abs. 2 begünstigt ist, kommt für ihn eine Gebührenermäßigung nur nach **§ 91 Abs. 3** in Betracht. Ob B von der begünstigten Gemeinde aufgrund **gesetzlicher** Vorschrift Erstattung verlangen könnte, ist nach den Verfahrensgegenständen getrennt zu beurteilen: 1486

Kapitel 7. Sonstiges

- Für die entgeltliche Erbbaurechtsbestellung besteht kein solcher materiellrechtlicher Erstattungsanspruch für B, weil B nach **§ 448 Abs. 2 BGB** die Notarkosten kraft Gesetz schulden würde.
- Für die Vorkaufsrechtsbestellung gibt es jedoch keine mit § 448 Abs. 2 BGB vergleichbare Regelung. Vielmehr gilt **§ 426 Abs. 1 BGB**. Wegen der hälftigen Haftung der begünstigten Gemeinde A erstreckt sich insoweit die Ermäßigung auch auf B.

1487 Die Ermäßigung gilt aber **nur für das Vorkaufsrecht**. Die anteilige Berücksichtigung sollte mit Blick auf die Geschäftswertanteile ermittelt werden: Sie besteht hier nur zu einem Drittel der Gebühren:
- Der Ermäßigungssatz beträgt mit Blick auf den Geschäftswert des Vorkaufs-rechts von 100.000,00 € 30 Prozent.
- Die Gebühr ist daher um 50 % x 1/3 x 30 % = 5 % zu reduzieren.

Der hier vorgenommene gesonderte Ausweis des Ermäßigungsbetrags ist ebensowenig erforderlich wie die Angabe von § 91. Da eine ermäßigte Gebühr den Betrag nicht unterschreiten darf, der bei einem niedrigeren Geschäftswert zur Anwendung käme, ist der konkrete Ausweis der Ermäßigung nicht einmal immer zweckmäßig.

H. Gebührenvertrag

I. Streitschlichtung

1488 Der Notar wird beauftragt, in einem Streit zwischen zwei Unternehmern schlichtend tätig zu werden. Dazu wird ein öffentlich-rechtlicher Gebührenvertrag geschlossen und ein Honorar von 350,00 € pro Stunde zzgl. gesetzlicher Umsatzsteuer vereinbart. Der Gesamtaufwand für das Schlichtungsverfahren beträgt 8 ½ Stunden.

1489 **Kostenberechnung zur Mediation vom 1.8.2014**
Aktenzeichen 3000

§ 126	Öffentlich-rechtlicher Vertrag	2.975,00 €
Auslagen		
Nr. 32005	Auslagenpauschale Post und Telekommunikation	20,00 €
	Zwischensumme	2.995,00 €
Nr. 32014	19 % Umsatzsteuer	569,05 €
	Rechnungsbetrag	**3.564,05 €**

1490 Das GNotKG hält an dem Grundsatz aus § 140 KostO, dem **Verbot von Gebührenvereinbarungen,** fest, § 125. Damit korrespondiert das Recht und die Pflicht des Notars, die gesetzlich entstehenden Gebühren zu erheben, § 17 Abs. 1 Satz 1 BNotO.

1491 Ein öffentlich-rechtlicher Gebührenvertrag kann nur schriftlich und nur für folgende Tätigkeiten des Notars abgeschlossen werden, **sofern und soweit er für entsprechende Amtshandlungen überhaupt zuständig ist**, was praktisch nur im Rahmen von § 24 Abs. 1 BNotO in Betracht kommt:

H. Gebührenvertrag

- **Mediation** und **Schlichtung**, § 126 Abs. 1 Satz 1, und
- Amtstätigkeiten, für die im GNotKG keine Gebühr bestimmt ist **und** die nicht mit anderen gebührenpflichtigen Tätigkeiten **zusammenhängen**, § 126 Abs. 1 Satz 3. Gedacht ist insbesondere, aber nicht nur, an **Dauertätigkeiten** wie die Führung eines Aktienregisters.

Im Rahmen des Urkundsgewähranspruchs, § 15 Abs. 1 BNotO, ist eine Gebührenvereinbarung **nicht denkbar**. Auch **Entwurfs- und Beratungstätigkeiten** sind – soweit für gesonderte Gebühren überhaupt Raum ist – in Nrn. 24100 ff. und Nrn. 24200 ff. **abschließend** erfasst. 1492

Als Honorar darf **nur Geld** vereinbart werden, § 126 Abs. 1 Satz 1. Die Höhe der Vergütung muss **angemessen** sein, § 126 Abs. 1 Satz 3. Dabei sind alle Umstände des Geschäfts, insbesondere Umfang und Schwierigkeit, zu berücksichtigen. Wird eine unangemessene Vergütung vereinbart, setzt das **Gericht** nach gutachterlicher Stellungnahme der Notarkammer, § 128 Abs. 1 Satz 2, die angemessene Gegenleistung fest, § 128 Abs. 2 Satz 2. 1493

Sofern nichts anderes vereinbart ist, werden die **Auslagen** nach den gesetzlichen Bestimmungen erhoben, § 126 Abs. 1 Satz 4. 1494

Die Kostenberechnung ist in entsprechender Anwendung von § 19 zu fertigen. 1495

II. Ausarbeitung Familiencharta

Der Notar wird beauftragt, eine Unternehmerfamilie bei der Ausarbeitung ihrer Familiencharta zu unterstützen. Die Tätigkeit umfasst neben gelegentlichem Rechtsrat vor allem die operative Gestaltung des erforderlichen Gesprächsprozesses innerhalb der Familie und hat daher einen vermittelnden bzw. mediatorischen Schwerpunkt. 1496

Vereinbart werden eine Grundvergütung von 200,00 € pro Stunde und eine Erfolgsprämie von 5.000,00 €, falls der Vermittlungsversuch gelingt. Spesen, Reisekosten und sonstige Auslagen sollen in voller Höhe erstattet werden.

Nach drei Monaten und einem zeitlichen Aufwand von 17 Stunden unterzeichnen alle Familienmitglieder eine Familiencharta.

Kostenberechnung zur Mediation „Familiencharta" vom 1.8.2014 1497
Aktenzeichen 3005

§ 126	Öffentlich-rechtlicher Vertrag – Honorar (17,0 Stunden)	3.400,00 €
Abschlussvergütung		5.000,00 €
Spesen und Auslagen		878,67 €
	Zwischensumme	9.278,67 €
Nr. 32014	19 % Umsatzsteuer	1.762,95 €
	Rechnungsbetrag	**11.041,62 €**

Ein öffentlich-rechtlicher Kostenvertrag nach § 126 Abs. 1 kommt auch in Betracht, wenn die mediatorische/organisatorische Tätigkeit Elemente rechtlicher Beratung erhält. Der **atypische Charakter** – und damit der Abstand zu Beratungsleistungen nach 1498

Kapitel 7. Sonstiges

Nr. 24200 ff. – muss jedoch klar hervortreten. Andernfalls ist der öffentlich-rechtliche Kostenvertrag unzulässig.

1499 Die Aufspaltung der Vergütung – insbesondere in vermittelnden und streitschlichtenden Verfahren – in einen **zeit- und einen erfolgsabhängigen Bestandteil** begegnet grundsätzlich keinen Bedenken. Die Höhe jedes Bestandteils muss in einem angemessenen Verhältnis zur Wertigkeit der notariellen Leistung stehen. Dabei kann auch die übliche Vergütung anderer Berater gleicher Qualifikation und Erfahrung einen Anhaltspunkt liefern.

1500 Zulässig ist es ferner, die **Erstattungsfähigkeit von Auslagen auszudehnen**. Beispielsweise kann der Begriff der Geschäftsreise anders als in Vorbemerkung 2.3 Abs. 2 auch auf Reisen innerhalb einer Gemeinde erstreckt werden.

III. Sonstige Verwahrung

1501 Der Notar wird beauftragt, eine Bürgschaftsurkunde zu verwahren, mit der eine Schuld von 1,2 Mio. € gesichert wird.
Mit dem Beteiligten wird ein öffentlich-rechtlicher Gebührenvertrag geschlossen und vereinbart, dass für die Verwahrung eine volle Gebühr nach Tabelle B des GNotKG aus dem Nennbetrag der gesicherten Schuld erhoben wird. Damit ist die Verwahrung bis zum Eintritt des Sicherungsfalls, längstens für zehn Jahre abgegolten.

1502 **Kostenberechnung zur Verwahrung vom 1.8.2014**
Aktenzeichen 3010

§ 126	Öffentlich-rechtlicher Vertrag	2.075,00 €
Auslagen		
Nr. 32005	Auslagenpauschale Post und Telekommunikation	20,00 €
	Zwischensumme	2.095,00 €
Nr. 32014	19 % Umsatzsteuer	394,25 €
	Rechnungsbetrag	**2.469,25 €**

1503 Die gesetzliche Regelung von Verwahrgebühren in Nrn. 25300 und 25301 umfasst nur Geld, Wertpapiere und Kostbarkeiten. **Wertpapiere** sind beispielsweise Aktien, Schuldverschreibungen auf den Inhaber, Pfandbriefe, Wechsel und Schecks einschließlich von Verrechnungsschecks. **Kostbarkeiten** sind beispielsweise Edelmetallsachen, Edelsteine und Schmuck.

1504 **Sparbücher**, Grundschuld- und Hypothekenbriefe, Bürgschaftsurkunden usw. zählen nicht zu den echten Wertpapieren. Werden diese hinterlegt, muss der Notar einen öffentlich-rechtlichen Gebührenvertrag nach § 126 schließen. Nrn. 25300 ff. sind nicht einschlägig. Das gilt auch für die Hinterlegung von **Quell-Codes** oder Musikdatenträgern zur **Prioritätsfeststellung** bzgl. der Schutzrechte an Musikstücken.

1505 In dem öffentlich-rechtlichen Gebührenvertrag können sowohl **Einmalgebühren** als auch **regelmäßige Gebühren** vereinbart werden. Denkbar sind dabei sowohl **Wert- als auch Festgebühren**. Insbesondere nicht unangemessen ist die Vereinbarung der Anwendbarkeit von Nr. 25301. Das gilt auch für Gebührentabellen anderer Einrichtungen der Rechtspflege, die in Bezug genommen werden können, beispielsweise Tabelle A der Anlage zum GNotKG oder das RVG-Kostenverzeichnis.

Die Gebühr kann auch als **Prozentsatz des Gegenstandswertes** vereinbart werden. **1506** Der Notar ist nicht auf die stark degressive Kurve der Tabelle B des GNotKG verwiesen. Er kann auch auf Tabelle A rekurrieren.

Zulässig ist es beispielsweise, bei streitschlichtenden Amtstätigkeiten auf aner- **1507** kannte **Honorarrichtlinien von Schiedsrichtern** zurückzugreifen, beispielsweise auf die Anlage zu § 40.5 der DIS-Schiedsgerichtsordnung.

Stichwortverzeichnis

(Die Zahlen beziehen sich auf Seiten)

A
Abgeschlossenheitsbescheinigung 102
Ablieferung Testament 312
absolute Gegenstandsverschiedenheit 20
Abtretung 128
– Änderung von Zinsen 130
– Briefgrundschuld 128
– Buchgrundschuld 129
– Grundbuchanträge 129
– Schuldanerkenntnis 130
Adoption 278
Aktiengesellschaft 241
– Abschlussprüfer 243
– Aufsichtsrat 243
– Durchführung Kapitalerhöhung 250
– Entlastungsbeschluss 244
– Genehmigtes Kapital 246
– Gewinnabführung 246
– Gewinnverwendungsbeschluss 244
– Gläubigeraufruf 253
– Gründungsprüfung 241
– Hauptversammlungen 244
– Jahresabschluss 244
– Kapitalerhöhung 247
– Liquidation 252
– Liste Aufsichtsratsmitglieder 242, 255, 257
– Neugründung 241
– Satzungsbescheinigung 252
– Wahlen 249
– Zweigniederlassung 250
Aktienregister 373
Anderkonto 44
Änderungen
– Kaufpreis 64
– Sonstige Bestimmungen 65
Anfordern 347
Angebot 72, 73
– Bindungsentgelt 73
– Gegenseitige 75
– Mehrheit 74
– Verlängerung Annahmefrist 75
– ZV-Unterwerfung 73
Ankaufsrecht 81
– Ausübung 82
– Einräumung 81
Anmerkungen 3
Annahme 76
– Auflassung 77

– Beim anderen Notar 79
– Beim Angebotsnotar 76
– Teilweise ZV-Unterwerfung 78
– Vertragsaufspaltung 77
– ZV-Unterwerfung 77
Annahmefrist 75
Annexgebühr 5, 86, 165
Anrechnung 301, 340, 343, 353
Anteilsabtretung 218
Anteilsübertragung
– GmbH & Co. KG 174
– Konzernintern 222
Apostille 241
Aufgebotsverfahren 131
Aufgeld 231
Aufhebung 70, 71, 299
– Ehevertrag 273
– Erbvertrag 298
– rechtserzeugende 273
– Schadenersatzregelung 69
Aufhebung der Kostenberechnung 16
Aufhebungsausschluss 97
Auflagen 285, 286, 288
Auflassung 87
– Anderer Notar 88
– Ausländisches Kausalgeschäft 89
– Derselbe Notar 87
– Vermächtniserfüllung 91
– Wert 87
Aufsichtsrat 243
Aufteilungsverpflichtung 58
Auseinandersetzung des Nachlasses 314
Auslagen
– durchlaufende Posten 27
– Umsatzsteuer 27
– Veröffentlichungskosten 234
Auslagenpauschale
– Einführung 27
– Einschreiben 136, 368
– Mehrere Verfahren 128
– Mehrfache Entstehung 215
– Mehrfacher Anfall 88
– Unterschriftsbeglaubigung 18, 141
– Vollzug/Betreuung 18
Ausländische Register 45
Auswärtsgebühr 87
– Nachgenehmigung 334
– Patientenverfügung 342

Stichwortverzeichnis

- Testament 341
- Unterschriftsbeglaubigung 139
- Vermögensverzeichnis 369
- Verteilung 140
- Vorsorgevollmacht 329

Auswechseln des Vertragspartners 340

B

Baubeschreibung 104
Bauherstellungsvertrag 71
Bauverpflichtung 51
- Gewerbliches Grundstück 51
- Wohnhaus 52

Beglaubigung
- auswärts 139
- Dokument / Abschrift 137, 139, 355
- Elektronisch 209, 357
- Eröffnungsvermerk 357

Begräbnis 97
Beherrschungsvertrag 226
Belastungsvollmacht 38
Benutzungsregelung 97

Beratung
- Abgrenzung Vollzug 347
- Allgemeine Raterteilung 342
- Anrechnung 344
- Bei Unterschriftsbeglaubigung 344
- Erbenermittlung 348
- Gesellschafterversammlung 348
- gesetzliche Hinweispflichten 347
- Hauptversammlung 348
- Konkretes Rechtsgeschäft 342
- Lastenfreistellung 346
- Neben Beurkundungsgebühr 345
- Steuerrecht 345
- Teilnehmerverzeichnis 349
- Verein 186

Bescheinigung § 21 BNotO 46, 73, 74, 88, 145, 231, 240, 255
Beschränkte persönl. Dienstbarkeit 59
Beteiligungsvertrag 230
Betreffzeile 1
Betreuungsverfügung 326
bewegliche Gegenstände 41
Bezugsurkunde 361
- Baubeschreibung 104
- Beteiligungsvereinbarung 233

Bindungsentgelt 74
Buchwertkorrektur 224
Bundesanzeigerverlag 234
BZRG-Belehrung 210

C

Call-Option 232

D

Dateien 153
Dauertätigkeiten 373

Degressionseffekt 19
Demnächst 340
Dienstbarkeit
- Beschränkte persönliche 59
- Geh- und Fahrtrecht 115
- Unterlassung 115
- Wohnungsrecht 116
- Zugunsten des Käufers 61, 62
- Zugunsten des Verkäufers 58

DIS-Schiedsgerichtsordnung 375
Dokumentenpauschale
- Beabsichtigter Text 41
- Dateien 26, 57, 153, 217, 226, 328
- Einscannen 26, 57, 120, 357
- Elektr. Übermittlung 26, 57, 83
- Leseabschriften 344
- Tarifsplitting 24
- Testamentsregister 277, 278
- Übersicht 24
- Unterschriftsbeglaubigung 325
- Verhandlungsabbruch 341
- Vertretungsnachweise 138

Doppelvollmacht 43
Doppelzitat 4
Durchführungsvollmacht 169
Durchlaufende Posten 27
DVD 57

E

Ehe- und Erbvertrag
- Bewertung 277
- Teilaufhebung 299

Ehevertrag
- Ausschluss Zugewinnausgleich 268
- Erfüllung Zugewinnausgleich 276
- Gütertrennung 267, 275
- Künftiges Vermögen 270
- Modifikation Anfangsvermögen 269
- Unterhaltsvereinbarung 267, 276
- Versorgungsausgleich 271

Eidesstattliche Versicherung 311
Eigentümerzustimmung 121
Eigenurkunde 34, 43, 68, 204
Einbringungsvertrag 195
Einheimischen-Modell 52
Einscannen 357
Einschreiben 136, 368
Einzahlungsbeleg 361
Einzelunternehmen
- Änderung Geschäftsanschrift 156
- Ersteintragung 153
- Prokura 154
- Verkauf 155

Elektronischer Grundbuchverkehr 70, 82
Elektronischer Rechtsverkehr 357
Entlassung aus der Mithaft 138
Entscheidung des Landgerichts 14

Stichwortverzeichnis

Entwurf 350
– Dokumentenpauschale 350
– Ergänzung 351
– Geschäftswert 143
– Überprüfung 142, 351
Entwurfslösung 238
Erbausschlagung 313
Erbbaurecht 109, 113
– Bestellung 109
– Eigentümerzustimmung 111
– Finanzierungsgrundschuld 111
– Löschung 113
– Pfandunterstellung 114
– Stillhalteerklärung 113
– Verkauf 110
– Vorkaufsrecht 110
Erbenermittlung 347
Erbrechtsverordnung 310
Erbscheinsantrag 310
– Eidesstattliche Versicherung 310
– Grundbuchberichtigung 311
– Grundbuchzweck 312
Erbvertrag 292
– Aufhebung 298
– Nachtrag 303
– Rückgabe 300
– Teilaufhebung 299
Erbverzichtsvertrag 276, 308
Erfolgshonorar 374
Ergebnisabführungsvertrag 226
Erwerbs-/Veräußerungsrechte 81, 84
Europäische Gesellschaft 254
Euro-Umstellung 216

F
Familiencharta 373
Familiengerichtliche Genehmigung 42
Farbkopien 25, 49, 51
Fernbelehrungen 199
Finanzierungsgrundschuld 122
Formfehler 16
Formwechsel 264
– Satzungsentwurf 265
Führung Aktienregister 373

G
Gastaufenthalt 282
Gebührenermäßigung 370
Gebührentabelle 385
Gebührenvergleich 19
Gebührenvertrag 372, 374
Geburtsnamenerklärungen 280
Gegenstand 19
Gegenstandsinterne Addition 11, 97
Gegenstandsverschiedenheit 20
Geh- und Fahrtrecht 62, 115
Gemeinschaftsordnung 103

Gemeinschaftsregelungen 97
genehmigtes Kapital 242
Generalvollmacht 324
Geschäft 17
Geschäftsfähigkeit 330
Geschäftsführerwechsel 208
Gesellschaft bürgerlichen Rechts
– Abtretung 159
– Fortführung einer oHG 158
– Gründung 157
– Mitbeurkundung 161
– Vollmacht 163
– Wert ohne Einlagen 157
Gesellschaft mit beschränkter Haftung
– Änderung Vertretungsregelung 202
– Anteilsabtretung 218
– Anteilsverpfändung 225
– Auflösung 236
– Barkapitalerhöhung 211
– Beherrschungsvertrag 226
– Buchwertkorrektur 224
– BZRG-Belehrung 199
– Dokumentenpauschale 190, 192
– Einbringung Handelsgeschäft 194
– Ein-Personen-Bargründung 191
– Einzahlungsbestätigung 193
– Erhöhungsliste 212
– Gegenstandsänderung 202
– Geschäftsführerbestellung 189, 196
– Geschäftsführerwechsel 208
– Gesellschafterliste 189
– Gewinnabführungsvertrag 226
– Gläubigeraufruf 234, 236
– Gründungsbescheinigung 189
– Höchstwert 222
– IHK-Stellungnahme 190
– Kapitalerhöhung 211
– Konzerninterne Abtretung 222
– Liquidation 233
– Liquidationsbeendigung 236
– Sachgründung 194
– Sachgründungsbericht 195
– Satzungsänderung 202
– Satzungsbescheinigung 203, 213
– Schenkung 223
– Sitzverlegung 202
– Sperrjahr 236
– Übernahmeerklärung 211
– UG siehe Unternehmergesellschaft
– Unternehmensvertrag 226
– Vermögensverwaltende Gesellschaften 225
– Verschmelzung 258
– Versicherung GF 198
– Vorratsgesellschaft 197
– Wertermittlung GmbH-Anteile 224, 225
– Wirksamkeitsbescheinigung 212, 223
– Wirtschaftliche Neugründung 197

- XML-Strukturdaten 209
- Zusammenstellung Satzung 203
- Zwei-Personen-Bargründung 187

Gesellschafterliste 189
- Isolierte 237
- Mittelbare Mitwirkung 207
- Übermittlungskosten 358

Gewinnabführungsvertrag 226, 246
- Änderung 229
- Urkundsgestaltung 229
- Verpflichtung zum Abschluss 233

Glättung 216
Gläubigerabruf 253
Gläubigeraufruf 187, 234
Globalgrundpfandrecht 139
Globalpfandfreigabe 40
GmbH & Co. KG
- Bareinlage 171
- Sacheinlage 173
- Übertragung 174

GmbH-Geschäftsanteile 224
- Call-Option 232
- Nummerierung 219

Grabpflege 97
Grundbegriffe
- Auslagen 22
- Gegenstand 19
- Geschäft 17
- Verfahren 19

Grundbuchabdruck 44, 46, 78, 121, 122
- beglaubigt/amtlich 366
- Beglaubigungsgebühr 366
- Dateiformate 367
- Dokumentenpauschale 122
- Dokumentenpauschalen 366
- elektronisch 366
- Formvorschriften 365
- Protokollierung 365
- Unbeglaubigt 365

Grundbuchberichtigung 145
- Abwachsung 147
- Anteilsanwachsung 145
- Erbfolge 146
- GbR 145
- Gütergemeinschaft 146
- Heirat 146

Grundbucheinsicht 367
Grundbucheinsichtskosten 46
Grundbucherklärungen 137
- § 27 GBO 141
- Auswärtsbeglaubigung 139
- Entwurfsüberprüfung 142
- Löschungsbewilligung 137
- Übersendung an Gericht 142

Grunddienstbarkeit 58
Grundschuld 119
- Aufgebotsverfahren 131

- Betreuung 123
- Herbeiführung Bindungswirkung 124
- Stillhalteerklärung 113
- Unterschriftsbeglaubigung 148
- Verpfändung 125
- Vollzug 121, 122
- ZV-Unterwerfung 119, 120

Grundschuldübernahme 47
Grundstücksvermächtnis 288
Grundstücksversteigerung 91
Gründungsbescheinigung 189
Gründungsprüfung 241
Gütertrennung 275

H

Handelsregisteranmeldung 358
- Eigenurkunde 204
- Einzelunternehmen 153
- Elektronischer Rechtsverkehr 358
- Fortführung GbR 158
- Höchstgeschäftswert 210
- Höchstwert 249
- Ohne wirtschaftl. Bedeutung 156
- Prokura 154

Handelsregistervollmacht 322
- Durch Kommanditisten 323
- Durch Vertretungsorgan 322
- Übermittlungskosten 359

Hauptversammlungen 244
Herbeiführung der Bindungswirkung 124
Hinterlegung 374
- Daten-DVD 57

Höchstgebühr
- Wachsende 34
- Zitiergebot 4

Höchstkapital 243
Honorarrichtlinien 375

I

Identitätserklärung 68, 107
Inkrafttreten 28
- Anderkonto 28
- Angebot/Annahme 30
- Anrechnung 31
- Auftrag 29
- Auftragszugang 32
- Auslagen 29, 32
- Hebegebühren 28
- Hinweispflichten 30
- Umstrukturierung 30
- Verwahrgebühren 28
- Vollzug / Betreuung 28

Investmentaktiengesellschaft 242

J

Jahresabschluss 244

K

Kapitalerhöhung 211, 247
- Aufgeld 231
- UG mit Musterprotokoll 212
- Verpflichtung zur ... 231
Kaufverträge 33
KG-Anteile 290
Kommanditgesellschaft 170
- Auflösung 183
- Ausscheiden Komplementär 182
- Beteiligungsumwandlung 180
- Einlagenänderungen 181
- Erbfolge 179
- GmbH & Co. KG 171
- Gründung 170
- Kommanditistenwechsel 176, 179
- Liquidationsbeendigung 184
- Sonderrechtsnachfolge 177
Konfektionierung 219
Konzernzugehörigkeit 229
Kooperationsvertrag 230
Kostbarkeiten 374
Kraftloserklärung 131
Kurzbezeichnung 6

L

Landwirtschaftlicher Betrieb 95
Lastenfreistellung
- Anderkonto 44
- Beratung 346
- Entwurfsgebühr 37
- Globalpfandfreigabe 41
- Kostenverteilung 42
- Vollzug 36
- Vorabvollzug 347
Lebensbescheinigung 369
Legal Opinion 364
Leseabschriften 344
Liquidation 252
Liquidation-Preference 232
Liste
- Aufsichtsratsmitglieder 242, 245
- GmbH 189
- Übermittlungskosten 358
- Verschmelzung 259
Löschungszustimmung 38

M

Maklerprovision 59
Mediation 373
Messungsanerkennung 66
Mieterversammlung 369
Mietvertrag 100
Minderjährigen-Adoption 279
Mindestbetrag der Gebühr 45
- Abschriftsbeglaubigung 124
- Auswärtsgebühr 140

Mindestglättung 216
Mithaft 127, 138
Mitverkaufsrecht 232
Modifiziertes Reinvermögen 285, 287
Musikdatenträger 374

N

Nachgenehmigung 332
Nachtrag 66
Namensberichtigung 146
Namenserklärungen 280
Nebenrechnungen 10
Nichtvaluierungserklärung 48
Nottestament 91
Notwendiger Erklärungsinhalt 164, 184, 185, 189, 193, 199, 249

O

Offene Handelsgesellschaft 163
- Anmeldung Ein-/Austritt 167
- Auflösung 168
- Erste Anmeldung 163
- Fortführung als GbR 158
- Gesellschaftsvertrag 166
- Liquidationsbeendigung 169
Öffentlich-rechtlicher Vertrag 372
Ökonomische Analyse des Rechts 43
Option 84

P

Pachtvertrag 98
- Bestimmte Dauer 99
- Staffelzins 100
- Unbestimmte Dauer 98
- Vorkaufsrecht 98
Partnerschaftsgesellschaft 166
Patientenverfügung 330
Personengesellschaft 160
Pfandfreigabe 138
Pfandunterstellung 114, 126
Pflichtteilsverzicht 97, 307
Prioritätsfeststellung 374
Prokura 154
Protokoll Grundbuchabruf 365
Put-Option 232

Q

Quell-Codes 374

R

Rangbescheinigung 127
Rechtsbehelfsbelehrung 13
rechtserzeugende Aufhebung 273
Rechtswahl
- Erbrecht 309
- Güterrecht 281
Relative Gegenstandsverschiedenheit 20

Reparaturvollmacht 169
Rückgabe Erbvertrag 300

S
Sachgründungsbericht 195, 262
Sachwidrige Zusammenfassung 19
Satzungsänderung 205
Satzungsbescheinigung 203, 246, 252
Satzungsentwurf 265
Schadenersatzregelung 69, 70
Scheidungsfolgenvereinbarung 275
Schiedsgerichtsordnung 375
Schiffshypothek 144
Schließfachöffnung 368
Schuldanerkenntnis 121
SE 254
Serienentwurf 352
– Anrechnung 354
Sicherungsvertrag 123, 352
Signaturbeglaubigung 357
Sondereigentum *siehe WEG*
Sonderrechtsnachfolge
– Abtretung 177
– Erbfall 178
Sorgeerklärungen 280
Sozius 87, 88
Spaltung 260
Sperrjahr 236
Stammdaten 2
Stellplatz 61
Stillhalteerklärung 113
Streitschlichtung 372
Stundung 352

T
Tabelle 385
Tarifsplitting 24
Taschengeld 97
Taxikosten 233
Teilaufhebung 299
Teileigentum *siehe WEG*
Teilidentität 162
Teilungsanordnung 290
Teilungsbeschluss 219
Teilungserklärung 104
– Änderung 107
Teilungssachen 314
Testament 285, 287
– Beglaubigung 357
Testamentseinreichung 312
Testamentsregister 278
Testamentsvollstreckung 305
– Änderung Testamentsvollstrecker 306
– Derselbe Beurkundungsgegenstand 287
– Nachträgliche Anordnung 305
Treuhandgebühr 44, 122
– Globalpfandfreigabe 41

U
Überlassung 92
– Gegenleistungsvergleich 93, 94
– Gemeinschaftsregelungen 97
– GmbH-Geschäftsanteile 223
– Landwirtschaftlicher Betrieb 95
– Pflichtteilsverzicht 307
Übermittlung an Gericht 134
Übernahmeerklärung 211, 215
Übersendung an Gericht 142
Übersetzung 324
Umsatzsteuer 36
– Auslagen 27
Umsatzsteueroption 54
Umschreibung Vollstreckungsklausel *siehe Vollstreckungsklausel*
Umwandlungen 258
Unterhaltsvereinbarung 267, 276
Unterhaltsvereinbarungen 276
Unterlassungsdienstbarkeit 115
Unternehmensfortführung 155
Unternehmensvertrag 226
Unternehmergesellschaft 199
– Geschäftsführerwechsel 211
– Kapitalerhöhung 212
– Musterprotokoll 199, 200
– Ohne Musterprotokoll 201
– Satzungsänderung 205
Unterschriftsbeglaubigung
– Entwurf 138
– Kostenschuldner 108
– mehrere 167
– Mehrere Unterschriften 108
– Vorsorgevollmacht 328
Unzeitgebühr 23, 86, 165, 233
Urkundenrollennummer 2

V
Vaterschaftsanerkennung 280
Veräußerungsverbot 97
Verein 184
– Beratungsleistungen 186
– Erstanmeldung 184
– Liquidation 186
– Satzungsänderung 185
– Wahlen 185
Verfahren 19
Verfügung von Todes
– Teilungsanordnung 290
Verfügung von Todes wegen
– Auflagen 285, 286, 288
– Dokumentenpauschale 285, 288
– Erbvertragsnachtrag 303
– Ersatzerbeinsetzung 304
– Grundstücksvermächtnis 288
– Testamentsvollstreckung 305
– Vermächtnis 285, 286, 288

Stichwortverzeichnis

– Vermächtnis KG-Anteil 290
Verfügungsbeschränkung 53, 151, 232
Verjährung 16
Verköstigung 97
Verlosung 362
Vermächtniserfüllung 90
– Eigenhändiges Testament 90
– Nottestament 91
– Öffentliches Testament 90
– Weitere Erklärungen 91
Vermächtnisse 285, 286, 288
Vermessungskosten 63, 66
Vermittlungsverfahren 314
Vermögensverzeichnis 368
Veröffentlichungskosten 234
Verpfändung 125, 225
Verschmelzung 258
– Kapitalerhöhung 259
– Verzichtserklärung 259
Versorgungsausgleich 271, 272
Versteigerungsbedingungen 113
Vertrag zugunsten Dritter 59
Vertragsstrafe 51, 76
Vertretungsbescheinigungen 23
Verwahrgebühr 45
Verwalterbestellung 104
Verwalterzustimmung 42, 108, 150
Verwässerungsschutz 232
Verzichtserklärungen 259
Volljährigen-Adoption 279
Vollmacht
– Betreuungsverfügung 326
– Beurkundungsgegenstände 326
– Generalvollmacht 324
– Geschäftswert 319
– Handelsregister 322
– Höchstwert 324
– Reparatur- 169
– Spezialvollmacht 319
– Unterschriftsbeglaubigung 328
– Vorsorgeregister 328
– Vorsorgevollmacht 326
– wechselseitig 328
Vollmachtsbescheinigung 90, 91, 138, 140, 141, 180
Vollmachtsbestätigung 320
Vollstreckbare Ausfertigung 133
Vollstreckungsklausel 132
– Bescheinigung Rechtsnachfolge 132
– Dokumentenpauschale 133
– Sonstige Berichtigung 135
– Vorabvollzug Abtretung 133
– Weitere Vollstreckbare 136
Vollzug
– Abgeschlossenheitsbescheinigung 102
– Anderkonto 44
– Anfordern 347

– Anknüpfungspunkt 123
– Ausländische Register 45
– Ausübung Doppelvollmacht 43
– Beratung 346
– Freigabeerklärung 353
– Genehmigung Familiengericht 42
– Genehmigung Kirchenaufsicht 35
– Grundstücksverkehrsgesetz 34
– Lastenfreistellung 36, 105
– Nichtvalutierungserklärung 48
– Ökonomische Analyse des Rechts 43
– Sanierungsbehörde 35, 150
– Treuhandgebühr 44
– Unterschriftsbeglaubigung 150
– Vermessung 64
– Verwahrung 45
– Verwalterzustimmung 42
– Vorkaufsrecht Gemeinde 33
– Vorkaufsrecht Mieter 46
– Vorsorgeregister 328
– Wohngeldrückstände 42
– Zahl der Tätigkeiten 36
Vollzugsauftrag 347
Vollzugslösung 238
Vorabvollzug 37, 347
Vorbemerkungen 3
Vorkaufsrecht 63, 98, 117
– Bewilligung 117
– Erbbaurecht 110
– Gegenseitiges 98, 118
– Geschäftsanteile 232
– Vertrag 118
Vorkaufsrecht Gemeinde 33
Vorkaufsrecht Mieter 46
Vorkaufsrechtsverzichtsbescheinigung 35
Vormundbenennung 282
Vorratsgesellschaft 197
Vorrats-SE 256
Vorschuss 11, 89
Vorsorgeregister
– Registrierungsgebühren 328
– Vollzug 328
Vorsorgevollmacht 326
– Auswärtsgebühr 329
Vorvertrag 85
– Abschluss 85
– Anspruch 86
Vorwegbeleihung 123
Vorzeitige Beendigung 337
– Auswärtige Tätigkeit 341
– Beratung 338
– Entwurfsfertigung 339
– Keine Urkundenvorbereitung 337
– Rückgabe Erbvertrag 301
– Unterschriftsbeglaubigung 341

383

Stichwortverzeichnis

W
Wartung und Pflege 97
WEG
– Aufteilungsverpflichtung 58
– Baubeschreibung 104
– Begründung nach § 3 104
– Begründung nach § 8 101, 102
– Teilungserklärung 104
– Verwalterzustimmung 108
– Vorkaufsrechte 102
Weitere vollstreckbare Ausfertigung 136
Werkvertrag 71
Wertpapiere 374
Wertsicherung 93
Wertvorschriften 7
Widerruf
– ZVR-Registrierung 330
Wiederkaufsrecht 51, 53, 81
Wirtschaftliche Neugründung 197
wirtschaftliche Neugründung 256
Wohngeldrückstände 42
Wohnrecht 97
Wohnungseigentum *siehe WEG*
Wohnungsrecht 116

X
XML-Strukturdaten
– Anwendbare Vorschriften 19
– Bei Unterschriftsbeglaubigung 209
– Einreichung HV-Protokoll 246
– Fehlerhafte Sachbehandlung 70, 83
– Geschäftswert 247
– Grundbuchverkehr 83, 125
– Mindestbetrag 156

Z
Zeitlicher Anwendungsbereich 28
Zentrales Testamentsregister 276, 278
Zentrales Vorsorgeregister 330
Zitiergebot 1

– Anmerkungen 3
– Annexgebühr 5
– Auslagen 6
– Datum 2
– Doppelzitat 4
– Fremde Sprache 5
– Gebührensatz 15
– Gegenleistungsvergleich 97
– Gegenstandsinterne Addition 11
– Geschäftswert 5
– Höchstgebühren 4
– Inbezugnahmen 10
– Kurzbezeichnung 6
– Mehrheit von Nummern 3
– Modifikationen 3
– Nebenrechnungen 10
– Nummer Kostenverzeichnis 2
– Urkundenrollennummer 2
– Verjährung 16
– Verstoßfolgen 15
– Verweisungen 10
– Vorbemerkungen 3
– Vorschüsse 11
– Wertvorschriften 7
ZTR 278
Zusammenstellung Satzung 203
Zusatzgebühr
– Auswärtstätigkeit 87, 329
– Fremde Sprache 233, 325
– Unzeit 86, 165, 233
Zustimmung des Ehegatten 334
Zuwendungsverzichtsverträge 308
Zwangsvollstreckungsunterwerfung 79
– Annahme 78
– Grundschuld 119
– Grundschuldübernahme 48, 160
– Teilweise 120
Zweckerklärung 123, 352
Zweigniederlassung 250
Zweisprachige Urkunde 325

Gebühren nach Tabelle B des GNotKG

Wert bis …	0,2	0,3	0,5	0,6	1,0	2,0
500 €	15,00 €	15,00 €	15,00 €	15,00 €	15,00 €	30,00 €
1.000 €	15,00 €	15,00 €	15,00 €	15,00 €	19,00 €	38,00 €
1.500 €	15,00 €	15,00 €	15,00 €	15,00 €	23,00 €	46,00 €
2.000 €	15,00 €	15,00 €	15,00 €	16,20 €	27,00 €	54,00 €
3.000 €	15,00 €	15,00 €	16,50 €	19,80 €	33,00 €	66,00 €
4.000 €	15,00 €	15,00 €	19,50 €	23,40 €	39,00 €	78,00 €
5.000 €	15,00 €	15,00 €	22,50 €	27,00 €	45,00 €	90,00 €
6.000 €	15,00 €	15,30 €	25,50 €	30,60 €	51,00 €	102,00 €
7.000 €	15,00 €	17,10 €	28,50 €	34,20 €	57,00 €	114,00 €
8.000 €	15,00 €	18,90 €	31,50 €	37,80 €	63,00 €	126,00 €
9.000 €	15,00 €	20,70 €	34,50 €	41,40 €	69,00 €	138,00 €
10.000 €	15,00 €	22,50 €	37,50 €	45,00 €	75,00 €	150,00 €
13.000 €	16,60 €	24,90 €	41,50 €	49,80 €	83,00 €	166,00 €
16.000 €	18,20 €	27,30 €	45,50 €	54,60 €	91,00 €	182,00 €
19.000 €	19,80 €	29,70 €	49,50 €	59,40 €	99,00 €	198,00 €
22.000 €	21,40 €	32,10 €	53,50 €	64,20 €	107,00 €	214,00 €
25.000 €	23,00 €	34,50 €	57,50 €	69,00 €	115,00 €	230,00 €
30.000 €	25,00 €	37,50 €	62,50 €	75,00 €	125,00 €	250,00 €
35.000 €	27,00 €	40,50 €	67,50 €	81,00 €	135,00 €	270,00 €
40.000 €	29,00 €	43,50 €	72,50 €	87,00 €	145,00 €	290,00 €
45.000 €	31,00 €	46,50 €	77,50 €	93,00 €	155,00 €	310,00 €
50.000 €	33,00 €	49,50 €	82,50 €	99,00 €	165,00 €	330,00 €
65.000 €	38,40 €	57,60 €	96,00 €	115,20 €	192,00 €	384,00 €
80.000 €	43,80 €	65,70 €	109,50 €	131,40 €	219,00 €	438,00 €
95.000 €	49,20 €	73,80 €	123,00 €	147,60 €	246,00 €	492,00 €
110.000 €	54,60 €	81,90 €	136,50 €	163,80 €	273,00 €	546,00 €
125.000 €	60,00 €	90,00 €	150,00 €	180,00 €	300,00 €	600,00 €
140.000 €	65,40 €	98,10 €	163,50 €	196,20 €	327,00 €	654,00 €
155.000 €	70,80 €	106,20 €	177,00 €	212,40 €	354,00 €	708,00 €
170.000 €	76,20 €	114,30 €	190,50 €	228,60 €	381,00 €	762,00 €

Gebühren nach Tabelle B des GNotKG

Wert bis …	0,2	0,3	0,5	0,6	1,0	2,0
185.000 €	81,60 €	122,40 €	204,00 €	244,80 €	408,00 €	816,00 €
200.000 €	87,00 €	130,50 €	217,50 €	261,00 €	435,00 €	870,00 €
230.000 €	97,00 €	145,50 €	242,50 €	291,00 €	485,00 €	970,00 €
260.000 €	107,00 €	160,50 €	267,50 €	321,00 €	535,00 €	1.070,00 €
290.000 €	117,00 €	175,50 €	292,50 €	351,00 €	585,00 €	1.170,00 €
320.000 €	127,00 €	190,50 €	317,50 €	381,00 €	635,00 €	1.270,00 €
350.000 €	137,00 €	205,50 €	342,50 €	411,00 €	685,00 €	1.370,00 €
380.000 €	147,00 €	220,50 €	367,50 €	441,00 €	735,00 €	1.470,00 €
410.000 €	157,00 €	235,50 €	392,50 €	471,00 €	785,00 €	1.570,00 €
440.000 €	167,00 €	250,50 €	417,50 €	501,00 €	835,00 €	1.670,00 €
470.000 €	177,00 €	265,50 €	442,50 €	531,00 €	885,00 €	1.770,00 €
500.000 €	187,00 €	280,50 €	467,50 €	561,00 €	935,00 €	1.870,00 €
550.000 €	203,00 €	304,50 €	507,50 €	609,00 €	1.015,00 €	2.030,00 €
600.000 €	219,00 €	328,50 €	547,50 €	657,00 €	1.095,00 €	2.190,00 €
650.000 €	235,00 €	352,50 €	587,50 €	705,00 €	1.175,00 €	2.350,00 €
700.000 €	251,00 €	376,50 €	627,50 €	753,00 €	1.255,00 €	2.510,00 €
750.000 €	267,00 €	400,50 €	667,50 €	801,00 €	1.335,00 €	2.670,00 €
800.000 €	283,00 €	424,50 €	707,50 €	849,00 €	1.415,00 €	2.830,00 €
850.000 €	299,00 €	448,50 €	747,50 €	897,00 €	1.495,00 €	2.990,00 €
900.000 €	315,00 €	472,50 €	787,50 €	945,00 €	1.575,00 €	3.150,00 €
950.000 €	331,00 €	496,50 €	827,50 €	993,00 €	1.655,00 €	3.310,00 €
1.000.000 €	347,00 €	520,50 €	867,50 €	1.041,00 €	1.735,00 €	3.470,00 €
1.050.000 €	363,00 €	544,50 €	907,50 €	1.089,00 €	1.815,00 €	3.630,00 €
1.100.000 €	379,00 €	568,50 €	947,50 €	1.137,00 €	1.895,00 €	3.790,00 €
1.150.000 €	395,00 €	592,50 €	987,50 €	1.185,00 €	1.975,00 €	3.950,00 €
1.200.000 €	411,00 €	616,50 €	1.027,50 €	1.233,00 €	2.055,00 €	4.110,00 €
1.250.000 €	427,00 €	640,50 €	1.067,50 €	1.281,00 €	2.135,00 €	4.270,00 €
1.300.000 €	443,00 €	664,50 €	1.107,50 €	1.329,00 €	2.215,00 €	4.430,00 €
1.350.000 €	459,00 €	688,50 €	1.147,50 €	1.377,00 €	2.295,00 €	4.590,00 €
1.400.000 €	475,00 €	712,50 €	1.187,50 €	1.425,00 €	2.375,00 €	4.750,00 €
1.450.000 €	491,00 €	736,50 €	1.227,50 €	1.473,00 €	2.455,00 €	4.910,00 €
1.500.000 €	507,00 €	760,50 €	1.267,50 €	1.521,00 €	2.535,00 €	5.070,00 €
1.550.000 €	523,00 €	784,50 €	1.307,50 €	1.569,00 €	2.615,00 €	5.230,00 €

Gebühren nach Tabelle B des GNotKG

Wert bis …	0,2	0,3	0,5	0,6	1,0	2,0
1.600.000 €	539,00 €	808,50 €	1.347,50 €	1.617,00 €	2.695,00 €	5.390,00 €
1.650.000 €	555,00 €	832,50 €	1.387,50 €	1.665,00 €	2.775,00 €	5.550,00 €
1.700.000 €	571,00 €	856,50 €	1.427,50 €	1.713,00 €	2.855,00 €	5.710,00 €
1.750.000 €	587,00 €	880,50 €	1.467,50 €	1.761,00 €	2.935,00 €	5.870,00 €
1.800.000 €	603,00 €	904,50 €	1.507,50 €	1.809,00 €	3.015,00 €	6.030,00 €
1.850.000 €	619,00 €	928,50 €	1.547,50 €	1.857,00 €	3.095,00 €	6.190,00 €
1.900.000 €	635,00 €	952,50 €	1.587,50 €	1.905,00 €	3.175,00 €	6.350,00 €
1.950.000 €	651,00 €	976,50 €	1.627,50 €	1.953,00 €	3.255,00 €	6.510,00 €
2.000.000 €	667,00 €	1.000,50 €	1.667,50 €	2.001,00 €	3.335,00 €	6.670,00 €
2.050.000 €	683,00 €	1.024,50 €	1.707,50 €	2.049,00 €	3.415,00 €	6.830,00 €
2.100.000 €	699,00 €	1.048,50 €	1.747,50 €	2.097,00 €	3.495,00 €	6.990,00 €
2.150.000 €	715,00 €	1.072,50 €	1.787,50 €	2.145,00 €	3.575,00 €	7.150,00 €
2.200.000 €	731,00 €	1.096,50 €	1.827,50 €	2.193,00 €	3.655,00 €	7.310,00 €
2.250.000 €	747,00 €	1.120,50 €	1.867,50 €	2.241,00 €	3.735,00 €	7.470,00 €
2.300.000 €	763,00 €	1.144,50 €	1.907,50 €	2.289,00 €	3.815,00 €	7.630,00 €
2.350.000 €	779,00 €	1.168,50 €	1.947,50 €	2.337,00 €	3.895,00 €	7.790,00 €
2.400.000 €	795,00 €	1.192,50 €	1.987,50 €	2.385,00 €	3.975,00 €	7.950,00 €
2.450.000 €	811,00 €	1.216,50 €	2.027,50 €	2.433,00 €	4.055,00 €	8.110,00 €
2.500.000 €	827,00 €	1.240,50 €	2.067,50 €	2.481,00 €	4.135,00 €	8.270,00 €
2.550.000 €	843,00 €	1.264,50 €	2.107,50 €	2.529,00 €	4.215,00 €	8.430,00 €
2.600.000 €	859,00 €	1.288,50 €	2.147,50 €	2.577,00 €	4.295,00 €	8.590,00 €
2.650.000 €	875,00 €	1.312,50 €	2.187,50 €	2.625,00 €	4.375,00 €	8.750,00 €
2.700.000 €	891,00 €	1.336,50 €	2.227,50 €	2.673,00 €	4.455,00 €	8.910,00 €
2.750.000 €	907,00 €	1.360,50 €	2.267,50 €	2.721,00 €	4.535,00 €	9.070,00 €
2.800.000 €	923,00 €	1.384,50 €	2.307,50 €	2.769,00 €	4.615,00 €	9.230,00 €
2.850.000 €	939,00 €	1.408,50 €	2.347,50 €	2.817,00 €	4.695,00 €	9.390,00 €
2.900.000 €	955,00 €	1.432,50 €	2.387,50 €	2.865,00 €	4.775,00 €	9.550,00 €
2.950.000 €	971,00 €	1.456,50 €	2.427,50 €	2.913,00 €	4.855,00 €	9.710,00 €
3.000.000 €	987,00 €	1.480,50 €	2.467,50 €	2.961,00 €	4.935,00 €	9.870,00 €
3.050.000 €	1.003,00 €	1.504,50 €	2.507,50 €	3.009,00 €	5.015,00 €	10.030,00 €
3.100.000 €	1.019,00 €	1.528,50 €	2.547,50 €	3.057,00 €	5.095,00 €	10.190,00 €
3.150.000 €	1.035,00 €	1.552,50 €	2.587,50 €	3.105,00 €	5.175,00 €	10.350,00 €
3.200.000 €	1.051,00 €	1.576,50 €	2.627,50 €	3.153,00 €	5.255,00 €	10.510,00 €

Gebühren nach Tabelle B des GNotKG

Wert bis …	0,2	0,3	0,5	0,6	1,0	2,0
3.250.000 €	1.067,00 €	1.600,50 €	2.667,50 €	3.201,00 €	5.335,00 €	10.670,00 €
3.300.000 €	1.083,00 €	1.624,50 €	2.707,50 €	3.249,00 €	5.415,00 €	10.830,00 €
3.350.000 €	1.099,00 €	1.648,50 €	2.747,50 €	3.297,00 €	5.495,00 €	10.990,00 €
3.400.000 €	1.115,00 €	1.672,50 €	2.787,50 €	3.345,00 €	5.575,00 €	11.150,00 €
3.450.000 €	1.131,00 €	1.696,50 €	2.827,50 €	3.393,00 €	5.655,00 €	11.310,00 €
3.500.000 €	1.147,00 €	1.720,50 €	2.867,50 €	3.441,00 €	5.735,00 €	11.470,00 €
3.550.000 €	1.163,00 €	1.744,50 €	2.907,50 €	3.489,00 €	5.815,00 €	11.630,00 €
3.600.000 €	1.179,00 €	1.768,50 €	2.947,50 €	3.537,00 €	5.895,00 €	11.790,00 €
3.650.000 €	1.195,00 €	1.792,50 €	2.987,50 €	3.585,00 €	5.975,00 €	11.950,00 €
3.700.000 €	1.211,00 €	1.816,50 €	3.027,50 €	3.633,00 €	6.055,00 €	12.110,00 €
3.750.000 €	1.227,00 €	1.840,50 €	3.067,50 €	3.681,00 €	6.135,00 €	12.270,00 €
3.800.000 €	1.243,00 €	1.864,50 €	3.107,50 €	3.729,00 €	6.215,00 €	12.430,00 €
3.850.000 €	1.259,00 €	1.888,50 €	3.147,50 €	3.777,00 €	6.295,00 €	12.590,00 €
3.900.000 €	1.275,00 €	1.912,50 €	3.187,50 €	3.825,00 €	6.375,00 €	12.750,00 €
3.950.000 €	1.291,00 €	1.936,50 €	3.227,50 €	3.873,00 €	6.455,00 €	12.910,00 €
4.000.000 €	1.307,00 €	1.960,50 €	3.267,50 €	3.921,00 €	6.535,00 €	13.070,00 €
4.050.000 €	1.323,00 €	1.984,50 €	3.307,50 €	3.969,00 €	6.615,00 €	13.230,00 €
4.100.000 €	1.339,00 €	2.008,50 €	3.347,50 €	4.017,00 €	6.695,00 €	13.390,00 €
4.150.000 €	1.355,00 €	2.032,50 €	3.387,50 €	4.065,00 €	6.775,00 €	13.550,00 €
4.200.000 €	1.371,00 €	2.056,50 €	3.427,50 €	4.113,00 €	6.855,00 €	13.710,00 €
4.250.000 €	1.387,00 €	2.080,50 €	3.467,50 €	4.161,00 €	6.935,00 €	13.870,00 €
4.300.000 €	1.403,00 €	2.104,50 €	3.507,50 €	4.209,00 €	7.015,00 €	14.030,00 €
4.350.000 €	1.419,00 €	2.128,50 €	3.547,50 €	4.257,00 €	7.095,00 €	14.190,00 €
4.400.000 €	1.435,00 €	2.152,50 €	3.587,50 €	4.305,00 €	7.175,00 €	14.350,00 €
4.450.000 €	1.451,00 €	2.176,50 €	3.627,50 €	4.353,00 €	7.255,00 €	14.510,00 €
4.500.000 €	1.467,00 €	2.200,50 €	3.667,50 €	4.401,00 €	7.335,00 €	14.670,00 €
4.550.000 €	1.483,00 €	2.224,50 €	3.707,50 €	4.449,00 €	7.415,00 €	14.830,00 €
4.600.000 €	1.499,00 €	2.248,50 €	3.747,50 €	4.497,00 €	7.495,00 €	14.990,00 €
4.650.000 €	1.515,00 €	2.272,50 €	3.787,50 €	4.545,00 €	7.575,00 €	15.150,00 €
4.700.000 €	1.531,00 €	2.296,50 €	3.827,50 €	4.593,00 €	7.655,00 €	15.310,00 €
4.750.000 €	1.547,00 €	2.320,50 €	3.867,50 €	4.641,00 €	7.735,00 €	15.470,00 €
4.800.000 €	1.563,00 €	2.344,50 €	3.907,50 €	4.689,00 €	7.815,00 €	15.630,00 €
4.850.000 €	1.579,00 €	2.368,50 €	3.947,50 €	4.737,00 €	7.895,00 €	15.790,00 €

Gebühren nach Tabelle B des GNotKG

Wert bis ...	0,2	0,3	0,5	0,6	1,0	2,0
4.900.000 €	1.595,00 €	2.392,50 €	3.987,50 €	4.785,00 €	7.975,00 €	15.950,00 €
4.950.000 €	1.611,00 €	2.416,50 €	4.027,50 €	4.833,00 €	8.055,00 €	16.110,00 €
5.000.000 €	1.627,00 €	2.440,50 €	4.067,50 €	4.881,00 €	8.135,00 €	16.270,00 €
5.200.000 €	1.653,00 €	2.479,50 €	4.132,50 €	4.959,00 €	8.265,00 €	16.530,00 €
5.400.000 €	1.679,00 €	2.518,50 €	4.197,50 €	5.037,00 €	8.395,00 €	16.790,00 €
5.600.000 €	1.705,00 €	2.557,50 €	4.262,50 €	5.115,00 €	8.525,00 €	17.050,00 €
5.800.000 €	1.731,00 €	2.596,50 €	4.327,50 €	5.193,00 €	8.655,00 €	17.310,00 €
6.000.000 €	1.757,00 €	2.635,50 €	4.392,50 €	5.271,00 €	8.785,00 €	17.570,00 €
6.200.000 €	1.783,00 €	2.674,50 €	4.457,50 €	5.349,00 €	8.915,00 €	17.830,00 €
6.400.000 €	1.809,00 €	2.713,50 €	4.522,50 €	5.427,00 €	9.045,00 €	18.090,00 €
6.600.000 €	1.835,00 €	2.752,50 €	4.587,50 €	5.505,00 €	9.175,00 €	18.350,00 €
6.800.000 €	1.861,00 €	2.791,50 €	4.652,50 €	5.583,00 €	9.305,00 €	18.610,00 €
7.000.000 €	1.887,00 €	2.830,50 €	4.717,50 €	5.661,00 €	9.435,00 €	18.870,00 €
7.200.000 €	1.913,00 €	2.869,50 €	4.782,50 €	5.739,00 €	9.565,00 €	19.130,00 €
7.400.000 €	1.939,00 €	2.908,50 €	4.875,50 €	5.817,00 €	9.695,00 €	19.390,00 €
7.600.000 €	1.965,00 €	2.947,50 €	4.912,50 €	5.895,00 €	9.825,00 €	19.650,00 €
7.800.000 €	1.991,00 €	2.986,50 €	4.977,50 €	5.973,00 €	9.955,00 €	19.910,00 €
8.000.000 €	2.017,00 €	3.025,50 €	5.042,50 €	6.051,00 €	10.085,00 €	20.170,00 €
8.200.000 €	2.043,00 €	3.064,50 €	5.107,50 €	6.129,00 €	10.215,00 €	20.430,00 €
8.400.000 €	2.069,00 €	3.103,50 €	5.172,50 €	6.207,00 €	10.345,00 €	20.690,00 €
8.600.000 €	2.095,00 €	3.142,50 €	5.237,50 €	6.285,00 €	10.475,00 €	20.950,00 €
8.800.000 €	2.121,00 €	3.181,50 €	5.302,50 €	6.363,00 €	10.605,00 €	21.210,00 €
9.000.000 €	2.147,00 €	3.220,50 €	5.367,50 €	6.441,00 €	10.735,00 €	21.470,00 €
9.200.000 €	2.173,00 €	3.259,50 €	5.432,50 €	6.519,00 €	10.865,00 €	21.730,00 €
9.400.000 €	2.199,00 €	3.298,50 €	5.497,50 €	6.597,00 €	10.995,00 €	21.990,00 €
9.600.000 €	2.225,00 €	3.337,50 €	5.562,50 €	6.675,00 €	11.125,00 €	22.250,00 €
9.800.000 €	2.251,00 €	3.376,50 €	5.627,50 €	6.753,00 €	11.255,00 €	22.510,00 €
10.000.000 €	2.277,00 €	3.415,50 €	5.692,50 €	6.831,00 €	11.385,00 €	22.770,00 €
10.250.000 €	2.307,00 €	3.460,50 €	5.767,50 €	6.921,00 €	11.535,00 €	23.070,00 €
10.500.000 €	2.337,00 €	3.505,50 €	5.842,50 €	7.011,00 €	11.685,00 €	23.370,00 €
10.750.000 €	2.367,00 €	3.550,50 €	5.917,50 €	7.101,00 €	11.835,00 €	23.670,00 €
11.000.000 €	2.397,00 €	3.595,50 €	5.992,50 €	7.191,00 €	11.985,00 €	23.970,00 €
11.250.000 €	2.427,00 €	3.640,50 €	6.067,50 €	7.281,00 €	12.135,00 €	24.270,00 €

Gebühren nach Tabelle B des GNotKG

Wert bis …	0,2	0,3	0,5	0,6	1,0	2,0
11.500.000 €	2.457,00 €	3.685,50 €	6.142,50 €	7.371,00 €	12.285,00 €	24.570,00 €
11.750.000 €	2.487,00 €	3.730,50 €	6.217,50 €	7.461,00 €	12.435,00 €	24.870,00 €
12.000.000 €	2.517,00 €	3.775,50 €	6.292,50 €	7.551,00 €	12.585,00 €	25.170,00 €
12.250.000 €	2.547,00 €	3.820,50 €	6.367,50 €	7.641,00 €	12.735,00 €	25.470,00 €
12.500.000 €	2.577,00 €	3.865,50 €	6.442,50 €	7.731,00 €	12.885,00 €	25.770,00 €
12.750.000 €	2.607,00 €	3.910,50 €	6.517,50 €	7.821,00 €	13.035,00 €	26.070,00 €
13.000.000 €	2.637,00 €	3.955,50 €	6.592,50 €	7.911,00 €	13.185,00 €	26.370,00 €
13.250.000 €	2.667,00 €	4.000,50 €	6.667,50 €	8.001,00 €	13.335,00 €	26.670,00 €
13.500.000 €	2.697,00 €	4.045,50 €	6.742,50 €	8.091,00 €	13.485,00 €	26.970,00 €
13.750.000 €	2.727,00 €	4.090,50 €	6.817,50 €	8.181,00 €	13.635,00 €	27.270,00 €
14.000.000 €	2.757,00 €	4.135,50 €	6.892,50 €	8.271,00 €	13.785,00 €	27.570,00 €
14.250.000 €	2.787,00 €	4.180,50 €	6.967,50 €	8.361,00 €	13.935,00 €	27.870,00 €
14.500.000 €	2.817,00 €	4.225,50 €	7.042,50 €	8.451,00 €	14.085,00 €	28.170,00 €
14.750.000 €	2.847,00 €	4.270,50 €	7.117,50 €	8.541,00 €	14.235,00 €	28.470,00 €
15.000.000 €	2.877,00 €	4.315,50 €	7.192,50 €	8.631,00 €	14.385,00 €	28.770,00 €
15.250.000 €	2.907,00 €	4.360,50 €	7.267,50 €	8.721,00 €	14.535,00 €	29.070,00 €
15.500.000 €	2.937,00 €	4.405,50 €	7.342,50 €	8.811,00 €	14.685,00 €	29.370,00 €
15.750.000 €	2.967,00 €	4.450,50 €	7.417,50 €	8.901,00 €	14.835,00 €	29.670,00 €
16.000.000 €	2.997,00 €	4.495,50 €	7.492,50 €	8.991,00 €	14.985,00 €	29.970,00 €
16.250.000 €	3.027,00 €	4.540,50 €	7.567,50 €	9.081,00 €	15.135,00 €	30.270,00 €
16.500.000 €	3.057,00 €	4.585,50 €	7.642,50 €	9.171,00 €	15.285,00 €	30.570,00 €
16.750.000 €	3.087,00 €	4.630,50 €	7.717,50 €	9.261,00 €	15.435,00 €	30.870,00 €
17.000.000 €	3.117,00 €	4.675,50 €	7.792,50 €	9.351,00 €	15.585,00 €	31.170,00 €
17.250.000 €	3.147,00 €	4.720,50 €	7.867,50 €	9.441,00 €	15.735,00 €	31.470,00 €
17.500.000 €	3.177,00 €	4.765,50 €	7.942,50 €	9.531,00 €	15.885,00 €	31.770,00 €
17.750.000 €	3.207,00 €	4.810,50 €	8.017,50 €	9.621,00 €	16.035,00 €	32.070,00 €
18.000.000 €	3.237,00 €	4.855,50 €	8.092,50 €	9.711,00 €	16.185,00 €	32.370,00 €
18.250.000 €	3.267,00 €	4.900,50 €	8.167,50 €	9.801,00 €	16.335,00 €	32.670,00 €
18.500.000 €	3.297,00 €	4.945,50 €	8.242,50 €	9.891,00 €	16.485,00 €	32.970,00 €
18.750.000 €	3.327,00 €	4.990,50 €	8.317,50 €	9.981,00 €	16.635,00 €	33.270,00 €
19.000.000 €	3.357,00 €	5.035,50 €	8.392,50 €	10.071,00 €	16.785,00 €	33.570,00 €
19.250.000 €	3.387,00 €	5.080,50 €	8.467,50 €	10.161,00 €	16.935,00 €	33.870,00 €
19.500.000 €	3.417,00 €	5.125,50 €	8.542,50 €	10.251,00 €	17.085,00 €	34.170,00 €

Gebühren nach Tabelle B des GNotKG

Wert bis …	0,2	0,3	0,5	0,6	1,0	2,0
19.750.000 €	3.447,00 €	5.170,50 €	8.617,50 €	10.341,00 €	17.235,00 €	34.470,00 €
20.000.000 €	3.477,00 €	5.215,50 €	8.692,50 €	10.431,00 €	17.385,00 €	34.770,00 €
20.500.000 €	3.533,00 €	5.299,50 €	8.832,50 €	10.599,00 €	17.665,00 €	35.330,00 €
21.000.000 €	3.589,00 €	5.383,50 €	8.972,50 €	10.767,00 €	17.945,00 €	35.890,00 €
21.500.000 €	3.645,00 €	5.467,50 €	9.112,50 €	10.935,00 €	18.225,00 €	36.450,00 €
22.000.000 €	3.701,00 €	5.551,50 €	9.252,50 €	11.103,00 €	18.505,00 €	37.010,00 €
22.500.000 €	3.757,00 €	5.635,50 €	9.392,50 €	11.271,00 €	18.785,00 €	37.570,00 €
23.000.000 €	3.813,00 €	5.719,50 €	9.532,50 €	11.439,00 €	19.065,00 €	38.130,00 €
23.500.000 €	3.869,00 €	5.803,50 €	9.672,50 €	11.607,00 €	19.345,00 €	38.690,00 €
24.000.000 €	3.925,00 €	5.887,50 €	9.812,50 €	11.775,00 €	19.625,00 €	39.250,00 €
24.500.000 €	3.981,00 €	5.971,50 €	9.952,50 €	11.943,00 €	19.905,00 €	39.810,00 €
25.000.000 €	4.037,00 €	6.055,50 €	10.092,50 €	12.111,00 €	20.185,00 €	40.370,00 €
25.500.000 €	4.093,00 €	6.139,50 €	10.232,50 €	12.279,00 €	20.465,00 €	40.930,00 €
26.000.000 €	4.149,00 €	6.223,50 €	10.372,50 €	12.447,00 €	20.745,00 €	41.490,00 €
26.500.000 €	4.205,00 €	6.307,50 €	10.512,50 €	12.615,00 €	21.025,00 €	42.050,00 €
27.000.000 €	4.261,00 €	6.391,50 €	10.652,50 €	12.783,00 €	21.305,00 €	42.610,00 €
27.500.000 €	4.317,00 €	6.475,50 €	10.792,50 €	12.951,00 €	21.585,00 €	43.170,00 €
28.000.000 €	4.373,00 €	6.559,50 €	10.932,50 €	13.119,00 €	21.865,00 €	43.730,00 €
28.500.000 €	4.429,00 €	6.643,50 €	11.072,50 €	13.287,00 €	22.145,00 €	44.290,00 €
29.000.000 €	4.485,00 €	6.727,50 €	11.212,50 €	13.455,00 €	22.425,00 €	44.850,00 €
29.500.000 €	4.541,00 €	6.811,50 €	11.352,50 €	13.623,00 €	22.705,00 €	45.410,00 €
30.000.000 €	4.597,00 €	6.895,50 €	11.492,50 €	13.791,00 €	22.985,00 €	45.970,00 €

Buchanzeige

Der Gelbe zum GNotKG.

Bormann/Diehn/Sommerfeldt
GNotKG
2014. XXX, 1068 Seiten.
In Leinen € 129,–
ISBN 978-3-406-64971-4

Alle Neuregelungen

sind eingehend erläutert.
Im **Notarkostenrecht** sind insbesondere kommentiert:

- Umstellung von Akt- auf Verfahrensgebühren
- Abschaffung des Auffangtatbestandes § 147 Abs. 2 KostO
- Kodifikation vieler Wertfestsetzungen
- Leistungsorientierte Gebühren für Beratung und Entwurf
- Neuregelungen für vorzeitige Beendigungen
- Einführung von Rahmengebühren
- Umstellung der Auswärtsgebühr auf Zeitgebühren
- Neuordnung der Auslagen

Der neue Kommentar

erläutert sämtliche Vorschriften des **GNotKG** sowie das komplette **Kostenverzeichnis.** Das Werk erscheint in derselben Reihe wie Thomas/Putzo, ZPO, und Kopp/Schenke, VwGO, und bietet Praktikern ebenso kompakte und fundierte Auskünfte zum neuen Gerichts- und Notarkostenrecht.

Mehr Informationen:
www.beck-shop.de/babpso

Erhältlich im Buchhandel oder bei: beck-shop.de | Verlag C.H.BECK oHG · 80791 München | bestellung@beck.de Preise inkl. MwSt.